Karl May's
Illustrierte Werke

aus dem Verlag
von
H. G. Münchmeyer.
Dresden.

Karl May
Die Königin der Wüste

Karl May

Deutsche Herzen-
Deutsche Helden

II

1976

Olms Presse
Hildesheim · New York

Karl May

Die Königin der Wüste

1976

Olms Presse
Hildesheim · New York

Die Vorlage befindet sich im Besitz von
Gerhard Klussmeier, Hamburg,
Karl-May-Gesellschaft.

Anmerkungen zu dieser Faksimileausgabe.
In der großformatigen Ausgabe war dieser Roman
unter dem Titel „Deutsche Herzen-
Deutsche Helden" in Lieferungsheften im Verlag
Münchmeyer, Dresden, erschienen. In der
illustrierten Ausgabe erschien 1901 bzw. 1902 der
gleiche Roman in Lieferungsheften unter dem Titel
„Deutsche Herzen und Helden" (35 Lieferungen),
gleichzeitig in 5 Bänden unter Einzeltiteln. Diese
Ausgabe wurde dem Nachdruck zugrundegelegt. Bei
späteren Ausgaben des Verlages Münchmeyer
(Fischer) wurde dann auch der Reihentitel
wieder hinzugefügt.

Das Format des Nachdruckes ist gegenüber der
Vorlage minimal verkleinert worden.

Nachdruck der Ausgabe Dresden 1901
Printed in Germany
Herstellung: fotokop wilhelm weihert KG, Darmstadt
ISBN 3 487 08118 0

Die Königin der Wüste.

Die

Königin der Wüste.

Roman

von

Karl May.

Illustrierte Ausgabe.

Verlag und Druck von

H. G. Münchmeyer, Dresden.

1. Kapitel.

Die an beiden Ufern des Nils gelegene Hauptstadt von Aegypten, die bei uns fälschlicher Weise Kairo genannt wird, heißt eigentlich Kahira, das ist die Siegreiche. Und diesen Namen verdient sie mit vollem Rechte.

Siegreich hat sie sich durch Jahrhunderte erhalten, und siegreich steht sie noch heute an der Grenze zweier gewaltiger Erdteile. Noch bis vor kurzem war sie der Typus echt orientalischer Eigentümlichkeit, doch seit ungefähr fünfzehn Jahren beginnt sie leider sich in mehr abendländische Gewänder zu hüllen.

Die Franzosen und Engländer sind gekommen, ihr den Hof zu machen, und seitdem besitzt sie ganze Stadtteile, die ein europäisches Aussehen haben. Nur in den alten, arabischen Vierteln findet man noch ein Gewirr von engen Gäßchen, die sehr oft sackartig enden und dabei so schmal sind, daß man sich aus den gegenüberliegenden Erkern die Hände reichen oder von dem einen platten Dache auf das andere hinüberspringen kann.

Wer hier den Orient kennen lernen will mit all seinen Vorzügen und Mängeln, der muß sich in ein Haus irgend einer solchen Gasse einquartieren.

Das hatten jedenfalls auch die beiden Männer gedacht, die sich kurze Zeit nach den geschilderten Ereignissen in einem Raume gegenüber saßen, der eher den Namen eines Loches, als den einer Stube verdiente.

Diese Wohnung hatte weder Tisch noch Stuhl, weder Sofa noch Bett, weder Spiegel noch sonst etwas Aehnliches. Die beiden Männer saßen mit untergeschlagenen Beinen auf Strohmatten, die sich gegenüber lagen. Licht erhielt der Raum nur durch ein kleines Loch in der Wand und durch eine schmale Treppe, die hinauf auf das platte Dach führte und nicht verschlossen war.

Der eine war sehr lang und hager. Zu seinem sehr ausgeprägten Gesicht wollte das kleine Stumpfnäschen gar nicht passen, das die Caprice hatte, sich mit dem Aussehen einer runden Kastanie gerade in die Mitte des Gesichtes zu postieren. Er trug einen riesigen Turban, einen langen, blauen Kaftan und Pantoffel an den nackten Füßen. Sollte man meinen, daß dieser Mann der ehrenwerte Lord Eagle=nest sei?

Der andere war mehr untersetzt und außerordentlich kräftig gebaut. Er hatte Hände, mit denen man vielleicht einen Elefanten hätte erschlagen können, und trug genau dieselbe Kleidung wie der Lord. Dieser Mann war Mister Smith, der ehrenhafte Steuermann der Jacht.

Mister Smith hatte sich in Konstantinopel ein arabisches Wörterverzeichnis gekauft und dasselbe während der Fahrt nach Tunis und auch später so fleißig in Gebrauch genommen, daß er bereits einige hundert arabische Wörter verstand.

Das hatte der Lord in Erfahrung gebracht. In Kahira angekommen, hatte er sich schleunigst etwas Aehnliches gekauft, sich hier in einem echt arabischen Hause eingemietet, und nun saßen sie beisammen, der Steuermann als Lehrer und der Lord als Schüler, um auch das zu lernen, was ersterer bereits gelernt hatte. Leider aber war der gute Lord kein sprachliches Genie. Eben jetzt fragte er den Seemann:

„Schmeckt heute dein Gurab?"

„Gurab? Was meinen Eure Lordschaft?"

„Na, das Primchen, von dem ich dir ein Pfund gekauft habe."

„Primchen heißt Girab. Gurab aber heißt ein lederner Sack. Sie haben mich also gefragt, ob mir heute mein Ledersack schmeckt."

„Das ist dumm. Ich glaube, ich bin ein bißchen gofer."

„Gofer? Hm!"

„Ist auch das dumm?"

„Gofer ist eine Kamelkrankheit, etwas Aehnliches

wie es bei den Pferden der Dampf ist. Sie meinen also, daß Eure Lordschaft dämpfig sind."

„Pfui Teufel! Ich meinte, vergeßlich."

„Das heißt nicht gofer, sondern gofer."

„Der Teufel mag sich diese Unterschiede merken! Aber horch, da singt sie wieder!"

Man hörte in der That jetzt eine weibliche Stimme, die folgende Strophe, und zwar mit hoher Fistelstimme, sang:

„Fid-daghle ma tera jekun?
Ehammin hu Nabuliun
Ma balu-hu jedubb hena?
Kussu-hu, ja fitjanena."

Dann hörte die Sängerin auf. Der Lord brummte: „Diese Melodie ist mir bekannt."

„Mir auch. Es ist die Melodie zu dem deutschen Liede: ‚Was kraucht dort in dem Busch herum'."

„Ja, richtig! Hier singt eine Haremsdame das Kutschkelied in arabischer Sprache!"

„Ich muß nur einmal sehen, wo sie steckt!" meinte der Lord und trat an das kleine Fensterloch.

„Da drüben ist es," sagte er mit Sicherheit. „Vielleicht auf dem Dache. Wollen einmal die Treppe hinaufsteigen."

Und kaum hatte er den Kopf mit dem riesigen Turban hinausgesteckt, so rief er entzückt:

„Ja, sie sitzt da drüben auf dem platten Dache."

„Frau oder Mädchen?"

„Weiß nicht. Es ist eine Schwarze."

„Alt oder jung?"

„Wohl jung. Bei den Negerinnen kann man das Alter nicht so genau erkennen. Aber fett ist sie, sehr fett! Alle Teufel! Jetzt blickt sie herüber!"

„Und sieht Sie, Mylord?"

„Natürlich!"

„Dann ist sie natürlich ausgerissen?"

1*

„Fällt ihr nicht ein. Sie bleibt sitzen und guckt mich an —"

„Freundlich?"

„Sehr! Ich sehe alle Zähne."

„Ah, die ist zahm."

„Ja, sie scheint sehr kirre zu sein."

„Was macht sie denn eigentlich da oben?"

„Ich weiß nicht. Sie heftelt an einem Tuche herum. Ich glaube, sie flickt. Höre, Smith, was heißt Liebe?"

„Mahabbe."

Sofort flüsterte der Lord hinüber: „Mahabbe, mahabbe!"

„Was antwortet sie denn?" fragte auf der halben Treppe neugierig der Steuermann.

„Sie nickt und lacht."

Jetzt hörte der Steuermann ein eigentümliches Ge= räusch. Er erriet sogleich, was es war, fragte aber doch:

„Was thun Sie?"

„Ich gebe ihr ein paar Kußhändchen."

„Und was antwortet sie?"

„Sie nickt und lacht wieder. Und horch! Sie sagte da soeben etwas herüber."

„Was?"

„Ach, und jetzt thut sie verschämt und reißt aus; aber ich habe das Wort doch verstanden. Es hieß Asije."

„Das heißt Abend."

„Donnerwetter! Steuermann, was meinst du?"

Bei dieser Frage kam der Lord die Treppe herab= gestiegen.

„Hm!" schmunzelte Mister Smith.

„Ja!" schmunzelte auch der Lord. „Ich glaube, sie hat mich für den Abend bestellt."

„Sicher."

„Was sagst du dazu?"

„Na, eine Schwarze!"

„Aber immerhin eine Haremsfrau!"

„Nigger!"

„Ich gebe ihr ein paar Kußhändchen," sagte der Lord.
(Seite 4.)

„Kann aber das Kutschelied singen. Dazu gehört doch politische und kriegerische Bildung. Man könnte ganz leicht hinüber. Die Gasse ist kaum zwei Meter breit. Man brauchte keine solchen Sprünge zu wagen, wie die des Mister Steinbach und Normann damals in das Boot hinüber. Wo sie nur stecken mögen! Welch eine Dummheit! Quartieren sich da in ein französisches Hotel ein! Die werden zeit ihres Lebens auch keine richtigen Araber. Unsereins bringt es schon weiter."

„Ich denke, sie studieren gerade jetzt die Wüste."

„Wieso?"

„Nun, sie haben sich doch verabschiedet, um die Königin der Wüste aufzusuchen."

„Ach so! Aber auch nur Steinbach und Wallert. Dieser Normann aber ist zurückgeblieben mit seiner Tschita, um sie zu bewachen, damit sie ihm nicht wieder gestohlen werde. Na, übel nehmen kann ich es ihm nun zwar nicht. Was?"

„Nein, Eure Lordschaft!"

„Ja. Sie ist ein Mädchen, wie ein Blümchen. Man möchte nur so immer daran riechen. Leider aber dürfen wir das nicht. Wollen also weiter Arabisch lernen und heute abend passen wir auf, ob unsere Schwarze kommt."

„Wollen Eure Lordschaft wirklich hinüber?"

„Ja, ich möchte!"

„Aber bitte, ein Lord Englands und eine Niggerin!"

Der Lord war ein eigen gearteter Mann, von keinem anderen als dem Steuermann ließ er sich eine solche Vorstellung machen. Er antwortete daher ganz so, als ob er ihm Rechenschaft schuldig sei:

„Ja, siehst du, da drüben in dem Fensterloche habe ich so ein feines, schönes, weiches und weißes Frauenzimmerangesicht gesehen. Wer diese hübsche Lady ist, möchte ich wissen. Die Schwarze, ihre Dienerin, geht mich gar nichts an."

„Aber, wie wollen Sie das erfahren, Mylord?"

„Sehr einfach, indem ich eben mit der Schwarzen spreche. Ich frage sie nach ihrer Herrin."

„Das können Sie nicht. Sie sind ja der arabischen Sprache gar nicht mächtig."

„Oho!" antwortete der Lord in stolzem Tone. „Ich habe sie doch von dir gelernt."

„Von mir? O, da sind Sie freilich schlimm daran. Ich kann selbst nur wenig. Mein Schüler weiß also noch viel weniger. Nein, das geht nicht. Wenn Sie durchaus über die schöne Unbekannte etwas erfahren wollen, so müssen wir es anders anfangen."

„Nun, wie denn?"

„Nicht Sie, sondern ich möchte mit der Schwarzen sprechen. Ich kann mich ihr noch eher verständlich machen."

„Hm! Der Gedanke ist allerdings nicht schlecht."

„Nicht wahr? Soll ich heute abend einmal hinüber springen, wenn sie kommt?"

„Ja, wollen es auf diese Weise versuchen. Du wirst mir dann Bericht erstatten. Vielleicht giebt es eine Entführung, die besser gelingt, als es in Konstantinopel und Tunis der Fall war!"

Der gute Lord merkte gar nicht, daß er im Eifer des Gespräches seinen Steuermann bald du und bald Sie nannte, aber er hatte ein schönes Mädchen gesehen, er dachte, daß da vielleicht eine Entführung zu stande gebracht werden könne, und dieser Gedanke nahm ihn so in Beschlag, daß er für so kleine Aeußerlichkeiten keine Aufmerksamkeit übrig hatte.

Der Tag verging, und es wurde Abend. Da stiegen die beiden Männer, Herr und Diener, die Treppe hinauf auf das platte Dach des Hauses und setzten sich dort auf Strohdecken nieder, um zu warten, ob die Negerin sich drüben einstellen werde.

Aber es dauerte lange, lange Zeit, und sie wollte immer noch nicht erscheinen. Schon war der Mond aufgegangen und warf sein magisches Silberlicht über die Straßen und Häuser Kairos. Die Gasse, die der

Lord bewohnte, lag einsam, aber von fern her drang aus den belebteren Straßen der Stadt das Geräusch des Lebens, das bewies, daß die Bevölkerung sich noch nicht zur Ruhe begeben habe.

Das Haus war hoch, sodaß die beiden Männer die Dächer der umliegenden Häuser, so weit der Mond= schein dies erlaubte, zu überblicken vermochten. Kein Mensch war zu sehen. In diesem Viertel wohnten streng= gläubige Muhammedaner, die zeitig ihr Lager aufsuchen, um bei dem ersten Gebete des Tages, das für die Zeit des Sonnenaufganges vorgeschrieben ist, wieder munter zu sein.

Dem Engländer wurde die Zeit lang. Er brummte verschiedene Male recht unmutig vor sich hin und meinte endlich:

„Sie scheint nicht zu kommen. Gehen wir wieder hinab!"

„Vielleicht ist es besser, wir warten noch, Mylord."

„Ja, und holen uns eine Augenentzündung!"

„In dieser schönen Abendluft?"

„Gerade in dieser Luft. Sie scheint balsamisch zu sein, ist aber im höchsten Grade heimtückisch. Der Fremde hat sich hier in acht zu nehmen. Besonders soll er sich hüten, des Nachts außerhalb des Zimmers zu sein. Es hat da schon mancher sein Augenlicht verloren."

„So werden wir überhaupt darauf verzichten müssen, mit der Schwarzen zu sprechen. Bei Tag kann dies nicht geschehen, und des Abends werden wir blind."

„Na, so schlimm ist es gerade nicht, und — — da! Siehst du etwas, he?"

„Ja."

„Ich glaube, dort aus der Dachöffnung guckt ein schwarzer Kopf hervor. Das wird sie sein!"

„Sie ist es, ja, sie kommt herauf. Sehen Sie!"

Der schwarze Kopf drüben stieg höher, bald kam der Körper zum Vorschein, und jetzt schob sich die ganze Gestalt aus der Treppenöffnung auf das Dach. Die

Schwarze sah sich vorsichtig um, blickte dann herüber und erkannte die beiden. Da kam sie näher herangeschritten, ganz bis an den Rand des Daches.

„Soll ich?" fragte der Steuermann leise.

„Natürlich!"

Nun stand ersterer auf, ging auch seinerseits bis an den Rand des Daches und grüßte nach der Art der Muhammedaner:

„Sallam!"

„Sallam!" antwortete sie. „Sprich leiser, damit kein Mensch es hört. Und laß dich nieder. Wenn wir so aufrecht stehen bleiben, können wir sehr leicht gesehen werden."

„Soll ich nicht hinüberkommen?"

„Der Raum ist zu breit. Du wirst hinab auf die Gasse stürzen."

„O nein! Tritt zurück. Ich komme!"

Damit holte er aus, und ein kühner Sprung brachte ihn an ihre Seite.

„So!" lachte er leise. „Da bin ich. Nun können wir uns setzen und miteinander plaudern."

„Komm!" entgegnete sie darauf, ergriff ihn bei der Hand und führte ihn einige Schritte weiter, wo an der Westseite des Daches ein geflochtener Schirm angebracht war, der dazu diente, die Bewohner des Hauses, wenn sie sich am Tage auf dem Dache befanden, vor dem glühenden, austrocknenden und oft mit feinem, staubartigen Sand geschwängerten Wüstenwind zu schützen.

Dort zog sie ihn neben sich nieder, betrachtete ihn zunächst ein Weilchen sehr aufmerksam und sagte dann:

„Wie groß und stark du bist, viel größer und stärker als die Bewohner dieses Landes. Wo bist du her?"

„Aus dem Lande der Riesen."

„Das muß wohl so sein, denn deine Hand ist viermal so groß als die meinige. Was arbeitest du?"

„Ich schiebe die Schiffe über das Meer."

„Ja, eine solche Körperkraft scheinst du allerdings

zu haben. Was ist aber der andere, der noch da drüben sitzt?"

„Er ist der König der Riesen."

„Haben die Riesenkönige so kleine Nasen?"

„Ja. Sobald ein Riesenkönig den Thron besteigt, muß er sich nach altem, heiligen Brauche die Spitze seiner Nase abbeißen. Erst dann, wenn er dieses Kunststück fertig bringt, ist er würdig, sein Land und sein Volk zu regieren."

„O Allah! Was giebt es doch für wunderbare Völker!"

„Ihr selbst seid ja auch wunderbar."

„Warum?"

„Weil ihr eine so schwarze Haut habt."

„Das ist doch nichts Wunderbares! Viel wunderlicher ist es, daß die eurige so hell ist. Ich betrachte meine Herrin sehr oft im stillen, um zu sehen, woran es liegt, daß sie gar keine Farbe hat, aber ich kann die Ursache nicht finden."

„Wer ist denn deine Herrin?"

„Sie ist eine sehr vornehme Sultana."

„Und wer ist ihr Sultan?"

„Das habe ich mich auch schon sehr oft gefragt, aber ich finde keine Antwort darauf."

„Nun, wenn sie eine Sultana ist, muß sie doch einen Sultan haben?"

„Du meinst, einen Herrn?"

„Einen Mann."

„Das verstehe ich nicht. Bei uns giebt es nur Herren. Als sie in dieses Haus zog, war ihr Herr bei ihr. Jetzt aber ist er fort."

„Wohin?"

„Das weiß ich nicht. Sie hat es mir nicht gesagt. Sie spricht gar nicht von ihm."

„Du sagst, ‚als sie in dieses Haus zog', es gehört ihm also nicht?"

„Nein."

„Ah, so ist er arm?"

„Nein, er ist vielmehr sehr reich. Er ist aber nicht von hier."

„Kein Aegypter?"

„Nein, trotzdem er unsere Kleidung trägt. Beide verstehen die Sprache des Landes, aber wenn sie allein waren, so sprachen sie eine andere Sprache."

„Welche?"

„Auch das weiß ich nicht. Ich glaube aber, daß

es eine Sprache der Franken ist."

„So ist sie vielleicht gar nicht Muhammedanerin?"

„Sie hält die Gebete des Islam nicht ein. Sie geht zwar nicht aus, und selbst wenn sie auf das Dach steigt, um die frische Luft zu genießen, so trägt sie den Schleier, aber sie betet nicht zu Allah."

„Sie betet wohl gar nicht?"

„O, sie betet gar viel und oft. Sie weint sogar dazu und seufzt und faltet die Hände, als ob sie einen stillen Jammer im Herzen trage, und ruft dabei die Namen eines fremden Gottes an."

„Welcher Gott mag das sein?"

„O, ich kenne seine Namen. Sie hat sie so oft genannt, wenn sie glaubt, allein zu sein, daß es mir leicht geworden ist, sie mir zu merken, obgleich ich ähnliche Namen noch niemals gehört habe. Zuweilen nennt sie ihren Gott Oskar."

„Oskar?" fragte der Steuermann überrascht.

„Ja."

„Da mußt du dich doch wohl verhört haben!"

„O nein. Ich habe diesen Namen sehr deutlich gehört. Dann faltet sie stets die Hände und ruft seufzend: O Oskar, mein lieber, lieber Oskar!"

„Sapperment! Und da meinst du, daß dies der Name ihres Gottes sei?"

„Natürlich! Sie faltet ja die Hände dabei, und das thut man doch nur, wenn man betet."

„Ach so! Du bist wirklich ein sehr kluges Mädchen! Wie ist denn der andere Name dieses Gottes?"

„Steinbach."

Der Steuermann wäre vor Ueberraschung fast von seinem Sitze aufgesprungen.

„Steinbach? Oskar Steinbach?" fragte er erstaunt.

„Ja. Aber so sprich doch nicht so laut! Wenn man uns hört, so bin ich verloren."

„Wieso?"

„Ich bin nur die Sklavin des Besitzers dieses Hauses. Ich habe die Fremde zu bedienen, so lange sie bei uns wohnt, und darf mit keinem Menschen von ihr sprechen. Wenn mein Herr bemerkte, daß du hier auf dem Dache bei mir bist, so würde ich eine Strafe erhalten, die ich wohl nicht überleben könnte."

„Oskar Steinbach! Wunderbar!"

„Nicht wahr, das ist ein Gott?"

„Nein, es giebt aber einen Menschen, der diesen Namen trägt."

„Allah l'Allah! Also betet sie nicht!"

„Nein."

„Warum aber faltet sie die Hände, wenn sie diesen Namen nennt? Warum seufzt sie dabei, wie man nur seufzt, wenn man zu Allah betet, daß er einen aus einer Gefahr erretten solle? Warum klagt sie? Warum weint sie? Warum jammert sie nach Befreiung?"

„Thut sie das denn?"

„Ja. Und das begreife ich nicht. Sie ist nicht etwa gefangen. Sie könnte ausgehen und wiederkommen, wann und so oft es ihr beliebt. Nur soll sie mich mit= nehmen, und ich habe dann genau aufzumerken, mit wem sie spricht und was sie redet."

„Wer hat dir das befohlen?"

„Mein Herr, und der hat diesen Befehl von dem Herrn der Fremden empfangen. Sie aber geht gar nicht fort. Wenn sie in ihrem Zimmer ist, und ich schlafe vor ihrer Thür, so höre ich, daß sie immer und fast während der ganzen Nacht ruhelos auf= und abgeht und dabei die beiden Namen nennt. Sie spricht viel in einer Sprache, die ich nicht verstehe; aber sie redet auch arabisch, und da höre ich, daß sie um Rettung fleht."

„Das ist sehr wunderbar, sehr geheimnisvoll! Ist sie gut gegen dich?"

„So gut, daß ich ihr mein ganzes Herz geschenkt habe. Wenn ich sie retten könnte, würde ich es sofort thun, aber ich weiß doch gar nicht, aus welcher Gefahr sie errettet sein will."

„Hast du sie nicht einmal danach gefragt?"

„Nein. Ich wollte wohl zuweilen, aber ich getraue es mir nicht. Sie ist eine Sultana, so schön, so licht, so herrlich, als ob sie aus Allahs höchstem Himmel herniedergestiegen sei. Woher soll ich da den Mut nehmen, von Dingen mit ihr zu sprechen, die sie mir verschweigt!"

„Weißt du, wie sie heißt?"

„Wir müssen sie Gökala nennen."

„Gökala! Hm! Warte!"

Der Steuermann sann eine ganze Weile nach. Dieses schöne, geheimnisvolle Wesen nannte Steinbachs Namen. Es war unglücklich, es sehnte sich nach Rettung. Es mußte daher Steinbach kennen und sich in einer Lage befinden, aus der es befreit zu werden wünschte. So fragte er denn endlich weiter:

„Würdest du gern etwas thun, worüber sie Freude hat?"

„Ist es gefährlich für mich?"

„Ganz und gar nicht."

„Was ist es?"

„Ich möchte mit Gökala sprechen."

„Das ist unmöglich."

„Warum?"

„Sie wird es nicht thun wollen. Was soll ich ihr auch sagen? Ich kann doch nicht verraten, daß ich hier oben mit dir eine heimliche Zusammenkunft gehabt habe. Sie würde mir über alle Maßen zürnen."

„O nein, ganz und gar nicht. Sie würde dir vielmehr im höchsten Grade dankbar sein."

„Denkst du das wirklich?" fragte sie zweifelnd.

„Ganz gewiß! Was thut sie jetzt?"

„Sie befindet sich in ihrer Stube. Ich weiß nur, daß sie noch nicht schläft."

„Und der Herr des Hauses und die anderen Bewohner desselben, was thun diese?"

„Auch sie schlafen."

„Nun, da ist doch gar keine Gefahr dabei. Hast du vielleicht bereits einmal das Wort Deutschland gehört?"

„O ja. Man spricht in allen Harems von diesem Lande. Die Bewohner desselben werden Deutsche genannt. Sie führten einst einen großen Krieg gegen den Kaiser der Franken; sie besiegten ihn in allen Schlachten und nahmen ihn sogar gefangen."

„Gut! So gehe einmal hinab zu dieser Gökala, und frage sie, ob Oskar Steinbach ein Deutscher sei.

Ist er das, so sage ihr, daß ich ihn kenne und daß sie zu mir kommen solle, wenn sie Rettung wünscht."

„Sie wird dies nicht thun."

„Doch, sie wird kommen; darauf kannst du dich verlassen. Sage ihr nur auch, daß ich sogar in der Sprache der Deutschen mit ihr sprechen kann."

„Ich möchte dies nicht gerne. Es ist zu gefährlich."

„Es ist im Gegenteile gar keine Gefahr dabei. Ich werde dich doch nicht etwa verraten, und sie wird es auch nicht thun."

„Aber sie wird dadurch erfahren, daß ich sie belauscht habe!"

„Nein. Wenn du vor ihrer Thüre schläfst, mußt du ja hören, was sie spricht; dazu ist es gar nicht nötig, daß du die Lauscherin machst. Uebrigens verlange ich dies nicht etwa umsonst."

Das gab der Sache sofort eine andere Wendung. Eine schwarze Sklavin, die sich ein Bakschisch verdienen kann, läßt die Gelegenheit dazu gewiß nur vorübergehen, wenn die vollste Notwendigkeit des Verzichtes vorliegt.

„Du willst mir etwas schenken?" fragte sie schnell.

„Ja."

„Was? Geld?"

„Natürlich. Wieviel willst du?"

„Gieb mir einen Piaster. Ich will mir schon seit langer Zeit eine goldene Nadel in mein Haar kaufen und habe doch kein Geld dazu."

Der Steuermann lachte leise vor sich hin. Ein Piaster ist nicht ganz zwanzig Pfennige. Und für diese Summe wollte sie sich eine goldene Nadel kaufen! Das war natürlich im höchsten Grade spaßhaft, zumal sie es in solchem Ernste sagte. Er zog also ein Geldstück hervor, drückte es ihr in die Hand und sagte:

„Hier hast du fünf Piaster. Bist du zufrieden?"

„Fünf Pi — —"

Das Wort blieb ihr im Munde stecken. Sie hatte in ihrem ganzen Leben nicht fünf Piaster als Eigentum

beseſſen; ein einziger bildete bereits einen Reichtum für
ſie, die ja eine Sklavin war. Sie hielt daher das Geld=
ſtück gegen den Mond, ſodaß es in ſeinem Scheine
funkelte, und ſagte:

„Fünf Piaſter! Iſt das dein Ernſt?“

„Ja.“

„Herr, du mußt ſehr reich ſein!“

„Das bin ich freilich.“

„Sind alle Rieſen ſo reich?“

„Alle! Wir haben ſo viele Piaſter, wie in der
Wüſte Sandkörner liegen.“

„O Allah! Was ſeid ihr für glückliche Leute! Ich
laſſe mir dieſes Geld wechſeln, hänge einen Piaſter an
jedes Ohr, und für die drei übrigen kaufe ich mir Nadeln.“

„Dann wirſt du ſo ſchön ausſehen, daß alle jungen
Männer dich zu ihrer Sultana begehren werden.“

„Meinſt du?“

„Ja, denn du biſt auch ohne Nadeln und Ohr=
gehänge ein ſehr ſchönes Mädchen.“

„Gefalle ich dir wirklich? Nun, ſo will ich es
auch wagen, für dich hinunter zur Herrin zu eilen.“

„Soll ich hier warten oder einſtweilen wieder zu
uns hinüber gehen?“

„Warte lieber hier. Gleich aber werde ich wohl
nicht zurückkehren, denn ich muß erſt erforſchen, was die
Herrin für eine Laune hat.“

Damit ſtand die Negerin auf und ſtieg zur Treppe
hinab. Dieſe war von Holz und ſehr ſchmal, mehr eine
Stiege als eine Treppe. Die Stufen führten nach einem
engen, jetzt dunklen Gange. Aus dieſem trat die Schwarze
in eine Art Vorſtübchen. An der Thür, die von da
ſich nach Gökalas Zimmer öffnete, blieb die Schwarze
lauſchend ſtehen. Ein leiſes, ununterbrochenes Geräuſch
ſagte ihr, daß die Herrin noch nicht ſchlafe, ſondern in
dem Zimmer auf= und niedergehe. Sie nahm nun allen
ihren Mut zuſammen und öffnete leiſe.

Die Stube, in die ſie trat, war etwas größer

als der Vorraum, nur weiß getüncht und ebenso einfach, fast ärmlich eingerichtet. In einem thönernen Leuchter brannte ein Licht.

Gökala, ja, sie, die in Konstantinopel die Freundin der Prinzessin Emineh gewesen war, bewohnte jetzt dieses armselige Lokal! Als sie das Oeffnen der Thür hörte und die Schwarze erblickte, war sie erstaunt.

„Was willst du noch?" fragte sie, doch keineswegs unfreundlich. „Wir haben uns doch bereits den Nacht= gruß gegeben."

„Zürne mir nicht, o Herrin!" bat die Gefragte. „Ich bin gekommen, um dich nach dem Lande der Riesen zu fragen. Kennst du es?"

„Das Land der Riesen? Nein."

„Aber es giebt doch eins!"

„Es wird in vielen Märchen von diesem Lande erzählt."

„O, es ist kein Märchen. Es giebt wirklich ein Volk der Riesen, dessen König sich die Spitze der Nase abbeißen muß, wenn er den Thron besteigt."

„Wirklich?" fragte Gökala lächelnd. „Wer hat dir das gesagt?"

„Einer, der selbst ein solcher Riese ist."

„Wo? Wohl im Traume?"

„O nein."

„Kind, du hast doch geträumt!"

„Ich bin doch heute nicht schlafen gegangen!"

„Heute also hat er es dir gesagt?"

„Ja, soeben jetzt. Er redet die Sprache der Deutschen."

Das versetzte Gökala in Erstaunen.

„Die Sprache der Deutschen?" fragte sie schnell. „Was weißt und was verstehst du von dieser Sprache?"

„Gar nichts; aber ich soll dir sagen, daß er diese Sprache spricht. Und ich soll dich auch fragen, ob Oskar Steinbach zum Volke der Deutschen gehört."

„Herrgott! Oskar Steinbach! Mädchen, was fällt dir ein! Was redest du?"

Gökala war zurückgewichen, dann aber schnell auf die

Schwarze zugetreten, faßte sie bei den Schultern und blickte ihr erregt in das Gesicht.

„Ich dachte es mir, daß du mir zürnen würdest!" klagte die Sklavin.

„Nein, nein, ich zürne dir nicht. Aber sage mir, was du meinst! Du nennst Steinbachs Namen. Was weißt du von ihm?"

„Ich habe ihn von dir gehört."

„Von mir? Ich habe ihn dir nie genannt."

„Nein. Aber wenn du denkst, daß ich draußen schlafe, so nennst du ihn immer und unaufhörlich."

„Ah, so! Hast du davon auch zu dem Wirte ge= sprochen?"

„Kein Wort."

„Thue es ja nicht; ich bitte dich darum! Aber Kind, Mädchen, woher weißt du, daß er ein Deutscher ist?"

„Ich sollte dich danach fragen. Der Riese gebot es mir."

„Der Riese! Er existiert also nicht nur in deiner Phantasie und im Märchen. Wo ist er denn?"

„Droben auf dem Dache."

„Allah! Was fällt dir ein! Ist etwa ein fremder Mann auf dem Dache?"

„Verzeihe, Herrin! Ja, er ist oben. Sage es aber meinem Herrn nicht; sonst schlägt er mich tot."

„Was hast du gethan!"

Gökala ergriff das Licht, leuchtete in das Vorzimmer und auf den Gang hinaus, um sich zu überzeugen, daß kein Lauscher vorhanden sei, und sagte dann, nachdem sie die Thür sorgfältig wieder geschlossen hatte, vorwurfsvoll:

„Warum hast du ihm das erlaubt?"

Die Schwarze befand sich in großer Angst. Sie antwortete, vor Furcht weinend:

„Ich habe dich so lieb. Ich wollte dich gern retten und konnte doch nicht."

„Mich retten? Inwiefern habe ich denn Rettung nötig?"

„Du betest ja immer um Hilfe, wenn du denkst, daß ich schlafe. Da drüben in dem anderen Hause aber wohnen zwei Riesen; der eine ist der König mit der halben Nase, und Riesen sind so stark und mächtig, und ich dachte, sie könnten dich retten, und als mir der König heute am Tage winkte, erlaubte ich ihm, des Abends auf das Dach herüber zu kommen."

„Was hast du da gethan! Ich glaube gar, du hast

zu ihm von mir gesprochen?"

„Es ist ja nicht der König, sondern nur sein Diener. Es ist ein so guter Herr. Siehe, was er mir gegeben hat!"

Und nun erzählte die Schwarze ausführlich, was zwischen ihr und dem Steuermann gesprochen worden war. Dann kniete sie vor Gökala nieder, um sich deren Verzeihung zu erbitten. Diese aber gebot ihr, aufzustehen, und sagte:

„Ja, ja, jetzt begreife ich dich vollständig. Ich gehe

hinauf, aber du wirst niemals zu irgend einem Menschen auch nur ein Wort davon sprechen!"

„Nie, o Herrin! Ich schwöre es dir!"

„Gut! Geh' jetzt vor an die Treppe, die nach unten führt, und halte Wache, daß ich nicht überrascht werde!"

Die Sklavin gehorchte, und Gökala stieg hinauf nach dem Dache. Als der Steuermann ihre hohe, weiß ge= kleidete Gestalt erblickte, erhob er sich schnell von seinem Sitze. Sie aber winkte und sagte:

„Bleib' sitzen, Fremdling. Auch ich muß mich zu dir setzen, damit man uns nicht bemerkt. Wer ist der Mann, der da drüben sitzt?"

„Mein Herr."

„Der König der Riesen?"

„O, das war nur ein Scherz, den ich mir mit der Schwarzen machte. — Aber das Arabische ist mir nicht sehr geläufig. Wollen wir uns nicht einer anderen Sprache bedienen?"

„Welcher? Vielleicht der deutschen?"

„Sehr gern! Also wirklich! Sie sprechen deutsch?"

„Ja," antwortete sie. „Ich war im höchsten Grade erstaunt oder vielmehr betroffen, als ich von der Dienerin hörte, daß ein Mann, den sie einen Riesen nannte, sich auf dem Dache befinde und mich zu sprechen begehre."

„Verzeihung, Mylady! Das ist eine sehr eigen= tümliche Geschichte. Wir wohnen da drüben. Heute sahen wir Ihre Schwarze und machten ihr zum Scherze einige Pantomimen. Dann fragte sie mein Herr, ob sie heute abend ein bißchen auf das Dach kommen wolle, und sie sagte zu. So oder ähnlich war es. Sie kam darauf und ich sprang zu ihr herüber, sprach mit ihr von ihrer Herrin, also von Ihnen, und nun erzählte sie mir schließlich, daß Sie, wenn Sie sich allein wähnen, zu einem Gotte beten, der zwei fremde Namen habe, nämlich Oskar und Steinbach."

Gökala fühlte sich ein wenig verlegen. Dieser Mann

dachte sich gewiß das Richtige; aber sie ließ sich von dieser Verlegenheit nichts merken, sondern fragte unbefangen:

„Sind Ihnen vielleicht diese beiden Namen bekannt?"

„Sogar sehr gut, Mylady."

„Woher?"

„Der Herr, der so heißt, hat sich in den letzten Wochen in unserer Gesellschaft befunden."

„Was ist der Herr, von dem sie sprechen?"

„Hm! Das weiß ich freilich nicht so recht. Er scheint trotz des einfachen Namens etwas Großes und Vornehmes zu sein, da der Bei von Tunis — — —"

„Tunis?" fiel sie schnell ein. „Er war in Tunis?"

„Ja."

„Ah, das stimmt! Er hatte das seinem Schreiber telegraphiert. Und wo war er vorher?"

„In Konstantinopel."

„Stimmt, stimmt!"

Gökala sagte das vor Freude so laut, daß der Steuermann sich veranlaßt fühlte, zu warnen:

„Bitte, bitte, Mylady, wollen wir nicht ein wenig leiser sprechen?"

„Sie haben recht. Aber ich freue mich so unendlich, zu hören, daß er wirklich noch lebt."

„Na, tot ist er allerdings nicht. Freilich war er in Konstantinopel sehr nahe daran, aus dieser Zeitlichkeit ab= und in die Ewigkeit hinüberzusegeln."

„Wieso?"

„Man hatte ihn in das Wasser gestürzt."

„Wie? Das wissen Sie?"

„Na, wir sind es ja, die ihn herausgefischt haben!"

„Sie, Sie also! Er lebt! Er lebt wirklich! Gott sei Dank, tausend, tausend Dank! Sie bringen mir da eine Botschaft von unendlichem Werte, Herr — aber ich weiß noch gar nicht, wie ich Sie nennen soll."

„Sagen Sie Smith, Mister Smith!"

„So sind Sie Engländer?"

„Ja."

„Und Ihre Eigenschaft?"

„Ich bin Steuermann."

„So ist der Herr da drüben wohl Ihr Kapitän?"

„Nein, sondern vielmehr mein Rheder, der Besitzer unserer Jacht, Lord Eagle-nest."

„Ein Lord! Ah so! Und ist Herr Steinbach noch in Tunis?"

„Nein, sondern in Egypten."

„Bereits? Ich wußte allerdings, daß er die Absicht hatte, hierher zu kommen."

„Er ist mit unserer Jacht hier gelandet. Sie liegt unten im Nilhafen und wartet auf weitere Ordre."

„Und Herr Steinbach ist auch in Kairo?"

„Nicht augenblicklich, er ist vielmehr für einige Zeit verreist."

„Wohin?"

„Zur Königin der Wüste."

„Diesen Namen habe ich noch nicht gehört. Aus dem, was Sie sagen, schließe ich, daß er wohl mit dem Lord einigermaßen befreundet ist?"

„Befreundet? Na, sogar sehr dicke Freunde sind diese beiden. Wollen Sie mit Mylord sprechen?"

„Ja. Wird er herüber kommen können?"

„Besser als ich. Seine Beine sind ganz geeignet dazu. Ich werde ihn schicken, Mylady."

Der Steuermann verließ Gökala und sprang auf das jenseitige Dach zurück. Dort saß der Lord noch immer. Die Zeit war ihm sehr lang geworden. Darum sagte er jetzt, tief aufseufzend:

„Endlich, endlich! Mensch, was fällt dir ein, mich hier eine solche Ewigkeit sitzen zu lassen!"

„Es ging nicht anders, Mylord!"

„Wie? Was? Es ging nicht anders? Erst scharmierst du mit der Schwarzen, und nachher poussierst du die Weiße, während ich hier sitze und mir das Wasser im Mund zusammen laufen lassen muß, daß es tropft wie aus einer Dachrinne! Du sollst die neunschwänzige Katze bekommen, und wie!"

„Bitte, Mylord! Vom Poussieren ist gar keine Rede. Denken Sie sich, die Dame da drüben ist eine gute Bekannte von Mister Steinbach! Sie hat mich nach ihm gefragt. Und nun soll ich Sie hinüberschicken. Sie wünscht mit Ihnen zu sprechen."

„Sapperment! So sag' wenigstens, ob sie hübsch ist!"

„Hübsch! Donnerwetter! Was heißt hübsch! Hübsch ist tausendmal zu wenig! Schön sieht sie aus, wunderschön! Sie ist ein Bild, ein Engel, eine Fee! Wenigstens nach meinem Geschmack, Mylord! Sie ist außerdem unverschleiert, und der Mond scheint ihr ins Gesicht. Das ist ein Gesicht! Wie Watte und Sirup!"

„Dummer Vergleich!"

„Na, Watte ist weiß und Sirup ist rot!"

„So sagt man doch lieber, wie Milch und Blut!"

„Blut klingt zu mörderisch!"

„Meinetwegen! Also schön ist sie, sehr schön! Verteufelt, verteufelt! Hat sie einen Mann?"

„Ich glaube nicht. Sie scheint noch ledig zu sein, hat aber einen, der auf sie aufpaßt."

„So ist er eifersüchtig. Ah, die wird entführt, so gewiß, wie ich Eagle-nest heiße! Endlich, endlich wird es einmal Ernst! Na, die lasse ich mir nicht wieder entgehen, wenn ich sie einmal fest habe. Ich gehe jetzt."

Darauf sprang der Lord hinüber.

So ganz zuversichtlich, wie er dem Steuermanne gegenüber that, war ihm aber doch nicht zu Mute. Und ein gar eigentümliches Gefühl beschlich ihn, als er jetzt eine halblaute, sonore und höfliche Stimme in deutscher Sprache hörte:

„Willkommen, Mylord! Nehmen Sie hier neben mir Platz, und verzeihen Sie mir, daß ich recht gern von unserem beiderseitigen Bekannten Herrn Steinbach etwas hören möchte. Ihre Gegenwart ist mir natürlich erwünschter, als diejenige Ihres Steuermannes."

Das war das reinste, schönste Deutsch; aber eine Deutsche entführt man doch nicht aus dem Harem!

„Himmelsapperment!" entfuhr es ihm daher.

„Wie meinten Sie?" fragte sie lächelnd.

„Entschuldigung, Fräulein! Ich fluchte ein bißchen."

„Fast schien es so! Darf ich vielleicht erfahren, was Sie so sehr in Zorn versetzt?"

„Na, Zorn ist es eigentlich nicht, sondern es ist so etwas wie Aerger oder Enttäuschung."

„Sind Sie von mir oder über mich enttäuscht?"

„Es scheint so."

„Es scheint nur so? Sie müssen es doch genau wissen. In welcher Beziehung enttäuschte ich Sie denn?"

„In Bezug auf die Entführung."

„Ich verstehe Sie nicht."

„Nicht? Na, so will ich Ihnen aufrichtig sagen, daß ich die Absicht hatte, Sie zu entführen."

„Sie scherzen."

„Es ist mein vollster Ernst, Fräulein."

„Dann thut es mir leid, daß ich nicht zu denen gehöre, mit denen sich eine solche Absicht verwirklichen läßt."

„Also nicht! Hm! Ich bin doch zum Pech ge= boren! In Konstantinopel hatte ich eine beinahe fest, ich war schon im Garten, da aber schaffte man sie mir weg. In Tunis war ich mit zweien bereits aus der Stadt heraus, da wurden sie mir wieder abgejagt. Und hier ist es gar noch schlimmer. Sie sagen es mir gleich in das Gesicht, daß Sie sich nicht entführen lassen."

„Es schmerzt mich, Ihnen diese Betrübnis nicht er= sparen zu können."

„Na, gar so sehr groß ist die Betrübnis doch nicht. Wenn Sie es nicht sind, so ist es eben eine andere; aber entführt wird eine, und wenn sie hier in Kairo an= genagelt oder mit Goldlack angesiegelt wäre! Ich habe mir das einmal vorgenommen, und so wird es also auch ins Werk gesetzt."

„Wie ich sehe, sind Sie nicht untröstlich. Das be=
ruhigt mich außerordentlich. Ich besorgte bereits, Ihnen
mißfallen zu haben."

Der Lord war inzwischen Gökalas Aufforderung nach=

gekommen und hatte sich neben ihr an dem Schirme
niedergesetzt. Jetzt blickte er ihr forschend in das Gesicht.
Die Art und Weise, in der sie sich ausdrückte, war gar
nicht diejenige einer Morgenländerin. Es war ihm viel=

mehr, als ob er mit einer englischen oder französischen Hofdame sich in Konversation befinde, so sicher sprach sie mit ihm. Und doch erblickte er bei dem magischen Scheine des Mondes ein Gesicht, das allen Schönheitszauber des ganzen Orientes in sich vereinigte. Er war daher so hingerissen, daß er sich vollständig vergaß und anstatt der erwarteten Antwort hervorstieß:

„Alle Teufel, das wäre aber eine!"

„Wer? Was?" fragte sie verwundert.

„Wer? Sie natürlich! Ah, Sapperment! Entschuldigen Sie, Mylady! Aber Sie sind faktisch von einer solchen Schönheit, daß unsereiner sich und die ganze Welt vergessen könnte!"

„Sie haben eine eigene Art, sich einzuführen!"

„Einführen? Pah! Entführen möchte ich, und zwar Sie! Aber ich habe da in Deutschland ein Lied singen hören, dessen letzte Zeilen oder vielmehr dessen Refrain lauten:

> „Behüt' dich Gott, es wär' so schön gewesen,
> Behüt' dich Gott, es hat nicht sollen sein!"

Und so muß ich jetzt bei Ihnen denken. Wenn Sie mitgemacht hätten, auf meiner Jacht, den Nil hinab, ins Meer hinaus, weiter und immer weiter —"

„Bis wohin?"

„Nach London."

„Und wohin dort?"

„In den Traveller Klub. Ich hätte doch sagen können, daß ich eine Dame aus dem Harem entführt habe, gerade so, wie es in Mozarts Oper vorkommt."

Da stieß sie ein leises und melodisch klingendes Lachen aus und sagte:

„Jetzt verstehe ich Sie, Mylord. Sie reisen, um eine Dame aus irgend einem Harem zu entführen?"

„Yes!"

„Dann sind Sie ein echter Engländer."

„Yes! Ein Sohn Altenglands."

„So wünsche ich Ihnen, daß Sie recht bald Ge=
legenheit finden mögen, Ihren interessanten Plan aus=
zuführen. Haben Sie Herrn Steinbach erst auf dieser
Entführungstour kennen gelernt?"

„Ja. Früher hatte ich keine Ahnung von ihm.
Wie ich von meinem Steuermann höre, kennen auch
Sie ihn?"

„Vorübergehend nur, aber dennoch freut es mich,
Gelegenheit zu finden, etwas von ihm zu hören."

„Ja, das können Sie. Ich stelle mich zur Ver=
fügung. Was wollen Sie über ihn erfahren?"

„Alles, was Sie selbst wissen. Wie Sie mit ihm
bekannt wurden, und dann weiter und immer weiter bis
zu dem heutigen Tage."

„Mit größtem Vergnügen. Also hören Sie!"

Der Lord begann nun in seinem Berichte bei
Konstantinopel, wo er Steinbach auf dem Kirchhofe zum
ersten Male getroffen hatte. Und da er ihn lieb hatte
und die Hochachtung, die er ihm zollte, noch größer war
als die Liebe, so gewährte es ihm jetzt eine herzliche Be=
friedigung, von ihm sprechen zu können, und er vertiefte
sich so in den Gegenstand seines Berichtes, daß einige
Stunden vergingen, ehe er zu Ende kam.

„Und nun ist er zu der Königin der Wüste?" fragte
dann Gökala. „Wissen Sie, wer das ist?"

„Ich habe davon mehr flüstern als sprechen hören.
Sie ist die Regentin eines wilden Araberstammes. Das
ist alles, was ich von ihr weiß."

„Was will er dort?"

„Das ist mir unbekannt. Vielleicht hat er die Ab=
sicht, sie zu entführen."

„Wie es scheint, legen Sie Ihre eigenen Passionen
gern auch anderen unter," lachte sie.

„Na, diese Königin der Wüste soll eine sehr be=
rühmte Schönheit sein, und da er derselben ihre Schwester
bringt, weiß man nicht, was passieren kann! Er selbst
ist nämlich auch ein ungeheuer hübscher Kerl. Hm! Soll

ich Ihnen vielleicht einen Gruß besorgen, wenn er
zurückkommt?"

„Ja, einen Gruß und — wenn Sie mir die Ge=
fälligkeit erweisen wollen — einige Zeilen."

„Sehr gern. Wann darf ich mir den Brief holen?"

„Ich wohne und lebe hier ganz auf orientalische
Weise und habe also weder Papier noch das sonst Nötige
in meiner Klause. Ich muß mir es erst besorgen und
werde Ihnen daher durch meine Dienerin — — —"

„Nein, nein," fiel der Lord ein. „Das können wir
ja viel schneller machen. Warten Sie einen Augenblick!"

Dann stand er auf und sprang auf sein Dach hinüber,
um in der Treppenluke zu verschwinden. Als er zurück=
kehrte, hatte er ihr Papier, Couvert, Tinte und Feder
und sogar einen Wachsstock und Streichhölzer mitgebracht.

„Hier, Mylady!" sagte er. „Wenn es Ihnen be=
liebt, werde ich hier warten, bis Sie fertig sind."

„Sehr freundlich, Mylord. Ich werde von Ihrer
Güte natürlich sogleich Gebrauch machen."

Gökala nahm darauf das Schreibmaterial und begab
sich damit in ihr Zimmer, während er geduldig auf ihre
Wiederkehr wartete, aber an ihrer Statt kam schließlich
nicht sie, sondern die Schwarze und reichte ihm den Brief
nebst Wachsstock, Tintenfaß und Feder mit dem Worte
„Haun!" zurück.

„Hauen?" fragte der Lord verwundert. „Wer will
mich hauen? Oder soll ich etwa jemand hauen?"

„Chatrak!"

„Ja, trak? Wer ist denn dieser Trak, den ich
hauen soll?"

„Chatrak!" ertönte da abermals die Antwort der
Dienerin, dann zog sich diese in die Treppenöffnung
zurück, wurde die Klappthür niedergezogen und klirrte
ein Riegel.

„Donnerwetter!" meinte da der Lord. „Ich habe
einen sonderbaren Abschied erhalten. Die Schöne kommt
nicht selbst, sondern sendet mir ihre Schwarze. Diese

ruft „Haun, ja Trak!' und verschwindet dann hinter Schloß und Riegel! Sapperment, allzu höflich sind die Frauen hier nicht. Aber warte, morgen ist auch noch ein Tag."

Er kehrte nunmehr auf sein Dach zurück und stieg von da in sein Zimmer hinab, wo der Steuermann ihn schon erwartete.

„Da haben Eure Lordschaft allerdings sehr unrecht verstanden," meinte dieser lachend, als der Lord ihm den Schluß des Abenteuers berichtete. ‚Haun!' heißt so viel wie ‚hier.' Das hat die Schwarze gesagt, als sie Ihnen diese Sachen in die Hand gab. „Und ‚chatrak' heißt ‚lebe wohl'. Sie hat also gemeint, daß Sie gehen könnten."

„So also! Verdammte Sprache, diese arabische! Aber hier der Brief — ah, die Aufschrift ist in deutscher Sprache, ein kleines, zierliches Damenhändchen. Wer hätte das hier in dieser engen Gasse von Kairo gesucht oder erwartet! ‚Herrn Oskar Steinbach.' Sie macht es sehr kurz. Gerade eben so kurz war sie auch mit mir. Sie ist fortgegangen, ohne mir auch nur gute Nacht zu sagen."

„Mylord sind doch höflich mit ihr gewesen?"

„Natürlich! Ich bin gegen jedermann höflich, und gegen eine Dame sogar doppelt."

„Hm!"

„Hm? Was hast du zu brummen?"

„Mylord haben zuweilen so eine eigene Weise, höflich zu sein."

„Eine eigene Weise?"

„Man kann nämlich gerade durch allzu große Höflichkeit sehr unhöflich werden."

„Das weiß ich auch. Das brauchst du mir nicht zu sagen. Ich bin weder zu wenig, noch zu sehr höflich gewesen, sondern habe gerade das gethan, was recht ist."

„Haben Eure Lordschaft aber vielleicht wieder vom Entführen gesprochen?"

„Ja."

„Da hat man es! Haben Mylord dieser Dame gesagt, daß sie schön ist?"

„Natürlich."

„Da hat man es abermals."

„Was denn? Was hat man denn, he, wie?"

„Das sind doch zwei große Verstöße!"

„Verstöße? Unsinn! Verstöße kann ein Steuermann machen, nicht aber ein Lord von Altengland. Merke dir das! Uebrigens, wenn ich einen Fehler gemacht haben sollte, so ist das gar nicht so schlimm. Morgen ist wieder ein Abend, da steige ich nochmals hinüber und mache alles wieder gut!"

Aber leider hatte der ehrenwerte Lord sich da verrechnet. So viel er auch an dem Fensterloche stand, er sah am nächsten Tage weder Gökala noch die Schwarze, und als er dann am Abende hinübersprang auf das Nachbardach, fand er die Treppenluke verschlossen. Und so war und blieb es auch während der darauf folgenden Tage. — —

——————

2. Kapitel.

Als der Lord und die drei Freunde bei ihrer Verfolgung Ibrahim Paschas mit der Jacht in Alexandrien angekommen waren, hatte Steinbach sofort seinem Sekretär, dessen Adresse er kannte, telegraphiert, und dieser war ihm bis Schubra entgegengekommen, um ihn dort, wo die kleine Jacht angelegt hatte, zu begrüßen.

Vorher hatten sich sämtliche Passagiere der Jacht, also der Lord, Steinbach, Normann und Wallert, in Alexandrien alle Mühe gegeben, zu erfahren, ob Ibrahim Pascha mit Zykyma bereits eingetroffen sei, aber ihre Nachforschungen waren leider vergeblich gewesen.

Als der Sekretär in Schubra an Bord kam, trug er einen Orden auf der Brust, den er vorher nicht besessen hatte. Er war ihm vom Vicekönig für das Ueberbringen von Prinzessin Eminehs Porträt verliehen worden. Er meldete seinem Herrn, daß der Vicekönig sofort nach Empfang des Bildes wegen der Prinzessin in nähere Unterhandlungen mit dem Sultan getreten sei und Steinbach nun erwarte, um sich zu informieren. Und dann, als diese Angelegenheit erledigt war, fügte er noch hinzu:

„Und zuletzt habe ich Ihnen in einer privaten

Sache eine vielleicht wichtige Mitteilung zu machen. Ich bin nämlich in Gesellschaft eines Mannes in Alexandrien gelandet, der eine Dame bei sich hatte, die sich sehr für Sie, gnädiger Herr, zu interessieren schien."

„Wohl eine abendländische Familie?"

„O nein, der Mann schien vielmehr ein Morgenländer zu sein. Und von Familie war auch keine Rede, denn die

Dame war weder seine Frau noch seine Tochter oder eine sonstige Verwandte von ihm. Wenn ich mich recht erinnere, wurde sie Gökala genannt."

Steinbach sprang in allergrößter Ueberraschung von seinem Sitze auf.

"Gökala?"

"Ja, so war der Name."

"Sie müssen sich irren."

"O nein. Sie hat mir den Namen selbst genannt. Die Gesellschaft kam in einer kleinen Felucke an Bord."

"Wann sind Sie von Konstantinopel fort? Doch nicht etwa später als zu der Stunde, für die ich Sie expediert hatte?"

"Keinen Augenblick später."

"Dann kann Gökala nicht auf Ihrem Schiffe gewesen sein. Sie befindet sich jedenfalls noch in Konstantinopel. Ich war leider, leider gezwungen, so schnell abzureisen, daß ich mich weiter um sie nicht kümmern konnte."

"Ich hoffe doch nicht, daß wir zwei verschiedene Damen meinen, die einen und denselben Namen tragen?"

"Es kann kaum anders sein."

"Ich meine nämlich diejenige Gökala, mit der Sie am Abend vorher nach dem ,Baume der Mutter' spazieren gefahren sind."

"Und ich meine ganz dieselbe."

"So stimmt es also. Sie ist es."

"Sie soll mit Ihnen an Bord gewesen sein? Unmöglich! Der Russe müßte denn gerade sofort, nachdem er mich in das Wasser stürzte, mit ihr aus Konstantinopel abgereist sein."

"So ist es allerdings gewesen, und ein glücklicher Zufall fügte es, daß sie das Schiff bestiegen, auf dem ich mich bereits befand. Bitte, erlauben Sie mir, Ihnen den Vorgang zu berichten!"

Der Sekretär erzählte nunmehr, wie er Gökala in der Kajüte belauscht und dann mit ihr gesprochen habe. Steinbach befand sich in der allergrößten Aufregung.

Er hatte sich außerordentlich unglücklich gefühlt, so schnell und unvorbereitet Konstantinopel verlassen zu müssen, ohne vorher nach der Geliebten forschen zu können, und jetzt hörte er, daß sie sich auch dort nicht mehr befand.

„Und sie ist in Alexandrien gelandet?" fragte er.

„Ja."

„Natürlich haben Sie die Dame auch nicht einen Augenblick aus dem Auge gelassen?"

„Das war allerdings meine Absicht, gnädiger Herr."

„Absicht? Ah! Wollen Sie etwa damit sagen, daß es nur bei der Absicht geblieben ist?"

„Ich habe mir die möglichste Mühe gegeben!"

„Hoffentlich nicht ohne Erfolg. Ich muß unbedingt wissen, wo die Dame sich befindet. Gleich nachdem Sie mit ihr gesprochen hatten, mußten Sie begreifen, welchen Wert dies für mich hat."

„Ich wußte es und habe mich danach verhalten. Aber bitte, gnädiger Herr, bedenken Sie, daß ich Kurier war."

„Kurier, ja! Verdammt!"

„Es war mir ein Bild anvertraut, das ich dem Vicekönige ohne eine Minute Aufenthalt zu bringen hatte."

„Sie haben nicht unrecht — leider!"

„Dennoch blieb ich einen Tag und konnte so der Dame noch durch ein Zeichen zu verstehen geben, daß ich beim Betreten des Landes Ihre Depesche empfangen hatte. Auf diese Weise erfuhr sie wenigstens, daß Sie leben, daß Sie nicht ertrunken sind. Dann stellte ich mich auf die Lauer, bis der Russe mit ihr von Bord ging, folgte ihnen und erfuhr also, wo sie wohnten. Im Laufe des Tages forschte ich vorsichtig weiter und erhielt die Gewißheit, daß sie wenigstens eine volle Woche in dem Hause bleiben würde. Das beruhigte mich. Ich konnte also jetzt nach Kairo, um das Porträt abzugeben, und dann sofort wieder zurück, um Gökala und ihren Kerkermeister — so muß ich ihn ja nennen — zu beobachten."

„Und Sie reisten dann ab?"

„Nicht sofort, sondern ich begab mich zuerst noch

auf die Polizei, legitimierte mich dort und bezeichnete den Russen als einen verdächtigen Menschen, der bis zu meiner Rückkehr unter die strengste Aufsicht zu nehmen sei."

„Das hätte ich auch gethan. Sie haben Ihre Sache sehr gut gemacht."

„Ich begnügte mich nicht damit. Ich verlangte sogar, daß man, falls der Russe Alexandrien verlassen sollte, ihm folgen und mir den Ort angeben möge, wo er zu finden sei."

„Sehr gut. Ich selbst hätte es nicht anders machen können."

„Dieses Urteil von Ihnen beruhigt mich außer= ordentlich. Ich muß Ihnen nämlich sagen, daß alle meine Vorsicht ohne Erfolg gewesen ist!"

„Alle Teufel! Das ist kaum möglich!"

„Ja, ich ahne und denke sogar, daß gerade diese Vorsicht die Schuld trägt, daß der Kerl mir entkommen ist."

„Wie? Er ist entkommen?"

„Leider!"

„Welch ein Unglück! Schon war ich hoch erfreut, von Ihnen zu hören, daß Sie Gökala getroffen haben, und nun sollte dies vergeblich gewesen sein?"

„Man hat den Russen, wie ich vermute, zu scharf beobachtet, so scharf, daß er es bemerken mußte. Es ist ihm aufgefallen, und er hat sich daher heimlich aus dem Staube gemacht. Bereits am zweiten Morgen ist er verschwunden gewesen."

„Mit Gökala?"

„Natürlich! Mit ihr und seinen Begleitern!"

„Doch nicht etwa ganz spurlos!"

„Leider ganz und gar. Die Polizei war, als ich zurückkehrte, ohne Spur und ohne Rat. Wir haben uns die allergrößte Mühe gegeben. Wir haben geforscht und gesucht, vergebens. Und auch in Kairo, wohin ich in der Erwartung ging, daß auch der Russe die Hauptstadt aufgesucht haben werde, habe ich bis zu diesem Augenblicke nicht das Geringste von ihm erfahren können.'

„Ah! Wer sollte das denken! Er kann doch nicht verschwinden und sich unsichtbar machen! Aber ich sehe es ein, daß Sie schuldlos sind, Sie konnten nicht anders handeln, als Sie gehandelt haben. Sie haben gethan, was Sie in Ihrer Lage nur thun konnten, und es giebt für mich also keine Veranlassung, Ihnen zu zürnen. Ich bin Ihnen vielmehr zu Dank verpflichtet, da ich durch Sie wenigstens erfahre, daß Gökala sich in Egypten befindet. Jetzt, wo ich selbst hier bin, hoffe ich auch, eine Spur zu entdecken. Wenigstens werde ich das Land nicht eher verlassen, als bis ich die Gewißheit erhalte, daß auch Gökala sich nicht mehr hier befindet."

Die vorhin empfundene Freude Steinbachs hatte sich jetzt in bittere Enttäuschung verwandelt. Doch er mußte es ertragen. Wenigstens für den Augenblick vermochte er nichts dagegen zu thun.

Die Jacht verließ bald Schubra wieder, erreichte Kairo und ging im Hafen von Bulak vor Anker. Auf seine Erkundigung erfuhr hier Steinbach, daß der Vicekönig sich gegenwärtig in seinem auf der Nilinsel Roda gelegenen Gartenschlosse befinde und ließ sich dorthin fahren, um sofort eine Audienz nachzusuchen.

Er trug dabei die einfache, weiße, arabische Tracht, die vom gewöhnlichen Wüstenbewohner und auch vom Scheik niemals abgelegt wird. Die Audienzen waren bereits bei den Vorgängern des Herrschers in europäischem Stile abgehalten worden. In dem Vorzimmer standen und saßen auch jetzt Engländer und Franzosen hohen und höchsten Ranges. Egyptische Militär- und Civilbeamte in goldgestickten Gewändern. Als daher der einfach gekleidete Steinbach eintrat, wurde er nur mit verächtlichen Blicken betrachtet und dann mit Stolz ganz übersehen.

Er ließ sich das jedoch nicht im geringsten anfechten, aber als der anmeldende Diener, der für einige Minuten abwesend gewesen war, wieder erschien, trat er auf ihn zu und fragte:

„Ist der Beherrscher hier im Schlosse?"

3*

„Ja. Warum fragst du?"

„Ich möchte gern mit ihm sprechen."

„Komm morgen wieder!"

„Warum morgen?"

„Er hat heute keine Zeit. Siehst du nicht, welche hohen Herren hier bereits lange warten? Für einen Beduinen hat er keinen Augenblick übrig."

„Ich bin kein Beduine und kein Fellah."

„Was denn?"

„Ein Deutscher."

„Das ist ebenso gleichgültig. Was ist ein Deutscher? Ist er etwas anderes als ein Fellah?"

Als Steinbach erklärte, daß er ein Deutscher sei, hatten sich die Blicke aller wieder mit einem höchst geringschätzigen Ausdruck auf ihn gerichtet, er that auch jetzt, als ob er dies gar nicht bemerke und antwortete:

„Du scheinst deine Pflicht nicht zu kennen und überhaupt ein großer Dummkopf zu sein. Meinst du etwa, daß ein Engländer oder ein Franzose etwas Besseres sei als ein Deutscher? Schau, ich einziger wiege alle diese Franken und Inglis auf, die hier stehen. Ich heiße Steinbach. Gehe augenblicklich hinein und sage dem Beherrscher meinen Namen!"

Das war in einem unendlich selbstbewußten, befehlenden Tone gesprochen. Dennoch wußte der Diener nicht, was er thun oder sagen solle, und die Anwesenden ließen ein Gemurmel hören, aus dem heraus sehr deutlich verschiedene ehrenrührige Schimpfworte zu hören waren.

„Nun, wirst du gehorchen?" donnerte da Steinbach den Diener an. „Die Herren hier alle haben Zeit, ich aber nicht! Vorwärts!"

Jetzt endlich ging der Domestike; aber einer der uniformierten Herren, ein Franzose, trat auf Steinbach zu und sagte:

„Ich hörte, Sie seien ein Deutscher?"

„Ja."

„Giebt es in Deutschland Irrenhäuser?"

„Gehe augenblicklich hinein und sage dem Beherrscher meinen
Namen." (Seite 36.)

„Gewiß."

„Wahrscheinlich sind Sie aus einem derselben ent=
sprungen. Wäre dies nicht der Fall, so hätten wir
nämlich anzunehmen, daß Sie zurechnungsfähig sind, und
müßten Sie für Ihre Unverschämtheit auspeitschen lassen."

„Lassen Sie es getrost beim Auspeitschen; aber bitte,
bedienen Sie sich selber!"

Noch ehe der Franzose ein Wort weiter zu sagen
vermochte, ging die Thür auf, und der Diener kehrte
zurück; hinter ihm aber erschien der Vicekönig selbst, nickte
Steinbach freundlich zu und sagte:

„Endlich, endlich! Ich habe Sie mit größter Sehnsucht erwartet. Bitte, kommen Sie schnell herein! Sie
sind natürlich hochwillkommen!"

Dann ergriff er Steinbach bei der Hand und zog
ihn zu sich in das Audienzzimmer. Die Herren starrten
sich sprachlos vor Erstaunen und Bestürzung an.

„Wer war dieser Mann?" fragte ein Engländer.

„Steinbach nannte er sich, nur Steinbach. Fi donc!"
entgegnete der Franzose.

„Das begreife ich nicht!"

„Ein Horreur!"

„Er scheint ein Liebling des Vicekönigs zu sein!
Wie kann so etwas passieren! Bei Ihrer Königlichen
Majestät von Großbritannien und Irland wäre so etwas
eine Unmöglichkeit!"

Drin aber in dem prachtvoll nach europäischem
Stile ausgestatteten Zimmer zeigte der Khedive auf einen
der goldenen Sessel und sagte:

„Nehmen Sie hier Platz, Durchlaucht! Ihr Kurier
hat mir bereits mein Lebensglück gebracht; ich weiß nicht,
wie ich Ihnen danken soll. Sie haben das Unmögliche
möglich gemacht!"

„Und das Mögliche unmöglich."

„Wie meinen Sie das?"

„Wurde Euerer Hoheit nicht gemeldet, daß ich nach
Tunis ging?"

„Ja; nur waren mir Grund und Absicht dieser Sendung nicht recht klar."

„Der Großvezier, der hinter dem Rücken des Sultans seine Privatpolitik treibt —"

„Und mir Emineh nicht gönnen wollte!"

„So ist es! Er sandte den berüchtigten Ibrahim Pascha nach Tunis; ich mußte diesem ebenso schleunigst wie heimlich nach, um seine Absichten zu durchkreuzen."

„Ist es gelungen?"

„Vollständig. Ich habe um die gegenwärtige Audienz gebeten, um darüber zu referieren."

„Gut! Dazu bedürfen wir längere Zeit. Ich werde die Herren da draußen nach Hause schicken."

Der Vicekönig klingelte und befahl dem darauf erscheinenden Diener, den im Vorzimmer wartenden Herren zu sagen, daß er für sie erst morgen zu sprechen sei.

„Verdammter Deutscher!" brummte der Engländer.

„Welch ein Horreur!" meinte der Franzose. „Man widmet dem Fürsten dieses barbarischen Landes seine Zeit und seine Kräfte und wird einfach fortgeschickt um eines Deutschen willen, der nur Steinbach heißt. Geschieht dies noch einmal, so kehre ich nach Paris zurück. Egypten mag dann sehen, ob es ohne uns fertig zu werden vermag. Diese Sache ist wirklich lächerlich."

Die Herren entfernten sich darauf. Drinnen aber im Audienzzimmer wurde jetzt ein Gespräch von eminent hoher Wichtigkeit geführt. Es währte wirklich mehrere Stunden, und als es beendet war, wurde Steinbach zur viceköniglichen Tafel — nicht befohlen, sondern gebeten.

Als diese vorüber war, zog der Khedive sich abermals mit ihm zurück, um nun private Angelegenheiten, die sich auf seine Vermählung mit Emineh bezogen, zu besprechen. Der fürstliche Herr fand abgesehen davon, daß er dem Deutschen große Erfolge zu verdanken hatte, auch ein rein persönliches Wohlgefallen an demselben.

So plauderten sie ungezwungen weiter, bis der Vicekönig die Frage aufwarf:

„Was sagen Sie zu Arabi?" fragte er schließlich.

„Ich höre, daß er Aussicht hat, Pascha zu werden."

„Es ist wirklich so. Ich sehe mich veranlaßt, seine Dienste zu belohnen. Er hat mir viel genützt."

„Und kann Ihnen noch mehr schaden."

„So ist es. Ich bemerke leider, daß er einer gewissen Hinneigung zu den nomadisierenden Stämmen, die an der Landesgrenze auf= und abziehen, Raum giebt. Diese Stämme sind gern zu Empörungen geneigt. Sie haben einen widersetzlichen Charakter. Sie zahlen nie ihren Tribut, sondern man muß sich beides stets mit Gewalt holen. Es giebt mir das sehr viel zu denken."

„Es wäre da wohl geraten, diesen Stämmen Scheiks zu geben, auf die man sicher rechnen kann."

„Ganz richtig. Aber das ist schwierig. Zunächst braucht kein Stamm eher einen Scheik, als bis der bisherige gestorben ist, und sodann werden die Scheiks in der Versammlung der Aeltesten gewählt. Man will mir nicht einmal das Bestätigungsrecht gönnen."

„Mit Gewalt läßt sich da freilich nichts erzielen. Nur Klugheit kann den Weg kürzen."

„Dazu aber bedarf man auch kluger Leute, und die sind hier in Egypten — ah, gerade da denke ich an einen Stamm! Hm! Hier sollte ich einen Mann von Ihren Talenten haben!"

„Dürfte ich vielleicht etwas Näheres erfahren?"

„Gern. Haben Sie wohl bereits von dem Stamme der Sallah gehört, Durchlaucht?"

„Gewiß. Er ist einer der zahlreichsten an der Grenze der Wüste."

„Ja. Er zählt gegen sechstausend Krieger, was außerordentlich viel heißen will. Das Eigentümlichste aber ist, daß dieser Stamm nicht von einem Manne, sondern von einem jungen Weibe regiert wird."

„Der Königin der Wüste."

„Sie hörten also bereits von ihr sprechen?"

„Oft. Sie ist eine Tochter der Beni Abbas tief in der tunesischen Wüste."

„Sehr wohl, und schön wie ein Engel. Alle Männer und Jünglinge des Stammes sind in sie verliebt. Nur wer sie zur Frau erhält, wird die Würde des Scheiks erlangen. Sie kam vor einigen Jahren als Braut zu den Sallah. Der Scheik hatte sie auf einer Wüstenreise gesehen. Sie wurde seine Frau und regierte nicht nur ihn, sondern den ganzen Stamm. Da starb er plötzlich, und sie wurde Witwe, blieb aber Regentin."

„Hoffentlich ist sie Eurer Hoheit wohl gesinnt!"

„Das ist sie. Aber ein Weib kann nicht ewig re= gieren, wenigstens einen halbwilden Beduinenstamm nicht. Das allgemeine Verlangen, daß sie sich wieder vermählen möge, ist stürmisch geworden. Sie kann und darf nicht länger widerstehen."

„So kommt es darauf an, daß sie einen Mann nimmt, welcher der Regierung Egyptens eine freundliche Gesinnung entgegenbringt. Es nahen bewegte und ge= fährliche Zeiten für dieses Land. Da ist es nicht ohne Bedeutung, ob ein an der Grenze wohnender Araber= stamm mit einer solchen Kriegerzahl als Freund oder als Feind zu betrachten ist."

„Sie haben vollständig recht, Durchlaucht. Leider aber scheint es, als ob gerade ein sehr erbitterter Gegner meines Regimentes den Befehl über den Stamm erhalten solle, nämlich der Bruder des Verstorbenen. Er ist ein Herkules an Gestalt und Körperkraft, ein wilder, maß= loser Mensch, der die erste Gelegenheit ergreifen würde, mir zu schaden."

„So darf er nicht Scheik werden!"

„Sie scherzen!"

„Scherzen? Ich spreche im Ernst."

„Und doch klingt es wie Scherz, wenn Sie so kategorisch sagen, daß er nicht Scheik werden dürfe."

„Es will mir nicht einleuchten, daß es dem Re= genten von Egypten unmöglich sei, in dieser Beziehung auf die Söhne der Wüste einen Einfluß auszuüben. Wenn die Beduinen einem Befehle nicht gehorchen, weil sie behaupten, daß ihnen niemand zu gebieten habe, so sind sie doch vielleicht einem diplomatischen Einflusse nicht unzugänglich. Ich rate Hoheit daher, einen Mann hinzusenden, der mit diesen Kindern der Freiheit um= zugehen versteht."

„Etwa einen Diplomaten?" fragte der Vicekönig mit einem halben, fast traurigen Lächeln.

„Im strengen Sinne habe ich dieses Wort nicht ge= meint."

„Ich hätte auch keinen Diplomaten. Ich kenne leider in meiner Nähe keinen Menschen, keinen Beamten, der diese ehrenvolle Bezeichnung verdient. Zudem ist hier ein schnelles Handeln geboten. Die sogenannte Königin der Wüste hat mir einen Vertrauten gesandt, der mich über die inneren Verhältnisse des Stammes unterrichtet hat. Er geht bereits morgen von hier fort. Wollte ich ihm einen Beauftragten mitgeben, so müßte dies schon morgen geschehen. Sie sehen, daß es hier unüberwindliche Schwierigkeiten giebt."

„Die Zeit, wann der Betreffende aufzubrechen hätte, kann gar nicht in Frage kommen. Er hat eben zu ge= horchen. Die Hauptsache ist jedoch, den rechten Mann zu finden."

„Ich habe keinen, so sehr mir auch daran liegt, diese sechstausend Krieger nur für den Augenblick der Gefahr zu gewinnen und zu erhalten. Sechstausend be= waffnete Araber sind für mich und die hiesigen Verhält= nisse genau dasselbe, als wenn Ihr Kaiser für den Kriegs= fall fünfzigtausend hat. Es giebt nur einen einzigen Menschen, dem ich diese Mission anvertrauen könnte, einen einzigen, von dem ich fest überzeugt bin, daß er seine Aufgabe sogar glanzvoll lösen würde."

„Kenne ich ihn?"

„Ja, sehr genau."

„Wer ist es?"

„Hm! Er hat mir allerdings nicht zu gehorchen;
er ist ein Ausländer und mein Gast. Ich darf also den
Gedanken, mich an ihn zu wenden, gar nicht hegen."

„Vielleicht doch, Hoheit. Wenn ich nur erfahren
dürfte, wer er ist."

„Nun, im Vertrauen will ich es Ihnen mitteilen:
Sie selbst sind es."

Hatte Steinbach so etwas erwartet, oder besaß er
genug Selbstbeherrschung, seine Ueberraschung nicht merken
zu lassen, kurz und gut, er sagte ruhig:

„Und Hoheit meinen, daß ich nicht bereit sein würde?"

„Ah! Wirklich?"

„Ich kann nur sagen, was ich bereits durch die
That bewiesen habe: Das Wohl Egyptens und seines
Herrschers liegt mir so am Herzen, daß ich mich selbst
für diese Angelegenheit zur Verfügung stelle."

„Das ist hochherzig, Durchlaucht! Aber Sie kommen
soeben von der Reise; Sie haben sich nicht ausgeruht."

„Ich bin nicht ermüdet."

„Der Auftrag ist kein ungefährlicher."

„Ich fürchte die Beduinen nicht."

„Sie brächten vielleicht auch noch anderweite persönliche Opfer, die ich nicht vergelten kann."

„Das Bewußtsein, Ihnen gedient zu haben, macht
mich glücklich genug."

„Also wollten Sie wirklich?"

„Gern, sogar sehr gern."

„Dann nehmen Sie meine Hand. Vielleicht kommt
die Zeit, in der ich es Ihnen zu vergelten vermag. Ihre
Instruktionen werden wir noch besprechen. Für die Aus-
rüstung zu dem Wüstenritte sorge natürlich ich. Der
Ritt beginnt in Beni Suef. Dort hat auch der Bote
der Königin sein Kamel stehen. Ich lasse Sie auf einer
Dahabieh dorthin bringen."

„Ein solches Segelboot fährt zu langsam, zumal
die Reise dem Stamme der Beni Sallah entgegen geht.
Ich bin auf einer englischen Dampfjacht gekommen, die

einem Freunde gehört. Er wird sehr gern bereit sein, sie mir zu dieser Fahrt zu leihen."

„Dann um so besser. So reisen Sie doppelt schnell. Sie sind herzlichst zum Souper geladen; wir werden während desselben allein sein und können da alles Weitere besprechen. Unterdessen werde ich Ihnen Hilal senden, damit Sie ihn kennen lernen."

„Wer ist das? Vielleicht der Gesandte der Königin?"

„Ja. Sie wohnen doch bei mir?"

„Ich möchte danken, Hoheit. Da ich einen Teil der Reise mit dem Dampfer mache, ist es für mich besser und bequemer, gleich auf demselben zu bleiben. Der Bote kann ihn sehr leicht finden. Wir liegen unten in Bulak, und eine Dampfjacht ist ja sehr leicht von jedem anderen Schiffe zu unterscheiden."

Der Vicekönig hatte sich erhoben, Steinbach also auch. Sie verabschiedeten sich, und letzterer begab sich sofort nach dem Hafen, um die Vorbereitungen zu der un= erwarteten Reise zu treffen.

Es freute ihn, diesen ehrenvollen Auftrag erhalten zu haben. War das Gelingen desselben auch mit großen Schwierigkeiten verknüpft, so erwartete er doch, daß der Umstand, daß er die Schwester der Königin der Wüste bei sich hatte, ihm über viele Hindernisse hinweg helfen werde. Er hatte natürlich dem Vicekönig von Hiluja nichts gesagt.

Ein einziger Umstand machte ihm Sorge. Er hatte es sich vorgenommen gehabt, den Aufenthalt Gökalas zu erforschen. Das mußte er nun bis zu seiner Rückkehr aufschieben, und da stand natürlich zu erwarten, daß die Spuren, die jetzt wohl noch aufzufinden gewesen wären, bis dahin verwischt sein würden.

3. Kapitel.

Hiluja, die Schwester der Königin der Wüste, war ihrem Retter Steinbach gern nach Egypten gefolgt. Er hatte ihr das Versprechen gegeben, sie von Kairo aus zu dem Stamme, dessen Königin ihre Schwester war, auf sicherem Wege zu senden. Jetzt hatte er Veranlassung und vortreffliche Gelegenheit, sie sogar selbst hinzubringen.

Das Beduinenkind war noch nie zur See gewesen und hatte während der Fahrt von Tunis nach Alexandrien sehr gelitten, ebenso auch ihre alte Begleiterin. In Alexandrien hatte man nur gelandet, um Nachforschungen nach Ibrahim Pascha zu halten, und dann war die Jacht sofort nach Kairo stromaufwärts gedampft. Jetzt, wo diese endlich ruhig vor Anker lag, sehnte sich Hiluja, ihren Fuß wieder auf festes Land zu setzen. Darum nahm sie sich vor, mit ihrer Begleiterin einen Spazier= gang zu unternehmen.

Als junges Mädchen schmückte sie sich dazu nach Kräften. Sie befand sich ja in der Hauptstadt Egyptens. Und da sie daheim in der Wüste nur äußerst selten den Schleier getragen und während der Seereise sich bei Personen befunden hatte, in deren Heimat die Frauen das Gesicht nicht verhüllen, so glaubte das unerfahrene Mädchen, es auch jetzt unterlassen zu können.

Wäre Tschita auf der Jacht gewesen, so hätte sie sicherlich Hiluja abgeraten, ohne Schleier zu gehen; aber diese war mit Normann und Wallert auch an Land ge= gangen. Infolgedessen ging Hiluja in Begleitung ihrer alten Dienerin mit unverhülltem Gesicht.

Als sie an das Land getreten waren, wandten sie sich nach Norden und der Gegend zwischen dem Flusse und der berühmten, schnurgeraden Hauptallee zu. Dort, außerhalb des Häusermeeres der Stadt, hofften sie Licht, Luft und Bewegung am besten finden zu können.

Das schöne Mädchen zog die Blicke aller Begegnen=

den auf sich. In diesen Blicken jedoch lag der Ausdruck staunender Zudringlichkeit. Seiner Tracht sowohl, als auch seiner Gesichtsbildung war es allerdings anzusehen, daß es ein Kind der Wüste sei. Wie aber kam eine frei= geborene Araberin dazu, hier in Kairo ihr Gesicht un= verschleiert zu zeigen? War sie denn wirklich in den Kreis jener Mädchen getreten, die dies thun, um sich den Männern bemerkbar zu machen? So fragten sich die Leute.

Unter einem Kaffeezelt saß eine Anzahl bis unter die Zähne bewaffneter Arnauten. Diese letzteren bilden so recht eigentlich die Nachfolger jener blutig aus= gerotteten Mamelucken; aber sie sind noch schlimmer als diese. Der Arnaute ist allerdings nicht nur tapfer, sondern auch tollkühn und mutig bis zur größten Ver= wegenheit und er wagt auch sein Leben, ohne nur mit der Wimper zu zucken, aber er ist dabei treulos, hinter= listig und von einer Rohheit, die geradezu ihresgleichen sucht. Messer und Pistole sitzen bei ihm stets locker. Er sticht und schießt bei der geringsten Veranlassung, und er weiß, daß er das mit ziemlicher Sicherheit thun kann, da selbst der Richter ihn nicht gern verurteilt, weil er befürchten muß, wenn nicht noch während der Gerichts= sitzung so doch später niedergestochen zu werden. Darum ist der Arnaute gefürchtet und gemieden. Er darf un= gestraft thun, was hundert andere nicht wagen würden.

Also wohl mehr als ein Dutzend dieser Leute saßen unter dem luftigen Dache des Kaffeezeltes, und hatten nicht nur Kaffee getrunken; das war ihren geröteten Ge= sichtern und funkelnden Augen anzusehen.

Da kam Hiluja daher und wurde von ihnen be= merkt. Aller Blicke richteten sich sofort auf sie.

„Seht, wer da kommt!" rief einer. „Bei Allah, das ist die schönste und süßeste Oruspu, die ich jemals gesehen habe. Sie mag sich zu uns setzen, um uns einen Vorgeschmack zu geben, welche Lust uns einst bei den Huris des Paradieses erwartet!"

Druspu ist ein leichtsinniges Mädchen.

Der Sprecher war von seinem Sitze aufgesprungen. Er trat jetzt aus dem Zelte heraus und auf die beiden Frauen zu. Das schöne Mädchen mit seinem glühenden Blicke fast verschlingend, streckte er beide Arme nach ihm aus und sagte:

„Du kommst zur rechten Zeit, um von uns empfangen zu werden. Herein zu uns!"

Hiluja erschrak auf das heftigste. Den Arm ihrer Begleiterin ergreifend und sich zur Flucht wendend, sagte sie hastig:

„Komm, komm! Laß uns schnell umkehren!"

„Umkehren?" fiel der Arnaute ein. „Nimmermehr!"

Und bei diesen Worten hatte er sie bei der Hand gefaßt, um sie gewaltsam mit sich fortzuziehen. Zitternd vor Angst wehrte sie ihm und rief:

„Laßt mich! Ich habe nichts mit euch zu schaffen!"

Er aber zog sie dennoch mit sich fort. Sie konnte ja dem kräftigen Manne nicht widerstehen.

Da ergriff die Alte ihre Herrin mit beiden Armen und versuchte, sie zurück zu halten; der rohe Mensch aber gab ihr einen Schlag mit der Faust, daß sie zurück taumelte.

„Packe dich, Scheusal!" rief er dabei. „Mit dir haben wir nichts zu schaffen. Gehe in die Hölle, wohin du gehörst!"

„Gnade, Gnade!" stöhnte da Hiluja. „Was haben wir euch denn zu leide gethan!"

„Nichts, gar nichts! Auch wir wollen dir nichts zu leide thun."

Der Arnaute hatte Hiluja inzwischen bis an das Zelt gezerrt. Jubelnd griffen nun die anderen zu und zogen sie vollends hinein. Hiluja schrie laut und voller Angst um Hilfe; aber es war außer Einem kein Mensch in der Nähe! Und wer hätte es wohl auch gewagt, wegen einer Unbekannten, die überdies wie eine Dirne ohne Schleier ging, mit einer ganzen Schar dieser rohen Menschen anzubinden? Er hätte sich sagen können, daß er damit einem fast sichern Tode entgegen gehe.

Dieser Eine war, wie man auf den ersten Blick erkannte, ein Beduine. Sein noch junges und volles, bartloses Gesicht, blickte sonnenverbrannt unter dem weißen Tuche hervor, in welches er den Kopf gehüllt hatte. Die Gestalt war in einen ebenso weißen Haïk gehüllt, einen langen, fast zur Erde reichenden Mantel, wie ihn die Beduinen zu tragen pflegen, und seine nackten Füße trugen Sandalen, die übers Kreuz sich um den unteren Teil des Beines schlangen und mit Riemen befestigt waren. Da er den linken Vorderteil des Mantels über die Schulter geworfen hatte, konnte man sehen, daß er ein Untergewand von einfachem, grauen Stoff trug. Dasselbe wurde nur von einem armseligen, kamelhärenen Strick um die Hüften festgehalten. In diesem Stricke stak ein Messer mit langer, doppelschneidiger Klinge. Ueber der Schulter hing an einem schmalen Riemen eine lange Beduinenflinte.

Er war langsam am Flusse dahergekommen und hatte die Scene von weitem gesehen. Sein Schritt wurde jedoch ein schneller, als die beiden Frauen ihre Stimmen erhoben, und als sein Auge gar bemerkte, daß der Arnaute die Alte schlug, kam er mit verdoppelter Eile herbei. Auch sie hatte ihn erblickt und flüchtete jetzt auf ihn zu. Es gab ja keinen Menschen in der Nähe; er war also der einzige, an den sie sich hilfesuchend wenden konnte.

„Hilf ihr, hilf!" rief sie ihm entgegen. „Errette sie aus den Händen dieser rohen Menschen!"

Der Beduine war noch sehr jung, machte aber keineswegs den Eindruck eines Menschen, der zaghaft ist. Sein dunkles, schönes Auge überflog jetzt lebhaft forschend die Gestalt der Alten, und mit einem Ausdruck der Ungewißheit und des Zweifels sagte er:

„Du scheinst doch keine Griechin zu sein?"

„Nein."

„Du hast vielmehr die Züge einer Araberin."

„Ja, ich bin auch die Tochter eines freien Beduinen. Hilf uns daher! Rette sie!"

„Aber das junge Mädchen ist doch nicht ein Kind der Wüste!"

„O gewiß, sie ist es. Sie ist die Tochter eines berühmten Scheiks."

„Allah! Warum geht sie denn in dieser Gegend unverschleiert?"

„Wir sind hier fremd. Wir kennen die Sitte dieser Gegend nicht."

„So solltet ihr desto vorsichtiger sein."

Da rief die Alte: „Du aber kennst die Gesetze der Wüste! Sieh her, ich fasse dich. Du bist nun unser Beschützer," dann ergriff sie mit der rechten Hand den Strick, der ihm als Gürtel diente, und legte ihm die Linke auf die rechte Schulter. Das ist nämlich dasselbe wie die Worte „Du bist der Beschützer." Kein einziger

Beduine wird sich diese Worte vergeblich sagen lassen. Derjenige, der sie ausspricht, steht von demselben Augenblick an unter seinem Schutze; er kämpft für ihn, und er stirbt für ihn.

Der junge Beduine zog die Augenbrauen ein wenig zusammen.

„Weißt du, was du verlangst?" fragte er. „Von jetzt an gehört euch mein Leben. Ist die da drinnen im Zelte das wert?"

„Sie ist es wert. O, rette, rette sie!"

„Ich werde sie sehen und dann handeln."

Er konnte von dort, wo er stand, Hiluja allerdings nicht sehen; aber das laute Johlen und Lachen, das aus dem Zelte erschallte, und die Hilferufe der Bedrängten ließen genugsam erkennen, daß sie sich in einer schlimmen Lage befand. Mit schnellen Schritten eilte er daher nach der anderen Seite des Zeltes, wo dasselbe offen war, und wo zwei Arnauten soeben Hiluja gepackt hatten und sich bemühten, sie zu küssen. Sie wehrte sich weinend und aus Leibeskräften, doch konnte dieser Widerstand von keinem Erfolge sein.

„Halt!" sagte da plötzlich der Beduine, indem er den Arm gebieterisch ausstreckte. „Diese Tochter des Uêfad arab gehört euch nicht. Laßt sie los!"

Die Augen aller richteten sich jetzt auf ihn. Ein allgemeines, höhnisches Lachen erscholl, und derjenige, der das Mädchen in das Zelt gezogen hatte, rief:

„Hört ihr es? Dieser Mensch ist wahnsinnig."

„Ich bin es nicht. Dieses Mädchen steht unter meinem Schutz!"

„Unter dem Schutze eines Kindes, eines Knaben!"

Der Arnaute sagte das im verächtlichsten Tone. Der junge Beduine hatte inzwischen nur einen kurzen, forschenden Blick auf Hiluja geworfen, doch dieser eine Blick hatte ihm genug gesagt.

Hochrot von der Anstrengung des Widerstandes stand sie zwischen den beiden Arnauten, die sie noch immer gepackt hielten. Ihr Busen wogte heftig, und ihr Auge, obgleich von den Thränen des Zornes erfüllt, sprühte Blitze, wie sie das Auge einer Dirne unmöglich versenden konnte.

Der Beduine hob unwillkürlich die Hand zum Herzen. Es ging darin etwas vor, worüber er sich im Augenblick keine Rechenschaft zu geben vermochte. Aber es war ihm, als ob man ihm selbst diese Schande angethan habe, als ob er für dieses herrliche Mädchen sein Leben wagen müsse und auch gern und tausendmal wagen werde. Er zuckte jetzt mit einem unendlich überlegenen Lächeln seines vornehmen und furchtlos dreinblickenden Gesichtes die Achsel und antwortete:

„Einen Knaben nennst du mich? Soll ich dir etwa beweisen, daß ein Wüstenknabe mehr Mut besitzt als ein alter Tschausch der Arnauten?"

Tschausch heißt so viel wie Sergeant. Der Arnaute trug nämlich die Abzeichen dieses militärischen Grades.

„Willst du mich etwa beleidigen?" rief derselbe.

„Hast du mich nicht bereits beleidigt, indem du mich einen Knaben nennst? Ich habe wohl mehr Feinde erlegt, als du je gesehen hast."

„Mäuse und Ratten, ja!"

„Du hast recht, denn ein Araber behandelt seine Feinde nur wie Mäuse und Ratten. Sie kriechen vor ihm in ihre Löcher."

„Nun, so versuche, ob auch wir uns verkriechen!"

„Das ist nicht nötig. Ich betrachte euch noch nicht als meine Feinde. Ihr seid sie erst dann, wenn ihr mir dieses Mädchen nicht freigebt."

„Hast du ein Recht auf sie?"

„Ja, ich bin ihr Beschützer."

„Du?" lachte der Sergeant laut auf, und alle stimmten in sein Lachen ein. „Mit welchem Rechte nennst du dich ihren Beschützer?"

„Mit dem Rechte der Wüste, und was das bedeutet, wirst du wohl wissen."

4*

„Ich weiß es, aber ich erkenne es nicht an. Hier bei uns gelten ganz andere Rechte und Gesetze. Wir können nur dann dein Recht über sie anerkennen, wenn du ihr Bruder oder ihr Bräutigam bist. Ist sie also deine Schwester?"

Der Arnaute verhandelte nur deshalb mit dem jungen, ihm so ganz ungefährlich erscheinenden Manne, um sich und den Kameraden einen Spaß zu machen.

„Nein," antwortete der Gefragte ruhig.

„Oder etwa deine Geliebte?"

„Ja; sie ist meine Braut."

„Deine Braut?" höhnte der Sergeant. „Wie willst du uns das beweisen?"

„So!"

Mit diesen Worten trat der junge Beduine auf Hiluja zu, schob die beiden, die sie noch gefaßt hielten, von ihr weg, legte den Arm um ihren Leib und küßte sie auf den Mund. Er kannte die Art und Weise der Arnauten; er wußte, daß sie die Gesetze der Wüste nicht achteten; aber er wußte auch, daß er nun durch diesen Kuß in ihren Augen ein Anrecht auf das schöne Mädchen erworben habe. Ob sie es anerkennen würden oder nicht, das war freilich erst noch abzuwarten.

Hiluja hatte den Kuß geduldet. Ihr Gesicht über= zog sich zwar mit purpurner Glut, aber sie hatte keine Bewegung des Widerstrebens gemacht. War das etwa Berechnung von ihr? Nein. Aber es war ihr in diesem Augenblick so eigentümlich zu Mute, wie noch nie in ihrem ganzen Leben. Dieser junge und jedenfalls sehr arme Beduine erschien ihr wie ein Rettungsengel in höchster Not. Es war ihr, als ob sie sich seinem Arme und seinem Schutze anvertrauen könne für jetzt und für das ganze Leben. Alle ihre Angst war verschwunden. Sie wurde jetzt nicht mehr von den Arnauten festgehalten. Sie hätte diese Gelegenheit also erfassen und entfliehen können, und es wäre ihr wohl keiner nachgefolgt, da der Araber ja jetzt das ganze Interesse der rohen Menschen

Der junge Beduine erschien ihr wie ein Rettungsengel in höchster Not. (Seite 52.

feffelte und ein Streit mit ihm ihnen ja zehnmal will=
kommener war, als das schönste Mädchen der Welt. Aber
dieser Gedanke an die Flucht kam ihr gar nicht einmal,
denn als er den Arm um sie geschlungen hatte, da hielt
sie sich für sicher und wohl geborgen in demselben, und
es war ihr, als habe dieser Arm sie stets beschützt von
Jugend auf und als werde er sie auch weiter und ferner
beschützen für das übrige Leben.

„Er küßt sie! Er küßt eine Dirne!" ertönte es
jetzt ringsum. „Der stolze Sohn der Wüste!"

„Wolltet ihr sie nicht auch küssen? Oder meint
ihr vielleicht, daß ihr das thun könnt und ich nicht?
Lebt wohl!"

Ohne den Arm von Hiluja zu nehmen, wandte er
sich nunmehr zum Gehen, aber der Sergeant trat ihm
in den Weg und sagte, noch immer höhnisch lachend:

„Halt, Knabe! So treibt man es nicht mit uns!
Das Mädchen bleibt hier!"

„Nein, sie geht mit mir! Ich habe euch bewiesen,
daß sie meine Braut ist. Sie ist nicht das, was ihr
denkt. Sie gehört zu mir und wird mit mir gehen."

„Oho! Ich habe sie gefunden, ich habe sie ein=
geladen, und so ist sie mein Eigentum."

„Besinne dich! Eine frei geborene Tochter der
Sahara kann nie das Eigentum irgend eines Menschen
sein. Sie gehört nur demjenigen, dem sie sich selbst und
freiwillig ergiebt und schenkt. Also laßt uns friedlich
gehen. Allah behüte euch!"

Damit wollte er fort, der Sergeant aber ergriff ihn
am Arme und sagte in drohendem Tone:

„Du bemerkst wohl gar nicht, daß wir bisher nur
mit dir scherzten?"

„Und du bemerkst wohl noch weniger, daß ich bis=
her mit euch im Ernste sprach?"

Die Männer standen sich drohend gegenüber. Ihre
Blicke bohrten sich ineinander. Dann aber brach der
Arnaute in ein schallendes Gelächter aus und rief:

„Nein, wahrlich, das ist kein Ernst, sondern das ist der größte Spaß, der mir in meinem ganzen Leben widerfahren ist. Dieser Knabe will mir ein Mädchen entführen, das mir gehört! Höre mein Sohn, willst du mit mir um ihren Besitz kämpfen?"

Der Arnaute richtete dabei seine mächtige Gestalt stolz in die Höhe.

Er war nicht jung, sondern ein guter Vierziger. Die Narben seines Gesichtes bezeugten, daß er kein mutloser Mensch sei. Der stolze, höhnische Ausdruck seines verwetterten Gesichtes ließ die Vermutung erraten, daß er meinte, der Beduine werde sich auf diese Frage schleunigst in Sicherheit bringen. Aber darin irrte er sich sehr, denn der Jüngling zuckte ebenso überlegen wie bereits vorher die Achsel und antwortete:

„Ja, das werde ich, wenn ihr sie auf eine andere Weise nicht freigebt."

„Mensch, bist du toll?"

„Ich verteidige, was mir gehört. Willst du das toll nennen, so habe ich nichts dagegen."

„Ich hacke dich in Stücke!"

„Dasselbe haben bereits mehrere gesagt. Du siehst aber, daß ich dennoch am Leben bin!"

„Nun gut, ganz wie du willst! Ich will auf diesen seltenen und überaus lustigen Spaß eingehen. Es wäre doch jammerschade, wenn wir uns einen solchen Scherz entgehen lassen wollten. Also wir kämpfen, und dem, der siegt, gehört das Mädchen."

„Ich bin bereit!"

Da aber gab es einen ganz unerwarteten Einspruch. Die anderen Arnauten behaupteten nämlich auch, daß das Mädchen ihnen gehöre, daß der Sergeant also nicht das Recht besitze, über sie zu verfügen, und einige stellten sich vor den Beduinen und Hiluja, damit beide nicht entkommen könnten, während andere lärmend den Sergeanten umdrängten, um ihn zu überzeugen, daß sie ganz dieselben Rechte wie er auf Hiluja besäßen. Nur einer

verblieb ruhig in seiner Ecke, er hatte bereits vorher nicht
in das höhnische Gelächter seiner Kameraden eingestimmt.
Seiner Uniform nach war er ein Onbaschi, das heißt
Korporal. Er allein verfolgte den Streit mit ernstem,
stillen Interesse, ohne sich in denselben zu mischen.

„Laßt mich!" brüllte der Sergeant jetzt die anderen
an. „Ihr habt mir nichts zu befehlen. Ich bin euer
Oberster und thue, was mir beliebt!"

„Sie gehört aber uns ebensogut wie dir!" riefen
die anderen ihm entgegen.

„Redet nicht solchen Unsinn! Er kann mich ja
nicht besiegen. Sie bleibt euch also gewiß! Also, heraus
mit der Sprache, Knabe! Willst du mit mir kämpfen?"

„Ja! Ich habe es dir bereits gesagt. Oder hörst
du schwer? Wenn dein Mut ebenso schwach ist wie
dein Gehör, so rate ich dir, lieber von dem Kampfe ab=
zusehen."

Ein dröhnendes Gelächter erscholl, in welches sich
abermals der Korporal nicht mischte. Sein Gesicht nahm
vielmehr ganz den Ausdruck der Besorgnis an. Das
Lachen aber hatte die Wirkung, daß die Arnauten auf
den Widerstand gegen den Tschausch verzichteten. Er
hatte ja recht, er mußte Sieger bleiben. Davon war er
so überzeugt, daß er, noch immer aus vollem Halse
lachend, erwiderte:

„Nun gut, Kleiner! So komm also hinter das
Zelt, wo wir diese Sache schnell ausmachen wollen.
Deine Seele soll nicht lange Zeit brauchen, um in der
untersten Ecke der Hölle zu kauern. Aber, hört, nehmt
das Mädchen mit und auch die Alte. Sie dürfen uns
nicht etwa bei dieser Gelegenheit entfliehen!"

„Habe keine Sorge!" antwortete der Araber ruhig.
„Sie ist meine Braut und bleibt bei mir. Sie wird
ebensowenig entfliehen, wie ich fortgehe, ohne dir gezeigt
zu haben, daß ein Knabe der Uëfad arab doch noch
etwas ganz anderes ist, als ein Tschausch der Arnauten,

der dem Vicekönig sein Leben verkauft, weil dieser ihm für den Monat vierzig Piaster bezahlt."

Das war eine fürchterliche Beleidigung. Vierzig Piaster sind nicht ganz acht Mark, die Monatslöhnung eines ägyptischen Sergeanten. Letzterer wußte also gar nicht, was er denken solle. So zu sprechen, hatte noch kein Mensch gewagt, zumal in Gegenwart so vieler Arnauten. Jeder hätte gewußt, daß er damit sein Leben verwirkt habe. Darum starrte der Beleidigte den verwegenen Sprecher mit weit aufgerissenen Augen an und fragte:

„Mensch, weißt du denn wirklich, was du sagst?"

„Ja."

„Das glaube ich nicht. Wenn ich es glaubte, würde mein Messer dir zwischen die Rippen fahren!"

„O, das gäbe nur den Unterschied, daß unser Kampf im Innern des Zeltes stattfinden würde, anstatt hinter demselben."

„Nun gut! Du beleidigst also mich und uns alle!" knirschte der Tschausch. „Es giebt keine Schonung! Vorwärts!"

Hiluja hing noch immer an dem Arme ihres Beschützers. Beide wurden fortgeschoben. Da überkam das Mädchen eine entsetzliche Angst, nicht um sich, sondern um ihn, und sie flüsterte ihm zu:

„Um Allahs willen, fliehe!"

„Willst du mich verachten?" antwortete er.

„O nein! Du bist mutig!"

„Wäre es nicht feig, dich in den Händen dieser Hunde zu lassen?"

„Sie werden dich töten!"

„Das wollen wir abwarten. Ich heiße Hilal. Hast du vielleicht diesen Namen bereits gehört?"

„Nein."

„So mußt du aus weiter Ferne gekommen sein. Die beiden Namen Tarik und Hilal sind bekannt weit über die Grenzen Aegyptens und unsere Oasen hinaus."

Während dieses kurzen Gespräches hatten die Ar-

nauten hinter dem Zelte einen Kreis gebildet, in dem
jetzt der Tschausch mit seinem Gegner und den zwei
Frauen stand. Diese beiden letzteren waren in der Wüste
aufgewachsen, sie hatten oft, sehr oft solche Kämpfe ge=
sehen, ihr Gefühl sträubte sich also gar nicht dagegen,
Zeuge des gegenwärtigen zu sein. Eine nervöse Euro=
päerin wäre allerdings bereits vor Beginn desselben in
Ohnmacht gefallen. Diese beiden Araberinnen aber
fühlten nichts, als nur allein eine angstvolle Besorgnis
um ihren mutigen Beschützer. Sie mußten ihn verloren
geben. Selbst wenn er, was ganz unmöglich schien, den
Tschausch, den riesigen Menschen, besiegte, stand mit
Sicherheit zu erwarten, daß sich dessen Kameraden sofort
auf ihn stürzen würden, um ihren Vorgesetzten zu rächen.
Er war also unbedingt verloren. Und was geschah dann
mit ihnen beiden, den schwachen Frauen? —

„Setzt euch auf die Erde!" herrschte sie jetzt der
Sergeant an. „Der Kampf mag beginnen, und die Liebe
wird den Sieger belohnen. Vorher aber will ich aus
Mitleid noch fragen, Knabe, ob du denn wirklich weißt,
was du unternimmst?"

„Ich weiß es," antwortete er ruhig.

„Es ist kein Spiel. Es handelt sich um Tod und
Leben."

„Ganz natürlich!"

„Du wirst keinen Menschen haben, der dich rächt!
Es wagt es niemand, einen Arnauten zur Rechenschaft
zu ziehen. Uebrigens wird es ein ehrlicher Zweikampf
sein. Du stirbst und wirst in den Nil geworfen!"

„Ich oder du?"

„Pah! Selbst wenn das Unmögliche geschähe, daß
du mich besiegtest, wärest du verloren. Meine Kameraden
würden dich in Stücke reißen!"

„Und das nennst du einen ehrlichen Zweikampf?"

„Du bist unter Arnauten, also auf alle Fälle
verloren."

„Wir haben ja bestimmt, daß wir um dieses

Mädchen kämpfen und daß es demjenigen gehören soll, der als Sieger aus dem Kampfe hervorgeht."

„Ja. Siege ich, so teile ich den Preis mit meinen Kameraden, siegst aber du, so hast du das Mädchen erst noch gegen sie alle zu verteidigen, wenn sie dich nämlich nicht sofort zermalmen oder zerreißen."

Da blitzte das Auge des Jünglings stolz und verächtlich auf, und er sagte:

„Damit zeigt ihr recht deutlich, daß ihr Söldner seid, aber keine freien Männer. Uebrigens will ich deinen Kameraden nicht raten, sich an mir widerrechtlich zu vergreifen. Soll ich den Preis nicht haben, wenn ich Sieger bin, nun gut, so will ich auch mit jedem einzelnen der anderen kämpfen, aber ich werde nicht dulden, daß sie wie eine Herde Hyänen über mich herfallen!"

„Wurm! Was willst du dagegen thun?"

„Der mag es euch sagen."

Hilal deutete auf den Korporal.

„Der da? Der Onbaschi? Was ist's mit ihm und dir? Seid ihr etwa Freunde?"

„Nein. Aber er stand bei dem Khedive Wache. Er weiß, daß ich der Gast des Vicekönigs bin, und daß dieser mich an meinen Mördern mit unnachsichtlicher Strenge rächen würde."

„Hölle, Tod und Teufel! Ist das wahr, Onbaschi?"

„Ja," antwortete dieser. „Ich sah und hörte ihn mit dem Vicekönig sprechen. Ich habe ein jedes Wort vernommen. Er erfreut sich des besonderen Schutzes und der ganzen Gewogenheit des Herrschers. Ich kann nicht dulden, daß ihr Gewalt und Unrecht gegen ihn verübt!"

„Oho! Bist du unser Kamerad oder nicht!"

„Ich bin es. Aber mein Leben ist mir ebenso lieb, wie euch das eurige. Ich will mich nicht vom Henker an irgend einen Ast aufknüpfen lassen, weil es euch beliebt, einen Schützling des Herrschers zu ermorden. Ich rate euch, diesen jungen Mann samt den Frauen gehen zu lassen."

„Oho! Er hat uns beleidigt!"

„Dich allein, mich und uns aber nicht. Und diese Beleidigung war nur eine Antwort auf die deinige!"

„Du vergißt, daß ich dein Vorgesetzter bin!" brauste der Tschausch auf.

„Hier bist du es nicht! Uebrigens habe ich gegen einen ehrlichen Zweikampf nichts. Auch der Vicekönig kann dagegen nichts sagen; aber ermorden lasse ich meinen Schützling nicht!"

„Wie? Was höre ich? Du beschützt ihn?"

„Ja. Ich werde ihn gegen euch verteidigen, gegen jeden unrechtmäßigen Angriff!"

„Nun gut, Onbaschi, ich habe keine Lust, mich mit dir zu streiten. Wir werden später darüber sprechen, ob du mir zu gehorchen hast oder nicht — und zwar mit Messern oder Kugeln!"

„Ich werde mich nicht weigern!"

Jetzt hatte diese Angelegenheit eine andere Wendung genommen, als anfangs zu vermuten gewesen war. Der Korporal war an Hilals Seite getreten. Die Arnauten murmelten leise miteinander. Einige hielten es mit dem Tschauch, die anderen mit dem Onbaschi. Der erstere mochte befürchten, daß die Seinigen gar miteinander in Streit geraten möchten. Darum rief er:

„Keinen Zank unter uns! Ich fechte meinen Strauß hier mit diesem Knaben aus. Es ist ein erlaubter Zwei= kampf. Kein Mensch kann mich bestrafen, wenn ich ihn töte. Allah mag seiner Seele eine gute Wohnung geben! Also, Knabe, du bist der Schwächere; ich will dir daher aus lauter Gnade und Großmut die Wahl der Waffe überlassen. Wollen wir schießen oder stechen?"

Ueber das Gesicht des Gefragten zuckte ein höchst eigentümliches Lächeln. Er antwortete:

„Stechen. Beim Schießen wärest du verloren. Ich also bin es, der Gnade walten läßt!"

„Hund!" brüllte der Riese.

„Du weißt nicht, was du redest. Würde ein an=

derer mich mit diesem Worte beschimpfen, so wäre er in
derselben Minute eine Leiche. Da aber die Strafe so
sicher über dich kommt, wie ich hier vor dir stehe, so
will ich Großmut üben. Ich habe gesagt, daß du beim
Schießen verloren seist, und das ist wahr. Man nennt
mich Jbn es sa'ika!"

„Jbn es sa'ika — Sohn des Blitzes?" lachte der
Sergeant. „Jetzt weiß ich gewiß, daß du verrückt bist.
Söhne des Blitzes nennt man zwei Brüder vom Stamme
der Sallah. Wenn ihre Flinten blitzen, ist derjenige,
auf den sie zielen, verloren. Willst du etwa einer dieser
Brüder sein? Das mache anderen weiß!"

„Denke, was du willst! Also bist du einverstanden,
daß wir zu den Waffen greifen?"

„Ja. Und nun zu Ende mit der Rederei. Es
wird Zeit, daß wir zu einem Resultat kommen!"

Der Sergeant riß das Messer aus dem Gürtel und
stellte sich in Positur. Hilal warf den Mantel ab und
legte die Flinte zur Erde. Er trug jetzt keine andere
Kleidung als das Untergewand. Dieses bestand nur in
einem Hemd, das keine Aermel hatte und bis hernieder
zum Knie reichte. Die Arme waren bloß und zeigten
Muskeln, die ihm wohl vorher keiner zugetraut hätte.

„Also angefangen!" rief der Tschausch.

„So komm!" antwortete der Beduine. Dann zog er
das Messer aus dem Gürtelstrick und setzte sich, die nackten
Beine vor sich hinstreckend und das Messer in der rechten
Hand haltend, zur Erde nieder. Der Tschausch hatte
etwas ganz anderes erwartet.

„Was soll's?" fragte er. „Was fällt dir ein?"

„Nun, ein Zweikampf auf Messer!"

„Sitzend etwa?"

„Ja. Ich meine den Zweikampf der Wüste. Nur
in diesem zeigt es sich, ob man wirklichen Mut und
wahrhaftige Tapferkeit besitzt."

„Alle Teufel! Wüstenkampf! Ich denke gar nicht
daran! Ich bin Arnaute, aber kein Beduine!"

Der echte Messerkampf der Sahara besteht darin,
daß die beiden Duellanten sich einander gegenübersetzen,
jeder das Messer in der Hand. Der eine sticht sich die
Klinge in irgend eine Stelle seines Körpers, zum Beispiel
in die Wade, sodaß der Stahl an der anderen Seite
wieder herauskommt. Der andere muß sich an ganz der=
selben Stelle denselben Stich versetzen. Hat er das ge=
than, so schneidet sich der erstere vielleicht die ganzen
Muskeln des Oberschenkels bis auf den Knochen auf. Der
zweite muß dies auch thun. Wer am längsten aushält,
ohne eine Miene zu verziehen, der ist der Sieger. Die
Beduinen sind unerreichbar in dieser Art des Zweikampfes.
Sie haben eine solche Selbstbeherrschung, daß sie sich die
schmerzhaftesten Wunden mit lächelndem Munde beibringen.

Das war aber nicht nach dem Geschmacke des
Tschausch. Er wollte seinem Gegner einfach das Messer
in das Herz stoßen, nicht aber sich selbst auf so unsinnige
Weise zerfleischen. Er war der bei weitem Stärkere; er
mußte ja siegen, und so wäre es geradezu Verrücktheit
von ihm gewesen, auf diese Art des Kampfes einzugehen.

Hilal hob jetzt den lachenden Blick zu ihm empor
und sagte:

„Du willst nicht?"

„Nein."

„Ah! Die Wunde thut allerdings weh!"

„Wie meinst du das?"

„Du fürchtest den Schmerz!"

„Hund! Keine weitere Beleidigung!"

„Gut, wie du willst!"

Dann erhob Hilal sich von der Erde und fuhr gleich=
mütig fort:

„Ich wollte dein Leben schonen, denn du hättest
dich doch wohl nicht selbst erstochen. Darum schlug ich
dir diese Kampfesweise vor. Die Art aber, welche
du wünschest, ist höchst lebensgefährlich für dich. Meine
Klinge ist sicher."

„Versuche es!" lachte der Riese höhnisch auf.

„Das brauche ich nicht! Ich kenne mein Messer so
genau, daß es eines Versuches gar nicht bedarf. Du
wärest verloren, wenn ich wollte. Aber ich bin Gast des

Vicekönigs und will ihm daher keinen seiner Soldaten
erstechen. Das wäre Unhöflichkeit."

„Schwatze nicht Unsinn! Beginnen wir lieber. Wer
von uns beiden eine Leiche wird, das kann nur ich sehen,
da nur ich der Ueberlebende sein werde."

„In diesem Falle muß ich dich bitten, meinen Ver=
wandten die Kunde meines Todes zugehen zu lassen,
damit sie nicht vergebens nach mir suchen."

„Ich werde es thun. Also dein Name?"

„Hilal."

„Hilal? Von welchem Stamme?"

„Dieser Frage bedarf es nicht. Mein Bruder
heißt Tarik."

„Teufel! Tarik und Hilal. Das sind allerdings die
Söhne des Blitzes. Mache mir diese Fabel nicht vor!"

„Ich sage wie vorher: Glaube es, oder glaube es
nicht! Uebrigens bin ich deiner Meinung. Wir haben
genug geschwatzt. Beginnen wir!"

„Wohlan also!"

Im nächsten Augenblick standen die beiden einander
drohend gegenüber, die Messer in den Fäusten und die
Blick eineinander gebohrt.

„Allah, o Allah!" flehte Hiluja, sich abwendend.

„Nun, so komm, Knabe!" rief der Arnaute.

„Ich warte auf dich!" antwortete Hilal lächelnd.
„Hast du Mut oder nicht?"

„Ah, Bube, komm her! Ich werde dich abschlachten,
wie man einen Schöps abschlachtet!"

„Und ich werde dich nicht töten; aber ich werde
dafür sorgen, daß deine Arme für lange Zeit verzichten
müssen, dich zu verteidigen, wenn du eine Tochter der
Beduinen beleidigt hast. Du nennst mich einen Buben
und treibst doch selber Büberei!"

Da stieß der Arnaute einen heiseren Wutschrei aus
und stürzte sich mit gezücktem Messer und ausgestreckter
Linken auf den Gegner. Er wollte ihn einfach mit der
Linken umfassen und mit der Rechten den tödlichen Stoß
ausführen — er griff aber in die Luft; Hilal stand,
laut auflachend, hinter ihm; er war unter dem gegen ihn
ausgestreckten Arme hinweggeschlüpft.

Der Arnaute drehte sich nun nach ihm um und
drang wieder auf ihn ein, aber er wußte nicht, wie das

Unmögliche möglich wurde: Hilal entkam ihm auch jetzt wieder und stieß hinter ihm sein helles Lachen aus.

Dies geschah noch mehrere Male.

„Hund, halte stand!" brüllte der Arnaut wütend.

„Bemerkst du nicht, daß ich nur mit dir spiele?" lachte der unvergleichliche Beduine.

„Ach, wenn ich dich nur hätte! Nur erst fassen!" schrie der vor Anstrengung Schäumende.

„Gut! Hier, fasse mich!"

Das klang ernst, fast drohend, und Hilal blieb stehen, die Füße weit auseinander gespreizt, den leuchten= den Blick auf das rote Gesicht des Tschausch gerichtet. Da stieß dieser einen Ruf der Freude aus, packte ihn mit der Linken bei der Brust und holte mit der Rechten aus.

Hiluja schrie laut auf — im nächsten Augenblick mußte ihr Beschützer eine Leiche sein.

Aber er war es nicht. Auch er hatte mit seiner Linken den Tschausch gepackt und parierte mit der Rechten die Stöße desselben. Faust traf an Faust, Klinge glitt an Klinge ab. Der Tschausch mochte stoßen, wie er wollte, von oben, unten, von der Seite, stets wurde sein Stoß pariert, und zwar mit einer solchen Leichtigkeit, ja Eleganz, wie es die erregten Zuschauer für vollständig unmöglich gehalten hätten. Ebenso wunderbar erschien ihnen die Festigkeit, mit der Hilals schmächtiger Körper wie in den Boden gewachsen zu sein schien. Die ganze Anwendung der gewaltigen Körperkraft genügte nicht, den Araber auch nur einen Schritt breit von der Stelle zu bringen.

So standen die beiden voreinander, sich fest gepackt haltend und nur die rechten Arme mit den blitzenden Messern bewegend, den einen zum Stoßen und den anderen zum Parieren.

Der Tschausch schäumte vor Wut. Aus seinem krampfhaft verzerrten Munde troff der Speichel; seine Augen waren mit Blut unterlaufen, während sein Gegner mit lächelnder Miene ihm gegenüber hielt, als ob er sich nur einer angenehmen Uebung befleißige. Die Stöße des ersteren wurden immer schneller, aber auch unsicherer, krampfhafter. Man sah es ihm an, daß er sich anstrengte, daß seine Kraft nicht mehr lange vorhalten könnte.

„Mensch, bist du denn ein Teufel?" brüllte er. „Ein Ende mit dir! Jetzt oder nie!"

Sein Auge hatte den Blick eines gereizten Stieres, der sich in der Arena auf den Gegner wirft, um ihn auf die Hörner zu spießen. Jäh holte er zu einem Stoße aus, in dem er seine ganze noch vorhandene Körperkraft vereinigte. Jetzt mußte es gelingen!

„Ja, ein Ende jetzt!" antwortete Hilal.

Dann riß er sich mit einem gewaltigen Ruck von dem Griffe des Riesen los, parierte dessen Messerstoß — ein Schlag noch in die Achselhöhle, und der Tschausch machte infolge dieses Fausthiebes eine Viertelwendung, sodaß er dem Gegner für einen Augenblick den Rücken zukehrte. Aber der eine Augenblick genügte diesem vollständig. Sein Messer blitzte auf, zwei gedankenschnelle Schritte — zwei ebenso schnell aufeinander folgende Schreie des Tschausch und — Hilal sprang zurück, der Tschausch aber stand auf einem Punkte, unbeweglich, als habe ihn der Schlag getroffen!

„So, jetzt ist's aus!" sagte der Araber. „Seht her, ob ich Wort gehalten habe!"

Das alles war mit solcher Schnelligkeit vor sich gegangen, daß weder der Tschausch wußte, was eigentlich geschehen sei, noch die anderen sehen konnten, was der Sprecher eigentlich meine. Sie sahen nur Blut von den Schultern des Arnauten laufen. Dieser stand stöhnend still, er wollte die Arme erheben, um den Gegner zu fassen, konnte es aber nicht. Da brüllte er laut auf:

„Allah, o Allah!"

„Was ist mit ihm?" fragte jetzt einer, auf den Verwundeten zutretend. Nun sah man erst, was geschehen war. Hilal hatte dem Tschausch die Rückenmuskeln quer über beide Schlüsselbeine und die Schulterblätter zerschnitten,

Der Tschausch mochte stoßen, wie er wollte, sein Stoß
wurde pariert. (Seite 65.)

und da diese Muskeln zur Bewegung der Oberarme notwendig sind, war es dem Verwundeten nun un= möglich, die Arme zu erheben, sie hingen dicht am Körper herab, und er stand in einer großen Lache des herab= fließendes Blutes.

Zahlreiche Schreckensrufe machten ihn bald mit seinem Zustande bekannt. Die Wut, in die er dadurch geriet, war geradezu unbeschreiblich. Er geberdete sich wie ein wildes Tier und forderte die anderen auf, den Thäter auf der Stelle umzubringen. Sein Zustand machte auf diese allerdings einen Eindruck, der für den Beduinen verhängnisvoll werden konnte. Schon drängten, während zwei den Verwundeten in das Zelt schafften, die anderen drohend an den Sieger heran.

„Der Teufel hat ihm geholfen!" rief einer.

„Ja. Er steht mit den bösen Geistern im Bunde," meinte ein zweiter. „Wie hätte er sonst siegen können!"

„Er hat ihn gelähmt. Das ist schlimmer als der Tod!"

„Tötet ihn!"

„Nein! Lähmt ihn auch!"

Solche Rufe ließen sich hören. Hilal stand ruhig an der Wand des Zeltes, das Messer noch in der Hand, das eine Auge auf seine Flinte gerichtet, die noch am Boden lag. Er war auf alles gefaßt.

„Ich habe ihn gewarnt!"

„Du bist behext. Du hast ein Amulet! Heraus damit!"

„Hier ist mein Amulet."

Er hob sein Messer empor.

„Leugne nicht! Wie hättest du ihn sonst besiegen können, ihn, den stärksten von uns allen!"

„Ich habe euch gesagt, daß ich Hilal bin, der Sohn des Blitzes. Hätte er es geglaubt!"

„Auch wir glauben es nicht. Rache für ihn. Blut um Blut!"

„Vergeßt nicht, daß ich der Gast des Vicekönigs bin!"

„Ja, vergeßt das nicht! Und vergeßt auch nicht,

daß er unter meinem Schutze steht!" sagte jetzt plötzlich der Onbaschi, indem er sich vor Hilal hinstellte und die Dränger von ihm zurückschob.

„Du handelst nicht wie einer der Unsrigen!" wurde ihm da vorgeworfen.

„Ich handle so, wie ich muß und wie ich es euch vorher gesagt habe. Er hat den Tschausch im ehrlichen Zweikampf besiegt. Er hat bewiesen, daß er ein Mann ist. Was wollt ihr ihm thun?"

„Sein Blut wollen wir."

„Ich dulde nicht, daß ihr ihn mordet!"

„Er soll mit uns kämpfen. Er hat es uns versprochen. Laßt diese verdammten Weiber fort! Wir wollen nicht sie, sondern ihn!"

Die alte Beduinin erhielt in diesem Augenblick einen Fußtritt, daß sie laut aufschrie.

„Komm, komm, Hiluja!" bat sie. „Laß uns fliehen! Die Gelegenheit ist günstig. Sie selbst jagen uns fort."

„Ich bleibe!" antwortete jedoch die Angeredete.

Hiluja hatte nicht einen Tropfen Blutes im Gesicht. Was sie beim Anblick des so glücklich beendeten Kampfes ausgestanden hatte, das war nichts gegen die Angst, die sie jetzt empfand. Sie, die Tochter eines kriegerischen Stammes, hatte bereits nach den ersten Augenblicken des Zweikampfes gesehen, daß ihr mutiger und verwegener Beschützer seinem Gegner überlegen sei. Jetzt aber drang nicht einer allein auf ihn ein. Gegen so viele half keine Tapferkeit.

„Allah il Allah!" stöhnte die Alte. „Willst du dich zwecklos verderben? Du kannst ihn ja nicht retten!"

„Nein, aber soll ich ihn verlassen, da er vorher mich befreien wollte?"

„Du kannst ihn nicht befreien. Komm also!"

„Nein, ich bleibe! Ich kämpfe für ihn, wenn es nötig sein sollte!"

Dabei griff Hiluja nach dem Messer des Tschausch,

das diesem bei seiner Verwundung entfallen war. Niemand sah es, daß sie diese Waffe an sich nahm.

„O ihr Geister der sieben Himmel! Jetzt will sie gar für ihn kämpfen!" klagte die Alte. „Sie werden dich umbringen, jetzt, wo du dich retten könntest!"

Hiluja antwortete nicht mehr. Sie war fest ent= schlossen, ihr Wort wahr zu machen. Ihre Augen ruhten auf Hilal, wie er da am Zelt stand, ruhig und stolz, als gehe der Streit, den der Onbaschi mit den anderen fortführte, ihn gar nichts an. Da fiel sein Auge auf sie, und ihre Blicke trafen sich. Er sah die Bewunderung in dem ihrigen leuchten, und seine sonnenverbrannte Wange rötete sich. Er nickte ihr beruhigend zu und winkte ihr heimlich, den Ort zu verlassen. Sie antwortete, indem sie verneinend den Kopf schüttelte und ihm das Messer zeigte. Da blitzte es in seinen Augen auf, so hell, so flammend, daß es ihr war, als sei sie von diesem Lichte geblendet worden. Sie senkte den Blick und fuhr sich mit der Hand nach dem Herzen.

Was war doch in diesem Augenblick in demselben geschehen? Es war wie ein elektrischer Schlag durch ihre Seele gegangen, aber nicht etwa schmerzhaft, sondern wonnig, über alle Maßen selig. Sein Blick hatte so deutlich gesagt: „Wie schön bist du, und auch wie tapfer bist du!" Und nicht nur dieses, sondern noch anderes hatte in diesem Blicke gelegen! Sie hatte nur keine Zeit, darüber nachzudenken, denn der Streit nahm bald wieder ihre ganze Aufmerksamkeit in Anspruch. Der Korporal hatte sich soeben mit den Arnauten geeinigt und wandte sich an Hilal:

„Du hörst, was sie sagen. Sie wollen dein Blut."

„Sie mögen es sich holen. Hier stehe ich!"

„Nein, kein Mord soll geschehen. Darüber haben wir uns geeinigt. Du sollst mit jedem kämpfen, mit jedem einzelnen."

„Das ist sehr wohlbedacht von ihnen," lächelte Hilal verächtlich. „Sie sind ihrer viele, und ich bin allein!"

„Ich bin auf deiner Seite.“

„Das ändert nichts. Einem von ihnen wird es doch wohl gelingen, mich zu töten. Nun, sie mögen es versuchen. Welcher will anfangen?“

„Das Los entscheidet.“

„So werft es jetzt, damit wir bald zu Ende kommen.“

„Nicht jetzt und hier. Es soll geschossen werden.

Das darf niemand hören. Darum gehen wir fort von hier.“

„Geschossen? Habt ihr gesehen, daß ich Meister bin in der Führung des Messers?“

„Höhne nicht! Ich bin froh, daß ich das Zu-geständnis eines ehrlichen Kampfes erlangt habe, wenn du sie aber erzürnst, kann ich dich nicht länger be-schützen.

„Nun wo soll der Kampf stattfinden?“

„An dem kleinen See El Chiyam, jenseits des Kanales. Kennst du ihn?"

„Ja, und wann?"

„Wenn die Sonne die Wüste berührt."

„Das ist in einer Stunde. Ich werde kommen."

Hilal hob seinen Haïk auf, um ihn umzunehmen, und griff dann auch nach seiner Flinte.

„Wie?" fragte der Onbaschi. „Willst du fort?"

„Ja. Meinst du etwa, daß ich hier bleiben soll?"

„Natürlich! Du hast ja mit uns zu kämpfen!"

„Doch nicht hier, sondern draußen am See."

„Aber wenn wir dich jetzt fortlassen, wirst du viel=leicht nicht zum Kampf erscheinen."

„Dasselbe könnte ich auch von euch sagen.

„Ebenso gewiß und sicher wie ihr komme auch ich."

„Hm! Du gehst wohl dem gewissen Tode entgegen, und da kann es leicht geschehen, daß du abgehalten wirst."

Da legte Hilal dem Sprecher die Hand auf die Achsel, lachte laut auf und antwortete:

„Es wird wohl umgekehrt sein."

Das klang so sicher und selbstbewußt, daß sogar der Onbaschi davon tief berührt wurde und meinte:

„Wenn du deiner Flinte so gewiß bist wie deines Messers, so kann der Ausgang des Kampfes allerdings für einige von uns verhängnisvoll werden. Bist du denn wirklich Hilal, der Bruder Tariks?"

„Ich habe es gesagt, und also ist es wahr. Es kommt nie eine Unwahrheit über meine Lippen."

„So freue ich mich, den berühmten Beduinen zu sehen. Ich habe nicht geglaubt, daß diese Brüder noch so jung sind. Und doppelt freut es mich, daß es mir vergönnt gewesen ist, dir einen Dienst zu erweisen."

„Hoffentlich bist du nun so freundlich, mich mit den Frauen gehen zu lassen?"

„Ja, ich vertraue dir, und nimm die Frauen auch mit. Man ist froh, sie los zu sein. Das hübsche Gesicht dieses Mädchens hat großes Unglück angerichtet.

Horch! Da fängt der Tschausch wieder an, zu brüllen. Man wird ihn verbinden. Mache, daß du fortkommst, aber zögere dann auch nicht, zu erscheinen!"

„Ich gehe, aber ich fliehe nicht, mag dein Tschausch singen oder brüllen, beten oder fluchen!"

Hilal nahm darauf sein Gewehr, winkte den beiden Frauen, ihm zu folgen, und schritt davon. Er war viel zu stolz, sich auch nur ein einziges Mal umzudrehen, vielleicht aus Besorgnis, daß man ihm eine Kugel nach= senden könne. Erst, als er überzeugt war, daß das Zelt gar nicht mehr zu sehen war, blieb er stehen und wandte sich zu den Frauen, die ihm schweigend gefolgt waren.

Da trat Hiluja rasch auf ihn zu, streckte ihm die Hand entgegen und sagte im herzlichsten Tone:

„Also Hilal heißt du! Du bist mein Retter. Wie habe ich dir zu danken!"

Er antwortete nicht gleich. Sein Blick aber senkte sich forschend in ihr Auge. Dann erwiderte er:

„Nein, du bist keine von Allah Verlassene. Dein Auge ist rein von solcher Schuld."

„Welche Schuld meinst du?"

„Die Schuld, an die ich dachte, als ich sah, daß du dein Angesicht den Gläubigen und Ungläubigen ge= zeigt hattest."

Hiluja hatte so viel vom Leben und Treiben größerer Städte gehört, daß sie ihn so ziemlich verstand. Sie erglühte bis tief in den Nacken hinab und antwortete:

„Ich bin noch nie hier gewesen. Wir wollten nur einsam am Flusse hinwandern und bald umkehren."

„Dennoch hätte ich mich nicht deiner angenommen, wenn mich nicht dein Gesicht dazu gezwungen hätte."

„Wie konnte dich dieses zwingen?"

„Es giebt ein sehr ähnliches, das ich lieb habe. Du hast ganz die Augen und die Züge unseres Scheiks."

„So habe ich das Gesicht eines Mannes?" lächelte sie.

„Nein. Unser Scheik ist ein Weib. Es heißt Badija."

Sie waren während des Gespräches immer weiter fortgegangen. Jetzt, als er diesen Namen nannte, blieb Hiluja überrascht stehen.

„Was höre ich?" fragte sie. „Badija? Meinst du die Königin der Wüste?"

„Ja."

„Kennst du sie?"

„Ich sagte ja, daß sie mein Scheik sei."

„So gehörst du zum Stamme der Sallah=Beduinen?"

„Ich bin stolz, ein Sallah zu sein. Die Königin hat mich mit einer Botschaft an den Vicekönig gesandt."

„Wann kehrst du zurück?"

„Morgen früh."

„Wie herrlich Allah dieses fügt! Willst du mich mitnehmen?"

„Mit mir? Zu dem Lager der Meinigen? Ist das dein Ernst? Kann das dein Wille sein?"

„Ja, denn Badija ist meine Schwester. Wir beide, Haluja und ich, kommen, um sie zu besuchen."

„Allah ist groß!" rief er da vor Erstaunen so laut, als ob es ganz Kairo hören solle. „Du, die Schwester der Königin! Du, diejenige, von der sie uns so viel er= zählt hat, wenn sie von der Heimat sprach?"

„Hat sie von mir erzählt, von mir gesprochen?"

„Tausendmal!"

„O, sie liebt mich noch?"

„Ob sie dich liebt! Sie wird sich freuen ohne Ende, wenn sie dich sieht. Weiß sie, daß du kommst?"

„Nein, sie hat keine Ahnung davon."

„Desto besser, desto größer wird die Ueberraschung sein."

Diese Fragen und Antworten folgten mit großer Geschwindigkeit aufeinander, wie es bei solchen Gelegen= heiten ja stets der Fall zu sein pflegt. Sein Gesicht hatte sich vor freudiger Verwunderung gerötet, und das ihrige glänzte vor Entzücken. Ohne es sich in diesem Augenblick einzugestehen, fühlte sie sich unendlich glücklich darüber, daß ihr Retter und Beschützer zu dem Stamme gehörte, deſſen Beherrſcherin ihre Schweſter war.

„Wie aber kommſt du nach Kairo?" fragte er. „Du biſt doch eine Tochter der Beni Abbas?"

„Ja. Weißt du das noch nicht?"

„Natürlich weiß ich es. Aber dieſe wohnen doch weit gegen Sonnenuntergang von hier, im Süden von Tunis, und du ſcheinſt von Oſten zu kommen!"

„Ich komme von Weſten, aber mit dieſem Dampf=ſchiffe, das dort am Ufer liegt."

Sie waren jetzt gerade an der Jacht des Lords angelangt.

„Mit dieſem Schiffe?" fragte Hilal verwundert. „Du, eine Tochter der Wüſte?"

„Ja. Ich müßte dir viel erzählen, um es dir zu erklären. Ich reiſte mit einer zahlreichen Karawane, da wurden wir von einer Raubkarawane der Tuaregs über=fallen, und ein edler Franke rettete uns und brachte uns dann auf dieſem Schiffe hierher, damit wir von hier aus zu den Beni Sallah kommen könnten. Er wird ſich freuen, daß ich in dir einen ſo tapferen Begleiter ge=funden habe. Oder willſt du mich nicht mitnehmen?"

„Wie gern nehme ich dich mit!" entfuhr es ihm da. „Mit dir würde ich bis an das Ende der Erde, bis an das Ende aller Welten gehen!"

„Zunächſt nur zu meiner Schweſter. Du mußt jetzt mit auf das Schiff kommen, damit er dich ſieht."

„Das geht nicht."

„Warum nicht?"

„Du haſt ja gehört, daß ich, wenn die Sonne das Sandmeer berührt, draußen am See ſein muß."

Da veränderte ſich ihr glückſtrahlendes Geſicht ſofort, und ſie meinte erſchrocken:

„O Allah! Das hatte ich ganz vergeſſen! So wollteſt du alſo wirklich mit dieſen Ungeheuern kämpfen?"

„Ja."

„Gehe nicht hinaus!"

„Willst du, daß ich ein Lügner werde?“

„Nein. Aber sie werden dich töten!“

„O nein. Sage mir, würdest du vielleicht traurig sein, wenn ich getötet würde?“

„Sehr traurig!“ antwortete sie aufrichtig. „Du bist ja mein Retter und Beschützer. Willst du aber allein zu ihnen gehen?“

„Ganz allein. Bei solchen Dingen ist es desto besser, je weniger Zeugen man hat. Auch die Arnauten kennen die Blutrache. Einer rächt den anderen.“

„O Himmel! So wirst du nicht wiederkommen! Einer gegen so viele! Du bist wahr und aufrichtig, sie aber sind falsch, lügnerisch und treulos.“

Auf ihrem Gesicht prägte sich eine schwere Angst aus. Das that ihm wohl. Er fühlte, daß er für dieses wunderschöne Mädchen im stande sein könne, in die Hölle hinabzusteigen. Doch er mußte sie beruhigen:

„Mache dir keine Sorge um mich!“ sagte er also. „Nicht wahr, du warst zuerst überzeugt, daß der Arnaut mich töten werde?“

„Ja. Ich hatte entsetzliche Angst.“

„Und doch wäre er von meiner Hand gefallen, wenn ich ihn nicht geschont hätte! Gerade so ist es auch mit dem Kampfe, der nun noch erfolgen soll. Ich rühme nie von mir, aber um dich zu beruhigen, sage ich dir, daß mein Name überall bekannt ist. Ich habe diese Arnauten nicht zu fürchten.“

„Meinst du, daß du sie töten wirst?“

„Ich töte selten einen Feind. Wenn es mir möglich ist, mache ich ihn nur kampfunfähig. So hoffe ich auch jetzt, daß ich das Leben dieser Leute werde schonen können. Ich fürchte mich nicht. Ich komme wieder.“

„Wohin?“

„Soll ich denn auf das Schiff kommen?“

„Ja. Du wirst willkommen sein. Aber, was thue ich dann, wenn du nicht kommst?“

„Dann bin ich tot. Nur der Tod könnte mich verhindern, dich wiederzusehen."

„Tot! Allah! Welch ein Unglück!"

„Man würde meine Leiche wohl da draußen am See finden. Du aber könntest Tarik, meinem Bruder, sagen, wer meine Mörder gewesen sind."

„Ich bitte dich, bleibe zurück! Gehe nicht hinaus!"

Hiluja ergriff seine Hand und blickte ihm flehend in das Angesicht. Wie so gern hätte er ihr diese Bitte erfüllt, wenn es ihm möglich gewesen wäre! Dennoch aber antwortete er:

„Das geht nicht! Kein Mensch soll sagen, daß Hilal ein Lügner oder Feigling sei."

„So gehe wenigstens nicht allein. All' deine Tapferkeit kann dich gegen Verrat nicht schützen."

„Wen sollte ich mitnehmen?"

„Meine Freunde und Beschützer, die sich hier auf dem Schiffe befinden."

„Sie sind mir fremd."

„Wenn ich dich bringe, sind sie deine Freunde."

„Es sind Franken?"

„Ja."

„Dann mögen sie bleiben. Und selbst wenn sie Anhänger des Propheten wären, würde ich keinen mitnehmen. Diese Arnauten sollen nicht meinen, daß ich einen Begleiter habe, weil ich mich vor ihnen fürchte."

„Wird der Tschausch gelähmt bleiben?"

„Nein. Sobald die Wunden geheilt sind, wird er seine Arme wieder bewegen können. Es mag ihm dies eine Lehre sein, keine Tochter der Wüste ohne die Ehrerbietung zu behandeln, die er der Angehörigen eines unserer Stämme schuldig ist. Aber, du kennst nun meinen Namen, darf ich nicht auch den deinigen hören?"

„Ich heiße Hiluja."

„Hiluja! Dieser Name ist so schön, wie ich noch keinen einzigen gehört habe! Ich bin einer der Aermsten unseres Stammes. Ich habe nur mein Reitkamel, ein

Pferd und wenig Schafe, aber ich habe auch eine Flinte und mein Messer, und es soll mir eine Paradiesesfreude sein, wenn ich dich glücklich zu der Königin gebracht habe! Jetzt aber muß ich gehen. Lebe wohl, Hiluja."

Er ergriff darauf ihr kleines Händchen. Sie aber hielt seine Hand fest und sagte traurig:

„Du sprichst davon, mich zur Schwester zu bringen, und liegst doch vielleicht schon in einer Stunde da draußen, ermordet von den Arnauten! Wenn mir doch nur ein rettender Gedanke käme! Ich kann dich nicht wieder bitten, nicht hinauszugehen, und etwas Besseres fällt mir doch auch nicht ein."

Es schien, als ob ihr die Thränen in die Augen treten wollten. Hilal sah es. Er hätte vor ihr nieder= knieen mögen, doch beherrschte er sich und sagte:

„Ich weiß etwas."

„Was? Sage es!"

„Wirst du es thun?"

„O, wie gern!"

„So bete zu Allah für mich. Du bist so schön, so rein, so gut. Wenn du für mich betest, so wird er dein Gebet erhören, er kann nicht anders. Willst du?"

„Ja, ich will," nickte sie.

„Ich danke dir! Lebe wohl, Hiluja!"

„Lebe wohl, Hilal. Allah sei mit dir!"

Die letzten Worte klangen gepreßt, als ob sie sich dabei die größte Mühe geben müsse, ein unterdrücktes Schluchzen nicht hörbar werden zu lassen. Ach, es war ihr so weh um das Herz, als ob sie ganz sicher sei, daß er einem gewissen und unvermeidlichen Tode entgegengehe!

Thränenden Auges blickte sie ihm nach. Er schritt so stolz und elastisch, so selbstbewußt davon, wie nur ein Araber schreiten kann, der keinen Herrn über sich er= kennt als Gott allein, denn selbst der Scheik des Stammes ist mehr Berater als Gebieter und hat sich nach der Versammlung der Aeltesten zu richten. Der Beduine ist nicht nur der Sohn, sondern auch der Herr der Wüste, wo er hingeht, da ist sein Vaterland, wo er sich hinlegt, da ist seine Heimat. Die ganze Unendlichkeit der Wüste ist seine strengste Tyrannin und doch auch seine Freundin, die sich ihm unterwerfen muß! Das weiß er. Daher

verachtet er den Städtebewohner uud einen jeden, der nach den Gesetzen der Civilisation gezwungen ist, irgend einen Menschen als über ihm stehend anzuerkennen.

Darum war auch der Gang Hilals so stolz und

sicher, ohne daß er diesen Stolz wollte und beabsichtigte. Hiluja folgte ihm mit dem Blicke, bis er nicht mehr zu sehen war. Der Alten entging dies nicht. Sie bemerkte sehr wohl, was in ihrem Liebling vorging.

„Gefällt er dir?" fragte sie.

Hiluja errötete.

„Sollte er etwa nicht?" antwortete sie ausweichend.

„O, doch! Sein Kleid ist arm und gering, aber sein Gang ist wie der eines Königs."

„Und seine That ist wie diejenige eines Helden."

„Ob er wirklich so berühmt ist, wie wir hörten?"

„Ich glaube es. Denn was er heute gethan hat, das hätten tausend andere nicht zu thun gewagt."

„Ich wollte, er hätte diesen Tschausch getötet. Hast du dir gemerkt, wie er mich nannte?"

„Nein."

„Ein Scheusal nannte er mich, hörst du, ein Scheusal! O, wenn er Wasser trinkt, soll es ihm zu kochendem Oele werden, und wenn er Brot ißt, soll es ihn schmerzen, als ob er glühende Flintenkugeln verschluckt! Sein Körper möge eine einzige Wunde sein, und wenn er dann in die Hölle fährt, möge er verdammt sein, sich selbst aufzufressen und immer wieder herauszuspeien! Ein Scheusal! Weißt du, was das bedeutet? Ein Scheusal ist ein Weib, das keinen Mann bekommt, und dessen Kinder vor Angst davonlaufen, wenn sie die schreckliche Mutter erblicken!"

4. Kapitel.

Hiluja und die Alte waren während des Zorn-
ausbruches der letzteren an der Landungsbrücke angelangt.
Jetzt schritten sie hinüber auf das Deck der Jacht. Dort
saß der Lord hinter dem Wetterschirme des Kajüten-
einganges. Er hatte sie beobachtet, ohne von ihnen bemerkt worden zu sein. Während der Fahrt war es ihm
gelungen, sich wenigstens einige türkische Ausdrücke und
einige Wörter der Lingua Franca zu merken. Daher
lachte er ihnen entgegen, deutete nach der Richtung, in
der Hilal verschwunden war, und fragte:

„Aschyk? Nicht wahr, das war der Aschyk?"

Das Wort Aschyk bedeutet so viel wie Geliebter,
Liebhaber. Das Mädchen errötete über das nicht etwa
sehr zart zu nennende Wort. Die Alte aber ärgerte sich,
deutete auf den Lord und sagte:

„Achmak, Achmak!"

Dann verschwand sie in der Kajüte, Hiluja nach
sich ziehend. Sofort sprang der Lord von seinem Sitze auf
und ging nach dem Hinterteile, wo der Steuermann saß.

„Hm! Steuermann, was mag wohl das Wort
Achmak bedeuten?" fragte er.

„Gefällt es Eurer Lordschaft?"

„Nicht übel. Es hat einen so melodiösen Klang."

„Ja, die Bedeutung ist auch nicht übel."

„Eine gute?"

„Sehr!"

„Dachte es mir. Die Alte hat es jedenfalls sehr
gut gemeint. Sie ist eine brave Lady."

„Die Alte? Hat sie das Wort gesagt?"

„Ja."

„Hm! Zu wem?"

„Zu mir natürlich!"

„O! Ah! Ei, ei!"

„Wieso? Was bedeutet es denn?"

„Ich möchte es lieber nicht sagen."

„Nur heraus damit! Ich werde mir nicht viel darauf einbilden, und wenn die Bedeutung eine noch so schöne ist! Auch fällt es mir gar nicht ein, es für eine Schmeichelei seitens des Uebersetzers zu halten."

„Des Uebersetzers? Das wäre also ich. Nun, Mylord, um mich ist es mir auch gar nicht zu thun, sondern nur um die Alte. Ich komme dabei ganz gewiß nicht in Gefahr, für einen Schmeichler gehalten zu werden, aber für die Alte könnten vielleicht doch einige Hiebe mit der neunschwänzigen Katze abfallen."

„Fällt mir nicht ein! Sie hat es jedenfalls gut gemeint, und wenn sie mir ein Wort sagt, welches ein wenig höflicher oder wohl vielleicht zärtlicher ist, als ich es verdiene, so platze ich doch deshalb noch lange nicht vor Hochmut und Einbildung auseinander."

„Ja, davon bin ich überzeugt, besonders in diesem Falle," nickte der Steuermann, indem er eine höchst eigentümliche Grimasse zog.

„Also was bedeutet das Wort?"

„Das Wort heißt gerade so viel wie Dummkopf."

„Dumm— —kopf?" fragte der Lord, indem ihm vor Erstaunen der Mund offen blieb.

„Ja, ganz wörtlich Dummkopf."

„Alle Wetter!"

„Schöne Schmeichelei!"

„Hol's der Teufel! Was heißt denn eigentlich Aschyk?"

„Liebhaber."

„Also doch! Ich habe keinen Fehler gemacht. Ich sage Aschyk, und sie antwortet Achmak. Wunderbar! Diese Alte hat den Teufel im Leibe! Oder hat sie es so aufgenommen, als ob ich meine, jener barfüßige Araber sei ihr Anbeter? Der ihrige? Sapperment! Das wäre doch auch keine Beleidigung für so eine alte Kanalschleusenhaube! Hm, hm! Wunderbar!"

Er schritt langsam und kopfschüttelnd nach der Kajütentreppe und stieg diese hinab, mit sich noch nicht ganz darüber einig, ob er die Sünderin seinen Zorn fühlen lassen wolle oder nicht.

Als er in die Kajüte trat, fand er die Anwesenden in einer sehr lebhaften Unterhaltung. Er verstand allerdings kein Wort von dem, was Hiluja erzählte, nur hörte er dann endlich, daß Steinbach zu Normann und Wallert, die soeben auch von ihrem Spaziergange zurückgekehrt waren, gewandt, ganz erstaunt ausrief:

„Hilal? Das ist ja derselbe Hilal, den mir der Vicekönig senden will, wie ich Ihnen vorhin erzählte. Diese Arnauten haben irgend eine Schlechtigkeit gegen ihn vor. Wir müssen auf alle Fälle hinaus nach dem See, um ihn womöglich vor Schaden zu bewahren.“

„Schaden? Arnauten? Schlechtigkeit? See? Gefahr?“ fragte der Lord. „Was giebt es denn?“

Steinbach erklärte ihm das Geschehene.

„Tod und Teufel! Ich gehe mit!“ rief der Lord.

„Das wird nicht ratsam sein.“

„Warum nicht?“

„In diesem Aufzuge?“

„Aufzug? Sie meinen Anzug? Kann ich in demselben etwa niemand retten?“

„Verzeihen Sie! Wir wissen noch gar nicht, was wir zu thun haben. Vielleicht ist es möglich, daß wir uns für Eingeborene ausgeben müssen —“

„Dann bin ich eben auch eingeboren! Geben Sie mich meinetwegen doch für einen Eskimo oder Kaffer oder Tungusen aus, es ist mir alles egal, aber ich will auch mit retten und helfen!“

Er wollte durchaus nicht einsehen, daß sein ganzes Aeußere geeignet sei, den Plan zu verderben, und war nur nach langer Mühe zu bewegen, auf das Mitgehen zu verzichten, allerdings nur scheinbar, er that nur so, als habe er verzichtet, horchte aber desto aufmerksamer auf die Worte, die gesprochen wurden.

Dann brachen Steinbach, Wallert und Normann

bis an die Zähne bewaffnet auf. Sie nahmen sogar den Maschinisten und den Diener Will mit.

Der Lord aber folgte ihnen auf das Verdeck, blickte ihnen nach, bis sie verschwunden waren, und trat dann in das Steuerhäuschen, wo die Karten und Pläne lagen. Hier rief er den Steuermann zu sich und fragte ihn:

„Giebt es hier in der Umgegend nicht einen See, welcher El Chiyam heißt?"

„Wollen sehen!"

Der Gefragte suchte auf der Karte der Umgegend von Kairo und antwortete:

„Hier steht Birket el Chiyam. Birket heißt See. Das ist also der gesuchte."

„Wie weit ist er von hier entfernt?"

„Eine gute halbe Stunde nach West zu, wenn die Zeichnung richtig ist."

„Diese Kerle sind erst hinauf nach der Brücke. Das giebt einen Umweg. Wenn ich mich gleich geradeüber rudern lasse, komme ich eher an als sie."

„Mylord wollen nach dem See?"

„Ja."

„Die anderen Misters sind wohl auch hin?"

„Natürlich. Die Kerle wollten mich nicht mitnehmen."

„So würde ich raten, an Bord zu bleiben. Mister Steinbach ist ein Mann, der nichts thut ohne vorherige reifliche Ueberlegung; er weiß stets, was er will."

„Ich weiß ebenso gut, was ich will, verstanden? Ich brauche keinen Rat! Jetzt das kleine Boot hinab. Ich gehe an das andere Ufer!"

Er sagte das in einem so strengen Tone, wie ihn der brave Steuermann noch nie von ihm gehört hatte, und begab sich dann nach seiner Kabine. Von dort kehrte er zurück, als der Steuermann eben das Boot hinab= gelassen, und hatte Regenschirm und Fernrohr mit= gebracht. In einem roten Tuche, das er sich um die Hüften geschlungen hatte, staken außerdem zwei Messer, zwei Revolver, zwei Pistolen und das Handbeil des

Feuermannes. Ferner hingen ihm zwei doppelläufige Gewehre über die Schulter.

„Um Gotteswillen!" rief der Steuermann erschrocken. „Wollen Eure Lordschaft unter die Räuber und Banditen gehen?"

„Gerade das Gegenteil! Ich will unter den Räubern und Banditen aufräumen, daß man hier in Kairo noch nach hundert Jahren von mir erzählen soll!"

„Es ist doch nicht etwa Gefahr dabei?"

„Sogar riesige Gefahr! Aber — was mache ich mir aus solcher Gefahr?"

„Ich würde doch raten, hier zu bleiben."

„Mund halten! Brauche keinen Rat! Bin mein eigener Geheim= und Kommerzienrat!"

„Aber wann werden Mylord zurückkommen?"

„Wenn die Rettung vollendet ist."

„O weh! Das ist sehr unbestimmt!"

„Ja. Bei solchen Kriegs= und Feldzügen muß man sich eben höchst diplomatisch ausdrücken."

„Wenn nun die anderen Misters eher zurückkehren und nach Mylord fragen, was soll ich antworten?"

„Daß ich ausgezogen bin mit Roß und Troß, um zu retten, was sie nicht haben retten können. Ich bin nämlich überzeugt, daß diese guten Leute es sehr verkehrt anfangen werden. Ich hingegen werde es außerordent= lich schlau anfangen. Die Arnauten sollen mich kennen lernen —"

„Arnauten! Um Gotteswillen! Die Arnauten sollen ganz gewaltthätige und grausame Menschen sein."

„Darum eben putze ich sie von der Erde weg."

„Wenn nur Eure Lordschaft nicht geputzt werden."

„Ruhig! Still! Sonst wird der geputzt, der es wagt, den Mund noch einmal aufzuthun! Ich werde diesen Herren, die mich nicht mitnehmen wollten, einmal zeigen, daß ich ganz allein mehr fertig bringe, als sie alle miteinander! Ich soll in meinem Aufzuge kein Eingeborener sein? Welcher Unsinn! Ich werde gerade da geboren, wo es mir beliebt, aber nicht etwa da, wo diese Herren denken! Vorwärts!"

Er war während dieses Raisonnements hinab in das Boot gestiegen. Der Steuermann griff nun zu den Riemen und ruderte ihn nach empfangener Weisung um die Insel Baleq herum, um ihn in der Nähe des Palastes Tusuhn zu landen.

Dort stieg der Engländer aus, warf die Gewehre über, drückte sich den karrierten Cylinder fest auf den Kopf, wie einer, der einen Sturm heranwirbeln hört oder einem Hunde entgegengeht, und schritt dann dem Kanale zu, über den er mußte, wenn er sein Ziel erreichen wollte.

Er hatte sich die einzuhaltende Richtung ganz genau gemerkt und freute sich wie ein Schneekönig auf das Abenteuer. Welcher Art dasselbe sei und wie es verlaufen werde, davon hatte er allerdings keine Ahnung. Er wußte nur, daß er eins erleben werde.

Während er so mit Riesenschritten vorwärts eilte, um den anderen zuvorzukommen, ruderte der brave Steuermann, von Zeit zu Zeit bedenklich den Kopf schüttelnd und Worte ernster Besorgnis murmelnd, wieder nach der Jacht zurück. So viel er von seinem Herrn vernommen hatte, hielt er es für gewiß, daß das Unternehmen desselben ein sehr gewagtes sei.

Dem Lord hingegen fiel es gar nicht ein, dieselbe Ansicht zu hegen. Er freute sich auf das Abenteuer, das ihm bevorstand. Er fand glücklicher Weise gerade da, wo er den nach Gizeh führenden Kanal erreichte, eine Ueberbrückung desselben, sodaß er nicht durch langes Suchen nach dem Uebergange aufgehalten wurde, und setzte seinen Weg mit solcher Eile fort, daß er wirklich vor allen anderen an dem See anlangte.

Dieser war allerdings jetzt kein See zu nennen und lag vollständig trocken da. Während der Zeit der Nil-überschwemmung bildete er jedenfalls ein nicht unbedeutendes Wasserbassin, trat aber der Nil in seine Ufer zurück, so hörte der Zufluß auf, und das Wasser verdunstete, so-

„Um Gotteswillen! Wollen Eure Lordschaft unter die
Räuber gehen?" rief der Steuermann erschrocken. (S. 85.)

daß der flache Grund des Sees wohl mehrere Monate des Jahres hindurch nur einige wenige Lachen zeigte.

Dennoch gab es an seinem Rande eine Vegetation, die jetzt freilich zu ruhen schien, zur Regenzeit aber schnell und üppig aufwucherte. Das Schilf war zwar scharf und trocken, doch mannshoch aufgeschossen. Es schien für den Engländer ein gutes Versteck zu bieten. Als er aber versuchte, in dasselbe einzudringen, fand er, daß es wie Messer schnitt.

Prüfend ließ er daher seinen Blick über die Umgebung schweifen und murmelte leise:

„Da rechts liegen die Steine, von denen dieser Mister Steinbach sprach. Dort also wird der Zweikampf vor sich gehen. Dort werden sie sich treffen, und wenn ich mich dort verstecken wollte, würde man mich entdecken. Das darf nicht sein. Wohin aber soll ich denn sonst? Ah, was ist denn das für ein Ding? Ist das hohl?"

Am Rande des Sees, ganz in seiner Nähe, befand sich nämlich eine ziemlich steile Bodenerhöhung und an einer Stelle dieser Böschung eine Steinplatte mit einer eingegrabenen, jedenfalls sehr alten Inschrift. Rasch trat der Lord hinzu und entzifferte mit einiger Mühe:

„Hier ruht James Burton, Esq. aus Leeds. Gestorben im April 1816 an einem Schlangenbiß. Gott schenke ihm die ewige Ruhe!"

„Ein Engländer!" meinte der Lord. „Hm! Jedenfalls eine Aushöhlung! Wenn ich mich da hineinstecken könnte! Master James Burton aus Leeds würde es mir wohl nicht übelnehmen, wir sind ja Landsleute."

Er versuchte darauf, ob die Platte sich bewegen lasse. Diese war zwar nicht so klein, aber dünn, und es bedurfte keiner großen Anstrengung, sie zu entfernen. Hinter ihr kam jetzt eine Höhlung zum Vorschein. Der Lord bückte sich und kroch in sie hinein.

Die Höhlung war tief, viel tiefer, als er dachte, und er mußte sich ein Streichhölzchen anbrennen, um ihren Inhalt zu untersuchen. Da gab es aber überhaupt keinen Inhalt; sie war leer.

„Sapperment!" lachte nun der Lord. „Mister Burton scheint heute ausgegangen zu sein! Er wird sich wundern, bei seiner Rückkehr zu finden, daß er Besuch hat. Oder haben diese Egypter das Grab ausgeraubt? Es ist jedenfalls nicht für ihn hergestellt worden, sondern es stammt aus uralter Zeit, denn es ist aus Luftziegeln gemauert. Hier bleibe ich. Aber an der Steinplatte fehlt eine Ecke, sodaß ich ganz gut hinaussehen kann, selbst wenn ich sie vor den Eingang lege. Das giebt ein Versteck, wie ich es gar nicht besser hätte finden können."

Er trat dann wieder hinaus und versuchte die Platte über die Grube zu ziehen. Dabei fiel sein Blick nach der Richtung der Stadt. Von dorther kamen Leute.

„Ob das bereits die Arnauten sind?" fragte er sich. „Höchst wahrscheinlich. Ich muß mich also beeilen."

Schnell verschloß er den Eingang der Grabeshöhlung hinter sich. Die Platte paßte so genau in die Eindrücke, die durch sie selbst entstanden waren, daß jetzt kein Mensch sehen konnte, daß sie soeben entfernt worden war. Da, wo an ihr die obere Ecke fehlte, konnte der Lord hinaussehen, und da bemerkte er nun an den Anzügen der sich Nahenden, daß es allerdings die Arnauten seien. —

Es waren ihrer sechs, also nicht alle, welche kommen wollten. Sie waren den anderen vorausgegangen, um einen Plan zu besprechen, von dem der Korporal nichts wissen sollte. Als sie die bezeichneten Steine erreichten, blieben sie stehen, um sich zu orientieren.

„Meint ihr, daß man sich hinter einem dieser Steine verstecken könnte?" fragte einer.

„Nein," antwortete der zweite. „Das geht nicht. Wer da einen Schuß abgeben soll, der muß sich natürlich hinter dem Steine emporrichten, und da wird er gesehen."

„Das ist richtig. Aber es giebt ja kein zweites Versteck."

„O doch! Das Schilf."

„Das ist scharf wie ein Säbel. Ich mag mich nicht

hineinstecken. Uebrigens muß derjenige, der dort stecken würde, sich ja ebenso aufrichten, wenn er schießen will, und da würde er auch gesehen. Ich wüßte einen Ort, aber der ist nicht nach jedermanns Geschmack."

„Welchen?"

„Dort das Grab des Engländers."

„Allah!"

„Sieh, wie du dich fürchtest!"

„Das Grab eines Ungläubigen! Hast du nicht gehört, daß sein Geist keine Ruhe findet und des Nachts hier umgeht? Er soll am Vollmond heulen wie eine Hyäne."

„Das habe ich freilich gehört — aber wir haben jetzt doch nicht Vollmond, sondern es ist Tag. Uebrigens ist die Leiche ja gar nicht mehr vorhanden."

„Weißt du das genau?"

„Ja. Sie ist während der letzten Ueberschwemmung mit fortgerissen worden."

„Warum lehnt man da den Stein wieder vor?"

„Das weiß ich nicht, jedenfalls doch, weil er hingehört."

„Ich mag nicht hinein."

„Memme!"

„Schimpfe nicht! Du kennst mich und weißt, daß ich mich nicht fürchte. Aber mit den Toten mag ich nichts zu thun haben."

„Es ist ja kein Toter drin."

„Aber er war darin; das ist genug. Er war ein Ungläubiger. Soll ich mich etwa im Grabe eines Christen verunreinigen? Das fällt mir nicht ein."

„Das ist nicht gefährlich. Man spricht das Gebet der Reinigung und ist die Verunreinigung los. Wir brauchen uns ja nicht zu streiten, denn wir wissen noch gar nicht, welcher von uns bestimmt ist, den Schuß zu thun. Wollen wir losen oder würfeln?"

„Würfeln!"

Die Arnauten pflegen stets mit Würfeln versehen zu sein; es ist das ihr Lieblingsspiel. Sie kauerten sich also nieder, und einer zog drei Würfel aus der Tasche. „Die höchste oder die niedrigste Nummer?" fragte er.

„Die niedrigste!"

Das wurde angenommen, und gerade derjenige warf sie, der vorhin über die Furcht vor dem Engländer gelacht hatte.

„Ah, also ich!" sagte er. „So ist gar nichts weiter zu reden. Ich fürchte mich vor diesem Grabe nicht und werde mich also hineinstecken. Das Uebrige ist eure Sache. Seht, hier fehlt die Ecke an der Platte. Das giebt ein Loch, durch welches ich in aller Gemütlichkeit meine Kugel senden kann. Es ist eigentlich ärgerlich, daß wir zu einem solchen Mittel greifen müssen; aber seit er uns gesagt hat, daß er Hilal ist, steht es fest, daß er uns alle erschießen wird, einen nach dem anderen. Diese Söhne des Blitzes verfehlen ihr Ziel nie. Man sagt, daß ein alter, berühmter Marabut, ein frommer Einsiedler, über ihre Gewehre den Segen gesprochen habe. Seit jener Zeit haben sie keinen einzigen Fehlschuß gethan, und ihre Kugeln gehen fünfmal weiter, als diejenigen anderer Schützen. Nur List kann hier helfen."

„Was aber sagen wir, wenn du dich ins Grab hier steckst, und der Onbaschi fragt nach dir?"

„Was sollt ihr sagen? Ich bin einfach nicht da. Nun aber müßt ihr dafür sorgen, daß der Araber so gestellt wird, daß ich ihn vor meine Flinte bekomme. Der Onbaschi wird das Zeichen geben, wann geschossen werden soll. In demselben Augenblick drücke auch ich ab. Der Araber muß so nahe an diesem Grabe stehen, daß ich ihn auf alle Fälle treffe. Und dann —"

„Halt, ist er das nicht, der dort jenseits der Steine kommt?"

„Ja, das ist er."

„Dann schnell hinein, ehe er es bemerken kann!"

Der Lord kauerte indessen im Inneren der Höhle hinter dem Steine und blickte durch das Eckloch heraus. Er sah die Arnauten, er hörte sie auch, da er aber des

Türkischen nicht mächtig war, so verstand er nicht, was sie sagten, und hatte keine Ahnung davon, daß der eine zu ihm hineinzukommen beabsichtigte.

Jetzt sah er, daß zwei nach der Platte griffen.

„Sapperment!" flüsterte er. „Ich glaube gar, ich bekomme Besuch. Dann nur rasch so weit hinter wie möglich! Vielleicht bemerken sie mich gar nicht."

Und wirklich, sie bemerkten ihn auch nicht. Sie mußten ja so rasch handeln, daß ihnen gar keine Zeit blieb, nachzusehen, ob die Grabeshöhle auch wirklich leer sei. Jetzt hatten sie die Platte zur Seite geschoben, und der Arnaut kroch hinein.

„Also, Achmed, sorge dafür, daß ich ihn gut zu Schuß bekomme!" sagte er noch.

Dann legten seine Kameraden den Stein wieder vor.

Der Engländer hatte sich inzwischen bis an das Ende der Höhle zurückgezogen, wo er sich nun, seine Ge= wehre an sich ziehend, still zusammenkauerte. —

Hilal näherte sich langsam. Er war ganz allein.

Als er die Arnauten erblickte, that er nicht, als ob er sie bemerke, lehnte sich an einen der großen Quader= steine, die seit Jahrhunderten an ihrer Stelle lagen.

Er hatte wohl bemerkt, daß noch nicht alle beisammen waren, und wartete nun, bis die anderen kommen würden. Dies dauerte nicht lange. Eben als die Sonne im Westen den Horizont scheinbar berührte, kam der Onbaschi, bei dem sich die übrigen befanden.

Als dieser Hilal bemerkte, sagte er im Tone der Erleichterung zu ihm:

„Du hast Wort gehalten. Das ist sehr gut. Ich hatte meine Ehre verpfändet."

„Ich habe mein Wort noch nie gebrochen."

„Es war doch leicht möglich, daß du nicht kamst."

„Warum?"

„So viele gegen einen!"

„Glaubst du etwa, daß ich mich vor ihnen fürchte? Meine Kugel wird sie alle treffen. Und selbst wenn ich

gewußt hätte, daß ich getötet würde, wäre ich doch ge=
kommen. Ein Sohn der Wüste stirbt lieber, als daß er
von sich sagen läßt, er wäre wortbrüchig geworden. Be=
ginnen wir?"

„Ja," antwortete der Onbaschi. „Die Sonne ist
fast verschwunden. Wir haben keine Zeit zu verlieren.
Sind alle beisammen?"

Dann überflog sein Auge die Versammlung, und er
fragte verwundert:

„Omar fehlt. Wo ist er?"

„Er ging erst noch zum Tabaksverkäufer und wird
bald nachkommen," entgegnete derjenige, der Achmed ge=
nannt worden war.

Der Onbaschi beruhigte sich nunmehr und musterte
die Umgebung. Dann fragte er den Beduinen:

„Wie viel Schritte Entfernung wünschest du?"

„So viel ihr haben wollt, einen oder dreihundert,"
klang die stolze Antwort.

„Einen Schritt nur? Das wäre dein sicheres Ver=
derben."

„Versucht es! Was ist das für ein Loch?"

„Ein Grab."

Hilal hob die Hand bis zur Stirn empor. In der
Wüste giebt es keine Gottesäcker. Die ganze Sahara ist
ein einziger großer Kirchhof. Der Araber wird da be=
graben, wo er stirbt. Aber der Ort, an dem ein Toter
seiner Auferstehung harrt, ist dem Bewohner der Wüste
heilig.

„Dort liegt nur ein Engländer," erklärte der On=
baschi, als er das Zeichen der Ehrfurcht bemerkte, welches
Hilal machte.

„Hat ein Engländer nicht auch eine Seele?" fragte
dieser. „Giebt es für ihn nicht auch eine Auferstehung
und ein Gericht? Allah sei seiner Seele gnädig!"

„Er war ein Ungläubiger und ist in seinen Sünden
dahingefahren. Man hört ihn des Nachts hier am Ufer
des Sees heulen. Er brüllt vor Angst, daß er in die

Hölle wandern muß. Ich mag hier nicht in der Nähe sein, wenn es finstere Nacht ist. Darum laßt uns eilen! Ich denke, daß wir uns aus einer Entfernung von ungefähr hundert Schritten schießen. Wer will es anders?"

Keiner antwortete.

„Wie und wo stellen sich die Kämpfenden auf?"

Jetzt war es Zeit für Achmed, dafür zu sorgen, daß diese Aufstellung eine für seine Absicht günstige sei. Er nahm deshalb für die anderen das Wort und sagte:

„Nehmen wir dieses Grab in die Mitte. Fünfzig Schritte vorwärts mag dieser Araber sich aufstellen und fünfzig Schritte rückwärts derjenige von uns, an welchem die Reihe des Schusses ist. Du, Onbaschi, bist nicht unter den Kämpfenden, du magst das Zeichen geben. Wenn du bis drei zählst, schießen beide zu gleicher Zeit."

„Ja, so mag es sein," stimmte auch Hilal bei. „Vorher aber wollen wir nach der Sitte der Wüste handeln und den Schwur des Kampfes ablegen."

„Den Schwur des Kampfes?" fragte Achmed. „Was ist das?"

„Jeder Kämpfende hat zu schwören, daß der Kampf ein ehrlicher sein solle und daß den Sieger nicht eine tückische Rache treffen kann. Seid ihr dazu bereit?"

„Ja."

„Eigentlich hat der Scheik oder Imam oder ein Marabut diesen Schwur abzunehmen. Da aber kein solcher zugegen ist, so müssen wir uns an den Toten wenden."

„An den? Wie meinst du das?"

„Ein Grab ist eine ehrwürdige Stätte, selbst wenn es den Leib eines Ungläubigen birgt. Ein Schwur am Grabe hat dieselbe Gültigkeit, wie ein Eid vor dem Allerheiligsten der Moschee. Tretet also herzu und legt eure rechten Hände an die Thür dieses Grabes! Ich werde euch dann die Worte des Eides vorsprechen."

„Was fällt dir ein? Eines solchen Schwures bedarf es doch bei uns nicht!"

„Wenn ihr es nicht thut, so muß ich annehmen,

daß ihr auf eine Hinterlist sinnt. Und in diesem Falle gehe ich fort, ohne mit euch gekämpft zu haben."

„Oho! Du hast uns beleidigt und unseren Tschausch gelähmt. Das werden wir rächen, und du wirst auf alle Fälle gezwungen sein, mit uns allen zu kämpfen!"

„Ich werde thun, was mir gefällt! Seid ihr bereit, den Schwur zu leisten?"

„Ja, sie werden ihn leisten," antwortete der Onbaschi. „Auch ich verlange, daß der Kampf ein ehrlicher sei. Legt also eure Hände an den Stein!"

Das kam den Arnauten keineswegs gelegen. Dem Muhammedaner ist ein Schwur außerordentlich heilig. Zudem fühlten sie ein unbesiegbares Grauen vor diesem Grabe, in dem eine Seele steckte, die des Nachts umherirren mußte. Dennoch aber gehorchten sie dem Gebote des Korporals und traten eng zusammen, um die Platte mit ihren Händen zu berühren. Auch der Araber legte seine Hand an dieselbe und sagte:

„Seid ihr jetzt bereit, mir den Eid nachzusprechen?"

„Ja," antworteten sie alle.

„So sagt, wie ich, folgendes: Im Namen des Allgerechten! Wir schwören hier an diesem Grabe, daß wir auf keinerlei Hinterlist sinnen, und daß der Sieger, wenn der Kampf zu Ende ist, diesen Ort verlassen kann, ohne eine Heimtücke befürchten zu müssen. Wer diesen Schwur nicht hält, den mag der Geist dieses Grabes packen und ihn festhalten, daß er keine Ruhe findet weder bei Tag noch bei Nacht in alle Ewigkeit. Das schwören wir zu Allah. Amen!"

Alle sprachen diese Worte in den Pausen, die Hilal machte, nach, und es war ihnen keineswegs lächerlich zu Mute, denn der Abend begann bereits seine ersten Schatten über die einsame Gegend zu werfen, in kurzer Zeit mußte es dunkel sein, und dann kämpften sie auch gegen einen berühmten Schützen. Wer von ihnen würde die Sonne des nächsten Tages erblicken? Es begann ihnen zu grauen. Dennoch sagte einer, als der Schwur abgelegt worden war:

„Was will der Geist eines Engländers, der vor so vielen Jahren starb, wissen von dem, was hier geschieht! Es ist lächerlich."

Es war ihm keineswegs ernst mit diesen Worten. Er glich denjenigen Menschen, die im Finstern, wenn sie sich allein befinden, irgend eine Melodie pfeifen, um ihre Furcht zu beschwichtigen. Achmed stimmte ein:

„Du hast recht. Ich muß lachen, wenn ich mir denke, daß der Geist dieses Engländers herauskäme, um einen von uns zu packen. Ein Geist, gekleidet in der Weise der Engländer, mit weißen und schwarzen Vierecken auf dem Gewande und einem Hut auf dem Kopfe, wie die Briten ihn so lächerlicher Weise zu tragen pflegen! Fangen wir lieber endlich an!"

„Ja," sagte der Onbaschi. „Gebt Würfel her! Wer am höchsten wirft, hat den ersten Schuß."

Es wurde nun gewürfelt. Einer warf siebzehn. Da nahm er seine Flinte und zählte fünfzig Schritte nach rückwärts ab, und auch Hilal ergriff sein Gewehr und ging genau fünfzig Schritte vorwärts, wo er sich dann umdrehte. Nun standen sich die beiden Duellanten so gegenüber, daß das Gras in ihrer Mitte lag. Die Arnauten aber wichen zurück, um aus der Schußlinie zu kommen. Sie wußten, daß Omar irgendwo versteckt sei, um dem Beduinen aus größerer Nähe als hundert Schritten eine sichere Kugel zu geben, und diejenigen, die zuerst gekommen waren, kannten das Versteck noch genauer. Sie hielten daher ihre Blicke mit außer=ordentlicher Spannung nach dem Grabe gerichtet.

„Aufgepaßt!" rief jetzt der Onbaschi laut. „Ich werde zählen. Bei drei wird geschossen. Und dann — alle Teufel! Was ist das?"

Er wandte sich zur Seite, wo in diesem Augen=blicke Steinbach mit seinen Begleitern um die Ecke des Sees bog. Sie waren bisher von dem hohen Schilfe

den Augen der Arnauten verborgen gewesen. Steinbach
bemerkte sogleich, daß er gerade im letzten Moment er=
schienen sei; er kam daher schnell herbei und sagte, sich
an den Onbaschi wendend:

„Zwei Männer einander mit dem Gewehre gegen=
über! Was geht da vor?"

„Was geht es dich an?"

„Das geht einen jeden an. Wollt ihr euch morden?"

„Nein. Es ist ein Duell."

„Das ist etwas anderes. Hoffentlich dürfen wir es
uns mit ansehen?"

„Das ist nicht notwendig. Geht eures Weges."

„Unser Weg führt uns just nur bis hierher. Wir
werden also hier bleiben."

Der Onbaschi maß Steinbach mit einem zornigen
Blick und trat dann näher an die Seinigen heran. Sie
flüsterten einige Sekunden lang miteinander. Dann
wandte sich der Onbaschi wieder zu Steinbach:

„Wer seid ihr?"

„Das ist von keiner Bedeutung. Wir sind hier,
das ist genug. Wenn es sich wirklich um ein ehrliches
Duell handelt, werden wir zwar zusehen, euch aber nicht
stören. Demjenigen jedoch, der unehrlich handelt, werde
ich eine Kugel durch den Kopf jagen!"

„Oho! Du redest ja, als ob du der Pascha selbst
seiest!"

„Ich komme vom Pascha, das mag euch genug sein.
Wenn Hilal mit euch kämpfen will, mit einem nach
dem anderen, so ist das seine Sache, und ich werde ihn
keineswegs daran hindern, aber ehrlich soll der Kampf sein,
das verlange ich!"

„Wie? Du weißt es? Du kennst ihn?"

„Ich weiß alles. Ich stehe hier im Namen des
Vicekönigs, um seinen Gast zu beschützen. Der Kampf
soll erst jetzt beginnen?"

„Ja. Eben sollte der erste Schuß fallen."

„Wer kommandiert?"

„Ich. Bei drei schießen beide zugleich."

„Gut! Ich bin befriedigt. Ihr steht drüben, wir stehen hüben. Wacht ihr für euch, und wir wachen für Hilal. Ihr könnt beginnen."

„Ah, er hat es angezeigt. Er hat euch herbeibestellt."

„Nein. Er weiß nichts von uns, und er kennt uns nicht. Wir haben es zufällig erfahren; aber er ist unser Freund, und wir beschützen ihn."

Steinbach sprach so ernst, so bestimmt und selbstbewußt, daß der Eindruck seiner Worte unausbleiblich war. Der Onbaschi flüsterte nun abermals mit den Seinigen und sagte dann:

„Wir brauchen es nicht zu leiden, daß wir von Unberufenen gestört werden —"

„Wir stören euch ja nicht!" fiel Steinbach ein.

„Das würde ich euch auch nicht raten! Unsere Angelegenheit geht euch gar nichts an. Wir fechten sie unter uns aus. Ihr möget meinetwegen zusehen. Das ist aber auch alles, was wir euch erlauben. Wollt ihr euch mehr gestatten, so würden unsere Gewehre sprechen!"

„Und die unserigen mit!"

Hilal war ganz erstaunt, so plötzlich Beschützer zu finden, die er gar nicht einmal kannte. Er kam daher herbei und fragte Steinbach:

„Wer seid ihr? Ehe der Kampf beginnt, möchte ich wissen, was ich von euch zu erwarten habe."

„Du hast nur Gutes zu erwarten. Hiluja sendet uns zu deinem Schutze."

„Hiluja!" lächelte er ganz glücklich. „Ich danke euch! Doch braucht ihr keine Sorge um mich zu haben. In kurzer Zeit wird keiner dieser Arnauten mehr leben. Laßt sie immerhin gewähren. Sie haben geschworen, daß der Kampf ein ehrlicher sein solle. Ich habe also nichts zu befürchten, desto mehr aber sie."

Dann schritt er wieder nach der Stelle zurück, an der er sich vorher befunden hatte. Die Arnauten standen eng beisammen. Ihre Augen funkelten zornig auf Stein-

M. K.

bach und dessen Begleiter herüber. Sie hatten ihre Ge=
wehre fester gefaßt. Da sie sich in der Mehrzahl be=
fanden, hätten sie sich eine Einmischnng nicht gefallen
lassen; aber sie sahen die Waffen der Neuangekommenen
und mußten sich gestehen, daß diese ihnen darin überlegen
seien. Zudem machte das gebieterische Wesen Steinbachs
einen Eindruck auf sie, der es ihnen doch geraten er=
scheinen ließ, von Feindseligkeiten abzusehen.

"Nun," sagte endlich Steinbach, "in fünf Minuten
ist es dunkel. Ihr dürft nicht zögern, wenn Hilal mit
allen fertig werden soll."

"Ja, beginnen wir endlich!" stimmte der Onbaschi
bei. "Also aufgefaßt! Eins — zwei — —"

Hilal hatte sein Gewehr erhoben. Der Kolben des=
selben lag an der Wange. Sein Gegner hatte dasselbe
gethan. Es war ein Augenblick der größten Spannung.
Im nächsten Moment mußten die Schüsse fallen. Aber
bevor noch der Onbaschi die verhängnisvolle "Drei" aus=
sprechen konnte, passierte etwas, woran niemand gedacht
hatte.

Nämlich es fiel ein Schuß, aber nicht aus der Flinte
eines der Duellanten, sondern aus dem Grabe. Und in
demselben Augenblick wurde von innen der Stein um=
geworfen, und Omar flog heraus, wie aus dem Laufe
einer Kanone geschossen, und vor Angst und Entsetzen
aus vollem Halse brüllend.

"Alle Teufel!" rief der Onbaschi erschrocken. "Du,
Omar, du da drin! Was zeterst du?"

Der Flüchtige flog mitten unter seine Kameraden
hinein und rief jammernd:

"Allah illa Allah! Muhammed rassuhl Allah!"

Das ist das Glaubensbekenntnis der Muhammedaner.
Sie gebrauchen es auch gerade so, wie man wohl bei uns
ausruft: "Alle guten Geister loben ihren Meister!"

"Was ist denn? Was ist denn? Was ist denn
da drinnen?" fragte der Unteroffizier, indem er den
Schreienden festhielt.

M. K.   7*

„Er, er!"

„Wer denn?"

„Der Geist! Die Seele!"

„Wessen Geist?"

„Des Engländers!"

„Du bist verrückt!"

„Ja, er ist drinnen! Er hat mich gepackt! Dieser Hilal hat ja bei seinem Schwure gesagt, daß uns der Geist packen soll, wenn wir hinterlistig — o Allah! Da kommt er!"

Wirklich, in diesem Augenblick schob sich der Engländer aus dem Loche, ganz so, wie vorhin der Arnaute gesagt hatte; weiße und schwarze Vierecke auf dem Gewande und ganz so einen dummen Hut auf dem Kopfe, wie ihn die Briten tragen.

„O Muhammed! O Allah! Allah! Allah!" brüllten da die erschrockenen Menschen, einer so laut wie der andere.

Der Engländer aber streckte seine langen Arme aus und schnellte sich mit zwei Sprüngen seiner noch längeren Beine mitten in den Haufen hinein.

„Der Geist! Die Seele! Das Gespenst! Fort, fliehet, rettet euch! Allah! Allah! Allah!"

So rief, schrie und brüllte es aus allen Kehlen. Und die Flinten von sich werfend, rannten die Arnauten aus Leibeskräften davon, der Lord immer hinter ihnen her, indem auch er in allen möglichen Tonarten und Stimmen brüllte, so laut, als er es nur immer fertig brachte.

Steinbach und seine Begleiter waren nicht wenig erstaunt, den Lord hier aus dem Loche kommen zu sehen, den sie auf der Jacht glaubten. Diesen Umstand abgerechnet, war es ihnen aber gar nicht schwer, den Zusammenhang zu erraten. Als sie nun die tapferen Arnauten davonspringen sahen und den Engländer mit einem wahren Stiergebrüll und Elefantengetrompete hinterdrein, da brachen sie in ein Gelächter aus, das wenigstens ebensoweit zu hören war, wie das Angstgeschrei

M. K.

In diesem Augenblicke kam der Engländer aus dem Grabe,
und erschrocken floh alles.   Seite 100.)

M. K.

der Fliehenden. Sie konnten vor Lachen erst gar nicht zu Worte kommen. Sogar der fünfzig Schritt entfernt stehende Arnaute, der zum Schusse bereit gestanden hatte, war, augenblicklich sein Gewehr wegwerfend, mit davon gerannt.

Hilal stand einer Bildsäule gleich. Erst das Lachen seiner Beschützer brachte seine Vermutung in die einzig wahre Richtung. Nun kam er langsam herbei und fragte:

„Ihr lacht! So war es also kein Toter?"

„Ein Toter?" antwortete Normann, noch immer laut lachend. „Hast du schon Tote so springen sehen?"

„Nein," meinte er sehr ernsthaft.

Dieser Ernst wirkte so, daß das Gelächter von neuem begann. Und nur mit großer Mühe gelang es Normann, die Erklärung auszusprechen:

„Dieser Geist ist ein Freund von uns, der auch hierherkam, dich zu beschützen."

„Also kein Geist! Und doch ein Engländer!"

„Ja. Ist das so außerordentlich?"

„Ja, denn dies ist doch das Grab eines Engländers."

„Ach so, so, so ist das! Jetzt begreife ich! In dieser Höhle wurde ein Engländer begraben?"

„Ja. Sein Geist geht um, das sagten die Arnauten."

„Und den Lord haben sie für diesen Geist gehalten! Herrlich, köstlich, unvergleichlich!"

Das Lachen brach von neuem los.

„Ich ließ die Arnauten schwören, daß der Kampf ein ehrlicher sein solle. Ich drohte ihnen dabei mit dem Geiste dieses Toten."

„Aber es hat doch auch einer von ihnen drinnen gesteckt!"

„Das wußte ich nicht."

„Was hat er drinnen gewollt?"

„Weiß ich es? Ich kann es nicht sagen."

„So weiß es der Lord. Dort kommt er. Er mag uns dieses famose Abenteuer erklären."

Der Engländer kehrte mit langen, eiligen Schritten

M. K.

zurück. Er wedelte schon von weitem mit den Armen wie mit Windmühlenflügeln. Sein Lachen klang überschnappend wie die Töne einer überblasenen Klarinette, und erst, als er ganz nahe war, verstand man die Worte:

„War das — verteufelt, verteufelt! — war das — hahaha — war das nicht — hihihi — nicht göttlich?"

„Unbezahlbar!" antwortete Steinbach.

„Nicht wahr —? Hihihihihih! Ohohohohoho!"

Er krümmte sich vor Lachen. Sein Gesicht war zinnoberrot. Es war, als ob er ersticken müsse. Das sah so drollig aus, daß die anderen abermals zu lachen begannen, und es dauerte eine große Weile, ehe der Lachreiz so weit überwunden war, daß man nur einigermaßen ruhig zu fragen und zu antworten vermochte.

„Wir waren erstaunt, Sie hier zu sehen," sagte endlich Steinbach. „Wie kommen denn Sie hierher?"

„Wie? Natürlich auf diesen meinen Beinen."

„Sie sollten doch an Bord bleiben."

„Sollte ich? Ja, ich sollte, ich sollte! Aber ich wollte nicht, verstanden? Ich wollte nicht! Und da machte ich mich auf die Beine und ging hierher. Sie hatten mir ja den Ort so genau beschrieben, daß ich gar nicht fehlgehen konnte."

„Welche Unvorsichtigkeit!"

„Unvorsichtigkeit? Was Sie sagen! Es war der allerklügste Gedanke, den ich jemals gehabt habe. Wer weiß, ob mir in meinem ganzen Leben wieder eine so gescheite Idee kommt!"

„Da es in dieser Weise abgelaufen ist, so mag man es loben. Aber Ihr Leben stand auf dem Spiele!"

„Mein Leben? Ganz und gar nicht! Nicht das meinige, sondern dasjenige dieses arabischen Misters stand auf dem Spiele. Verstanden? So ist es!"

„Natürlich stand es auf dem Spiele und zwar sehr. Es handelte sich ja um ein Massenduell, um einen Kampf mit so vielen Gegnern nacheinander."

„O, das war es nicht! Er sollte erschossen werden."

M. K.

„Das wissen wir. Deshalb forderte man ihn ja."

„Nicht so meine ich es. Er sollte meuchlings er=
schossen werden, und zwar nicht einmal von hinten,
sondern von vorn und dennoch meuchlings."

„Das verstehe ich nicht."

„Haben Sie denn den Schuß aus dem Loche nicht
gehört?"

„O doch!"

„Nun, dieser Schuß galt Hilal."

„Wie? Wirklich?"

„Ja. Dieser Arnaute hatte sich in das Loch ge=
steckt, um Hilal aus diesem Verstecke zu erschießen."

„Das wäre wunderbar. Hilal hatte doch schon so
viele Gegner, daß es eines solchen Anschlages gar nicht
bedurfte."

„Ja freilich. Ich ahnte und dachte es auch nicht,
bis der verdammte Kerl den Lauf seines Gewehres zu
dem Loche heraussteckte und auf Hilal zielte."

„Wie sind denn Sie hineingekommen?"

„Ich bin hineingekrochen. Oder meinen Sie viel=
leicht, daß ich in einem Coupé erster Klasse per Kurier=
zug hineingedampft bin, Mister Steinbach?"

„Unsinn! Es versteht sich ganz von selbst, daß ich
meine Frage nicht in dieser Weise gemeint habe. Wie
sind Sie denn auf den Gedanken gekommen, sich in
diesem Grabe bei dem Arnauten zu verstecken?"

„Bei dem Arnauten? Ich war eher drinnen als er."

„Das kann ich mir denken."

„Ich ging hierher, um vielleicht Hilal einen Dienst
zu erweisen. Dies mußte heimlich geschehen. Darum
suchte ich mir ein Versteck, fand das Grab, kroch hinein
und machte den Stein hinter mir wieder vor. Dann
kamen die Arnauten und sprachen miteinander, ich konnte
sie aber nicht verstehen. Schließlich kam einer von ihnen
zu mir herein, und ich hatte gerade noch Zeit genug,
so weit hinter zu kriechen, daß er mich nicht bemerkte.
Dann hörte ich draußen sprechen, verstand aber wieder

M. K.

nichts. Endlich vernahm ich auch Ihre Stimme, die ich natürlich sofort erkannte, Mister Steinbach, und da dachte ich mir, daß das Duell nun wohl beginnen werde. Plötzlich sah ich in dem schwachen Lichtschimmer, der

durch eine an dem Steine fehlende Ecke in das Dunkel hineindrang, wie der Arnaute neben mir seine Flinte ergriff, den Lauf derselben an das Loch hielt und zielte. Natürlich sagte ich mir, daß er eine Schlechtigkeit be-

M K.

absichtige, sonst hätte er sich doch nicht versteckt. Ich rückte ihm also leise und heimlich näher. Da hörte ich draußen die Worte ‚ahad — itnehn —‘ und, obwohl ich nicht arabisch verstehe, so viel weiß ich doch, daß diese Worte so viel bedeuten wie ‚eins — zwei‘, und konnte mir also denken, daß nun ‚drei‘ kommen werde.“

„Da wollte der Mensch schießen?“

„Natürlich! Wo stand Hilal?“

„Fünfzig Schritte nach dort.“

„Und sein Gegner?“

„In derselben Entfernung zurück.“

„Ah, so ist es mir jetzt klar. Aus dem Grabe heraus war Hilal noch einmal so sicher zu treffen wie von dort her. Die Schüsse sollten zu gleicher Zeit fallen. Man hätte also gar nicht gewußt, woher die tödliche Kugel eigentlich gekommen wäre. Na also, als ich merkte, daß es für mich Zeit sei, zu handeln, und noch ehe die ‚Drei‘ ausgesprochen wurde, packte ich den Menschen beim Genick.

„Er erschrak so, daß er losdrückte, und, wie ich jetzt sehe, ist die Kugel fehlgegangen, dann ließ er das Gewehr fallen, stieß den Stein um und schoß hinaus. Wie er gebrüllt hat, das haben Sie ja gehört.“

„Ja. Und dann kamen auch Sie.“

„Aber nicht gar zu schnell, denn ich mußte vor= sichtig sein. Ich guckte erst sachte hinaus, um zu sehen, wie meine Aktien ständen, und erst, als ich Sie erblickte und sah, daß ich es wagen könne, hervorzukommen, fuhr ich mitten unter die Schurken hinein und nachher hinter ihnen drein.“

„Das war köstlich, köstlich!“

„Ich glaube, sie haben mich für den Geist des Eng= länders gehalten, der da drinnen gelegen hat.“

„Natürlich! Das hat gerade so wunderbar gepaßt!“

„Sie sehen also, daß Hilal erschossen worden wäre, obgleich Sie ihm zu Hilfe gekommen sind.“

„Das ist wahr. Wer hätte so etwas denken können!“

M. K.

„Also ist Lord Eagle=nest doch nicht ganz zwecklos
auf die Welt gekommen!"

„Ja, Mylord, Sie sind heute Engländer, Gespenst,
Geist und Schutzengel zu gleicher Zeit gewesen."

„Schön, daß Sie das einmal einsehen! Merken
Sie es sich, und nehmen Sie es sich zu Herzen. Unser=
einer ist auch ein Kerl, der etwas vermag! Verstanden?"

„Sehr wohl! Ich werde mich seiner Zeit daran
erinnern. Jetzt, da ich klar sehe, will ich auch Hilal die
Sache erklären, damit er hört, was er Ihnen zu ver=
danken hat."

„O bitte! Das ist nicht nötig. Ich trachte nicht
nach solcher Anerkennung. Ich habe mir einen ungeheueren
Spaß gemacht und bin damit zufrieden."

„Schön! Solche Abenteuer scheinen Ihnen besser
zu gelingen, als die Entführungen aus dem Harem."

„Ja, ich muß mich nun auf diese Art von Helden=
thaten legen, gebe aber trotzdem die Hoffnung, eine
Sultana entführen zu können, noch nicht auf. Besser
wäre es noch gewesen, wenn ich verstanden hätte, was
sie sprachen. Ich werde mich daher jetzt auf das Studium
fremder Sprachen legen."

Steinbach sagte nun Hilal, daß er habe ermordet
werden sollen, und erklärte ihm den ganzen Vorgang.
Der Beduine hörte ihm ruhig zu. Dann sagte er:

„So habe ich diesem Engländer mein Leben zu ver=
danken! Nur auf diese hinterlistige Weise konnten die
Schurken mir schaden. Sonst hätte ich sie alle er=
schossen!"

„Bist du deiner Sache so gewiß?" fragte Steinbach.

„Ja. Das sage ich nicht aus Stolz. Könntest du
mich kennen lernen, so würdest du es mir glauben."

„Ich werde dich kennen lernen."

„Leider wohl nicht, denn schon morgen früh reise ich."

„Ich auch. Ich reise mit dir."

„Wohin?" fragte Hilal überrascht.

„Zu den Deinen. Du bist beim Vicekönig gewesen,
M. K.

und in seinem Auftrage werde ich mit dir gehen, um
den Kriegern der Sallah seine Wünsche zu überbringen."

„Allah sei Dank! Als ich zum letzten Male mit
ihm sprach, bat ich ihn, einen Boten zu senden, aber er
schlug mir die Erfüllung dieser Bitte ab."

„Ich würde vielleicht auch ohnedies zu den Sallah
geritten sein, denn ich hätte Hiluja hingebracht."

„Hiluja! Du sagtest mir vorhin, daß sie dich
hierher gesandt habe, um mich zu beschützen. Gehörst
du vielleicht auf das Schiff, auf dem sie wohnt?"

„Ja, es ist das Eigentum dieses Engländers."

„So bist du wohl derjenige, der sie aus der Hand
der Tuaregs gerettet hat?"

„Ja, es gelang mir, sie zu befreien."

„So wird der Erfolg deiner Botschaft an ihre
Schwester ein glücklicher sein. Die Königin der Wüste
hängt mit ganzem Herzen an ihr, der Retter derselben
wird unseren Zelten willkommen sein wie kein anderer."

„Das soll mir lieb sein. Ebenso sehr wünsche ich
aber auch, daß du als Freund an mir handelst. Ich
möchte gern alle Verhältnisse des Stammes genau kennen."

„Ich werde dir alles sagen. Ich habe euch seit
heute mein Leben zu verdanken. Ich werde alles thun,
was ich zu deinem Besten zu thun vermag. Nun aber
ist es dunkel geworden. Wir müssen gehen. Wo werde
ich dich also morgen treffen?"

„Du wirst gleich jetzt mit uns auf das Schiff gehen
und bei uns bleiben. Oder willst du nicht?"

Da dachte Hilal an Hiluja. Welche Seligkeit, auf
dem Schiffe bei ihr zu sein! Er antwortete also freudig
zustimmend. Dann sagte er plötzlich:

„Diese Arnauten haben ihre Waffen weggeworfen,
und ich sehe, daß deine Begleiter sie zusammengeholt
haben. Was wirst du mit ihnen thun?"

„Ich werde sie dem Eigentümer, dem Vicekönig,
überantworten. Sie gehören ihm."

„Wie schade! Wäre es zum Kampfe gekommen, so

M. K.

hätte ich gesiegt und die Gewehre für mich genommen. In der Wüste braucht man Gewehre so notwendig, und nicht jeder Sohn der Araber besitzt eine gute Flinte."

„So werde ich ein Wort mit dem Vicekönig sprechen. Vielleicht gelingt es mir, dir diesen Wunsch zu erfüllen."

Jetzt reichte Hilal dem Engländer, seinem Retter, die Hand. Doch was er sagte, verstand dieser nicht, und Steinbach mußte den Dolmetscher machen. Der Lord holte darauf seine Sachen aus dem Grabe, in dem sie zurückgeblieben waren, und dann wurde der Heimweg angetreten. Als sie endlich das Schiff betraten, war die Freude des Steuermannes, den Lord unversehrt wieder= zufinden, groß. Ebenso groß, aber stiller war die Freude Hilujas, als sie erfuhr, daß Hilal gerettet sei.

Noch im Laufe des Abends begab sich Steinbach infolge der erhaltenen Einladung zu dem Vicekönige, von welchem er nähere und ausführliche Instruktionen empfing, und als er ihm von den Arnauten erzählte, ergrimmte der Khedive über diese Menschen derart, daß er versprach, sie streng bestrafen zu lassen. Auch die Gewehre er= wähnte Steinbach, und der Khedive erklärte ihm nach kurzem Besinnen, daß er ihm eine ganze Partie guter Ge= wehre als Geschenk für die Königin der Wüste mitgeben wolle, dazu natürlich eine angemessene Quantität der not= wendigen Munition.

Als Steinbach dann auf die Jacht zurückgekehrt war, wurde natürlich nur von der beabsichtigten Reise gesprochen. Steinbach hatte dabei immer vor dem Eng= länder ein stilles Bangen gehabt, da er glaubte, dieser werde ihn unter allen Umständen begleiten wollen. Daher war er freudig überrascht, als der Lord jetzt meinte:

„Sie werden mir zürnen, Mister Steinbach, aber es geht beim besten Willen nicht."

„Was?"

„Daß ich mit Ihnen gehen kann."

„Ah! Sie können nicht?"

„Nein. Ich will eine Sultana entführen, aber unter

M. K.

diesen Beduinen giebt es keine wirkliche, echte Sultana. Außerdem muß ich Arabisch lernen. Der Steuermann will mein Lehrer sein, und da muß ich bei ihm bleiben."

„Das ist mir außerordentlich bedauerlich."

„Wirklich?"

„Ja. Ich hätte Sie so gern bei mir gehabt, denn ich sage mir, daß mir Ihre Gegenwart von sehr großem Nutzen gewesen wäre."

„Ja, seit ich heute bewiesen habe, was ich eigentlich zu leisten vermag, ist mein Wert bedeutend gestiegen. Aber ich muß dennoch verzichten. Sie haben übrigens die beiden Misters Normann und Wallert."

„Es wird nur einer sein, den ich ersuchen werde, mich zu begleiten, nämlich Herr Normann. Tschita muß doch einen Beschützer haben, und da versteht es sich ja ganz von selbst, daß ihr Bruder bei ihr bleibt."

„Wie Sie wollen," entgegnete der Lord. „Was mich betrifft, so bleibe ich freilich nicht auf dem Schiffe. Ich suche mir eine Wohnung in der Stadt und zwar in einer stockarabischen Gegend, wo ich gar kein anderes Wort als nur Arabisch höre. Ich habe mir sagen lassen, daß man auf diese Weise am allerleichtesten eine fremde Sprache erlernt."

---

5. Kapitel.

Während Steinbach, Wallert und Normann ihre Vorbereitungen für die nächste Zukunft trafen, lehnte Hilal auf dem Deck an der Regeling und blickte hinab in die Wasser des ewigen Flusses. Sie kamen weit her, aus dem unerforschten, geheimnisvollen Süden und gingen weiter, um in der ebenso geheimnisvollen Unendlichkeit des Meeres zu verschwinden. Welche Gedanken hatte der Jüngling, als sein Blick an den nächtlich glitzernden Wellen hing? Gar keine. Es ist eigentümlich und doch so wahr, daß der Mensch in den glücklichsten Augenblicken seines Lebens gar keine Gedanken hat. Er befindet sich in einem traumartigen Zustande, während dessen er zu keinem bewußten Denken kommt. Er hat das Gefühl seines Glückes, weiter nichts, und das ist ja genug, mehr als genug. Es ist das der erste Buchstabe des Alphabetes der großen Seligkeit, die auch nicht im Denken, sondern nur im Gefühle besteht, im Anschauen Gottes.

Da hörte der einsame Träumer leise Schritte in seiner Nähe. Er wandte sich um. Hiluja war auf das Deck gekommen. Es war sternenhell geworden, und im Schimmer des Firmamentes gewannen ihre schönen Züge eine Art überirdischen Ausdruck, den Hilal noch nie an einem Weibe bemerkt hatte. Sie that, als ob sie an ihm vorüber wolle.

„Hiluja!" sagte er da leise und zagend.

„Riefst du mich?" fragte sie, stehen bleibend.

„Ich wollte nicht, aber ehe ich es mir versah, hatte ich deinen Namen gesagt. Verzeihe mir!"

„Und ich sah dich, wollte dich aber nicht stören. Du warst so tief in Gedanken."

„Meine Gedanken waren bei dir. Ich weiß, daß ich auch dieses dir nicht sagen sollte. Du mußt mir abermals verzeihen."

„Wie hätte ich dir etwas zu verzeihen? Du bist ja mein Retter. Du bist für mich in Todesgefahr gegangen."

„O, es war gar nicht gefährlich!"

„Das sagst du, weil du die Gefahr liebst. Ich aber habe um dich gebangt. Noch weiß ich nicht, wie es dir da draußen am See ergangen ist. Als ich dich jetzt erblickte, glaubte ich, du könntest es mir erzählen."

„Sehr gern."

„Wirst du mir zürnen, daß ich dir die Effendis hinausgesandt habe?"

„Zürnen? Ich habe dir vielmehr dafür zu danken.

M. R.

Hätteſt du es nicht gethan, ſo lebte ich nicht mehr, denn man hatte die Abſicht, mich meuchlings zu ermorden."

Hilal ſtattete nunmehr Hiluja einen ausführlichen Bericht ab. Die Scene, als der Lord aus dem Grabe gekommen war, gab auch ihr unendlichen Spaß, doch wurde ſie ſchnell wieder ernſt bei dem Gedanken an die große Gefahr, in der Hilal geſchwebt hatte.

Von da kamen ſie auf die Reiſe zu ſprechen, die morgen begonnen werden ſolle, und nun erzählte auch Hiluja von ihren Erlebniſſen, von ihrer Heimat, von ihrer Gefangenſchaft und der Errettung aus derſelben. Sodann erkundigte ſie ſich:

„So kennſt du alſo meine Schweſter, die Königin der Wüſte, ganz genau?"

„So genau, als ob ſie meine Schweſter wäre. Ich war einer der erſten unſeres Stammes, der ſie ſah und kennen lernte. Ich gehörte zu denen, die ihr entgegen= ritten, um ſie dann in die Arme des Scheiks zu geleiten. Mein Bruder war der Anführer dieſer Schar."

„Sie ging nicht gern von der Heimat fort. Sie hatte den Scheik noch nie geſehen; ſie wußte nicht, ob ſie ihn würde lieben können. Er war bereits alt, dreimal ſo alt wie ſie. Er war aber berühmt, und mein Vater war berühmt, und die Freundſchaft der Stämme ſollte begründet und gefeſtigt werden dadurch, daß der Scheik der Sallah die Tochter der Beni Abbas zum Weibe nahm."

„Haſt du viele Botſchaft von ihr erhalten?"

„Nur ſelten. Dann lud ſie mich ein, ſie zu be= ſuchen. Ich machte mich daher unter dem Schutze von dreißig unſerer Krieger zu ihr auf. Sie alle ſind von den Tuaregs ermordet worden."

„Ich werde ihren Tod rächen!"

„Du?" fragte Hiluja verwundert. „Es waren doch nicht Verwandte von dir!"

„Nein; aber ſie waren deine Beſchützer. Wer ſie tötet, der iſt mein Todfeind."

„Du biſt ein Held!"

M. K.

„Und du ein Engel, vom Himmel herabgestiegen, um verehrt und angebetet zu werden."

„Ich hätte so gern gewußt, ob meine Schwester an der Seite des Scheiks glücklich geworden ist."

„Hat sie es dich nicht wissen lassen?"

„Sie hat keinem Boten ein Wort darüber anvertraut. Sie ist viel, viel zu stolz, so etwas zu thun. Aber da du sie so genau kennst, als ob du ihr Bruder seist, wirst du es mir vielleicht sagen können."

„Ich könnte wohl."

„Aber du willst nicht?"

„Ich weiß nicht, ob ich darf. Sie wird es dir selbst sagen, wenn du zu ihr kommst. Sagte ich es dir jetzt, so würde sie mir vielleicht zürnen."

„Sie zürnt dir nicht. Und wenn sie es thäte, würde ich dich in Schutz nehmen. Willst du mir wirklich diese Bitte nicht erfüllen?"

„Wenn du bittest, so muß ich sprechen. Deine Bitte ist mir so, als wenn der Prophet selbst vom Himmel käme, um mir einen Befehl zu geben."

„Ich höre schon aus deiner vorsichtigen Weigerung, daß sie nicht glücklich war."

„Nein, sie war es nicht."

„Die Arme! Warum aber nicht?"

„Das ist eine schwere Frage. Weißt du, im heiligen Buche der Christen steht geschrieben, daß Allah den Menschen zu seinem Bilde geschaffen habe, den Mann zum Bilde seiner Allmacht und das Weib zum Bilde seiner Liebe. Daher kann der Mann nur glücklich werden durch den Erfolg seiner Thaten und das Weib nur durch den Erfolg seiner Liebe. Der Mann lebt in und durch seinen Willen, das Weib aber in und durch das Gefühl, das Empfinden. Und Badija, die Königin, deine Schwester, konnte ihren Gemahl nicht lieben."

„Wie bedaure ich sie! Warum vermochte sie es nicht?"

„Frage ihr Herz. Nur dieses kennt das Warum und Woher. Das Herz ist ein unberechenbares Ding.

Es will sehr oft das, was der Kopf nicht will, und es will das nicht, was von ihm gefordert wird. Er war ein berühmter, tapferer, aber auch rauher Mann. Er verstand es nicht, sich Liebe zu erwerben. Weißt du vielleicht, was Liebe ist?"

„Ja."

„Allah! Du hast bereits geliebt?"

„Ja."

Er senkte den Kopf tief herab.

„Wen?" fragte er leise und traurig.

„Den Vater, die Mutter und die Schwester."

Da ging sein Kopf schnell wieder in die Höhe.

„Ah, diese Liebe meinst du?"

„Welche soll ich denn sonst meinen?"

„Es giebt noch eine andere Liebe, die viel, viel seliger macht als die Eltern= und die Kindesliebe."

„Welche meinst du?"

„Die — Gattenliebe."

„O," lächelte sie, „die kenne ich nicht. Wie sollte ich sie kennen? Ich habe ja keinen Mann!"

„So hast du noch keinen Mann so geliebt, daß du gewünscht hättest, sein Weib zu sein?"

„Nein. Aber — aber — aber — —"

Sie stockte.

„Was willst du sagen?"

„Einmal, ein einziges Mal habe ich von einem gedacht, er sei so, wie ich mir den wünsche, dessen Weib ich sein soll."

„Wer ist das?"

„Steinbach Effendi."

„Ah, dein Retter?"

„Ja. Er ist so hoch, so stolz, so herrlich. Er ist tapfer, ein Held der Helden, und doch ist er auch so mild, so warm, so freundlich. Du kennst ihn noch nicht genau."

„Nein, aber ich liebe ihn bereits. Also stolz und tapfer müßte der sein, den du lieben möchtest?"

„Ja; aber nicht das allein. Er müßte auch mild

M. K.

„Das sagst du, Hilal, weil du die Gefahr liebst. Ich habe
um dich gebangt." (Seite 111.)

und gütig sein. Und so ist der Scheik der Sallah nicht gewesen?"

„Nein. Er war sogar ein grausamer Mann. Und dazu kam — ich will es dir sagen: Deine Schwester liebte einen anderen."

„O Allah! Wie ist das möglich?"

„Frage da wieder ihr Herz!"

„Sie hat es mir ja nie gesagt!"

„Sie lernte ihn erst kennen, nachdem sie dich verlassen hatte. Er ist ein Beni Sallah. Er war der Anführer derer, die der Scheik ihr entgegensandte."

„Sagtest du nicht vorhin, dein Bruder sei dieser Anführer gewesen?"

„Ja, ich sagte es."

„So ist er es, den sie liebt?"

„Er ist es."

Hiluja faltete die kleinen Händchen zusammen und blickte ihn wie bestürzt an.

„Deinen Bruder liebt sie! Deinen Bruder! O Allah! Hat denn auch er sie lieb?"

„So lieb, daß es gar nicht zu sagen und zu beschreiben ist. Er ist so, genau so, wie du vorhin verlangtest, daß ein Mann sein müsse. Er hat die Kühnheit eines Löwen, oder vielmehr eines Panthers und dabei doch das weiche Gemüt eines Kindes. Er ist der berühmteste Krieger des Stammes."

„Ist er schön?"

„Fast glaube ich es. Er mußte ihr entgegenreiten. Sie sahen sich und liebten sich von diesem Augenblicke an. Aber sie haben es sich gesagt und nie gestanden. Sie wissen es, und das ist genug für sie. Nun ist der Scheik gestorben, und nach dem Gesetze des Stammes wird der Krieger Scheik, den die Witwe des Toten zum Manne wählt."

„So wählt sie deinen Bruder?"

„Sie möchte wohl. Aber er ist arm, und der Bruder des Toten hat bereits um sie geworben."

M. K.

„O Himmel! Der Bruder des Toten! Sind eure Geſetze auch ſo, daß ſie dieſen nehmen muß?"

„Ja. Nur der Tod kann dazwiſchen treten. Es iſt Geſetz, daß ſie ihrem Schwager gehören muß. Will ſie einen anderen lieben, ſo muß dieſer andere mit dem erſteren kämpfen, und das Geſetz fordert, daß dieſer Kampf nur mit dem Tode des einen enden darf."

„So mag doch dein Bruder mit dem Schwager meiner Schweſter kämpfen."

Hilal antwortete nicht. Erſt nach einer Weile ſagte er:

„Es giebt zwei Worte, die dies verbieten, nämlich das Wort Falehd und das Wort Blutrache."

„Das letztere kenne ich, das erſtere aber nicht!"

„Wie? Du hätteſt nie von Falehd gehört?"

„Nein. Iſt das ein Name?"

„Ja. Falehd iſt eben der Bruder des verſtorbenen Scheiks, er iſt's, der deine Schweſter zum Weibe begehrt, die nicht nur ſchön wie eine Huri des Paradieſes, ſondern auch ebenſo klug iſt. Seit ſie Witwe iſt und als ſolche den Stamm beherrſcht, hat dieſer ſich unter ihrer Regierung weit ausgebreitet nach allen Richtungen des Himmels, und die Zahl unſerer Krieger hat ſich verdoppelt, und unſere Herden weiden in den Oaſen, die wir eroberten. Darum nennt man ſie auch die Königin der Wüſte. Falehd will nun der König ſein. Er iſt ein Rieſe an Geſtalt. Ich habe keinen Mann geſehen, der einen Körper hat, wie der ſeinige iſt. Er beſitzt eine Kraft, daß man von ihm behauptet, er könne mit einem Löwen ringen, ganz ohne Waffen. Kein Menſch wagt ſich an ihn."

„So fürchtet ſich auch dein Bruder, mit ihm um den Beſitz meiner Schweſter zu kämpfen?"

„Mein Bruder kennt keine Furcht; er weiß aber, daß dies ſein ſicherer Tod ſein würde. In einem Kampfe mit dem Meſſer oder einer anderen Waffe würde mein Bruder ihn beſiegen; Falehd aber würde ſo klug ſein, nur auf einen Kampf mit der Fauſt einzugehen, und da

M. R.

ist er unüberwindlich. Und selbst, wenn Tarik ihn be=
siegte, würde er den Preis doch nicht erringen. Das
ist das Wort Blutrache, das ich vorhin nannte."

„Ich verstehe dich nicht."

„Nun, wenn mein Bruder Falehd besiegt, so muß
er ihn nach dem Gesetze töten. Dieser Tod aber muß
dann durch Falehds Verwandte gerächt werden. Wer
aber ist der nächste Verwandte?"

„Meine Schwester."

„Ja. Sie ist seine Schwägerin und zugleich die
Königin des Stammes. Sie müßte die Blutrache über=
nehmen, und sie dürfte nicht ruhen und nicht rasten, bis
auch mein Bruder getötet ist. Kann sie da sein Weib sein?"

„Allah ist groß, aber hier kann selbst er nicht helfen."

„Allah ist allmächtig; er kann helfen, wenn er will.
Ich hatte einen Traum, in dem mir Allah zeigte, wie
Hilfe möglich ist. Als ich erwachte, nahm ich mir vor,
dem Rate meines Traumes zu gehorchen. Ich hätte es
gethan, bald, sehr bald, aber —"

Hilal schwieg und blickte düster vor sich nieder.

„Nun willst du es nicht thun?" fragte Hiluja.

„Ich möchte wohl, aber es ist etwas dazwischen ge=
kommen, wodurch es fast unmöglich gemacht wird."

„Was träumte dir denn?"

„Mir träumte, daß ich mit Falehd ränge, und ich
besiegte ihn."

„O Himmel! Du willst mit ihm ringen?" fragte
sie erschrocken.

„Es träumte mir, und ich wollte es thun."

„Du, gegen die Kraft eines solchen Riesen?"

„Hast du heute nicht gesehen, wie ich mit dem
Tschausch kämpfte? Als ich ihm endlich standhielt, hat
er da meinen Fuß oder meine Hand um ein Haar breit
zu bewegen vermocht? Ich glaube, nach Falehd bin ich
der stärkste, obgleich ich nicht als Riese gewachsen bin,
aber ich habe mich geübt, und vielleicht wollte es Allah,
daß mir ein glücklicher Umstand im Kampfe gegen den

Di K.

Stärkeren zu Hilfe käme. Ja, ich wollte es wagen; aber seit heute giebt es ein Hindernis."

„Welches?"

„Mein Leben gehört nicht mehr mir, ich darf es nicht für den Bruder verschenken."

„Wem sollte es denn gehören?"

„Ich darf es nicht sagen!"

„Auch mir nicht?"

„Nein. Dir ganz und gar nicht."

„Wenn ich dich nun darum bitte?"

„Auch dann nicht."

„Du meintest heute, daß du niemals eine Unwahrheit sagest, und doch hast du eine gesagt."

„Ich weiß nichts davon."

„Du sagtest vorhin, eine Bitte von mir sei ganz so, als ob Allah dir einen Befehl vom Himmel sende, und jetzt behauptest du, daß du mir meine Bitte nicht erfüllen könntest."

„Weil du mir zürnen würdest."

„O nein, nein! Dir kann ich niemals zürnen. Also bitte, sage mir, wem dein Leben gehört."

„So sollst du es hören: Es gehört dir, dir allein."

Sie wandte sich schnell ab und schwieg. Ihr Händchen hatte nach dem Herzen gegriffen.

„Siehe, wie du mir zürnst!" sagte er.

„Nein, es ist nicht der Fall."

„So verzeihst du mir?"

„Ja."

„Aber du hast dich von mir abgewandt!"

„Weil ich nicht weiß, warum dein Leben mir gehören soll. Du hast mich heute erst gesehen. Du hast mir nichts zu verdanken. Ich bin dir fremd."

„Fremd?" lächelte er. „Ich kenne dich schon lange, lange Zeit."

„Das ist ja ganz unmöglich!"

„O nein. Mein Bruder erblickte deine Schwester und liebte sie. Auch ich sah sie in all ihrer Schönheit
M. K.

und Herrlichkeit. Mein Herz wurde weiter und größer. Ich wußte auf einmal, daß diejenige, für die ich leben solle, ganz so sein müsse wie sie. So hatte ich ein Fikirden, die Franken nennen das ein Ideal. Ich träumte von demselben im Schlafe und im Wachen. Heute aber sah ich dich, und du bist wie deine Schwester, die Königin; du bist das Ideal, und dir gebe ich mein Leben!"

Hilal hörte ihren Atem gehen; er sah, daß ihr Busen sich hob und senkte. Da fuhr er schnell fort:

„Verstehe mich recht! Ich weihe dir mein Leben, ich gehöre dir; aber du bleibst trotzdem dein eigen."

„Wie wäre das möglich!" seufzte sie, ohne zu fühlen, was sie damit sagte.

Er holte tief Atem, verschlang die Arme über der Brust und sprach:

„Als dich heute die Arnauten beleidigten und mich nach meinem Rechte über dich fragten, sagte ich, du seiest meine Braut; ich küßte dich sogar, und du littest es. Nach dem Gesetze der Wüste müßtest du nun mein Weib werden. Aber du hast diesen Kuß angenommen, um von diesen Arnauten erlöst zu sein; ich gebe dir daher mein Recht zurück. Es soll nie ein Mensch erfahren, daß mein Mund deine Lippen berührte. Du bist frei, aber ich bin dein Diener und dein Sklave. Erlaube mir, deine Wünsche zu erraten, und deine Gedanken mir zu deuten. So will ich dein sein ohne Ansprüche, ohne einen Dank von dir. Siehst du nun ein, daß ich mein Leben nicht für den Bruder hinzugeben vermag?"

Hiluja schwieg. Sie wußte nicht, was sie antworten solle.

„Du sagst nichts! Stößt du mich von dir?"

„O nein! Wie aber habe ich das verdient?"

„Frage die Sonne, wie sie es verdient, daß sich Millionen Blicke nach ihr richten! Es ist Allahs Wille, und so muß es geschehen. Nun sage mir noch, ob du mir zürnst!"

M. K.

„Ich habe dir bereits gesagt, daß dies mir ganz unmöglich sei."

„Ich danke dir! Allah segne dich!"

Hilal ging, langsam und zögernd, als ob er ein Wort von ihr erwarte, das ihn zum Bleiben auffordere. Hiluja wollte es sagen, aber das Herz war ihr so voll, so übervoll, daß sie keinen Laut mehr hervorbrachte. Erst als er fort war, legte sie beide Hände auf die Brust

und ließ einen nur mühsam unterdrückten Laut hören. War es ein Ruf der Freude, des Glückes?

„Allah, o Allah!" flüsterte sie. „Wie thut mir das Herz so weh! Weh? Ist das wirklich Schmerz? Oder ist es Freude, eine Freude, die mir das Herz zersprengen will, sodaß ich denke, es thut weh? Ich weiß es nicht; ich weiß es nicht!"

M. K.

6. Kapitel.

Drückende Sonnenglut lag auf der Wüste. Es war wie in dem Bibelworte: ‚Der Himmel über Dir soll sein wie Feuer und die Erde unter Dir wie glühendes Erz.‘ Die brennenden Strahlen fielen auf den Sand; aber er nahm sie nicht mehr an, er war bereits gesättigt von der tödlichen Hitze und warf die Strahlen zurück, sodaß sie wie ein flüssiges Glutmeer, dessen Oberfläche in blendenden Lichtern flimmert, auf der Erde lag.

Durch den tiefen Sand wateten fünf Kamele, drei Reit= und zwei Lastkamele. Die beiden letzteren trugen die ausgetrockneten Wasserschläuche, in denen kein einziger Tropfen mehr vorhanden war, und die übrigen Hab= seligkeiten der Reisenden. Die kleine Gesellschaft bestand aus drei Personen, zwei männlichen und einer weiblichen. Letztere lag in der mit Vorhängen verschlossenen Sänfte, die auf dem hohen Rücken des Kameles von einer Seite auf die andere wankte. Es war — Zykyma. Neben ihr ritten Ibrahim Pascha und Said, der treue Arabadschi.

Dem geblendeten Auge war es unmöglich, in die Ferne zu schauen. Der Blick wurde, wenn er in die Ferne schweifen wollte, von der auf dem Boden lagern= den Glut förmlich wieder zurückgeworfen.

Ein tiefes, schmerzliches Stöhnen ließ sich soeben von der Sänfte her vernehmen.

„Verfluchte Sandhölle!“ knirschte der Pascha. „Da giebt es nirgends eine Spur von der Oase, die so nahe sein soll. Siehst du etwas, Said?“

„Nein, Herr. Und doch — da drüben, links von uns, bewegt sich etwas.“

Der Pascha versuchte, den Blick auf den erwähnten Gegenstand zu fixieren, vermochte es aber nicht.

„Ich kann nichts sehen,“ klagte er. „Es ist, als ob die Sonne mir die Augen aus den Höhlen brennen wolle.“

„Mir geht es auch so. Aber es kommt näher.“

M. K.

„Was ist es?"

„Ich kann es nicht unterscheiden."

Er hatte recht. In dem Glutmeere zerflossen alle Konturen und Linien, als ob sie von der Sonne zerstört oder verzehrt würden.

Endlich aber nahm die Gestalt eine größere Deut= lichkeit an. Es war ein Reiter auf einem Kamele. Er kam im allerschärfsten Trabe herbei. Als er die kleine Karawane erreichte, hielt er sein Tier an und musterte sie mit finsterem Blicke.

Sein Kamel war riesig groß, und er selbst von wahrhaft herkulischer Gestalt. Gehüllt war er von oben bis unten in einen weißen Haïk, dessen Kapuze er über den Kopf gezogen hatte. Sein dunkles Gesicht war frei. Quer über dasselbe, von einer Wange bis zur anderen, die Nase zerschneidend, zog sich eine Narbe, die von einer fürchterlichen Verwundung zurückgelassen sein mußte.

„Sallam!" grüßte er kurz und rauh, als er mit seiner Beobachtung fertig war.

„Sallam aaleikum!" antwortete der Pascha.

„Wer bist du?"

„Mein Name ist Hulam."

„Und was bist du?"

„Kaufmann."

„Hat Allah dir den Verstand eines Ochsen gegeben daß du nicht besser und ausführlicher antwortest? Oder soll ich dir etwa die Auskunft hier mit meiner Kamel= peitsche abkaufen? Wo bist du her?"

„Aus Smyrna."

Der Pascha wagte nicht, auf die groben Worte ebenso grob zu antworten.

„Wo willst du hin?"

„Zu den Beni Sallah."

„Zu den Beni Sallah?" lachte der Riese. „Wer hat dir denn den Weg gezeigt?"

„Mein Führer. Er verließ uns aber; er getraute

M. K.

sich nicht weiter mit, da sein Stamm mit den Sallah
nicht in guter Freundschaft lebt."

„So, er fürchtet sich? Nun, er hat auch allen
Grund dazu! Was wollt ihr aber bei den Beni Sallah?"

„Gastfreundschaft."

„Kennt ihr denn jemand unter ihnen?"

„Nein."

„Da steht es schlimm mit der Gastfreundschaft, die
ihr sucht. Der Stamm ist ein sehr kriegerischer und
nimmt nicht einen jeden bei sich auf. Wer sind diese
beiden anderen?"

„Mein Weib und mein Diener."

„Du bist von der Richtung, die dir angegeben
worden ist, abgewichen. Wenn du so fortreitest, reitest
du dem Tode entgegen. Gut, daß ich euch von weitem
gesehen habe. Kommt mit mir!"

Der Riese lenkte hierauf in einem scharfen Winkel
nach Süden ab, und die anderen folgten ihm. Eine Zeit
lang ritt man in der neuen Richtung in tiefem Schweigen
dahin, und der Pascha betrachtete den Riesen mit un=
ruhigen Blicken. Endlich sagte er:

„Bist du vielleicht ein Beni Sallah?"

„Ja."

„Kennst du Falehd, den Bruder des verstorbenen
Scheifs?"

„Warum sollte ich ihn nicht kennen? Willst du
etwa zu ihm?"

„Ja."

„Nimm dich in acht! Er ist kein Menschenfreund!"

Ueber das Gesicht des Sprechenden ging ein höhni=
sches und doch auch selbstzufriedenes Lächeln. Der Pascha
antwortete:

„Du scheinst ebensowenig einer zu sein."

„So? Warum denkst du das?"

„Ich sehe es nicht nur, sondern höre es auch."

„Hm! Was willst du bei Falehd?"

„Viel und wenig."

M. K.

„Hölle und Teufel! Hältst du mich keiner besseren Antwort für wert?"

„Vielleicht antworte ich anders, wenn ich dich zuvor kennen gelernt habe."

„Das will ich dir auch raten! Da kommt übrigens mein Begleiter, den ich verlassen habe, als ich euch von weitem erblickte. Vielleicht wäre es doch besser gewesen, ich hätte euch in das Meer ohne Wasser reiten lassen!"

M. K.

Sie stießen jetzt auf einen anderen Reiter, der auch den weißen Haïk trug.

„Dieser Mann ist ein Kaufmann aus Smyrna und heißt Hulam," sagte der Riese zu ihm.

Erst jetzt betrachtete der Reiter den Genannten. Da prägte sich in seinem Gesicht eine große Ueberraschung aus, und er rief verwundert:

„Hulam? Pah! Ibrahim Pascha!"

„Graf Polikeff!" entgegnete ebenso erstaunt der Pascha.

„Ist es möglich!"

„Allah ist groß und allmächtig. Er macht selbst das Unmögliche möglich!"

Der Riese stieß einen Fluch aus und schlug mit seiner Reitpeitsche durch die Luft.

„Ibrahim Pascha!" rief er wütend. „Also nicht Hulam?"

„Nein," lachte derjenige, den Ibrahim Graf Polikeff genannt hatte.

„Allah verdamme dich! Warum belügst du mich?"

„Mein Name ist nicht für jedermann," antwortete der Pascha.

„Ibrahim Pascha! Ich kenne keinen!"

„Du sollst ihn kennen lernen," sagte der Graf. „Er ist mein Freund. Ich hätte es nicht für möglich ge= halten, ihn hier in der Wüste zu treffen. Nun er aber hier ist, bin ich überzeugt, daß er ganz dasselbe will, was auch ich will, nämlich dein Wohl, Falehd."

„Falehd?" rief der Pascha.

„Nun ja!"

„Dieser Mann hier ist Falehd?"

„Weißt du das noch nicht?"

„Nein. Er hat es mir nicht gesagt, trotzdem ich ihm mitteilte, daß ich zum Bruder des toten Scheik will."

„Du würdest es noch zur rechten Zeit erfahren haben, wer ich bin," knurrte der Riese. „Kommst du aus Stambul vom Sultan?"

„Ja. Vorher aber war ich in Tunis."

M. K.

„Bei Mohammed es Sadak Bei? Warst du auch in Kairo beim Vicekönig?"

„Nein. Mit ihm habe ich nichts zu schaffen. Er will dir nicht wohl; ich aber komme als dein Freund."

„Hast du Vorschläge für mich?"

„Sogar höchst vorteilhafte."

„So bist du mir willkommen. Du sollst zwei Zelte haben, eins für dich und eins für dein Weib. Jetzt aber laßt uns eilen. Es kommt die Zeit des Nachmittag= gebetes, zu der wir im Lager sein müssen."

Bereits nach kurzer Zeit verdoppelten die Kamele freiwillig ihren Schritt, denn sie witterten das Wasser der Oase. Der Sand verschwand allmählich und machte einer immer dichter werdenden Grasfläche Platz. Palmen wuchsen hoch empor, Zelte lagen im Schatten derselben, Herden weideten ringsum. Der Riese ritt stolz hindurch, keinen Menschen beachtend, von allen aber mit scheuen, wohl auch finsteren Blicken betrachtet. Dann ließ er auf einem freien, von den Zelten gebildeten Platze halten, dessen Umwohner zu den wohlhabenden Leuten des Stammes zu gehören schienen, denn diese Zelte waren aus teureren Stoffen gefertigt als die anderen.

Was aber am meisten auffiel, das war ein auf mächtigen Steinquadern fundiertes, umfangreiches Ge= mäuer, das sich seitwärts hoch über das Zeltlager erhob. Wie kamen diese großen, schweren Steine hierher, wo es im Umkreise von vielen Meilen keinen Felsen gab? Jedenfalls war das Bauwerk in jener Zeit errichtet worden, als die Römer Aegypten erobert hatten und sich mit ihrer Kultur auch in die Wüste wagten. Wie man denn auch tief in der Sahara noch Ueberreste riesiger Wasserleitungen und massiver Schlösser findet, die heute freilich halb von Flugsand überschüttet sind, die aber dennoch Zeugnis von dem Unternehmungsgeiste eines Volkes geben, das mit riesiger Anstrengung Leben mitten in den Tod der Wüste zu bringen verstand.

Das erwähnte Gemäuer schien mitten in der Oase

M. K.

errichtet worden zu sein. Ob es bewohnt war, konnte man von außen nicht sehen.

In jedem größeren Beduinenlager pflegt ein Gast= zelt, oft auch mehrere, vorhanden zu sein. So war es auch hier. Ibrahim Pascha erhielt daher ein leeres Zelt angewiesen, Zykyma aber, die er für seine Frau ausgegeben hatte, ein zweites. Beide Zelte waren mit den nötigen Matten und Decken versehen, und bald wurden die beiden Genannten auch mit allem anderen versorgt, was ihnen notwendig war.

Dann, als man dem Pascha Zeit gelassen hatte, sich von dem anstrengenden Ritte auszuruhen, wurde er von Falehd und dem Grafen Polikeff besucht, die eine so lange Unterredung mit ihm hatten, daß die Sonne be= reits tief stand, ehe die beiden wieder aus dem Zelte traten.

Der Graf begab sich nunmehr nach dem Zelte, das ihm bei seiner Ankunft angewiesen worden war. Der Riese aber schritt zwischen den Zelten hindurch nach der Ruine hin. Sein verbranntes Gesicht hatte einen harten, entschlossenen Ausdruck, und es lag wie Hohn und Schaden= freude in den Zügen, die auf jeden Beschauer einen ab= stoßenden Eindruck hervorbringen mußten.

Das Gemäuer lag auf einer Bodenerhöhung, die steil aus der Ebene emporstieg. Eine breite, wie für ein Riesengeschlecht gebaute Treppe führte zu ihm empor, zu deren beiden Seiten bewaffnete Araber saßen. Sie erhoben sich ehrfurchtsvoll, als er zwischen ihnen empor= schritt. Am Eingang zur Ruine lehnte ein junger Beduine an der Wand. Derselbe war nur mit Hose und Jacke bekleidet, und ein dünnes, weißes Tuch wand sich als Schutz vor der Sonnenglut um seinen Kopf. In dem kamelhärenen Stricke, der ihm als Gürtel diente, stak ein langes, zweischneidiges Messer, die einzige Waffe, die er außer der langen Flinte trug, die neben ihm an der Mauer lehnte.

Dies war ganz dieselbe Bewaffnung, die auch Hilal in Kairo getragen hatte, und wer in das Gesicht des

M. K.

Beduinen sah, mußte sich über die Aehnlichkeit wundern, die er mit dem Genannten hatte. Und er war auch in Wirklichkeit kein anderer als Tarik, Hilals Bruder.

Als er den Riesen die Treppe besteigen sah, zogen seine Brauen sich unwillkürlich zusammen, doch hatte er Selbstbeherrschung genug, sein Gesicht schnell wieder zu glätten, er trat einen Schritt zur Seite, sodaß er nun gerade vor dem Eingange stand. Falehd bemerkte dies wohl, und sein Gesicht nahm einen drohenden Ausdruck an. Trotzig blieb er auf der obersten Stufe stehen und richtete den Blick zur Seite, über das Zeltlager hinweg, als ob er da draußen, wo die Herden weideten, nach irgend etwas suche. Er erwartete offenbar, daß Tarik, ohne aufgefordert zu sein, zur Seite treten werde. Als dies aber nicht geschah, wandte er sein stechendes Auge dem Jüngling zu und sagte:

„Siehst du nicht, daß ich hier bin?"

In dem Tone seiner Worte lag eine nur mühsam unterdrückte Feindseligkeit. Tarik aber that, als ob er dies gar nicht bemerke, und zwang sich, in verwundertem Tone zu antworten:

„Ja, ich sehe es."

„Nun, ich bin auch groß genug, um bemerkt zu werden. Doch sage mir jetzt noch, ob du klug genug bist, zu erraten, was ich hier will!"

„Ich stehe hier als Anführer der Leibwache der Königin und habe nicht die Pflicht, deine Gedanken zu erraten. Meine Pflicht ist nur, der Königin zu dienen."

„So will ich mich herablassen, dir zu sagen, daß ich zu ihr will. Mache also Platz!"

Wenn der Riese der Ansicht gewesen war, daß Tarik ihm nun den Eingang freigeben werde, so hatte er sich geirrt. Der Genannte behielt vielmehr seine Stellung bei und meinte:

„Ist es etwas Notwendiges, was du ihr zu sagen hast?"

„Hast du mich etwa danach zu fragen?"

„Ja."

„Ha! Weißt du nicht mehr, wer ich bin?"

„Ich weiß es."

„Nun, ich bin der Bruder des Scheiks, der Oberste in der Versammlung der Aeltesten, infolgedessen auch der Oberste des ganzen Stammes."

„Ich weiß bis jetzt nur, daß die Witwe des Scheiks die Anführerin des Stammes ist, und ich als Anführer ihrer Wache habe also zu thun, was sie mir befohlen hat."

„Befohlen?" lachte Faleh höhnisch. „Läßt ein frei=geborener Beduine sich einen Befehl geben?"

„Ja, von dem, dem er sich freiwillig unterordnet. Die Königin ist in ihrem Gemache. Sie will sich nur dann stören lassen, wenn dies durchaus notwendig ist."

„Es ist notwendig. Mache also Platz."

„Verzeihe! Ich werde sie erst fragen, ob sie bereit ist, dich zu empfangen."

Da ballte der Riese drohend die Faust, stieß einen Fluch aus und rief in verächtlichem Tone:

„Du? Du willst mir den Eingang verbieten? Was fällt dir ein! Ich lasse mich von keinem Hunde anbellen, und —"

„Halt!" antwortete da Tarik, ihm schnell in die Rede fallend. „Bedenke deine Worte wohl, ehe du sie sprichst! Du stehst keineswegs über mir. Ich bin ebenso wie du ein freier Sohn meines Stammes und würde jede Beleidigung augenblicklich mit einer Kugel beantworten."

So sprechend, hatte er blitzschnell seine Flinte er=griffen und den Finger an den Drücker gelegt. Faleh hatte keine Schußwaffe bei sich und mußte trotz seiner Körperstärke erkennen, daß Tarik ihm in diesem Augen=blicke überlegen sei. Ebenso wußte er auch, daß dieser das Recht habe, jede Beleidigung augenblicklich mit einer Kugel zu beantworten. Darum hielt er an sich und sagte in einem scheinbar ruhigeren Tone:

„Soll ich etwa nicht zur Königin?"

„Wenn sie es nicht erlaubt, nein."

„Sie ist aber doch meine Schwägerin!"

M. K.

„Ein Weib braucht keinen anderen Mann als den seinigen bei sich zu empfangen. Keiner kann es zwingen. Und das Recht, das es als Weib hat, hat es als Königin doppelt."

„Bei Allah, deine Ansicht ist sonderbar!"

Tarik antwortete nicht, drehte sich um und stieß einen scharfen Pfiff aus. Schon nach wenigen Augenblicken ließ sich von innen eine fragende weibliche Stimme hören.

„Falehd ist hier und hat notwendig mit der Herrin zu sprechen," rief ihr Tarik zu.

„Ich werde sie fragen," antwortete dieselbe.

Der Riese, der inzwischen einen Schritt zurück=getreten war, stampfte mit dem Fuße.

„Auf diese Weise werden, wie ich gehört habe, die Diener der abendländischen Herrscher empfangen," knirschte er. „Ich aber bin kein Sklave. Ich komme, wann ich will, und gehe, wenn es mir beliebt. Diese neue Sitte, den Aeltesten des Stammes zu empfangen, soll nicht lange mehr geduldet werden. Das verspreche ich dir!"

Tarik antwortete wiederum nicht; er zuckte nur gleichmütig mit der Achsel und horchte dann in den Ein=gang zurück, wo sich soeben die betreffende Stimme aber=mals hören ließ:

„Er soll kommen!"

„Du darfst eintreten," sagte jetzt der jugendliche Wächter, indem er die Thür freigab.

„Ich darf? So? Darf ich wirklich?" höhnte der Riese.

„Ja," lachte der andere.

Und dieses Lachen hatte etwas so Selbstbewußtes und zugleich Jronisches, daß Falehd die beiden Fäuste erhob und wütend ausrief:

„Nun, die Zeit, in der ich darf, wird bald vorüber sein. Dann wird die Zeit kommen, in der ich zu be=stimmen habe, was ich und andere dürfen. Und da wirst du derjenige sein, der gar nichts darf!"

Nach dieser Drohung trat er ein und er mußte sich bücken, um nicht oben an das Mauerwerk zu stoßen, denn auf ihn hätte das Bibelwort gepaßt: ‚Er ist allein übrig geblieben von den Kindern der Riesen.‘ Das enge Thor führte durch eine mehrere Meter starke Mauer, dann gelangte man in einen kleinen, viereckigen Hof, der gerade gegenüber eine ähnliche Thür offen ließ. Diese führte in einen ziemlich langen, finsteren Gang, der in einem kleinen Gemach endete, dessen ganze Ausstattung

M. K.

in einer brennenden Palmöllampe und zwei auf dem Boden liegenden Kokosfaserdecken bestand.

Der Riese wurde hier von einer alten Frau erwartet, derselben, die auf Tariks Pfiff geantwortet hatte.

„Bleibe hier!" sagte sie. „Badija wird gleich kommen."

Faleho starrte sie mit blitzenden Augen an.

„Was? Hier bleiben?" fragte er.

„Ja."

„Warten soll ich?" lachte er laut auf. „Faleho soll warten! Bei allen Teufeln der untersten Hölle, das ist lustig! Willst du etwa auch hier bleiben?"

„Ich habe bei dir zu warten, bis sie kommt."

„Wie herrlich! Wie entzückend! Du, die Liebliche, die Bezaubernde, sollst bei mir bleiben, bis es deiner Herrin beliebt, zu Faleho zu kommen!" Und mit ausgestreckten Fäusten auf die Frau zutretend, fuhr er fort:

„Packe dich, Hexe! Wenn du nicht augenblicklich verschwindest, werfe ich dich an die Wand, daß du mit Leib und Seele daran kleben bleibst als ewiges Beispiel, welch ein Wagnis es ist, Faleho zu erzürnen!"

Sie kreischte vor Angst laut auf und entfloh durch die dem Eingange gegenüberliegende Thür.

„Allah inhal el bakk!" knurrte er ihr zornig nach.

Das heißt zu deutsch: Gott verdamme die Wanze! Das Wort Wanze ist aber der verächtlichste Ausdruck, den der Araber einer weiblichen Person zu geben vermag.

Faleho hatte nicht lange zu warten, denn kaum war das Weib verschwunden, so trat die Königin der Wüste ein. Bei ihrem Anblicke leuchteten seine Augen verlangend auf. Und er hatte wohl Veranlassung dazu.

Badija war vollständig in feines, weißes Linnen gekleidet. Ihr Gewand bestand nur aus Hose, Hemd und einem kleinen Jäckchen, sodaß ihre herrlichen Formen mehr hervorgehoben als verborgen wurden. Eine schönere Rundung, als die Linien ihres Körpers zeigten, konnte es gar nicht geben. Das nackte Füßchen schien einem Kinde anzugehören und war von blendender Weiße.

M. K.

Das allerliebste und doch sehr fleischige Händchen har=
monierte vollständig mit demselben. Da, wo die Hose
sich um die Taille legte, glitt sie über Hüften, von denen
der Blick nur schwer zu trennen war. Die Jacke, die
oben eng um den wie aus Marmor gemeißelten Hals
befestigt war, lief über der Brust auseinander und ließ
den von dem Hemd bedeckten jungfräulichen Busen sehen.
Das Gesicht zeigte eine große Aehnlichkeit mit demjenigen
ihrer Schwester Hiluja. Es war ebenso weich, aber in den
Zügen ernster, tiefer und nachdenklicher. Die nicht zu hohe
Stirn erhob sich über dunklen Brauen von wunderbarer
Zeichnung. In den ebenso dunklen Augen schienen die
sämtlichen Geheimnisse des Morgenlandes zu schlafen, um
bei dem ersten Worte einer erwiderten Liebe zu voller
Seligkeit zu erwachen, und das leicht gebogene Näschen
ließ in seinen feinen, rosig angehauchten Flügeln, die leise
zu zittern schienen, vermuten, daß Badijas Seele rasch in
Erregung zu bringen sei. Die vollen, roten, zum Küssen
geformten Lippen waren in ihren Winkeln aber ein wenig
nach oben gezogen, ein sicheres Zeichen, daß dieser schöne
Mund in letzter Zeit wohl oft Gelegenheit und Veran=
lassung zum Zürnen gehabt. Das rabenschwarze Haar
hing in zwei langen Zöpfen fast bis auf den Boden
herab. Es war nicht mit dem mindesten Schmucke ver=
sehen, den doch sonst die Beduininnen so sehr lieben.
Wozu auch? Es bildete ja selbst den herrlichsten Schmuck
der Königin der Wüste, und einen Schmuck zu schmücken
wäre widersinnig gewesen.

Bei dem Anblicke dieses herrlichen Wesens vergaß
der Riese seinen Zorn.

„Sallam!" grüßte er. „Allah gebe dir Frieden!"

„Das wünschest du mir, du?" fragte sie, den Blick
verwundert auf ihn richtend.

„Ja, ich. Du hörst es ja!"

„So stimmen deine Wünsche nicht mit deinen Hand=
lungen überein. Von dir ist mir noch nie Friede ge=
kommen. Selbst jetzt erschreckst du meine Dienerin."

M. K.

„Sallam!“ grüßte er. „Allah gebe dir Frieden!“
(Seite 134.)

M K.

„Sie ist ein dummes Weib, ein Scheusal —"

„Scheu— —sal—?!"

Badija richtete ihre Gestalt stolz empor. Der Ton, in dem sie sein Wort wiederholt hatte, war ein eigenartiger, er konnte nicht beschrieben werden; er war nicht scharf, nicht herrisch, aber es war dennoch nicht möglich, ihm zu widerstehen. Selbst Falehd, dieser stolze, eingebildete und rücksichtslose Mann, sah sich durch ihn zu einer Entschuldigung gezwungen:

„Verzeihe! Sie erzürnte mich."

„Du verlangst meine Verzeihung und konntest ebenso gut selbst ihr verzeihen. Ich glaube, du hast sie erzürnt. Es klingt sogar für einen Helden rühmlich, wenn man von ihm sagt, daß er höflich sei."

„Das weiß ich, und ich hoffe, daß du mir Gelegenheit giebst, höflich gegen dich zu sein und auch höflich gegen dich zu bleiben!"

„Ich gebe niemandem Veranlassung, die Achtung zu vergessen, die man der Frau und der Anführerin schuldig ist. Du hast mir sagen lassen, daß du Notwendiges mit mir zu sprechen habest. Setze dich!"

Sie deutete auf eine der Decken, die sich gegenüberlagen. Der Riese bückte sich bereits, um ihrer Aufforderung nachzukommen, richtete sich aber unter dem Einflusse eines plötzlichen Gedankens wieder auf.

„Wirst du dich auch setzen?" fragte er.

„Nein. Ich kann dich stehend hören."

„So werde auch ich stehend sprechen."

„Ich erlaube dir doch, dich zu setzen."

„Ich danke dir! Ich würde mich, wenn es mir beliebte, auch ohne deine Erlaubnis setzen; aber ich verzichte darauf. Man könnte dann vielleicht sagen, ich hätte meine Kniee vor dir gebeugt. Falehd beugt sich nie."

„So bleibe stehen und sprich!"

Sie legte bei diesen Worten die Arme über der Brust zusammen. Wenn das aber eine Frau thut, so kann man als sicher annehmen, daß sie Energie und

M. K.

feften Willen befitzt. Faleho ließ sein Auge bewundernd
über ihre ftolze Geftalt gleiten.

„Kannft du denn nicht erraten, was ich will?"
fragte er und verfuchte, feiner Stimme einen weichen
Klang zu geben.

Badija ließ ihren Blick kalt und forfchend über
feine Geftalt gleiten und antwortete:

„Ich bin nicht hier, um zu raten, du haft mit mir
fprechen wollen, alfo fprich!"

„Bei Allah, du thuft, als feift du wirklich eine
Königin!"

„Ich weiß, daß ich es nicht bin. Ich dulde nur
den Namen, den ihr mir gegeben habt."

„Du wirft ihn nicht mehr lange tragen. Jetzt aller=
dings bift du noch die Beherrfcherin des Stammes; aber
weißt du nicht, feit welcher Zeit mein Bruder tot ift?"

„Seit einem Jahre; das weiß jedermann."

„Seit einem Jahre, ja. Das Jahr der Trauer ift
aber nun vorüber, und wir brauchen dir nicht mehr
zu gehorchen."

„So gehorcht meinetwegen einer oder einem anderen."

„Das werden wir auch. Du aber follft nach den
Gefetzen unferes Stammes das Weib diefes anderen fein."

„Muß ich?"

„Ja, du mußt."

„Muß ich wirklich?"

Bei diefer Wiederholung ihrer Frage klang Badijas
Stimme plötzlich fchneidend, und ihr Blick richtete fich
zornig auf den Sprecher. Er zuckte jedoch nur über=
legen die Achfel und fchüttelte wie verwundert den Kopf.

„Natürlich mußt du!" antwortete er. „Das verfteht
fich ganz von felbft. Du bift die Angehörige unferes
Stammes, und als folche haft du am allererften die Ver=
pflichtung, die Gefetze desfelben zu achten."

„Und wenn ich das nicht thäte?"

„O, das kann ja gar nicht vorkommen!"

„Ich fage dir, es kann fogar fehr leicht vorkommen!"

M. K.

„So würden wir dich zwingen!"

Auch Faleh legte jetzt die Arme über der Brust zusammen und lehnte sich hoch aufgerichtet an die Mauer, so wie Badija drüben sich angelehnt hatte. So standen sich die beiden drohend gegenüber, sie ein schwaches Weib, und doch so schön, so herrlich, so entzückend, und er, troß seiner Kraft und Stärke so häßlich und abstoßend!

„Mich zwingen?" lächelte sie. „Ich möchte den sehen, der mich zwingen wollte, das Weib eines Mannes zu werden, den ich nicht mag!"

„Jeder, jeder wird dich dazu zwingen!"

„Ah! Du wohl auch?"

„Ja, ich auch. Du bist die unsrige, und hast dich nach unseren Gebräuchen zu richten."

„Die eurige?" fragte sie. „Das sagst du wohl, aber es ist nicht so; ich bin nie die eurige gewesen!"

Ihre Stimme klang dabei so, als ob ihr vor irgend etwas graue. Langsam und stockend fuhr sie fort:

„Dein Bruder begehrte mich zwar zum Weibe; aber er war alt, er konnte kein Herz erobern, und ich gehorchte nur meinem Vater, der ihm seinen Wunsch er= füllte, denn ich war gewöhnt, dem Vater zu gehorchen, und es gab keinen, dem mein Herz gehörte. Nur darum wurde ich das Weib deines Bruders."

„Das war ja sehr gnädig und barmherzig von dir gegen uns gehandelt!" höhnte er. „Giebt es vielleicht jetzt einen, dem dein Herz gehört?"

„Hast du danach zu fragen?"

„Vielleicht, ja!"

„O, laß das bleiben! Denn obwohl ich deines Bruders Weib wurde, so konnte ich ihn dennoch nicht lieben, und ich blieb ihm fremd, wie er mir. Nie hat er mich berühren dürfen. Daraus magst du erkennen, daß ich nicht die eurige bin. Ich werde nur dem gehören, dem mein Herz gehört. Giebt es hier so einen Mann, so wird er euer Scheik sein; giebt es keinen, so bleibe

M K.

ich ledig und eure Anführerin, oder, wenn ihr das nicht
wollt, gehe ich nach Hause zu den Zelten meines Stammes."

Falehd antwortete nicht. Erst nach einer Weile
fragte er:

„Aber du schläfst!"

„O, ich glaube, sehr wach zu sein."

„Nein, du schläfst, denn du träumst. Das, was
du soeben sagtest, kannst du nur im Traume gesagt haben.
Du magst meinem Bruder erlaubt haben oder nicht,
dich zu berühren, so bist du doch jetzt eine Angehörige
der Beduinen des Stammes der Sallah, und bei uns
gilt das Gesetz, daß eine Witwe dem nächsten Verwandten
ihres verstorbenen Mannes gehört. Der nächste Ver=
wandte meines Bruders bin aber ich, und du wirst also
mein Weib sein!"

„Niemals!"

„Ah! Du liebst mich nicht?" lachte er.

„Ich hasse dich!"

„Das stört mich nicht. Du wirst mich noch lieben
lernen, denn ich werde dich anders behandeln, als mein
Bruder. Er war nur stolz darauf, daß du sein Weib
hießest; ich aber werde dafür sorgen, daß du es auch
wirklich bist."

„Das wird nie geschehen!"

„Sogar sehr bald. Ich komme ja eben, um dir zu
sagen, daß heute abend die Versammlung der Aeltesten
zusammentreten wird, um über diese Frage zu entscheiden.
Das Jahr ist vorüber, und der Entscheidung dieser Ver=
sammlung mußt du dich fügen."

„Lieber sterben!"

„Weshalb? Du wirst in meinen Armen die glück=
lichste der Sterblichen sein. Ja, man muß dich mir zu=
sprechen. Nur ein Kampf auf Leben und Tod könnte
dich zum Weibe eines andern machen. Und glaubst du,
daß es jemals einen geben könnte, der es wagen möchte,
mit mir, mit Falehd zu kämpfen?"

„Ich weiß es, daß du mit deiner Stärke prahlst;
M. K.

aber Allah ist mächtig; er kann einem Knaben die Kräfte eines Riesen geben."

„So wollen wir abwarten, ob er es thut. Nach dem Gebrauche des Stammes muß ich, wenn du mir zugesprochen wirst, drei Tage lang warten, ob sich jener findet, der mit mir kämpfen will. Fürwahr, ich würde mich freuen, wenn sich einer meldete, denn ich würde ihn zermalmen, daß selbst die Fetzen seiner Seele nicht mehr zu finden wären. Am vierten Tage bist du dann mein Weib, und niemand kann daran das geringste ändern, selbst du nicht. Es wird wahrlich Zeit, daß der Stamm wieder einen Scheik bekommt. Die Zeiten sind ernst. In wenigen Wochen wird sich über Egypten das Geschrei des Krieges erheben, und auch unsere Tapferen werden nach dem Nile ziehen, um dem Vicekönige zu zeigen, was sie vermögen."

„Ihr wollt gegen ihn kämpfen?"

„Was sonst? Ist er unser Freund?"

„Ist er etwa euer Feind?"

„Er ist der Feind aller Söhne der Wüste. Er hat ihnen ihr Land genommen; er fordert Steuern und Tribut und er läßt den Fellah, der dies nicht bezahlt, von seinen Arnauten peitschen. Heute aber ist ein Abgesandter des Sultans gekommen, des eigentlichen Beherrschers des Landes; ein Gesandter des Sultans von Rußland ist schon längst hier. Beide werden an der Versammlung der Aeltesten mit teil nehmen, und die ehrwürdigen Männer werden den Krieg gegen den Vicekönig beschließen. Das ist sicher und gewiß!"

„Möge Allah es verhüten."

„Du bist ein Weib. Was verstehst du von diesen Dingen! Das ist Männersache!"

„Vielleicht verstehe ich ebenso viel davon wie du! Der Sultan der Russen ist nie der Freund des Sultans von Stambul gewesen. Wenn sich die Gesandten dieser beiden Herrscher hier bei uns befinden, so spielt wenigstens einer dieser Gesandten eine falsche Rolle. Uebrigens glaube ich nicht, daß diese zwei hier sind."

„Sie sind allerdings hier!"

„Dann müßte ich es ebenso gut wissen."

„Du vergißt immer, daß du ein Weib bist!"

„Ich werde dir zeigen, daß ich auch Mann sein kann! Du wirst es heute in der Versammlung er= fahren."

„Ah! Willst du vielleicht auch kommen?"

„Ja."

„Ich hindere dich keineswegs daran; du wirst nur Zeuge meines Sieges sein. In vier Tagen bist du meine Frau, mein Eigentum. Daran kann kein Mensch etwas ändern."

„Wenn kein anderer, so doch ich selbst!"

„Du wirst und mußt dich fügen! Ich will dich besitzen, und so werde ich dich besitzen."

„Es wäre mein Tod oder der deinige!"

„Du träumst wieder! Was wolltest du thun? Könntest du es mir zum Beispiel verwehren, wenn ich dich jetzt hier umarmen wollte?"

„Ja!"

„Du träumst wirklich!"

„So ersiehst du daraus, daß es mir selbst im Traume nicht einfallen würde, mich von dir berühren zu lassen!"

„Und im Wachen wohl noch viel weniger?"

„Ja!"

Falehd war ihr einen Schritt näher getreten. Seine Augen glühten. Er hatte sie stets nur in der Umhüllung des Mantels, nie aber so wie jetzt gesehen. Daher fühlte er den Eindruck ihrer Schönheit in seiner unwiderstehlichen Stärke und hatte wirklich die Absicht, ihr seine Lieb= kosung aufzuzwingen.

Badija sah dies, aber obwohl sie erbleichte, so wich sie dennoch nicht von der Stelle, auf der sie stand. So bohrten sich ihre Blicke ineinander.

„Mir, mir wolltest du widerstehen?" zischte er.

M. K.

„Ich fürchte dich nicht, obgleich deine Liebe noch entsetzlicher ist, als dein Zorn und deine Feindschaft."

„So sage ich dir, daß ich dich jetzt küssen werde!"

„Das wäre eine Beleidigung des ganzen Stammes. Ich bin die Witwe des Scheiks und gehöre noch keinem anderen!"

„Was schere ich mich um den Stamm!"

„Die Beleidigung würde auch augenblicklich gerächt werden."

„Das wollen wir sehen! Komm in meine Arme!"

Falehd öffnete wirklich die Arme und trat auf sie zu. Da rief sie ihm zu:

„Zurück, Elender!"

Und das klang so befehlend, so unerschrocken, daß er unwillkürlich einen Schritt zurückwich und sie mit Erstaunen betrachtete. Dann aber sagte er lachend:

„Das, was du hier thust, soll man bei den Ungläubigen thun, wenn sie Theater spielen, wie ich gehört habe. Hier aber ist nicht der Ort dazu. Ich habe Lust, dich zu küssen, und ich möchte den Menschen sehen, dem es einfallen könnte, mich daran zu hindern!"

„Ich habe meine Leibwache."

„Diese Kerle hocken draußen auf der Treppe. Oder meinst du, daß ich mich vor ihrem Anführer fürchten würde? Er könnte hier stehen, und doch würde ich dich umarmen und küssen."

„Versuche es!"

„Wohlan, sogleich!"

Falehd erhob beide Arme, sie zu umfangen. Da wies Badija nach dem Eingange.

Dort war der Lauf einer Flinte gerade auf Falehd gerichtet. Den Besitzer des Gewehres aber konnte man nicht sehen, da derselbe im Dunkel stand, wohin der Lampenschein nicht drang.

„Hölle und Teufel!" rief der Riese aus und trat schnell so weit zurück, daß er aus der Schußlinie kam.

„Nun, so küsse mich doch!"

M. K.

„Wer ist der Kerl, der das wagt?"

„Sieh' ihn dir nur an!"

„Etwa gar Tarik? Allah verdamme ihn!"

Falehd ging. Draußen am Thore blieb er stehen.

Neben demselben lehnte, wie vorher, Tarik neben seinem Gewehre, und that, gleichgültig in die Ferne blickend, gar nicht, als ob er den Riesen bemerke.

„Bist du von hier fort gewesen?" fragte dieser.

M. K.

„Wie darf ich meinen Posten verlassen?" antwortete der Gefragte mit gut gespieltem Erstaunen.

„Du warst nicht da drin?"

„Ich? Ich denke, du bist drin gewesen!"

„Höre, Jüngling, meine nicht etwa, daß du mit mir scherzen darfst! Ich frage dich, ob du da gewesen bist, wo auch ich mich befand!"

„Ich brauche dir nicht zu antworten. Aber da du denken könntest, daß ich mich vor dir fürchte, will ich dir sagen, daß ich drinnen war."

„Allah! Du hast auf mich gezielt?"

„Ja."

„Du? Du? Hättest du geschossen?"

„Meine Kugel hätte in demselben Augenblick, in dem du die Königin berührtest, deinen Kopf zerschmettert. Du warst klug, zurückzuweichen."

Das Gesicht des Riesen nahm einen beängstigenden Ausdruck an. Es war, als ob ein Panther sich auf sein Opfer stürzen wolle. Er rief heiser:

„Und das sagst du mir — mir — mir?"

„Ja."

„Hund und Sohn eines — —"

„Halt! Kein Wort weiter und keine Bewegung!"

Falehd hatte wirklich Tarik packen wollen; der mutige Jüngling aber hatte blitzschnell sein Gewehr er- griffen, einen Seitensprung gethan und den Lauf auf die Brust des Riesen gerichtet. Den Finger am Drücker, rief er drohend:

„Du sagtest das Schimpfwort Hund. Wen mein- test du?"

Der Riese schwieg, denn es giebt für den Beduinen keine größere Beleidigung, als ein Hund genannt zu werden. In diesem Falle ist der Beleidigte berechtigt, den Beleidiger sofort zu töten, ohne die Blutrache fürchten zu müssen. Falehd erkannte, daß er hier trotz seiner Körperstärke nichts machen könne. Er wußte, daß im Falle der Be- jahung Tarik augenblicklich losdrücken werde, doch sein

M. R.

Stolz bäumte sich auch dagegen auf, sich zu einer feigen Lüge zwingen zu lassen.

„Wen meintest du?" wiederholte Tarik.

„Geht das dich etwas an?" wich Falehd aus.

„Ja, denn ich war es, in dessen Gegenwart du das Wort aussprachst. Ich habe nicht lange Zeit, zu warten. Also antworte! Meintest du mich?"

Und als der Gefragte auch jetzt noch mit der Antwort zögerte, fügte Tarik hinzu:

„Antwortest du nicht, so muß ich das Wort auf mich beziehen. Also, hast du mich gemeint? Eins — zwei — —"

„Halt! Nein! Dich nicht!" stieß der Riese hervor.

„So gehe ruhig weiter!"

Tarik nahm zwar das Gewehr von der Backe, trat aber vorsichtig noch zwei Schritte zurück, damit er nicht durch einen schnellen Sprung Falehds in die Gewalt desselben geraten und waffenlos gemacht werden konnte.

„Ja, ich gehe!" sagte dieser, tief Atem holend, und langsam stieg er die Stufen hinab.

„Er kocht vor Grimm!" raunte einer der auf den Stufen Sitzenden Tarik zu.

„Er hat aus Angst gelogen, er, der stärkste des Stammes! Seine Ehre ist dahin!" antwortete dieser.

„Ja, seine Ehre ist dahin. Morgen werden es alle Frauen und Kinder wissen, daß Falehd die Unwahrheit sagte, weil er sich vor dem Sohne des Blitzes fürchtete. Allah hat ihn verlassen!"

---

7. Kapitel.

Auf der Treppe und am Eingange der Ruine war es ruhig geworden. Desto lebhafter aber ging es unten im Zeltlager und draußen vor demselben her.

Die Herden wurden zusammengetrieben und rund

um dieselben Feuer angezündet, um die wilden Tiere ab=
zuschrecken. Das Abendgebet war, während Faleßd sich
bei Badija befand, gesprochen worden; es wurde schnell
dunkel, und auch vor den Zelten des Lagers brannte ein
Feuer nach dem anderen auf.

Dann kam ein Mann langsam die Ruinenstufen
herauf. Er hatte ein langes, an einer Schnur hängendes
Brett in der einen Hand und einen Hammer in der
andern. Dieser Mann war der Mueddin, der Gebet=
ausrufer, der auch alle sonstigen Verkündigungen und
Veröffentlichungen zu besorgen hatte. Er blieb nicht auf
der obersten Stufe stehen, sondern kletterte möglichst hoch
an den Quadern des alten Gebäudes empor, um recht
weit gehört zu werden. Dann hielt er das Brett frei
an der Schnur und schlug mit dem Hammer dreimal an
dasselbe. Das gab einen eigentümlich melancholischen,
aber doch weithin dringenden Ton.

Sofort trat im Lager die größte Ruhe ein. Und
nun ertönte die Stimme des Ausrufers von der Höhe herab:

„Hört, ihr Gläubigen, ihr Männer! Gesegnet seien
die Weisen und gebenedeit die Klugen! Allah giebt dem
Alter die Kenntnis und dem grauen Kopfe alle Wissen=
schaft. Sie werden kommen und sich um das Feuer
setzen, einen Rat zu halten zum Wohle des Stammes
und zum Segen der Angehörigen. Allah öffne ihre
Augen! Friede sei mit allen!"

Das waren die allbekannten Worte, mit denen ver=
kündigt zu werden pflegte, daß der Rat der Alten zu=
sammentreten werde. Der Ausrufer stieg langsam und
würdevoll wieder nieder, und nun flammte auf dem großen
Zeltplatze ein Feuer empor, das denselben vollständig be=
leuchtete und von allen Seiten kamen diejenigen herbei,
die zur Versammlung gehörten, um an diesem Feuer Platz
zu nehmen. Jeder andere mußte in angemessener, ehr=
erbietiger Entfernung bleiben.

Tarif lehnte oben auf der Plattform der Treppe.
Er hatte die Arme auf einen einzeln stehenden Steinquader

M. K.

gelegt und blickte hinab auf die Zelte, die, vorn von der Flamme beleuchtet, nach hinten lange, gespenstische Schatten warfen.

Er wußte, welch ein wichtiger Gegenstand da unten verhandelt werden solle. Es war ihm so weh um das Herz. Er hätte am liebsten tot sein mögen, tot, nachdem er Badija gerettet hatte! Er konnte die Versammelten nicht sehen, aber er hörte ihre lauten Stimmen und zuerst diejenige des Riesen, der die Versammlung begrüßte und zur ernsten Erwägung der wichtigen Sache ermahnte.

Da fühlte Tarik sich an der Schulter berührt. Er wandte sich um und sah die Königin vor sich stehen.

Sie trug den langen, weißen Frauenmantel. Fast ebenso weiß war ihr Gesicht. Dunkel nur schienen die Augen, in denen das kleine Bild der unten lodernden Flamme flackerte.

„Suchte er Streit mit dir?" fragte sie.

„Ja, o Königin. Er nannte mich einen Hund."

„O Allah! Das fordert Blut!"

„Nein. Ich legte das Gewehr an, und da sagte er, daß er mich nicht gemeint habe."

„So ist er ehrlos; aber gerade deshalb wird er die erste Gelegenheit benutzen, dich zu töten."

„Ich werde auf meiner Hut sein. Willst du wirklich in die Versammlung der Aeltesten gehen?"

„Ja. Ich muß. Ich darf nicht zugeben, daß er mir die Anhänger des Guten durch schmeichelnde Reden untreu macht. Wenn doch Hilal bald zurückkehrte! Meinst du nicht, daß er schon wieder da sein könnte?"

„Er ist gut beritten. Ich erwartete ihn bereits gestern."

„Meine einzige Hoffnung ruht auf ihm. Möge sie nicht getäuscht werden. Ich gehe jetzt."

„Allah sei mit dir! Er segne deine Worte!"

„Ich werde versuchen, die Aeltesten dahin zu bringen, daß sie heute noch nicht entscheiden, ob sich der Stamm für oder gegen den Vicekönig erklärt. Vielleicht kehrt unterdessen dein Bruder zurück."

Das Auge Tariks folgte ihrer lichten Gestalt, wie sie die Treppe hinabstieg und dann zwischen den Zelten verschwand. Nachher hörte er ihre Stimme, ohne aber die einzelnen Worte verstehen zu können. Andere Stimmen, männliche natürlich, erhoben sich für und auch gegen sie; sie antwortete wieder, und so verging eine ziemlich lange Zeit, bis man einen Entschluß gefaßt zu haben schien; denn es wurde still auf dem Versammlungsplatze, und dann kam die Königin wieder zwischen den Zelten hervor und die Treppe heraufgestiegen.

Sie trat nicht in das Innere, sondern ging um die Ecke des Gemäuers herum, an Tarik vorüber.

„Komm!" sagte sie im Vorbeigehen.

Er folgte ihr. Hier, an der breiten Seite der Ruine, gab es ein Wirrwarr von über- und durcheinander gestürzten Steinen. Mitten drin lag ein kleines, freies Plätzchen, durch hohe Quadern von der Umgebung abgeschlossen. Das war der Lieblingsaufenthalt der Königin. Hier pflegte sie des Abends stundenlang zu sitzen, um mit träumerischem Blicke den Gang der Sterne zu verfolgen, die hier im Süden ganz anders leuchten, als in dem kalten, lichtarmen Norden.

Tarik hatte in stillen, einsamen Stunden über ihre Sicherheit gewacht; nie aber war ihm das Wagnis in den Sinn gekommen, das Plätzchen zu betreten. Nur dann, wenn sie zur Ruhe gegangen war, hatte er sich hingeschlichen, um den Stein zu küssen, der der Herrlichen als Sitz gedient hatte. Nun forderte sie ihn selbst auf, ihr dorthin zu folgen. Er schloß daraus, daß sie ihm sehr Wichtiges zu sagen habe.

Als sie sich auf dem so wohlbekannten Stein niedergesetzt hatte, deutete sie auf einen daneben liegenden.

„Setze dich auch, Tarik! Ich habe mit dir zu sprechen. Meinst du, daß man uns belauschen wird?"

„Nein. Den Weg links herauf kennt niemand als du, ich und mein Bruder Und hier von rechts kann

M. K.

keiner kommen, ohne die Treppe zu ersteigen. Meine Leute würden mich rufen."

„Horch! Hast du etwas gehört?"

„Ein Schakal bellte draußen am Rande der Wüste."

„Nein, das meine ich nicht. Ich glaubte, daß sich etwas hier links von uns bewegt habe."

„Das ist unmöglich. Der Hauch des Abends hat sich erhoben; er streicht durch das Gemäuer."

„Vielleicht war es der Wind, oder es hat sich ein Stein gelöst. Hast du alles gehört, was Faleh heute zu mir sagte?"

„Ja, alles, o Herrin!"

„Nenne mich nicht Herrin! In kurzer Zeit werde ich vielleicht elender und ärmer sein, als die niedrigste Magd oder Sklavin."

„Das wolle Allah verhüten!"

„Ich bete ebenso. Vielleicht sendet er mir einen Engel, um mich zu erretten. Ich habe also Faleh besiegt. Er und die beiden Fremden sprachen gegen den Pascha von Egypten. Sie drangen auf eine schnelle Entscheidung; ich habe es jedoch durchgesetzt, daß man damit wartet, bis es sich zeigt, wer Scheik des Stammes sein wird. Dies ist mein Sieg. Dann bin ich aus der Versammlung gegangen, denn man begann über mich zu beraten, und nun wird das Schlimme folgen, denn das Jahr der Trauer um meinen Gatten ist vorüber, und der Stamm verlangt einen Anführer, dessen Weib ich sein muß. Das wird aber niemand anders als Faleh sein!"

Badija schwieg eine Weile. Auch Tarik sagte nichts, sondern sah sinnend vor sich nieder. Sein Entschluß war schnell gefaßt, er wollte sie nur vorher aussprechen lassen, ehe er ihr denselben offenbarte. Langsam glitt sein Auge an ihr empor, und er sah wohl an der schweren Bewegung ihres Busens, wie erregt sie war.

„Kennst du ein Mittel der Rettung?" fragte sie.

„Ja, nur eins, den Kampf," antwortete er.

M. K.

„O, ein Kampf mit Faleho wird mir keine Rettung bringen! Keiner vermag ihn ja zu besiegen."

„Auch ich nicht?"

„Auch du nicht!"

„Herrin, willst du mir wehe thun?"

„Nein, o nein! Du bist der Treueste, den ich kenne. Du würdest dein Leben für mich wagen; aber ich weiß auch, daß er der Sieger sein würde, und daß ich ihm dann doch gehorchen müßte."

„Ich bin ihm im Schießen und Messerfechten überlegen."

„Das wissen alle, und auch er weiß es. Darum wird er den Faustkampf wählen. Ich bin davon überzeugt."

„Ich leider auch. Ein einziger Faustschlag von ihm genügt, einem Menschen den Schädel zu zerbrechen; aber ich werde auf meiner Hut sein, und Allah wird mich vielleicht schützen."

„Nein, du darfst nicht mit ihm kämpfen! Es giebt noch ein anderes Mittel, mich zu retten."

„Sage es! Was es auch sei, du kannst auf mich rechnen."

„Die Flucht."

Tarik erschrak und zögerte, zu antworten.

„Hältst du sie für unmöglich, da du erschrickst?"

„Für unmöglich nicht, aber sie ist gefährlich für dich."

„Ich hatte auf deinen Schutz gerechnet."

„Ich habe ihn dir bereits zugesagt. Wohin wolltest du deine Flucht lenken? Welchen Weg du auch wählen würdest, er brächte dich in große Gefahr. Bleibe also hier und erlaube mir, mit Faleho zu kämpfen."

„Nein, nein, das darfst du auf keinen Fall. Ich verbiete es dir!"

„O Allah! Was soll ich thun?"

„Mir gehorchen."

„Soll ich mich vor mir selbst schämen?"

„Das brauchst du nicht."

„O doch, ich werde es bald! Bald wird der Ausrufer den Beschluß der Versammlung verkündigen, wird

M. K.

dreimal laut fragen, ob einer mit Faleḩd kämpfen will, und ich schweige!"

„Der ganze Stamm weiß, daß ich es dir verboten habe. Horch! Was war das für ein Geräusch da zu unserer Linken?"

„Es war ganz wie vorhin, ein Steinchen fiel von der Mauer. Der Luftzug hatte es herabgeworfen."

Und wieder trat eine Pause ein, in der diese beiden guten und schönen Menschenkinder sich am liebsten einander in die Arme geworfen hätten.

Dann drang plötzlich ein lebhafter Lärm vom Ver= sammlungsplatze zu ihnen herauf. Da erhob sich Tarik von seinem Sitze und sagte:

„Man ist zu Ende. Nun wird der Beschluß ver= kündet. Erlaube, daß ich gehe!"

Und schon wandte er sich nach vorn; da aber stand sie augenblicklich bei ihm und hielt ihn am Arme fest.

„Bleibe hier! Ich lasse dich nicht fort!"

„Man wird es vielleicht bemerken, daß ich hier bei dir bin!"

„Mag man es immerhin erfahren."

„Aber da vorne ist mein Platz."

„Jetzt ist dein Platz hier bei mir! Lasse ich dich von hier fort, so meldest du dich zum Kampfe. Versprich mir, dies nicht zu thun, so will ich gehen!"

„Ich kann es nicht versprechen."

„So bleibe ich hier, und auch du bleibst."

Mit diesen Worten ergriff sie ihn auch mit der anderen Hand und wollte ihn nach dem Steine zurück= ziehen, da strauchelte sie, und wie er nun schnell den Arm um sie legte, um sie festzuhalten, kam ihr Kopf an seine Schulter zu liegen, und er wußte es selbst nicht, wie es zuging, aber plötzlich lag sein Mund auf ihren Lippen, und sie küßten sich ein — zwei — dreimal.

„O Allah! Was thun wir!"

„Verzeihe mir!" stotterte er in höchster Verlegenheit.

M. K.

„Ich wollte es nicht. Ich weiß nicht — es kam — es war —"

„Horch!"

Mit diesem Worte unterbrach sie plötzlich seinen Versuch, sich zu rechtfertigen, denn seitwärts von ihnen kletterte soeben der Ausrufer am Gemäuer empor und schlug, droben angekommen, dreimal an das Brett.

Alle Angehörigen des Stammes wußten, über welchen Gegenstand die Aeltesten zu beraten hatten. Es galt das Glück und die Zukunft der Königin. Als daher die drei Schläge ertönten, richteten sich aller Augen zur Ruine empor. Und da erklang auch schon die Stimme des Rufers:

„Hört meine Stimme und preiset Allah, der die Welt erleuchtet und dem Alter Verstand und Weisheit giebt! Es ist im Rate der Aeltesten beschlossen worden, den verwaisten Beni Sallah einen neuen Scheik zu geben. Wer wird es sein, ihr Gläubigen? Falehd wird es sein, der Bruder des Verstorbenen. Falehd, oder derjenige, der ihn im Kampfe auf Leben und Tod besiegt. Darum wird die Stimme des Fragenden an drei auf einander folgenden Abenden ertönen, ob es einen Tapferen giebt, der mit ihm kämpfen will. Drei Fragen an jedem Abende macht neun Fragen. Ist die neunte ohne Antwort erschallt, so gehört Badija, die Witwe und Königin, dem Bruder des Verstorbenen!"

Das ganze Lager harrte lautlos der folgenden Augenblicke. Ein jeder wußte, daß sich wohl keiner melden werde, denn eine solche Meldung war eine Anweisung auf den sicheren Tod. Der Ausrufer hatte seine Kunstpause bald beendet und fuhr fort:

„So ertöne denn die erste Frage: Giebt es einen, der mit Falehd kämpfen will um den Besitz der Königin der Wüste?"

Tarik wollte aufstehen und antworten. Da schlang die schöne, jungfräuliche Witwe in ihrer Herzensangst beide Arme um ihn und bat flehend:

M. K.

„Still! Um Allahs willen, sei still! Horch!"

Ein lautes ‚Ich!' war nämlich plötzlich vorn in der Gegend der Treppe erklungen. Kein Mensch hatte dies erwartet, selbst der Ausrufer nicht. Daher dauerte es auch eine ganze Weile, bis dieser in seinem maßlosen Erstaunen sich auf seine Pflicht besann, nunmehr die weitere Frage zu thun:

„Wer bist du? Wie lautet dein Name?"

„Ich bin Hilal, der Sohn des Blitzes!"

Das mußte alle Hörer in Erstaunen setzen, denn sie wußten ja, daß Hilal einen sehr weiten Ritt unternommen hatte. Und nun ertönte so unvermutet seine Stimme von der Ruine herab.

„Hilal ist da! Er will mit ihm kämpfen!" rief Tarik erregt. „Das darf nicht sein! Laß mich, laß mich fort! Ich muß zu ihm, zu ihm!"

M K.

Im nächsten Moment riß er sich los und eilte zu Hilal.

„Hilal, mein Bruder, du bist zurück?"

„Ja. Allah grüße dich!"

„Dich auch."

Sie lagen sich in den Armen. Bald aber riß Tarik sich los, an die Gefahr denkend, in die sich der geliebte Bruder seinetwegen stürzen wollte.

„Um des Himmels willen, du willst mit ihm kämpfen?"

„Ja."

„Er tötet dich!"

„Warten wir es ab!"

Das klang zwar sehr trotzig und siegesgewiß. Tarik aber war nicht derselben Meinung und entgegnete:

„Du darfst nicht. Ich werde es thun!"

„So tötet er dich!" lachte Hilal.

„Eher mich als dich? Wie, du lachst?"

„Ja! Ich lache."

„Die Sache ist ernst!"

„Warte es ab!"

Diese Worte waren ebenso rätselhaft wie Hilals Lachen.

„Ich verstehe dich nicht. Wann bist du gekommen?"

„Vor kurzer Zeit."

„Ich habe doch nichts gehört und nichts gesehen."

„Ich kam heimlich und bringe gute Botschaft. Horch!"

Der Ausrufer hatte sich inzwischen von seinem Er= staunen erholt, in welches ihn die Nennung des Namens Hilal versetzt hatte, und begann zum zweiten Male:

„Hört, ihr Gläubigen! Ein Kämpfer hat sich ge= funden, ein wackerer Held —"

„Den ich fressen werde, wie die Sonne das Wasser frißt!" Alles schwieg ängstlich, denn es war Falehds laute Stimme gewesen, die diese Worte gesprochen hatte. Endlich fuhr der Ausrufer fort:

„So ertönt also meine Frage zum zweiten Male: Giebt es noch einen, der mit ihm kämpfen will?"

„Ja," antwortete es auch jetzt.

M. R.

„Wer bist du?"

„Tarik, der andere Sohn des Blitzes."

Da erscholl hinter den Steinen hervor ein unter=
drückter Schrei, den die Königin ausgestoßen hatte.

„Wundere dich nicht," flüsterte Tarik seinem Bruder
zu. „Badija ist dort hinten und hat unsere Namen gehört."

„Ich weiß es."

„Ah! Woher? Kein Mensch hat sie gesehen."

„Ihr seid doch gesehen und gehört worden."

Tarik wollte fragen, von wem, aber da ließ sich
Falehd abermals vernehmen:

„Er wird seinem Bruder in die Hölle nachfolgen,
wo sie heulen und wimmern werden in alle Ewigkeit!
Frage weiter, Mueddin, ob sich wohl ein dritter finden
wird, der so wahnsinnig ist, mit mir zu kämpfen!"

Eine solche Scene hatte es bei den Beni Sallah
noch nie gegeben. Selbst der Ausrufer war unterbrochen
worden, ein höchst sündhaftes Beginnen in den Augen
dieser einfachen und frommen Menschen. Aber er hatte
Falehds Aufforderung gehört und rief abermals von
oben herab:

„Es ertöne nun zum dritten Male die Frage: Giebt
es noch einen, der mit ihm kämpfen will?"

Die Hörer waren überzeugt, daß sich nun niemand
mehr melden werde und gaben die Brüder verloren.
Welch ein dritter hätte es wohl unternehmen wollen, ihrem
Beispiele zu folgen! Aber man hatte sich da doch geirrt.

„Ja!" erscholl es nämlich in diesem Augenblicke
laut und kräftig, ohne daß man sagen konnte, aus
welcher Gegend.

Man horchte nach allen Richtungen, vergebens.

„Wer war das?" fragte Tarik.

„Du wirst es hören," antwortete Hilal.

„Ah, du weißt es?"

„Ja, horch!"

„Wer bist du? Wie nennst du dich?" rief der
Mueddin, dem es kalt über den Rücken lief, denn es

M. K.

kam ihm vor, als sei die Stimme aus dem Himmel herabgedrungen.

„Ich bin Masr=Effendi, den noch keiner besiegt hat."

Masr heißt bei den Arabern das Land Egypten. Den Namen Masr=Effendi hatte noch niemand gehört.

„Wir kennen dich nicht und wir sehen dich nicht," rief der Mueddin. „Wo bist du?"

„Hier!"

In diesem Augenblick stieg zischend ein Feuerstrahl aus den Ruinen empor und bildete hoch über denselben einen farbigen Flammenkranz, aus dem leuchtende Kugeln schossen. Dadurch wurde das ganze Lager tageshell er= leuchtet, und man sah oben auf der Zinne des Gesteines eine hohe, breitschultrige Gestalt stehen, in der einen Hand das Gewehr und in der anderen das Messer wie drohend ausstrecken. Dann verloschen die Flammen und Kugeln, sodaß es wieder dunkel wurde, scheinbar dunkler, als es vorher gewesen war.

„O Allah! Allah! O Muhammed! O du Prophet!"

Diese und andere Ausrufe erschollen im Lager. Der Mueddin aber warf sein Brett von den Ruinen herab, schleuderte demselben den Hammer nach, sprang dann selbst mit solcher Eile von Stein zu Stein herunter, als ob er mit Gewalt den Hals brechen wollte, und schrie dabei aus vollem Halse:

„Hilfe! Hilfe! Der böse Dschinn! Der böse Geist der Ruinen ist's gewesen. Eilt, ihr Gläubigen! Flieht, ihr Helden! Bringt euch in Sicherheit, ihr Väter, euch, eure Frauen und Töchter, eure Söhne und Kinder und Enkel und Enkelkinder!"

Er sauste förmlich an Tarik und Hilal vorüber und schoß der Treppe zu. Dort stürzte er über einen der Wächter weg und fuhr dann auf der hinteren Hälfte seines Körpers wie ein Schlitten die Stufen hinab. Unten angekommen, raffte er sich aber augenblicklich wieder empor und sprang mit langen Schritten immer weiter, dabei rufend:

M. K.

Auf der Zinne des Gesteines stand eine hohe Gestalt.
(Seite 156.)

M. R.

„Fort, fort! Die Hölle ist geöffnet, und die bösen Geister strömen heraus wie die Heuschrecken zur Zeit ihrer Wanderschaft! Keiner kann ihnen entgehen, wenn er sich nicht augenblicklich in Sicherheit bringt!"

Er rannte mitten in die Versammlung der Aeltesten, die noch ganz erstarrt standen, hinein und versuchte mittelst Püffen und Ellbogenstößen durchzudringen. Da aber packte ihn Falehd mit kräftigen Armen und rief:

„Halt! War das wirklich ein böser Dschinn, so mußt du bleiben, denn nur du kannst ihn bannen, da du allein ein Kenner des Koran bist!" —

---

8. Kapitel.

Das so wunderbare Ereignis, das eine so gewaltige Aufregung im Lager der Beni Sallah hervorgerufen hatte, war eigentlich sehr leicht zu erklären. Steinbach war mit ausgezeichneten Reitkamelen versehen worden, und da er, Normann, Hilal und Hiluja vorher die Dampfjacht des Lords benutzt hatten, so war ihre Reise mit außergewöhnlicher Schnelligkeit von statten gegangen.

Hilal hatte natürlich den Führer gemacht. Während der größten Hitze des heutigen Tages hatten sie geruht, sonst wären sie ganz sicher auf Ibrahim Pascha und Zykyma gestoßen, deren Spuren sie schon längst bemerkt hatten, ohne zu ahnen, wer vor ihnen ritt.

Sie brachen erst wieder auf, als die Sonne drei Vierteile ihres Bogens zurückgelegt hatte. Darum kamen sie erst nach angebrochener Dunkelheit in der Nähe des Lagers an.

Da erklangen die drei Schläge des Ausrufers von der Gegend her, in der das letztere lag.

„Was ist das?" fragte Normann.

„Der Mueddin jedenfalls," antwortete Steinbach. „Unerklärlich ist mir freilich, daß er jetzt das Zeichen

M. R.

giebt. Die Zeit des Gebetes bei Sonnenuntergang ist ja vorüber. Wollen einmal Hilal fragen."

Dieser erklärte ihnen:

„Das ist nicht das Zeichen des Gebetes, sondern das ist der Aufruf zur Versammlung der Aeltesten. Jetzt wird man entscheiden, ob die Beni Sallah Freunde oder Feinde des Pascha von Egypten sein sollen."

„Ah! Wer dabei sein könnte!"

„Und ebenso wird über die Königin entschieden werden. Sie wird Falehd zugesprochen, und der Mueddin wird dies später verkündigen und dabei fragen, ob jemand mit Falehd um sie kämpfen will."

„Wird sich jemand melden?"

„Keiner außer Tarik, meinem Bruder."

Während der mehrtägigen Reise hatte Hilal so viel von den Beni Sallah und ihrem Lager erzählt, daß seine Begleiter die Verhältnisse nun sehr genau kannten. Darum sagte Steinbach:

„Dein Bruder wird aber unterliegen!"

„Ich befürchte es. Allah sei Dank, daß wir noch zur rechten Zeit kommen. Auch ich werde mich melden."

„Gut! Ich auch."

„Du?" fragte Hilal verwundert.

„Ja," antwortete Steinbach. „Ich bin doch begierig, zu erfahren, ob dieser Falehd wirklich so ein Held und Riese ist."

„Aber was ist das für ein hoher, dunkler Gegen=stand, der da vor uns emporsteigt?"

„Das ist die Ruine, von der ich euch erzählt habe."

„Und wer kommt da?"

„Jedenfalls ein Wächter des Lagers. Dazu werden Jünglinge genommen, die noch nicht alt und stark genug zum Kampfe sind. Sie haben während der Nacht das Lager zu umstreichen, damit dasselbe nicht plötzlich über=fallen werde. Ich will ihm ein Zeichen geben."

Hilal hielt sein Kamel an und ließ einen halb=lauten Pfiff hören. Der Wächter erkannte ihn sogleich

M. K.

an demselben als einen Angehörigen des Stammes und kam herbei.

„Wer seid ihr?" fragte er an dem hochrückigen Kamel hinauf.

„Ich bin es, Hilal. Wie geht es im Lager?"

„Es ist alles in Ordnung. Bringst du Gäste?"

„Ja. Ich hörte das Zeichen des Mueddin. Was wird von den Aeltesten beraten?"

„Ich weiß es nicht genau. Aber es ist vorgestern ein Pascha der Russen gekommen, und heute kam auch ein Pascha des Großsultans."

„Kennst du seinen Namen?" fragte Steinbach rasch.

„Nein."

„Welche Begleitung hatte der letztere Pascha?"

„Er kam nur mit seinem Weibe und einem Diener."

„Wo wohnen die beiden Paschas?" fragte Hilal.

„In den Gastzelten am großen Platze. Der andere, der Russe, ist allein gekommen. Man wird wohl über den Pascha von Egypten beraten, und sodann wird Falehd die Königin begehren."

Steinbachs Aufmerksamkeit war im höchsten Grade erregt. Ein russischer und ein türkischer Pascha, letzterer mit Weib und Diener! Sollte es Ibrahim Pascha mit Zykyma und dem braven Arabadschi sein? Das war doch kaum denkbar. Was wollte denn Ibrahim bei den Sallah-Beduinen?

Er beriet sich daher leise und kurz mit Normann und sagte dann zu Hilal:

„Ist es nicht vielleicht möglich, in das Lager zu kommen, ohne großes Aufsehen zu erregen?"

„Es ist möglich. Warum wünschst du das?"

„Ich glaube, daß einer der beiden Pascha ein Mann ist, den ich suche, und der mir entfliehen würde, wenn er mich bemerkt, ohne daß ich ihn sofort sehe."

„Er ist ein Gast des Lagers. Du wirst ihm nichts Böses thun dürfen."

„Das weiß ich sehr wohl. Ich habe auch nicht die

M. R.

Absicht, ihm Böses zuzufügen, so lange er sich in eurem Lager befindet; aber ich wünsche nicht, daß er dieses Lager ohne mein Wissen wieder verläßt. Kommen wir jetzt mit unseren Reit= und Packtieren an, so erregen wir großes Aufsehen, und der Mann kann mich gewahr werden, ehe ich ihn bemerke. Dann flieht er sicherlich. Könnte ich aber heimlich —"

„Es geht, es geht!" fiel Hilal ein. „Steigt nur ab, ich werde euch führen. Unsere Tiere mögen sich hier legen, bis wir sie holen. Dieser Wächter wird mit unseren Fellahs bei ihnen bleiben."

Steinbach hatte nämlich mehrere Fellahs gemietet, die zur Bedienung unumgänglich nötig waren. Er stieg jetzt mit Normann, Hilal und Hiluja ab.

„Wie freue ich mich, daß ich zur rechten Zeit komme, um auf die Aufforderung zum Kampfe ant= worten zu können!" wiederholte Hilal. „Man ahnt gar nicht, daß ich wieder da bin, und wird sich wundern, wenn ich plötzlich von der Ruine herab antworte!"

„Wie ist das möglich? Und was hat es mit der Aufforderung für eine Bewandtnis?" fragte Steinbach.

Hilal beschrieb dem Frager, wie es dabei zuzugehen pflege. Da meinte Steinbach lächelnd:

„Sie werden sich noch mehr als über deine Ant= wort darüber wundern, daß sich ganz unerwartet zwei zum Kampfe melden. Und da kommt mir ein Gedanke. Wenn wir uns auf eine ungewöhnliche Art und Weise einführen, wird man doppelten Respekt haben. Der Khedive hat uns zu den Gewehren und der Munition, die als Geschenk für den Stamm bestimmt sind, einiges Feuerwerk mitgegeben. Wie wäre es, wenn wir uns unter dem Lichte eines Schwärmers, einer Rakete oder verschiedener Leuchtkugeln präsentierten?"

„Ah, das ist nicht übel! Nehmen wir also so etwas mit!"

Dies geschah. Als dann Steinbach meinte, daß Hiluja wohl bei den Kamelen zurückbleiben müsse, sagte Hilal:

„Nein. Sie geht mit uns. Das giebt eine sehr große Ueberraschung für die Königin. Diese wird in der Versammlung erscheinen und also nicht in ihrer Wohnung sein. Dorthin bringen wir Hiluja. Wenn die Königin zurückkehrt, findet sie ihre Schwester."

Nachdem die Zurückbleibenden gehörig instruiert worden waren, setzten sich die drei Männer mit der Araberin in Bewegung. Letztere zitterte förmlich vor Freude, nun endlich die Schwester zu sehen.

Sie schlugen einen Bogen um das Lager herum bis dahin, wo die Zelte nicht mehr nahe beisammen standen, und gelangten ganz unbemerkt bis an den Fuß des festungsartigen Gebäudes.

„Hier ist der Stein, der den geheimen, nur mir, Tarik und der Königin bekannten Eingang verbirgt," sagte der Beduine, auf einen der riesigen Quadern deutend, aus denen der untere Teil der Mauer bestand.

„Läßt er sich denn bewegen?"

„Nur von dem, der seinen Mechanismus kennt."

Hilal kniete nieder und drückte an einer Seite des Steines, letzterer wich nach innen, und nun zeigte es sich, daß er nicht ein kubischer Quader, sondern eine verhältnismäßig dünne Platte war, die auf unsichtbaren Rollen zurückwich. Es öffnete sich vor ihnen ein schmaler und so hoher Gang, da kein Mann aufrecht hindurchgehen konnte. Die Platte wurde zurückgeschoben, und die vier schritten langsam in den Gang hinein, Hilal voran, sie darauf aufmerksam machend, wie sie zu gehen hatten.

Sie waren noch nicht weit in gerader Linie vorgedrungen, so führte eine Treppe sie aufwärts. Oben angekommen, sahen sie dann beim Scheine eines Wachshölzchens, daß ein Gang geradeaus, ein anderer nach links und eine Treppe weiter aufwärts führte.

„Ich bringe euch an einen Ort, in dessen Nähe sich gerade jetzt die Königin mit meinem Bruder befindet," flüsterte Hilal seinen Begleitern zu. „Ihr müßt sehr leise auftreten, um nicht gehört zu werden, wenn ihr

M. K.

euch die Freude der Ueberraschung nicht verderben wollt. Kommt jetzt."

Rasch folgten sie ihm hinaus, wo die Steinquadern wirr über= und durcheinander lagen.

„Da sitzen sie," flüsterte er, nach rechts deutend. „Wirst du dich wirklich zum Kampfe melden, wenn der Mueddin fragt?"

„Ja, ganz gewiß."

„So thue es erst nach mir. Du bist der Fremde und wirst mir das Vorrecht lassen. Jetzt gehe ich, um Hiluja weiter zu führen."

Die beiden Zurückbleibenden hatten dann Gelegen= heit, Tarifs Unterhaltung mit der Königin zu belauschen. Bald aber zog Steinbach Normann eine Strecke nach links hin mit sich fort, um von den Belauschten nicht selbst gehört zu werden, und sagte:

„Wissen Sie, lieber Freund, ich denke, wenn ich mich bei magischer Beleuchtung präsentieren will, so würde das am besten da oben auf der Spitze sein. Das macht Eindruck, weil die Leute hier nicht denken, daß man da hinaufzukommen vermag. Meinen Sie nicht auch?"

„Ja. Steigen wir also nach oben!"

„Nein, Sie müssen hier bleiben. Wollten wir die Raketen von oben abbrennen, so würde der Effekt ver= fehlt werden. Die Füllung darf nicht allzu hoch über mir platzen. Ich gehe also allein, und Sie bleiben zurück, um das Ding hier in Brand zu stecken."

„Und wie finden wir uns dann wieder? Soll ich vielleicht hinaufkommen?"

„Nein, sondern ich komme herab. Das ist das beste. Also, passen Sie auf!"

Er ging, und Normann traf seine Vorkehrung. So leise sie sich bewegt hatten, so waren sie doch von Tarif und der Königin gehört worden, nur hatten die beiden geglaubt, daß sich irgendwo ein Steinchen gelöst habe und herabgefallen sei.

M. K.   11*

Das Zündhölzchen in der Hand, wartete Normann. Er hörte die Töne des Hammers auf dem Brett, die erste und zweite Frage des Mueddin nebst den beiden darauffolgenden Antworten. Dann, als Steinbach oben auf der Höhe sein „Ich" erschallen ließ, brannte er das Hölzchen an, und die feurige Garbe stieg gerade im geeignetsten Augenblicke empor. Als die Helligkeit verschwunden war, kam Steinbach herab.

„Nun, wie war es?" fragte er. „Haben sie mich gesehen?"

„Gewiß. Der Anblick war für diese Leute wirklich ein unbeschreiblicher, ein gespenstischer. Man hielt Sie für den bösen Geist der Ruine."

„Desto besser! So habe ich mich also in Achtung gesetzt. Was aber thun wir nun?"

„Wir müssen auf alle Fälle hier warten, bis Hilal uns holt. Wir kennen keinen Weg."

Normann hatte das kaum gesagt, so hörten sie Schritte in dem Gange, und der Genannte erschien.

„Kommt zur Königin," sagte er.

„Weiß sie alles?"

„Nein. Es geht so schnell, daß es zum Erklären keine Zeit giebt."

Hilal hatte vorhin Hiluja in die Wohnung ihrer Schwester geleitet und war dann weiter gegangen, um hinaus an die Treppe zu gelangen. Dort waren die auf den oberen Stufen sitzenden Wächter nicht wenig erstaunt, den abwesend Geglaubten so unerwartet hier mitten im Lager zu sehen, hatten aber auf seinen kurzen, warnenden Zuruf hin ihrer Ueberraschung keinen lauten Ausdruck gegeben. Er hörte von ihnen, daß sein Bruder sich in der Nähe befinde, dieser kam auch sogleich herbeigeeilt. Als dann die Feuergarbe emporstieg, klärte Hilal Tarik in kurzen Worten auf und war damit kaum fertig, als auch die Königin herbeikam.

„Hilal, du hier?" fragte sie. „Wann kamst du?"

„Vor kurzem."

M. K.

„Was war das für ein Feuer und für ein Mann? O Allah, bin ich erschrocken! Weißt du?"

„Ja. Es ist ein Gast, den ich bringe."

„Masr-Effendi?"

„Er heißt anders. Er hat sich nur so genannt, weil dieser Name ihm augenblicklich eingefallen ist, und wohl auch, um anzudeuten, daß er ein Freund Aegyptens ist."

„Will er wirklich kämpfen?"

„Ja. Und das ist gut. Das Feuer hat dich erschreckt? Es ist Pulver und Farbe, weiter nichts."

„Ist dieser Mann noch oben?"

„Ja. Ich werde ihn holen. Befinden sich der russische und der türkische Pascha noch hier?"

„Sie sind unten. Sie haben an der Beratung teilgenommen. Warum fragst du?"

„Das werdet ihr später hören. Es ist jetzt zu langen Erzählungen keine Zeit. Tarik mag hinuntergehen und aufpassen, daß diese Paschas nicht entfliehen."

„Entfliehen?" fragte Tarik erstaunt.

„Ja. Frage nicht, sondern gehe."

Tarik gehorchte, und Hilal führte die Königin in ihre Wohnung. Er hatte Hiluja in dem hintersten Gemache gelassen. Sie aber war von der Neugierde getrieben worden, weiter zu gehen. So kam es, daß sie gerade dann in das vordere Gemach trat, als die Königin von drüben hereinkam. Letztere blieb stehen, fast starr vor Ueberraschung.

„Allah, Allah! Hi — Hi — Hiluja!" stotterte sie, mit weit aufgerissenen Augen die Schwester betrachtend.

„Badija! Endlich, endlich bin ich bei dir!"

Hiluja breitete die Arme aus, stürzte auf die Schwester zu und zog sie stürmisch an sich.

„O Gott, o Gott! Wirklich, wirklich?" stammelte die Königin. „Du bist es, du?"

„Ja, ja! Siehst du es denn nicht? Fühlst du meine Küsse nicht?"

M. R.

„Wirklich, wirklich?"

„Ja! Glaube es doch!"

Jetzt erst verschwand der Zweifel. Badija stieß einen lauten Jubelschrei aus und riß nun ihrerseits die Schwester an sich. Beider Entzücken machte sich in lautem Weinen Luft. Sie gaben sich unter Schluchzen die süßesten Kosenamen und umarmten sich immer wieder, um sich von neuem fahren zu lassen und mit leuchtenden Augen zu betrachten.

---

9. Kapitel.

Hilal hatte sich, während die beiden Schwestern einander in die Arme sanken, schweigend entfernt, um Steinbach und Normann zu holen. Sein Bruder Tarik aber war, wie bereits gesagt, fortgegangen, um nach dem Willen seines Bruders zu handeln, obgleich ihm dessen Verlangen vollständig unerklärlich war.

Als er auf dem Versammlungsplatze anlangte, fand er die Aeltesten des Stammes umgeben von einem dichten Menschenknäuel, in ihrer Mitte Faled, der noch immer den Ausrufer festhielt, um ihn an der Fortsetzung seiner Flucht zu verhindern. Auch die beiden Paschas befanden sich in der Nähe. Tarik machte sich sogleich zu ihnen hin, um sie fest im Auge zu behalten.

„Laßt mich!" brüllte der Mueddin. „Es ist fürchter= lich, in die Hände eines Geistes zu fallen."

„Feigling!" antwortete Faled. „Das war kein Geist. Der da oben stand, hatte Fleisch und Bein."

„Er spie doch Feuer!"

„Das wurde unten angebrannt. Du warst niemals in Kairo und weißt also nicht, was eine Rakete ist. Hier handelt es sich um irgend einen Streich, den man uns spielen will. Hilal ist plötzlich zurück. Er wird diesen Masr=Effendi mitgebracht haben. Sie sind oben in der Ruine. Ah, Teufel! Was wollen sie bei der Königin? Hinauf zu ihr! Haltet hier diesen Feigling fest, damit er nicht auch andere mit seiner Angst ansteckt."

Falehd hatte nicht bemerkt, daß Tarik herbei-

gekommen war, und rannte die Treppenstufen der Ruine hinauf. Da er von keiner Wache angehalten wurde, gelangte er ungehindert in den kleinen Vorhof und auch weiterhin in das Gemach, in dem er heute bereits mit

M. K.

der Königin gesprochen hatte. Dort stürmisch eintretend, prallte er sofort zurück. Er sah die beiden Schwestern vor sich. Hiluja in ihrem weißen Reisegewande mit den lang herabhängenden Zöpfen und die Königin in dem weißen Mantel, die Zöpfe ebenso lang und stark über dem Rücken tragend.

„Allah l'Allah!" rief er aus.

„Was willst du?" fragte Badija.

„Wer ist diese hier?"

„Meine Schwester."

„Wunder über Wunder! Ist sie vom Himmel herabgekommen?"

„Vielleicht. Was aber geht es dich an?"

Diese stolzen Worte brachten den Riesen aus seiner Verwunderung heraus. Er zog die Braunen finster zusammen und antwortete:

„Was es mich angeht? Sehr viel! Ich bin der Führer des Stammes, ich muß wissen, wie die Leute zu uns kommen."

„Ich bin der Scheik! Verstanden? Wenn ich weiß, wie die Gäste zu mir kommen, so genügt das!"

„Du sprichst sehr stolz! Aber du wirst anders und höflicher reden, wenn man mit dir und deinem Anhange in das Gericht geht. Werde erst mein Weib, dann wirst du gehorchen lernen."

„Warte, bis ich es bin."

„Du wirst es sein! Jetzt aber muß ich erfahren, wer dieser Masr-Effendi ist. Du mußt es wissen."

„Ich weiß es noch nicht."

„Er ist ja hier bei dir in der Ruine. Er ist ein Gaukler und Betrüger, ich muß mit ihm sprechen, jetzt, sogleich! Er soll mir sagen und gestehen, wann und wie er hierher gekommen ist."

„Wann? Soeben jetzt. Wie? Durch diese Thür."

Falehd fuhr herum und stand nun vor Steinbach, der, hinter sich Normann und Hilal, soeben leise eingetreten war.

M. R.

„Hölle und Teufel! Ist er das?" rief Falehd.

„Ja, ich bin es," antwortete Steinbach.

„Wen suchst du hier?"

„Dich nicht. Du kannst also gehen!"

Falehd stieß einen lauten Fluch aus, ballte die Fäuste, trat einen Schritt auf Steinbach zu und rief:

„Das wagst du, mir zu sagen? Mir, mir?"

„Ja, dir!" lachte Steinbach. „Hältst du das für ein so großes Wunder?"

„Mir, dem Anführer des Stammes, sagst du, daß ich gehen soll?"

„Der Anführer, dem du zu gehorchen hast, steht hier."

Steinbach deutete dabei auf die Königin. Da lachte der Beduine höhnisch auf und antwortete:

„Du bist ein Fremder und weißt also nicht, was heute über diese Frau beschlossen worden ist. Du willst zwar mit mir um sie kämpfen, doch ist dir unbekannt, daß sie von dem Augenblick an, in welchem die Versammlung der Aeltesten diesen Kampf beschlossen hat, nicht mehr Scheik des Stammes ist. Sie gehört dem Sieger, der dann der Anführer sein wird."

„Aber noch giebt es keinen Sieger, sie ist also jetzt noch ihre eigene Herrin. Ich habe mit ihr zu sprechen und bin nicht gewohnt, dies vor Zeugen zu thun, deshalb wirst du jetzt diesen Ort verlassen, wenn du nichts Notwendiges vorzubringen hast."

Falehd machte eine Bewegung, als ob er sich auf den Redner stürzen wolle, hielt aber doch noch an sich. Aber er maß ihn vom Kopfe bis zu den Füßen herab, und zwar mit einem Blicke, wie man einen armen, verachteten Menschen betrachtet, schnippste mit den Fingern und sagte:

„Allah hat es gegeben, daß die Sonne dir den Verstand verbrannt hat. Du dauerst mich, sonst würde ich mit dir reden, wie es deinen Worten angemessen ist, nämlich nicht mit der Zunge, sondern mit der Waffe."

„Dazu wirst du ja bald Gelegenheit haben."

M. K.

„Ja, und das wird dein Verderben sein, denn ich werde dich zerschmettern, wie man eine Fliege mit einem einzigen kleinen Schlage der Hand totschlägt. Du bist ein Wurm, und ich werde dich zertreten, so wie ich auch die beiden anderen Würmer, die sich Söhne des Blitzes nennen, unter meinen Füßen zermalmen werde. Morgen um diese Zeit bratet ihr drei in den tiefsten Tiefen der Hölle!"

Nach diesen Worten drehte sich Felahd um und ging. — Man hatte den Bescheid erwartet, den er bringen werde. Darum befanden sich alle noch auf den Plätzen, die sie vor der Katastrophe eingenommen hatten. Er konnte ihnen jedoch nichts Genaues sagen. Er wußte auch weiter nichts, als daß dieser Masr-Effendi kein Geist, sondern ein Mensch sei, der aber, wie er sich überzeugt habe, als Feind des Stammes gekommen war.

„Ist er denn ein Beduine?" fragte Ibrahim Pascha, der sich in der Nähe befand.

„Ich weiß es nicht genau, aber ich glaube nicht. Er hatte nicht das Aussehen eines Wüstensohnes. Vielleicht ist er ein Sklave des Paschas von Aegypten. Er wird um die Gastfreundschaft des Stammes bitten. Ich verbiete aber, ihn als Gast aufzunehmen."

Da trat einer der silberhaarigen Araber zu ihm heran und erklärte:

„Vergiß nicht, daß du nichts anderes bist als wir anderen auch! Selbst wenn du der Scheik des Stammes wärest, könntest du keinem verwehren, einen Gast bei sich aufzunehmen."

„Auch nicht, wenn der Gast ein Feind des Stammes ist?"

„Nein, selbst dann auch nicht. So lange sich der Feind in unseren Zelten befindet, ist er unantastbar. Hast du diesen Fremden in der Wohnung der Königin gefunden?"

„Ja. Und er wagte es, mich von dort fort-zuweisen."

M. K.

„So scheint er ein sehr tapferer, furchtloser Mann zu sein und die Gastfreundschaft der Königin zu besitzen. Du wirst ihn also als Gast ehren müssen!"

„Der Teufel soll ihn ehren! Schon sein Name beweist, daß er ein Freund und Anhänger des Vice=königs von Aegypten ist. Wir brauchen ihn nicht."

„Darüber hat die Versammlung der Aeltesten zu entscheiden, du nicht. Bis jetzt kann noch kein Mensch sagen, daß der Khedive unser Feind ist."

„Ich sage es!" rief da Graf Polikeff, der neben Ibrahim Pascha stand und alles gehört hatte.

„Würdest du es auch beweisen können?"

„Ja. Ich hätte es bereits heute abend bewiesen, wenn mir die Gelegenheit zum Sprechen geboten worden wäre."

„Wir werden über diese Sache erst dann beraten, wenn wir einen neuen Scheik haben. Der Vicekönig wohnt uns näher, als der Sultan von Rußland. Diesen letzteren kennen wir nicht. Wir haben noch keinen seiner Leute gesehen und auch noch keinen Piaster oder Para an ihm oder ihnen verdient."

„Er wird euch Leute senden, tapfere Offiziere, be=rühmte Anführer und reiche Kaufleute, die es mit euch ebenso gut meinen wie ich. Ich bin euer bester Freund."

„Aber doch ein ungeheurer Schuft!" erklang es in diesem Augenblick laut und deutlich hinter ihm.

Polikeff fuhr herum, um den Sprecher zu sehen.

„Herr, mein Heiland," rief er dann in russischer Sprache. „Alle guten Geister! Wer — — wer — — wer — —"

Er streckte die beiden Hände mit ausgespreizten Fingern weit von sich, als ob er wirklich ein Gespenst von sich abzuwehren habe. Seine Augen waren weit geöffnet. Sein Gesicht zeigte in fürchterlicher Verzerrung den Ausdruck des größten Entsetzens. Steinbach stand hinter ihm. Er hatte sich durch die Umstehenden ge=

M. K.

drängt und die betreffenden Worte gesprochen. Jetzt sagte er:

„Fühlst du die Rache kommen, Mensch?"

„Wie — wo — was — wer — —" stammelte der Graf, seiner noch nicht wieder mächtig.

„Rede arabisch, Kerl, daß diese braven Leute verstehen, was wir einander sagen. Kennst du mich?"

„O — — wie — warum — — nein."

„Nicht? Du bist doch Graf Polikeff?"

„Nein."

Polikeff faßte sich jetzt und warf dem Riesen einen Blick zu, diese Lüge zu unterstützen.

„Leugne nicht!"

„Ich bin kein Graf. Frage den da!"

Er zeigte auf Falehd.

„Den soll ich fragen? Fällt mir nicht ein. Hier stehen viele ehrwürdige Männer, deren graues Haar mir dafür birgt, daß sie mir die Wahrheit sagen werden."

Und sich an den Alten wendend, der bereits vorhin gesprochen hatte, fuhr Steinbach fort:

„Ich bin derjenige, der sich vorhin Masr-Effendi nannte. Die Königin hat mich soeben ihrer Gastfreundschaft versichert. Ich habe ihr Hiluja, ihre Schwester, gebracht. Kennt ihr den Namen dieses Mannes?"

„Ja, wir kennen ihn," antwortete der Alte.

„Ich hoffe nicht, daß ihr einen Grund haben werdet, ihn einem ehrlichen Manne zu verschweigen. Ist er ein Graf oder nicht? Er behauptete das letztere."

„Wir sind einfache Leute und wissen nicht, was ein Graf ist, aber er hat sich während der Versammlung einen Grafen genannt. Er heißt so, wie du sagtest, nämlich Polikeff, und ist aus Rußland."

„So seht ihr, daß er ein Lügner ist. Zu euch hat er die Wahrheit gesagt, und gegen mich verleugnete er sie, weil er sich vor meiner Rache fürchtet."

„Rache?" fragte der Russe. „Ich habe dir nichts gethan. Ich kenne dich ja gar nicht."

M. K.

„Willst du wirklich leugnen, daß du mich morden wolltest?"

„Morden? Ist mir nicht eingefallen!"

„Denke an jenen Abend am Goldenen Horn! Du

warst als Ruderer verkleidet und schlugst mich von hinten über den Kopf, daß ich die Besinnung verlor und ins Wasser stürzte."

„Ich weiß nichts davon."

M. K.

„Dein Schreck beweist das Gegenteil. Du hast mich für tot gehalten und wärest jetzt bei meinem Anblick beinahe vor Angst umgefallen."

„Das war nur Erstaunen."

„Erstaunen? Doch darüber, daß ich noch lebe!"

„Nein, sondern darüber, daß ein Mann, den ich gar nicht kenne, es wagt, mich zu beschimpfen."

„Pah! Wo ist Gökala?"

„Gökala? Wer ist das?"

„Das weißt du sehr genau."

„Ich kenne keine Person, die Gökala heißt!"

„Und doch weißt du, daß ich von einer Person spreche, nicht von einer Sache. Du verrätst dich selbst. Gökala wird sich nicht weit von da befinden, wo du bist. Ist dieser Mann mit einem Weibe hier?"

„Nein," antwortete der Alte, an den Steinbach sich mit seiner Frage gerichtet hatte. „Er ist allein gekommen."

„Nun, so werde ich sie dennoch finden. Was ist das?"

Steinbach wandte sich plötzlich um.

Nämlich hinter ihm erhob sich in diesem Augenblick ein lauter, von zwei Stimmen geführter Zank. Ibrahim Pascha hatte, wie bereits gesagt, in der Nähe des Russen gestanden. Auch er war bei Steinbachs Anblick auf das Heftigste erschrocken. Er hörte das Gespräch zwischen den beiden Feinden und hielt es, sich unbeachtet wähnend, für das beste, sich still zurückzuziehen.

So unbeobachtet, wie er geglaubt hatte, war er aber nicht. Er wurde plötzlich am Arme erfaßt, und eine Stimme, die ihm sehr bekannt vorkam, sagte in befehlendem Tone:

„Halt, Ibrahim Pascha! Bleibe da, wo du gebraucht wirst! Das ist hier bei uns!"

Der Angeredete starrte dem Sprecher in das Gesicht, das jetzt vom Feuer beleuchtet wurde, und erkannte — Normann!

M. K.

„Allah, Allah!" stieß er hervor, indem er gleich um mehrere Schritte zurückwich.

„Ah, du kennst mich?"

„Nein," antwortete der Gefragte, sich schnell fassend.

„Ich denke aber, daß wir uns in Stambul gesehen haben!"

„Ich weiß nichts davon."

„Und dann in Tunis."

M. K.

„Das ist nicht wahr."

„O, besinne dich nur! Du wolltest den Bei von Tunis, Mohammed es Sadak Pascha, ermorden."

„Welch eine Lüge!"

„Wir verfolgten dich, aber du entkamst."

„Hast du das Fieber oder den Sonnenstich?"

„Ich nicht. Aber du scheinst verrückt zu sein, da du Sachen leugnest, die wir beweisen können. Wir haben wirklich nicht geglaubt, euch Kerle hier zu finden. Da wir aber einmal an eurem Neste sind, so werden wir die Galgenvögel auch ausnehmen."

„Keine Beleidigung! Ich dulde das nicht."

„Pah! Du wirst noch ganz anderes erdulden müssen."

„Ich stehe jetzt unter dem Schutze dieser Beni Sallah. Wer mich beleidigt, beleidigt auch sie!"

„Ja," fiel hier der Riese ein, seine Augen drohend auf Normann richtend. „Wie kannst du es wagen, einen meiner Gäste zu beleidigen?"

„Nimm keine Schurken bei dir auf."

„Deine Sprache ist so, daß sie dich um das Leben bringen wird. Ich kenne dich nicht. Wer bist du?"

„Der Gast der Königin. Das wird genügen."

„Das genügt nicht. Du hast meinen Gast einen Schurken genannt. Du wirst es büßen müssen."

„Davon steht nichts in unseren Gesetzen," wandte der Alte ein. „Wir haben unsere Gäste gegen fremde Angriffe zu schützen. Was sie auch unter sich zu verhandeln haben, das geht uns nichts an, sondern ist allein ihre eigene Sache."

„Du scheinst es darauf abgesehen zu haben, mich zu beleidigen!" zürnte der Riese in drohendem Tone.

„Das will ich nicht. Ich bin der Hochbetagteste unter euch, und habe darauf zu sehen, daß einem jeden sein Recht geschieht. Das kann dich nicht beleidigen."

„Aber meinen Schützlingen geschieht ja nicht recht, sondern unrecht!"

„Das mögen sie beweisen."

M. K.

„Was sie gesagt haben, genügt. Sie kennen diese beiden Menschen gar nicht!"

Da aber erhielt Faleyd eine Antwort, die er nicht erwartet hatte. Nämlich, da die Gastzelte ganz in der Nähe des Feuers lagen, hatte Zykyma das mehr als laut geführte Gespräch gehört. Verwundert glaubte sie, eine Stimme zu erkennen. War das möglich? Konnten die Retter wirklich hier sein, hier, mitten in der Wüste? Eilig stand sie von ihrem Sitze auf und trat aus dem Zelte. Da sah sie, die von dem flackernden Feuer nur notdürftig beleuchtete Versammlung überblickend, zwei Männer über alle übrigen emporragen. Den einen kannte sie. Es war der Riese, mit dem sie in das Lager gekommen war. Der andere war zwar nicht so lang wie Faleyd, aber doch höher als die anderen. Sie ging nun noch mehr nach der einen Seite hin, um sein Gesicht zu sehen, und da soeben Normann redete, erkannte sie auch ganz deutlich seine Stimme! Einen Jubelruf, der auf ihre Lippen kam, unterdrückend, drängte sie sich nunmehr zwischen den Männern hindurch, ohne daran zu denken, daß ein Weib hier nichts zu thun habe, und die Beduinen machten ihr staunend Platz. So hörte sie auch den letzten Teil der Unterhaltung und rief dem Riesen bereits von weitem zu:

„Das ist nicht wahr. Sie kennen sie!"

Alle Anwesenden wandten sich ihr zu. Als aber Normann sie erblickte, rief er erfreut:

„Zykyma! Da bist du! Allah sei Dank! Jetzt kannst du für uns zeugen."

„Ja, das kann und will ich!"

Da drängte Ibrahim Pascha auf sie zu und schrie:

„Was fällt dir ein! Gehe in dein Zelt!"

„Du hast mir nichts zu befehlen!" sagte sie mutig.

„Soll ich dich bestrafen?"

„Du hast kein Recht dazu!"

„Oho! Du bist mein Weib!"

„Das ist nicht wahr. Du hast es zwar zu diesen

Männern gesagt, daß ich dein Weib sei, aber du
hast gelogen."

„Ich habe dich bezahlt!"

„Das war sehr dumm von dir. Ich bin keine
Sklavin, die man kaufen kann."

„Du bist meine Sklavin! Gehe in das Zelt, sonst
werde ich mein Recht über dich in Anwendung bringen."

„Diese beiden Männer werden mich beschützen!"

„Dieser Masr-Effendi und sein Kumpan?" lachte
der Riese, Partei für den Pascha nehmend. „Die sollten
es wagen! Der Pascha sagt, du seiest sein Weib. Er
hat dich gekauft und bezahlt, und du wirst ihm ge=
horchen."

Da wollte Steinbach das Wort ergreifen; aber
jener Alte kam ihm zuvor:

„Wer kann hier von kaufen sprechen? Wir befinden
uns in der freien Wüste, wo es keine Sklaven giebt.
Wenn Ibrahim die Unterschrift des Kadi und des Mollah
besitzt, die ihn mit diesem Weibe getraut haben, so mag
er sie vorzeigen, und wir werden ihn nicht hindern, seine
Rechte auszuüben."

„Meinst du, daß ich solche Schriften in der Wüste
mit herumtrage?" stieß der Pascha hervor.

„Also nicht! So sage, ob du mit ihr getraut bist!"

„Ja."

„Er lügt!" rief Zykyma.

„Hört ihr es, ihr Männer?" versetzte der Alte. „Er
sagt dieses, und sie sagt jenes. Beide können nichts be=
weisen. Wir haben uns also in ihre Angelegenheit nicht
zu mischen, müssen aber jede Gewaltthat verhüten."

„Ist es eine Gewaltthat, wenn ich meinem Weibe
befehle, in das Zelt zu gehen?"

„Nein, falls sie dein Weib ist. Das aber hast du
uns noch nicht bewiesen."

„So willst du mich also hindern, sie zu zwingen,
mir gehorsam zu sein?"

„Ja, das werde ich!"

„Das wirst du bleiben lassen!" drohte der Riese, sich seines Gastes annehmend.

„Willst du mir etwa verbieten, nach den Gesetzen unseres Stammes zu handeln?" fragte der Alte furchtlos.

„Diese Frau bewohnt jenes Zelt; da hinein gehört sie!"

„Wenn sie will!"

„Oho! Ich selbst werde sie hineinführen!"

„Das verbiete ich dir!"

„Du! Weißt du nicht, daß ich morgen Scheik sein werde?"

„Noch bist du es nicht!"

„Ich werde dennoch sehen, wer mich hindern will, das zu thun, was ich will!"

Faleßd streckte den Arm nach Zykyma aus. Der Alte aber stellte sich schnell zwischen ihn und sie und sagte ernst:

„Bedenke, was du thust! Ich stehe und spreche hier im Namen der Versammlung der Aeltesten. Wer da widerstrebt, wird aus dem Stamme gestoßen!"

„Ihr? Mich ausstoßen? Hölle und Teufel!"

Faleßd lachte laut und höhnisch auf. Die Umstehenden aber traten enger zusammen und legten die Hände an die Messer. Er sah das. Gegen so viele konnte er trotz seiner großen Stärke nichts machen; das leuchtete ihm ein. Um so stärker wallte sein Zorn auf.

„Gilt das etwa mir?" fragte er rundum.

„Ja, ja," ertönte es ihm von allen Seiten entgegen.

„Also Empörung im Lager, eines Weibes wegen?"

Faleßd schien noch nicht mit sich einig, ob er nachgeben solle; da wurde die Scene durch die Königin beendet. Sie war herabgekommen aus der Ruine und hatte aus der Nähe den Verhandlungen zugehört. Jetzt kam sie herbei, ergriff Zykyma bei der Hand und sagte, zu dem Aeltesten gewandt:

„Du hast recht; aber ich will nicht haben, daß du um dieses Rechtes willen vielleicht von Faleßd zum Kampfe gefordert wirst. Dieses Mädchen wird bei mir wohnen, bis es sich entschieden hat, ob es sich selbst zu eigen ist oder einem anderen gehört."

Beide Frauen entfernten sich, ohne von irgend jemand gehindert zu werden. Zwar warf der Pascha dem schönen Mädchen sehr unruhige Blicke nach; wie aber die Sachen standen, war es ihm unmöglich, seine Ansprüche weiter geltend zu machen. Der Riese aber konnte sich nicht so leicht bescheiden und knurrte, zu Normann gewandt:

„Jetzt hast du deinen Willen. Morgen aber wird es anders lauten. Darauf verlasse dich! Kommt mit mir ins Zelt!"

Diese Aufforderung war an den Grafen und den Pascha gerichtet. Da aber erhob Steinbach Widerspruch:

„Halt! Wir sind noch nicht fertig!"

„Ich habe mit dir nichts zu thun!" sagte der Riese. „Wenigstens heute nichts mehr!"

„Ich mit dir auch nicht, desto mehr aber mit diesen beiden."

„Sie gehen jetzt mit mir!"

„Ich habe sie des Mordes angeklagt!"

„Das geht mich nichts an! Sie sind meine Gäste!"

„So sage ich dir sehr einfach, daß ich sie nieder= schießen werde, wenn sie hier fortgehen wollen, ohne daß ich damit einverstanden bin!"

„Dann habe ich die Blutrache!"

„Die fürchte ich nicht. Meine dritte Kugel würde dich sicherlich treffen!"

Steinbach zog zwei Revolver hervor. Die Augen Falehds leuchteten auf wie Pantheraugen. Er trat auf Steinbach zu und brüllte:

„Drohst du mir hier mitten im Lager?"

„Ja. Und ich werde meine Drohung wahr machen!"

„Hund!"

Der Riese that, als ob er Steinbach greifen wollte, fuhr aber doch sehr schnell mit dem Arme zurück, als dieser, den einen Revolver erhebend, ihm zurief:

M. K.

„Dieſes Mädchen wird bei mir wohnen, bis entſchieden iſt,
wer ein Recht auf dasſelbe hat." (Seite 179.)

M. K.

„Zurück! Eins — zwei — —!"

Kein anderer mischte sich in diese Angelegenheit. Die Beduinen standen still und unbeweglich im Kreise. Der Riese war bei ihnen nicht beliebt, und als Krieger mußten sie das mutige Auftreten Steinbachs anerkennen, der sich soeben an den Alten wandte:

„Ich habe diese beiden Mörder genannt. Ich bin ihnen nach Egypten gefolgt, um sie bestrafen zu lassen, und habe sie hier bei euch getroffen. Sie sind eure Gäste, und ihr könnt sie mir also nicht ausliefern. Daher verlange ich nach dem Rechte der Wüste, daß ihr darüber wacht, daß sie mir nicht entfliehen. Ich werde von euch scheiden, wenn sie fortgehen. Dann sind sie nicht mehr eure Gäste, und ihr seid eurer Pflicht ledig."

„Sie und fliehen!" lachte der Riese. „Was bildet sich der Mensch ein! Wer sich unter meinem Schutze befindet, braucht an keine Flucht zu denken!"

„Ich verlange also Bewachung des Lagers, daß sie sich nicht heimlich entfernen können!" fuhr Steinbach fort, unbekümmert um die Rede des gewaltthätigen Beduinen. „Ich müßte sie sonst von euch fordern!"

„Von uns fordern?" antwortete Falehd. „Was bildest du dir ein! Was bist du und wer? Noch hast du es uns ja nicht gesagt."

„Du kannst es hören. Ich bin ein Bote des Vice=königs von Egypten."

„Aha! Das habe ich mir gedacht! Du wirst hier bei uns aber keine Geschäfte machen."

„Das wird sich finden, obgleich ich weiß, daß wenigstens mit dir keine Geschäfte zu machen sind."

„Also versuche es auch nicht! Uebrigens wird der Vicekönig seinen Boten nicht wieder zu sehen bekommen. Deine Seele wird zwischen meinen Händen zerlaufen wie ein Stück Salz, wenn man es ins Wasser thut. Ihr beide aber kommt jetzt mit mir! Sie mögen über euch beraten. Wir gehen in mein Zelt!"

Aber das wurde nicht erlaubt. Falehd konnte zwar

M. K.

gehen; aber der Pascha und der Graf mußten bleiben, bis die Versammlung der Aeltesten zum Beschlusse über sie gekommen war. Dieser lautete, daß sie ihr Ehren= wort zu geben hätten, das Lager nicht ohne Wissen Steinbachs zu verlassen. Im übrigen aber waren sie frei. Ueber Zykyma sollte später entschieden werden.

---

10. Kapitel.

Als Falehd sich mit seinen beiden Gästen im Zelte befand, machte ihm der Pascha wegen Zykyma Vorwürfe.

„Du hättest mein Recht verteidigen sollen, denn du bist doch mein Beschützer!"

„Ist sie denn wirklich dein Weib?"

„Nein, noch nicht."

„Aber deine Sklavin?"

„Ja, ich habe sie gekauft und bezahlt."

„Bei uns giebt es keine Sklaverei."

„So soll ich sie mir wohl von diesen Menschen rauben lassen, wie sie mir bereits Tschita genommen haben?"

„Haben sie dir denn bereits eine entführt?"

„Ja, und zwar diejenige, an der ich mit dem ganzen Herzen hing."

„Bei Allah, du dauerst mich!"

„So hilf mir!"

„O, du verstehst mich falsch. Du dauerst mich nicht etwa, weil dir eine Sklavin abhanden gekommen ist, sondern weil du überhaupt dein Herz an ein Weib ge= hängt hast."

„Das hast du doch auch gethan!"

„Ich? Was fällt dir ein!"

„Denke an die Königin!"

„Du meinst, ich sei verliebt in sie?"

„Ganz gewiß. Du willst doch morgen dein Leben wagen, um sie zu besitzen."

M. K.

„Mein Leben? O, das wage ich nicht. Diese drei Menschen werde ich mit drei Hieben niederschlagen. Seht her!"

Am Boden lag eine halbe Zeltstange. Faleh ergriff sie mit den Händen und brach sie mitten entzwei.

„Solche Kräfte habe ich. Niemand ist mir gewachsen. Also mein Leben wage ich nicht, und aus Liebe schon gar nicht. Ich will die Königin erringen, weil derjenige, der sie besitzt, der Scheik des Stammes sein wird. Wie ist es denn gekommen, daß man dir eine Sklavin hat nehmen können?"

Der Pascha erzählte es nach seiner Weise. Er ließ natürlich alles weg, was andere nicht zu wissen brauchten. Als er geendet hatte, sagte der Riese:

„Du wirst diese Tschita wieder erhalten."

„Wie ist das möglich? Ich weiß nicht, wo sie ist."

„Sie ist natürlich nicht weit von denjenigen, die sie dir genommen haben. Zwei von ihnen befinden sich jetzt bei uns. Der dritte ist jedenfalls mit dem Mädchen in Egypten zurückgeblieben. Den einen erschlage ich morgen, und der andere wird euch dann sagen müssen, wo sie Tschita versteckt haben."

„Könntest du dies wirklich so weit bringen?" fragte Ibrahim, ganz elektrisiert von dem Gedanken, daß er die zwei Geschwister Adlerhorst wieder in seine Gewalt bringen werde.

„Sehr leicht."

„Er wird aber nichts ausplaudern!"

„Wir zwingen ihn."

„Der euer Gast ist?"

„Das wird er doch nicht ewig sein. Er wird unser Lager verlassen, und wir folgen ihm nach. Nun aber sage mir im Vertrauen, ob du wirklich einen Anschlag auf das Leben des Bei von Tunis gemacht hast."

„Davon spricht man nicht."

„Auch zu mir, deinem Verbündeten, nicht?"

„Nein."

„Gerade aus dieser Verschwiegenheit errate ich das

M. K.

Richtige. Hättest du nichts gethan, so könntest du mit einem Nein auf meine Frage antworten. Aber die Erzählung von dem Mordanfall in Stambul war wohl eine Lüge?"

„Eine sehr große Lüge," antwortete der Graf.

„So wollte ich, es wäre Wahrheit, und die Absicht wäre gelungen. Dann könnte dieser Mensch sich nicht als ein Bote des Khedive bei uns befinden. Aber —"

Faleh sprach nicht weiter, doch er streckte seine Fäuste aus und betrachtete sie mit einem Blicke, in dem sich die feste Ueberzeugung aussprach, daß er Sieger sein werde. Der Graf sah das und fragte:

„Wirst du dich nicht irren?"

„Darin, daß ich die drei überwinden werde?"

„Ja."

„Da ist ja gar kein Irrtum möglich."

„Der Fremde ist auch stark!"

„So nicht, wie ich. Ich schlage ein zweijähriges Kamelfüllen mit einem Hieb zu Boden. Wer thut mir das nach? Keiner von euch."

„Aber einer gegen drei! Du wirst ermatten."

„Es kommt zu gar keinem Kampf. Ich gebe jedem einen Hieb auf den Kopf, und er ist tot."

„Ich würde dir vorschlagen, den Fremden zuerst zu nehmen."

„Warum?"

„Weil er der stärkere ist. Es ist klug, die schwerste Arbeit zuerst vorzunehmen."

Faleh blickte Polikeff von der Seite an, lachte vor sich hin und fragte ihn dann:

„Ist dies wirklich dein Grund?"

„Ja."

„Wie klug du bist! Wenn ich ihn töte, seid ihr euren Feind los. Das willst du zwar nicht aussprechen. Ich weiß es aber dennoch. Nun, ich will euch gern den Gefallen thun. Mir gilt es gleich, wer eher in die Hölle wandert, er oder die Söhne des Blitzes." —

M. K.

Nachdem die Versammlung der Aeltesten aufgelöst war, hatte Steinbach den bereits erwähnten Alten beiseite genommen und ihm unter dem Siegel der Verschwiegenheit mitgeteilt, daß er Geschenke von dem Vicekönige zu überbringen habe.

Diese Nachricht hatte bei dem Beduinen die größte Freude erregt. Er gestand:

„Ich gehöre zu denen, die den Vicekönig lieben. Meiner Gesinnung ist auch die Mehrzahl unserer Krieger."

„Doch Faleh nicht?"

„Nein. Darum ist es mir für die Zukunft bange. Er als Scheik wird nicht auf guten Wegen wandeln."

„Ich will dich beruhigen. Zweierlei habe ich dir zu sagen; ist dies geschehen, so wird deine Sorge verschwunden sein."

„Du machst mich sehr neugierig. Ich kenne nichts, was im stande sein kann, die Sorgen zu zerstreuen, die gerade jetzt auf unserem Stamme liegen."

„Nun, so höre erstens, daß Faleh nicht euer Scheik sein wird."

„Das ist unmöglich."

„Ich weiß sehr wohl, daß ihr alle ihn für unüberwindlich haltet, wenn — —"

„Wenn es sich um einen Faustkampf handelt," fiel der Alte ein. „Er ist der nächste Verwandte. Als solcher hat er die Waffen zu bestimmen, und er wird sich hüten, Flinte, Lanze oder Messer zu wählen. Dabei könnte er selbst von einem Schwächeren verwundet oder getötet werden, während er beim Kampfe mit der Faust sicher ist, jeden Gegner niederzuschlagen."

„Mich nicht. Ich war in einem Lande, wo der Faustkampf noch in anderer Weise gepflegt wird als bei euch. Ich würde zehn solche Gegner wie Faleh, wenn ich mit ihnen zu ringen hätte, nacheinander niederschlagen, zehn und auch noch mehr."

Der Alte blieb stehen, blickte den Sprecher verwundert an, schüttelte den Kopf und sagte:

M. K.

„Du siehst mich sehr erstaunt über das Vertrauen, das du zu dir hast. Du sprichst ganz so, als ob es für dich gar keine Möglichkeit zu unterliegen gebe."

„Die giebt es auch nicht. Du kannst davon ganz ebenso überzeugt sein wie ich."

„So möchte ich allerdings diese schwere Sorge heute abend schon von mir werfen. Das war das erste. Wolltest du vorhin nicht auch noch ein zweites sagen?"

„Ja. Aber vorher bitte ich dich, mir deinen Namen zu nennen, fast vermute ich, daß du Kalaf heißt."

„So heiße ich allerdings. Woher weißt du das?"

„Hilal, euer Bote, hat, als er den Vicekönig sprach, auch deinen Namen rühmend genannt. Du seiest der vertraute Ratgeber der Königin und ein Freund des Khedive."

„Hilal hat die Wahrheit gesagt, ich bin es."

„Darf ich vielleicht wissen, ob Ibrahim Pascha euch Geschenke mitgebracht hat?"

„Gar nichts."

„Aber der Russe doch wohl?"

„Auch nichts. Sie haben uns nur Versprechungen gemacht. Beide wollen, daß der Riese Scheik werde. Ich vermute, daß dann die Stämme der Wüste unter seiner Anführung in Aegypten einfallen sollen. Es würde Aufruhr und Empörung entstehen; der Sultan müßte Truppen und Schiffe senden, er würde sich also schwächen, und dann hätte der Russe ein leichtes Spiel, seine Absichten zu erreichen. Bezahlt sollen wir dann werden mit vielen Silberthalern, und außerdem soll uns der Raub gehören, den wir machen."

„Und darauf will Falehd eingehen?"

„Ja."

„Schändlich! Also die armen ägyptischen Fellahs, die selbst kaum zu leben haben, sollen ausgeraubt werden! Das ist mehr als grausam. Da komme ich doch mit anderen Vorschlägen. Und außerdem bringe ich euch Geschenke."

M. K.

„Ah! Dem Stamme?"

„Der Königin, den beiden Söhnen des Blitzes und auch dir."

„Mir?" fragte der Alte in freudigem Erstaunen.

„Ja, dir."

„Das ist ja noch niemals dagewesen!"

„So freut es mich desto mehr, der Ueberbringer zu sein. Das allerbeste aber ist, daß ich auch dem Stamme Geschenke bringe. Das war das zweite, von dem ich sagte, daß es dein Herz von der Sorge, die du hegst, befreien werde. Du wünschtest vorhin Gewehre; diesen Wunsch kann ich dir im Auftrage des Vicekönigs erfüllen."

„Hamdulillah — Preis sei Gott! Du hast Gewehre mitgebracht?"

„Gewehre und Munition."

„Wie viele?"

„Dreihundert Kriegsgewehre, nicht solche alte Flinten, wie ihr jetzt habt, bei denen jeder zweite Schuß versagt."

„Bessere etwa?"

„O, viel, viel bessere!"

Kalaf machte trotz seiner Würde und seines Alters einen Freudensprung und rief aus:

„Bessere! Viel bessere! O Allah, Allah!"

„Pst! Schreie nicht so! Ich habe dich hier abseits geführt, damit niemand unser Gespräch hören soll."

„Verzeihe! Aber gute Gewehre sind für den Beduinen das aller-, allernotwendigste. Darum freute ich mich so."

„Es giebt ein Volk, welches Nemtsche genannt wird. Kennst du es vielleicht?"

„Ja, es sind die Deutschen.

„Dieses Volk soll Rückwärtsflinten haben?"

„Es hat Millionen solcher Gewehre, die dreißig bis vierzig Schüsse in der Minute abgeben. Und du sollst auch eins besitzen."

„Wie? Was? Ist's wahr, ist's möglich?"

„Ja. Die Gewehre, die euch der Vicekönig durch

M. K.

mich sendet, sind solche Rückwärtsflinten, und ich bringe euch volle dreihundert Stück."

Der Alte griff sich an den Kopf und sagte:

„Das kann ich nicht fassen. Das ist zu viel. Dreihundert Stück! Vierzig Schüsse in der Minute! Wie viele Feinde könnte man damit in einer Minute erschießen! Das kann ich gar nicht ausrechnen. Da reichen mein Kopf und mein Verstand nicht zu. Weißt du es vielleicht?"

„Zwölftausend."

„Zwölftausend Feinde in einer Minute! O Allah, Allah! Wenn das nicht Allah erfunden hätte, so könnte man sicher sein, daß nur der Teufel diese Erfindung gemacht habe. Wie sind die Flinten verpackt?"

„In große Bastmatten."

„So sieht man von außen nicht, was darin ist?"

„Nein."

M. K.

„Gut. So behalten wir beide das Geheimnis noch
für uns. Höchstens der Königin, Hilal und Tarik
teilen wir es mit. Jetzt aber schaffen wir die Gewehre
nach der Ruine. Dort können sie so verwahrt werden,
daß es den wenigen Anhängern des Riesen unmöglich
ist, zu ihnen zu gelangen. Bist du einverstanden?"

„Ja. Es ist dies das Beste, was wir thun können."

„Hast du sonst noch etwas zu sagen oder zu fragen?"

„Nur noch das, ob Ibrahim Pascha und der Russe
vielleicht entfliehen können?"

„Ich werde von heute an die Wachen verdoppeln.
Die beiden sind zwar Gäste des Stammes, sodaß ich
sie nicht zurückhalten kann, wenn sie uns verlassen wollen,
aber ich würde es dir sofort melden lassen, damit es dir
möglich ist, ihnen augenblicklich nachzujagen. Jetzt aber
komm und laß uns zu den Kamelen gehen."

Sie kehrten in das Lager zurück, durch das sie quer
zu schreiten hatten. Da begegnete ihnen der Mueddin,
der vorher die Beschlüsse der Versammlung von der
Ruine herab ausgerufen hatte. Der Alte hielt ihn fest
und sagte:

„Kennst du diesen Mann?"

„Nein."

„Das ist der Geist der Ruine, vor dem du vorhin
so ausgerissen bist."

„O nein. Das ist ja ein Mensch, ein Mann!"

„Natürlich!"

„Der Geist hat ja Feuer gespieen."

„Dieser Mann that es."

„Das ist unmöglich!"

„Soll ich etwa jetzt noch einmal Flammen speien?"
fragte Steinbach, indem er dem Mueddin näher trat.

„Nein, nein! Allah behüte mich vor dem neun=
undzwanzigmal geschwänzten Teufel! Gott ist groß; er
ist der einzige, und Muhammed ist sein Prophet!"

Dann riß er sich von dem Alten los und eilte
ganz entsetzt von dannen. Die beiden gingen weiter,

M. K.

wurden aber baldigst wieder angehalten. Ein junger
Araber trat auf Steinbach zu und sagte zu ihm in
freudigem Tone:

„Allah sei Dank, daß ich dich finde. Ich habe
dich gesucht."

„Wer bist du?"

„Du kennst mich nicht? Ja, es ist hier finster,
und ich trage beduinische Kleidung. Schau her!"

Er warf die Kapuze ab, und nun erkannte ihn
Steinbach:

„Said, der Arabadschi!"

„Ja, der bin ich, Herr!"

„Gut, daß ich dich treffe! Wie ist es gekommen,
daß ihr zu den Beni Sallah gegangen seid?"

„Ich weiß es nicht. Mein Herr hat mir nichts
gesagt."

„Wir haben euch überall gesucht, doch vergebens."

„Wir blieben nur kurze Zeit in Alexandrien und
gingen dann nur für einen Tag nach Kairo. Dann reisten
wir nach hier weiter."

„Auch euer Schiff suchte ich und fand es nicht."

„Wir wurden an das Land gesetzt, und dann ging
es sogleich wieder fort; wohin, das weiß ich nicht. Kannst
du mir nicht sagen, wo sich Zykyma, meine Gebieterin,
befindet?"

„Sie ist in der Ruine bei der Königin."

„Wird sie dort bleiben?"

„Ja."

„Herr, laß mich zu ihr! Ich will bei ihr sein,
nicht aber bei dem Pascha, den ich hasse."

„Wo ist er jetzt?"

„Der Riese kam zu ihm, um ihn abzuholen. Beide
wollen mit dem Russen das Lager umwandern, um die
Wächter zu inspizieren."

„Ah, da treffen sie wohl auch auf meine Kamele.
Wir müssen eilen. Komm mit, Said!"

Sie mußten an der Ruine vorüber. Dort führte

M. K.

Steinbach den Arabadschi hinauf zur Königin, um ihn ihr zu empfehlen. Dann ging er mit dem Alten weiter.

Als sie den Rand der Oase erreichten, erblickten sie in der wüsten Ebene, da, wo Steinbach die Kamele mit den Fellahs gelassen hatte, das Licht einer Fackel, und zugleich hörten sie von dorther laute Stimmen ertönen.

„Komm!" sagte Steinbach. „Es scheint sich da draußen etwas zu begeben."

Sie eilten fort. Je näher sie der Stelle kamen, desto lauter ertönten die Stimmen. Als sie den Ort erreichten, erkannten sie den Riesen, den Pascha und den Russen. Diese drei standen den beiden Brüdern Hilal und Tarik gegenüber, die sich hinaus zu den Tieren begeben hatten, auf daß mit der kostbaren Ladung nichts geschehe. Dann war Falehd mit seinen Begleitern und einem Fackelträger gekommen und hatte Zank begonnen.

„Hier wird kein Lager geduldet!" sagte er. „Diese Kamele haben nach der Oase zu kommen!"

„Das werden sie auch," antwortete Hilal.

„So schafft sie herein!"

„Erst muß Masr-Effendi erwartet werden."

„Ich habe keine Lust, zu warten."

„So gehe! Wir brauchen dich nicht."

„Oho! Das Gepäck muß untersucht werden. Wir haben die Abgaben zu verlangen, die ein jeder zu entrichten hat, der durch unser Gebiet zieht."

„Masr-Effendi zieht nicht durch unser Gebiet, er bleibt bei uns und ist unser Gast. Er ist kein Kaufmann, der die Abgabe zu bezahlen hätte, sondern ein Gesandter des Vicekönigs von Aegypten."

„Also ein Bote unseres Feindes! Gerade darum muß ich wissen, was sich in diesen Paketen befindet."

„Du mußt es wissen? Warum du?"

„Weil ich der Anführer bin."

„Oho! Dasselbe könnte auch ich mit demselben Rechte behaupten, denn ich habe ganz so wie du die Absicht, um die Königin zu kämpfen."

M. K.

„Nun, so wollen wir sehen, ob ihr es wagen werdet, mich zu hindern, diese Pakete zu öffnen."

„Sie haben das nicht nötig, ich selbst werde es thun."

Das erklang hinter dem Riesen. Dieser fuhr herum und stand nun Steinbach gegenüber.

„Teufel und Hölle!" rief er. „Was willst du hier?"

„Geht dich das etwas an?"

„Ja."

„Das glaube ich nicht. Dennoch aber will ich dir sagen, daß ich hierher komme, weil diese Tiere samt ihrer Ladung mein Eigentum sind."

„Was hast du geladen?"

„Das ist nicht deine Sache!"

„Hüte dich, mich zu erzürnen! Ich gebiete dir, mir meine Fragen augenblicklich und der Wahrheit gemäß zu beantworten! Deine Seele könnte dir sonst bereits schon heute aus dem Leibe getrieben werden!"

„Gut, ich will dir antworten. Ich werde jetzt diese Tiere in das Lager bringen lassen und diese Ladung der Königin übergeben."

„Das dulde ich nicht!"

„Schön! So habe ich dir nur diese beiden Dinger= chen zu zeigen, von deren Wirkung du wohl noch nichts erfahren hast."

Steinbach hob die beiden Revolver hervor und hielt sie dem Riesen entgegen. Dieser trat zurück und rief:

„Willst du etwa schießen?"

„Ja. Jede dieser kleinen Waffen hat sechs Schüsse. Ehe du nur den Arm erhebst, bist du eine Leiche. Du sollst und wirst erfahren, womit meine Packtiere beladen sind; aber zu einer Antwort zwinge lasse ich mich nicht. Warte bis morgen nach dem Kampfe."

Falehd hätte den Deutschen am liebsten nieder= geschlagen, aber er fürchtete sich vor den Revolvern. So klein diese Waffen waren, er als Riese konnte nichts da= gegen machen. Daher sagte er zornig:

„Gut, ich will nachsichtig sein. Du bist doch dem

Tode verfallen. Ich erlaube dir also, deine Waren in das Lager und zu der Königin zu bringen."

„Sei nicht thöricht! Du haft nichts zu verbieten und nichts zu erlauben. Ich thue, was mir gefällt!"

„Dein Maul ist sehr groß. Wollen sehen, ob deine Tapferkeit auch so groß ist. Weil du so dick thuſt, ſollſt du der erste sein, mit dem ich kämpfe."

„Das ist mir lieb, denn da werde ich dir die Prahlerei austreiben, ohne daß die beiden anderen sich vorher mit dir zu beſchäftigen und zu verunreinigen brauchen."

Das Wort Verunreinigung enthält, in dieser Weise gebraucht, eine fürchterliche Beleidigung für den mu= hammedaniſchen Araber. Falehd hatte ſich bereits zum Gehen gewendet. Jetzt, als er dieses Wort hörte, fuhr er blitzschnell herum und brüllte:

„Hund! Hältst du mich vielleicht für das ſtinkende Aas eines abgeſtandenen Viehes?"

„So ungefähr, ja! Was ſollteſt du ſonſt sein? Dein Auftreten und alles, was du thuſt, iſt roh, und deine Worte, die du redeſt, ſtinken nach Dummheit. Du wagſt es, mich einen Hund zu nennen. Ich habe dir bereits mehrere Beleidigungen verziehen, verlange aber von mir nicht etwa, daß ich dich für einen Helden und für einen Krieger halten ſoll, dem ich meine Achtung zu ſchenken habe!"

„Wurm und Sohn eines Wurmes! Soll ich dich niederſchmettern wie eine krepierte Ratte?"

„Sage noch ſo ein Wort, und ich jage dir eine Kugel durch den Schädel! Ich zähle bis drei. Biſt du da noch nicht verſchwunden, ſo drücke ich ab!"

Steinbach hatte ſeine Doppelbüchſe vom Sattel ſeines Reitkameles geriſſen und legte ſie an. Es war ihm jetzt ernſt damit.

„Eins — zwei — —"

Der Rieſe verſchwand ſamt ſeinen Begleitern; aber aus dem Dunkel der Nacht erſchallte ſeine Stimme:

„Kröte! Morgen wirſt du vor mir im Staube

M. K.

kriechen und um dein Leben betteln; ich aber werde dich mit dem Fuße zertreten, und die Aasgeier werden über dich herfallen und dich in Stücke zerreißen!"

Faleh'd konnte nur noch schimpfen. Steinbach hörte

gar nicht darauf. Die Tiere, die sich mit ihrer Last gelagert hatten, mußten sich erheben und wurden nach der Ruine geführt und dort abgeladen.

Die Wächter, die Tarik bestellt hatte, trugen die

schweren Pakete zu der Treppe empor und in ein hohes, ziemlich großes Gewölbe, das saalartig neben den von der Königin bewohnten Räumen lag.

Erst als nachher die Eingeweihten sich allein bei einander befanden, wurden die Pakete geöffnet. Wie erstaunten sie über die Gewehre und die Munition! Welche Freude hatte Badija, als Steinbach ihr mehrere kostbare seidene Gewänder überreichte und dann noch Ketten und Schmuckstücke hinzufügte!

Tarik und Hilal erhielten jeder eine vollständige Garnitur kostbarer Waffen und einige Anzüge, wie sie für das Wüstenleben geeignet sind. Auch der alte Kalaf erhielt dasselbe. Er pries den Vicekönig in allen Tönen, deren seine Sprache fähig war, und es dauerte lange Zeit, ehe das Entzücken der Beschenkten einer ruhigeren Stimmung Platz gemacht hatte. Der Alte versicherte, daß der Khedive durch dieses Geschenk sich die ewige Freundschaft des Stammes erworben habe.

Endlich trennte man sich, denn Mitternacht war vorüber. Steinbach und Normann erhielten ein in der Ruine liegendes, kleines und unbewohntes Gemach angewiesen. Tarik und Hilal trauten dem Riesen nicht so recht. Sie stellten Posten um das Gemäuer und machten miteinander aus, sich in der Wache und Beaufsichtigung dieser Posten stündlich abzulösen. Da Hilal den anstrengenden Wüstenritt hinter sich hatte, so durfte er sich für die erste Stunde zur Ruhe legen.

---

11. Kapitel.

Tarik lehnte oben, nicht weit von der Treppe, an der Brüstung und lauschte hinab auf das Lager und hinaus in die beinahe lautlose Stille.

Zuweilen erscholl das bellende ,J—au' eines Schakals, oder das tiefe ,Onnau' einer herumschleichenden Hyäne;

M. K.

sonst war alles still. Die Tiere der Herden schliefen
ebenso wie die Menschen. Nur er, Tarif, wachte mit
seinen Leuten für die Sicherheit des Lagers, er und die
Beduinenjünglinge, die an der Ruine standen oder draußen
um das Lager patrouillierten.

Sie allein? Wirklich? Wachte weiter niemand?

O doch! Denn plötzlich legte sich eine Hand auf
seine Schulter, so plötzlich und unerwartet, daß er erschrocken zusammenfuhr, denn er hatte nicht das leiseste
Geräusch eines nahenden Schrittes gehört.

„Fürchte dich nicht, Tarif! Ich bin es."

„Du, o Königin! Warum fliehst du den Schlaf?"

„Aus Angst und Sorge."

„Was sollte dich beängstigen? Gerade seit heute
hast du keine Veranlassung mehr, irgend eine Sorge
zu haben."

„Glaubst du?"

„Ja. Der mächtige Vicekönig ist dein Freund.
Er hat dir Gewehre und Munition gesandt, um diese
Freundschaft zu besiegeln. Der Stamm ist dadurch um
das Zehnfache mächtiger geworden; er ist der mächtigste
in der Umgebung vieler Tagereisen. Mit diesen dreihundert Gewehren können wir uns alle Feinde unterthänig machen."

„Nur Faleyd nicht!"

„Dazu bedarf es ja dieser Gewehre gar nicht. Er
hat gegen drei zu kämpfen. Einer wird ihn doch besiegen."

„Vielleicht, vielleicht auch nicht! Selbst wenn ihn
der dritte besiegen sollte, sind die beiden ersten bereits
verloren. Wer wird sein erster Gegner sein?"

„Der Fremde. Faleyd hat es ihm selbst gesagt."

„Das ist Allahs Schickung."

„Wieso?"

„Dieser Fremde ist ein herrlicher Mann. Er thut
mir daher im tiefsten Herzen weh, daß er sterben soll;
aber er scheint stark zu sein; bevor er besiegt sein wird,
wird er einen solchen Widerstand geleistet haben, daß

M. K.

Faleho dir und deinem Bruder nur noch mit halben
Kräften gegenübersteht. Vielleicht ist es dann möglich,
daß er doch besiegt wird."

„Natürlich werde ich kämpfen, so lange ich es vermag."

„Wer wird der zweite sein? Du oder Hilal?"

„Ich."

„O Allah! Warum du?"

„Ich — ich bin der ältere."

Fast hätte er gesagt: „Ich bin ja derjenige von uns
beiden, der dich lieb hat; darum trete ich eher vor."

„Entscheidet denn das Alter?"

„Ja."

„Könntest du nicht warten bis zuletzt?"

„Warum sollte ich das?"

„Um dich zu schonen."

Babija stand ganz nahe bei ihm. Ihr weißes, dünnes
Gewand stach leuchtend von den dunklen Steinmassen ab.
Tarik hörte ihren Atem, er fühlte sogar die Lebenswärme,
die ihr schöner, jungfräulicher Körper ausstrahlte. Es
war ihm so süß und doch auch so traurig zu Mute. Wo
stand er morgen um diese Zeit? Wahrscheinlich lag er
da bereits mit zerschmettertem Schädel unter dem Sande
der Wüste! Doch schüttelte er diesen Gedanken von sich
ab und antwortete:

„Um mich zu schonen? Fast sollte ich dir zürnen."

„Weshalb?"

„Nur ein Feigling kann sich schonen."

„Ich wollte dich nicht beleidigen. Verzeihe mir!"

Sie hielt ihm das kleine, hellbraune Händchen hin,
und als er es ergriff, war es ihm, als ob alle Wonnen
und Freuden des Paradieses ihn durchzuckten. Und den=
noch behielt er es nicht in der seinigen. Sie stand so
hoch über ihm! Nicht, daß sie reich war, machte ihn
zurückhaltend, o nein, der Sohn der Wüste verachtet den
Reichtum. Aber sie war so schön, so gut, so rein. Sie
war für ihn der Inbegriff alles Hohen, Erhabenen und
Herrlichen. Wie hätte er seine Wünsche so hoch steigen

M. K.

laffen können! Er wußte, daß der verstorbene Scheik sie nie hatte berühren dürfen. Würde sie einem anderen, würde sie — — ihm, ihm ihre Liebe schenken können? Nein, nein und abermals nein!

Er gab ihr das Händchen zurück, legte den Ellbogen auf die Brüstung und den Kopf in die Hand und richtete das Gesicht nach oben, nach dem Firmamente, als ob er da die leuchtenden Punkte desselben schauen wolle. Aber er sah nicht hinauf. Sein Auge hing mit Entzücken und doch auch in tiefer Wehmut an dem Sterne, der neben ihm stand.

Da fragte Badija:

„Sage mir, Tarik, warum du morgen gegen den Riesen kämpfest!"

„Um dich zu befreien."

„Das ist der Grund?"

„Ja."

Sie senkte das kleine Köpfchen. Fast war es ihr, als ob sie ihm schmollen müsse. Er hätte doch eigentlich anders antworten können! Warum sagte er denn nicht: Ich kämpfe mit ihm, weil ich dich liebe? Und nun war er gar wieder still geworden. Es ist nicht gut und erfreulich, wenn man mit einem Menschen sprechen will, so recht von ganzem Herzen, und er fällt nach einem jeden Worte wieder in tiefes Schweigen.

„Wenn du nun gewännest!" sagte sie.

„Was meinst du?" umging er die schwierige Antwort.

„Nun, man kämpft ja um mich!"

„Wenn ich gewänne, so würdest du frei sein. Uebrigens werde ich wohl nicht der Sieger sein. Wird Falehd wirklich überwunden, so ist es der Fremde, der ihn besiegt. Hilal sagte es auch."

„Warum sagte er es?"

„Er hat mir anvertraut, daß dieser Masr-Effendi vielleicht noch stärker ist als Falehd. Er hat ein halb wildes Pferd bei den Nüstern ergriffen und zu Boden geworfen, daß es sich zweimal überschlug. Und der

andere Fremde, Normann-Effendi, hat erzählt, daß Masr-
Effendi auf dem Schiffe den eisernen Anker ergriffen,
emporgehoben und dann umhergetragen habe."

„O Allah! Wenn er siegte!"

„Wenn er Sieger wird, so mußt du sein Weib werden."

„Nimmermehr! Lieber sterbe ich!"

Da richtete er sich empor und blickte sie erstaunt an.

„Lieber sterben? Ist er nicht der Mann dazu? O
nein. Ich halte es für unmöglich, daß ein Mädchen lieber
den Tod als ihn wählen könne."

„Ich aber würde es thun."

„Warum?"

Sie zögerte, stieß aber doch dann hervor:

„Ich mag nicht wieder einen Mann, den ich nicht liebe!"

„So könntest du diesen wirklich nicht lieben?"

„Nein."

„Und doch hat er alle Eigenschaften, die dazu gehören, die Liebe eines Weibes zu erringen. Fast möchte
ich glauben, daß du niemals einen Mann lieben wirst."

„Das ist bös von dir, sogar grausam."

„Wie! Du könntest lieben?"

„Ja, und so innig wie keine andere!"

„Du liebst vielleicht schon gar?"

Sie wandte sich zur Seite. Die weibliche Scheu
sträubte sich dagegen, das erste Wort zu sagen. Da ließ
sich von der Seite her ein Geräusch vernehmen.

„Hilal kommt!" drängte Tarik. „Hörst du ihn?
Bei allen Propheten und Kalifen, ich beschwöre dich, mir
zu sagen, wer es ist, dem du dein Herz geschenkt hast!"

Da näherte sie ihr Gesichtchen dem seinigen. Ihre
Augen leuchteten ihm entgegen, fast wie in phosphores-
zierendem Glanze, und aus ihrem Munde klang es zu
ihm herüber:

„Das weißt du wirklich nicht?"

„Nein."

„Wirklich, wirklich nicht?"

„Nein, nein."

M. K.

Sie legte ihre vollen Lippen auf seinen Mund, und dann
sprang sie gedankenschnell davon. (Seite 202.)

M. K.

„Du bift es doch, du, du allein, ganz allein!"

Dabei schlang sie die vollen Arme um ihn, legte ihr Köpfchen an sein Herz und fragte:

„Glaubst du es?"

Er brachte keine Antwort hervor.

„Liebst du mich denn nicht auch?"

„Dich?" fragte er wie abwesend.

„Mich, ja!"

„Mehr als mein Leben und meine Seligkeit!" entfuhr es ihm.

„Das wußte ich schon lange!"

Badija legte ihre vollen Lippen auf seinen Mund; ein Druck, ein süßer Laut, und dann sprang sie gedankenschnell davon, denn dort, hinter den Steinen, ließ sich soeben Hilals weißer Burnus sehen.

„O Muhammed! O Allah! O Erde! O Welt! O Seligkeit! O — o — — o — — — ohhhhh!"

Solches stieß Tarik hervor. Er wußte gar nicht, was er sagte. Er wußte jetzt überhaupt gar nicht, wer er war, und wie ihm war. Er wußte nur, sie hatte ihm gesagt, daß ihr Herz ihm gehöre.

Und da stand jetzt Hilal und sagte:

„Tarik!"

Er antwortete nicht.

„Tarik!"

„Oh!"

„Was sagst du?"

„Oh! Ah!"

„Was ist mit dir?"

„O Allah!"

„Bist du delil?"

„Nein."

„Oder hejran?"

„Ja."

Delil heißt nämlich verrückt, hejran aber verzückt.

„Hejran also! Worüber denn?"

„Oh!"

M. K.

„Hörst du nicht? Worüber du verzückt bist?"

„Ah!"

„Da steht der Mensch mit aufgerissenen Augen, starrt mich und dann den Himmel an und ruft nur Oh oder Ah! So rede doch endlich! Was hat dich so ver= zückt gemacht?"

„Oh Allah, Allah!"

„Allah ist's gewesen?"

„Nein."

„Wer denn?"

„Oh! Ah! Allah illa Allah!"

„Gott, mein Gott, der Mensch schnappt über! Ich sah ein weißes Gewand, welches verschwand. War jemand da?"

„Ja."

„Wer?"

„Sie."

„Wer ist diese Sie?"

„Sie, o sie, nur sie, die Königin."

„Die Königin! Was wollte sie noch?"

„Es mir sagen."

„Was?"

„Was ich nicht geglaubt und nicht geahnt habe. Daß sie mich liebt."

Da seufzte Hilal erleichtert auf:

„Allah sei Dank! Jetzt weiß ich endlich, woran ich bin. Also das hat sie dir gesagt?"

„Ja."

„Und du hast es nicht geahnt?"

„Nein, nie!"

„Ich habe es lange gewußt. Hast du denn auch ihr gesagt, daß du sie liebst?"

„Ja, ja!"

„Was denn, ja?"

„Ich habe es ihr gesagt."

„Endlich, endlich! Allah sei gepriesen. Ihr seid also miteinander einig?"

M. K.

„Ja, ja, ja, ja!"

„So gehe und lege dich auf die Matte, um zu schlafen!"

„Nein, nein, nein, nein!"

„Was denn? Der Schlaf wird dir dein Gehirn am besten wieder in Ordnung bringen."

„Schlafen? Welch eine Sünde! Ich könnte nicht schlafen, selbst wenn es sich um mein Leben handelte. Ich muß wachen, muß jauchzen, muß jubeln!"

„Pst! Still! Du hast zu schweigen. Es darf jetzt noch kein Mensch wissen, was geschehen ist und ge= schehen soll!"

„Nicht? Aber es wird mir die Brust zersprengen, wenn ich es nicht laut hinausschreien kann!"

„Thue das später, vielleicht dann, wenn sie bereits zehn Jahre lang deine Frau gewesen ist."

„Spötter! Sünder! Herzloser Mensch!"

„Heute aber darf es niemand hören!"

„Niemand? Gut, gut! Ich setze mich auf mein Pferd und reite hinaus in die Wüste. Dort kann ich schreien und brüllen, rufen und jubeln, so viel wie ich will, ohne daß es jemand hört."

„Du bist verrückt!"

„Ja, beinahe!"

„Allah schütze dich!"

„Er hat mich bereits beschützt. Er hat mir das größte Glück des Himmels und der Erde gesandt. Ich gehe. In einer Stunde bin ich wieder hier. Ich muß fort, wirklich fort, hinaus in die Wüste. Ich muß jubeln; sie liebt mich, sie — sie — sie —!"

Tarik war gegangen, sodaß seine letzten Worte kaum noch hörbar hinter den Quadersteinen hervordrangen.

Hilal schüttelte den Kopf und flüsterte:

„Ich gönne es ihm! Er ist selig, der gute, gute Bruder. Er weiß vor Glück weder ein, noch aus und ist im stande, die größten Dummheiten zu machen. Was ist die Liebe doch für ein närrisches Ding! Ihn, den

M. K.

Ernsten und Bedächtigen, so zu verändern! Mit mir brächte sie das nicht fertig, nein — nein — gewiß! Ich würde ganz ernsthaft dabei sein, sehr ernsthaft!"

„Warum so ernsthaft?"

Er fuhr erschrocken herum. Er war ganz und gar überzeugt gewesen, allein zu sein. Er hatte seine letzten Worte nicht mehr bloß gedacht, sondern wirklich aus=

gesprochen, und — — sie waren gehört worden. Vor ihm stand Hilujas weiße, jugendliche Gestalt.

„Du bist es, du?" fragte er, freudig erstaunt.

„Ja."

„Und du hast mich belauscht?"

„O nein. Als ich heraustrat, sagtest du ‚sehr ernst= haft', und darum fragte ich dich."

„Weiter hast du nichts gehört?"

„Nein."

M. K.

„Wirklich, wirklich nicht?"

„Kein Wort. Es muß sich um etwas sehr Wichtiges handeln, da du so besorgt bist, daß ich nichts gehört haben möge!"

„Es ist auch wirklich wichtig, sehr wichtig!"

„Wohl auch verschwiegen und geheimnisvoll?"

„Ja."

„Sodaß ich es nicht erfahren darf?"

„Eigentlich darfst du es nicht wissen."

„Wenn ich es aber nun gern wissen möchte?"

„Ich würde ein Verräter sein."

„Ich verzeihe dir. Aber sage mir, um was so sehr Geheimnisvolles es sich gehandelt hat."

„Um die Liebe."

Hilal hatte es eigentlich nicht sagen wollen, nun aber, als ihm das Wort doch entflohen, war ihm um die Folgen bange.

Er hatte ja seit jenem Abend in Kairo auf der Dampfjacht des Engländers nicht wieder Gelegenheit gefunden, mit Hiluja allein zu sprechen, die ihm, absichtlich oder nicht, er wußte das nicht zu sagen, ausgewichen war.

Und wenn es ihm auch zuerst gewesen war, als ob er sich über dieses Gespräch freuen müsse, so erinnerte er sich doch bald der großen Offenheit, mit der die Hiluja ihm gestanden hatte, daß sie beim Anblick Steinbachs gefühlt habe, dieser sei der Mann, den sie lieben könne. Dieses Geständnis hatte ihm nachträglich große Schmerzen bereitet; es that ihm sehr wehe; um so weher, je mehr und je länger er darüber nachsann und grübelte.

Der gute Hilal war wohl ein braver, tapferer Sohn der Wüste, aber kein Menschenkenner, kein Psychologe. Es kam ihm der Gedanke, daß er sich über das so offene Geständnis des schönen Mädchens nur zu freuen habe, gar nicht in den Sinn. Daß sie infolge eines ganz ungewöhnlichen Vertrauens und einer herzlichen Zuneigung so zu ihm gesprochen haben könne, das sagte er sich nicht, sondern war vielmehr der Ansicht, daß man

M. K.

ein solches Geständnis nur einem ganz und gar gleich=
gültigen Menschen machen könne. Darum zog er sich
ebenfalls in sich zurück und vermied Hilujas Nähe, wenn=
gleich auch dadurch nur desto heißer und mächtiger die
Liebe in seinem Innern loderte, daß sie ganz erfüllte.

Noch während der Reise zu den Beni Sallah hatten
sich die beiden zwar gesehen und auch das Notwendige
miteinander gesprochen, waren sich aber innerlich schein=
bar fern geblieben, denn er war auch jetzt noch voll=
ständig überzeugt, daß Hiluja nicht eine Spur von Zu=
neigung für ihn hege. Darum ärgerte er sich auch, daß
er soeben das verhängnisvolle Wort gesprochen hatte.

„Um die Liebe handelte es sich?" fragte sie. „Und
das war so ernst? Also war es eine unglückliche Liebe?"

„Nein, eine sehr glückliche."

„Handelt es sich um dich?"

„Nein, sondern um meinen Bruder."

Auch das hatte Hilal nicht sagen wollen. Aber
wie das herrliche Wesen so licht und engelgleich vor
ihm stand, war es ihm, als sei die Thür seines Herzens
so weit offen, daß sie tief, tief hineinschauen könne.
Durfte er ihr da etwas verschweigen? Sicherlich nicht!

„Dein Bruder also hat eine Liebe?"

„Ja. Als ich vorhin kam, stand er hier, wo ich
stehe und sagte nichts als Ah und Oh und Allah!"

„Sonderbar!"

„Dann sagte er weiter: ‚Sie liebt mich, sie, sie, sie!"

„Höchst sonderbar, sehr, sehr sonderbar. Ganz wie
meine Schwester. Auch sie murmelte heute nacht: ‚Er
liebt mich, er, er, er — er!' Weißt du, was ich mir
jetzt denke?"

„Nun, was denn?"

„Badija ist es, von welcher er spricht, und Tarik
ist es, von welchem sie redet. Meine Schwester und
dein Bruder lieben einander. Meinst du nicht?"

„Nun, da du es doch ahnst, will ich es dir sagen.

M. K.

Ja, sie lieben sich und haben das vorhin einander gestanden."

„Allah segne sie!"

„Mein Bruder war so verzückt, daß er sagte, er müsse sein Glück hinausschreien in die Wüste, und hat sich auf das Pferd gesetzt und ist im Galopp davongeritten. Ich hörte es. Da dachte ich bei mir, wenn ich doch auch einmal das Glück hätte, geliebt zu werden."

„Bis jetzt hattest du es nicht?"

„Nein."

„Hast dich wohl auch nicht danach gesehnt?"

„Was würde mir eine solche Sehnsucht nützen, da sie mir ja doch nicht erfüllt werden kann."

„Ist letzteres so gewiß?"

„Ja."

„So ist es also doch so, wie ich vorhin dachte und sagte: Dein Herz gehört einem Mädchen, das dich nicht liebt. Habe ich es erraten?"

Hilal wandte sich ab und schwieg. Sie aber folgte ihm einen Schritt nach und sagte:

„Du darfst mir nicht zürnen, wenn ich zudringlich erscheine. Du warst in Kairo mein Retter, und ich mag dich nicht ratlos und unglücklich sehen. Habe Vertrauen zu mir, und sage mir, ob ich dir in dieser Angelegenheit nicht vielleicht nützlich sein kann."

„Nein, du nicht."

„Warum gerade ich nicht?"

„Gerade dies ist es, was ich nicht sagen kann."

„Ah, du fürchtest dich!"

Hiluja hatte die Arme über der Brust gekreuzt und stand hoch aufgerichtet vor ihm. Das Sternenlicht fiel wie flüssiges Silber auf sie herab. Sie hatte das Aussehen einer Venusstatue, in die Allah plötzlich menschliches Leben gehaucht hat. Er wandte den Blick von ihr ab, sonst hätte er sich nicht länger zu beherrschen vermocht, und sagte in bitterem Tone:

Fürchten? Das glaubst du selbst doch nicht."

M. K.

„Ich glaube es nicht nur, sondern ich bin sogar davon überzeugt. Du fürchtest dich, mir den Namen derjenigen zu sagen, die du liebst. Gestehst du das?"

„Nein. Du irrst. Damit du aber siehst, daß ich nicht feige und mutlos bin, will ich dir alles sagen."

Jetzt hatte Hiluja sich wieder voll ihm zugewandt.

„Ja, sage es," nickte sie. „Es ist besser, wenn du Vertrauen zu mir hast."

„Ich werde mich aber um das deinige bringen."

„O nein; das wirst du stets besitzen, obgleich — ich dir eigentlich zürnen und nicht mit dir sprechen sollte."

„Ah! Warum?"

„Weil du dich seit jenem ersten Tage in Kairo gar nicht mehr um mich gekümmert hast. Du hast ganz so gethan, als ob ich nicht mehr vorhanden sei."

„Du hast dich getäuscht. Ich hatte noch nie ein Mädchen gesehen, welches ich mit dir vergleichen konnte. Du warst in mein Leben eingetreten wie ein Stern, der einzig und allein am dunklen Himmel steht. Kann der arme Sterbliche die Hand nach einem Sterne aus-strecken? Nein, das wäre Wahnsinn. Er würde ihn ja niemals erreichen und ergreifen können. Darum blieb ich in Demut fern von dir; aber ich betete zu meinem Sterne, und ich weiß, daß er das einzige Licht meines Lebens ist. Wenn er mir verschwindet, so wird es finstere Nacht um mich sein bis zum letzten Augenblicke meines einsamen Daseins. Ich habe dich so unaus-sprechlich lieb. Der Gedanke an dich ist die einzige Nahrung, von der jetzt meine Seele lebt. Ja, du bist es, von der ich vorhin sprach, als ich von meiner Liebe redete. Das will ich dir gestehen, damit du mich nicht länger für einen Feigling hältst. Aber indem ich es dir sage, weiß ich auch, daß mein Stern nun untergeht. Wäre ich von Allah mit Macht und Reichtum gesegnet, so legte ich dir alle meine Macht und alle meine Schätze zu Füßen. Du solltest auf Diamanten und Rubinen wandeln, und alle meine Unterthanen müßten im Staube vor dir liegen. Für dich wäre mir nichts zu hoch und nichts zu tief. Du bist so schön, so herrlich, daß — o Allah, Allah!"

Von der Größe seines Gefühles übermannt, wandte Hilal sich schnell ab.

Hiluja konnte es nicht sehen, aber sie hörte es seiner Stimme an, daß ihm die Bangigkeit des Schmerzes aus der erregten Seele in die Augen getreten war. Da schritt sie zu ihm heran, umschlang ihn mit den Armen und sagte in mildem Tone:

„Nun denkst du noch, ich zürne dir? O Hilal, wie habe ich dich so un— un— unaussprechlich lieb!"

Das klang wie Sphärenmusik erlösend an sein Ohr. Von den warmen Armen, die ihn umschlangen, und dem vollen Busen, den er an seinem Herzen fühlte, drang eine Wärme zu ihm über, die ihn wie ein mag= netischer Strom durchflutete. Es durchrauschte ihn wie ein Fieber; es brauste ihm durch das Hirn; sein Herz schien zerspringen zu wollen. Er ließ die Arme herab= hängen und stand ohne Bewegung, als ob der Schlag ihn getroffen habe.

„Hast du es gehört?" flüsterte sie fragend und sich noch inniger an ihn schmiegend.

O, er hatte es allerdings gehört; sein ganzes Gehör war ja nur auf ihre Worte gerichtet gewesen, sodaß es ihm entgangen war, daß gerade jetzt der Hufschlag eines nahenden Reiters sich von unten herauf vernehmen ließ. Sein Bruder Tarik war zurückgekehrt.

„Ist — ist — ist es wahr?" stammelte er.

„Daß ich dich liebe? Ja, es ist wahr. Glaube es!"

„Du — du — du — liebst — mich?"

„Von ganzem, ganzem Herzen! Umarme mich!"

Da erhob er die Arme, schlang sie um ihren Leib und — er wußte nicht, wie es kam, im nächsten Augen= blicke hatten seine Lippen sich mit den ihrigen vereinigt! Dann aber rang sie sich los und sagte erschrocken:

„Dort kommt jemand. Fort, fort!"

M. K.

Sie verschwand in dem Eingange.

Hilal war wie berauscht. Er wandte sich um und erblickte den Bruder, der sich ihm rasch näherte.

„Da bin ich zurück, Hilal," sagte Tarif.

Keine Antwort. Die Pulse Hilals klopften so stürmisch, daß er gar nicht an Worte dachte.

„Hilal!"

„Oh!"

„Du stöhnst?"

„Ah!"

„Was ist mit dir?"

„Oh! Ah!"

„Bist du krank? Was ist geschehen?"

„O Allah, Allah!"

„Ich glaube, jetzt bist du delil!"

„Nein."

14*

M. K.

„Oder hejran?"

„Ja."

„Also hejran, verzückt! Worüber denn?"

„Oh!"

„Hörst du nicht? Worüber du so verzückt bist!"

„Ah! Allah, Allah!"

„Mensch, Du starrst mich so abwesend an! Es muß etwas mit dir passiert sein!"

„Ja, etwas. O Allah illa Allah!"

„Aber was denn?"

„Sie hat es mir gesagt."

„Sie? Wer denn?"

„Hiluja."

„Hiluja war da?"

„Ja."

„Sonderbar! Was hat sie dir denn gesagt?"

„Daß sie mich liebt."

„Ist das wahr? Ist das möglich?"

„Ich weiß es nicht."

„Du weißt es nicht? Mensch, bist du des Teufels? Du hast es mir ja soeben gesagt!"

„Ja; aber ich weiß nicht, ob ich es glauben darf."

„Natürlich, wenn sie es gesagt hat."

„Das hat sie! Und mich umarmt."

„Ah!"

„Und sogar geküßt!"

„Du glücklicher Mann!"

„Da aber kamst du, und sie entfloh mir."

„Das thut mir herzlich leid; aber ich mußte ja kommen, denn die Stunde ist vorüber. Zwei Brüder und zwei Schwestern, wie herrlich das paßt!"

„Ja, herrlich! Mir thut der Kopf weh vor Glück."

„Ganz so wie vorhin mir."

„Es summt und brummt mir in den Ohren."

„Das war auch bei mir der Fall. Geh, und lege dich nieder."

„Fällt mir nicht ein! Ich könnte nicht schlafen."

M. K.

„Ruhe ist aber das beste!"

„Haſt du etwa Ruhe geſucht? Nein, ich mache es wie du: ich gehe fort und reite. Auch ich muß jubeln."

„Ganz mein Fall! Na, thue es. Dann wird dir der Kopf wieder frei werden. Auch ich befand mich wie in einem Rauſche. Weißt du das Verbot des Propheten: Kullu muskürün haran — alles, was betrunken macht, iſt verboten? Dann ſollte auch die Liebe verboten ſein; denn ſie hat mich in einen Rauſch verſetzt, wie ihn der Wein ſo groß gar nicht hervorbringen kann."

„Bei mir iſt er ſo groß, als ob die ganze Sahara nicht ein Sand= ſondern ein Weinmeer ſei, das ich aus= getrunken hätte!"

„Man ſieht es dir an. Du wankſt wirklich."

„Ja, ich zittere. Ich will fort. In einer Stunde bin ich wieder zurück."

Hilal ging. Tarik blickte ihm glücklich lächelnd nach und dachte bei ſich:

„Allah hat es ſehr wohl gemacht. Das Beſte an meinem Glücke iſt, daß Hilal gerade auch dasſelbe Glück beſitzt. Zwei Brüder und zwei Schweſtern! Allah iſt groß! Ihm iſt alles möglich, ſelbſt das Unmögliche. Hilal hat Hiluja und ich habe Badija. Was ſie wohl thun wird? Sie wird ſchlafen. Der Engel des Traumes ſenke ſich ſanft und glänzend auf ſie nieder und über= ſchütte ſie mit ſeinen ſüßeſten und herrlichſten Geſchenken!"

Dieſer Wunſch wurde nicht erfüllt, denn Badija ſchlief nicht und konnte alſo auch keinen Traum haben. Auch ſie war vom Glücke der Liebe wie berauſcht geweſen. Darum war ſie unter Ah und Oh im Zimmer auf und ab gegangen, meinend, daß Hiluja ſchlafe und alſo nichts höre. Dann hatte ſie ſich allerdings auf den Teppich niedergelaſſen, aber nicht geſchlafen. Die heimliche Entfernung ihrer Schweſter ſehr wohl bemerkend, hatte ſie dennoch gethan, als ob ſie ſchlummere.

So lag ſie eine lange, lange Zeit, bis Hiluja nach faſt einer Stunde zurückkehrte und ſich nicht niederlegte,

M. K.

sondern leise und zuweilen halb unterdrückte Rufe und Laute ausstoßend hin und her ging. Badija hatte das vorher genau ebenso gethan. Bei den Seufzern ihrer Schwester wurde ihr bange. Vielleicht war der armen Hiluja etwas Schlimmes widerfahren. Darum wartete Badija noch eine kleine Weile, und als das Seufzen dennoch kein Ende nahm, sagte sie:

„Hiluja! Ich wache.“

„Oh!“

„Warum bist du aufgestanden?“

„Ah!“

„Was ist mit dir geschehen?“

„O Allah, Allah!“

„Himmel! Bist du krank?“

„Nein.“

„Aber du hast Schmerzen?“

„O nein!“

„Du stöhnst doch!“

„Stöhnen? Davon weiß ich gar nichts.“

„Ja, du seufzt und stöhnst ganz zum Erbarmen.“

„Das ist kaum möglich, denn ich habe zum Stöhnen gar keine Veranlassung.“

„Aber irgend etwas ist mit dir.“

„Ja. Es ist ganz dasselbe, was vorhin mit dir war.“

Da richtete Badija sich aus ihrer liegenden Stellung auf und sagte überrascht:

„Was sagst du? Ganz dasselbe? Ja, auch ich war vorhin so aufgeregt, aber vor Glück.“

„Ich ebenso.“

„Ich meine das Glück der Liebe.“

„Ich auch. O Badija, Badija, ich habe nie gewußt und geahnt, welche Wonne es ist, geliebt zu werden.“

„Du wirst geliebt? Schwester, ist's wahr? Von wem?“

„Von Hilal.“

„Allah ist groß! Hilal liebt dich? Hat er es gesagt?“

„Ja, soeben.“

„Gott, Gott! Was hast du ihm geantwortet?“

M. K.

„O, ich liebe ihn ja schon längst, gleich von dem ersten Augenblicke an, als ich ihn erblickte."

„Komm, komm! Lasse dich hier bei mir nieder. Diese Kunde ist so freudig, daß ich dich umarmen muß!"

Und Hiluja that es. Die beiden schönen Schwestern lagen sich in den Armen und erzählten einander wonne= trunken von ihrem Glücke. Ihr leises, leises Flüstern klang wie das Knistern elektrischer Funken durch den

M. K.

stillen Raum. Sie konnten nicht müde und nicht fertig
werden und hatten selbst dann noch keinen Schlaf ge=
funden, als der Morgenruf des Muebdin von der Ruine
herab über die Oase erschallte.

---

12. Kapitel.

Der Muebdin stand hoch oben auf der Treppe der
Ruine mit dem Brette in der Hand, das Auge fest auf
den Punkt gerichtet, wo die Sonne erscheinen mußte.
Und als der oberste Rand ihrer glänzenden Scheibe sich
über den Horizont erhob, that er drei weithin schallende
Schläge an das Brett und rief:

„Ihr Gläubigen, rüstet euch zum Gebete, denn die
Sonne taucht aus dem Sandmeer empor!"

Da traten die Beduinen aus ihren Zelten und
knieten nieder, das Gesicht gen Mekka gewendet und
beteten leise die Worte nach, die der Muebdin laut von
oben heruntersprach:

„Im Namen des allbarmherzigen Gottes! Lob und
Preis sei Allah, dem Weltenherrn, dem Allerbarmer, der
da herrschet am Tage des Gerichts. Dir wollen wir
dienen und zu dir wollen wir flehen, auf daß du uns
führest den rechten Weg, den Weg derer, die deiner Gnade
sich erfreuen, und nicht den Weg derer, über welche du
zürnest, und nicht den Weg der Irrenden!"

Dabei tauchten die Beter die Hände in Wasser oder
Sand. Dann sprachen sie alle mit lauter Stimme das
muhammedanische Glaubensbekenntnis nach:

„Allah il Allah, we Muhammed Rassuhl Allah —
Gott ist Gott und Muhammed ist sein Prophet!"

Sie erhoben sich nun, um an ihre täglichen Ge=
schäfte zu gehen; aber da ertönte die Stimme des Muebdin
von neuem von oben herab:

„Hört, ihr Gläubigen, was ich zu verkündigen habe!"

M. K.

Die Hörer traten in Gruppen zusammen und erhoben die Augen zu dem Verkündiger.

„Ich stehe hier im Auftrage des mächtigen Faleyd, dessen vollständiger Name da lautet Faleyd Affa Omra Ibu Ali Hebschayn Nobada Ben Sulu Omor Sebuhir Ibu Dawuhd Hilub al Osimbara, und habe euch folgendes zu verkünden: In dem Augenblick, in dem die Sonne über dem Scheitel der Gläubigen steht, wird Faleyd hinausgehen vor die Herden, um zu kämpfen mit den Männern, die gestern auf seine Forderung geantwortet haben. Er wird kämpfen zuerst mit Masr-Effendi, sodann mit Tarik, dem Sohne des Blitzes, und endlich mit Hilal, der auch ein Sohn des Blitzes ist. Das Ende des Zweikampfes wird sein, entweder der Tod, oder das Gebet um Gnade, wie es Brauch ist in der Wüste. Faleyd wollte keine Gnade walten lassen, aber er hat sich dem Gesetze des Stammes fügen müssen. Die Söhne und Töchter der Beni Sallah werden sitzen auf ihren Kamelen, um zuzuschauen dem Kampfe von Anbeginn, bis er beendet ist. Dem Sieger wird gehören Badija, die Königin der Wüste, und mit ihr wird er erhalten die Würde des Anführers und den Titel eines Scheik el Urdi, welches bedeutet, Herr des Lagers. Allah sei mit ihm und mit uns allen, jetzt und in Ewigkeit! Amen!“ —

Steinbach und Normann hatten ihr Schlafgemach verlassen. Sie standen auf der Mauer und hörten diese Bekanntmachung mit an. Dann sagte der erstere:

„Also bis gerade um die Mittagszeit habe ich noch zu leben. Gestern um diese Stunde hätte ich nicht gedacht, daß ich so schnell dem Tode geweiht sei.“

„Sie scherzen. Sind Sie Ihrer Sache so gewiß?“

„Kein Mensch ist allwissend. Keiner kann das kleinste und einfachste Ereignis vorherbestimmen. Der geringste Zufall, irgend eine Kleinigkeit kann dem Kampf einen ganz unvorhergesehenen Ausgang geben. Zu schwören, daß ich Sieger sein werde, vermag ich also nicht, aber aller Wahrscheinlichkeit nach werde ich es sein.“

M. K.

„Werden Sie ihn töten?"

„Nein, sondern nur zeichnen. Dieser Mensch ist nicht nur ein roher Patron, sondern geradezu ein Böse= wicht. Sprechen wir nicht von ihm. Ich will mir durch den Gedanken an den Kampf nicht den Genuß verderben, den mir der jetzige Umblick bietet."

Steinbach deutete mit dem Arm im Halbkreise nach dem Horizonte hin.

„Ja," sagte Normann. „Hier muß man stehen, um zu erfahren, daß die Wüste auch schön ist. Fast hätte ich Lust zu einem kleinen Morgenritte. Noch ist es nicht heiß. Möchten Sie nicht mit?"

„Sehr gern."

„Aber woher Pferde nehmen?"

„Fragen wir Tarik. Dort steht er."

Als sie diesem ihren Wunsch zu verstehen gaben, führte er sie zu den weidenden Pferden, aus denen er ihnen zwei kostbare Stuten wählte, die der Königin ge= hörten. Er bemerkte die bewundernden Blicke, mit denen beide diese Tiere betrachteten, und sagte:

„Ich bin der Anführer der Wache und kann euch diese Tiere anweisen. Es giebt ihresgleichen nicht hundert Tagereisen weit. Die Königin hat diese Stuten mit aus ihrer Heimat gebracht. Die Beni Abbas sind berühmt wegen ihrer Pferdezucht. Sie haben Stuten, deren Stammbäume auf zehn Meter langen Pergamentstreifen verzeichnet sind."

Die Pferde wurden leicht gesattelt; die zwei Männer stiegen auf und ritten fort, nach Westen zu. Sie merkten, daß sie auf echten Vollblutrennern saßen, denn als sie sich nach fünf Minuten umblickten, lag die Oase bereits so weit hinter ihnen, daß die Ruine gar nicht mehr zu erkennen war. Dennoch zügelten sie die windesschnellen Tiere nicht, denn es ist ein eigenartiger und hoher Genuß, auf solchem Rosse schwalbengleich in die unbegrenzte Weite hinaus zu fliegen.

So ging es in immer schnurgrader Richtung fort.

M. K.

Als sie endlich nach einer Stunde anhielten, hatten sie eine Strecke von ganz gewiß drei deutschen Meilen zurück=gelegt, stets in fliegendem Galopp. Und doch zeigten die Pferde nicht die geringste Spur einer Anstrengung. Kein kleines Schaumflöckchen, kein Schweißtropfen war zu sehen oder ein unruhiger Atemzug zu hören.

„Rundum Wüste! Sand und nichts als Sand," sagte Normann. „Steigen wir ab, um uns in dieser gottverlassenen Leere niederzusetzen."

Sie thaten es, und sie und ihre Pferde, die ruhig stehen blieben, glichen nun vier Punkten in einer Unendlichkeit.

„Sie sprechen von einer gottverlassenen Leere," meinte Steinbach. „Und doch, wie haben Sie so unrecht!"

„Unrecht? Blicken Sie doch um sich! Giebt es hier eine Spur des Lebens?"

„Nicht nur eine Spur, sondern man könnte sagen, hier sei der eigentliche Urquell des Lebens."

„Das ist mir ein Rätsel."

„Hier befindet sich die Feuerung der Lebenslokomotive."

„Dieser Vergleich scheint mir allerdings nicht ganz unzutreffend zu sein."

„Er trifft sogar vollkommen zu. Von hier aus, wo sich auf einer hunderttausend Quadratmeilen großen Fläche eine ungeheure Glut entwickelt, steigt dieselbe empor, um nach den beiden Polen zu gehen und dort wieder umzukehren, indem sie sich allmählich niedersenkt und so als kalter Luftstrom die Sahara wieder erreicht. Dieser Luftstrom nimmt alle Feuchtigkeit in sich auf, ladet sie an den Gebirgen ab, wird durch dieselben in die ver=schiedensten Richtungen gedrängt und ist so der Ver=breiter und Unterhalter des irdischen Lebens. Die Sahara hat also eine geradezu unschätzbare Bedeutung für die organischen Geschöpfe, die die Erde trägt. — Blicken Sie doch einmal da nach Süden! Sehen Sie etwas?"

„Ja, eine Linie."

„Sie müssen schärfer hinsehen. Diese Linie besteht aus lauter einzelnen Punkten, die sich bewegen. Nicht?"

M. K.

„Ja. Was mag das sein?"

„Leicht zu erraten."

„Leicht? Tiere etwa? Strauße oder Gazellen?"

„O nein. Tiere würden nicht eine so regelrechte Linie bilden. Das geben Sie doch zu?"

„Also Menschen. Wohl gar eine Karawane!"

„Natürlich. Sie bewegt sich nach der Oase zu. Dort also scheint sich ein Wüstenpfad zu befinden."

„Pfad? Weg? In diesem Sande?"

„Spuren giebt es allerdings nicht, weil der Wind jeden Tapfen wieder verweht; aber dennoch sind durch die Unwegsamkeit der See und der Wüste strenge Linien gezogen, auf denen sich dort die Schiffe und die Karawanen bewegen. Was wir hier sehen, ist jedenfalls eine Karawane. Anders kann es gar nicht sein."

„Doch nicht etwa eine feindliche!"

„Schwerlich. Dennoch aber ist Vorsicht in allen Lagen gut. Steigen wir wieder in den Sattel. Wir wollen uns die Karawane doch einmal ansehen."

Sie galoppierten der angegebenen Richtung entgegen. Die Punkte, aus denen die erwähnte Linie bestand, wuchsen; sie wurden größer und immer größer, bis die beiden Reiter deutlich unterscheiden konnten, daß es Kamele seien, eins hinter dem anderen, das Halfter des nach= folgenden immer an den Schwanz des vorhergehenden gebunden. Voran schritt der Scheik el Kaffila, der Führer der Karawane. Dieser reitet fast nie; er geht stets zu Fuße, mit dem scharfen Auge immer am Horizonte vorn und am Sande zu seinen Füßen hängend. Bei einer Eilkarawane reitet natürlich auch er.

Die beiden Deutschen zählten nicht weniger als hundertundzwanzig Kamele. Die größte Zahl derselben waren Pack= und nur etwa zwanzig waren Reitkamele. Ein Pferd gab es nicht dabei. Das war ein sicheres Zeichen, daß diese Leute sehr weit herkamen.

Die zwei Freunde waren natürlich auch bemerkt worden. Der Führer hielt an. Einige Reiter zweigten

M. K.

fich ab und kamen den Deutschen entgegen. Es waren dies lange, hagere, sonnenverbrannte Gesellen mit scharf gezeichneten, dünnbärtigen Gesichtern, echte Söhne des Sonnenbrandes. Als sie näher gekommen waren, hielt

der vorderste an und stieß einen Ruf der Ueberraschung aus, der wie der Raubschrei eines Geiers klang. Die anderen stimmten ein.

„Sallam aaleïkum!" grüßte er.

M. K.

„Aaleïkum sallam!" erwiderten die beiden.

„Ihr seid Beni Sallah?"

„Nein."

Der Mann stutzte, sagte seinen Begleitern einige kurze, halblaute Worte, und im nächsten Augenblick waren Steinbach und Normann von ihnen umringt. Das war eine offenbar feindselige Bewegung. Als man dies bei der Karawane bemerkte, eilten sofort noch mehr als ein Dutzend andere Reiter herbei.

Das sah sehr gefährlich aus. Die beiden Deutschen hatten ihre Büchsen nicht mit, während die Fremden bis an die Zähne bewaffnet waren. Dennoch bewahrten die ersteren ihren Gleichmut. Steinbach fragte:

„Was wollt ihr von uns?"

„Ihr seid Räuber," antwortete der Anführer.

„Warum vermutet ihr das?"

„Willst du etwa leugnen? Hier meine Kamelpeitsche wird dich leicht zum Geständnisse bringen."

„Laß die Peitsche fort und sag' lieber, aus welchem Grunde ihr uns für Räuber haltet."

„Ihr reitet geraubte Pferde."

„Das klingt seltsam. Es pflegt unmöglich zu sein, eine echte Kohelistute zu rauben."

„Aber diese sind geraubt. Ihr habt sie den Beni Sallah entführt. Wir werden sie ihnen wiederbringen."

„Dagegen haben wir nichts."

„Wie? Ihr wollt euch nicht verteidigen?"

„Nein."

„Euch gutwillig gefangen geben?"

„Ja."

„Das wird eine Heimtücke sein. Wir aber werden uns nicht von euch betrügen lassen."

„Es fällt uns gar nicht ein, euch zu betrügen. Wollt ihr zu den Beni Sallah?"

„Ja."

„Wir sind deren Gäste und werden euch begleiten." Da flog ein Zug von Aerger über das Gesicht des

M. K.

Anführers. Er sah ein, daß er einen bedeutenden Fehler begangen hatte. Als ehrlicher Beduine zögerte er aber keinen Augenblick, ihn einzugestehen:

„Verzeihung! Ihr sagtet, daß ihr keine Beni Sallah seiet und rittet doch die besten Pferde derselben; es war also leicht, euch für Pferdediebe zu halten."

„Kennt ihr denn diese Pferde so genau?"

„Ja; sie wurden bei uns geboren und erzogen."

„Das ist wohl ein Irrtum."

„Nein, ich sage die Wahrheit."

„Dann gehörtet ihr ja zu dem Stamme der Beni Abbas, der in weiter Ferne von hier wohnt!"

„Wir sind Beni Abbas und kommen, die Beni Sallah zu besuchen. Dort in der Sänfte sitzt unser Scheik."

Der Anführer deutete nach einem Kamele, das eine kostbare Sänfte trug. Zwischen den auseinandergezogenen seidenen Vorhängen der letzteren blickte ein ehrwürdiges, grauhärtiges Gesicht herüber.

„Wie? Ist's wahr? Der Vater von Badija und Hiluja?" rief Steinbach erfreut.

„Ja. Der Vater von Badija ist er; der Vater von Hiluja aber war er."

„Wieso?"

„Hiluja ist tot, ermordet von den Tuaregs. Wir aber haben sie gerächt."

Erst jetzt dachte Steinbach daran, daß die Beni Abbas noch gar nicht wissen konnten, daß Hiluja gerettet sei. Schon hatte er die Bemerkung, daß sie lebe, auf der Zunge; er hielt sie aber noch zurück, denn er fragte sich, ob der ehrwürdige Greis wohl stark genug sein werde, eine so plötzliche Freudenbotschaft ohne Schaden zu ertragen. Darum gab er Normann in einigen deutschen Worten die Absicht, dies augenblicklich zu verschweigen, kund und sagte dann zu dem Führer:

„Wollt ihr uns wohl erlauben, den Scheik zu begrüßen?"

„Seid ihr denn auch wirklich Gäste der Beni Sallah?"

„Ganz gewiß."

M. K.

„Welchem Volke gehört ihr an?“

„Wir kommen von fern, vom Abendlande her, wo es keine kleinen Stämme, sondern nur große Völker giebt.“

„So seid ihr wohl Inglesi?“

„Nein, sondern Nemtsche.“

„Nemtsche seid ihr? Ich habe noch keinen gesehen, aber ich habe gehört, daß die Deutschen gut seien, viel besser als die Franken und die Inglesi. Ich werde es dem Scheik sagen, daß ihr ihn begrüßen wollt. Folgt mir langsam nach!“

Der Anführer ritt voran. Der Scheik hatte seine Worte wohl gehört und gab nun durch den lauten Ruf: ‚Rree, rree‘ seinen Kamele den Befehl, niederzuknieen. Darauf stieg er aus der Sänfte, um die beiden Freunde stehenden Fußes zu erwarten. Dies war eine seltene Ehre, so selten, daß sie einen ganz besonderen Grund haben mußte.

Natürlich stiegen auch Normann und Steinbach von ihren Pferden. Der Scheik war eine hohe, achtung= gebietende Gestalt. Er betrachtete die beiden mit wohl= wollenden Blicken, streckte ihnen die Hand entgegen und sagte:

„Sallam! Ihr seid Deutsche?“

„Sallam!“ antwortete Steinbach. „Ja, wir sind es.“

„Das ist gut. Kennt Ihr Vogel?“

Das war eine Frage, über die die beiden in ein sehr wohl berechtigtes Erstaunen gerieten. Und dieses Erstaunen war nicht etwa ein unangenehmes, sondern ein freudiges. Der Scheik meinte jedenfalls den berühmten Forscher und Afrikareisenden Vogel, der sich bis nach Kanem, der Hauptstadt des Königreiches Bornu, vorgewagt hatte und während seines beschwerlichen und gefährlichen Rittes durch die Sahara mit mehreren Stämmen der Beduinen in Beziehung getreten war. Darum ant= wortete Steinbach:

„Wir kennen ihn sehr gut, obgleich er jetzt tot ist. Er war ja einer der Unsrigen.“

„Das freut mich. Er war ein kluger, guter und

M. K.

mutiger Mann. Er hat mir sehr viel von dem Lande und dem Volke der Deutschen erzählt. Es ist das zwar viele Jahre her, aber ich habe es doch nicht vergessen. Darum freue ich mich, daß ihr Deutsche seid. Wie aber kommt ihr denn aus so fernem Lande hierher als Gäste zu den Beni Sallah?"

„Wir waren in Tunis bei dem Beherrscher Mohammed es Sadak Bei und erhielten von dort eine Botschaft an die Königin der Wüste."

„So kennt ihr die Königin?"

„Natürlich kennen wir sie. Wir sind zwar erst gestern angekommen, aber doch —"

„Und dennoch," fiel der Scheik schnell ein, „müßt ihr bereits ihr ganzes Vertrauen besitzen, sonst hätte sie euch nicht erlaubt, die kostbarsten ihrer Pferde zu besteigen. Sie ist meine Tochter, meine einzige Tochter. Wie geht es ihr? Befindet sie sich wohl?"

„Sie ist eine weise Anführerin des Stammes und befindet sich wohl. Du nennst sie deine einzige Tochter, aber sie sprach doch davon, daß sie noch eine Schwester habe."

„Sprach sie von ihr? Liebt sie dieselbe noch?"

„Sie sprach von ihrem Vater und von ihrer Schwester Hiluja, die sie beide von ganzem Herzen liebt."

„Allah hat die Trauer bis heute von ihrem Herzen fern gehalten. Sie weiß noch nicht, was geschehen ist. Hiluja weilt nicht mehr unter den Lebenden. Diese böse Botschaft muß ich der Königin bringen."

„Hier dieser Mann, den du mir entgegensandtest, sprach schon davon, daß Hiluja nicht mehr lebe. Er sagte, sie sei von den Tuaregs ermordet worden."

„Ja. Sie machte sich auf, ihre Schwester zu besuchen. Unterwegs wurde sie überfallen. Die Feinde töteten mein Kind und alle meine Leute außer einem, der glücklich entkam und mir die traurige Kunde brachte. Wir haben uns zu einem Rachezug gerüstet und fast den ganzen Stamm, der Hiluja überfiel, von der Erde vertilgt und alle ihre Tiere mit uns fortgenommen. Mein

Herz ist krank geworden aus Gram über die Ermordung
meiner Tochter. Ich bin alt, und die Trauer zehrt an
meinem Leben. Wie lange wird es währen, so gehe ich
hinüber zu meinen Vätern. Vorher aber will ich das
Kind, das mir geblieben ist, noch einmal mit meinen
alten, trüben Augen sehen und es an meine kranke Brust
drücken. Dann mag man mich in die Grube legen und
mit dem Sande der Wüste bedecken. Meine Seele wird
eingehen in das Reich der Seligen und dort begrüßen
das Kind, das nun im Schoße Allahs wohnt."

Der Beduine schämt sich, Thränen sehen zu lassen.
Auch der alte Scheik gab sich Mühe, das aufsteigende
Naß niederzukämpfen. Es gelang ihm; dennoch aber war
ihm die Größe und Tiefe seiner Trauer deutlich anzusehen.
Die beiden Deutschen fühlten natürlich die aufrichtigste
Teilnahme für ihn. Die unvorbereitete Kunde, daß seine
Tochter noch lebe, konnte ihm Schaden verursachen; darum
waren sie nicht sogleich damit vorgegangen. Aber vor=
bereiten mußten sie ihn doch. Es stand mit Sicherheit
zu erwarten, daß die beiden Töchter ihm bei seinem Ein=
zug in das Lager schleunigst entgegeneilen würden. Der
Anblick der Totgeglaubten konnte sehr leicht von schädlicher
Wirkung auf ihn sein. Darum sagte Steinbach:

„Diese Tuaregs scheinen sehr schlimme Leute zu sein;
dennoch aber kann ich kaum glauben, daß tapfere Krieger
ein Weib töten. War Hiluja schön?"

„Sie war schön, wie der junge Morgen, der den
Tau auf den Wedeln der Palmen beleuchtet."

„So wäre es doch sehr leicht zu denken, daß man
sie geschont habe, damit sie das Weib eines ihrer An=
führer werde. Bist du denn nicht auf diesen Gedanken
gekommen?"

„Nein; dies war unmöglich. Der Mann, der als
der einzige entkommen ist, hat es genau gesehen, daß
einer der Feinde meiner Tochter den Kopf spaltete."

„Vielleicht aber hat er sich geirrt?"

„Nein. Seine Augen sind scharf."

M. K.

„Dann wundert es mich, daß die Tuaregs andere
Frauen leben laſſen. In Tunis hörte ich, daß ſie eine
Karawane überfallen hätten, bei welcher ſich zwei Frauen
befanden, eine junge und eine alte. Die erſtere ſoll ein
ſehr ſchönes Mädchen geweſen ſein, und die letztere war
ihre Dienerin.“

„Auch Hiluja hatte eine alte Dienerin bei ſich.“

„Die Begleiter wurden getötet, aber die Frauen
ſchonte man. Einer der Tuaregs hatte ſich mit ihnen
nach Tunis aufgemacht, um ſie zu verkaufen.“

„O Allah! Eine Tochter der Wüſte als Sklavin
zu verkaufen! Welch eine Schändlichkeit! Hat er eine
große Summe für ſie erhalten?“

„Nein. Der Streich iſt ihm gar nicht gelungen,
denn die beiden Gefangenen fanden einen Beſchützer, der
ſie errettete. Das Mädchen war die Tochter eines Scheiks.“

„Eines Scheiks! Was ſagſt du?“

„Sie hatte ihre Schweſter beſuchen wollen.“

„O Allah, du Beherrſcher des Himmels und der
Erde! Was höre ich? Was ſagſt du? Sie war die
Tochter eines Scheiks und hat ihre Schweſter beſuchen
wollen? Das iſt ja ganz genau dasſelbe wie bei meiner
Tochter! Haſt du nichts weiteres von dieſem Mädchen
gehört?“

„Ich hörte, daß der Beſchützer dann mit den beiden
Geretteten abgereiſt ſei, um ſie zu der Schweſter zu bringen.“

„Wo wohnt dieſe Schweſter?“

„In einer Oaſe nicht weit von der Grenze Aegyptens.“

„O, ihr Heiligen! O, ihr Seligen!“

Steinbach beabſichtigte, dem Scheik die Arznei nur
langſam, vorſichtig und tropfenweiſe einzuflößen, deshalb
fuhr er fort:

„Dieſe Schweſter, zu der die Geretteten wollten,
ſoll die Witwe eines Scheiks ſein.“

Da ſchlug der Alte die Hände zuſammen, wich einen
Schritt zurück und rief:

„Die Witwe eines Scheiks? Sollte Badija gemeint

sein? Dann wäre auch Hiluja gerettet. Sprich weiter, sprich weiter! Was hast du noch von ihr gehört?"

„Ich muß erst nachdenken. Ich habe nicht weiter auf die Erzählung geachtet."

„Hast du nicht den Namen des Scheiks gehört, dessen Witwe die Schwester sein soll? Weißt du nicht, wie der betreffende Stamm heißt und die Oase, die er bewohnt?"

Der Scheik war außerordentlich erregt. Seine Leute hatten einen Kreis um die Sprechenden gebildet und hörten mit größter Spannung zu, als Steinbach erwiderte:

„Ich kann mich leider jetzt nicht mehr auf ein jedes Wort der Erzählung besinnen. Ich habe, als ich sie hörte, nicht wissen können, daß ich einmal danach gefragt werden würde. Eins aber fällt mir ein, nämlich, daß die beiden Namen des Mädchens und ihrer Dienerin sehr ähnlich klangen; sie lauteten fast gleich miteinander."

Da rief der Scheik:

„Hört ihr es, ihr Männer? Die beiden Namen lauteten gleich! Das war auch bei meiner Tochter und ihrer Dienerin der Fall. Hiluja und Haluja! Allah, Allah! Wenn mein Kind noch lebte! Wenn es nicht ermordet, sondern gerettet worden wäre! Besinne dich, besinne dich, o Fremdling! Sage mir, ob du weiter nichts er= fahren hast!"

„Ich würde es verschweigen, selbst wenn ich mich besinnen könnte."

„Verschweigen? Warum?"

„Ich sehe, in welcher Aufregung du dich befindest. Deine Augen glühen, und deine Kniee zittern. Deine Stimme bebt, und deine Stirn färbt sich dunkler. Das Blut steigt dir in den Kopf. Wenn ich mehr wüßte, wenn ich weiter sprechen könnte, so müßte ich befürchten, daß meine Worte dich überwältigen möchten."

„Nein, nein! Ich lasse mich nicht überwältigen. Ich bin stark; ich kann alles ertragen, alles! Sprich weiter!"

M. K.

Der Scheik streckte Steinbach beide Arme bittend entgegen. Dieser aber antwortete zurückhaltend:

„Ich kann dir wirklich weiter nichts sagen, gar nichts, als — ah, da fällt mir noch etwas ein!"

„Was? Was? So rede doch!"

„Ja, man hat von dem Stamme gesprochen, nach welchem du mich fragst. Es wurde von ihm erzählt. Unter den Kriegern dieses Stammes soll sich einer be=

finden, ein Riese wie Simson stark, aber auch hinterlistig."

„Ein Riese, ein Riese! Hört ihr es, ihr Männer? O, sage mir, ob man seinen Namen genannt hat!"

„Ja; er lautete Fa— Fa— Fa— ich kann mich doch nicht so genau besinnen."

„Falehd etwa?" sagte, nein rief, nein schrie der alte Scheik förmlich.

„Falehd. Ja, so lautete der Name."

M. K.

„Allah illa Allah! Wie wird mir denn! Es ist mir, als ob sich der Himmel öffne, als ob die Seligen herniederstiegen, um mir die Botschaft zu verkündigen, daß Allah mir meine Tochter wiedergeschenkt habe! Weißt du von diesem Falehd nichts Genaueres?"

„Er soll der Bruder des Scheiks sein."

„O Gott! O Beherrscher, o Gnädiger und All= barmherziger! Welche Worte höre ich!"

„Kennst du denn vielleicht einen Riesen, der Falehd genannt wird?"

„Ob ich einen kenne? Das fragst du? Natürlich kenne ich einen. Er war es ja, der zu uns kam, um meine Tochter für seinen Bruder zu begehren. Es stimmt, es stimmt alles! Hiluja ist gerettet worden! O, Allah, Allah! Aber wo ist sie? Wo finde ich sie? Wenn Gott mir das Glück verleiht, mein Kind lebend wieder= zusehen, so gelobe ich, die Hälfte meiner Herden unter die Armen unseres Stammes zu verteilen! Sage mir, o Fremdling, ob ihr nicht vielleicht doch noch ein Un= glück begegnet ist!"

„Wenn dieses Mädchen wirklich Hiluja, deine Tochter, war, so kann ich dich trösten. Der Retter ist mit ihr auf ein Schiff gegangen, um nach Aegypten zu fahren. Von Kairo aus wollte er sie dann zu dem Stamme ihrer Schwester bringen. Das Schiff war ein Dampfschiff, sodaß die Reise wohl sehr schnell und auch glücklich ge= gangen ist."

„Aber von Aegypten dann in die Wüste, das ist ge= fährlich, sehr gefährlich!"

„Der Retter war ein Freund des Vicekönigs, der wohl dafür gesorgt hat, daß auch dieser Teil der Reise ohne Unfall beendet werden kann."

„Das ist Balsam für mein Herz und Tau für meine vertrocknete Seele. Sagt, ihr Männer, was meint ihr, was denkt ihr? Ist Hiluja die Gerettete?"

„Sie ist es, sie ist es!" ertönte es rund im Kreise.

M. K.

„Ja," sagte Normann jetzt, zum ersten Male das Wort ergreifend, „es ist wahrscheinlich, daß sie es ist."

„Warum? Warum? Hast auch du davon gehört?"

„Auch ich war dabei, als davon erzählt wurde. Jetzt besinne ich mich ganz genau, daß das gerettete Mädchen Hiluja geheißen hat und eine Tochter der Beni Abbas war. Ich weiß es ganz genau."

Da stieß der alte Scheik einen lauten Jubelruf aus.

„O Allah, Allah! O Kadidscha, du Freundin und Versorgerin des Propheten! Du bist die Heilige unter den Weibern und die Beschützerin der Frauen. Du hast deine Hände gehalten über meine Tochter, daß sie errettet worden ist vom Tode und von der Sklaverei! Ihr Männer, ihr Freunde und Verwandten, beugt eure Kniee mit mir, um Allah zu danken für die Kunde, die er mir aus dem Munde dieser Fremdlinge gesandt hat!"

Er kniete nieder, und augenblicklich folgten die anderen seinem Beispiele.

Die Ansicht der meisten Christen über die Moslemins ist eine durchaus irrige. Der Anhänger des Islam ist fromm. Seine Frömmigkeit hat etwas von der Glut der Wüste; sie ist eine fanatische. Er läßt keine Gelegenheit vorübergehen, mit Allah zu sprechen. Er überwindet dabei alle Schwierigkeiten. So zum Beispiel sind ihm tägliche Waschungen vorgeschrieben. Er hält sie genau und pünktlich ein. Was aber soll der Beduine thun? Er soll und muß sich waschen, und doch fehlt ihm in der Wüste das dazu nötige Wasser! Es fällt ihm trotzdem nicht ein, die Waschungen zu unterlassen. Seine Frömmigkeit hat ihm ein Auskunftsmittel gezeigt; er wäscht sich nicht mit Wasser, sondern mit Sand.

So auch jetzt in diesem Falle. Der Scheik griff, am Boden knieend, mit beiden Händen in den Sand und ließ denselben zwischen den Fingern hindurchgleiten, die Bewegung des Waschens nachahmend. Dabei betete er die Worte, die einer jeden Sure des Koran als Ueberschrift dienen:

M. K.

„Im Namen des allbarmherzigen Gottes!"

„Im Namen des allbarmherzigen Gottes!" wieder=
holten seine Begleiter im Chore, indem auch sie die Be=
wegungen des Händewaschens machten.

„Danket Gott mit mir, an dem er so große Dinge
gethan hat. Er ist der Allerbarmer!"

„Der Allerbarmer!"

„Der Retter!"

„Der Retter!"

„Der Erlöser und Befreier!"

„Der Erlöser und Befreier!"

So betete der Scheik die hundert Namen Allahs
nach der Reihe her, und die Beduinen sprachen sie an=
dächtig nach. Es war für die beiden Deutschen ein er=
greifender Anblick, diese halbwilden, sonnverbrannten
Gestalten in der Einsamkeit der Wüste kniend und in
melancholischem Unisono die göttlichen Namen betend!
Sie wurden so hingerissen, daß auch sie die Kniee beugten
und die Namen laut mit aussprachen. Das Gebet endete
mit den Worten:

„Du herrschest über die Erden und über die Himmel.
Der Sterbliche kann dich nicht sehen und nicht begreifen;
aber du bist voller Gnade, Liebe und Barmherzigkeit,
und alles, was du thust, das ist gut. Dir allein sei
Preis, Lob und Dank in alle Ewigkeit. Allah illa Allah,
we Muhammed Rassuhl Allah. Gott ist Gott, und
Muhammed ist sein Prophet! Amen!"

Die Männer erhoben sich wieder. Und nun trat
der Scheik zu Steinbach heran und sagte:

„Blicke mich an! Leuchten meine Augen noch?
Zittern meine Kniee noch und steigt mir das Blut noch
gefahrdrohend iu den Kopf? Nein! Im Gebete habe
ich Ruhe, Fassung und Stärkung erhalten. Du darfst
mir alles sagen. Nicht wahr, du weißt noch mehr, als
du uns hier mitgeteilt hast?"

„Ich will es gestehen, ja. Ich sehe dich ruhig und
gefaßt; ich glaube, daß ich es wagen kann, dir alles zu sagen."

M. K.

„So sage es, sage es! Nicht wahr, Hiluja ist wirklich gerettet worden?"

„Du sollst es wissen; ja, sie ist gerettet."

„Lebt sie noch?"

„Sie lebt."

„Sie ist bereits bei den Beni Sallah angekommen?"

„Ja. Sie ist wohlbehalten angekommen und wird sehr glücklich sein, dich wiederzusehen."

Da brach der Alte doch in sich zusammen. Er fiel vor Steinbach auf eins seiner Kniee, erhob die gefalteten Hände zu ihm empor und sagte:

„Nur vor Allah soll man knieen. Ich habe noch vor keinem Menschen mein Haupt oder mein Knie gebeugt, vor dir aber thue ich es, denn du bist Allahs Bote, sein Gesandter, der mein Herz befreit hat von der tötenden Traurigkeit. Es war mir verboten, vor Schmerz zu weinen, vor Freude aber zu weinen, dessen braucht auch der Tapferste sich nicht zu schämen. Siehe meine Thränen! Sie mögen in der Stunde deines Todes vom Himmel zu dir herniederträufeln, um deine Seele rein zu waschen, damit du eingehen kannst in das Land der Seligen!"

Steinbach hatte ihn ergriffen und zu sich emporgehoben. Der alte, ehrwürdige Greis umschlang ihn, legte den Kopf an seine Brust und schluchzte laut. Dann aber trat er zurück, wischte sich mit dem Zipfel seines weißen Burnus die Thränen aus den Augen und sagte:

„Ihr habt gehört, daß ich die Hälfte meiner Herden den Armen versprochen habe. Ich werde mein Wort halten, sobald ich zurückkehre zum Lager unseres Stammes. Erinnert mich gleich im ersten Augenblick daran. Eurem Scheik und eurem Stamme ist heute große Freude widerfahren. Dieser Tag soll gesegnet sein und unvergessen für Kind und Kindeskinder! Gebt mir mein Gewehr und nehmt auch die eurigen zur Hand!"

Das ließen die Beduinen sich nicht zweimal sagen. Ein Beduine läßt keine Gelegenheit, einige Gramm Pulver

M. K.

zu verpuffen, vorübergehen. Sie stellten sich mit ihren langen, krummkolbigen Flinten im Kreise auf, den Scheik und die beiden Deutschen in der Mitte. Dann rief der erstere:

„Allah hat sich unserer erbarmt in unserer Trauer. Ihm sei Preis und Anbetung! Allah hu — hu — hu!"

„Allah hu — hu — hu!" brüllten sie jauchzend, und dabei schossen sie ihre Flinten ab und sprangen, einen wilden, abenteuerlichen Reigen bildend, im Kreise umher.

Mitten im Springen wurde wieder geladen, und auf einen Wink des Anführers blieben sie abermals halten. Der aber rief:

„Diese beiden Fremdlinge sind uns erschienen als Boten des Trostes und der Erhörung. Allah gebe ihnen tausend Gnaden und zuletzt die Seligkeit. Allah hu — hu — hu!"

„Allah hu — hu — hu!"

Sie gebrauchten dieses Allah=hu an Stelle unseres Hurrah oder des ungarischen Eljen. Dabei wurde der Tanz und das Laden der Gewehre auch jetzt wiederholt, bis der Scheik abermals rief:

„Es ist Hiluja, meinem Kinde, der Tochter der tapferen Beni Abbas, ein Retter erschienen, der sie vom Tode und der Sklaverei befreite. Diesem Tapferen sei Preis und Ruhm gebracht, daß sein Name genannt und von seiner That erzählt werde Jahrhunderte lang an allen Lagerfeuern der Anhänger Muhammeds. Allah hu!"

„Allah hu — hu — hu!"

Es war eine wilde Scene. Während diese Männer vorher in tiefer, ernster Andacht gekniet hatten, die Gesichter nach Mekka gerichtet, sprangen sie jetzt wirr durcheinander. Ihre Rufe schrillten kreischend über die Ebene, die Schüsse krachten, die Burnusse wehten. Die Kamele erhoben, von der Freude ihrer Herren angesteckt, ihre häßlich brüllenden Stimmen. Der Sand wirbelte hoch auf unter den Füßen der Tanzenden. Es war, als hätte sich eine Bande höllischer Geister zusammengethan, um den bösen Dschinns und Geistern der Wüste ein

M. K.

Ständchen zu bringen. Selbst der Alte tanzte, schrie und brüllte mit. Endlich aber gab er ein Zeichen, und sofort trat tiefe Stille ein.

„Wir haben fast das Wichtigste vergessen," sagte

er, zu Steinbach gewandt. „Wir haben zu Ehren des Retters eine Salve geopfert, aber wir haben seinen Namen noch nicht erfahren. Weißt du ihn?"

„Dieser Name ist ein fremder, man kann ihn nicht

M. R.

leicht merken und aussprechen. Du wirst ihn von deinen Töchtern erfahren."

„Der Retter selbst hat Hiluja zu den Beni Sallah gebracht?"

„Ja, er hat sie begleitet."

„Befindet er sich noch dort?"

„Ja. Du wirst ihn noch heute sehen und mit ihm sprechen können. Er kennt dich bereits sehr gut, da Hiluja viel von dir und allen den ihrigen erzählt hat."

„So laßt uns eilen, das Lager zu erreichen. Steigt auf eure Tiere, ihr Männer. Unsere Kamele sollen ihre ganze Schnelligkeit zeigen. Wir dürfen keinen Augenblick zögern, die verloren Geglaubte wiederzusehen."

„Halt!" bat Steinbach. „Warte noch einen Augenblick. Deine Töchter ahnen von deiner Ankunft nichts. Willst du nicht vorsichtig sein und sie benachrichtigen?"

„O, die Freude tötet nicht! Das hast du ja eben erst an mir gesehen."

„Wenn sie auch nicht geradezu tötet, so kann sie doch schaden. Eine plötzliche große Freude gleicht dem Schreck, der wie ein Schlag auf das Herz und den Kopf des Menschen fällt. Bedenke, was Hiluja gelitten hat!"

„Du magst recht haben. Ich werde also einen meiner Leute vorraussenden."

„Willst du das nicht mir überlassen? Eure Tiere sind von der langen, weiten Wanderung angegriffen, unsere Pferde aber haben noch ihre frischen Kräfte."

„Gut, so reite du voran! Aber deinen Gefährten mußt du mir hier lassen, damit ich mit ihm von der wiedergefundenen Tochter sprechen kann."

Steinbach stieg auf und ritt fort. Er brauchte die Sporen gar nicht, ein leiser Druck der Schenkel, und das Pferd flog über die Ebene dahin, dem Lager entgegen, sodaß es mit dem Bauche fast den Boden berührte.

Der Reiter freute sich natürlich außerordentlich, den beiden Schwestern diese Botschaft bringen zu können.

M. R.

Die Reiter der Beni Sallah flogen ihnen entgegen,
es gab ja eine Begrüßung, eine Fantasia, und da bleibt
kein Beduine zurück. (Seite 240.)

M. R.

13. Kapitel.

Badija, die erst zur Zeit des Morgengebetes den Schlaf gefunden, war später als gewöhnlich aufgestanden. Faleyd hatte mit der Königin sprechen wollen, war aber abgewiesen worden. Jetzt, als die Königin das Innere der Ruine verlassen hatte und oben zwischen den Quadern saß, die Blicke auf die Unendlichkeit der Wüste gerichtet, kam Hiluja und meldete:

„Kommt einmal mit auf die andere Seite. Ich sah dort, weit draußen, einen Reiter, der in größter Eile auf das Lager zugesprengt kommt."

Badija und Tarik folgten ihr und erblickten den Genannten.

„Wer mag das sein?" fragte die Königin. „So schnell reitet nur ein Eilbote."

„Ich kenne ihn," antwortete Tarik in besorgtem Tone. „Es ist Masr=Effendi. Er reitet so schnell, daß ihr in einer Minute sein Gesicht erkennen werdet."

„O Allah! Wenn er es wirklich ist, so ist irgend ein Unglück geschehen. Wo mag sein Gefährte sein?"

„Das werden wir bald hören."

Steinbachs Pferd warf die Entfernung förmlich hinter sich. In einer Minute war er deutlich zu er= kennen, und in noch einer halben sprang er unten aus dem Sattel und kam die Stufen herauf.

„Ist's ein Unglück?" rief ihm Tarik bereits von weitem aus lauter Besorgnis entgegen.

„Nein, sondern eine frohe Botschaft."

„Allah sei Dank! Komm schnell zu uns."

„Es sah allerdings zuerst wie ein Unglück aus," erklärte Steinbach, „doch hat es sich über alle Erwartung schnell zum Guten gewandt."

„Wo ist dein Gefährte?"

„Noch weit da draußen. Er wird bald da sein.

M. K.

Man wollte uns gefangen nehmen. Ich komme, um euch zu melden, daß ihr viele Gäste empfangen werdet."

„Heute! Gerade heute!" sagte Tarik. „Da können sie uns nicht willkommen sein."

„O, ihr werdet sie im Gegenteil mit Jubel empfangen."

„Wer könnte das sein? Sage es!"

„Ihr sollt es erraten. Wir sahen von weitem eine Karawane und ritten hinzu. Als wir so nahe waren, daß man uns deutlich erkennen konnte, kam eine ganze Anzahl Reiter herbei, um uns zu umzingeln. Sie hatten die Absicht, uns gefangen zu nehmen."

„Waren sie denn von einem feindlichen Stamme?"

„Nein, aber sie hielten uns für Pferdediebe."

„Ah," lachte Tarik. „Sie haben die Stuten er=kannt und geglaubt, daß ihr sie gestohlen hättet. Sie gehören also einem in der Nähe wohnenden Stamme an."

„Meinst du? Sie hatten kein einziges Pferd. Sie ritten nur Kamele."

„Das ist allerdings ein Zeichen, daß sie sehr weit herkommen. Wie aber ist es da möglich, daß sie unsere Pferde kennen?"

Steinbach antwortete unter einem forschenden Blicke, den er auf die beiden Schwestern warf:

„Sie sagten, die Pferde seien bei ihnen geboren und aufgezogen worden."

Da stießen Badija und Hiluja zugleich einen lauten Freudenschrei aus, und ebenso fragten sie vereint:

„So sind es Beni Abbas?"

„Ja."

„Hamdulillah! Preis sei Gott! Boten unseres Vaters! Ja, ja, du hast sehr recht. Sie werden uns hochwillkommen sein. Sind sie noch weit von hier?"

„Soeben meinte ich, daß sie noch weit zurück seien; aber sie müssen mir sehr schnell gefolgt sein, denn da draußen am Horizonte sehe ich einen hellen Punkt. Das ist der Sonnenstrahl, den ihre weißen Burnusse zurück=werfen. Sie kommen. Euer Vater hatte gehört, daß

M. K.

Hiluja ermordet worden sei. Er hat ihren vermeintlichen
Tod an den Tuaregs gerächt, und nun —"

„Nun sendet er mir Boten, um mich von dem Tode
der Schwester zu benachrichtigen?" fragte die Königin.

„Er hat solche Sehnsucht gehabt, die einzige Tochter
noch einmal zu sehen, die ihm nach dem Tode Hilujas
übrig geblieben war, daß — daß — daß —"

„Daß — sprich doch weiter!"

„Rate es doch lieber."

„Daß er selbst gekommen ist?"

Die beiden Schwestern hatten Steinbachs Arme er=
faßt, die eine hüben und die andere drüben. Er blickte
abwechselnd herüber und hinüber in ihre vor Entzücken
geröteten Gesichter, nickte lächelnd und antwortete:

„Ja, er kommt selbst."

„Herrlich, herrlich!" rief die Königin, indem sie ihr
Gewand raffte, es ein wenig empor hob und ganz un=
eingedenk ihrer Würde die steilen Stufen hinuntersprang.

„Allah, Allah! Welch eine Freude! Welch Ent=
zücken!" rief auch, und zwar zu gleicher Zeit, Hiluja, in=
dem sie schnell wie der Wind ihrer Schwester nacheilte.

Steinbach blickte ihnen nach. Er sah sie nach dem
Platze laufen, an dem die Pferde standen. Alle, denen sie
begegneten, blieben, verwundert über dieses Gebahren, stehen.

„Khawam, Khawam! El Fantasia! Schnell, schnell!
Eine Fantasia! Es kommen Gäste! Der Vater kommt
mit seinen Beni Abbas! Schnell, schnell!"

Schon hatten beide Schwestern sich je auf ein un=
gesatteltes Pferd geworfen und sprengten fort. Im Lager
erhob sich ein ungeheurer Jubel. Man sah die Gäste
bereits nahe. Die Kamele der Ben Abbas hatten ihre
letzten Kräfte zu einem windschnellen Ritte aufbieten müssen,
aber schon flogen ihnen die Reiter der Beni Sallah ent=
gegen, die nur noch schnell ihre Flinten ergriffen hatten.
Es gab ja eine Begrüßung, eine Fantasia, und da bleibt
kein Beduine nur einen Augenblick zurück.

Fantasia wird nämlich jedes Waffen= und Reiterspiel

M. K.

genannt, das bei gewissen feierlichen oder frohen Be=
gebenheiten unternommen wird. So reiten gewöhnlich
bei Begrüßung willkommener Gäste sämtliche verfügbaren
Krieger des Stammes unter lautem, wildem Geschrei den
Ankömmlingen in sausendem Galopp entgegen, umringen
sie, legen ihre Gewehre auf sie an, schießen letztere ab,
werfen die Speere, zücken die Messer unter drohenden
Gebärden und thun ganz so, als ob sie die Gäste als
Feinde ansähen und vom Erdboden vertilgen wollten.
Das sieht gefährlich aus, und wer im Lande und mit
den Gebräuchen der Beduinen nicht bekannt ist, der kann
eine solche Fantasia sehr leicht für Ernst nehmen und da=
durch einen Fehler begehen, der ihm das Leben kostet.

Das war nun hier bei den Beni Abbas freilich
nicht der Fall. Sie wußten, daß die ihnen entgegen=
stürmenden Männer nur zu ihrer Begrüßung kamen.
Darum beantworteten sie deren Geschrei in der gleichen
Weise. Sie zielten, schossen, ließen sich in Scheinkämpfe
ein und thaten ganz so, als ob sie die Beni Sallah ver=
nichten wollten. Es war ein Heidenlärm, ganz als ob
es sich wirklich um Leben und Tod handle.

Nur drei Personen nahmen nicht teil an dieser
Fantasia, Badija, Hiluja und ihr Vater. Die beiden
Schwestern, die die Gäste natürlich zuerst erreicht hatten,
waren von ihren Pferden gesprungen und stürzten auf
das Kamel ihres Vaters zu, dieser ließ dasselbe augen=
blicklich niederknieen und stieg, noch ehe es am Boden
lag, herab, um seine Arme zu öffnen.

„Hamdulillah, Preis sei Gott, dem Allbarmherzigen,"
rief er. „Er hat mir die Verlorene wiedergegeben. Ihm
sei Dank und Anbetung im Himmel und auf Erden!"

Die Kinder hatten sich an die Brust des Vaters ge=
worfen. Sie hielten ihn umschlungen, so fest, als ob sie
ihn gar nicht wieder lassen wollten. Unter strömenden
Freudenthränen und lautem Schluchzen nannten diese drei
glücklichen Menschen sich bei den zärtlichsten Namen.
Kurze, abgerissene Fragen gingen von Lippe zu Lippe,

und keines von ihnen hatte auf die sie umtobende Fantasia acht, bis Falehd, der Riese, von seinem Pferde sprang und zu der Gruppe trat.

„Habakek ïa Scheik — sei willkommen, o Scheik!" sagte er, dem Vater der Mädchen die Hand bietend.

Dieser wand sich aus der Umarmung der Töchter und erwiderte seinen Gruß. Die Augen des Riesen waren nicht etwa mit freundlichem Ausdruck auf ihn gerichtet. Der Scheik kam mit seinen Leuten dem Goliath gar nicht gelegen, zumal heute, wo er der Mann und Herr der Königin werden wollte.

„Ziehst du weiter, oder wirst du bei uns einkehren?" fragte Falehd.

Der Scheik war mehr als überrascht von dieser unerwarteten Frage. Er blickte die Königin an, sah deren zorniges Erröten und antwortete:

„Weiter ziehen? Wohin meinst du, daß ich zu reisen die Absicht haben könnte?"

„Allah ist allwissend, nicht aber ich."

„Selbst wenn ich weiter ziehen wollte, würde doch mein Herz mich drängen, meine Töchter zu sehen."

„Du siehst sie hier."

„Ich komme nicht in meinen alten Tagen durch die Wüste geritten, um die Tochter nur für einen Augenblick zu sehen und nur hier vor dem Lager mit ihr zu sprechen. Oder haben die Beni Sallah kein Zelt für den Vater ihrer Königin?"

„Alle, alle Zelte stehen dir natürlich offen," sagte Badija. „Höre nicht auf ihn, den ein finsterer Geist bewohnt. Er glaubt, hier gebieten zu können, und ist doch nicht mehr als jeder andere. Komm."

Der Scheik wurde mit seinen Begleitern unter Jubel nach dem Lager geleitet. Falehd aber blieb mit einigen seiner Anhänger zurück. Indem er mit ihnen langsam den Vorangerittenen nachfolgte, sagte er:

„Nur der Teufel kann diesen Alten auf den Gedanken

M. K.

gebracht haben, heute zu uns zu kommen. Es ist möglich, daß er alle unsere Absichten zunichte macht."

„Das wird er nicht vermögen," antwortete ein anderer. „Er ist nicht Mitglied unseres Stammes, und hat also weder Sitz noch Stimme bei der Beratung."

„Das ist von gar keiner Bedeutung. Allein seine Anwesenheit bestärkt die Anhänger der Königin in ihrem

Selbstvertrauen. Zudem ist er ihr Vater und hat als solcher gewisse Rechte über sie."

„Diese Rechte hat er ja an deinen Bruder abgetreten, indem er sein Kind ihm zum Weibe gab."

„Der Bruder ist gestorben."

„So bist du sein Erbe, also auch der Erbe dieser Rechte."

„Ich würde es sein, wenn ihr Vater fern wäre; da er sich aber jetzt bei uns befindet, hat er mehr über sie zu sagen

M. K.   16*

als ich. So ist es nach den Gesetzen der Wüste. Der Gast steht höher, als jeder Angehörige des Stammes."

„Aber wenn du deine drei Gegner besiegt hast, kann er sich doch nicht etwa weigern, sie dir zum Weibe zu geben?"

„Darüber bin ich mir nicht klar. Für diesen Punkt giebt es kein Gesetz; es ist so etwas noch gar nicht vorgekommen. Ich glaube, daß darüber die Versammlung der Aeltesten zu entscheiden hätte."

„Diese Alten sind aber gegen dich."

„So werden sie es mit mir zu thun bekommen. Ich habe nicht die Absicht, mich in meinen Plänen stören, oder mir über das, was ich thun will, Vorschriften machen zu lassen. Auf euch kann ich rechnen, und so werden wir gemeinschaftlich handeln, mag da kommen, was will."

Sie hatten das Lager erreicht, wo es jetzt ein fröhliches Leben gab. Die Beni Sallah standen mit ihren Gästen in verschiedenen kleinen Gruppen beisammen. Jeder wollte einen von ihnen in seinem Zelte haben. Einige kannten sich noch von früher her, als die Beni Sallah bei den Beni Abbas gewesen waren, um die Tochter des Scheiks von dort abzuholen. Da gab es Erkundigungen und Erklärungen die schwere Menge. Ebenso geschäftig oder vielmehr noch viel geschäftiger waren die Weiber. Es gab ja für die Bewirtung so vieler Gäste zu sorgen. Es wurden Schafe hinaus vor das Lager gebracht, um unter gewissen vorgeschriebenen Ceremonien geschlachtet zu werden. Diese Ceremonien waren unumgänglich notwendig. Wer ohne ihre Befolgung ein Tier schlachtet, macht sich nämlich nach muhammedanischem Ritus unrein und darf während einer gewissen Zeit nicht mit anderen verkehren, da diese sonst von seiner religiösen Verunreinigung angesteckt würden und nun auch die Einsamkeit suchen müßten.

Bald loderten viele Feuer empor, über denen die Braten schmorten, und an denen sich geschäftige Gestalten bewegten. Oben auf der Ruine war es nicht so lebhaft und bewegt. Die Königin hatte sich mit dem Vater und der Schwester in ihre Gemächer zurückgezogen, wo es ja

M. K.

so viel, so außerordentlich viel zu erzählen gab. Sie fanden keine Zeit, an andere zu denken. Normann und Steinbach hatten sich in einen schattigen Winkel der Außenseite des Gemäuers begeben, von dem aus sie das geschäftige Treiben ruhig beobachteten. Tarik und Hilal befanden sich unten bei den Gästen; sogar die Wachen hatten ihre Posten verlassen, sodaß also oben vollständige Ruhe herrschte.

Da trat der Scheik aus der Thür der Ruine hervor und blickte sich um. Von dem Platze aus, an dem er stand, konnte er den Winkel sehen, in dem die beiden Deutschen saßen. Als er sie erblickte, kam er sehr eilig auf sie zu, fixierte dann, vor ihnen stehen bleibend, Steinbach mit leuchtenden Augen und sagte:

„Welch ein Mann bist du!"

„Ein Mensch wie jeder andere," antwortete Steinbach lächelnd, indem er sich aus seiner sitzenden Stellung erhob.

„Nein, nicht wie jeder andere! Du bist viel, viel anders als tausend andere. Du bist ein Liebling Allahs, an den er die schönsten und besten seiner Gaben verschenkt hat. Zu diesen Vorzügen gehört die Verschwiegenheit. Zu mir aber hättest du doch sprechen können!"

„Ich habe es ja gethan!"

„Aber nicht vollständig. Warum hast du mir denn verschwiegen, daß du der Mann bist, der Hiluja gerettet hat?"

„Ich wußte ja, daß du es von anderen ebenso gut erfahren würdest."

„Du bist bescheiden und wolltest dich meinem Danke entziehen. Meine Tochter hat mir alles erzählt. Du hast dein Leben gewagt, um sie zu retten. Du hast sie dann hierher gebracht nach einer weiten Reise. Du hast ihretwegen große Ausgaben gehabt, und da — —"

„O nein," fiel Steinbach ihm in die Rede. „Ich würde hierher gegangen sein, auch wenn ich Hiluja, deine Tochter, nicht kennen gelernt hätte."

M. K.

„Das verringert gar nichts an der Größe dessen, was ich dir schuldig bin. Wie aber soll ich dir danken —?"

„Danke mir dadurch, daß du gar nicht von Dank sprichst!"

„Das ist unmöglich. Was im Herzen wohnt, das soll man mit dem Munde aussprechen, und du kannst nicht verlangen, daß ich dein Schuldner bleibe, ohne wenigstens diese Schuld einzugestehen und zu bekennen."

„Das hast du nun gethan, und wir sind quitt."

„Quitt? Oh Allah! Wenn ich dir gäbe alles, was ich besitze, meine Herden, meinen Reichtum, mein Leben, so wären wir doch noch nicht quitt. Sage mir, ob du nicht vielleicht einen Wunsch hast, den ich dir er= füllen kann!"

„Ich habe ihn, wirst du mir ihn auch erfüllen?"

„Ja, wenn es mir möglich ist."

„Es ist der, den ich bereits vorhin ausgesprochen habe: Sprich nicht mehr von Dank!"

„Und ich habe dir bereits gesagt, daß ich dir gerade diesen Wunsch nicht erfüllen kann. Ich muß von dir sprechen und von dir erzählen. Ich werde deinen Ruhm verkünden, so weit mein Ruf und meine Stimme reicht."

„Das kann mir persönlich aber keinen Nutzen bringen. Ich werde diese Gegend sehr bald wieder verlassen und dann wohl niemals wiederkommen."

„Verlassen?" fragte der Scheik. „Ich denke, du willst für immer bei den Beni Sallah bleiben!"

„O nein. Das ist unmöglich."

„Aber Badija sagte mir, daß du für sie kämpfen willst."

„Das ist allerdings der Fall."

„Dann wirst du Scheik des Stammes."

„Es ist mir doch möglich, diese Würde von mir zu weisen."

„Nein. Du erkämpfest dir ein Weib und diese Würde."

„Ich trete die Würde an einen anderen ab."

„Das ist unmöglich. Nur abgerungen könnte dir

M. K.

beides wieder werden, das Weib und die Würde. Haſt du vielleicht bereits eine Frau?"

„Nein."

„Oder biſt du verlobt mit einer Tochter deines Stammes?"

„Auch das nicht."

„Iſt Badija dir nicht ſchön genug?"

„Sie iſt die Schönſte der Schönen."

„Oder nicht reich genug?"

„Ich weiß nicht, was ſie beſitzt; aber ich ſelbſt bin reich; wenn ich mir eine Frau nehme, kann ſie ganz arm ſein, wenn nur ihr Herz reich iſt."

„Warum willſt du da Badija von dir weiſen?"

„Eben weil ihr Herz arm iſt."

Steinbach lächelte dabei ſo eigentümlich, daß ſein Lächeln die Aufmerkſamkeit des Scheiks erweckte.

„Ihr Herz arm?" fragte dieſer. „O, da kennſt du ſie nicht!"

„Ich kenne ſie. Ihr Herz iſt reich an allen guten Eigenſchaften, aber für mich iſt es arm. Badija liebt mich nicht."

„Sie liebt dich, ich habe es aus der Art und Weiſe bemerkt, in der ſie von dir ſpricht."

„Sie liebt mich als den Retter ihrer Schweſter, als ihren Freund, aber ſie liebt mich nicht ſo, wie das Weib den Mann lieben ſoll."

„O, das iſt Schwärmerei! Das Weib hat zu ge=horchen. Die Liebe kommt ganz von ſelbſt, wenn der Kadi und der Mollah das Paar verbunden hat."

„O nein! Iſt Badija mit dem Manne, der ihr ſtarb, nicht durch den Kadi und den Mollah verbunden geweſen?"

„Ja."

„Sie hat ihn aber doch nicht geliebt; er hat ſie nicht anrühren dürfen. Ein ſolches Weib möchte ich nicht haben."

„So verachteſt du ſie? Das thut meinem Herzen wehe."

M. K.

„Ich verachte sie nicht, sondern ich verehre sie. Ich wollte nur sagen, daß ich nur eine Frau haben will, die mich so liebt, daß ihr ganzes Herz mir gehört."

„Warum aber sollte Badija dir nicht das ihrige schenken?"

„Sie hat es nicht mehr."

„Nicht mehr? Wer sollte es denn besitzen? Du sagtest doch, daß sie den Verstorbenen nicht geliebt habe."

„Du scheinst anzunehmen, daß eine Frau ihr Herz nur an ihren Mann verschenken kann."

„Ja, das ist ihre Pflicht. Sie darf es keinem andern schenken, das wäre gegen das Gebot des Propheten."

„Aber nicht gegen die Gebote der Natur. Das Herz fragt nicht nach dem Zwange, der ihm angethan wird. Es bäumt sich vielmehr gegen ihn auf."

„O Allah, Allah! Welchen Schmerz bereitest du mir!"

„Schmerz? Das begreife ich nicht."

„Du sagst doch, daß Badija ihr Herz nicht ihrem Manne gegeben habe!"

„Kann dich das schmerzen?"

„Das nicht, aber daß sie es einem anderen geschenkt! Das durfte sie nicht. Das ist Ehebruch. Wer hätte das von ihr gedacht! O Badija, mein Kind, meine Tochter! Und noch vor wenigen Augenblicken saß sie so rein, so unschuldsvoll an meiner Seite. Welche Verstellung!"

„Sie ist ja rein und unschuldig. Erlaubte sie ihrem Manne nicht, sie anzurühren, so hat sie es auch keinem anderen erlaubt."

„Ist das wahr?"

„Ja. Ueberhaupt hat sie ihr Herz erst nach seinem Tode verschenkt, das darfst du glauben."

„Hamdulillah! Preis sei Gott! Jetzt ist mir meine Seele wieder leicht. Sie ist also rein und gut geblieben. Aber wem hat sie denn ihre Liebe gewidmet?"

„Hat sie davon nicht zu dir gesprochen?"

„Nein."

„So darf auch ich nichts sagen."

M. K.

„Warum?"

„Weil das ihre eigene Sache ist."

„Aber du kennst ihn?"

„Ja."

„Wer ist es?"

„Soeben sagte ich dir, daß ich es dir nicht mit= teilen kann. Aber komm, setze dich hier neben mich, ich habe mit dir noch einiges zu besprechen."

Der Scheik folgte dieser Aufforderung, neugierig, was Masr=Effendi ihm zu sagen habe. Dieser begann:

„Warum hast du deine Tochter einst dem Scheik der Beni Sallah zum Weibe gegeben?"

„Er hielt um sie an."

„Ich meine den eigentlichen Grund. Sie liebte ihn doch nicht."

„Sie liebte auch keinen anderen, sie hat mir ganz willig Gehorsam geleistet."

„Also nur um Gehorsam hat es sich gehandelt!"

„Ja. Der Anführer eines berühmten Stammes hat nach ganz anderem zu fragen, als nach den Grillen eines Mädchenkopfes. Weißt du vielleicht, was ein Muameleti düweli aschna ist?"

„Ja," antwortete Steinbach lächelnd.

„Giebt es in Deutschland auch solche Muameleti düweli aschnalar?"

„In Deutschland werden diese Leute anders genannt als bei euch. Man nennt sie dort Diplomaten."

„So ein Diplomat bin ich auch."

Der Scheik sagte das im Tone eines so naiven Selbstbewußtseins, daß Steinbach lachend ausrief:

„Ah! Ich gratuliere!"

„Du lachst? Glaubst du es etwa nicht?"

„O ja. Du hast es gesagt, folglich ist es wahr."

„Ein Scheik muß stets ein Diplomat sein. Die großen Könige und Sultane verheiraten ihre Töchter an solche Herrscher, von denen sie dafür Vorteile erwarten.

M. K.

Dasselbe ist auch bei mir der Fall. Es lag mir sehr viel an der Freundschaft der Beni Sallah, darum gab ich Badija dem Scheik derselben zum Weibe."

„Wirst du an deiner anderen Tochter vielleicht auch als Diplomat handeln?"

„Ja. Es ist das meine Pflicht."

„Du wirst sie an einen Scheik verheiraten?"

„An den Sohn eines Scheiks."

„Das ist bereits bestimmt?"

„Ja. Ich will ein Bündnis schließen mit dem Stamme der Mescheer, die im Süden von Tunesien wohnen. Der Scheik ist sehr alt, er heiratet nicht wieder, aber er hat einen Sohn, der der Mann Hilujas sein wird."

„Weiß sie es schon?"

„Wozu braucht sie es zu wissen? Sie wird mir gehorchen, so wie Badija mir gehorcht."

„Badija gehorchte, weil ihr Herz noch frei war."

„Willst du etwa sagen, daß Hiluja das ihrige bereits verschenkt habe?"

„Ich möchte bloß wissen, was du thätest, wenn dies der Fall wäre."

„Ich würde mich natürlich nicht nach ihr richten können. Sie würde mir leid thun. Aber die Frauen haben ganz andere Seelen als die Männer. Heute meinen sie, einen zu lieben, und wenn morgen das Gebot an sie herantritt, einen anderen zu lieben, so thun sie es gern, denn es gefällt ihnen jeder, den sie lieben wollen."

„Wollen, ja, wollen! Aber es gefällt ihnen nicht auch jeder, den sie lieben sollen."

„O doch,' wenn sie nur den guten Willen haben und sich einige Mühe geben."

„Du bist ein großer Menschenkenner!" sagte Steinbach in stiller, unbemerkter Ironie.

„Das bin ich, ich bin ja auch alt genug dazu. Ich habe viele hundert Frauen beobachtet. Sie sind arme, gutwillige Wesen. Warum sollten sie auch nicht! Sind sie schön, so betet man sie an, sind sie häßlich, so bemitleidet man sie, und beides, die Anbetung und das Mitleid, thut doch dem Herzen wohl. Sie fühlen sich also glücklich, mögen sie nun schön oder häßlich sein. Und in diesem Gefühle des Glückes sind sie allen Männern

gut. Es hat doch ein jeder seine gute Seite. Will eine einen nicht haben, so braucht er ihr nur diese seine gute Seite zu zeigen, dann hat sie ihn sofort lieb und wird ihn heiraten."

M. K.

„Da hast du es allerdings zu sehr erfreulichen Resultaten gebracht mit deinen Beobachtungen," lachte Steinbach, und Normann stimmte ihm bei.

„O, es wird ein jeder, der die Augen und die Ohren offen hält, zu ganz denselben Resultaten kommen."

„Hier bei euch vielleicht!"

„Bei euch nicht?"

„Nein."

„Sind die deutschen Frauen und Mädchen anders?"

„Es scheint fast so."

„Inwiefern sind sie denn anders?"

„Es genügt ihnen nicht, daß der Mann nur eine gute Seite habe, sie sollen vielmehr alle gut sein."

„Wie unbescheiden! Sind denn auch ihre Seiten alle so gut?"

„Ja. Nur einige giebt es darunter, bei denen irgend eine Seite vielleicht nicht ganz so ausgezeichnet ist."

„Viele?"

„Nein, wenige, fünf oder sechs. Wenn in Deutschland ein Mädchen sein Herz verschenkt hat, so mag es keinen anderen."

„Wie dumm! Der andere ist doch auch ein Mann!"

„Aber nicht der Mann nach seinem Geschmack."

„Dann hat es eben einen falschen Geschmack, und der Vater darf sich nicht nach demselben richten. Ich wollte, ich hätte einmal so einige deutsche Töchter. Ich würde ihnen sehr bald den richtigen Geschmack beibringen!"

„Das traue ich dir zu."

„Ja, das kannst du mir auch zutrauen. Wenn eure Mädchen verlangen, daß der Mann lauter gute Seiten haben soll, so bekommt doch derjenige, der unglücklicher Weise nur eine gute Seite hat, gar keine."

„Das sollte man denken, dem ist aber nicht so. Es kommt zuweilen vor, daß einer, der gar keine gute Seite hat, die allerbeste Frau bekommt."

„Allah ist groß! Bei ihm ist alles möglich!"

M. K.

„Und ebenso kommt es vor, daß ein recht böses Weib einen sehr guten Mann bekommt."

„Das ist die verkehrte Welt! So giebt es also bei euch wirklich böse Weiber?"

„Ja, einige wenige."

„Schickt sie uns nur hierher! Wir werden sie kurieren."

„Womit?"

„Sie bekommen nichts als Koloquinten zu essen und werden bis an den Kopf in den Sand gegraben. Das treibt alle bösen Eigenschaften aus dem Leibe. Wir könnten sie euch sehr bald gebessert wiederschicken."

„Das ist gut. Wir sollten ein Bündnis mit euch schließen, um euch unsere bösen Frauen in die Kur geben zu können. Hast du keine Tochter mehr, die unser Kaiser zur Besiegelung dieses Bündnisses heiraten könnte?"

„Nein," meinte der Scheik ernsthaft. „Aber ich habe einen Sohn, der eine Tochter eures Kaisers nehmen könnte, wenn wir über den Preis einig werden, den er in Burnussen und Tüchern auszuzahlen hat."

„Du könntest doch Hiluja hergeben!"

„Nein, die bekommen die Beni Mescheer."

„Steht das unerschütterlich fest?"

„Ja."

„So hast du wohl mit dem Scheik der Mescheer bereits diese Angelegenheit besprochen?"

„Besprochen und abgeschlossen. Hiluja sollte ihre Schwester besuchen, und nach ihrer Rückkehr wollten wir die Verlobung feiern."

„O weh!"

„Warum klagst du?"

„Weil es da wohl besser gewesen wäre, wenn sie von den Tuaregs getötet worden wäre. Sie wird jeden= falls sehr unglücklich sein."

„Das glaube ich nicht. Der Sohn des Scheiks der Mescheer ist ein sehr tapferer Mann. Sie wird ihn bald lieb haben."

M. K.

„Der, den sie liebt, ist wenigstens ebenso tapfer."

„Ist er Scheik?"

„Nein."

„Oder der Sohn oder Verwandte eines solchen?"

„Auch nicht."

„Aber doch reich?"

„Sehr arm."

„So mag er ja nicht daran denken, mein Eidam zu werden. Er ist kein Schwiegersohn für mich."

„Aber sie lieben einander!"

„O, sie werden sehr bald nichts mehr voneinander wissen wollen. Die Liebe ist nur in der Ehe möglich. Was du da Liebe nennst, ist etwas ganz anderes."

„So will ich dir wenigstens eins sagen: Du bist dem, den Hiluja liebt, großen Dank schuldig."

„Warum?"

„Er hat ihr in Kairo einen großen Dienst erwiesen."

„Allah! Meinst du etwa Hilal?"

„Hat sie von ihm gesprochen?"

„Ja. Ist er es?"

„Er ist es. Ich will es verraten."

„So thut mir der arme Teufel leid! Er ist ein guter Junge und ein tapferer Krieger. Aber das ist auch alles. Er wird sich seine Liebe aus dem Kopfe schlagen müssen. Er ist arm, es kann nicht sein."

„Bedenke, daß sein Bruder Tarik auch arm ist und auch aus keiner berühmten Familie stammt."

„Wie kommst du auf diesen? Er hat doch mit dieser Angelegenheit gar nichts zu thun."

„Sogar sehr viel. Er hat sich auch zum Kampfe gemeldet. Denke dir den Fall, daß ich unterliege und Tarik den Riesen besiegt, dann wird Badija sein Weib."

„Ja, sie wird es."

„Und du hast nichts dagegen?"

„Gar nichts. Er ist dann Scheik. Du siehst, welcher Unterschied da stattfindet."

M. K.

„Der Unterschied ist gar nicht so groß, wie du meinst. Ich will dir erklären, daß — ah, horch.“

Drei sonore, eigenartige Töne erklangen weit über

das Lager hin. Der Mueddin hatte die Ruine bestiegen, und seine Stimme ertönte von oben herab:

„Im Namen des allbarmherzigen Gottes! Blickt empor zur Sonne, o ihr Gläubigen! Sie hat beinahe den Scheitelpunkt erreicht! Und blickt hinunter auf eure

M. K.

Füße. Der Schatten eures Körpers ist kaum noch eine
Spanne lang. In wenigen Augenblicken also ist die
Zeit des Kampfes gekommen. Versammelt euch an dem
Ort desselben und preiset Allah, der dem Manne Kraft
gegeben hat, zu kämpfen, zu siegen und zu vernichten.
Allah illa Allah we Muhammed Rassuhl Allah!"

Er stieg langsam wieder hernieder. Sein Ruf war
überraschend gekommen. Die Ankunft der Beni Abbas
hatte die Beni Sallah so in Anspruch genommen, daß
sie gar nicht auf die Zeit geachtet hatten. Jetzt eilte
ein jeder, einen guten Platz zu erhalten. Alle, Männer
und Frauen, Burschen und Mädchen kamen herbei. Den
Kindern war es natürlich verboten, mitzukommen; sie ent=
schädigten sich aber dadurch, daß sie einzelne Parteien
bildeten, die sich dann um ein Mädchen prügelten, die die
Königin Badija vorstellte. Das gab Beulen und blaue
Flecke genug und war viel hübscher als das ruhige Zu=
sehen dort beim wirklichen Kampfe.

Auch Steinbach selbst war überrascht gewesen, daß
die Zeit so schnell vergangen war. Er stand auf und sagte:

„Wir müssen leider unser Gespräch beendigen. Ich
hätte so gern länger über diesen Gegenstand gesprochen."

„So bist du wohl Hilals Freund?"

„Ja. Ich würde mich sehr freuen, ihn glücklich
zu sehen."

„So mag er mit mir ziehen. Mein Stamm zählt
sehr viele schöne Mädchen; er mag sich unter ihnen eine
Frau wählen, und kein Vater soll ihn abweisen, dafür
werde ich Sorge tragen."

„Er mag keine andere."

„Hiluja kann er nicht bekommen, ich habe dir das
ja bereits erklärt. Jetzt aber wird es Zeit, daß du deinen
letzten Willen sagst. Wenn der Riese dich erschlägt, so
müssen wir wissen, was deine Wünsche sind."

„Hier mein Gefährte kennt diese Wünsche bereits."

„Und wenn du siegst, so befindest du dich in einer

M. K.

sehr fatalen Lage; du hast Badija und willst sie doch nicht haben. Ich habe keine Ahnung, wie das enden soll."

„Ich habe eine Ahnung und bitte, dich ja nicht mit sorgenvollen Gedanken herumzuschlagen. Jetzt aber wird es hohe Zeit. Dort kommt die Königin, um sich nach dem Kampfplatze zu begeben. Begleite du sie!"

---

14. Kapitel.

Es ist leicht erklärlich, daß der ganze Stamm der Beni Sallah sich in einer ungeheuren Aufregung befand. Es sollte sich entscheiden, wer Scheik sein werde. Ein Fremder und Unbekannter hatte sich mit zum Kampfe gemeldet. Falehds Riesenkraft war bekannt. Es gab keinen einzigen, der gezweifelt hätte, daß er Sieger sein werde.

Draußen vor dem Lager war der Kampfplatz mit Speeren abgesteckt. Rund herum standen einige Reihen Zuschauer zu Fuße, hinter ihnen Reiter zu Pferde und hinter denselben dann die Reiter auf hohem Kamelshöcker.

Als die Königin erschienen war, nahm sie an einem Ende des Kampfplatzes auf einem Teppich Platz, der für sie ausgebreitet worden war. Ihr Gesicht war leichenblaß. Sie vermochte kaum ihre innere Angst zu verbergen. Neben ihr saßen ihr Vater und ihre Schwester. Zu beiden Seiten standen Tarik und Hilal.

Der Riese hatte sich am entgegengesetzten Ende der Wahlstatt niedergesetzt. Sein häßliches Gesicht zeigte den Ausdruck der Schadenfreude und des Triumphes. An seiner Seite saßen Ibrahim Pascha und der Russe, hinter ihnen einige seiner Anhänger. Einige mit Wasser gefüllte, ausgehöhlte Kürbisse waren vorhanden, damit die Kämpfenden sich erquicken konnten.

Der alte Mueddin und Kalaf standen in der Mitte des Platzes. Sie waren von der Versammlung der Aeltesten erwählt worden, die Angelegenheit zu leiten.

„Er ift noch nicht da," fagte der Riefe zu feinen beiden Nachbarn. „Der Hund wird Angft bekommen haben."

„Er wird es fich doch nicht einfallen laffen, vom Kampfe zurückzutreten?" meinte Ibrahim Pafcha.

„Das ift unmöglich."

„Es wäre das höchft fatal. Der Kerl muß fterben. Wenn er fich durch den Zurücktritt aus der Schlinge zieht, kann er uns großen Schaden machen."

„Ich gebe ihn nicht los."

„Wenn er aber doch nicht mit thut?"

„So zwinge ich ihn. Wenn ich auf ihn einfchlage, fo wird er fich wohl verteidigen müffen. Uebrigens hat er fich, wenn er fein Wort nicht hält, als Feigling hin= geftellt, und kein Menfch wird ihn dann noch anfehen. Nur die Flucht kann ihn vor mir retten."

„Vielleicht ift er fort. Ich habe ihn während der ganzen Zeit nicht gefehen."

„So reite ihm nach und ftich ihn nieder."

„Ich möchte nur wiffen, was er, falls er Sieger —"

„Sieger?" fiel Falehd höhnifch ein. „Das ift unmöglich!"

„Bei Allah ift nichts unmöglich, und auch die böfen Geifter befitzen große Macht. Wenn fie dir einen Schaber= nack fpielen wollen, fo fiehft du deinen Gegner nicht und fchlägft daneben. Dann fiegt er."

„Verdammt! Diefe Geifter werden doch nicht etwa —"

„Ich möchte nur wiffen, was der Mann mit der Königin machen will. Gedenkt er als Scheik hier zu bleiben?"

„Der Teufel foll es ihm raten," fuhr der Riefe auf. „Aber du haft von böfen Geiftern gefprochen. Ich will vorfichtig fein und mir ein Amulett einftecken, daß fie mir nichts anhaben können."

Er borgte fich von einem feiner Anhänger ein Amulett, das in einem Zettelchen beftand, auf das ein Koranfpruch gefchrieben war. Der Zettel war in Leder eingenäht. Wer ihn bei fich trug, dem konnte weder der Teufel, noch fonft irgend ein böfer Geift etwas anhaben. Jetzt

M. K.

hielt der Riese sich gegen alle Eventualitäten für gerüstet. Er befürchtete nur noch, daß sein Gegner gar nicht erscheinen werde.

Darin hatte er sich aber geirrt, denn soeben kam Steinbach, von Normann begleitet.

Aller Augen richteten sich neugierig auf ihn, ob er wohl Angst verspüren möge. Aber es war ihm nicht das Geringste anzusehen. Sein Gesicht hatte ganz die gewöhnliche Farbe, sein Auge blickte ruhig und mild; sein Mund lächelte leise. Das bildete freilich einen großen Gegensatz zu Falehd, der sich erhoben hatte. Dessen Augen starrten wie die eines wütenden Stieres auf Steinbach; dessen Zähne waren zusammengebissen, und die quer über sein Gesicht laufende Narbe hatte sich dunkelrot gefärbt, ein sicheres Zeichen, daß Kampfeswut ihm das Blut emportrieb.

„Warum kommst du nicht?" rief er Steinbach zornig entgegen.

„Hier bin ich ja," antwortete dieser ruhig.

„Aber zu spät."

„Für dich jedenfalls nicht."

„Ein Tapferer läßt seinen Feind nicht warten."

„Sieh deinen Schatten an. Es ist jetzt genau Mittag. Uebrigens bin ich nicht gekommen, mich mit dir in Worten zu streiten. Thaten sollen es thun."

„Und sie werden es thun. Beginnen wir!"

Falehd wollte mit geballten Fäusten geradeswegs auf Steinbach los; da aber trat ihm Kalaf entgegen:

„Halt! Vorher müssen hier vor allen diesen Zeugen die Regeln besprochen werden!"

„Regeln? Ich brauche keine Regeln!"

„Der Kampf soll ehrlich sein. Also vor allen Dingen, in welcher Kleidung wird gekämpft?"

„Jeder thut, was er will."

„Giebt es Gnade?"

„Nein."

„Das ist gegen unsere Gesetze. Der Kämpfer, der um Gnade bittet, muß geschont werden."

„Das ist ehrlos."

„Darum wird er aus dem Stamme gestoßen, aber sein Leben hat er doch gerettet. Nach welchen Regeln soll geschlagen werden?"

„Nach gar keiner Regel. Jeder schlägt so zu, wie es ihm beliebt."

„Bist du damit einverstanden?" fragte Kalaf Steinbach.

„Ja," antwortete dieser.

„So wird die Königin das Zeichen zum Beginne geben."

Der Riese warf den Burnus ab und stand da, nur noch mit der Hose bekleidet. Der nackte Körper war eingeölt, damit die Hand des Gegners abrutschen solle. Dieser mächtige Knochenbau schien gar nicht erschüttert werden zu können, und diese gewaltigen Muskeln waren wie aus Stahl gespannt.

„Also tot," flüsterte ihm der Pascha zu.

„Auf den ersten Hieb schlage ich ihn nieder!" ant=wortete Falehd, indem er mit geringschätziger Miene Steinbach musterte, der auch seinen Burnus abgeworfen hatte, aber sonst noch vollständig bekleidet war. Er hatte außerdem nicht einmal die türkische Jacke, die er unter dem Burnus trug, zugeknöpft.

„Um Allahs willen, ziehe dich aus!" warnte der wohlmeinende Alte. „Er kann dich ja ganz leicht fassen."

„Das wird er bleiben lassen."

„Du bist unvorsichtig!"

„Pah!"

Jetzt trat tiefe Stille ein, und aller Augen richteten sich auf die Königin, die das Zeichen zum Beginne geben sollte. Da aber sagte ihr Vater mit lauter Stimme:

„So wie jetzt darf doch der Kampf nicht beginnen. Ist es hier nicht Sitte, daß vor dem Anfange sich die Gegner die Hände reichen als Versicherung, daß keiner den anderen übervorteilen werde?"

„Die Hand reichen? Diesem Hund?" lachte der

M. K.

Riese auf. „Er ist nicht wert, daß ich ihn anspucke. Wie
kann ich ihm da die Hand reichen! Der Hund mag nur
herkommen, damit ich ihn erwürge!"

Damit streckte er Steinbach die beiden Fäuste ent=
gegen. Dieser antwortete:

„Ich hatte es gut mit dir vor, aber da du mich
auch hier noch mit Schimpfreden beleidigst, werde ich
dich nicht so schonen, wie ich es beabsichtigte. Höre
also: Mein erster Hieb wird dich dein linkes Auge
kosten, der zweite die Zähne, und nach dem dritten wirst
du zu meinen Füßen liegen."

„Mensch, du bist toll! Bereits mit dem ersten
Schlage werde ich dir den Schädel zerschmettern."

„Gut. Versuche es!"

Steinbach stand da, mit dem Rücken nach der
Königin gewendet, in einer Haltung, als ob er sich um
nichts auf der Welt zu kümmern habe, die Hände in
den Taschen seiner Hose. Der Riese hingegen hielt den
Blick mit Spannung nach der Königin gerichtet.

„Na, schnell," rief er. „Ich habe Durst nach dem
Blute dieses Menschen."

Man sah es Badija an, wie schwer es ihr wurde.
Jetzt aber erhob sie die Hand.

„Los!" sagte Kalaf.

Es ist gar nicht zu beschreiben, mit welchem Aus=
druck die Hunderte von Gesichtern sich nach dem Kampf=
platze richteten. Der Riese stieß einen lauten Jubelruf
aus und kam aus der Entfernung von zwanzig Schritten
auf Steinbach losgestürmt, als ob er ein Haus um=
rennen wollte. Die linke Hand ausgestreckt, um ihn zu
packen, holte er mit der rechten Faust schon von weitem
zum tödlichen Schlage aus. Steinbach stand immer noch
scheinbar so gleichgültig da wie vorher. Er schien gar
nicht auf den Gegner achten zu wollen.

„Paß auf! Paß doch auf!" schrie es ihm von
allen Seiten zu. „Er kommt ja."

Steinbach warf nur verächtlich den stolzen, männ=

M. R.

lich schönen Kopf nach hinten, obgleich der Riese von ihm kaum noch sechs Schritte entfernt war. Dann aber ein Ruck, und seine Gestalt schien gewachsen zu sein, und sein Auge sprühte förmlich dem Beduinen entgegen.

„Hier, Hund, hast du!" brüllte dieser.

Da aber that Steinbach einen Sprung ihm entgegen, sodaß beide in einem weithin hörbaren Stoße fürchterlich zusammenstießen. Der Riese wurde nicht nur zum Stehen gebracht, sondern er prallte förmlich zurück und fuhr sich mit beiden Händen nach dem Gesicht, sie auf das linke Auge legend, und wie erstarrt stehen bleibend.

Er hatte in seinem blinden Anstürmen den Punkt, an dem Steinbach stand, genau im Auge gehabt. Der beabsichtigte Griff seiner Linken und der Hieb, den er mit der Rechten thun wollte, waren beide auf diesen Punkt gerechnet gewesen. Durch den Sprung Steinbachs aber war dieser Punkt mit blitzähnlicher Schnelligkeit um mehrere Fuß weit vorgerückt worden. Als sie zusammen= prallten, hatte der Riese die beiden Arme noch weit auseinander, und ehe er sich besann und sie schloß, erhielt er mit der Rechten Steinbachs einen Hieb unter das Kinn, während die linke geballte Hand desselben ihn an den Augenknochen traf und der Daumen dieser Hand ihm das Auge aus der Höhle trieb.

Steinbach stand im nächsten Moment wieder da, als ob er gar nicht von seiner Stelle gewichen sei. Dann wandte er sich zur Königin und rief:

„Rakam wahid, el ain el alßemal — Nummer eins, das linke Auge!"

Diese Worte erweckten den Riesen aus seiner momen= tanen Betäubung. Er fühlte die Verwundung und stieß einen furchtbaren Fluch aus.

„Tajib, tajib! Ahsant, ahsant — gut, gut! Bravo, bravo!" rief es von allen Seiten.

Die Zuschauer waren von Bewunderung hingerissen. Steinbach hatte nicht nur den ersten, toddrohenden An= griff des für unüberwindlich gehaltenen Riesen pariert,

M. R.

Als Steinbach und der Riese zusammenprallten, erhielt der
letztere einen Stoß unter das Kinn, daß er zurücktaumelte.
(Seite 262.)

M. R.

sondern sogar sein Wort wahr gemacht, ihm das Auge zu nehmen.

Diese Bravorufe entsprangen nicht etwa der Partei= lichkeit, sondern ganz allein nur der Bewunderung. Der beduinische Krieger erkennt die Tapferkeit und Geschicklich= keit selbst seines ärgsten Feindes an. Dennoch aber wurde dadurch die Wut des Riesen verdoppelt. Er stand in einer Entfernung von nur vier Schritten von Steinbach, erhob beide geballte Fäusten und brüllte:

„Das war Zufall. Jetzt aber fährst du zur Hölle!"

Dann that er einen Sprung vorwärts, und zwar mit aller Gewalt, um Steinbach gleich umzurennen und den am Boden Liegenden zu töten. Der Deutsche aber empfing ihn mit schnell erhobenem Fuße und versetzte ihm einen solchen Tritt in die Magengegend, daß Falehd aufschreiend zurücktaumelte und gar nicht dazu kam, den Gegner auch nur zu berühren. Dann — keiner wußte, wie es gekommen war, und wie es hatte geschehen können — ward der Riese zu Boden geschleudert. Man hatte nur den rechten Arm Steinbachs in Bewegung gesehen. Dieser wandte sich an die Königin und meldete:

„Rakam itnehn, el aßnahn — Nummer zwei, die Zähne!"

Die Beifall spendenden Zurufe erhoben sich von neuem. Falehd sprang vom Boden auf. Sein Gesicht war schrecklich entstellt. Er spie die aus den Kiefern ge= schlagenen Zähne aus, brüllte auf wie ein wild gewordener Büffelstier und rief:

„Er steht mit dem Teufel im Bunde! Die bösen Geister helfen ihm! Aber ich sende ihn trotzdem in die Hölle!"

Vor Wut auch auf dem unbeschädigten Auge fast blind, hatte Falehd jetzt doch die Ueberlegung, daß er mit dem zweimal vergeblich versuchten Ansprunge nichts erreichen werde. Er schritt also langsam auf Steinbach zu und zischte ihm, von tödlichem Hasse erfüllt, entgegen:

„Komm her, Wurm! Jetzt zermalme ich dich."

M. K.

„Wenn du es fertig bringst, will ich dich loben!"

Der Deutsche sagte das mit überlegenem Lächeln. Er erwartete den Riesen in größter Ruhe und Gleich= mütigkeit, während die Brust des letzteren vor innerer Aufregung sichtbar auf= und niederwogte. Jetzt streckte Falehd die Arme aus, um den Feind zu erfassen, wurde aber in demselben Augenblick selbst gepackt. Steinbach hatte ihn mit einer schraubenartigen Bewegung seiner Arme hart hinter den Handgelenken ergriffen und dabei seine Hände so verdreht, daß, wenn er sie wieder in die rechte Lage brachte, Falehds Arme ebenso verdreht werden mußten. Er zog diese mit einem furchtbaren Rucke an sich. Da brüllte der Riese auf. Seine Arme waren ihm durch dieses unvorhergesehene Manöver fast aus den Achseln gedreht worden und hingen einen Augenblick lang schlaff herab. Diesen Augenblick benutzte Steinbach, faßte den Goliath bei den Hüften, hob ihn hoch empor, schmetterte ihn zu Boden und versetzte ihm, sich leicht bückend, zugleich einen Faustschlag an den Schädel, daß man es weithin dröhnen hörte.

Das war natürlich viel, viel schneller geschehen, als man es zu erzählen vermag. Man hatte die gedanken= schnell aufeinander folgenden Bewegungen Steinbachs gar nicht unterscheiden können. Es war klar, daß er durch seine Gewandtheit und Besonnenheit dem Riesen überlegen war, aber daß er dabei auch eine so horrende Körperkraft entwickelte, das war beinahe undenkbar, das versetzte alle in solches Erstaunen, daß sie geradezu ver= gaßen, ihm Beifall zu spenden.

Steinbach aber wandte sich zum dritten Male zur Königin um und meldete:

„Rakam salahsa, el ard — Nummer drei, auf der Erde!"

Da brach es los. Erst halblaut und einzeln, dann aber stärker und immer stärker erhoben sich die Beifalls= rufe. Alle, außer den Anhängern Falehds, fühlten es wie Erlösung über sich kommen. Der Riese war ihnen ein wirklicher Tyrann gewesen, ohne daß sie es sich

M. K.

gegenseitig offen eingestanden hatten. Bei dem Blick auf die hohe, edle, ritterliche Gestalt des Deutschen hatte ein jeder ihm im stillen den Sieg gegönnt und ihn heimlich bedauert, da er ja von allen für verloren betrachtet wurde. Jetzt aber, wo er stolz neben dem Feinde stand, wie der Löwe an der Leiche des von ihm erlegten, riesigen Krokodils des Nil, fragte man sich zunächst, ob dieser unerwartete Sieg denn auch in Wirklichkeit bestehe, und nun man sich überzeugte, daß es keine Täuschung sei, brach der Jubel desto lauter und aufrichtiger hervor. Wäre Falehd Sieger geworden, ihm hätte man gewiß nicht einen solchen Beifall gespendet.

Obgleich alle Anwesenden förmlich elektrisiert waren, bewegte sich doch keiner von seinem Platze. Das Schau=spiel war ja noch nicht zu Ende. Nur Kalaf, der Alte, trat auf Steinbach zu, gab ihm die Hand und sagte:

„Du hast wahr gemacht, was du gestern während unseres nächtlichen Spazierganges zu mir sagtest. Ich habe es für unmöglich gehalten. Allah hat dir die Stärke des Elefanten und den Stolz des Löwen gegeben. Meine Worte sind unzureichend zu deinem Lobe, darum schweige ich lieber. Ist Falehd tot?"

„Ich will einmal nachsehen."

Steinbach fühlte dem Riesen an das Herz. Es schlug, wenn auch sehr langsam und leise.

„Er lebt noch. Er ist nur besinnungslos."

„Töte ihn!"

„Meinst du das im Ernste?"

„Ja. Du hast dein Messer im Gürtel. Stoße es ihm in das schwarze Herz!"

„Ich bin kein Mörder."

„Er befindet sich aber in deiner Gewalt!"

„Es wurde ja festgestellt, daß der Besiegte um Gnade bitten darf."

„Er hat es nicht gethan, er hat sogleich die Be=sinnung verloren. Wie lange soll der Sieger auf die Bitte warten? Sein Leben gehört dir!"

M. K.

„Ich werde ihn erst wieder zum Bewußtsein kommen lassen, mich aber versichern, daß er unschädlich ist."

Damit zog Steinbach mehrere Riemen aus der Tasche.

„Was willst du?"

„Ihn binden."

„Welche Schande für ihn! Fesseln getragen zu haben, das verwindet kein Beduine. Falehd kann dich unmöglich um Schonung, um sein Leben bitten. Hast du diese Riemen stets bei dir?"

„Nein. Ich brachte sie nur zu dem Zwecke mit, ihn zu fesseln."

„So genau wußtest du, daß du Sieger sein würdest?"

„Ja."

„Du bist ein großer Mann. Binde ihn und komme dann zur Königin."

Normann trat auch herbei.

„Ich gratuliere!" sagte er im Tone aufrichtigster Bewunderung. „Das war ein Meisterstück. Ich gestehe, daß ich für Sie gezittert habe!"

„Pah! Ich kannte mich und hielt ihn zwar für stark, aber auch für dumm und unbeholfen. Daß ich mich da nicht geirrt habe, bedarf gar keines Lobes. Wollen Sie mir helfen, ihm die Arme und Beine zu binden? Es geht rascher."

„Gern. Ah! Sehen Sie den Kerl an! Welch ein schreckliches Gesicht! Sie haben ihm die Zähne wirklich eingeschlagen. Und dieses Auge!"

„Bringen wir es in die Höhle zurück. Sehen wird er freilich nicht wieder darauf lernen. Wie ich bemerke, ist der Nerv zerrissen."

„So wollen Sie ihm das Leben wirklich schenken?"

„Ich ermorde ihn auf keinen Fall. Sein Leben mag nach den hiesigen Gebräuchen mir gehören, ich aber bin Christ und Mensch. Seine Tötung wäre nichts als ein feiger Mord, der mir mein Gewissen bis an das Ende meines Lebens beschweren würde."

„Aber bedenken Sie, wie gefährlich es ist, ein wildes

Tier am Leben zu laſſen. Sie leiſten damit ſich ſelbſt und den Beni Sallah gewiß keinen guten Dienſt."

„Ich weiß das, aber ich thue meine Pflicht."

So banden ſie Falehd alſo und wuſchen ihm auch das Geſicht. Keiner ſeiner Anhänger näherte ſich ihm. Nach ihrer Anſicht war er das ausſchließliche Eigentum des Siegers, und ſie hatten kein Recht mehr, ſich um ihn zu bekümmern.

Als dann Steinbach zu der Königin trat, ſtreckte ſie ihm die Hand entgegen und ſagte:

„Ich danke dir. Du haſt mich von einem ſchlimmen Feinde befreit. Ich werde dir das nie vergeſſen!"

Dennoch aber vermochte ſie nicht, ihn dabei frei an=zuſehen. Ihr war trotz der Ueberwindung ihres Feindes angſt und bange im Herzen. Sie gehörte dem Sieger. Wie ſollte das werden?

Ihr Vater aber ſtreckte Steinbach die Hände ent=gegen und rief laut aus:

„Sei mir willkommen! Du biſt der Held der Helden und der Tapferſte unter den Tapfern. Meine Tochter wird ſicher wohnen in deinem Zelte, und du wirſt die Beni Sallah von Sieg zu Sieg führen, daß ſie berühmt werden vom Aufgang bis zum Niedergange!"

Jetzt kam auch der Mueddin herbei. Er fragte gar nicht erſt, was er zu thun habe. Er wußte es ja. Er ſchlug an ſein Brett und rief:

„Hört, ihr Männer und Frauen vom edlen Stamme der Beni Sallah! Masr=Effendi, der berühmte Kämpfer aus fernem Lande, hat erlegt Falehd, den Bewerber um die Königin. Sie gehört dem Sieger! Allah ſegne ihn und gebe ihm Kinder und Kindeskinder, ſo viel, wie Sandkörner in der Wüſte liegen. Es wird eine groß=artige Fantaſia veranſtaltet werden, dem neuen Scheik zu Ehren, und Boten werden in alle Winde reiten, um ſeinen Namen den Stämmen zu verkündigen. Schlachtet die Schafe und Lämmer, backt Brote und kocht fetten Kuskuſſu mit Roſinen. Holt herbei Lagmi, den Saft

M. K.

der Palmen, und bringt Saiten und Pfeifen, mit Musik und Gesang zu verherrlichen die Thaten des Siegers und den Glanz seiner zukünftigen Tage!"

Er war im Flusse seiner Rede. Er wollte mehr,

noch viel mehr sprechen, aber jetzt machte er eine kurze Pause. Das benutzte Steinbach, um mit lauter, weithin hörbarer Stimme einzufallen:

„Hört auch mich, ihr tapferen Männer und ihr

M. K.

schönen Frauen der Beni Sallah! Ich bitte die Ver=
sammlung der Aeltesten zusammen zu treten, um zu be=
raten und mir ganz genau zu sagen, ob die Königin und
die Würde des Scheiks mir so gehören, daß niemand
einen Einspruch erheben kann."

Sofort erschollen die drei Schläge des Mueddin,
und die Greise traten zu einer kurzen Beratung zu=
sammen. Bereits nach wenigen Minuten erhob Kalaf,
der Aelteste, seine Stimme, um zu verkünden:

„Masr=Effendi ist Sieger, ihm gehört die Königin,
und er wird unser Anführer sein, ohne daß ihm ein
Mensch dies streitig zu machen vermag!"

Da antwortete Steinbach laut, daß alle es hören
konnten:

„Ich danke den grauen Vätern des Stammes für
das Vertrauen, das sie mir erweisen. Es giebt keine
größere Ehre, als der Anführer eines so berühmten
Stammes zu sein, und ich kenne kein größeres Glück, als
ein Weib zu besitzen, wie Badija, die Königin. Aber
Gerechtigkeit ist des Mannes Zierde. Ich will nicht ein
Gut besitzen, das zu besitzen auch andere ein Recht haben.
Vier Männer hatten sich zum Kampfe gemeldet. Einer
wurde besiegt, der zweite hat den Preis einstweilen er=
stritten; hier nun stehen der dritte und der vierte, die
Söhne des Blitzes. Sollen sie sich den Preis entgehen
lassen? Sollen sie auf ihn verzichten, ohne um ihn ge=
kämpft zu haben? Die Versammlung der Aeltesten mag
entscheiden, ob sie ein Recht haben zu dem Versuche, ihn
mir im Kampfe wieder abzunehmen."

„Dein Wille soll geschehen!" sagte Kalaf.

Die Greise berieten eine kurze Weile, und dann ver=
kündete der Genannte die Entscheidung:

„Die Söhne des Blitzes haben das Recht, mit Masr=
Effendi zu kämpfen."

Ein allgemeiner Beifall belobte diesen Beschluß. Gab
es doch nun eine Fortsetzung des interessanten Schau=
spieles.

M. K.

„Wollt ihr den Kampf aufnehmen?" fragte der Deutsche die beiden Brüder.

„Herr, wollen wir einander töten?" antwortete Tarik.

„Das ist nicht meine Absicht."

„Ich weiß, daß du uns besiegen wirst. Hast du den Riesen erlegt, so bist du uns noch viel mehr über=legen. Ich fürchte mich nicht, mein Leben zu wagen, aber ich würde anders kämpfen als Falehd, und ich glaube nicht, daß du unverletzt aus dem Kampfe hervor=gehen würdest. Soll ich aber denjenigen verletzen, der an uns so Großes gethan hat?"

„Es wird ganz anders werden. Kalaf mag mir sagen, ob ich jetzt, da ich der Besitzer der Königin bin, die Waffen zu bestimmen habe."

„Du hast sie zu wählen," antwortete der Alte.

„So werden wir nicht mit Fäusten kämpfen, sondern mit unseren Flinten."

„O Allah!" rief Tarik aus. „So bist du verloren!"

„Meinst du wirklich?"

„Ja. Bedenke, daß wir die Söhne des Blitzes ge=nannt werden, weil stets und unfehlbar unser Feind fällt, sobald unser Gewehr aufleuchtet."

„O," lächelte Steinbach, „auch der beste Schütze kann zuweilen einen Fehlschuß thun!"

„Wir aber nicht. Paß auf! Blicke da hinauf!"

Oben über ihnen schwebte ein Aasgeier. Tarik legte sein Gewehr an, zielte nur einen Augenblick und drückte dann ab. Der Geier zuckte zusammen und kam in einer engen Schneckenlinie herabgestürzt. Dann bewegte er noch einmal die Flügel und war tot.

„Siehst du," sagte Tarik. „Wolltest du auch jetzt noch wagen, dich mit mir zu schießen?"

Steinbach gab ihm die Hand und antwortete freundlich:

„Das war wirklich ein sehr guter Schuß. Ich sehe, daß ich dich zu fürchten habe, doch was ein Mann sagt, dabei muß es bleiben. Wir werden uns schießen."

„Nun gut! Du willst es so haben, und ich kann

M. R.

nicht zurücktreten, aber sei überzeugt, daß ich dich nicht töten werde. Ich werde versuchen, dir nur eine kleine, ungefährliche Wunde beizubringen."

„Ja, thue das! Thue das!" fiel die Königin ein, der jetzt das Herz leichter wurde. Dies sah man daraus, daß das Blut wieder in ihre Wangen zurückgekehrt war.

„Ich danke euch!" antwortete Steinbach mit fröhlichem Lächeln. „Aber ich habe euch ja noch gar nicht gesagt, nach wem oder wonach wir schießen wollen."

„Also nicht nach uns?" fragte Tarik erstaunt.

„O nein. Wir bestimmen irgend ein anderes Ziel."

„Wird man uns nicht für feige halten?"

„Das glaube ich nicht. Du bist mir im Schießen weit überlegen, darum ist es nicht Mutlosigkeit von dir, wenn du auf meinen Vorschlag eingehst. Und ich habe den Riesen besiegt. Wer will behaupten, daß ich ein Feigling sei? Ich würde sofort auf Leben und Tod mit ihm kämpfen."

„Keiner, keiner würde das behaupten!"

„Davon bin auch ich überzeugt. Es ist ja gar nicht notwendig, daß derjenige, der die Königin nicht bekommt, nun gerade sterben muß. Der Stamm braucht einen Scheik, der tapfer ist und geschickt in der Führung der Waffen. Diese Geschicklichkeit aber kann man beweisen, auch ohne daß man andere erschießt."

„Du hast recht. Nach welchem Ziele jedoch wollen wir schießen? Du hast das zu bestimmen."

„Wir errichten da oben auf der Ecke der Ruine eine Zeltstange, auf deren Spitze wir einen Stein legen. Jeder von uns beiden thut fünf Schüsse, um den Stein herabzuschießen. Wer das Ziel öfters trifft als der andere, ist der Sieger. Ist dir das recht?"

„O, sehr recht, sehr," antwortete Tarik, tief auf= atmend. Es war ihm eine große Last vom Herzen ge= nommen. Er war jetzt überzeugt, daß er Sieger sein werde, denn im Gebrauche des Gewehres hatte es ihm außer Hilal noch keiner gleich gethan. Und doch brauchte

M. K.

er seinen Gegner dabei weder zu verwunden, noch zu töten.

Auch die anderen in der Nähe Stehenden begrüßten den Beschluß mit Freuden, nur der alte Scheik der Beni Abbas sagte unzufrieden:

„Ist meine Tochter nicht eines ernsten Kampfes wert?"

„Sie ist es wert, ich habe es bewiesen, indem ich mit Falehd kämpfte. Es kann aber Allah nicht gefallen, wenn seine Gläubigen sich zerfleischen oder gar töten, ohne daß es nötig ist. Warum sollen sich Freunde erschießen, da sie ihr Leben noch sparen können zum Kampfe gegen ihre gemeinsamen Feinde!"

„So mag die Versammlung entscheiden, ob es nicht feig ist, auf einen ernsten Kampf zu verzichten!"

Die Alten traten wieder zusammen und entschieden zu Gunsten von Steinbachs Vorschlag. Das war ja unbedingt der beste Ausweg aus dem Dilemma, daß zwei Freunde nach demselben Preise rangen.

Als der Beschluß verkündet wurde, löste sich die bisherige Ordnung der Zuschauer auf. Das Ziel war hoch, und so konnte man es auch aus größerer Entfernung sehen.

Die Spannung, die sich der Leute bemächtigte, war vielleicht noch größer als die vorherige. Man kannte Tarik als den vorzüglichsten Schützen, aber man hatte auch bereits vernommen, was Normann über Steinbach gesagt hatte, nämlich, daß er niemals einen Fehlschuß thue. Man brannte also förmlich darauf, den Ausgang dieses interessanten Duells zu erfahren. Jetzt, da es nicht mehr um das Leben ging, hätten sich gern noch viele andere zum Kampfe gemeldet.

Tarik entfernte sich, um sich Munition zu den fünf Schüssen zu holen. Auch Steinbach sagte zu Normann:

„Ich will mein Gewehr holen. Bleiben Sie hier bei dem Riesen, um zu verhindern, daß er sich mit seinen Freunden ins Einvernehmen setzt."

„Befürchten sie eine Heimtücke?"

„Ich traue weder ihm noch ihnen. Er wird sich jedenfalls zu rächen suchen."

„O, er wird ja sterben."

„Das wollen wir nur abwarten."

„Er wird doch nicht die fürchterliche Schande auf sich laden, um sein Leben zu bitten!"

„Ich traue es ihm aber doch zu. Uebrigens werde ich ihn auf keinen Fall töten."

„So muß er, wenn er wirklich ein tapferer Mann ist, sich selbst umbringen. So erheischen es die grausamen Sitten dieser halbwilden Völkerschaften."

„In diesem Falle würde er wohl erst mich umbringen, hinterrücks natürlich. Darum sollen Sie ihn jetzt bewachen, damit er isoliert bleibt."

„Schauen Sie her! Er ist noch besinnungslos."

„Meinen Sie? Ich sah seine Wimper zucken und glaube, daß er sich nur so stellt. Er hat das Bewußtsein bereits wieder, schämt sich aber, seinem Ueberwinder in das Angesicht zu sehen."

Steinbach ging nach der Ruine, von der er bald, das Gewehr in der Hand, zurückkehrte.

---

15. Kapitel.

Es gab in der Nähe der Ruine ein außerordentlich reges, lärmendes Treiben. Man stritt hin und her, man bot sich Wetten an. Steinbach war Zeuge, daß mehrere auf ihn wetteten, und zwar setzten sie einen Preis, der im Verhältnis zu ihrem Besitze ein sehr bedeutender war. Das that ihm leid. Darum ließ er die verschiedenen Parteien vor sich kommen und bestimmte sie, den Wortlaut der Wetten dahin zu formulieren, daß der Ausdruck „Fehlschuß" mit aufgenommen wurde.

Ein junger Beni Sallah hatte eine Zeltstange geholt und sie an der angegebenen Ecke befestigt. Er legte

M. K.

dann einen etwa faustgroßen Stein auf die Spitze der=
selben und trat nachher zurück, um nicht etwa selbst ge=
troffen zu werden.

Die beiden Wettenden wurden darauf von dem alten
Kalaf auf einen für sie freigehaltenen Platz geführt. Dort
saß auch die Königin mit Hiluja. Ihr Vater hatte sich
einen anderen Punkt gewählt, von dem aus er das Ziel
beobachten wollte. Die Königin winkte Tarik zu sich
heran und bat leise:

„Gieb dir ja Mühe, keinen Fehlschuß zu thun!"

„Habe keine Sorge!" beruhigte er sie. „Ich werde
alle fünf Male treffen."

„Gieb mir die Kugeln!"

Er gab sie ihr, sie aber schloß sie in ihre hohlen
Hände und flüsterte dabei die Worte des Koran:

„Das sind die Kugeln, von Allah gesegnet. Sie
eilen an ihr Ziel, von Engeln getragen, und nichts ver=
mag sie aufzuhalten oder aus der Richtung zu bringen.
Selbst der neunmal gesteinigte Teufel hat keine Gewalt
über sie. Allah sei Dank für seine Güte!"

Viele Beduinen glauben, daß keine Kugel, über die
diese Worte gesprochen worden sind, fehlgehen könne.
So sagte auch Tarik, als Badija ihm die Projektile
wieder zurückgab:

„Ich danke dir! Nun werde ich den Stein ganz
sicher von der Stange schießen. Ich bin unbesiegbar."

Der Augenblick des Kampfes war endlich gekommen.
Alles blickte mit Spannung auf Steinbach und Tarik.

„Wer schießt zuerst?" fragte letzterer.

„Masr=Effendi," antwortete Kalaf. „Er ist der
Sieger von vorher und auch ein vornehmer Mann, dem
man Höflichkeit schuldig ist."

„Ich lasse Tarik den Vorrang," antwortete Stein=
bach. „Er ist ein Sohn der Beni Sallah. Wenn es
sich um eine Tochter der Beni Sallah handelt, hat er
also das Recht, vor mir zu schießen."

Dies gab einen kurzen, freundschaftlichen Streit, den

M. K. 18*

wieder die Aeltesten entscheiden mußten. Sie thaten dies zu Gunsten Steinbachs, mit der Begründung, er wolle den Beni Sallah eine Ehre erweisen, und so zieme es sich auch für diese, höflich gegen ihn zu sein, indem man ihm seinen Wunsch erfülle. Tarik schoß also zuerst.

Als er die Flinte erhob, schlug der Muedbin an sein Brett, um alle Anwesenden zu benachrichtigen, daß der Augenblick gekommen sei.

Es handelte sich um sehr viel, um den Besitz des schönsten Weibes des Stammes und um die Würde des Scheiks, also um das Höchste, was es überhaupt für einen Beduinen geben kann. Darum verfuhr Tarik mit der größten Sorgsamkeit. Er zielte lange, so lange, daß sich einige halblaute, unmutige Ausrufe hören ließen. Er kümmerte sich nicht um dieselben, und auch Hilal, der neben ihm stand, flüsterte ihm zu:

„Laß dich nicht zur Eile verleiten. Du weißt, es steht alles auf dem Spiele."

Tarik stand, wie aus Erz gegossen. Er war wirklich ein schöner junger Mann. Das sah man so recht deutlich, als er den Burnus abgelegt hatte und nun, nach Beduinensitte nur halb bekleidet, in der Stellung eines Schützen dastand.

Endlich krachte der Schuß. Ein Augenblick atemloser Spannung — dann brach von allen Seiten lauter Jubel los Dieser Beifall wuchs von Schuß zu Schuß. Jede der Kugeln erreichte das Ziel, nur die fünfte, die letzte, streifte den Stein, ohne ihn herabzuwerfen. Der junge Mann war seiner Sache zuletzt doch ein wenig zu sicher gewesen.

Jetzt begann ein Streit, wofür diese Kugel zu rechnen sei. War der letzte Schuß ein Treffer oder ein Fehlschuß? Die Versammlung der Aeltesten entschied, daß es zwar kein Fehlschuß sei, da er den Stein getroffen habe, da es sich aber darum handle, den Stein herabzuschießen, so könne der letzte Schuß nicht als Treffer

M. K.

gelten. Tarik hatte also Steinbach gegenüber nur vier Treffer aufzuweisen.

Es begann jetzt dem jungen Manne doch bange zu werden. Wenn Steinbach fünf Treffer that, so war die

Königin unwiederbringlich für ihn verloren. Da faltete Tarik in seiner Herzensangst die Hände und betete flüsternd vor sich hin:

„O Allah! O Erbarmer! O Gnädiger! O

M. K.

Gütiger! O Mitleidiger! Schlage ihm die Flinte bei=
seite, daß keine seiner Kugeln treffe!"

Steinbach hatte die Worte wohl gehört, da der
Sprecher in seiner Angst doch etwas zu laut gesprochen
hatte. Er wandte sich daher lachend zu ihm und sagte,
mit dem Finger drohend:

„Und du nennst dich meinen Freund! Allah wird
deine Untreue gegen mich dadurch bestrafen, daß er mich
den Stein fünfmal treffen läßt!"

Und sich zu dem alten Kalaf wendend, zeigte er
diesem die Waffe und sagte:

„Siehe, das ist so eine neue Flinte. Jetzt sollst du
sehen, wie man damit schießen kann!"

Der Alte nahm ihm das Gewehr aus der Hand,
betrachtete es aufmerksam, schüttelte in höchster Ver=
wunderung den Kopf und antwortete endlich:

„Die kannst du doch auch nur von vorn laden.
Hinten hat sie ja kein Loch!"

„Sie hat eins. Schau!"

Steinbach öffnete die Kammer, zeigte und erklärte
den Mechanismus, schob die Patrone ein und verschloß
dann das Gewehr wieder. Als er dann anlegte, schlug
der Mueddin wieder an sein Brett.

„Allah illah Allah!" betete Tarik. — „Muhammed
Rassuhl Allah!" fügte Badija hinzu.

Der Schuß krachte, und der Stein flog herab. Der
junge Mann oben an der Stange hatte kaum einen
anderen darauf gelegt, so flog auch dieser herab und
dann auch der dritte.

„Allah 'l Allah!" flüsterte Tarik, dem jetzt der
Angstschweiß auf der Stirn stand. — „O Himmel, o
Kadidscha, du Mutter der Gläubigen und der Seligen!"
stöhnte die Königin leise, die Hand ihrer Schwester er=
greifend und so fest drückend, daß letztere einen Ruf des
Schmerzes ausstieß. — „Er schießt viel besser noch als
ich!" gestand Tarik, mehr aus Angst, als aus Auf=
richtigkeit. — „Nicht wahr? Da kannst du recht haben,"

M. K.

sagte Steinbach, ihn lustig anlachend. „Aber du haft noch gar nicht gesehen, wie ich schieße. Ich werde es dir jetzt zeigen. Seht ihr dort draußen das große, braune Kamel, das wiederkauend an der Erde liegt?" — „Ja," lautete die Antwort. — „Was seht ihr auf seinem Höcker?" — „Einen Aßfur."

Es giebt eine Vogelart, die sich gern in der Nähe der Kamele aufhält, weil sie da reichliche Nahrung findet. Diese Vögel fressen diesen gewöhnlich die Läuse aus dem Felle. Dies wissen die Kamele sehr genau, darum halten sie still, wenn ein solcher Vogel sich auf sie niederläßt. Der Beduine nennt dieses gefiederte Tier einfach Aßfur, was eben nur Vogel bedeutet.

„Und weiter rechts davon steht ein zweites Kamel," fuhr Steinbach fort. „Was seht ihr auf dessen Rücken sitzen?" — „Auch einen Aßfur." — „So merkt einmal auf, was jetzt mit diesen Aßafir geschieht!"

Aßafir ist die Mehrzahl von Aßfur, Vogel.

Steinbach erhob das Gewehr. Zwei Schüsse, schnell hintereinander abgefeuert, und — die Umstehenden blickten ihn staunend an, staunend über die für sie ungeheure Schnelligkeit, mit der er geladen hatte, und auch staunend über sein Benehmen, das sie sich nicht zu erklären vermochten.

Nach seinen drei ersten Schüssen war ihm von allen Seiten ein lebhafter Beifall entgegen geklungen; jetzt aber waren alle still. Sie wußten nicht, was er eigentlich gewollt hatte.

„Nun," sagte er, „wo sind die beiden Aßafir?" — „Fort, weggeflogen," antwortete Hilal. — „Hast du sie fortfliegen sehen?" — „Nein." — „Gehe einmal hin, und suche nach ihnen!" — „Willst du sie etwa geschossen haben?" — „Ja." — „Das ist unmöglich." — „Warum?" — „Einen Aßfur in solcher Entfernung! Ich würde das Kamel erschießen, aber nicht den Vogel treffen." — „So gehe nur hin! Du wirst beide finden."

Da lief nicht nur Hilal, sondern viele andere sprangen mit ihm fort. Als sie bei den beiden Kamelen ankamen,

M. K.

erhoben sie ein lautes Jubelgeschrei und kehrten in eiligem Laufe zurück. Sie brachten die beiden Vögel, die wirklich getroffen waren und nun von Hand zu Hand gingen.

Es ist unmöglich, die Ausdrücke des Staunens und der Bewunderung zu schildern, die Steinbach anzuhören hatte, denn die arabische Sprache besitzt nicht nur einen fast unerschöpflichen Schatz an derbsten Schimpf= und Fluchwörtern, sie ist auch sehr reich an Ausdrücken, die in hohem Grade den ehren, bei dem sie angewendet werden. Erst nach längerer Zeit kam man auf den eigentlichen Gegenstand zurück, mit dem man es zu thun hatte. Der Jüngling nämlich, der oben bei der Zeltstange stand, sah, daß ihm jetzt gar keine Aufmerksamkeit geschenkt wurde, und ließ einen lauten Ruf vernehmen. Er erwartete, daß Steinbach noch zwei Schüsse thun werde. Dieser aber winkte ihm zu, herabzukommen. Das erregte ein abermaliges Erstaunen.

„Wie steht es denn mit den letzten beiden Schüssen?" fragte der alte Kalaf. — „Die habe ich doch gethan." — „Nein. Du hast nur dreimal nach dem Stein ge= schossen. Es bleiben dir also noch zwei Kugeln." — „Ich habe fünfmal geschossen. Fünf Schüsse waren ausgemacht, also bin ich fertig." — „Allah! So willst du verzichten?" — „Nein, ich verzichte nicht; ich habe die bestimmte Anzahl Kugeln abgesandt. Tarik hat den Stein viermal getroffen, ich nur dreimal. Das muß doch ein jeder von euch zugeben. Ihr habt es ja gesehen und auch nachgezählt." — „So ist Tarik doch der Sieger!" — „Ja, das ist er." — „Herr, das hast du mit Fleiß gethan!" — „Nein, die Vögel machten mich irre. Ich wollte euch zeigen, daß man mit einer solchen Flinte nicht nur Steine trifft, und so habe ich um der beiden Aßafir willen die Königin verloren und auch die Würde des Anführers. Ihr seht, welchen Schaden es bringt, wenn der Mensch zu hitzig und zu voreilig ist. Nehmt euch ein Beispiel an mir und handelt überlegter!"

Steinbach drängte sich durch den Haufen, der sich

M. K.

um ihn gesammelt hatte, hindurch und ging zu Normann, der noch bei dem Riesen saß. Tarik aber kam ihm eiligst nach, ergriff ihn am Arme und sagte:

„Herr, du hast doch nur Scherz getrieben?" — „O nein. Ich pflege niemals aus Scherz daneben zu schießen und mich auslachen zu lassen." — „So sollen die beiden Schüsse also wirklich für voll gezählt werden?" — „Natürlich!" — „O Allah! So gehört ja Babija mir!" — „Ist dir das nicht lieb?" — „Nicht lieb? Herr, so wie mir kann es keinem der Seligen im siebenten Himmel zu Mute sein. Ich kann es gar nicht glauben, daß du Babija aufgibst, nachdem du um ihretwillen dein Leben gewagt hast." — „Um ihretwillen? Nein, sondern um deinetwillen." — „Wieso, Herr?" — „Nun, ich glaubte, daß der Riese dich besiegen würde, und da ich wußte, daß ich ihm überlegen bin, so trat ich an deine Stelle. Ich wollte mir die Königin erkämpfen, um sie dann an dich abzutreten." — „Jetzt, jetzt verstehe ich dich! O Allah! Wie soll ich dir jemals danken!" — „Du bist mir gar keinen Dank schuldig." — „Für so eine Großmut! Du trittst mir die schönste der Frauen freiwillig ab!" — „Lieber Tarik, es giebt noch hunderttausend Weiber, von denen jede einzelne die schönste der Frauen ist, nämlich für denjenigen, der gerade sie und keine andere liebt. Gehe hin und sei glücklich!"

Da bückte sich Tarik schnell, ehe Steinbach es ver= hindern konnte, nieder, küßte seine Hand und rief:

„Tausendmal Dank, millionenmal Dank! Ich werde für dich beten, so lange ich lebe, und ich werde alle meine Kinder und Kindeskinder lehren, für deine Kinder und Kindeskinder zu beten!"

Steinbach antwortete lachend:

„Wir wollen jetzt unsere Nachkömmen noch nicht so genau ausrechnen und auszählen. Bis jetzt sind wir nur die Urahnen ohne Nachkommen und ohne Frau. Eile, damit du recht bald die deinige erhältst! Ich wünsche dir, daß es in fünfzig Jahren einen Stamm der Beni

M. K.

Tarik gebe, der tausend Köpfe zählt!" — „O Allah, Allah, das ist zu viel, tausend Köpfe in fünfzig Jahren!"

Bei diesen Worten rannte Tarik davon. Er traf die beiden Schwestern nicht mehr an der Stelle, an der er sie verlassen hatte. Sie waren nach der Ruine gegangen, und er folgte ihnen nach, vor Glück und Seligkeit fieberhaft aufgeregt.

Unten verkündete der Mueddin den Ausgang des Kampfes. Die Veröffentlichung wurde mit allgemeinem Jubel aufgenommen, besonders auch aus dem Grunde, weil niemand eine Wette verloren hatte, da faktisch kein Fehlschuß gethan worden war. Man begann erst jetzt die Absichten Steinbachs klar zu durchschauen; man pries seine Weisheit, seine Stärke, seinen Mut, und selbst die Anhänger Falehds mußten mit einstimmen, um sich nicht mißliebig zu machen. —

Als Tarik die Ruine erreichte, waren die Schwestern bereits im Innern derselben verschwunden. Er ging ihnen nach. Als er bei ihnen eintrat, entfernte sich Hiluja rücksichtsvoll. Sie sagte sich, daß diese beiden jetzt doch wohl am liebsten miteinander allein sein möchten, und sie hatte recht.

Badija und Tarik standen sich einander gegenüber, ohne sofort zu Worte zu kommen, er aber war noch verlegener als sie.

„Ich hörte noch unter der Thür die Schläge des Mueddin," sagte Badija endlich. „Was wurde verkündigt?" — „Daß ich der Sieger bin." — „Ich dachte es mir." Dann legte sie ihm die Hand auf die Achsel und fuhr fort: „Weißt du, was ich von diesem Masr=Effendi denke?" — „Er ist ein Held." — „Er kommt mir noch viel mehr vor, nämlich wie ein Engel, den Allah uns vom Himmel gesandt hat, um uns die höchste Gnade und Barmherzigkeit zu erweisen. Du und Hilal, ihr hättet für mich gekämpft und wäret getötet worden. Masr= Effendi aber hat euch und mir das Leben gerettet, denn auch ich wäre gestorben. Tarik, hörst du, die Schläge

M. K.

erschallen wieder; es ist die Zeit des Nachmittagsgebetes. Laß uns vor allen Dingen hier miteinander niederknieen, um Allah zu danken und zu preisen für seine unendliche Barmherzigkeit und ihn bitten, das ganze Maß seiner Liebe auszuschütten über unseren Retter, der sein Leben wagte, um uns vom schmählichen Tode zu erlösen!"

Sie knieten nebeneinander nieder und beteten, nicht laut, sondern still und inbrünstig. Der aber, zu dem sie beteten, hörte die Stimmen ihrer Herzen und sah die Aufrichtigkeit ihrer Wünsche. Welchen Namen man ihm auch geben möge, ob man ihn Herr, Gott, Manitou oder Allah nenne, er ist doch ein- und derselbe, die ewige, unendliche Liebe, der Schöpfer und Vater aller Menschen, der nicht nach der Verschiedenheit der Bekenntnisse fragt, sondern nur das Herz und die Seele prüft. Vor ihm sind alle gleich, Christen, Juden, Türken, Heiden. Nicht das Bekenntnis thut es, nicht die Konfession, sondern der eine, große Gottesgedanke, von dem der Dichter sagt:

> „So einigt er zu einem Strome
> Die Menschheit all', von nah und fern,
> Zu knien anbetend in dem Dome
> Der Schöpfung vor dem einen Herrn.
> Der Glaube nur kann triumphieren,
> Der einen Gott und Vater kennt.
> Die Namen sinken, und es führen
> Die Wege all' zum Firmament!"

Es waren heilige Augenblicke, in denen die beiden da knieten und stilles Zwiegespräch mit Allah hielten. Und als sie sich erhoben und nun voreinander standen, fühlten sie sich erhoben und ergriffen, als ob sie einem Gottesdienste beigewohnt hätten. Die Weihe blieb noch über und auf ihnen, sodaß es ihnen unmöglich gewesen wäre, jetzt von alltäglichen, profanen Dingen zu sprechen. Es gab vielmehr für sie nur einen großen Gedanken und ein großes, gewaltiges Empfinden: die Liebe. Badija

M. K.

reichte Tarik ihr kleines Händchen hin und sagte, glück=
lich lächelnd:

„Du bist der Sieger, ich gehöre dir!" — „Ich ver=
stehe dich," entgegnete Tarik vor Glück bebend, „und
wage doch nicht zu glauben, dich zu verstehen. Wolltest
du mir wirklich, wirklich das sein, als was ich dich zu
besitzen wünsche — mein Weib?" — „Ja, das ist es,
was ich sein möchte, dein Weib, aber doch zugleich noch
ein ganz klein wenig deine Königin."

Da zog er sie an sich, legte die Arme fest, fest um
sie und sagte, im Flüstertone, denn laut zu sprechen, dies
war ihm bei der gewaltigen, glücklichen Erregung, in der
er sich befand, nicht möglich:

„Meine Badija! Meine Königin! Meine Geliebte
und mein Weib!"

Sie vereinigten ihre Lippen, ohne sie wieder von=
einander zu trennen. Es war, als ob dieser Kuß von
derselben Dauer sein solle wie das Glück, von dem sie
soeben gesprochen hatten — in alle, alle Ewigkeit.

Dann standen sie beisammen, flüsternd und lauschend,
als hätte noch eins von ihnen des anderen Stimme ge=
hört, oder als ob jedes in der Stimme und dem Tone
des anderen einen ganz neuen, bisher unbekannten und
geheimnisvollen Wohlklang entdecke.

Und so hätten sie wohl noch lange gestanden, sich
einander in die Augen geblickt, sich geherzt und geküßt
und einander erzählt von ihrer Liebe, Liebe und immer
wieder Liebe, wenn nicht draußen sich plötzlich der brausende
und vielstimmige Ruf erhoben hätte:

„Selamet, selamet, selamet el melik we melika —
Heil, Heil, Heil dem Könige und der Königin!" — „Man
ruft uns aus!" fuhr Tarik aus seiner Verzückung empor.
„Hörst du es?" — „Ja. Man hat also über dich be=
raten." — „Und mich wirklich zum Scheik gemacht." —
„So sind die Anhänger Falehds, die Gegner des Vice=
königs überwunden und geschlagen." — „Und Falehd

M. K.

Sie knieten nebeneinander nieder und beteten.
(Seite 283.)

M. K.

selbst wird nun tot sein. Komm, wir müssen uns dem Stamme zeigen!"

Sie gingen hinaus, Badija im ruhigen, überlegenen Bewußtsein ihres Glückes und ihrer Würde. Tarik aber wankend. Er befand sich wie im Traume, es schwirrte ihm vor den Ohren, es hatte ihn eine Art von Taumel ergriffen, aber solchen Taumels, daß er hätte wünschen mögen, derselbe möchte niemals von ihm weichen.

---

16. Kapitel.

Was Tarik von Falehd gesagt hatte, war nun freilich nicht mit der Wahrheit übereinstimmend. Der Riese war nicht tot.

Als die beiden Schwestern sich entfernt hatten und Tarik ihnen nachgeeilt war, hatte Steinbach sich zur Stelle verfügt, an der der Besiegte lag, der von Normann bewacht wurde. Hilal und der Scheik der Beni Abbas waren auch hinzugekommen.

„Ist er erwacht?" fragte Steinbach. — „Nein," antwortete Normann. — „Das sollte mich wundern. Ich habe dieselbe Ansicht, die ich bereits vorher aussprach. Passen Sie auf."

Steinbach hatte deutsch gesprochen, sodaß der angeblich noch Besinnungslose die Worte nicht verstehen konnte. Am Boden lag ein Halm dürren Wüstengrases. Steinbach bückte sich, hob ihn auf und fuhr damit Falehd in das innere Ohr. Sofort schüttelte der Riese, schnell das rechte Auge öffnend, den Kopf. Er hatte nur so gethan, als ob er noch immer ohnmächtig sei.

„Du lebst noch?" sagte Steinbach im Tone des Erstaunens. „Ich glaubte dich tot. So wirst du nun sterben müssen."

Er zog das Messer aus dem Gürtel und nahm es

M. K.

stoßgerecht in die Hand. In den Augen des Riesen blitzte es glühend auf.

„Ich bin gefesselt!" murmelte er. — „Das kann dir gleichgültig sein." — „Es ist eine Beleidigung." — „Wer vor dem Tode steht, achtet keiner Beleidigung mehr. Welche Wünsche hast du noch?" — „Daß dich der Teufel verschlingen möge!" — „Das thut er nicht, weil er an dir satt genug bekommen wird. Mache dein Wassiget nameh!"

Wassiget nameh heißt so viel wie Testament. Es waren jetzt noch viele andere hinzugetreten, die einen engen Kreis um die Gruppe bildeten. Der Verwundete zeigte keinen so häßlichen oder gar schrecklichen Anblick, wie man hätte denken sollen. Er hatte die Zähne, die ihm eingeschlagen worden waren, ausgespuckt, auch hielt er das linke Augenlid geschlossen, und da er übrigens vom Blute gereinigt worden war, so konnte man nur die geschwollenen Lippen und die außerordentlich blau angelaufene Nase als die Folgen des Kampfes erkennen.

„Willst du mich morden?" knirschte er. — „Nicht morden. Dein Leben gehört mir, und ich kann also damit thun, was mir beliebt." — „So thue es!" — „Ich werde es dir nehmen." — „Nimm es und sei verflucht!" — „Du selbst hast keine Gnade geben wollen; ich aber bin bereit, dir das Leben zu schenken, wenn du mich jetzt um Gnade bittest." — „Dich, niemals!" — „So mache dich bereit. Ich gebe dir fünf Minuten Zeit, deine letzten Verfügungen zu treffen." — „Ich mag keine Verfügungen treffen. Thut was ihr wollt mit dem, was mir gehört!" — „So mag der Mueddin kommen, um das Gebet des Todes über dich zu sprechen." — „Verdammt sei der Mueddin samt all seiner Plärrerei! Ich mag ihn nicht!" — „So mußt du ohne Gebet und Testament sterben. Allah mag sich deiner Seele erbarmen! Wie willst du sterben? Durch mein Messer oder durch meine Flinte?" — „Du bist ein Hund. Du bellst, aber du beißt nicht." — „Du irrst dich. Du meinst, daß ich dich begnadigen werde, ohne daß du bittest; das aber thue ich nicht.

M. K.

Da du weder durch Messer, noch durch Kugel sterben willst, so werde ich thun, was mir beliebt. Du schimpfst auf mich, trotzdem ich dir mein Erbarmen zeige, du bist nicht wert, den Tod eines Kriegers zu sterben. Ich werde dich aufhängen lassen!"

Da bäumte sich der Riese trotz seiner Fesseln auf und brüllte:

„Hund und Vater eines Hundes! Durch den Strick stirbt kein tapferer Beduine!" — „Das ist wahr, du aber wirst durch ihn sterben, denn du bist nicht tapfer, du bist nur roh, du beleidigst den, der dich besiegt. Nicht einmal das Aufhängen bist du wert, du sollst also erdrosselt werden. Und da der Prophet sagt, daß die Seele keines Mannes, der durch den Strick stirbt, in den Himmel eingehe, so wirst du in der Hölle braten, wohin du mich gewünscht hast. Man hole mir einen Kamelsstrick!"

Normann ging und brachte nach wenigen Augenblicken einen aus Dattelfasern gefertigten Strick.

„Legen Sie ihm denselben um den Hals!" sagte Steinbach.

Normann folgte dieser Aufforderung.

Als der Riese den Strick an seinem Halse fühlte, machte er eine gewaltige Anstrengung, seine Fesseln zu zerreißen, und schrie, als ihm das nicht gelang:

„Das darfst du nicht! Du darfst mich nicht erwürgen!" — „Ich werde dir gleich zeigen, daß ich es darf!"

Steinbach ergriff das eine Ende des Strickes, während Normann das andere noch in der Hand hielt.

„Willst du selbst den Henker machen?" schrie Falehd. — „Ja. Es ist keine Schande, denjenigen zu töten, den man vorher besiegt hat. Also machst du kein Testament?" — „Nein!" antwortete der Riese, der noch immer nicht glaubte, daß man es wagen werde, ihn zu töten. — „Du willst kein Sterbegebet?" — „Nein." — „So fahre hin in allen deinen Sünden! Zieh an, da drüben! Eins — zwei — dr— —"

Beide, Steinbach und Normann, stemmten die Füße
M. K.

ein, als ob sie an beiden Seiten des Strickes ziehen
wollten, und zogen auch wirklich so weit an, daß sich die
Schlinge fest um den Hals Falehds legte. Erst jetzt
war dieser überzeugt, daß man Ernst mache, und so groß,
wie vorher sein Selbstvertrauen gewesen war, so groß
oder vielmehr noch größer war nun seine Angst. Ent=
setzt warf er sich mit dem Oberkörper empor und brüllte:

„Halt! Haltet ein!“ — „Warum? Bittest du um

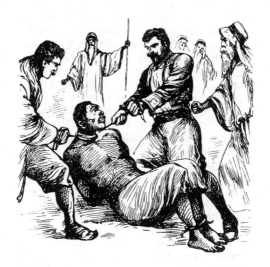

Schonung?“ — „Ja.“ — „So thue es! Sprich das
Wort aus, sonst gilt es nichts!“ — „Aman, aman —
Gnade, Gnade!“ — „Gut! Das Leben sei dir geschenkt.
Wir werden dich also losbinden.“

Steinbach bückte sich bereits, um dies zu thun, da
aber ertönte hinter ihm ein rasches:

„Halt, noch nicht! So schnell darf man einem
Besiegten das Leben nicht schenken. Zumal diesem hier nicht!“

Kalaf, der Alte, war es, der diesen Einspruch erhob.

„Er hat ja um Gnade gebeten!" meinte Steinbach.

„Ja, das hat er, aber es fragt sich, ob er auch die Folgen dieser Bitte auf sich nehmen will. Er ist der Bruder des toten Scheits, er hat sich für den Mächtigsten und Unüberwindlichsten gehalten, dem alles unterthan sein muß; vielleicht glaubt er, daß wir aus lauter Angst und Respekt vor ihm gar nicht daran denken, ihn die Folgen seiner Gnadenbitte fühlen zu lassen. Daher will ich erst einige Worte mit ihm sprechen, ehe du ihm das Leben schenkst."

Das von der Sonne verbrannte Gesicht des Riesen wurde erdfahl. Das war der sicherste Beweis, daß der vorsichtige Alte das Richtige gedacht hatte. Falehd hatte wirklich gemeint, daß er, der Angesehene und Gefürchtete, sich begnadigen lassen könne, ohne auch die Schande tragen zu müssen. Ja, vielleicht hatte er wohl gar gemeint, daß der Stamm überhaupt nicht zugeben werde, daß der stärkste seiner Krieger von Steinbach getötet und nun gar erdrosselt werden könne, wenigstens war dies aus seinem vorherigen Vorhaben sehr leicht zu ersehen. Jetzt erkannte er, daß weder das eine noch das andere der Fall sei. Er hatte keine Rücksicht, keinen Vorzug zu erwarten; diese Ueberzeugung trieb ihm mit aller Gewalt das Blut aus dem Gesicht in das Herz zurück.

Die Aeltesten, welche die Worte Kalafs gehört hatten, traten mit ernsten Mienen herbei. Es war das erste Mal in ihrem ganzen, langen Leben, daß ein Angehöriger des Stammes um Gnade gebeten hatte. Und nun gar derjenige, der sie bisher tyrannisiert und sich für den besten und edelsten von ihnen allen gehalten hatte. Kalaf fragte ihn:

„Weißt du auch, was du thust?" — „Ich habe es stets gewußt und weiß es auch jetzt." — „Wer um Gnade bittet, erhält zwar sein Leben, nicht aber sein Eigentum." — „Freßt meine Kamele und erstickt an ihnen." — „Er ist ehrlos für immer." — „Ihr könnt mir weder Ehre geben, noch sie mir nehmen." — „Und wird aus dem

M. K.

Stamme gestoßen." — „Ich gehe selbst!" — „Er ist
vogelfrei!" — „Das will ich ja sein!" — „Und wenn er
innerhalb der Grenzen des Stammgebietes sich sehen
läßt, kann ein jeder ihn töten, ohne die Blutrache be=
fürchten zu müssen." — „Hahaha! Man mag mich
töten, wenn man sich an mich wagen will. Ihr seid
alle Hunde, die ich mit meinen Füßen zertreten werde."
— „Ein Ehrloser kann keinen braven Krieger mehr be=
leidigen. Also, du willst Gnade?"

Falehd schwieg. Es wurde ihm doch schwer, auf
eine solche Frage antworten zu müssen.

„Ich frage dich zum letzten Male. Antwortest du
nicht, so ist jede spätere Bitte vergeblich. Also willst
du Gnade?" — „Ja." — „So werde ich selbst dir die
Fesseln nehmen."

Kalaf machte die Knoten der Riemen auf. Da
sprang der Riese empor, streckte die Arme aus, schüttelte sich
wie ein wildes Tier, das angekettet gewesen ist, und sagte:

„Frei, frei! Jetzt sollt ihr mich kennen lernen!" —
„Wir kennen dich, du bist ohne Ehre für alle Zeit, und
wer deinen Namen nennt, der wird dabei ausspeien.
Vergessen sei dein Vater, und vergessen sei diejenige, die
dich geboren hat! Mit den Schakalen und Hyänen sollst
du leben, und wenn deine Leiche in der Wüste verfault,
wird der Wanderer in einem weiten Bogen ausweichen,
damit dein Anblick ihn nicht verunreinige."

„O, ehe ich sterbe," antwortete Falehd, „werden
viele von euch vorher verfaulen müssen!" — „Und zum
Zeichen, daß du keine Ehre mehr besitzt," fuhr Kalaf fort,
„werde ich als der erste dir das geben, was dir von jetzt
an gebührt. Erhebet eure Stimmen, ihr Männer, und
ruft mit mir, was ich über ihn rufe: Ja mußibe, ïa
ghumm, ïa elehm, ïa rezalet — o Unglück, o Kummer,
o Schmerz, o Schande!" — „Ja mußibe, ïa ghumm,
ïa elehm, ïa rezalet — o Unglück, o Kummer, o Schmerz,
o Schande!" riefen alle Versammelten nach, die Hände

ausstreckend, um ihren Abscheu zu zeigen. — „Hier ist, was dir gehört! Pfui!"

Kalaf spie den Riesen an.

Und „pfui!" machten alle es ihm nach, indem auch sie den Riesen anspuckten.

Dieser stand still, ohne eine Miene zu verziehen. Er hielt das gesunde Auge ebenso geschlossen wie das andere. Er wollte gar nichts sehen. Aber als er es öffnete, sprühte der Blick förmlich unter dem Lide hervor.

„Seid ihr fertig?" fragte er höhnisch.

Das sollte ruhig klingen, und Falehd gab sich alle Mühe, keine Aufregung zu zeigen, aber seine Stimme klang heiser, und die Worte drangen zitternd zwischen seinen Lippen hervor.

„Ja," antwortete Kalaf. „Gehe in dein Zelt. Du sollst in kurzer Zeit erfahren, was die Versammlung der Aeltesten noch über dich beschließt." — „Noch beschließt? Es ist ja bereits beschlossen!" — „Dieser tapfere Masr=Effendi hat dir das Leben geschenkt; vielleicht ist die Versammlung auch gnadenreich gesinnt, dich wenigstens nicht als Bettler von sich zu lassen. Erwarte ihren Spruch." — „Beschließt, was ihr wollt! Eins wird euch von mir sicher sein: Rache, Rache, Rache!"

Falehd wandte sich darauf ab und ging, stolz und erhobenen Hauptes, als ob er der Sieger sei, nicht aber der Besiegte und Ehrlose.

Er war kaum in sein Zelt getreten, so kamen Ibrahim Pascha und der Russe zu ihm. Auch sie beide hatten dem Kampfe und den nachherigen Verhandlungen beigewohnt, allerdings nur von weitem.

„Wie, ihr kommt zu mir?" fragte Falehd in grimmigstem Hohne. — „Wundert dich das?" antwortete der Pascha. — „Natürlich! Ich bin ja ehrlos!" — „Was geht das uns an!" — „Ihr verunreinigt euch, wenn ihr euch mir nähert!" — „Das ist lächerlich. Diese Räuber können keinem Menschen die Ehre geben und sie auch keinem nehmen." — „Habt ihr denn alles gesehen und

M. K.

gehört?" — „Ja." — „So sehe ich freilich, daß ihr meine Freunde seid, denn sonst wäret ihr nicht zu mir gekommen. Setzt euch nieder. Raucht von meinem Tabak, der bald nicht mehr mein sein wird, und trinkt den

Kaffee, den ich euch nicht mehr als den meinigen an= bieten darf!"

Polikeff und Ibrahim Pascha kamen dieser Auf= forderung nach. Falehd aber zog sich ein Wassergefäß
M. K.

herbei, um Auge, Nase und Mund zu kühlen, und
knurrte zornig:

„Seht ihr, daß dieses Auge verloren ist? Aber es
soll diesem Masr-Effendi seine beiden kosten!" — „Wie
war das nur möglich!" sagte der Russe. „Du bist an
Stärke ein Elefant und warst vorher so völlig siegesgewiß!" — „Denkt ihr etwa, er hat mich besiegt?" —
„Etwa nicht?" — „Nein, er nicht!" — „Wer sonst?" —
„Er hat einen Zauber, er muß einen haben, sonst wäre
es nicht möglich gewesen. Nicht einmal das Amulett hat
mir etwas genützt. Er sei verflucht!" — „Glaubst du
an Zauberei und Amulette?" — „Ja. Und wenn ich
noch nicht daran geglaubt hätte, jetzt würde ich es glauben.
Habt ihr nicht gesehen, daß er, als ich zuerst auf ihn
einsprang, gar nicht mehr da stand, wo er gestanden
hatte?" — „Er sprang dir entgegen" — „Nein, nein!
Er hat sich unsichtbar gemacht. Darum konnte er den Hieb
ausführen, mit dem er mir das Auge ausschlug. Und so
war es auch beim zweiten und beim dritten Male." —
„Er ist ein starker Kerl!" — „Stark? Gehört Stärke
dazu, einem das Auge und die Zähne auszuschlagen,
wenn man sich unsichtbar gemacht hat? Gar keine!" —
„Laß dich nicht durch solchen Aberglauben verleiten!
Es ist besser, den Feind richtig kennen zu lernen. Wer
seinen Gegner unterschätzt, der kann leicht von ihm überwunden werden. Dieser Kerl besitzt weder einen Zauber,
noch ein Amulett, er ist nur riesenstark und dabei außerordentlich gewandt. Ich habe das ja auch an ihm er-
lebt. Ich schlug ihm mit dem Ruder über den Kopf,
daß die Hirnschale eines jeden anderen sofort in Stücke
gesprungen wäre; er aber ist, wie es scheint, gar nicht
einmal betäubt gewesen. Im Nahekampf kann keiner mit ihm
etwas anfangen. Er muß aus der Ferne getötet werden!"
— „Getötet?" knirschte der Riese. „Nein, das werde
ich nicht thun, auf keinen Fall!" — „Ich denke, du hast
ihm Rache geschworen!" — „Ja, aber meinst du, daß
es genügend Rache sein würde, ihn zu töten?" — „Was

M. R.

haſt du denn vor?" — „Auge um Auge, Zahn um
Zahn! So ſteht es im Geſetze der Blutrache. Er hat
mir die vorderen Zähne eingeſchlagen; ich ſchlage ſie
ihm alle ein. Er hat mich gebunden und gefeſſelt wohl
eine Stunde lang; ich aber werde ihn binden und feſſeln
für immer; ich werde ihn an Stricken mit mir herum=
führen, ſo lange er lebt, oder ſo lange ich lebe!"

Falehd ſagte das in einem ſolchen Tone, daß die
beiden anderen ſchauderten, obgleich ſie weder ſehr zarte
Nerven noch ein zartes Gewiſſen beſaßen. Der Paſcha,
in deſſen Intereſſe es ebenſo wie in demjenigen des
Ruſſen lag, Steinbach vernichtet zu ſehen, fragte:

„So gedenkſt du, ihn in deine Gewalt zu bekommen?"
— „Ja." — „Das wird wohl kaum möglich ſein." —
„Was Falehd will, das thut er auch!" — „O, du wollteſt
ihn beſiegen und haſt es doch nicht gethan!" — „Schweig!
Willſt du zu meinem Grimme auch noch deinen Hohn
fügen? Ich konnte nicht ahnen, daß dieſer Hund ſo ſtark
iſt. Jetzt, da ich es weiß, kann ich mich danach richten."
— „Wie aber willſt du dich ſeiner bemächtigen? Du
wirſt ja den Stamm verlaſſen müſſen!" — „Das würde
ich auch thun, wenn ich nicht dazu gezwungen wäre.
Bliebe ich hier, ſo könnte ich mich unmöglich rächen."
— „Ich errate dich. Du willſt ſo lange in der Nähe
herumſchleichen, bis der Deutſche in deine Hände gefallen iſt."
— „Meinſt du? Du ſcheinſt mich für einen Mann zu
halten, dem trotz der Wüſtenhitze das Gehirn erfroren iſt.
Haſt du denn nicht gehört, daß ich vogelfrei bin?" —
„Allerdings." — „Jeder kann mich töten. Ich würde
alſo ermordet ſein, bevor ich dieſen Effendi nur zu ſehen
bekäme. Außerdem wird er ſich ja gar nicht lange hier
aufhalten." — „So willſt du ihn auf der Rückreiſe
überfallen?" — „Daß ich dumm wäre! Ich kenne die
Zeit ſeiner Abreiſe nicht und müßte alſo von jetzt an in
der Wüſte liegen, bis er kommt. Wie kann ich das
bei meinem Auge, das der Pflege bedarf? Und wie
könnte ich es allein, da er doch mit Begleitung reiſen

M. K.

wird?" — „So willst du dir Beistand holen?" — „Ja. Endlich kommt dir der richtige Gedanke." — „Von wem erwartest du Hülfe? Von unseren hiesigen Freunden?" — „Von ihnen? Der Teufel fresse sie! Habt ihr nicht gesehen, daß auch sie vor mir ausspuckten? Wenn der Löwe tot ist, setzen sich alle Vögel auf sein Fell, um ihn zu verhöhnen. Nein. Der Unglückliche hat lauter Feinde, aber keine Freunde." — „Das ist nicht wahr. Du hast noch Freunde." — „So nennt sie mir doch einmal mit Namen! Jetzt, wo dieser Knabe Tarik die Königin zum Weibe bekommt, wird er Scheik des Stammes. Er ist ein Anhänger des Vicekönigs, und alle, die vorher zu uns gehalten haben, weil sie glaubten, daß ich Scheik sein würde, werden ihm den Speichel lecken. Ich habe nur einen Freund hier, einen einzigen." — „Wer ist das?" — „Suef, mein Sklave." — „Und noch zwei andere." — „Wen? Etwa ihr?" — „Ja."

Falehd lachte höhnisch auf.

„Ihr meine Freunde? Ihr werdet euch hüten, euch zu mir, dem Ausgestoßenen, dem Aussätzigen zu bekennen!" — „Das werden wir allerdings nicht thun; das wäre eine große Dummheit; aber deine Freunde sind wir trotzdem. Sage uns, in welcher Weise wir dir dienen können; wir werden es gern thun!" — „Ich traue weder dem Obersten der Teufel, noch einem einzigen seiner Unterthanen!" — „Das ist eine Beleidigung für uns!" — „Nehmt es, wie ihr wollt. Ich kann euch nichts mehr nützen, und ihr könnt mir nicht helfen." — „Vielleicht doch!" — „Nein. Ihr seid vielleicht noch hilfloser als ich selbst. Dieser Effendi wird mich laufen lassen, ohne sich weiter um mich zu bekümmern; auf euch aber hat er es abgesehen. Sobald ihr das Lager verlassen habt, wird er hinter euch her sein. Nun sagt mir, wer schlimmer daran ist, ich oder ihr?" — „Beide gleich schlimm. Darum wird es das beste sein, wenn wir uns gegenseitig unterstützen." — „Unterstützen! Drei Hilflose sich unterstützen!"

M. K.

Faleßd lachte laut auf, wurde aber schnell wieder ernst, verfiel in ein kurzes Nachdenken und sagte:

„Hm! Vielleicht habt ihr nicht ganz unrecht. Drei Schwache haben doch wohl mehr Kraft als ein Starker. Ich weiß freilich nicht, ob ich euch trauen kann!" — „Wenn du an unserer Aufrichtigkeit zweifelst, so giebst du damit nicht den Beweis großen Scharfsinnes. Masr-Effendi ist unser Todfeind, der uns verderben will. Um uns zu retten, müssen wir darauf bedacht sein, ihn unschädlich zu machen. Wir hatten alle unsere Hoffnungen auf dich gesetzt; wir waren überzeugt, daß er unter deinen Streichen fallen werde. Wir haben uns getäuscht. Nun muß uns alles willkommen sein, was geeignet ist, uns von ihm zu befreien." — „Das ist eine verständige Rede, die mir freilich die Ueberzeugung bringt, daß ich euch trauen darf. Also, ihr würdet mir helfen?" — „Ja." — „So will ich euch einen Plan mitteilen. Er ist gut, obgleich ich ihn erst vor einigen Minuten fassen konnte. Kennt ihr die Beni Suef?" — „Nein. Wir wissen nur, daß sie die grimmigsten Feinde deines Stammes sind." — „Das sind sie; ja, bei Allah, das sind sie. Ich habe sie öfters besiegt und brachte von einem solchen Siege auch meinen Sklaven mit heim, von dem ich vorhin sprach. Ich habe ihn nach dem Namen seines Stammes Suef genannt und ihn sehr gut behandelt, da ich doch zuweilen daran dachte, daß ich ihn einmal gebrauchen könnte. Jetzt ist das eingetroffen. Weil er es gut bei mir hatte, ist er mir treu und haßt die anderen Beni Sallah bis zum Tode. Man stößt mich aus dem Stamme, ich trete zu den Beni Suef über." — „Ah! Das ist's! Werden sie dich aufnehmen?" — „Fragt, ob eine Herde von Stuten den Hengst aufnehmen wird, der sie gegen die Wölfe schützt! Sie werden mich hoch willkommen heißen, und ich werde sie gegen die Beni Sallah führen." — „Nun verstehen wir dich. Du willst die Beni Sallah mit den Beni Suef über-fallen und dabei diesen Masr-Effendi gefangen nehmen?"

M. K.

— „Ja, das will ich und das werde ich." — „Möge
es dir gelingen!" — „Es gelingt. Ich wünsche euch,
ebenso überzeugt sein zu können, daß ihr dem Deutschen
entgeht." — „Das könnten wir jetzt leicht. Nimm uns
mit!" — „Daran habe ich auch schon gedacht. Die
Beni Suef sind Feinde des Vicekönigs, wie sie die
unsrigen sind. Mit ihrer Hilfe könnt ihr die Beni
Sallah besiegen und sie zwingen, gegen den Khedive zu
ziehen." — „Nun, Anderes und Besseres können wir
ja gar nicht wünschen und verlangen. Wir fragen dich
also hiermit, ob du uns mitnehmen willst." — „Gut,
ihr sollt mit mir reiten." — „Wann wirst du auf=
brechen?" — „Man hält jetzt noch Beratung. Jeden=
falls muß ich noch vor Sonnenuntergang fort, denn
wer sich bei Einbruch der Dunkelheit im Lager befindet,
ist Gast des Stammes, selbst der Ausgestoßene, er darf
nicht fortgewiesen werden." — „So wollen wir uns
immer bereit machen."

Ibrahim Pascha erhob sich von der Decke, auf der
er gesessen hatte. Der Riese aber, der sich während
dieses Gespräches immerfort das Auge gefühlt hatte, er=
griff ihn schnell am Arme, zog ihn nieder und sagte:

„Was fällt dir ein! Meinst du etwa, daß ihr mit
mir zusammen aufbrechen werdet?" — „Was sonst?" —
„Ich habe dich für klüger gehalten. Es darf ja doch
kein Mensch ahnen, daß wir uns heimlich miteinander zum
Verderben des Stammes geeinigt haben. Und sobann
ist es gewiß, daß euch, sobald ihr das Lager verlaßt,
dieser verdammte Deutsche sogleich folgen würde. Ihr
hättet ihn also hinter euch und ich ihn auch hinter mir.
Was sollte da aus unserem Plane werden!" — „Du
meinst also, daß wir heimlich abziehen?" — „Natürlich."
— „Das wird sehr schwer gehen. Vielleicht ist es ganz
und gar unmöglich. Wie können wir von hier ent=
kommen, ohne bemerkt zu werden?" — „Dafür laßt nur
mich sorgen! Horcht!"

M. K.

Eben jetzt erhob sich draußen der bereits erwähnte vielstimmige und jubelnde Ruf:

„Heil dem Könige und der Königin!"

Der Riese schlug mit der geballten Faust auf den neben ihm sich erhebenden Feuerherd, daß die Steine desselben prasselnd zusammenstürzten, und sagte:

„Da habt ihr es! Der Knabe ist König, ist Scheik und Anführer geworden. Nun können die Männer gehen!" — „Um wiederkommen und sich rächen zu dürfen!" fiel der Russe ein. — „Ja, das wollen wir, das wollen und werden wir! Nun aber bleibt uns nicht viel Zeit mehr übrig. Die Aeltesten werden bald erscheinen, um mir das Ergebnis ihrer Beratung zu verkündigen. Da muß alles besprochen sein." — „So mach' schnell, uns zu sagen, wie wir uns zu verhalten haben!" — „Ich werde das Lager verlassen, indem ich nach Norden reite, um diese Halunken hier irre zu führen. Da aber die Beni Suef im Süden von hier wohnen, werde ich bald nach dieser Richtung einbiegen. Mein Sklave wird sich freuen, wenn er hört, daß er wieder zu den Seinen darf und frei sein wird." — „Läßt man ihn denn fort?" — „Ich weiß es nicht und glaube es auch nicht. Aber das ist mir gerade lieb. Er ist jung, wird also zu den Wächtern des Lagers gehören. Ich sage ihm, wo er mich findet. Ihr packt heimlich zusammen, was euch gehört, und er wird kommen, euch abzuholen. Das ist alles, was ihr zu wissen nötig habt. Hört ihr die Schüsse und das Jubelgeschrei? Jetzt wird der neue Scheik mit der Königin auf der Ruine erscheinen, um sich dem Stamme zu zeigen. Dem Stamme? Ach, wir wollen nicht vergessen, daß dies hier das Lager nur eines Teiles des Stammes ist. Die Oase ist nicht so groß, daß sie alle Beni Sallah zu fassen vermöchte. Wir aber kommen mit sämtlichen Beni Suef zurück. Es wird uns also leicht sein, das Lager zu besiegen. Doch horch! Man kommt!"

Draußen ließen sich in der That Schritte vernehmen,

M. R.

und dann wurde der Name des Riesen gerufen. Er trat
vor das Zelt, wo die Aeltesten des Stammes, begleitet
von vielen anderen Beduinen, standen.

„Tretet ein!" sagte Falehd höhnisch=freundlich zu ihnen.
— „In das Zelt eines Ehrlosen tritt kein Sohn der
Beni Sallah," antwortete der alte Kalaf. „Wir sind
gekommen, dir unseren Beschluß zu verkündigen." — „Er
wird von Weisheit triefen, wie das Maul eines Ka=
mels, wenn es aus der Pfütze getrunken hat!" — „Du
verhöhnst uns, trotzdem wir dir Gutes zugedacht haben.
Um so größer wird Allah die Barmherzigkeit ansehen, die
wir dir erweisen wollen. Du wirst das Lager verlassen
in der Zeit, die von den Abendländern eine Stunde ge=
nannt wird." — „Ich werde sehr gern noch eher gehen."
— „Eigentlich müßtest du gehen, so wie du hier stehst,
denn alles, was ein Ausgestoßener besitzt, das fällt dem
Verwandten anheim." — „Wer ist der Verwandte?" —
„Die Königin. Du warst ihr Schwager." — „Also
wird Tarik, das Kind, sich an meinem Eigentume er=
götzen?" — „Er ist Nachfolger des verstorbenen Scheik."
— „Er mag meine Herden fressen, bis er vor Fett
zerplatzt. Dann wird er selbst von den Hyänen verzehrt
werden. Das ist meine Weissagung." — „Schimpfe
immerhin den, der dir Gutes thut! Du müßtest eigentlich
mit deinen Füßen das Lager verlassen; aber die Ver=
sammlung erlaubt dir, das beste deiner Reitkamele mitzu=
nehmen. Auch sollst du zwei Lastkamele mit vollen
Wasserschläuchen erhalten, denn du bist verwundet und
brauchst in der Wüste viel Wasser, um dein Auge zu
kühlen." — „Oh, ich habe auch noch anderes zu kühlen,
als nur das Auge, und dazu brauche ich mehr als nur
Wasser." — „Du sollst noch zwei weitere Kamele er=
halten, um Mehl, Salz und Datteln und auch dein Zelt
zu tragen, damit du nicht Hunger leidest und eine
Wohnung hast in der Wüste. Das ist es, was wir dir
schenken." — „Ich danke euch! Ihr seid barmherzig.
Ihr schenkt mir den Kern einer Dattel, behaltet aber die

M. K.

„In das Zelt eines Ehrlosen tritt kein Sohn der
Beni Sallah." (Seite 300.)

M. K.

ganze fruchttragende Palme für euch. Möge dafür die
Hölle euer Lohn sein in alle Ewigkeit!" — „Jetzt weißt
du, was wir wollen. Ist die Stunde abgelaufen, und
du befindest dich noch im Lager, so wirst du fortge=
wiesen, ohne etwas mitnehmen zu dürfen. Allah lenke
deine Schritte, damit du nicht einem Beni Sallah be=
gegnest!" — „Ich würde ihn töten!" — „Du wirst keine
Waffen mitnehmen dürfen, als nur allein das Messer.
Einer Schlange nimmt man, wenn man sie leben läßt,
das Gift, damit ihr Leben niemand in Gefahr bringen
kann." — „Soll ich etwa allein gehen?" — „Frage,
ob jemand dich begleiten will." — „Ich soll ein Reit=
kamel haben und vier Lastkamele. Ein einzelner Mann
ist zu wenig für fünf Tiere." — „Du bist ehrlos. Wer
mit dir geht, wird auch ehrlos. Niemand wird dich
begleiten wollen." — „Suef, mein Sklave, wird es."
— „Er wird es nicht!" — „Ich befehle es ihm!" — „Du
hast ihm nichts mehr zu befehlen; er ist nicht mehr dein
Eigentum." — „Gehört auch er jetzt Tarif?" — „Ja."
— „So wünsche ich diesem Knaben Tarif, daß er an
dem Sklaven seine Freude erleben möge. Packt euch
nun fort! Ich habe euch nun lange genug die Gnade
meines Anblicks erwiesen. Ihr werdet mich nur dann erst
wiedersehen, wenn ich komme, um über euch Gericht zu
halten. Dann werdet ihr wünschen, tot zu sein, denn
das ist besser, als sich in meinen Händen zu befinden."
— „Wir lachen deiner Drohung. Du gleichst dem
Krokodil, dem man Kopf und Schwanz abgehackt hat,
es kann weder leben noch schaden."

Kalaf wandte sich um, und die Aeltesten mit ihm.
Sie hatten jetzt mehr zu thun, um länger hier bei diesem
obstinaten Menschen verweilen zu können. Die Neuwahl
eines Scheiks ist von so großem Einflusse für das Schicksal
und das Wohlergehen des Stammes, daß ein solcher Tag
stets mit außergewöhnlichen Feierlichkeiten und Festivitäten
begangen wird. Die Aeltesten hatten die dazu nötigen
Arrangements zu treffen.

    M. K.

17. Kapitel.

Die beiden Personen, die sich im Lager der Beni Sallah in der gehobensten Stimmung befanden, waren natürlich die Königin und Tarik. Aber auch die Verwandten derselben wurden von demselben Glücksgefühl ergriffen. Selig fühlte sich besonders auch Hilal. Die Worte, die Hiluja in der Nacht droben auf der Ruine zu ihm gesprochen hatte, klangen ihm immer noch wie Sphärenmusik in den Ohren. Es war ihm, als ob er gar nicht daran glauben dürfe.

Vorher hatte ihm die Sorge um den Zweikampf nicht völlig Raum gelassen, um an Hiluja zu denken, jetzt aber, wo diese Sorge gehoben war, kehrte der Gedanke an die Geliebte mit voller Macht zurück. Es trieb ihn hinauf zu der Ruine, und während die Menge an der einen Seite derselben ihr „Heil, Heil' erschallen ließ, kroch er unbemerkt in den verborgenen Eingang hinein und stieg die Treppe empor, die er gestern den beiden Deutschen gezeigt hatte. Von da aus gelangte er in die Wohnräume der Königin. Diese letztere war mit Tarik hinausgegangen, um sich den Jubelnden zu zeigen. Und da, wo sie mit ihm vor wenigen Sekunden gekost und gesprochen hatte, da stand, unentschieden, ob sie den beiden folgen solle oder nicht, Hiluja.

Sie hatte sich, wie bereits erwähnt, rücksichtsvoll zurückgezogen, war aber nun wieder eingetreten, nicht ahnend, daß sich noch jemand hinter ihr befinde. Darum erschrak sie, als sie den Eintretenden erkannte. „Ich glaubte dich unten bei den anderen.“ — „Nun siehst du mich hier und erschrickst darüber?“ — „Ueber dich nicht. Ich wußte nur nicht, daß jemand da sei. Wo ist mein Vater?“ — „Noch unten. Doch wird er jedenfalls bald kommen. O, Hiluja, ich danke Allah, daß alles so abgelaufen ist. Wer hätte das denken sollen!“ — „Der Riese besiegt!“ — „Mein Bruder Scheif!“ — „Meine

M. K.

Schwester seine Braut!" — „Das ist eine Wonne! Weißt du, Hiluja, daß ich jetzt der Schwager deiner Schwester werde?" — „Und ich die Schwägerin deines Bruders!" — „Ich glaube, dann bin ich auch mit dir verwandt!" — „Und ich mit dir!"

Beide lachten einander ganz glückselig an. Dann fragte Hiluja:

„Wie aber wird unsere Verwandtschaft zu nennen sein?" — „Wohl Schwager und Schwägerin?" — „Ja, das meine ich auch, aber das ärgert mich." — „Warum?" — „Deine Schwester ist bereits meine Schwägerin. Wozu soll ich da noch eine zweite haben?" — „Ja, und da dein Bruder mein Schwager ist brauche ich dich eigentlich nicht auch als solchen." — „Also meinst du, daß es besser wäre, wenn wir miteinander nicht verwandt geworden wären?" — „O doch! Aber es müßte ein anderer Grad der Verwandtschaft sein." — „Welcher ungefähr?" — „Nun, Vetter vielleicht?" — „O nein! Das wäre ja eine noch entferntere Stufe!" — „Du wünschest also eine nähere?" „Ganz gewiß." — „Es ist möglich, daß dies hübscher wäre. Aber was ist näher als Vetter und Schwager?" — „Das weißt du ganz gewiß. Welches ist denn wohl der nächste Grad der Verwandtschaft?" — „Vater und Sohn, Mutter und Tochter. Nicht?" — „Geh' doch, Hiluja! Soll ich etwa dein Sohn sein?" — „Oder ich deine Tochter? Nein!"

Beide lachten einander wieder seelenvergnügt in das Gesicht. Dann ergriff Hilal die Hand Hilujas, zog sie ein wenig näher und fragte:

„Was muß denn eigentlich erst vorhanden sein, ehe es Sohn und Tochter geben kann?" — „Meinst du etwa Vater und Mutter?" fragte Hiluja in wunderbar gut gespielter Naivität.

„Ja freilich. Die Eltern müssen doch erst da sein.

„Und das ist die allerliebste Verwandtschaft, die es nur geben kann. Höre, Hiluja, wir wollen weder Vetter noch Muhme, weder Schwager noch Schwägerin, sondern

M. K.

Eltern sein!" — „Das ist nicht gut möglich!" — „Freilich ist es möglich! Du die Mutter und ich der Vater." — „Von wem denn?"

Hiluja war bei Hilals letzten Worten sehr rot geworden. Er antwortete, beherzt anfangend:

„Von — von — nun, von —"

Hilal konnte nicht weiter und stockte. Er sah erst jetzt ein, in welch eine dumme Gasse er sich verlaufen hatte. Auch er wurde rot, doch war er geistesgegenwärtig genug, um sich so leicht nicht verblüffen zu lassen, und fuhr sogleich in entschiedenem Tone fort:

„Nein, das ist nichts, das geht nicht. Diese Verwandtschaft ist doch wohl ein wenig zu nahe. Höre, Hiluja, ich weiß wirklich nicht, was ich eigentlich habe sagen wollen." — „Wenn du es nicht mehr weißt," scherzte sie, „so hast du wohl überhaupt gar nichts sagen wollen?" — „O nein! Ich wollte dir im Gegenteil sehr, sehr vieles sagen, Hiluja." — „So sage es doch!" — „Das ist unmöglich. Die Zeit ist zu kurz." — „Ist denn das, was du sagen wolltest, gar so lang?" — „Ganz ungeheuer lang!" — „Wie lange Zeit also brauchtest du wohl dazu?" — „Mein ganzes Leben." — „Da bin ich doch neugierig. Darf ich denn nicht wenigstens einen kleinen Anfang hören?" — „Ja, gern." — „Wie lautet er denn?" — „Er lautet: Hiluja, ich bin dir unbeschreiblich gut!"

Hilal zog sie dabei warm an sich und legte seine Lippen auf ihren Mund. Sie aber erwiderte ganz ohne Scheu seinen Kuß, strich leise mit der Hand über die gebräunte Wange und flüsterte:

„Ist es denn wahr, daß du mir so sehr gut bist?" — „So sehr, daß es gar nicht zu beschreiben ist!" —

Da nickte sie ihm wonnevoll zu und sagte:

„Auch ich hatte nur den einen Wunsch, von dir geliebt zu sein. Nun ist er mir erfüllt." — „So gebe Allah seinen Segen, sonst werden wir niemals vereinigt sein." — „Wieso?" — „Der Vater liebt mich nicht."

— „Wie wäre dies möglich! Ist er doch nur erst diese wenigen Stunden hier!" — „Und dennoch habe ich es bemerkt. Vorhin, wenige Augenblicke bevor ich zu dir kam, stand ich an der Mauer, und er schritt langsam mit einem der Aeltesten vorüber. Dabei warf er einen kalten, stolzen, finsteren Blick auf mich und sagte in einer Weise, daß ich einsehen mußte, es gelte mir: „Badija ist ihm geschenkt. Mit Hiluja wäre dies unmöglich. Sie ist bereits versprochen."

„Wie? Das hat er gesagt?" fragte das junge Mädchen erschrocken. „Ich habe noch kein Wort davon vernommen." — „Er würde es doch nicht sagen, wenn es nicht wahr wäre!" — „So hat er es ohne mein Wissen gethan. Von meinem Vater aber sollte mich dies sehr wundern, da er mich so innig liebt." — „Vielleicht hat er es gerade deshalb gethan. Derjenige, dessen Weib du werden sollst, ist vielleicht ein berühmter Scheik oder Krieger." — „Was geht das mich an! Ich liebe dich. Nicht die Berühmtheit macht glücklich, sondern nur die Liebe allein."

„Vielleicht handelt er auch im Interesse seines Stammes?" — „Das gilt mir gleich. Ich liebe dich; das ist mein Interesse!" — „Wenn er dich nun zwingen wollte?" — „Ich würde nicht gehorchen, ich lasse mich nicht zwingen."

Hiluja sagte das in festem, bestimmten Tone. Da zog er sie mit dem einen Arm an sich, strich mit der anderen Hand liebkosend das reiche Haar und erwiderte in beruhigendem Tone:

„Der Prophet spricht: ‚Der Segen der Eltern ist die oberste Stufe zum Paradiese." — „So meinst du, daß ich gehorchen soll?" — „Ja, das meine ich."

Zornig riß sie sich von ihm los.

„Das kannst du mir sagen! Du, du?" — „Ich muß es sagen, meine liebe, liebe Hiluja." — „So liebst du mich nicht." — „Mehr als je, wenn dies überhaupt möglich wäre." — „Wie kannst du dann so ruhig denken,

M. K.

daß ich einem anderen gehören soll?" — „Ruhig?" fragte
er. „Meinst du wirklich, daß ich ruhig bin? Denkst du,
daß ich leben möchte ohne dich?" — „Du sagtest doch,
daß ich gehorchen solle." — „Ja, das sagte ich, und ich
sage es auch jetzt noch, denn im Koran steht geschrieben:
‚Wohl dem Kinde, das dem Vater gehorcht. Gott wird
ihm das gebrachte Opfer tausendfach anrechnen.' Bist du
nicht auch dem Stamme schuldig, dem Vater zu gehorchen?"
Sie schwieg.

„Bitte, antworte mir." — „Warum bist gerade du
es, der mir dies sagt?" — „Weil ich es am ehrlichsten
und aufrichtigsten mit dir meine." — „Und weil du mich
am wenigsten liebst." — „Das sprichst du wieder, ohne
es zu glauben. Es ist meine Pflicht, dir dies alles zu
sagen. Aber meine nicht, daß ich dich ohne Kampf auf=
geben würde. Ich werde mit deinem Vater reden."
— „Wann? Bald? Heute noch?" fiel sie schnell und
in freudigem Tone ein. — „Nein, so schnell nicht. Das
wäre übereilt und unvorsichtig. Er soll mich erst kennen
lernen." — „Und wenn er dich abweist?" — „So werde
ich ihn nach den Gründen fragen." — „Wenn er sich
aber weigert, sie dir zu sagen?" — „Ich bin ein Mann,
dem er wohl Rede stehen wird. Thut er es nicht, so er=
kenne ich seine Gründe nicht an und nehme dich zum
Weibe auch gegen seinen Willen." — „Mein lieber, lieber
Hilal!" jubelte sie auf. „Würdest du das wirklich thun?"
— „Ja, ich thäte es." — „Wenn er dir aber seine
Gründe sagte?" — „So käme es darauf an, ob ich sie
anerkenne oder nicht. Im letzteren Falle würde ich nicht
von dir lassen, im ersteren aber würde ich zu demjenigen
gehen, dem du bestimmt bist, und mit ihm um dich
kämpfen; deinem Vater aber würde ich keinen Widerstand
leisten." — „Allah sei Dank! Mein Herz ist wieder
leicht." — „Ja, du verstandest mich falsch." — „Jetzt
glaube ich wieder, daß du mich lieb hast." — „Hast du
denn gar keine Ahnung, für wen er dich bestimmt haben
könnte?" — „Ich könnte mir nur einen denken." —

„Wer ist das?" — „Der Sohn des Scheiks der Mescheer. Dieser Scheik war vor einem Jahre bei uns im Lager. Er fand Wohlgefallen an mir und erzählte mir sehr viel von seinem Sohne Mulei Abarak." — „Mulei Abarak? Wehe, wehe!" — „Was ist's? Kennst du ihn?" — „Ich habe ihn nicht gesehen, aber desto mehr von ihm gehört. Er hat bereits mehrere Frauen gehabt, sie aber alle fortgeschickt, wenn er ihrer überdrüssig war. Diesem also sollte dein Vater dich bestimmt haben?" — „Ich wüßte keinen anderen." — „Davor möge ihn und dich Gott behüten." — „Das würdest du also wohl nicht dulden?" — „Nein. Ich würde mit diesem Menschen kämpfen. Und wenn ich auch kein Held bin wie Masr-Effendi, so weiß ich doch, daß ich ihn besiegen würde. Horch! Hörst du die Rufe?" — „O Spott, o Schande, o Fluch!" erscholl es von unten herauf bis ins Innere der Ruine. — „Der Riese zieht ab," erklärte Hilal. — „Das müssen wir sehen. Komm!" — „Erst einen Kuß."

Hilal zog sie nochmals an sich, und ihre Lippen vereinigten sich in einem langen, langen Kusse.

Dies gab einem Lauscher Zeit, sich unentdeckt entfernen zu können.

Als nämlich Tarik und der Königin von seiten der Lagerbewohner die Ovation gebracht wurde, war der Scheik der Beni Abbas, Hilujas Vater, nach der Ruine gekommen, um an der Seite des glücklichen Paares Platz zu nehmen, und während Tarik dann mit der Braut hinabstieg, um verschiedene Wünsche seiner nunmehrigen Unterthanen entgegenzunehmen, hatte der Scheik sich in das Innere der Ruine begeben.

Seine Schritte wurden durch die weichen Sandalen, die er trug, unhörbar gemacht. Die Thür des Gemaches, in dem sich Hilal mit der Geliebten befand, war offen geblieben, und so hörte der Vater der letzteren bereits von weitem die Stimmen der beiden Liebenden.

Er schlich sich nun ganz dicht an den Eingang heran, lauschte und wurde vom ersten bis zum letzten Worte

M. K.

Zeuge ihres Gespräches, bis endlich der erwähnte Kuß ihm Zeit gab, sich schnell zu entfernen. Als Hilal und Hiluja ins Freie traten, stand er bereits an der Brüstung, an ganz derselben Stelle, wo wunderbarer Weise in letzter Nacht die beiden Schwestern den beiden Brüdern ihre Liebeserklärung gemacht hatten.

Aber obwohl er sich Mühe gab, eine möglichst gleichgültige Haltung und Miene anzunehmen, faßte Hilal,

dessen Blick ihn forschend überflog, doch Verdacht. Ehrerbietig trat er mit Hiluja zu ihm heran und fragte:

„Erlaubst du, daß ich auch hier stehen bleibe?" — „Wer könnte es dir verwehren?" — „Du." — „Ich bin nur Gast." — „Eben als solcher hast du mehr Rechte, als ich, besonders da ich dich bereits gestört habe." — „Wieso?" — „Du wolltest zu Hiluja und tratest doch nicht ein, weil ich mich bei ihr befand." — „Du irrst." —

M. K.

„Ich hörte deinen Schritt." — „Du irrst doch." — „So ist es ein anderer gewesen. Wir sprachen von fernen Stämmen, auch von den Mescheer Beduinen und von Mulei Abarak."

Die Stirn des Scheiks zog sich in Falten, und sein Gesicht rötete sich.

„Warum sagst du mir das?" fragte er. — „Ich denke, du kennst ihn?" — „Das ist noch kein Grund, mir zu sagen, daß ihr von ihm gesprochen habt." — „Du hast sehr recht. Er ist ein Mann, von dem man überhaupt gar nicht sprechen sollte." — „Ah! Kennst du ihn so genau?" — „So genau, daß ich vielleicht einmal mit ihm zusammengerate." — „So nimm dich in acht!" — „Hilal braucht sich nicht zu fürchten," fiel Hiluja schnell ein. „Er ist stark und mutig." — „Weißt du das so genau?" — „Ja, und da er mich beschützt hat, solltest auch du nicht zweifeln."

Dieser Vorwurf traf den Scheik am richtigen Orte, denn er war ein braver Mann und liebte seine Tochter. Uebrigens hatte auch die belauschte Unterredung einen tiefen Eindruck auf ihn gemacht. Um sich jetzt aus der augenblicklichen Verlegenheit zu ziehen, deutete er hinaus und sagte:

„Ihr habt den Riesen nicht das Lager verlassen sehen. Dort reitet er."

---

18. Kapitel.

Ungefähr eine halbe englische Meile vom Lager entfernt, sah man in der That den Riesen traben. Er saß auf dem Reitkamele, und die Packkamele folgten ihm, immer eins an den Schwanz des anderen gebunden, nach.

Eben jetzt kam Steinbach die Stufen emporgestiegen und blieb bei dem Scheik, Hiluja und Hilal stehen, um auch seinerseits den Riesen eine kleine Weile mit seinen Blicken zu verfolgen.

M. K.

„Er reitet gerade gegen Norden," meinte er. „Ahnst du, weshalb er dies thut, Hilal?" — „Nein." — „So denke darüber nach!" — „Es ist mir gleichgültig, wohin ein Ausgestoßener sich wendet. Er mag reiten, wohin er will." — „Mir aber ist es nicht gleichgültig, wohin einer sich wendet, der dem Stamme Rache geschworen hat." — „Ah! Hat er das wirklich?" — — „Hast du es denn nicht gehört? Kennst du die Gegend, der er entgegenreitet?" — „Ich kenne die Wüste viele Tagereisen im Umkreise." — „Giebt es dort im Norden Oasen?" — „Nein; Falehd müßte denn fünfundzwanzig Tage weit in gerader Richtung fortreiten." — „Das kann er nicht. Ich denke, dort gegen Norden liegen die großen Sodaseen." — „Sie liegen fünf Tagereisen von hier. An ihren Ufern wächst kein Halm; in ihrem Wasser giebt es kein lebendes Tier, und von den weißen, salzigen Flächen prallt der Strahl der Sonne so scharf ab, daß er das Auge blendet. Wer längere Zeit dort bleibt, muß erblinden. Dort ist auch das Thal der Verdammten." — „Es kann also wohl kaum seine Absicht sein, dorthin zu reiten." — „Ganz und gar nicht." — „Er will uns nur irre leiten und über seine eigentliche Absicht täuschen. Nach Norden will er sicherlich nicht. Nach Osten, woher ich gekommen bin, kann er auch nicht; denn lange, bevor er noch an einen Brunnen käme, hätte er sein Wasser verbraucht. Wer aber wohnt im Westen von unserem Lager?" — „Lauter Freunde von anderen Abteilungen unseres Stammes. Ich habe bereits Boten dahin abgesandt mit der Nachricht, daß Falehd ausgestoßen ist." — „Sie würden ihn also nicht aufnehmen?" — „Sie würden ihn töten, wenn er es wagte, ihr Lager durch seine Gegenwart zu verunreinigen." — „Hm! Und wer wohnt im Süden?" — „Die Beni Suef." — „Ah, die Beni Suef! Ich habe von ihnen gehört. Sie sind räuberische, ruhelose Leute, mit denen ihr bereits manchen Strauß ausgefochten habt. Ihr lebt auch jetzt noch in Feindschaft mit ihnen?"

M. K.

— „Ja. Wir haben mehrere Bluträcher bei uns und bei ihnen; es muß also Blut fließen." — „So ist mit Gewißheit anzunehmen, daß Falehd sich zu ihnen wendet." — „Das ist möglich. Weshalb macht er aber den Umweg?" — „Um uns zu täuschen, wie ich bereits sagte." — „Das wäre ganz unnötig. Wir hätten ihn nicht gehalten, selbst wenn er es uns offen gesagt hätte, daß er zu ihnen wolle." — „Ihr hättet dann gewußt, wo er sich befindet, und eure Maßregeln treffen können. Da er aber so hinterlistig handelt, folgt daraus die feste Gewißheit, daß er Rache im Schilde führt. Ich möchte wetten, daß er die feste Absicht hat, die Beni Suef gegen euch aufzustacheln." — „Sie sind es bereits; er hat also nicht nötig, es erst noch zu thun."

„Du scheinst diese Sache sehr leicht zu nehmen." — „Nein. Aber wir sind in jedem Augenblick, bei Tag und ebenso bei Nacht, von den Beni Suef bedroht, gerade wie sie von uns. Man wird dadurch diese Gefahr so gewöhnt, daß man zwar noch auf sie achtet, nicht aber mehr von ihr spricht." — „Wie weit lagern die Suef von hier?" — „In zwei Tagen kannst du sie auf einem Reitkamele erreichen. Ein Lastkamel braucht ganz sicher drei volle Tagereisen." — „Das ist nahe genug. Nehmen wir uns in acht." — „Habe keine Sorge! Du bist sicher bei uns! Du befindest dich ja in unserer Mitte."

Das klang so selbstbewußt und sonderbar, daß Steinbach laut auflachte und fragte: „Glaubst du, daß ich vor irgend jemandem oder vor irgend etwas Angst haben könnte?" — „Verzeihe, Effendi!" entgegnete Hilal errötend. — „Du bist," fuhr Steinbach, noch immer lachend, fort, „in der That auf einmal ein noch viel größerer Held geworden, als du bereits vorher warst. Das ist aber begreiflich, denn wenn der Adler seine Frau zu beschützen hat, fühlt er stets doppelte Kraft und dreifachen Mut in sich."

Da wurde Hilals Gesicht noch viel röter als vorher und glühte förmlich. Er sah sich ja von Steinbach
M. L.

durchschaut. Auch Hiluja fühlte ganz dasselbe, und da sie eben jetzt unten die Schwester erblickte, die von Tarik begleitet wurde, sagte sie zu dem Geliebten:

„Tarik winkt. Laß uns hinabgehen!"

Tarik hatte nun freilich nicht gewinkt, dennoch gingen sie hinab, sodaß der Scheik mit Steinbach allein zurückblieb. Letzterer ergriff sofort die Gelegenheit, zu Gunsten der Liebenden einige Worte zu sprechen. Lächelnd blickte er beiden nach und sagte:

„Ein schönes Paar! Gerade als ob Allah sie füreinander bestimmt hätte!" — „Hat er sie füreinander bestimmt, so kann kein Mensch widerstehen, auch ich nicht." — „Sein Wille geschehe!" — „Der wohl auch der meinige ist." — „Du haßt Hilal?" — „Nein." — „Fast hat es mir so geschienen." — „Nein, denn er ist ein braver Mann. Ich habe ihn soeben belauscht, als er mit meiner Tochter sprach, was du ihm übrigens nicht wieder zu sagen brauchst. Sie sprachen von ihrer Liebe zu einander, und daß ich Hiluja wohl bereits für einen anderen bestimmt haben könnte; während Hiluja aber meinte, daß sie widerstreben werde, machte er sie auf den Koran und die Worte des Propheten aufmerksam, die dem Kinde befehlen, dem Vater und Erzeuger Gehorsam zu erweisen." — „Ah! Das hätte er gethan?" — „Ja. Ich habe es mit meinen eigenen Ohren gehört." — „Das freut mich herzlich, ich habe Hilal immer für einen sehr braven Menschen gehalten, aber eine solche Selbstlosigkeit hätte ich ihm doch nicht zugetraut." — „O, er sprach dann freilich davon, daß er mit dem Mescheer kämpfen wolle, was mir wirklich leid thut, denn ich habe allerdings Hiluja dem Mescheer bestimmt, und er wird sie erhalten."

Hilujas Vater hätte vielleicht noch weiter über diesen Gegenstand gesprochen, aber unten an den Stufen, an denen die beiden Geschwisterpaare mit dem alten Kalaf standen, schien sich soeben eine kleine Scene vorbereiten zu wollen. Nämlich Ibrahim Pascha und der

M. K.

Russe näherten sich dem angegebenen Orte, und es war ihren Mienen wohl anzusehen, daß sie irgend eine Absicht hegten. Darum stieg auch Steinbach schnell zu ihnen hinab.

„Wir hören," sagte unterdessen der Pascha, indem er einen halb und halb ironischen Blick auf Tarik warf, „daß der glorreiche und berühmte Stamm der Beni Sallah einen neuen Scheik erhalten hat, und sind gekommen, ihm unsere Freundschaft und Ergebenheit zu bezeugen."

Tarik, der in seinem unscheinbaren Gewande vor dem Sprecher stand, ließ sich nicht aus der Fassung bringen. Mit der Würde eines Mannes, der bereits fünfzig Jahre lang Scheik gewesen ist, antwortete er:

„Ihr seid unsere Gäste und thut also wohl daran, uns eure Aufmerksamkeit und Höflichkeit zu erweisen. Die Ergebenheit, von der ihr sprecht, verlangen wir jedoch nicht. So hohe Männer, wie ihr seid, können uns armen Söhnen der Wüste nicht ergeben sein, und was eure Freundschaft anbelangt, so hoffen wir, daß ihr sie uns beweisen werdet, auch ohne viel von ihr zu reden."

Das war zweifellos sehr brav gesprochen, und das hatten die zwei Kumpane diesem Manne, der in dem mit einem alten Stricke zusammengebundenen Linnen vor ihnen stand, wohl schwerlich zugetraut, denn sie schauten ganz verblüfft drein, von ihm eine Antwort zu bekommen, die ihnen ein routinierter Diplomat nicht besser hätte geben können. Tarik wandte sich gleich darauf, zum Zeichen, daß nach seiner Meinung die Unterredung zu Ende sei, halb ab, da aber erwiderte der Pascha:

„Verzeihe! Wir haben allerdings das Verlangen, euch von unserer Freundschaft zu überzeugen, und hoffen, daß uns dies von euch nicht so sehr erschwert werde wie bisher." — „Erschwert? Wieso?" — „Ihr habt euch nicht in allem als Freunde gegen uns gezeigt." — „Du siehst mich verwundert! Haben wir euch nicht aufgenommen, euch Obdach, Essen und Trinken gegeben?

M. K.

Hungert ihr? Dürstet ihr?" — „Nein. Aber ihr habt
mir mein Weib genommen!" — „Wir haben sie dir
nicht genommen, sondern sie ist freiwillig zu uns ge=
kommen. Sie ist unser Gast, ebenso gut, wie du es bist,
und wir müssen ihren Willen thun, so wie wir den
deinigen erfüllen würden." — „Ihr habt ihr alle
Wünsche, nicht aber die meinigen erfüllt." — „Ver=
gleiche dich mit ihr, wenn ihr unsere Zelte verlassen
habt. Jetzt wohnt sie noch unter unserem Schutze." —
„Sie wird euch niemals zu gleicher Zeit mit mir ver=
lassen. Sie ist für mich verloren." — „So hast du es
nicht verstanden, ihre Liebe zu gewinnen; wir können
nichts dafür." — „Sodann habt ihr mir meinen Diener
genommen!" — „Davon weiß ich nichts. Sprich hier
mit Masr=Effendi, bei dem sich derjenige aufhält, von
dem du redest."

Der Pascha blickte Steinbach erstaunt an. Es war
ihm ganz und gar nicht lieb, an diesen gewiesen zu
werden. Er fragte daher in feindseligem Tone:

„Bei Dir ist er? Wirklich?" — „Ehe ich ant=
worten kann, muß ich erst wissen, von wem die Rede
ist." — „Von Saïd, meinem Arabadschi." — „Der be=
findet sich allerdings bei mir." — „Du hast ihn mir
abspenstig gemacht?" — „Nein. Er kam zu mir und
bat mich, ihn bei mir aufzunehmen. Ich habe ihm diese
Bitte erfüllt." — „Das durftest du nicht. Er war
mein Diener!" — „Kannst du das beweisen?" — „Ja."
— „Womit?" — „Frage Zykyma, sie wird es mir
bezeugen." — „Das hat sie bereits gethan. Sie hat
gesagt, daß er dein Diener gewesen sei." — „So schicke
ihn zu mir zurück!" — „Er will nicht, und er hat
auch keinen Augenblick nötig, länger bei dir zu bleiben.
Du hast ihm weit über ein Jahr lang keinen Lohn be=
zahlt." — „Ich werde ihn bezahlen!" — „Das glaubt
er nicht. Er schenkt dir das Geld und bleibt lieber bei
mir. Darüber kannst du nur froh sein!" — „Der Hund!"
— „Schimpfe meinen Diener nicht, wenn du nicht zu=

M. K.

gleich mich beleidigen willst!" — „Ich durchschaue dich. Du bist voller Feindschaft gegen uns, du klagst uns wegen Sachen an, von denen wir gar nichts wissen, du möchtest uns am liebsten ganz verderben, wir aber wissen keinen einzigen Grund dazu und sind ganz im Gegenteile erbötig, dir alle Aufmerksamkeit und jeden Gefallen zu erweisen." — „Das redet ihr nur. Ich kenne euch." — „Nein! Gieb uns Gelegenheit, dir einen Gefallen zu erweisen, so werden wir es sofort thun." — „Nun wohl, ich will euch zeigen, daß dies bloß Heuchelei ist!" ent= gegnete Steinbach und fuhr dann, sich an den Russen wendend, fort: „Du bist natürlich mir ebenso zu Diensten erbötig, wie dein Gefährte hier?" — „Ja, sehr gern!" — „So beantworte mir die eine Frage: „Wo befindet sich gegenwärtig Gökala?"

Der russische Graf erschrak. Diese direkte Frage hatte er nicht erwartet. Doch er raffte sich schleunigst zusammen und antwortete, eine möglichst verwunderte Miene annehmend:

„Gökala? Wer ist das?" — „Ah, du kennst die nicht, die mit im Harem des Sultans war, und die ihr dann fortschlepptet, nachdem ihr mich getötet zu haben glaubtet?" — „Du siehst mich im höchsten Grade er= staunt. Von allem, was du hier sagst, verstehe ich kein Wort." — „Pah! Mein Diener ist mit euch von Konstantinopel bis Alexandrien gefahren und forscht weiter. Ich habe dich gefunden, und er wird Gökala finden."

Ueber das Gesicht des Grafen glitt es wie Schaden= freude und Besorgnis zugleich.

„Ich verstehe dich wirklich nicht," antwortete er, „aber wenn alles wirklich so wäre, wie du sagst, so wäre ich wohl auch der Mann dazu, Gökala dahin zu bringen, wohin deine Nase nicht riechen dürfte, ohne sich in Gefahr zu befinden, dir verloren zu gehen. Du bist von einer fixen Idee besessen, und da du bei deinen Phantasien bleibst, so wollen wir uns keine weitere Mühe geben, dich zu kurieren. Allah ist reich an Gnade und Erbarmen;

M. K.

wenn es ihm beliebt, wird er dein Gehirn wieder in Ordnung bringen, auch ohne daß wir uns dabei anstrengen."

Die beiden Biedermänner wandten sich ab und entfernten sich. Steinbach blickte ihnen nachdenklich nach. Es lag ihm fern, sich über ihr Verhalten und ihre Worte zu ärgern. Obwohl er mit ihnen eine Partie Schach spielte, bei der viel, sehr viel, vielleicht sein ganzes Lebensglück gewonnen oder verloren werden konnte, hatte er doch Objektivität genug, sich selbst durch solche Niederträchtigkeiten nicht aus der Fassung bringen zu lassen. —

Indessen war der Kamelzug des Riesen dem Horizonte näher gekommen und hatte bis jetzt die ursprüngliche Richtung nach Norden beibehalten. Die Sonne hatte die größte Strecke ihres Tagebogens zurückgelegt und begann bereits sich zur Rüste zu neigen. Da bestieg Steinbach, von den beiden Söhnen des Blitzes gefolgt, wieder die Ruine, beschattete mit der Hand die Augen und verfolgte mit scharfem Blicke den kleinen Zug des Riesen, und auch die anderen thaten, dadurch aufmerksam gemacht, dasselbe. Die Tiere Falehds waren bald nicht mehr voneinander zu unterscheiden und bildeten nur noch einen einzigen Punkt, der scheinbar die Größe einer Erbse hatte und nur von einem höchst scharfen Auge von der grauduftigen Linie des Horizontes zu unterscheiden war. Plötzlich kauerte Steinbach nieder und legte das Gesicht an die Seite eines hohen Steinquaders, dessen eine obere Kante für ihn eine feste, unverrückbare Visierlinie bildete, mit der er die langsame Bewegung des erwähnten erbsengroßen Punktes vergleichen konnte.

Normann beobachtete ihn dabei.

„Sie glauben wohl, daß er schon jetzt von seiner Richtung abweicht?" fragte er. — „Ich glaube es nicht nur, sondern ich sah es bestimmt." — „Da müssen Sie ein ungeheuer scharfes Auge haben." — „Das habe ich auch. Nur konnte ich mich vorhin irren, denn ein Blick aus freier Hand ist, wenn ich mich dieses Ausdruckes bedienen kann, immer der Täuschung unterworfen. Darum visiere

M. K.

ich jetzt und bemerke nun, daß sich der Riese bereits nach links wendet. Er mag wohl denken, daß wir ihn nicht mehr zu sehen vermögen." — „Also haben Sie doch recht mit Ihrer vorhin ausgesprochenen Vermutung, daß er uns mit seiner zuerst eingeschlagenen Richtung irre leiten will." — „Das ist sicher. Aus der Schnelligkeit, mit der sich der Punkt jetzt bewegt, ist zu schließen, daß er galoppiert. Er wird das freilich nicht lange aushalten können." — „Sie meinen, daß seine Lastkamele ermüden?" — „Das nicht. Aber sein Auge ist so beschädigt, daß sich durch die Anstrengung des Rittes das Wundfieber sehr bald einstellen wird. Dann ist er gezwungen, ein langsameres Tempo einzuschlagen oder gar inne zu halten. Ich habe sehr große Lust, ihn noch ein wenig zu beobachten." — „Warum?" fragte Tarik. — „Um zu wissen, ob er wirklich, wie wir vermuteten, einen Halbkreis bis nach Süden beschreibt." — „Das wird er jedenfalls thun. Er geht zu den Beni Suef. Das weiß ich, auch ohne daß wir ihn beobachten." — „Und dennoch — — — hm! Ich traue ihm nicht! Er wird diesen feindlichen Stamm jedenfalls aus Rache zu einem Kriegszuge bereden." — „Dies können wir dadurch, daß wir ihm jetzt eine Strecke weit folgen, kaum verhindern!" — „Nein, aber ich habe sehr oft erfahren, daß man in solchen Fällen gar nicht zu viel thun kann. Wenn wir auf ihn stoßen, und er dadurch erkennen muß, daß wir uns nicht von ihm täuschen lassen, wird er denken, daß wir vorsichtig sind und uns auch für weiteres bereit halten werden." — „Du hast recht," sagte Hilal. „Wenn du also reiten willst, werde ich dich begleiten. Wir nehmen die beiden schnellsten Pferde." — „Ein überflüssiger Ritt!" bemerkte Normann. — „Gar nicht!" antwortete Steinbach. „Ich möchte diesem Kerl zeigen, daß er doch nicht klug genug ist, uns zu täuschen, oder, anders ausgedrückt, daß wir nicht dumm genug sind, uns von ihm täuschen zu lassen. Laß also satteln, Hilal. Wir wollen den Spazierritt unternehmen."

M. K.

Der Genannte entfernte sich. Dann fuhr Steinbach fort: „Ich habe nämlich auch noch einen zweiten Grund, dem Riesen zu zeigen, daß wir ihm auf die Finger sehen. Ich traue ihm nicht in Beziehung auf den Russen und

auf Ibrahim Pascha." — „Sie meinen, daß er mit ihnen konspiriere?" — „Oder bereits konspiriert hat. Diese Herren werden erkannt haben müssen, daß ihre Rolle hier ausgespielt ist, und sicherlich ahnen, was sie von mir

M. K.

zu erwarten haben. Es steht daher zu vermuten, daß
sie auf den Gedanken gekommen sind, das Lager heimlich
zu verlassen. Sie haben mit dem Riesen in dessen Zelte
zusammen gehockt und gesprochen. Wovon? Ohne Zweifel
doch von dem so unerwarteten Ausgang des Kampfes,
durch den ihre Absichten völlig durchkreuzt worden sind,
von ihrem Zorne, ihrer Wut, und — — ihrer Rache,
und davon, daß es ihnen auch die größte Sicherheit ver=
leihen würde, wenn es ihnen gelänge, mich unschädlich
zu machen. Gehen Sie darum zu den Beni Suef, um
diese zu einem Ueberfall unseres Lagers zu verleiten, und
gelingt dieser Ueberfall, so haben sie sich nicht nur ge=
rächt, sondern sind auch den Feind los, den sie am meisten
zu fürchten haben — nämlich mich." — „Hm! Ihre
Folgerungen sind nicht unlogisch." — „Nicht wahr? Ich
halte es daher für sehr möglich, wo nicht für wahr=
scheinlich, daß sie sich heute abend oder während der
Nacht davonschleichen wollen und mit dem Riesen einen
Punkt verabredet haben, an dem er sie erwarten soll."

„So muß man sie bewachen!" — „Gewiß. Wollen
Sie das übernehmen, Freund Normann, während ich
mit Hilal abwesend bin?" — „Ja, gern." — „Uebrigens
wird im Laufe des Abends noch eine wichtige Versammlung
der Aeltesten stattfinden, da der neue Scheik gewählt ist,
und daher darüber abgestimmt werden muß, wie sich der
Stamm zu dem Vicekönig verhalten will. Die Entscheidung,
die da gefällt wird, werden beide, der Pascha und der
Graf, sicher noch abwarten; dann aber heißt es, ihr Zelt
genau und unausgesetzt im Auge zu behalten."

Jetzt rief Hilal von unten herauf, daß die Pferde
bereit seien. Steinbach stieg sogleich zu ihm hinab, nach=
dem er sich noch für den Ritt bewaffnet hatte, und bald
flogen die vortrefflichen Pferde und ihre Reiter mit der
Schnelligkeit eines Eilzuges in die Wüste hinaus, nicht
in nördlicher Richtung, wo nun der Riese am Horizonte
verschwunden war, sondern nach Westen zu.

Dort war die Sonne mittlerweile hinabgesunken.

M. K.

Gerade als die beiden Reiter die Oase verließen, ertönten die Schläge des Mueddin und dann seine Worte:

„Auf, ihr Gläubigen, rüstet euch zum Gebete, denn die Sonne hat sich in das Sandmeer getaucht!"

---

19. Kapitel.

Die letzten Strahlen flammten funkelnd über die weite Ebene herein, golden und voll, als ob man sie greifen und festhalten könne. Aber dieses Gold wurde schnell matter; es färbte sich orange, ging in ein helles, kupfernes Rot über, zuckte wie dünnflüssige Bronze über die Wüste, wich schnell und schneller zurück, wie eine riesige Aether= brandung, die in das Lichtmeer der Unendlichkeit ent= weicht; sammelte sich dann an dem einen Punkte des Horizontes, unter dem der Sonnenball zur Ruhe gegangen war, und verlor sich endlich, nach und nach ersterbend, in einem fahlen Dämmerschein, der, zuweilen und immer langsamer noch von wenigen helleren Strahlen durchzuckt, endlich in das Dunkel des Abends überging und dem tiefen Blau wich, das von Osten her über den von hundert und tausend Sternen übersäeten Himmel zog. — —

Den Riesen jetzt zu sehen, davon war natürlich keine Rede; dennoch wollten Steinbach und Hilal ihn treffen. Wie aber war das anzufangen? Der Weg, den er ein= schlug, war ja nur eine dünne Linie in der Endlosigkeit der Wüste! Aber wer sich bereits in jenen Strecken be= wegt hat, der weiß sich zu helfen. Hilal zügelte nach einer Weile sein Pferd zu langsamerem Gange und sagte:

„Jetzt werden wir uns vielleicht da befinden, wo er vorüberkommt." — „Woraus schließt du das?" — „Meinst du, daß Faleh'd einen größeren Umweg machen wird, als unbedingt nötig ist?" — „Ganz gewiß nicht." — „Oder meinst du, daß er sich so nahe an unserem Lager hält, daß er befürchten müßte, entdeckt zu werden?"

— „Auch das nicht." — „So wird er also die Mitte zwischen beiden wählen, nicht zu nahe am Lager und auch nicht zu entfernt von demselben. Er kennt hier jeden Schritt breit und vor allem auch unsere Angewohnheiten. So weiß er, daß die Jünglinge nach dem Abendgebet zuweilen noch eine Strecke weit in die Wüste jagen, um die Schnelligkeit der Pferde und ihre Geschicklichkeit zu erproben, und daß sie dabei nie über eine gewisse Entfernung hinausgehen, da die Sahara voller Gefahren ist. Diese Entfernung ist dem Riesen genau bekannt. Sie bildet einen Kreis von einem ganz bestimmten Durchmesser um das Lager, und gerade auf der Linie dieses Kreises wird er das letztere umreiten, um vom Norden nach dem Süden zu kommen." — „So muß ich mich also auf dich verlassen?" — „Ja, ich werde dich führen. Diese Kreislinie ist zwar nicht durch den Sand gezogen, sodaß sie zu sehen wäre, man muß sie sich aber denken. Dabei kommt es auf kleine Entfernungen gar nicht an. Es ist still um uns her, und wir werden den Schritt der Tiere, die Falehd bei sich hat, wohl hören. Der Sand ist tief, und wenn sie ihn mit den Füßen hinter sich werfen, so giebt er einen Ton, der zwar nicht stark ist, dessen metallischen Klang man aber während der Nacht auf eine beträchtliche Entfernung hin vernehmen kann."

— „Wäre es da nicht geraten, uns zu trennen?" — „Dasselbe wollte ich dir soeben vorschlagen. Ich glaube, daß wir die richtige Entfernung erreicht haben. Postiere du dich also hier, ich reite noch einige hundert Pferdelängen in gerader Linie weiter. Dort steige ich vom Pferde und lasse es sich legen. Wenn du dich zu dem deinen setzt und ihm die Hand auf den Kopf legst, wird es sich nicht bewegen und auch nicht schnaufen, wenn jemand vorüberreitet. Kommt er, so läßt du ihn vorbei und giebst mir ein Zeichen. Ich werde im selben Falle ganz dasselbe thun." — „Welches Zeichen?" — „Hast du schon einen Fennek bellen hören?" — „Ja." — „Er geht noch weiter in die Wüste als die Hyäne
M. K.

ober der Schakal; es kann also gar nicht auffallen, wenn
sich seine Stimme hier vernehmen läßt. Sein zweimaliges
kurzes Bellen soll für den anderen das Zeichen sein,
zu kommen."

Der Fennek ist ein kleines, allerliebstes, fuchsähnliches
Tierchen mit großen, breiten Ohren, die in ganz eigen=
tümlicher Weise an dem Kopfe sitzen. Seine Stimme ist
scharf und hell, sie klingt wie ‚ia, ia,' das J lang ge=
dehnt und gedämpft, das A aber ganz kurz und sehr
laut, fast wie man im Deutschen ein recht bekräftigendes
kurzes Ja ausspricht, dessen ersten Laut man vorher
lang angehalten hat.

Hilal ritt weiter. Steinbach aber stieg ab und schlug
das Pferd auf die Kruppe, bei diesen Tieren das Zeichen,
sich zu legen. Es gehorchte. Darauf setzte er sich neben
das Pferd und legte ihm die Hand auf den Kopf. Sofort
schmiegte es letzteren tief auf den Boden hin und holte
noch einmal laut und langsam Atem, als ob es sagen
wolle, daß es den Reiter sehr wohl verstanden habe.
Von da an lag es ohne Bewegung still.

Minuten um Minuten vergingen. Droben strahlten
die Sterne des Südens. Unten zog sich die Strecke grau
in die dunkler und dunkler werdende Ferne hinein. Kein
Laut war zu hören. Steinbach hatte fast das Gefühl,
als ob er in einem kleinen, schwachen und schwankenden
Boote im unendlichen Ocean treibe.

Es war kein Laut zu hören, nicht die Spur eines
leisen Geräusches. So verging wohl eine halbe Stunde.
Dann aber war es dem Lauschenden, als ob sich dort,
wohin Hilal sich gewandt hatte, etwas hören lasse, ganz
so, als ob ein leichter Lufthauch durch müde herabhängendes
Blätterwerk gehe. War dies vielleicht das Geräusch des
Sandes, von dem Hilal gesprochen hatte? Jedenfalls,
denn wenige Sekunden später tönte ein bellendes ‚ia, ia'
von dort herüber, das Zeichen, auf das Steinbach ge=
wartet hatte.

Jenes Blätterrauschen war in der That nichts

M. K.   21*

anderes gewesen, als das Geräusch, das die Tiere des Riesen im Sande hervorgebracht hatten.

Steinbach gab seinem Pferde die Erlaubnis, aufzustehen, stieg in den Sattel und trabte der Richtung zu, in der er den Beduinen wußte. Dieser kam ihm bereits entgegen.

„Ist er vorüber?" fragte der Deutsche. — „Ja, ganz nahe an mir." — „Ohne dich zu sehen?" — „Ein anderer hätte mich gesehen, aber sein Auge ist ja krank, und wenn das eine Auge leidet, so leidet das andere mit. Komm, ihm nach!"

Sie setzten ihre Pferde in Galopp. Die Tiere fegten in dem hohen Sande dahin, daß eine Wolke hinter ihnen emporflog. Bald erreichten sie den Ausgestoßenen. Er ritt in dem bekannten, ausgiebigen Kamelstrotte, der die Tiere nicht anstrengt, weil er ihnen natürlich ist, mit dem man aber trotzdem ungeheure Entfernungen zurücklegt.

„Wakfif, wakfif — halt, halt!" rief Hilal.

Der Riese hörte den Ruf und hielt sein Pferd an.

„Wer ist da?" fragte er, nach seinem Messer greifend, der einzigen Waffe, die er hatte mitnehmen dürfen. — „Wer bist denn du?" antwortete Hilal, so thuend, als ob er es nicht wisse. — „Komm näher herbei, daß ich es dir sage!" — „Allah! Diese Stimme sollte ich kennen!" — „Ich die deinige auch!"

Jetzt waren die beiden an das vordere Kamel gekommen, das der Riese ritt.

„Falehd!" rief Hilal, sich erstaunt stellend. — „Hilal! Der Knabe!" — „Wie kommst du hierher? Wir sahen doch, daß du nach Norden rittest." — „Kann ich nicht da reiten, wo es mir beliebt?" — „Das kannst du. Aber du darfst nicht vergessen, daß du vogelfrei bist. Du sollst dich nicht in der Nähe des Lagers herumtreiben. Weißt du, daß ich das Recht habe, dich niederzuschießen?" — „Thue es, wenn es dir Ehre bringt, einen Wehrlosen und Verwundeten zu töten!" — „Bis heute hast du anders gesprochen. Ich werde dir das Leben schenken,

M. K.

Der Riese trabte an Hilal vorüber, ohne ihn bemerkt
zu haben. (Seite 323.)

M. R.

aber mache, daß du fortkommst! Ein anderer wäre nicht so gnädig, wie wir beide es sind." — „Wer ist dieser zweite Mann?" — „Dein sehr guter Freund Masr=Effendi." — „Der Teufel mag ihn fressen! Was hat er hier in der Wüste zu suchen?" — „Dich," antwortete Steinbach. „Ich wollte dir nur zeigen, daß ich dich überall zu finden weiß, wenn es mir beliebt, dich zu suchen. Reite jetzt weiter und grüße die tapferen Beni Suef von uns, zu denen du doch gehen willst!" — „Allah verdamme dich und euch alle!" rief der Riese und schlug mit dem Stabe, den jeder Kamelreiter bei sich führt, um sein Tier zu lenken, das Reitkamel zwischen die Ohren, daß es sich sofort in eiligen Lauf setzte, und die anderen liefen ebenso schnell, da sie ja an das erstere festgebunden waren.

Dann stieß er noch einige laute, kräftige Flüche aus und zog es darauf vor, zu schweigen.

Er sah sich, wenn auch nicht vollständig, aber doch so weit durchschaut, daß die Beni Sallah jetzt wußten, wohin er sich zu wenden beabsichtigte. Das ärgerte ihn gewaltig. Er befand sich seelisch in einem Zustande, der jeder Beschreibung spottete. Die Schande, besiegt und ausgestoßen worden zu sein, brannte wie Feuer in seinem Hirn. Er hatte nicht nur seine Ehre verloren, sondern auch seine Stellung, seine Habe. Er war ein Verfluchter, der seinem ärgsten Feinde danken mußte, wenn dieser ihn nicht wie ein wildes Tier niederschoß. Alle negativen Gefühle, deren das menschliche Herz fähig ist, wühlten in seinem Inneren. Dazu kam der Schmerz, den ihm seine Verletzungen bereiteten. Die Nase war ihm dick angeschwollen, das Innere seines Mundes war eine einzige Geschwulst, das Auge schmerzte ihn ganz entsetzlich. Er hatte einen Wasserschlauch mit auf sein Reittier genommen, um sich Auge, Mund und Nase fortwährend zu kühlen. Er hätte sich am liebsten das Messer in das Herz ge=stoßen, doch hielt ihn der Gedanke, daß er sich ja rächen müsse, fürchterlich rächen, davon ab.

M. R.

So ritt er weiter, vorsichtig in die Ferne lauschend, um ja nicht wieder eine solche Begegnung zu haben. Und doch sollte er nicht lange allein bleiben. Ganz plötzlich sah er einige dunkle Punkte vor sich in seinem Wege liegen, und noch ehe er sein Tier zu halten vermochte, begannen sie, sich zu bewegen.

Es waren abgestiegene Reiter, die jetzt in ihre Sättel sprangen und ihn umringten.

„Kimdir, kimdir!" rief ihm der eine zu.

Dieses Wort heißt ‚Wer da', es ist türkisch, wird aber auch in den Ländern der arabischen Beduinen angewandt. Falehd glaubte natürlich, wieder Beni Sallah vor sich zu haben, trieb sein Tier also weiter und antwortete:

„Wer ich bin, geht euch nichts an! Laßt mich in Ruhe!"

Die Männer aber galoppierten mit derselben Schnelligkeit neben ihm her, und der vorige Sprecher sagte:

„Halte dein Tier an, sonst schieße ich dich herab!"

Die Nacht war sternenhell; der Riese sah den Lauf des Gewehres auf sich gerichtet und mußte gehorchen. Er gab daher seinem Tiere das Zeichen, zu stehen.

„Fünf Kamele und nur ein Reiter?" sagte der Mann verwundert. „Das begreife ich nicht. Woher kommst du?" — „Von Norden," antwortete Falehd, der einzusehen begann, daß er keine Beni Sallah vor sich habe. — „Und wo willst du hin?" — „Nach Süden." — „In die Wüste hinein?" — „Ja." — „Lüge nicht." — „Ich sage die Wahrheit." — „Kein Reisender reitet an einem Lager vorüber, das ihm so nahe zu erreichen liegt!" — „Welches meinst du?" — „Willst du nicht zu den Beni Sallah?" — „Nein. Allah verdamme sie!" — „Sind sie deine Feinde?" — „Ja." — „Ah! Welchem Stamme gehörst du an?" — „Keinem. Ich bin frei." — „Ein Ausgestoßener etwa?" — „Ja." — „Das lügst du wieder. Einem Ausgestoßenen giebt man nicht vier Lastkamele und ein solches Reittier mit!" — „Glaube, was du willst, und laß mich in Ruhe!" — „In Ruhe lassen?" fiel ein anderer ein. „Diesen da? Nein, ihn

M. K.

nicht! Hört, ihr Männer, was für einen guten Fang wir gemacht haben! Seht seine Gestalt, seine Länge, seine Stärke! Es giebt nur einen einzigen, dem Allah eine solche Figur gegeben hat. Ich will in allen Höllen braten, wenn dieser Mann nicht Falehd ist, der Riese vom Stamme der Beni Sallah!" — „Allah ist groß! Ist das wahr?" — „Ja, er ist es. Ich schwöre es." — „So muß ich ihn doch auch kennen. Steige herab vom Rücken deines Kameles, Mann, damit meine Augen sich an dem Anblick deines Angesichtes weiden mögen!" — „Wer ich bin, kann ich euch sagen, ohne daß ich den Sattel verlasse. Ja, ich bin Falehd." — „Allah l'Allah! Gepriesen sei Gott, der uns den Gedanken gegeben hat, in dieser Nacht hierher zu reiten! Er hat den schlimmsten unserer Feinde in unsere Hand gegeben. Dieser soll mit seinem Leben den Preis bezahlen für das Blut, das er vergossen hat." — „Ich glaube nicht, daß dies nötig sein wird," meinte Falehd. „Ihr nennt mich euren Tod= feind. Welchem Stamme gehört ihr denn an?" — „Wir sind Beni Suef." — „Tod und Teufel! Ist das wahr?" — „Ja. Steige ab und überzeuge dich!" — „Zu euch will ich ja!" — „Zu uns? Bist du toll? Ein Beni Sallah, der zu uns kommt, bringt uns sein Leben!" — „Das will ich ja auch! Ich bringe euch mein Leben, zwar nicht, daß ihr es mir nehmen sollt, sondern weil ich es euch widmen will. Ich will an eurer Seite oder an eurer Spitze gegen die Beni Sallah kämpfen, bis keiner dieser Hunde mehr zu sehen ist." — „Schweig still! Wir kennen dich! Du kommst von der Reise und willst in dein Lager. Dabei haben wir dich ergriffen. Nun giebt es nur ein Mittel, dich zu retten, indem du einer der Unsrigen zu werden versprichst. Aber wir glauben dir nicht, wir lassen uns nicht täuschen. Wir kennen dich. Deine Zunge hat mehrere Spitzen und vielerlei Rede." — „Wartet! Ich werde absteigen."

Falehd ließ sein Kamel niederknieen und sprang aus dem hohen Sattel herab. Die anderen waren zu Pferde

M. K.

Er zählte sechs Mann. Als er jetzt am Boden stand, sagte er:

„Habt ihr meinen Worten und meiner Stimme nicht angehört, daß ich verwundet bin? Tretet näher und seht mich an. Man hat mir in einem Kampfe ein Auge genommen und mir die Nase zerschlagen und die Zähne zerschmettert. Das ist geschehen heute um die Mittagszeit im Lager der Beni Sallah, das ich verlassen habe, um mich zu rächen. Ich wollte zu den Beni Suef, deren Todfeind ich bisher war, um ihnen den ganzen Stamm der Beni Sallah in die Hände zu liefern. Allah sei deshalb Dank, daß ich euch treffe! Thut jetzt mit mir, was ihr wollt und denkt!"

Die Beduinen traten näher, betrachteten und befühlten ihn, dann sagte derjenige, der der Anführer zu sein schien:

„Ja, du bist verwundet, aber wir müssen sicher gehen. Wenn du aufrichtig bist, wird es dir ganz gleichgültig sein, wenn wir dich gefangen nehmen." — „Thut es!" — „Und dich binden." — „Hier sind meine Arme. Bindet sie!"

Es wurde nun ein Riemen hergenommen, mit dem man ihm die Hände auf den Rücken band. Falehd mußte sich dann setzen, und seine Kamele wurden durch leichte Hiebe an die Vorderbeine belehrt, daß sie sich legen sollten, was sie sogleich thaten. Die Männer aber, die auch abgestiegen waren, setzten sich um ihn herum, ihn zu verhören. Falehd erzählte ihnen die letzten Ereignisse nach seiner Weise, sodaß sein Verhalten in ein möglichst günstiges Licht gestellt wurde. Sie hörten ihm ruhig zu. Als er geendet hatte, sagte der Anführer:

„Wir wollen dir in der Hauptsache glauben, obgleich uns manches noch unerklärlich und bedenklich ist." — „Fragt mich nur! Ich werde antworten." — „Eigentlich sollte ich dir noch nichts sagen, denn ich weiß noch nicht gewiß, ob du es wirklich ehrlich meinst; aber du bist gebunden und also unschädlich. So will ich dir

M. K.

denn mitteilen, daß wir Kundschafter sind. Weißt du
nun, was die Krieger der Beni Suef wollen?" — „Na=
türlich weiß ich es und freue mich darüber. Ihr wollt
die Beni Sallah überfallen?" — „Ja, denn wir haben
euch Blutrache geschworen und wählten die jetzige Zeit
dazu aus besonderen Gründen. Wie wir wissen, wird
eure Königin baldigst wieder einem Manne gehören —"
— „Sie gehört ihm schon!" fiel Falehd ein. — „Wie?
Sie hat bereits gewählt?" — „Das war ja der Kampf,
von dem ich erzählte." — „So habt ihr um die Kö=
nigin gekämpft?" — „Ja, mit einem Fremden. Dieser
hat die Königin an Tarik abgetreten." — „Meinst du
den Sohn des Blitzes?" — „Ja." — „Hört, ihr
Männer, hört! Wie gut, wie sehr gut, daß wir den
Riesen gefunden haben! Sage uns einmal, Falehd, ob
nicht ein Pascha bei euch ist?" — „Allerdings." —
„Und dann noch ein Fremdling, den der Sultan der
Russen gesandt hat?" — „Ja." — „Beide sind Feinde
des Vicekönigs von Aegypten?" — „So ist es. Sie
kamen, um den Stamm für sich zu gewinnen. Dieser
andere Fremde aber, der mich besiegte und durch seine
Teufelskünste mich blind machte, daß ich seine Streiche
nicht sehen konnte, hat den Stamm bethört, daß er nun
dem Vicekönige helfen will." — „Welch eine Dummheit!
Die Krieger der Beni Suef sind niemals dem Vicekönig
verbündet gewesen und werden auch niemals seine Sklaven
sein!" — „Das weiß ich, und darum komme ich zu euch."
— „Wir hatten von den beiden fremden Gesandten ge=
hört; wir wußten von der Königin, daß für sie die Zeit
gekommen sei, sich einen Mann zu wählen, und wir
hatten Blutrache mit euch. Darum wurde ein Kriegszug
beschlossen. Wir wollten die Gesandten in unsere Hände
bekommen, um mit ihnen zu verhandeln und die Ge=
schenke zu erhalten, die sie wohl für euch bestimmt haben.
Wir wollten uns ferner der Königin bemächtigen, daß
sie gezwungen sei, einen unseres Stammes zu wählen.
Dann wäre die Blutrache erloschen, und die Beni Suef

M. K.

hätten sich mit den Beni Sallah zu einem einzigen Stamme vereinigt, der so mächtig gewesen wäre, daß er die Entscheidung über Krieg und Frieden in den sämt= lichen Oasen Aegyptens und Nubiens gehabt hätte. Unser

Scheik hat uns ausgesandt, alles zu erfahren und zu er= kunden, und wir belauschen euch bereits seit drei Tagen, ohne aber etwas Wichtiges gesehen und gehört zu haben."
— „Wie gut, daß ihr da mich getroffen habt!" — „Ja,

das ist gut, wenn du uns wirklich nichts als die reine Wahrheit gesagt hast." — „Es ist kein Wort unwahr. Ja, ich kann euch noch viel Besseres sagen: Die beiden Gesandten, welche ihr haben wollt, wollen zu euch." — „Ah! Wirklich?" — „Ja, ihr sollt noch heute mit ihnen sprechen. Man hält sie gefangen; sie aber werden heute in der Nacht entfliehen. Suef, mein Diener, den ich von euch gefangen nahm, wird sie bringen. Ich habe ihm den Ort angegeben, wo er mich treffen soll." — „Allah l'Allah! Welch ein Wunder!" — „Die Königin könnt ihr auch noch haben, denn obwohl heute der Kampf stattgefunden hat, so werden doch erst am Tage nach Neumond Tarik und Badija Mann und Frau sein dürfen. Bis dahin fällt sie sicherlich in eure Hand. Und den Abgesandten des Vicekönigs, der sich Masr= Effendi nennt, werde ich euch ebenfalls in die Hände spielen." — „Wenn du das thust, so soll dir alles Blut vergeben sein, das du in unserem Stamme vergossen hast!" — „O, ich werde noch mehr thun. Ich liefere euch noch zwei Personen, zwei sehr wichtige Personen aus. Hiluja, die Schwester der Königin, ist bei ihr zum Besuch." — „Gott ist groß! Die Schwester der Königin! Ist sie jung und schön?" — „Jünger und schöner noch als Badija." — „Wenn sie in unsere Hand gerät, soll dir Ehre erwiesen werden, wie selten einem widerfährt." „Auch ihr Vater ist da, der Scheik der Beni Abbas." — „O Himmel! O Muhammed! Ist's wahr?" — „Er ist heute gekommen mit einer ganzen Menge von Kriegern." — „Wir werden sie fangen! Welches Lösegeld wird das geben! Fast kann ich dir nicht mehr glauben, was du erzählst!" — „Ich lüge nicht!" — „Es ist zu viel, zu viel! Wüßte ich, daß wirklich alles wahr ist, so würde ich dir den Riemen nehmen und dich frei lassen, und wir würden dich behandeln, als ob du bereits einer der Unsrigen seiest." — „Es ist alles, alles wahr. Ich werde es euch beweisen." — „Beweise es jetzt gleich, indem du es beschwörst!" — „Gut. Ich schwöre bei Allah, beim

M. K.

Propheten, bei dem Barte meines Vaters und dem
meinigen, daß ich euch nicht belogen habe." — „Und
daß du alle diese Personen in unsere Hände liefern
willst?" — „Ja, alle." — „So komm' her, ich binde
dich los."

Gleich darauf ließ der Anführer der Kundschafter
seinem Worte die That folgen. Der Riese streckte und
dehnte die Arme.

„Ich werde mein Wort halten," sagte er, „doch
könnt ihr euch denken, daß ich einige Bedingungen zu
machen habe." — „Sage sie." — „Ich werde bei euch
aufgenommen als Mitglied des Stammes der Beni Suef!"
— „Das sage ich dir zu." — „Es wird um die Kö=
nigin gekämpft, und ich darf mich an dem Kampfe be=
teiligen." — „Das versteht sich ganz von selbst." —
„Erhalte ich die Königin nicht, so erhalte ich wenigstens
Hiluja, ihre Schwester." — „Auch das gestehe ich dir
zu." — „Und endlich bekomme ich alles Eigentum
wieder, das ich zurücklassen mußte!" — „Es gehört dir.
Niemand wird es dir vorenthalten, wenn es uns gelingt,
die Beni Sallah zu besiegen." — „Es gelingt, dafür
laßt nur mich sorgen. Aber wird euer Scheik auch alles
bestätigen, was ihr mir jetzt zugesagt habt?" — „Er
wird es. Ich bin sein Eidam, der Mann seiner Tochter.
Er wird mich nicht schamrot machen, indem er mir
verbietet, mein Wort zu halten." — „So sind wir einig,
und ich gehöre euch. Nun aber sagt mir auch, für welchen
Tag der Ueberfall verabredet ist. Ehe ihr euer Lager
erreicht, braucht ihr zwei Tage, und eure Krieger werden
drei Tage reiten müssen, ehe sie zum Angriffe kommen.
Sodann bedarf es einiger Tage zu der Rüstung. Dabei
geht sehr viel Zeit verloren, und so ist es möglich, daß
diejenigen, die ich in eure Hände liefern will, bereits
wieder abgereist sind. Dann allerdings dürftet ihr nicht
sagen, daß ich nicht Wort gehalten habe." — „Du darfst
keine Sorge haben. Es steht alles besser, als du denkst.
Wir sind bereits gerüstet, ja, wir befinden uns nicht etwa

M. K.

auf unseren Weideplätzen. Nur die Greise, die Knaben, die Frauen und die Mädchen sind dort." — „Wie! So sind eure Krieger bereits unterwegs?" — „Seit drei Tagen." — „So sind sie schon in der Nähe?" — „Ja." — „Wo?" fragte der Riese in erstauntem Tone. — „Ich weiß nicht, ob ich es sagen darf." — „O Allah! Wenn ich heute Sieger und Scheik geworden wäre, so wäre doch vielleicht in zwei oder drei Tagen schon meine ganze Herrlichkeit hin gewesen!" — „Ja, wir hätten euch überfallen und vernichtet, und ihr hättet vorher nichts geahnt. Wir wären über euch gekommen, wie das Heer der Millionen Heuschrecken über die Felder kommt — vom Himmel herab, aus den Wolken hernieder, ohne daß man es vorher denkt." — „Wie gut, daß ich unterlegen bin! Nun wird alles gut, alles, alles! Ihr könnt euch auf mich verlassen, ihr könnt mir vertrauen und dürft mir getrost sagen, wo sich eure Krieger befinden. Bedenkt, daß ich meine Worte und mein ganzes Verhalten danach einzurichten habe!" — „Du magst recht haben, wenn du glaubst, wissen zu müssen, wo unsere Krieger sind. Sie halten sich im Ferß el Hadschar verborgen." — „Im Ferß el Hadschar? Wie viele sind ihrer?" — „Volle sechshundert Mann, alle gut bewaffnet." — „Beritten?" — „Mit Pferden. Speise und Munition haben wir auf Lastkamelen mitgebracht." — „Wie ist das möglich? Sechshundert Mann mit ebenso vielen Pferden, außer den Lastkamelen, in dem wilden, öden Ferß el Hadschar!"

Nämlich ziemlich halbwegs zwischen den Weideplätzen der Beni Suef und der Beni Sallah steigen aus der tiefsandigen Wüste steile, nackte Felsenhöhen empor, die wie Trümmer eines vor Jahrtausenden eingestürzten Gebirges auf- und übereinander getürmt liegen. Man glaubt hier weder Weg noch Steg zu finden. Alles rings umher bietet den Anblick des Todes, der Leblosigkeit. Diese Felsmasse wird Ferß el Hadschar genannt, zu deutsch das Bett der Steine.

M. K.

Der Beduine hat für hundert ähnliche in der Wüste liegende Orte auch ähnliche Bezeichnungen: Batte el Hadschar, Bauch der Steine, Om el Hadschar, Mutter der Steine, Abu'l Hadschar, Vater der Steine.

Der Riese kannte dieses „Bett der Steine". Er hielt es für unmöglich, daß so viele Menschen und so viele Tiere dort Aufenthalt nehmen könnten.

„Warum wunderst du dich?" fragte der andere.

„Es ist kein Wasser da."

Wasser ist allerdings in der Wüste das allererste und alleroberste Existenzbedürfnis. Wo dieses fehlt, da ist kein Leben, da flieht selbst der kühnste Beduine schnell wie ein lebloser Schatten vorüber.

„Kein Wasser? Weißt du das so gewiß?" — „Ja. Wir haben seit Menschenaltern dort nach Wasser gesucht und keinen Tropfen gefunden." — „Ihr seid eben Beni Sallah und keine Beni Suef. Es giebt allerdings Wasser dort. Hast du nicht von den geheimen Quellen der Wüste gehört?" — „Wie sollte ich nicht! Das Kamel des dürstenden Wanderers bleibt in der dürrsten Einöde stehen, wo es keinen Tropfen zu geben scheint, und scharrt mit den Füßen im Sande. Der Reiter springt ab und gräbt mit den Händen weiter. Da kommt eine Quelle zum Vorschein. Er trinkt, läßt auch sein Tier sich satt trinken und füllt sich die Schläuche. Dann breitet er seine Decke über die Stelle und legt den Sand auf die Decke, sodaß kein Vorüberkommender es ahnt, daß hier eine Quelle sei. Zu dieser Stelle kehrt er dann zurück, wenn er Wasser braucht. Sie bietet ihm Rettung in Not und Verfolgung. So lange er sie allein besitzt, kann kein Feind ihn überwinden." — „So ist es aber nicht nur in der Wüste des Sandes, sondern auch in der Wüste des Felsens. Hast du nicht gehört aus dem Koran, daß Musa (Moses) Wasser aus dem Felsen schlug? Auch im Ferß el Hadschar giebt es zwei Quellen. Sie sind nur uns bekannt. Sie wurden von unseren Vätern entdeckt, und kein Angehöriger eines anderen

M. K.

Stammes wird jemals einen Tropfen aus ihnen erblicken
und kosten. Dort befinden sich unsere Krieger." —
„Dorthin bedarf es nur einer Tagereise. Wir könnten
also morgen abend dort sein?" — „Ja. Wir werden
dort anlangen, wenn die Sonne niedergesunken ist. Nicht
wahr, du meinst, daß die beiden Gesandten mitreiten
werden?" — „Ja. Ich werde euch nach der Stelle führen,
wo ich sie erwarte." — „Werden sie gute Reittiere
haben?" — „Suef wird dafür sorgen, daß sie die besten
bekommen, die vorhanden sind. Ich danke Allah, der
euch in meinen Weg geführt hat. Vielleicht wäre ich
verschmachtet und gestorben, ehe ich eure Weideplätze er=
reicht hätte. Der Schmerz frißt an meinem Marke. Das
Wundfieber hätte mich niedergeworfen, mitten in der
Wüste." — „Ist die Wunde so schlimm?" — „Jener
Hund hat mir das Auge herausgeschlagen, daß es mir
über die Wange hing, es ist verloren, wenngleich er es
mir, als er mich für besinnungslos hielt, wieder hinein=
gesteckt hat. Habt ihr einen Mann in eurem Stamme,
der Krankheiten heilt?" — „Wir haben mehrere, die
sich auf Wunden verstehen, die werden dir helfen.
Wir nehmen sie mit, weil wir kämpfen werden. Sie
sollen die Verwundeten binden und pflegen." — „Ich
werde ihnen sehr dankbar sein, wenn sie mich wieder her=
stellen. Derjenige aber, der mir das Auge genommen
hat, soll seine beiden hergeben und die Ohren und die
Zunge dazu!"

Falehd stand, während er dies sagte, von seinem
Platze auf, streckte den Arm nach der Gegend aus, in
der sich das Lager befand, und fuhr in drohendem
Tone fort:

„Sie haben mich ausgestoßen als den Schwachen,
aber ich werde wiederkommen mit Macht. Die Alten
sollen sterben und die Jungen verderben, die Mütter
sollen jammern über die Frucht in ihren Leibern, und
die Jungfrauen sollen sein wie die abgeschlachteten Schafe!
Es wird ein Blutgeruch ausgehen von diesem verfluchten

M. K.

Orte, über den sich alle Welt entsetzen wird. Die aber, welche ich mir aussuche, die werde ich krumm fesseln und in Käfige stecken und mit mir herumführen, wie man die Brut der alten Krokodile in Töpfe steckt, um sie sehen zu lassen. Ich habe es gesagt, und Allah hat es gehört. Was ich schwöre, das halte ich auch!"

Es schauderte die Zuhörer bei seinen Worten.

„Glaubt ihr nun, daß ich ein Feind dieser von Allah und dem Teufel verfluchten Beni Sallah bin?" fragte er. „Ja, jetzt glauben wir es." — „So kommt! Ich werde euch zur Stelle führen, an der wir zu warten haben." — „Wird man uns dort nicht bemerken?" — „Nein. Ihr könnt euch doch denken, daß ich selbst nicht dahin gehen werde, wo man mich bemerken kann. Der Stamm hat mich für vogelfrei erklärt, ich erkläre nun alle Söhne und Töchter des Stammes für vogelfrei und werde nicht ruhen, als bis das Verhängnis über sie gekommen ist!" — „Haben wir lange zu warten?" — „Vor Mitternacht werden sie sich nicht entfernen können. Das ist mir aber um meines Auges willen nur lieb. Ich kann mich bis dahin ausruhen und pflegen."

Faleh stieg auf, und die anderen thaten dasselbe. Sie ritten fort und verschwanden im Dunkel der Nacht, ebenso wie ihre Absichten nächtig dunkle waren.

---

20. Kapitel.

Steinbach und Hilal hatten sich nicht weiter um ihren Feind bekümmert. Hätten sie von seiner baldigen Begegnung mit den Kundschaftern eine Ahnung haben können, so wären sie wohl nicht so heiter und sorglos nach dem Lager zurückgekehrt.

Bereits von weitem bemerkten sie den Schein des Lagerfeuers, um welches sich die Aeltesten nun schon versammelt hatten, um ihre Beratung zu halten. Steinbach

sollte natürlich an derselben teilnehmen, suchte aber vor=
her Normann auf.

Er fand diesen in der Nähe der beiden Zelte, in
denen der Pascha und der Graf wohnten. Nachdem er
ihm die Weisung gegeben hatte, in seiner Aufmerksamkeit
nicht nachzulassen, begab er sich nach dem Versammlungs=
orte, wo es bereits sehr lebhaft zuging.

Sein Erscheinen war schon längst erwartet worden.
Die wenigen, die als Gegner des Vicekönigs bekannt
waren, wagten nach den heutigen Ereignissen nicht, ihre
Ansichten zur Sprache zu bringen. Steinbach hielt eine
längere, siegreich wirkende Rede, und als er am Schlusse
derselben mitteilte, was er als Geschenk des Vicekönigs
mitgebracht habe, erhob sich ein lauter Jubel, der sich
über das ganze Lager fortpflanzte. Man verlangte, die
Gewehre zu sehen. Steinbach ließ nur einige kommen,
die er den Aeltesten verehrte. Die anderen wurden für
später vertröstet. Doch hatte er seine Sache vollständig
gewonnen.

Am Schlusse der Verhandlung wurden der Graf
und der Pascha geholt, um das Resultat derselben zu
erfahren. Als sie herbeitraten, ertönten drei Schläge des
Mueddin von oben herab. Dann verkündete er:

„Im Namen des allbarmherzigen Gottes! Preis
sei ihm, daß er den Männern Weisheit gegeben hat, das
Gute vom Bösen zu unterscheiden! Gelobt sei Taufik
Pascha, der Herrscher von El Kahira und Egypten!
Sein Leben währe tausend Jahre, und seinen Schritten
möge Glück und Segen folgen! Er ist unser Freund,
und wir sind seine Freunde. Wer gegen ihn ist, der ist
gegen uns und soll unsere Rache kosten. Das haben die
Aeltesten beschlossen. Hört es, ihr Männer und ihr
Frauen! Allah ist die Weisheit, er giebt den Verstand.
Er sei gelobt, denn er ist Gott, und Muhammed ist
sein Prophet!"

Nach dieser in echt muhammedanischem Stil er=
M. K.

folgten Verkündigung wußten die beiden oben Genannten nur zu genau, woran sie waren.

„Verdammt!" flüsterte der Russe. „Dieser verfluchte

Deutsche siegt stets und überall! Erst in Konstanti=
nopel!"

„Dann in Tunis und nun hier!" fiel der Pascha ein. „Unseres Bleibens ist nun nicht mehr hier." —
„Nein. Wäre doch erst Mitternacht vorüber! Kommen

Sie mit in mein Zelt. Wir wollen beisammen bleiben, damit Suef keine Mühe hat, uns zu finden."

Sie wollten gehen, wurden aber zurückgehalten, da der Scheik noch mit ihnen zu sprechen habe.

Tarik hatte nämlich heute abend zum ersten Male in seiner neuen Würde fungiert, indem er während der Verhandlung den Vorsitz führte. Der junge, scheinbar so einfache Mann hatte sich dabei nicht nur keine Blöße gegeben, sondern im Gegenteil allen imponiert. Die beiden hochgestellten Herren ärgerten sich trotzdem nicht wenig, vor dem Forum eines Mannes erscheinen zu müssen, der nicht nur noch ein Jüngling, sondern in ihren Augen auch ein halbwilder Mensch war. Tarik musterte sie mit ernstem Blicke.

„Habt ihr gehört, was der Mueddin verkündet hat?" fragte er sie. — „Ja. Wir sind nicht taub!" antwortete der Pascha. — „Man kann taub sein und dennoch hören, und man hört zuweilen nicht und ist doch nicht taub. Habt ihr der Versammlung der Ehrwürdigen oder auch mir vielleicht noch etwas zu sagen?" — „Nein, der Versammlung nicht und dir nun erst gar nichts." — „Es ist gut, daß du so aufrichtig sprichst, denn nun weiß ich, was ich zu wissen habe. Bei euch werden die klugen Männer, die die Geschicke ihrer Völker lenken, Diplomaten genannt. Man sagte mir, daß auch ihr Diplomaten seiet; aber ich erkenne jetzt, daß man euch Unrecht gethan hat. Wehe dem einzelnen Menschen, dessen Geschick in eure Hand gelegt wäre! Wehe also millionenmal einem ganzen Volke!" — „Ich danke dir! — Aber wir haben dich gar nicht nach deiner Meinung über uns gefragt." — „Das wäre auch sehr verwegen von euch gewesen, da es sich für euch nicht schickt, dem Scheik eines berühmten Stammes Fragen vorzulegen. Nur ich bin es, der zu fragen hat, und so frage ich euch jetzt, wann ihr unser Lager zu verlassen gedenkt." — „Wir bestreiten, daß du ein Recht zu dieser Frage hast." — „Was ihr bestreitet oder nicht, das kann hier gar nichts

M. K.

ändern. Ihr mögt zuweilen nutzlose Worte machen, ich thue das niemals. Wenn ich euch frage, so habe ich einen Grund dazu." — „Welcher ist das?" — „Ich brauchte euch nicht zu antworten, will es aber dennoch thun, damit ihr seht, daß ich höflicher bin als ihr. Ihr genießt unsere Gastfreundschaft. Wir müssen also wissen, wie lange ihr sie noch in Anspruch zu nehmen gedenkt." — „Lange nicht mehr." — „Sagt mir den Tag." — „Wir werden morgen früh abreisen." — „Das kann ich nicht erlauben." — „Nicht? Ah! Warum nicht?" — „Früh abzureisen, ist gegen das Gesetz der Wüste. Ein Gast, der dem Stamme, dessen Wohlthat er genossen hat, dankbar ist, reist nicht anders ab, als kurz nach dem Nach= mittagsgebete, drei Stunden vor Untergang der Sonne. Wißt ihr das nicht?" — „Wir wissen es, aber wir werden doch das Recht besitzen, über unser Thun selbst bestimmen zu können!" — „Das habt ihr allerdings, und darum könnt ihr abreisen, wenn es euch beliebt. Aber ich will abermals höflicher sein als ihr und euch warnen. Es ist nicht gut für euch, wenn ihr bereits früh abreist." — „Warum?" — „Ihr habt eine Feindschaft mit un= seren anderen Gästen." — „So habt ihr uns zu schützen." — „Das können wir nur dann thun, wenn ihr euch bei uns befindet. Sobald ihr uns aber verlaßt, steht ihr nach unseren Gesetzen nur noch drei Stunden lang in unserem indirekten Schutze." — „Das verstehen wir nicht." — „Wenn ihr unsere Gesetze nicht kennt, solltet ihr auch nicht unhöflich gegen mich, den Scheik des Stammes, sein. Ihr könnt abreisen, wann es euch be= liebt, wie ich euch schon gesagt habe. Drei Stunden lang beschützen wir euch noch, das heißt, wir lassen diejenigen, die euch verfolgen wollen, vor Ablauf dieser drei Stunden nicht fort von hier. Versteht ihr nun, was ich meine?" — „Sie mögen nur nachkommen, wir sind ebenso be= waffnet wie sie." — „Ihr seid meine Gäste, und so will ich euch nicht sagen, ob ich euch für ebenso tapfer halte, wie eure Verfolger es sind. Reitet ihr früh fort, so

M. K.

können sie euch, wenn sie drei Stunden später aufbrechen,
noch im Laufe des Tages erreichen. Ihr könnt ihnen
gar nicht entgehen, da sie eure Spuren sehen. Reist ihr
aber zur gehörigen Zeit, nach dem Nachmittagsgebete,
drei Stunden vor Sonnenuntergang, so können sie, wenn
sie aufbrechen, eure Spuren nicht mehr sehen, und ihr
reitet die ganze Nacht hindurch, bekommt also einen Vor=
sprung von vollen zwölf Stunden. Darauf mache ich
euch aufmerksam, weil ich meine Pflicht erfülle, selbst
Männern gegenüber, die unhöflich gegen mich sind." —
„Gut, so reisen wir morgen nach dem Nachmittagsgebete
ab, wie du es gesagt hast." — „Daran thut ihr klug.
Ihr werdet also auf keinen Fall früher fortreiten?" —
„Nein." — „Wißt ihr, was man unter dem Yrza mebei
wad versteht?" — „Ja, es ist das Ehrenwort." — „Ich
muß euch bitten, mir das Yrza mebei wad zu geben,
daß ihr wirklich nicht eher fort geht." — „Welches
Recht könntest du besitzen, uns dieses Ehrenwort ab=
zufordern?" — „Meine Pflicht den anderen Gästen
gegenüber gebietet es mir." — „Das begreifen wir nicht."
— „Ihr scheint gerade das, was sehr selbstverständlich
ist, nicht leicht zu fassen. Ihr sagt vielleicht, daß ihr
morgen am Nachmittage reist, reist aber bereits in dieser
Nacht heimlich ab; dadurch werden unsere anderen Gäste
geschädigt, die euch verfolgen wollen." — „So mögen
sie aufpassen!" — „Ich muß gegen euch und gegen sie
gerecht sein. Ihr sollt keinen Schaden haben, sie aber
auch nicht. Entweder gebt ihr das Ehrenwort, oder ich
muß dafür sorgen, daß ihr nicht eher fort könnt." —
„Was thust du da?" — „Ich nehme euch gefangen!"
— „Deine Gäste?" — „Sobald ihr euch weigert, euch
nach unseren Satzungen zu richten, habt ihr aufgehört,
unsere Gäste zu sein." — „Du giebst dir ganz das
Wesen eines klugen, erfahrenen und mächtigen Mannes,
der du doch noch sehr jung und erst seit heute Scheik
bist!" — „Ich habe freilich gehört, daß es bei euch
auch sehr alte Leute giebt, die noch nicht klug geworden

M. K.

sind, darum wundert ihr euch, wenn hier bei uns bereits die Jünglinge gerecht und vorsichtig handeln. Ich habe euch nun alles gesagt, was mir die Pflicht gebot, euch mitzuteilen. Wenn ihr mir keine Antwort gebt, so nehme ich an, daß ihr überhaupt nicht antworten wollt, und werde meine Maßregeln danach treffen." — „Also Ehren= wort oder Gefangenschaft?" — „Ja." — „Was thun wir?" flüsterte der Pascha dem Grafen zu. — „Pah! Was hat bei solchen Halunken das Ehrenwort für eine Bedeutung! Geben wir es getrost!" — „Nun?" fragte Tarik, der ungeduldig zu werden begann. — „Wir geben es," sagte der Pascha. — „Und dein Gefährte?" — „Ich auch," antwortete der Russe. — „So legt eure Hände in die meinigen!"

Dies geschah. Dann fuhr der junge Scheik fort:

„Ich muß euch noch darauf aufmerksam machen, daß der Bruch des Ehrenwortes bei uns ein todes= würdiges Verbrechen ist. Haltet ihr nicht Wort, so kann ein jeder euch töten. Es wird daher gut sein, wenn ihr euch das zu Herzen nehmt. Jetzt sind wir fertig. Viel= leicht geht ihr zur Ruhe, um euch im Schlafe für die morgende Reise zu stärken. Allah gebe euch Frieden!"

Dieser Wink war deutlich, und so zogen sich Ibrahim und der Russe zurück, nicht sehr erbaut von der Rolle, die sie gespielt hatten. Desto zufriedener mit seinem Erfolge aber war Steinbach. Dies sagte auch Normann, den er jetzt wieder aufsuchte.

„Ein verteufelter Kerl, dieser Tarik!" meinte er. „Er verhielt sich so, als ob er schon seit einem Menschen= alter Häuptling gewesen sei. Er hat mir wirklich Re= spekt abgenötigt. Wie er diese beiden Herren abkanzelte!" — „Ja, unter diesen Natursöhnen giebt es mehr klaren Verstand und Mutterwitz, als tausende meinen. Das Ehrenwort ist abgegeben worden, aber ich traue den zweien doch nicht recht." — „Ich auch nicht." — „Wo sind sie?" — „Da drinnen in jenem Zelt. Warum geht nicht ein jeder in das seine? Warum stecken sie

M. K.

beisammen? Doch nur, um irgend etwas auszuhecken!"
— „Vielleicht auch nur, um ihre Reise zu besprechen."
— „Meinetwegen! Aber warum brachte der eine vorhin
ein ganzes Paket Sachen zu dem anderen? Warum
schleppt er seine Habseligkeiten in das Zelt, in dem sie
sich jetzt befinden?" — „Das hätte er gethan?" — „Ja.
Ich habe es mit meinen eigenen Augen gesehen." —
„So haben sie etwas vor. Sie werden meinen, ein
einem Beduinen gegebenes Ehrenwort habe keine Bedeutung. Direkt haben sie es ihm, indirekt aber doch
uns gegeben. Ich werde Tarik bitten, das Zelt die
ganze Nacht bewachen zu lassen."

Steinbach that dies sofort, und Tarik war sogleich
bereit, ihm den Willen zu thun, meinte aber, daß es so
unauffällig wie möglich geschehen werde, um die beiden
Männer nicht zu beleidigen, deren Ehrenwort eigentlich
zu achten sei. Darum saß bald ein junger, wohl bewaffneter Araber so in der Nähe der beiden Zelte, daß
er die Eingänge derselben im Auge hatte und jeden Ein-
und Austretenden genau erkennen konnte.

Im Lager herrschte natürlich ein sehr reges Leben.
Die Königin hatte die fettesten Tiere ihrer Herde geopfert und auch ihre sonstigen Vorräte nicht geschont.
Der Araber ist mäßig und enthaltsam, aber wenn er
einmal ißt, so ißt er ordentlich und zeigt bei einem
Schmause, daß ein menschlicher Magen Quantitäten aufzunehmen vermag, die ein großes, fleischfressendes Tier
sättigen würden. So viele Menschen der unter der
Ruine gelegene freie Platz zu fassen vermochte, so viele
saßen da an den riesigen, schmorenden Spießbraten beisammen, und wenn zehn Gesättigte gingen, so setzten sich
zwölf andere an ihre Stelle. Es wurde gesungen, ge-
jubelt und auf der einsaitigen Geige gespielt.

Bei diesem Durcheinander und regem Hin und Her
fiel es gar nicht auf, daß auch der junge Suef, der
Sklave des Riesen erschien, sich mit an dem Braten
labte und dabei die beiden Zelte scharf im Auge be-

M. K.

hielt. Als er den Beduinen erblickte, der als Wächter
in der Nähe saß, schnitt er ein großes, saftiges Stück
des Hammelbratens ab, und sagte, es ihm überreichend:

"Ich sehe, daß du fern sitzt, ohne zu essen. Warum
kommst du nicht zu denen, die am Mahle teilnehmen?"
— "Ich darf nicht," antwortete der Jüngling, in das
Bratenstück beißend, daß ihm hüben und drüben der
Saft vom Munde tropfte.

"Wer verbietet es dir?" — "Der Scheik." —
"Warum? Hat nicht ein jeder das Recht, die Gaben
der Königin zu genießen?" — "Das hat ein jeder." —
"Aber du nicht?" — "Auch ich habe es, nur jetzt noch
nicht. Ich habe Wache zu halten. Dann, wenn ich ab=
gelöst bin, setze ich mich zu den anderen hinüber." —
"Wächter bist du? Was sollst du denn bewachen?" —
"Wen meinst du wohl? Die beiden Fremdlinge da
M. K.

drin. Der Scheik denkt, daß sie sich heimlich aus dem Lager entfernen werden." — „Er hat ihnen doch das Ehrenwort abgenommen!" — „Aber ob sie es auch halten?" — „Sie werden, wortbrüchig zu sein, nicht wagen!" — „Der Scheik befürchtet es." — „Wann wirst du abgelöst?" — „Alle zwei Stunden kommt ein anderer." — „Sollen die beiden denn gar nicht aus dem Zelte?" — „O doch! Sie würden ja sonst gleich merken, daß sie bewacht werden. Aber sobald sie heraus= treten, gebe ich das Zeichen, und dann folgen wir ihnen, bis sie wieder zurückkehren." — „Das ist eigentlich sehr unnötig. Ich an des Scheiks Stelle würde es viel klüger machen." — „Wie denn?" — „Ich würde zu ihnen gehen oder ihnen einen klugen Mann senden, der sie heimlich auszuforschen hätte, was sie beabsichtigen." — „Der müßte allerdings sehr klug sein. Sie werden es wohl keinem anvertrauen, wenn sie wirklich fort wollen." — „O, es kommt ganz darauf an, wie man die Fragen stellt. Ich möchte einmal eine Probe machen." — „Du? Hm!" — „Traust du es mir nicht zu?" — „Ich meine nicht, daß es dir gelingen wird." — „Darf man denn nicht zu ihnen?" — „Das ist nicht verboten." — „So werde ich einmal hineingehen. Meinst du nicht?" — „Ich möchte freilich wohl wissen, was sie sagen. Es muß spaßhaft sein, von solchen Leuten Dinge zu hören, die sie eigentlich verschweigen wollen. Aber sie werden sogleich Mißtrauen fassen." — „O nein!" — „Unter welchem Vorwande würdest du denn zu ihnen gehen?" — „Das ist doch sehr leicht zu erraten. Haben sie ge= gessen?" — „Ich habe nichts gesehen." — „Nun, so paß auf, was ich thue!"

Suef ging zum Feuer, über dem die Braten an den Spießen gedreht wurden, schnitt ein tüchtiges Stück ab und kam dann, dasselbe an sein Messer spießend, lachend zurück.

„Ist das nicht ein guter Vorwand?" fragte er. — „Der beste, den es giebt."

M. K.

Suef ging darauf nach dem Zelte und trat ein.

Drinnen saßen Ibrahim und der Russe und rauchten ihre Pfeifen. In einem kleinen hörnernen, mit Palmöl gefüllten Gefäße brannte ein Docht. Der matte Schein dieser einfachen Lampe erleuchtete das Innere des Zeltes nur notdürftig.

„Suef!" begrüßte der Pascha erfreut den Eintreten= den. „Endlich!" — „Leise, Herr, draußen sitzt ein Wächter." — „Hölle und Tod! Werden wir bewacht?" — „Ja. Man traut euch nicht. Nach jeder zweiten Stunde wird der Wächter abgelöst." — „So dürfen wir gar nicht hinaus?" — „O doch, aber ihr werdet ver= folgt und scharf beobachtet. Nötigenfalls würde man Lärm machen." — „Allah! So wird aus der Flucht nichts!" — „Es wird dennoch etwas daraus." — „Der Wächter sitzt da vorn. Ihr müßt hinten hinaus." — „Wo keine Thür ist?" — „Ihr schneidet einen Riß in die Zeltwand. Ich werde zur geeigneten Zeit kommen und schleiche von hinten an das Zelt heran. Sobald ihr merkt, daß ich in die Leinwand schneide, helft ihr mit und kommt heraus. Auf der Erde kriechend, folgt ihr mir dann." — „Aber man wird uns sehen!" — „Nein. Ich komme erst dann, wenn wir sicher sein können. Der Dattelsaft, der heute getrunken wird, hat stark gegoren; das macht müde und schließt die Augen." — „Haben wir denn Reittiere?" — „Ja. Ich bin mit hinaus zu den Wächtern der Herden postiert und werde für drei der besten und schnellsten Kamele sorgen. So viel ist sicher, daß man uns nicht ereilen wird, wenn wir einmal fort sind." — „Und wir werden den Riesen treffen?" — „Ganz gewiß."

Suef ging wieder hinaus. Draußen fragte ihn der neugierige Posten, ob er Erfolg gehabt habe.

„Ja, aber keinen guten." — „Wieso? Wollen sie entfliehen?" — „O nein. In dieser Beziehung ist der Erfolg sehr gut. Aber sie schliefen bereits, und da ich sie störte, wurden sie grob und drohten sogar mit

Schlägen. Sie sagten, daß sie bis zum zweiten Gebete schlafen wollten, da der Ritt morgen ein sehr beschwer= licher sei. Willst du ihnen einen Gefallen erweisen, so sorge dafür, daß sie nicht wieder von irgend jemandem gestört werden!"

Dann entfernte sich Suef. Der Wächter aber legte sich bequem zurück und dachte bei sich, daß er diese beiden Männer wohl nicht stören werde. Er hatte heute anderes und besseres zu thun, als sich gar zu sehr um sie zu bekümmern.

Als sein Nachfolger kam, vertraute er diesem an, daß Suef drin gewesen sei und von ihnen den Wunsch gehört habe, daß man sie nicht stören solle, da sie schlafen wollten. Das sprach sich weiter, von einem Posten zum anderen, bis allmählich das Leben im Lager verstummte und die Feuer erloschen. Selbst ein Fest geht einmal zu Ende, und auch ein Schmaus kann nicht ewig währen. Man suchte die Lagerstätten auf.

Steinbach war auch müde geworden, denn oben in der Ruine hatten ebenso Freude und Wohlleben ge= herrscht, wie unten vor derselben. Dann hatten sich die Mädchen zuerst zurückgezogen, und bald darauf gingen ebenfalls die Männer. Als weitgereister, vielerfahrener und vorsichtiger Mann stieg Steinbach jetzt noch einmal die Stufen hinab, um nach dem Wächter zu sehen. Auch er traute dem Lagmi, dem Dattelsafte, nicht recht. Und richtig, als er zu dem Wachtposten kam, saß dieser am Boden und schnarchte ein Solo, das gar nicht energischer und ausgiebiger sein konnte. Natürlich weckte er ihn. Der Mann fuhr empor, rieb sich die Augen, starrte Steinbach an und murmelte, als er ihn erkannte, irgend eine Entschuldigung.

„Hast du hier zu schlafen oder zu wachen?" fragte ihn in strengem Tone der Deutsche. — „Verzeihung, Herr, die Augen fielen mir zu." — „Du sollst sie aber offen halten." — „Das thue ich jetzt." — „Schön! Wenn aber indessen etwas geschehen ist?" — „O, was

M. K.

sollte geschehen sein?" — „Die beiden, die du bewachen sollst, können sich entfernt haben." — „Die? Nein, nein! Die schlafen." — „Woher weißt du das?" — „Suef ist bei ihnen gewesen. Ihm haben sie gesagt, daß sie schlafen wollen bis zum zweiten Gebete; man solle sie nur nicht stören." — „Bis zum zweiten Gebete? Unsinn! So lange schläft kein Mensch. Wenn sie das wirklich gesagt haben, so ist es höchst auffällig. Suef? Wer ist Suef?" — „Ein gefangener Beni Suef, der Sklave des Riesen."

Steinbach machte eine Bewegung des Schrecks.

„Was höre ich? Ein gefangener Beni Suef? Der Sklave des Riesen? Hatte er es gut bei ihm?" — „Ja. Er war seinem Herrn sehr treu." — „Und der ist drin bei den beiden gewesen? Wann?" — „Während der ersten Wache. Er hat ihnen Fleisch zum Essen hinein= getragen." — „Hast du um die beiden Zelte patrouilliert?" — „Nein. Ich habe hier gesessen." — „Und die an= deren wohl auch?" — „Ja. Warum sollte man um die Zelte herumlaufen? Hinten haben sie doch keine Thür." — „Aber sie sind von Leinwand, die zerschnitten werden kann! Wollen einmal nachsehen."

Sofort begab sich Steinbach hinter das Zelt. Zwar brannten die Feuer nicht mehr, aber im Osten begann der Tag zu dämmern, sodaß man bereits einen hin= reichenden Lichtschein hatte, bei dem Steinbach sofort die große Oeffnung bemerkte, die in die Leinwand geschnitten worden war.

„Da, schau her!" rief er. „Während ihr vorn wachtet, sind sie hinten entflohen." — „O Allah!" stammelte der Mann, indem er vor Schreck seine Flinte fallen ließ. „Laufe schnell und wecke den Mueddin! Er soll das Zeichen geben, daß alle sich versammeln."

Der Wächter stürzte von dannen. Steinbach aber trat in das Zelt. Es war leer. Nun eilte er nach der Ruine, um auch Normann, Tarik und Hilal zu wecken,

M. K.

und diese hatten sich kaum erhoben, so ertönten auch bereits die Schläge des Mueddin und darauf seine Stimme:

„Auf, auf, ihr Gläubigen! Schüttelt den Schlaf von euch und jagt die Träume von dannen. Die Zelte der Gäste sind leer. Es ist ein Unglück geschehen im Lager der Söhne und eine Schande in der Wohnung der Väter. Kommt herbei, herbei, um wieder einzufangen die Entflohenen! Eilt mit den Beinen und ruft mit den Stimmen! Allah verderbe die Lügner, die ihr eigenes Wort nicht achten!"

Natürlich erhob sich ein großer Tumult im Lager. Steinbach wirkte vor allen Dingen darauf hin, daß keiner das Zelt verlassen durfte. Es handelte sich zunächst darum, daß die Spuren der Entflohenen nicht verwischt würden. Sodann wurde nach dem Sklaven Suef gesucht. Er war nicht zu finden, und bei näherer Nachforschung ergab es sich, daß mit ihm auch drei der besten Reitkamele verschwunden seien.

„Er ist fort mit ihnen!" sagte Tarik zornig. „Aber wehe ihm, wenn ich ihn ereile! Wüßte man nur, wohin sie sind!" — „Zu den Beni Suef natürlich!" — „Die beiden wollten doch nach Aegypten!" — „Sie werden zunächst Schutz suchen bei euren Feinden und sich dann von diesen sicher nach Aegypten begleiten lassen." — „Dann sind sie deiner Ansicht nach gen Süden?" — „Ja. Laß uns nachsehen! Aber nur wir allein, damit die Spuren nicht verwischt werden!"

Steinbach und Tarik brauchten nicht lange zu suchen, so fanden sie die Spuren dreier Kamele im tiefen Sande. Ersterer untersuchte dieselben sorgfältig.

„Es ist über drei Stunden her, daß sie fort sind," sagte er dann in zuversichtlichem Tone. „Die Ränder der Tapfen sind bereits eingefallen, und es wird schwer halten, ihnen diesen Vorsprung wieder abzugewinnen. Mit Pferden läßt sich dies nicht thun; doch wollen wir

M. K.

zunächst uns versichern, ob sie sich draußen in der Wüste nicht vielleicht nach einer anderen Richtung gewandt haben."

---

21. Kapitel.

Zwei Minuten nach den soeben geschilderten Er=
eignissen jagte Steinbach mit Tarik und Hilal in wahrer
Sturmeseile in die Wüste hinaus, und bald erreichten sie
einen Ort, wo der tiefe Sand weit umher aufgewühlt war.

„Was ist das?" fragte Tarik erstaunt. „Hat hier
etwa ein Kampf stattgefunden?" — „Wartet! Ich werde
untersuchen!"

Bei diesen Worten sprang Steinbach vom Pferde
und verwandte eine so außerordentliche Sorgfalt auf
seine Nachforschung, daß die beiden Brüder endlich die
Geduld zu verlieren begannen.

„Was nützt es, daß du jedes einzelne Sandkorn be=
trachtest!" meinte Tarik. „Wir verlieren dabei kostbare
Zeit!" — „Nein, wir gewinnen Zeit. Je sorgfältiger wir
jetzt sind, desto größere Gewißheit bekommen wir, und
desto schneller können wir handeln. Uebrigens bin ich
fertig. Aber was ich gesehen habe, ist keineswegs etwas
Erfreuliches. Nämlich hier sind die drei Flüchtlinge
mit dem Riesen Jaledh zusammengetroffen." — „Allah!
So hattest du recht. Er hat sie erwartet!" — „Ja.
Seht hierher! Da hat er gesessen, sich Umschläge ge=
macht und Blut aus dem Munde gespuckt, und zwar
unvorsichtigerweise immer nach einer Stelle hin. Hier
liegt es. Hier von Westen ist er gekommen, aber nicht
allein." — „Wer sollte bei ihm gewesen sein? Er ist
ja allein fort. Sollte er unterwegs mit jemand zu=
sammengetroffen sein?" — „Jedenfalls. Hier kommen
zwei breite Fährten. Ihr wißt, daß das Pferd das
Kamel haßt, es kann dasselbe nicht erriechen. Darum

M. K.

sind sie in zwei Gruppen geritten und haben auch ihre
Tiere in zwei Gruppen aufgestellt. Hier rechts lagen die
fünf Kamele des Riesen, und hier links befanden sich fünf
oder sechs Pferde. Zu diesen sind nachher die drei
Flüchtlinge gestoßen und mit ihnen weiter geritten, gerade
nach Süden, wie ihr hier seht." — „Wer mögen die
fünf oder sechs Reiter gewesen sein?" — „Ich vermute,
daß es feindliche Beni Suef waren." — „Allah, Allah!
Das wäre gefährlich! Woraus schließt du dies?" —
„Feinde waren es sicherlich, sonst hätten sie sich nicht
mit dem Riesen abgegeben." — „Gerade darum können
es Freunde gewesen sein. Er hat ihnen wahrscheinlich
nicht gesagt, daß er aus dem Stamme gestoßen worden
ist." — „Sie müßten sehr dumm gewesen sein, wenn sie
dies nicht gemerkt hätten, zumal er verwundet war. Ich
bin überzeugt, daß es Feinde waren. Welche Feinde
aber kann es hier geben?" — „Nur Beni Suef." —
„Gewiß! Und was wollen sie hier, so in der Nähe
eures Lagers?" — „Sollten sie vielleicht zufällig hierher
gekommen sein?" — „Zufällig? Kein Mensch kommt zufällig so nahe an ein wohlbekanntes, feindliches Lager.
Da ist stets eine Absicht dabei." — „Die wäre dann
eine feindliche!" — „Gewiß. Reiten wir also dahin,
wo sie hergekommen sind. Vielleicht bekommen wir noch
mehr Anhaltepunkte."

Steinbach stieg wieder auf und jagte davon, immer
der Fährte entgegen; die beiden anderen folgten ihm.
Es dauerte auch gar nicht lange, so riß er sein Pferd
zurück. Er hatte während des Galopps den Blick stets
am Boden gehalten und etwas bemerkt. Aus dem Sattel
springend, hob er es auf und hielt es den beiden
Brüdern hin.

Es war eine sehr kunstvoll in Eisen geschnittene
Messerscheide. Gar nicht weit davon lag das Messer,
oder vielmehr der Dolch.

„Gehört das etwa dem Riesen?" fragte Steinbach.
— „Nein," antwortete Hilal, „der Riese hatte niemals

M. K.

ein solches Messer. Es muß einem der anderen Reiter
gehört haben, der es während des Rittes aus dem Gürtel
verloren hat." — „Hier," fuhr Steinbach, den Messer=
griff betrachtend, fort, „ist ein Koranspruch eingegraben
und ein Name." — „Wie lautet er?" — „Kurze Wehr
und starke Faust ist besser, als eine lange Waffe, aber
schwache Hand. Omram el Suefi." — „Allah 'l Allah!"
rief da Hilal, und sein Bruder stimmte in diesen Ruf
des Erstaunens mit ein. — „Kennt ihr denn diesen Mann?"
— „Ob wir ihn kennen! Omram el Suefi ist der Eidam
des Scheiks der Beni Suef. Er ist der verschlagenste,
listigste und auch verwegenste unserer Feinde. Also er
ist dagewesen!" — „Reiten wir weiter."

Wieder ging es vorwärts, doch bald wurde nochmals
gehalten, und Steinbach untersuchte abermals die Stelle.
Dann erklärte er:

„Hier haben die Beni Suef gelagert, und da ist
Faleyd auf sie gestoßen. Das scheint mir gar nicht weit
von dem Platze zu sein, wo wir noch mit ihm sprachen.
Jetzt ist alles klar. Omram el Suefi reitet mit noch
fünf anderen um euer Lager. Welchen Zweck kann er
haben?" — „Nur den, zu spionieren!" — „Natürlich
ist er als Kundschafter abgesandt worden. Wann aber
sendet man Kundschafter?" — „Vor einem Kriegszuge."
— „Die Beni Suef haben also vor, euch zu überfallen."
— „Bei Allah, wir werden sie empfangen!" — „Nicht
so hitzig! Noch sind wir nicht fertig. Diese sechs Reiter
ritten Pferde, aber keine Kamele. Was folgt daraus?"

Die beiden Brüder blickten Steinbach fragend an.
Sie fanden die Antwort nicht. Hilal sagte endlich:

„Was soll daraus folgen? Sie hatten Pferde,
aber keine Kamele. Darum haben sie sich auf die Pferde
und nicht auf Kamele gesetzt." — „Das ist sehr wahr,
aber nicht sehr scharfsinnig," lachte Steinbach. „Sagtet
ihr nicht gestern, es sei zwei bis drei Tagereisen von
hier bis zu den Weideplätzen der Beni Suef?" — „Das
ist richtig." — „Können Pferde aber einen solchen Ritt

May, Königin d. Wüste.   23

aushalten und dann des Nachts die Rückreise wieder an=
treten?" — „Nein, zumal es unterwegs kein Wasser
giebt." — „Aber ohne Wasser können die Pferde keinen
Tag aushalten, darum — —?" — „Darum?" fragte
Tarik, da er die Antwort unmöglich zu finden vermochte.

„Darum," fuhr Steinbach fort, „haben sie zwischen
hier und ihren Weideplätzen Wasser." — „Es giebt aber
keine einzige Quelle da!" — „So kann man sich nur
denken, daß sie Kamele mit Wasserschläuchen in der
Nähe haben."

Die beiden Brüder erschraken jetzt sichtlich.

„Kamele mit Wasserschläuchen in der Nähe?" rief
Hilal. „Das könnte nur der Fall sein, wenn sie sich
bereits zu dem Ueberfalle unterwegs befänden!" — „Das
wird auch wohl so sein. Sie sind unterwegs und haben
die sechs Reiter als Kundschafter vorausgesandt, um euer
Lager zu umschleichen." — „O Allah! Und diese sind
auf Jalehd getroffen, der Rache brütet. Er wird alles
gegen uns thun, was ihm möglich ist. Aber vielleicht
irren wir uns doch!" — „Nein. Es ist so, wie ich
vermute," sagte Steinbach. — „Wie kannst du dies so
fest, so bestimmt behaupten? Du hast sie weder gesehen
noch mit ihnen gesprochen und nur in dem Sande gelesen,
als ob Worte in demselben geschrieben seien." —

„Das ist auch der Fall. Ich war Jahre lang in
einem fernen Lande, wo es wilde Völker giebt, die man
Indianer nennt. Dort ist man keinen Augenblick seines
Lebens sicher, dort lernt man im Grase, im Sande, in
den Blättern der Bäume, in den Höhen und Tiefen, in
den Stimmen der Vögel und im Brausen des Windes
die Mahnungen lesen, die ganz allein imstande sind,
den Bedrohten zu beschützen. Glaubt mir, was ich euch
sage: Die Beni Suef sind zu einem Ueberfalle unter=
wegs und haben diese sechs Reiter auf Kundschaft gesandt.
Ich weiß dies so genau, als ob ich bei ihnen gewesen
sei." — „So müssen wir handeln, und zwar schnell!"
— „Zunächst rasch in das Lager zurück!"

M. K.

Während die drei Männer wieder der Ruine ent=
gegenflogen, teilten sie sich ihre Gedanken mit.

„Die Hauptsache ist, den Feind auszukundschaften,"
meinte Steinbach. „Das werde ich thun." - „Du?
Willst du dich für uns in Gefahr begeben?" — „Bin
ich nicht euer Gast? Ist nicht eine Gefahr, die euch
droht, auch für mich dieselbe?" — „Ja, du bist ein Held.
Du hast uns bereits errettet und errettest uns wieder.

Aber allein kannst du doch nicht reiten?" — „Nein, ihr
gebt mir einige gute Krieger." — „Ich selbst reite mit!"
sagte Tarik. — „Nein, du bist der Scheik, der Anführer
der Beni Sallah. Die Augen des ganzen Stammes
ruhen auf dir. Früher konntest du als Kundschafter
gehen, jetzt aber nicht mehr." — „So nimm mich mit!"
bat Hilal. — „Ja, du magst mitgehen und noch drei
andere." — „Dein Gefährte Normann Effendi?" —

„Nein. Der muß bei euch im Lager bleiben, um euch schleunigst zu lehren, wie man mit den neuen Gewehren schießt." — „Allah! Du hast recht. O, nun mögen die Beni Suef kommen! Wir haben ja diese Gewehre!" — „Und sie ahnen davon nichts. Wie weit wohnen die anderen Ferkah eures Stammes von euch?"

Ferkah heißt Unterabteilung.

„Die nächsten eine halbe Tagereise." — „Sendet sofort Boten, die die Krieger dieser Ferkah eiligst zu eurer Hilfe aufbieten. Bis sie bei euch ankommen, bin auch ich von meinem Kundschafterritte zurück, und dann wird sich leicht sagen lassen, was zu thun ist." — „Nehmen wir Pferde zu unserem Ritte?" fragte Hilal. — „Nein. Wir wissen nicht, ob und wann wir Wasser finden. Wir müssen Kamele nehmen." — „Die besten hat Suef, der Hund, uns entwendet. Er soll mir dafür büßen! Da sind wir angekommen. Ich will gleich die Kamele besorgen." — „Ja. Und sagt allen Leuten, daß sie sich so ruhig wie möglich verhalten sollen, damit etwaige weitere Spione nicht von weitem bemerken, daß wir uns vorbereiten."

Es läßt sich denken, welche Aufregung die drei Männer mit ihrer Botschaft hervorbrachten; diese legte sich aber sehr bald. Steinbachs ruhiges, überlegenes Wesen war von einer Wirkung, die gar nicht glücklicher genannt werden konnte.

In kurzer Zeit ritten Boten um Hilfe fort, und Normann verteilte die mitgebrachten Gewehre an die ge=übteren Schützen. Er als Reserveoffizier war ganz der Mann dazu, den Beduinen in so kurzer Zeit die un=bekannte Waffe wenigstens handgerecht zu machen. Bevor er aber noch eigentlich hatte beginnen können, flogen Steinbach, Hilal und noch drei andere erfahrene Beduinen auf windesschnellen Laufkamelen in die Wüste hinaus und dem gefahrdrohenden Süden entgegen. Die kräftigen, lang=beinigen Tiere trugen außer dem Reiter nichts als einen

M. K.

wohlgefüllten Wasserschlauch und einen kleinen Vorrat
von Datteln.

---

22. Kapitel.

Die Flüchtlinge waren mit den Beni Suef in der
Nacht davongeritten; ihr einziges Bestreben war gewesen,
einen möglichst großen Vorsprung zu erzielen. Sie hatten
gar nicht daran gedacht, ihre Spur zu verwischen, oder
wenigstens eine möglichst unauffällige zurückzulassen.
Darum war es den Verfolgern leicht, ihnen genau auf
der Fährte zu bleiben.

Zwar befindet sich der staubfreie Wüstensand, selbst
wenn das menschliche Gefühl gar keinen Lufthauch zu
empfinden vermeint, in immerwährender, ununterbrochener,
leiser Bewegung; aber Löcher, die ein weit ausgreifendes
Eilkamel mit seinen großen Füßen in den Sand reißt,
werden binnen einer halben Nacht nicht wieder verweht,
wenn es nicht einen wirklichen Wind giebt.

Es gab nichts zwischen Steinbach, Hilal und den
drei Beduinen zu sprechen. Was sie jetzt wissen konnten,
das wußten sie; alles andere wollten sie ja erst erfahren,
und so flogen sie schweigend neben= und hintereinander
dahin, jetzt nur bemüht, alles Auffällige sofort bereits
am Horizonte zu bemerken. Eine Hauptaufgabe war es
ja, daß sie sahen, ohne selbst gesehen zu werden.

So ging es fort und immer fort. Es wurde Mittag
und Nachmittag. Nur ein einziges Mal hatte man den
Tieren eine fünf Minuten lange Ruhe gegönnt, um ihnen
einige Schlucke Wasser zu geben; dann war es in ganz
derselben Eile wieder weiter gegangen.

Um die Mitte des Nachmittags stieg Steinbach
wieder einmal ab, um die Fährte zu untersuchen. Er
nickte befriedigt vor sich hin und sagte:

„Wenn wir wollten, könnten wir sie in einer Stunde

M. K.

einholen." — „Unmöglich!" antwortete Hilal ungläubig.
— „Ganz gewiß." — „Dann drauf, Effendi!" — „Du
scherzest!" — „Es ist mein Ernst. Ich glaube doch
nicht, daß du dich vor sechs Beni Suef, dem Riesen und
den Flüchtlingen fürchtest! Dazu kenne ich dich zu gut."
— „Das will ich denken. Was haben wir aber davon,
wenn wir sie niederschießen?" — „Gerächt haben wir
uns!" — „Die anderen aber bleiben!" — „Ah! Du
hast recht. Sie dürfen ja nicht ahnen, daß wir um ihren
Plan wissen. Sie kommen, und wir empfangen sie.
Aber sind wir ihnen denn wirklich so sehr nahe?" —
„Ja. Ich erkenne es aus der Gestalt der Spuren. Siehe
einmal hier die Pferdespuren! Sie sind nicht mehr so
scharf wie früher; der Tritt ist unsicher geworden. Die
Tiere sind also sehr müde. Da! Halt!"

Steinbach deutete vor sich hin nach dem Horizonte,
wo gerade jetzt eine Reihe kleiner Punkte erschien.

„Das sind sie!" rief Hilal. — „Ja. Unsere Tiere
mögen sich für einige Minuten niederlegen, damit wir
nicht gesehen werden."

Diese Vorsichtsmaßregel wurde befolgt, und sodann
ging es weiter. Aber bereits nach kurzer Zeit waren sie
den Verfolgten wieder so nahe gekommen, wie vorher.
Letztere schienen jetzt nur noch langsam zu reiten und
hatten auch eine ganz andere Richtung eingeschlagen.
Hilal schüttelte den Kopf und sagte:

„Es scheint fast, als ob sie da rechts hinüber nach
dem Ferß el Hadschar wollten." — „Was ist das?" —
„Ein eingestürztes Gebirge, ohne Baum und Strauch
und Wasser." — „Aber Verstecke giebt es da?" — „Mehr
als genug für tausend Mann." — „Nun, was wollen wir
da mehr? So wissen wir ja gleich, wo wir sie zu
suchen haben. Sie sind im Ferß el Hadschar. Wasser
haben sie sich auf ihren Kamelen mitgebracht; da leiden
sie keine Not. Wenn mir nur die Gegend bekannt wäre;
da wollte ich sie schon belauschen!" — „Ich will sie dir
abzeichnen."

M. K.

Hilal stieg ab und zeichnete mit dem Kamelsstabe im Sande. Steinbach dachte eine kleine Weile nach; dann fragte er:

„Wie weit haben wir noch bis dahin?" — „Wir würden leicht noch vor Sonnenuntergang dort sein, wenn wir nicht noch langsamer reiten müßten, als die da vorn." — „Nun, das paßt; das paßt ganz ausgezeichnet! Schlagen wir einen Bogen, um von einer anderen Seite an den Ferß el Hadschar zu kommen, von der her sie nichts Feindseliges erwarten können. Kennt ihr das Felsgewirr in seiner ganzen Ausdehnung?" — „Nein. Es giebt Stellen, wohin noch kein Mensch gelangt ist." — „Und so habt ihr auch keine Ahnung, wo ungefähr die Beni Suef zu finden sein werden?" — „Nein." — „Nun, ich hoffe trotzdem, daß unser Ritt nicht ein vergeblicher sein wird."

Hilal machte ein sehr nachdenkliches Gesicht und sagte:

„Vielleicht ist es dennoch vergeblich. Nur die Spur, der wir bisher gefolgt sind, kann uns zu ihnen führen. Wenn wir sie verlassen, können wir sie im Finstern nicht wieder auffinden. Aber du bist in jenem Lande gewesen, von dem du gestern erzähltest, wo vom richtigen Verständnisse einer Fährte das Leben abhängt. Vielleicht vermagst du auch im Dunkeln die Tapfen der Kamele zu erkennen und zu verfolgen." — „Mein Auge ist durch die viele Uebung allerdings sehr geschärft; aber ich bin auch nur ein Mensch. Wie eine Katze oder ein Panther vermag ich in der Nacht nicht zu sehen, doch hoffe ich, daß mir die Verfolgten nicht entgehen werden. Wir müssen vor allen Dingen verhüten, gesehen zu werden, denn sobald sie uns bemerken, ist nicht nur unsere Absicht vereitelt, sondern wir begeben uns sogar in persönliche Gefahr, da wir so wenige gegen so viele sind." — „O, sie mögen nur kommen!" — „Das sagt dein Mut. Wenn aber der Mut nicht mit der nötigen Vorsicht gepaart ist, so wird er leicht verderblich. Wir mögen noch so tapfer sein und noch so gut bewaffnet, gegen Hunderte,

M. K.

wie sie uns gegenüberstehen werden, vermögen wir nichts. Was diese Fährte betrifft, so will ich dich fragen, ob du den Entflohenen wohl zutraust, daß sie einen Umweg machen?" — „Nein, ganz gewiß nicht." — „Das denke ich auch.. Ich meine, daß sie gerade auf ihr Ziel zureiten werden. Seit zwei Stunden hat die Fährte eine schnurgerade Linie gebildet, und ich bin überzeugt, daß diese Linie ganz bestimmt zu dem Orte weist, an dem sich die Beni Suef befinden." — „Du bist sehr scharfsinnig; ich gebe dir recht." — „Nun laß deinen Blick einmal ganz gerade dieser Richtung folgen. Was siehst du da?" — „Ich sehe nur die Massen der Felsen, die sich am Horizonte emportürmen." — „Das ist also der Ferß el Hadschar. Ich will sehen, ob sich nicht eine Einzelheit unterscheiden läßt, nach der wir uns richten können."

Steinbach zog sein Fernrohr hervor und hielt es einige Augenblicke lang an das Auge. Dann sagte er:

„Ganz gerade in der Richtung, in welche die Fährte führt, liegen nahe aneinander zwei einzelne, hohe und ziemlich schmale Felsen, die fast das Aussehen von Säulen haben. Kennst du sie?" — „Laß mich einmal durch das Rohr blicken."

Hilal erhielt es. Da er aber im Gebrauche eines Teleskops ein Neuling war, fiel es ihm nicht leicht, die erwähnten Felsen zu fixieren. Als es ihm endlich gelungen war, antwortete er:

„Ich kenne sie. Es sind die Benat el Hawa." — „Benat el Hawa, also die Töchter der Stürme. Warum nennt man diese Felsen so?" — „Weil sie durch die Stürme vom Gebirge herabgeworfen und dort hingestellt worden sind." — „Ich erkläre mir ihre Entstehung anders, doch ist das Nebensache. Hauptsache ist, daß sie uns einen festen Anhaltepunkt geben. Da diejenigen, die wir verfolgen, auf diese Töchter der Stürme zureiten, werden wir bei den Felsen jedenfalls ihre Spuren wiederfinden können, und ich bin überzeugt, daß wir jetzt ohne Be=

M. K.

forgnis unsere Richtung ändern können. Laßt uns dies also thun."

Sie schlugen nach dieser Unterredung einen Bogen, der sie mehr nach links, also nach Osten führte. Dabei mußten die Kamele alle ihre Schnelligkeit entfalten, und daher kam es, daß Steinbach und Hilal bereits vor Sonnenuntergang sich auf gleicher Höhe mit dem Ferß el Habschar befanden, nur etwas links von demselben. Jetzt wandten sie scharf nach rechts um, gerade auf die Felsen zu, und als sie dieselben erreichten, ritt Steinbach eine kurze Strecke in das Gewirr hinein und ließ dann halten. Sie befanden sich nunmehr an einer Stelle, die rings von Trümmerhaufen umgeben war und ihnen Sicher= heit bot, nicht so leicht gesehen zu werden. Die drei anderen folgten dem Beispiele des Deutschen: sie ließen ihre Tiere niederknieen und stiegen von den hohen Sitzen herab.

„Wollen wir hier lagern?" fragte Hilal. — „Wir beide nicht, sondern nur unsere Begleiter." — „Was aber thun wir?" — „Wir gehen zwischen diesen Felsenmassen weiter, bis zu den beiden Töchtern der Stürme. Nach meiner Berechnung erreichen wir sie noch vor Ein= bruch der Dunkelheit. Da werden wir die Spuren sehen und ihnen folgen, bis wir die Gesuchten finden." — „Warum wir beide allein?" — „Meinst du, daß wir uns auf diesem Terrain der Kamele bedienen können?" — „Nein. Einer genügt aber, bei ihnen zurückzubleiben." — „Die anderen würden uns nur hinderlich sein. Wir zwei werden weniger leicht gesehen, als wenn wir zu fünfen gehen. Und bemerkt man uns, so können zwei sich leichter verbergen und leichter entkommen als mehrere." — „Wenn man aber während unserer Abwesenheit diese drei hier entdeckt, so sind sie verloren und wir mit ihnen. Wir haben keine Tiere, um zu entkommen." — „Man wird sie nicht entdecken, wenn sie klug und vorsichtig sind. Einer von ihnen, aber auch nur einer, mag hier auf den Felsen steigen und sich da im Gerölle verstecken. Er kann von dort die ganze Gegend überblicken und ist

M. K.

also imstande, zu warnen. Kommt jemand nahe vorüber, so mögen sie sich ruhig verhalten. Werden sie aber entdeckt, so mögen sie fliehen, nach verschiedenen Richtungen, damit es schwer ist, sie zu verfolgen. Um Mitternacht dann kehren sie nach hier zurück, um uns abzuholen. Ihre Tiere sind noch schnell genug, zu entkommen, und wenn es einmal Nacht geworden ist, so dürfte es schwer oder gar unmöglich sein, sie hier zu entdecken."

Nachdem Steinbach den Zurückbleibenden noch einige specielle Instruktionen erteilt hatte, brach er mit Hilal auf.

Der Weg, dem sie zu folgen hatten, führte zwischen Trümmern hin und war so mit kleinen Felsstücken bestreut, daß es nicht leicht war, schnell vorwärts zu kommen, zumal sie bei jeder Felsenecke sich erst überzeugen mußten, daß kein Feind sich hinter derselben befinde.

Dennoch erreichten sie die beiden Schwestern der Stürme, noch ehe es Nacht wurde. Als sie vor dem ersten dieser zwei Felsen angelangt waren, hatte der Sonnenball sich eben hinter den Horizont hinabgesenkt. Das war die Zeit des Abendgebetes, und Hilal kniete trotz der gefährlichen Lage, in der sie sich befanden, nieder, um seine Andacht zu verrichten. Er that dies, den Umständen angemessen, natürlich leise. Dann setzten sie ihren Weg fort, um den zweiten Felsen zu erreichen.

Von weitem hatte es geschienen, als ob die beiden Schwestern ganz nahe bei einander ständen; jetzt aber zeigte es sich, daß sie wohl dreiviertel Kilometer weit auseinander lagen.

Vorsichtig schritten die beiden Kundschafter hintereinander her, und zwar Steinbach voran, der hinter jedem Felsblocke Deckung suchte, um ja nicht etwa bemerkt zu werden. Noch hatte er die zweite Schwester nicht erreicht, so deutete er auf den Boden.

„Siehst du es? Hier sind die Spuren! Ich hatte also recht. Sie laufen hier nach links schnurgerade in die Felsen hinein. Schwenken wir also ab, um ihnen zu folgen!" — „Man wird uns bemerken. Gerade hier

M. K.

öffnen die Steine einen Weg, indem sie weiter auseinan=
dertreten." — „Wir folgen ihm natürlich nicht direkt,
sondern zur Seite, nur hinter Steinen verborgen."

Sie bemühten sich ängstlich, keine Spur zu erzeugen,
und stets von weitem die Fährte im Auge behaltend,
schlichen sie in südlicher Richtung immer tiefer in das
Steingewirr hinein. Plötzlich blieb der vorangehende
Steinbach stehen, gab einen Wink und flüsterte:

„Horch, hörtest du etwas?" — „Ja. Das Brett
eines Mueddin."

Beide lauschten angestrengt, und wirklich, da ertönte,
wie aus einer anderen Welt herüber, durch die tiefe
Stille der Steinwüste die klare, sonore Stimme des
Ausrufers:

„Ja el Moslemin, hai el sallah — auf, ihr
Gläubigen, rüstet euch zum Gebete!" — „Sie sind hier!"
sagte Hilal, vorwärts deutend. — „Ja, aber in ziemlicher
Entfernung. Wir werden also nun unsere Vorsicht ver=
doppeln müssen." — „Sie beten zu spät. Sie konnten
hier inmitten der Felsen nicht sehen, wenn die Sonne
sich in das Sandmeer taucht. Allah wird also ihr Ge=
bet nicht erhören; er liebt die Pünktlichkeit."

Steinbach mußte über die Naivetät des frommen
Jünglings lächeln, sagte aber kein Wort, denn aus der
Ferne drang soeben ein tiefer, dumpfer Ton zu ihnen,
wie das Rauschen eines Wassers.

„Sie beten," flüsterte Hilal. „Wie unvorsichtig!
Damit zeigen sie uns den Weg. Auf einem Kriegszuge
muß man jeden Lärm vermeiden." — „Daß sie dies
unterlassen, beweist, daß sie sich ganz sicher fühlen. Gehen
wir weiter!"

Es wurde immer dunkler. Dies aber war beiden
Männern nur lieb. Sie brauchten jetzt die Spuren nicht
mehr zu sehen, sie wußten ja, in welcher Richtung und
in welcher Entfernung die Gesuchten zu finden seien.

Noch waren sie nicht weit fortgekommen, und Stein=
M. K.

bach stand gerade im Begriffe, um einen Felsen zu
biegen, da prallte er blitzschnell wieder zurück.

„Was giebt es?" fragte Hilal. — „Zwei Männer.
Fast hätten sie mich gesehen!" — „Kommen sie?" —
„Nein, sie stehen da vorn, jenseits des freien Plätzchens,
das hinter diesem Felsen beginnt." — „Laß mich einmal
nachschauen!"

Hilal legte sich auf den Boden und kroch langsam
vor, so weit, daß er sehen konnte, ohne selbst erblickt zu
werden. Da blieb er eine kurze Zeit lang, die Augen
scharf auf die Männer gerichtet, unbeweglich liegen.
Dann zog er sich zurück.

„Es sind natürlich feindliche Beni Suef?" fragte
Steinbach. — „Ja. Ich kenne beide genau."

Steinbach hörte aus dem Tone der letzten Worte
sofort, daß er keine unbedeutenden Leute vor sich habe,
und er hatte sich nicht getäuscht, denn auf seine darauf=
hin gerichtete Frage antwortete Hilal:

„Es ist der Scheik der Suef und sein Eidam
Amram." — „Dessen Messer wir gefunden haben?" —
„Ja, Herr." — „Die muß ich mir natürlich ansehen."

Nun legte sich auch Steinbach, ganz ebenso wie
vorher Hilal, auf den Boden nieder und betrachtete die
Suefs, kam aber gleich darauf mit einer hastigen Be=
wegung wieder zurück und sagte zu Hilal:

„Schnell zwischen jene Steine! Sie kommen näher.
Hoffentlich werden sie da nicht hineinblicken! Hüte dich
um Allahs willen, ein Geräusch zu verursachen!"

Rasch eilten sie an einem Felsen vorüber, an dem
ein zweiter, halb umgefallener lehnte, sodaß zwischen
beiden eine Oeffnung war, und kauerten sich, die Ge=
wehre eng an sich gezogen, in diese hinein. Das Loch war
groß genug, sie vollständig zu verbergen.

Im nächsten Augenblicke ließen sich Schritte ver=
nehmen, und es kamen die beiden Beni Suef herbei.

„Wenn sie uns bemerken!" raunte Hilal dem
Deutschen zu, unwillkürlich sein Gewehr bewegend.

M. K.

„Pst! Nicht schießen; im Notfall nur das Messer gebrauchen!"

Gerade vor dem Verstecke hielten die Feinde ihre Schritte an, um ihr Gespräch fortzusetzen.

„Also meinst du, daß wir Wachen ausstellen?" fragte der Scheik. — „Ja. Ich bin überzeugt, daß sie kommen." — „Ich bezweifle es. Sie wissen doch von uns gar nichts." — „Aber sie werden den Russen und

M. K.

den Türken verfolgen. Dabei stoßen sie auf unsere
Fährte." — „Glaube das nicht. Sie werden sich freuen,
die beiden Kerle losgeworden zu sein." — „Die Beni
Sallah, ja. Aber der Fremde, von dem der Riese er=
zählte, wird ihnen ganz sicher folgen." — „Auch ihm
wird es nicht einfallen. Der Riese ist besiegt worden,
und der Stamm hat einen neuen Scheik erhalten. Das
giebt große Feste. Dazu die Hochzeit zwischen der Kö=
nigin und diesem verdammten Knaben Tarik. Sie kann
zwar erst später gefeiert werden, aber es müssen doch
Vorbereitungen getroffen werden. Da wird niemand
daran denken, den beiden Genannten nachzureiten. Das
glaube mir! Ich bin älter und erfahrener als du." —
„Ja, du bist erfahrener und du bist der Scheik. Darum
will ich nicht mit dir streiten. Aber einen Wachtposten
könntest du doch an die beiden Töchter des Sturmes
stellen. Es ist auf alle Fälle besser." — „Nun, wenn
es dich beruhigt, werde ich es thun. Dazu ist aber noch
Zeit. Es wird Nacht, und da ist es diesen Beni Sallah
unmöglich, eure Spuren zu sehen. Kommen sie wirklich,
so kommen sie mit Tagesanbruch, und da werden wir sie
empfangen." — „Was wirst du mit Falehd, dem Riesen,
thun?" — „Wir brauchen ihm das Wort, das du ihm
gegeben hast, nicht zu halten, denn nach allem, was ich
vernommen habe, ist er ein Ausgewiesener, ein Ehrloser."
— „Ja. Er erzählt es freilich nicht; aber er ist besiegt
worden und hat um Gnade gebeten. Wollen wir ihn
da in unseren Stamm aufnehmen?" — „Nein; er würde
uns nur schänden." — „So erhält er auch keine Beute?"
— „Nichts, gar nichts. Und wenn er sich einbildet, die
Königin oder deren Schwester zum Weibe zu erhalten, so
irrt er sich sehr. Wir benutzen ihn, um zu erfahren,
was wir wissen müssen, und dann jagen wir ihn fort.
Dieser Mensch hat übrigens eine Zähigkeit wie ein wildes
Tier. Die Augenwunde würde es einem jeden anderen
unmöglich machen, einen solchen Ritt zu unternehmen;
er aber will sogar den Ueberfall mitmachen. Ich habe
M. K.

dir gewinkt, dich mit mir zu entfernen. Ich wollte mit dir allein beraten, und was wir besprechen, braucht einst=weilen kein anderer zu wissen." — „Was hast du mit dem Türken und Russen vor?" — „Sie sind Feinde des Vicekönigs, also unsere Freunde. Ich habe ihnen Salz und Brot gegeben; sie sind daher, so lange sie wollen, unsere Gäste. Sie sagen, daß sie Offiziere seien; sie können uns also bei dem Ueberfalle der Beni Sallah von großem Nutzen sein." — „Ich bin damit sehr ein= verstanden, obwohl ich ihnen große Tapferkeit nicht zu= traue." — „Der Tapferkeit braucht es hierbei gar nicht. Wir sind sechshundert Krieger und werden so plötzlich über den Feind herfallen, daß ein Kampf überhaupt nicht stattfinden wird. Jeder wird getötet, sobald er aus seinem Zelte tritt." — „Hund von einem Henker!" flüsterte da Hilal hinter dem Steine. „Feiger Mord, nichts weiter!" — „Wenn uns dies so gelingt, wie du denkst, so will ich es loben," meinte Amram weiter. — „Warum soll es nicht gelingen?" — „Ich denke da unwillkürlich an den Deutschen. Der Riese flucht ihm, und die beiden anderen thun dies auch. Sie geben ihm alle möglichen Schimpfnamen; aber gerade aus der Wut, mit der sie von ihm sprechen, schließe ich, daß er ein tüchtiger Mann sein mag." — „Mag er sein, was und wie er will, er wird uns in die Hände fallen." — „Willst du ihn töten?" — „Ich nicht. Wenn er aber mein Gefangener wird, schneide ich ihm den Bart und die Ohren ab und schicke ihn zu seinem Freunde, dem Vicekönige, zurück. Der Riese hat geschworen, sich an ihm zu rächen; er wird der erste sein, der sich an ihn macht; es scheint mir, daß das Leben dieses Deutschen keinen Dattelkern mehr wert ist. Er wird sterben müssen." — „So er= hält also der Pascha dieses Mädchen zurück, das man ihm abgenommen hat! Wann aber soll der Ueberfall stattfinden? Doch während der Nacht?" — „Nein. Ich werde eine viel bessere Zeit wählen." — „Welche könnte wohl besser sein als die Nacht? Oder hättest du die

M. K.

Absicht, am hellen Tage anzugreifen?" — „Nein, das
würde vielen von uns das Leben kosten. Aber mitten
in der finsteren Nacht werde ich es auch nicht thun.
Dabei giebt es eine Verwirrung, bei der wir selbst großen
Schaden leiden können. Wir schießen womöglich auf uns
selbst, die Feinde können uns unbemerkt entkommen und
entfliehen, und gerade unsere beste Beute können wir ver=
derben." — „Du hast recht. So meinst du vielleicht die
Zeit des Morgenanbruches?" — „Ja. Um diese Zeit
schläft man am festesten. Ueberdies feiern jetzt die Beni
Sallah ihre Feste. Sie legen sich also spät nieder und
werden bei der Dämmerung so ermüdet sein, daß wir
sie niederstechen können, ehe es ihnen möglich ist, sich
vom Lager zu erheben." — „Hund!" knirschte Hilal
leise. — „So brauchen wir auch nicht zeitig aufzubrechen,"
meinte Amram, der Eidam des Scheiks, fernerhin. —
„Nein. Wir ziehen morgen um die Mittagszeit von
hier fort, geradeswegs auf das Lager des Feindes zu.
Einen halben Stundenritt vor demselben halten wir an,
um uns auszuruhen. Dann eine Stunde vor morgen
gehen wir zum Kampfe." — „Gehen? Nicht reiten?"
— „Nein. Unsere Tiere sind uns bei dem Ueberfalle
doch nur hinderlich. Sie werden uns von den fünfzig
Männern, die wir bei ihnen zurücklassen, nachgebracht
werden. O Allah, welche Beute werden wir machen!" —
„Ja, es wird ein großes Geschrei geben in der Wüste
und ein Heulen in allen Oasen der Beni Sallah. Sie
werden sich von dieser Niederlage niemals erholen können,
wir aber werden reich sein vor allen anderen Bewohnern
der weiten Ebene. Wenn sie es ´ahnten, daß wir hier
stecken! Sie würden sich vorsehen. Also komm! Ich
will dir den Ort zeigen, an dem wir den Wachtposten
aufstellen müssen."

Der Scheik und sein Eidam entfernten sich hierauf.
Hilal aber flüsterte:

„Oh, die Beni Sallah wissen gar wohl, daß ihr
hier steckt, und werden sich vorsehen!" — „Ja," lachte

M. K.

Steinbach leise. „Und der Deutsche wird euch seinen
Bart und seine Ohren nicht so leichten Kaufes über=
lassen. Haft du alles gehört, Hilal?" — „Alles, alles!
Allah 'l Allah! Weißt du, was ich jetzt thun möchte?"
— „Ich denke es mir. Du haft Luft, eine große Dumm=
heit zu begehen." — „Meinst du, es sei eine Dumm=
heit, diesen beiden nachzuschleichen und ihnen unsere
Messer zu geben?" — „Ja. Uebrigens wäre das
Meuchelmord, nicht aber ehrlicher Kampf. Laß uns auf=
brechen!" — „Sie sind ja nach der Richtung fort=
gegangen, in der wir an ihnen vorüber müssen." —
„Nein. Wir gehen nicht denselben Weg zurück, sondern
halten uns weiter rechts. Da bemerken sie uns nicht.
Folge mir."

Steinbach und Hilal schlichen sich nun, so schnell,
wie es ihnen bei der völlig hereingebrochenen Dunkel=
heit möglich war, fort.

„Also zu Fuß wollen sie uns überfallen," sagte
Hilal dabei zu seinem Begleiter. „Da haben wir die
beste Gelegenheit, sie gleich niederzureiten. Hoffentlich
bift du nicht der Meinung, daß wir sie bis an das
Lager heran lassen." — „Das wäre ein Fehler. Aber
niederreiten werden wir sie auch nicht, sondern wir
empfangen sie ebenfalls zu Fuße." — „Das ist un=
möglich!"

Der Gedanke, auf offenem Felde zu Fuße zu
kämpfen, ist dem Beduinen geradezu eine Ungeheuerlich=
keit. Wenn er nicht im Sattel sitzt, fühlt er sich im
höchsten Grade unbehilflich. Steinbach antwortete daher in
beruhigendem Tone:

„Mache dir keine Sorgen. Wir werden Beratung
halten, und da wird es sich wohl herausstellen, welcher
Plan der beste ist. Komm!"

Sie fanden sich bald ganz gut aus dem Stein=
gewirre heraus, sodaß die beiden Töchter des Sturmes,
an denen sie vorher vorübergekommen waren, links
hinter ihnen blieben, und schritten nun längs dem

Wüstenrande, rechts von sich die Felsen, weiter fort, bis
sie den Ort erreichten, an dem die Gefährten warteten.

Diese hatten an eine so schnelle Rückkehr nicht
geglaubt und waren natürlich begierig, das Ergebnis der
Rekognition zu vernehmen. Steinbach teilte ihnen in
Kürze mit, was sie erlauscht hatten, und dann wurden
die Kamele bestiegen. Diese hatten sich weit über eine
Stunde lang ausruhen können, und so ging es munter
auf demselben Wege zurück, auf dem die Männer
gekommen waren.

Nach einiger Zeit ließ sich am westlichen Himmel
mitten in dessen tiefer Azurbläue eine helle, gelblich
gefärbte Stelle erkennen. Dieses Phänomen war Stein=
bach unbekannt, daher erkundigte er sich, ob dasselbe viel=
leicht etwas Widerwärtiges, Unglückliches zu bedeuten habe.

„O nein," antwortete Hilal. „Es hat im Gegen=
teil etwas für uns Gutes zu bedeuten. Diese helle Stelle
ist das Loch, aus dem binnen einigen Minuten der Rih
el Lela kommen wird. Es sind Jahre vergangen, seit er
nicht dagewesen ist."

Rih el Lela heißt Nachtluft, Nachtwind. Es ist
allerdings in der Sahara eine große Seltenheit, daß sich
ein wirklicher kühler Nachtwind erhebt. Die Sandebene
hat während des Tages die Sonnenglut in sich auf=
genommen und strahlt sie des Nachts wieder von sich.
Wenn es da einen Lufthauch giebt, so ist er heiß und
wirkt außerordentlich ermattend auf Mensch und Tier.
Jetzt aber hatte Hilal recht. In der von ihm an=
gegebenen Zeit begann ein kühler Hauch aus Westen zu
streichen, bei dessen Berührung die Kamele die langen
Hälse ausstreckten und ihre Schritte munter verdoppelten.
Der Hauch nahm dann eine ziemliche Stärke an.

„Das ist gut," sagte Steinbach. „Dieser Wind ist
zwar kein Sturm, aber er hat Kraft genug, unsere
Spuren zu verwehen, und so werden die Beni Suef
morgen nichts finden, woraus sie schließen könnten, daß
sie sich nicht allein im Ferß el Hadschar befunden haben.

M. K.

„Haft du alles gehört, Hilal?" fragte Steinbach.
(Seite 369.)

M. R.   24*

Desto unerwarteter können wir sodann über sie kommen
Sie werden uns ihr Tiere und Sachen lassen müssen
anstatt daß sie die eurigen erhalten."

Die fünf Reiter hatten ungefähr zwölf Stunden
gebraucht, um von dem Lager der Beni Sallah nach
dem Ferß el Hadschar zu kommen; sie brauchten auch
zur Rückkehr nicht längere Zeit, obgleich man meinen
sollte, daß die Kamele ermüdet gewesen wären. Die
Nachtluft hatte sie gestärkt.

23. Kapitel.

Als Steinbach, Hilal und die drei anderen Beduinen
früh kurz nach sechs Uhr im Lager anlangten, schlief
dort kein Mensch mehr. Es waren bereits zwei Ferkah,
also zwei Unterabteilungen des Stammes aus benachbar=
ten Oasen angekommen, sodaß die streitbaren Männer
ungefähr schon achthundert Mann zählten. Die An=
gekommenen wurden natürlich mit Freuden begrüßt; ihr
Unternehmen war ja ein gefährliches gewesen.

Kaum waren sie aus dem Sattel gestiegen, als auch
schon von allen Seiten die Wißbegierigen herbeieilten,
um zu erfahren, welche Nachrichten sie mitbrachten. Es
wurde natürlich sogleich eine Versammlung der Aeltesten
einberufen, in der der Kriegsplan beraten werden sollte.
Steinbach erhielt zuerst das Wort. Er erzählte, was er
mit Hilal belauscht hatte, und nahm dabei sehr wohl
Gelegenheit, Hilals Mut und Scharfsinn in ein gutes
Licht zu stellen, denn es lag ihm viel daran, den mit=
anwesenden Scheik der Beni Abbas für den jungen Mann
gut zu stimmen.

Als er seinen Bericht beendet hatte, wandte sich der
alte Kalaf als der Hochbetagteste an Tarik:

"Jetzt laß deine Stimme hören, damit wir erfahren,
welche Gedanken du in dieser Angelegenheit hegst."

M. K.

Der Aufgeforderte antwortete abwehrend:

„Ich bin noch zu jung. Es sind Greise hier, er=
fahren in aller Weisheit, und tapfere Krieger, älter als
ich. Sie mögen sprechen.“ — „Deine Rede gefällt mir
wohl. Es ziemt der Jugend, bescheiden zu sein, und
wer das Alter ehrt, der wird sein graues Haar dereinst
mit Würde tragen. Aber du bist der Scheik, der An=
führer des Stammes. Dir gebührt also das erste Wort.“

Das brachte Tarik entschieden in Verlegenheit, ob=
gleich er es sich nicht merken ließ. Vor seinen Beduinen
genierte er sich gar nicht; er war ihnen an Mut sowohl
wie auch an Umsicht vollständig gewachsen; aber er war
zugegen gewesen, als Normann im Laufe des gestrigen
Tages die Krieger im Gebrauche des Gewehres einübte,
und dabei hatte er gemerkt, wie weit der Europäer dem
Beduinen überlegen ist. Und gar vor Steinbach hatte
er einen noch viel größeren Respekt. Darum wurde es
ihm schwer, seine Ansicht zuerst zu sagen. Er zog sich
daher aus der Schlinge, indem er sagte:

„Wohl bin ich Scheik; aber gerade als solcher
kenne ich meine Pflicht. Wir haben Gäste, und Gästen
muß man Achtung zollen. Sie wollen für uns und mit
uns kämpfen, sie sind bereit, ihr Leben für uns zu wagen,
sie haben uns bereits sehr wichtige Dienste geleistet,
darum ist es nicht mehr als recht und billig, daß Masr=
Effendi zuerst das Wort erhält.“

Ein wohlgefälliges Gemurmel ging durch die Reihen.

„Du hast recht,“ erklärte Kalaf. „Wir sehen ein,
daß wir den richtigen Mann zum Anführer erhalten
haben. Wenn du in dieser Weisheit weiter handelst und
wandelst, wird dein Name in den Büchern der Nach=
kommen stehen, so lange es überhaupt Nachkommen giebt.
Wir bitten also dich, Masr=Effendi, uns zu sagen, wie
du an unserer Stelle handeln würdest.“

Steinbach wußte recht wohl, warum der junge
Scheik ihm das Wort gelassen habe. Er freute sich über
die Klugheit des Jünglings und antwortete darum:

M. K.

„Man wird seinen Namen nicht nur lesen in den Büchern eurer Nachkommen, sondern mein Freund und ich werden von Tarik, dem Scheik der tapferen Beni Sallah, erzählen in allen Ländern, in die wir die Füße setzen. Allah segne euren Stamm und den Stamm der Beni Abbas, die jetzt eure Gäste sind. Werden auch sie mit uns kämpfen? Das möchte ich gern wissen." — „Wir kämpfen natürlich mit unseren Freunden," erklärte der Scheik der Beni Abbas. — „Nein," rief da die Königin von der Ruinenbrüstung herab, an der sie gestanden hatte, um der Verhandlung zuzuhören. „Soll mein Vater gekommen sein, um von einer Kugel getroffen zu werden?" — „Stehe ich nicht in Allahs Hand?" fragte der Genannte. „Und ist nicht das Schicksal des Menschen schon vor allem Anbeginn bestimmt? Wenn ich mit euch kämpfe, wird Gottes Wille erfüllt, und ebenso, wenn ich nicht mit kämpfe. Darum wähle ich ersteres. Die Beni Sallah sollen die Beni Abbas nicht für Feiglinge halten." — „Nein, nein! Das sollen sie nicht!" riefen seine Stammesangehörigen, die in der Nähe standen. — „Es darf nicht sein! Herr, hilf mir!" wandte sich die Königin jetzt Steinbach zu.

Dieser gab ihr einen beruhigenden Wink und sagte: „Ich kenne die Kriegs- und Kampfesweise der Söhne der Wüste nicht, aber ich kenne die Art und Weise, wie große, tapfere Völker von Sieg zu Sieg geflogen sind. Diese Weise mag die eurige nicht sein, aber ich will sie euch mitteilen, und ihr mögt dann entscheiden, was besser ist." — „Sprich! Wir hören!" sagte Kalaf, ihm parlamentarisch wiederum das Wort erteilend. — „Ehe man einen Plan faßt, muß man erst sich und den Feind kennen. Letzterer zählt sechshundert Krieger, von denen fünfzig bei den Tieren bleiben. Wir sind jetzt bereits achthundert Mann, folglich den Beni Suef überlegen. Zudem habt ihr neue Gewehre mit Munition erhalten. Wir können also der guten Hoffnung und festen Zuver-

M. K.

ficht sein, daß wir den Sieg gewinnen werden. Meint ihr nicht?"

Es erfolgten laute zustimmende Rufe.

„Aber jeder Sieg kostet Opfer, auch derjenige, den wir erwarten, wird welche fordern. Ein kluger Feld=herr wird also vor allen Dingen bedacht sein, so zu handeln, daß diese Opfer möglichst gering seien. So auch Tarik, unser Scheik. Meinst du etwa, daß wir ruhig warten sollen, bis die Beni Suef kommen und uns überfallen?" — „Davor behüte mich Allah! Daran denke ich nicht," antwortete Tarik, ganz glücklich darüber, daß Steinbach ihm die Klugheit in den Mund legte. — „Du meinst, daß wir ihnen entgegenziehen?" — „Ja." — „Daß wir uns nicht überfallen lassen, sondern sie angreifen?" — „Ja, das ist der Rat, den ich geben wollte, wenn es bei so weisen Männern überhaupt eines Rates bedürfen sollte." — „Dein Rat ist der allerbeste, den es giebt. Wenn wir dem Feinde entgegenziehen, wird der Kampfplatz vom Lager entfernt, und ihr könnt euer Lager ruhig stehen und eure Herden ruhig weiden lassen, euren Frauen und Töchtern, den Greisen, Schwachen und Kranken wird kein Haar gekrümmt, und wir vernichten die Feinde, ehe sie nur dazu kommen, ihre Gewehre zu gebrauchen. Ihr werdet dann einen so glorreichen Sieg erringen, wie er hier noch nicht er=kämpft worden ist. Das also ist der Vorschlag eures Scheiks, ich billige ihn vollständig. Allah gebe Tarik, dem Scheik der Beni Sallah, viele Jahre und Tage." — „Allah! Allah!" rief es rundum, und diejenigen, die weiter entfernt standen, riefen die Worte begeistert nach, ohne eigentlich zu wissen, um was es sich handelte. — „'ali Tarik, 'ali Tarik!" rief auch Normann. „Hoch Tarik, hoch Tarik!"

Der Ruf wurde brausend von aller Munde wieder=holt. Tariks Gesicht glänzte vor Freude, und die Wangen der Königin färbten sich vor Wonne purpurrot.

„Aber wir kämpfen auch mit!" behauptete ihr Vater.

M. K.

— „Ja, ihr sollt auch teilnehmen," antwortete Steinbach. „Es müssen ja auch Krieger vorhanden sein, die während des Kampfes das Lager schirmen, und das sollen die tapferen Beni Abbas thun. Sie sollen diejenigen Beni Suef empfangen und töten, die sich etwa durch unsere Reihen schleichen oder sich durchschlagen, um zu rauben und zu plündern. Bist du damit einverstanden, o Scheik Tarik?" — „Ja," entgegnete der Gefragte, indem er seinem Schwiegervater die Hand gab. „Wir vertrauen dir alles an, was wir besitzen. Wir wissen, daß du es treu behüten wirst."

Damit waren die Beni Abbas einverstanden. Der Plan wurde noch weiter entworfen. Es wurde aus= gemacht, daß man nicht etwa den Feind überfallen, sondern draußen vor den Sanddünen, die eine Viertelstunde Wegs im Süden des Lagers sich hinzogen, erwarten wolle. Diese Dünen waren sogenannte Medannos, wandernde Sandhügel, die aus feinem, lockerem Sande bestehen. Der beständige Lufthauch, der aus Westen kommt, treibt den Sand an der Westseite dieser Dünen empor, sodaß er von der Spitze nach der Ostseite wieder hinabrollt. Darum schreiten diese Hügel immer langsam, aber unaufhaltsam von West nach Ost weiter vorwärts. Also, wenn diese Dünen auch nicht hoch waren, so konnte man doch, am Boden liegend, sich hinter ihnen verbergen. Dort wollte man den Feind möglichst weit herankommen lassen und ihm dann eine unerwartete Salve geben. Da die Gewehre viel weiter trugen, als seine schlechten Schießwaffen, so war für diesseits von dieser Taktik gar nichts zu befürchten.

Angeführt sollten die Kämpfer werden auf dem rechten Flügel von Tarik, auf dem linken von Steinbach. Normann sollte mit einer Reserveabteilung, die nur mit arabischen Flinten bewaffnet war, nach rückwärts liegen. Der Scheik der Beni Abbas aber sollte, wie bereits ge= sagt, mit seinen Leuten das Lager schützen, während Hilal die Aufgabe hatte, mit einigen guten Läufern dem Feinde entgegenzugehen, um ihn zu beobachten, ohne jedoch selbst bemerkt zu werden. Diese Maßregel war notwendig, um zu verhüten, daß der Feind nicht etwa aus einer anderen, als der verteidigten Richtung komme.

Als dieser Kriegsrat zu Ende war, ging ein jeder an seine Arbeit. Es wurden Kugeln gegossen, Kugel=pflaster gemacht, Patronen angefertigt, Lunten mit Pulver

eingerieben, je nach der Art des Schießgewehres, das der Einzelne besaß.

Später zog dann Steinbach mit den Kriegern hinaus an die Dünen, um zu manövrieren. Ein jeder sollte seinen Platz kennen und auch wissen, wie er sich zu ver=halten habe. Es war eine richtige Felddienstübung, und es mußte wunderbar erscheinen, wie leicht sich die Beduinen in ihre Rolle fanden, obgleich sie gewöhnt waren, nur zu Pferde und ohne alle Ordnung zu kämpfen. Der

M. K.

Eifer, der in diese Leute gefahren, ließ das schlimmste Schicksal für ihre Feinde erwarten.

Droben auf der Brüstung war inzwischen Tarik zu Badija getreten. Sie legte ihm den Arm auf die Schulter. Sie konnte das jetzt ungeniert thun, denn alles war hinausgeeilt, um die Exercitien mit anzusehen; sie waren also ganz unbeobachtet.

„Wenn dich eine Kugel trifft!" klagte sie. — „Es wird Allahs Wille nicht sein." — „Aber wenn er es dennoch ist!" — „Er ist es nicht, das weiß ich ganz genau. Allah hat uns ja diese herrlichen Gewehre gesendet, die so weit tragen, daß eine feindliche Kugel uns gar nicht erreichen kann. Auch ist der Plan des Kampfes so entworfen, daß wir uns fast in gar keiner Gefahr befinden." — „Dieser Plan stammt von dir!" sagte sie stolz. — „Meinst du wirklich?" — „Ja. Ich habe es ja gehört." — „O, Masr-Effendi ist ein kluger Mann. Er hat sich den Plan ausgedacht, aber er hat ihn uns in der Weise mitgeteilt, daß es schien, als ob er von mir sei. Und hast du nicht bemerkt, wie schlau er deinen Vater befriedigte? Dieser hat die Verteidigung des Lagers übernommen und wird da keinen einzigen Feind zu sehen bekommen." — „Allah sei Lob und Dank! Seit ich gestern hörte, daß feindliche Kundschafter hier gewesen seien, ist mir angst gewesen, nun aber bin ich ruhig." — „Nicht möglich! Du bist doch sonst so mutig! Du reitest das wildeste Pferd, kannst alle Waffen führen und hast dich noch vor keinem Menschen gefürchtet." — „Bisher! Jetzt aber habe ich Veranlassung zur Angst! Weil es einen giebt, den ich liebe, und für den ich mich also ängstige." — „Du meinst deinen Vater?" fragte er, schlau lächelnd. — „Ihn und noch mehr dich!" antwortete sie, ihr Köpfchen an seine Brust schmiegend.

Hinter diesen beiden aber sagte eine Stimme:

„So habe ich auch einen, um dessentwillen ich große Sorge fühle."

Hiluja war es, die leise hinzugetreten war.

M. K.

„Wen meinst du?" fragte Tarik scherzend. „Etwa
Falehd, den Riesen?" — „O, scherze nicht! Mir ist
wirklich sehr angst. Warum soll gerade Hilal so weit
fortgehen, dem Feinde entgegen? Ich möchte dafür diesen
Masr-Effendi hassen, wenn ich ihn nicht verehrte! Er
ist es, der Hilal diese gefährliche Aufgabe gestellt hat."
— „Du darfst ihm nicht zürnen, sondern du hast ihm
vielmehr dafür zu danken." — „Zu danken? Wieso?
Das begreife ich nicht." — „Er hat Hilal Gelegenheit
gegeben, sich vor deinem Vater auszuzeichnen. O, dieser
Deutsche hat mehr Klugheit in seinem Kopfe, als alle
Männer unserer Versammlung der Aeltesten zusammen-
genommen. Uebrigens ist Hilals Aufgabe nicht so gefährlich, wie du denkst. Er geht dem Feinde entgegen
und zieht sich sofort zurück, wenn er ihn bemerkt. Du
brauchst dir also keine Sorge zu machen."

Seitwärts von ihnen stand Zykyma und ließ den
Blick über das heute so bewegte Lager schweifen. An
wen dachte sie? Sie sah und hörte, wie sich hier zwei
liebende Herzen um das Schicksal des Geliebten ängstigten.
Hatte vielleicht auch sie Angst oder Sorge? Ihr schönes
Gesicht war sehr ernst, und wer hingesehen hätte, der
hätte eine Thräne bemerkt, die langsam über ihr Wange
herabrollte. Zykyma trocknete den nassen Weg, den dieser
Tropfen zurückgelassen hatte, ab, legte die Hand auf den
sehnsuchtsvoll bewegten Busen und flüsterte:

> „Fragt das Herz
> Im bangen Schmerz:
> Ob ich dich auch wiederseh'?
> Scheiden thut so weh, so weh!" — —

Der Tag verging, und der Abend brach herein. Es
wurden keine Feuer gebrannt, um etwaigen feindlichen
Kundschaftern die Gelegenheit, etwas zu sehen, zu nehmen.
Es war ja immerhin die Möglichkeit vorhanden, daß die
Beni Suef ihren Plan geändert und den Angriff auf
eine frühere Zeit verlegt hatten.

M. K.

Aber es geschah nichts derartiges. Mitternacht ging vorüber, und nun machte sich Hilal mit seinen Kundschaftern auf den Weg. Eine halbe Stunde später marschierten achthundert bewaffnete Beni Sallah hinaus nach den Dünen. Hundert von ihnen blieben halbwegs als Reserve halten, die übrigen aber bildeten eine dreifache Reihe von solcher Elasticität, daß sie sich in einer Minute zusammenziehen und auch nötigenfalls ausdehnen konnte.

Gegen zwei Uhr sandte Hilal einen seiner Leute mit der Botschaft, daß sie in der Nähe des feindlichen Lagers angekommen seien, dort herrsche jetzt noch die größte Ruhe und Stille.

Nach einer halben Stunde kam ein zweiter Bote mit der Meldung, daß es sich bei dem Feinde zu regen beginne. Und nach abermals so viel Zeit kehrte Hilal selbst mit den übrigen zurück und brachte die Nachricht, daß die Beni Suef aufgebrochen seien und in einer Entfernung von höchstens dreitausend Schritten den Anbruch des Morgengrauens erwarteten.

Natürlich bemächtigte sich jetzt aller eine Spannung, die sich gar nicht beschreiben läßt. Die erwähnten Meldungen waren auch weiter getragen worden, bis hin in das Lager. Der alte Scheik der Beni Abbas, der seine Leute als Posten rund um die Oase gelegt hatte, zog sie jetzt zusammen, nach der Gegend hin, in der der Kampf bevorstand. Zwei Stämme standen sich da gegenüber — Leute einer Abstammung, Männer eines Blutes und einer Sprache, Bewohner eines Landes, und doch gewillt, sich gegenseitig zu vernichten.

---

24. Kapitel.

Die Beni Suef waren gegen Mitternacht dort angekommen, wo sie sich vor dem Ueberfalle zu lagern gedachten. Der Russe, der Pascha und der Riese waren

M. K.

bei ihnen. Letzterer hatte sich das Auge vollends ent=
fernen laffen und die blutige Höhle verbunden. Das
Wundfieber zehrte an allen seinen Nerven, noch mehr aber
arbeitete in ihm das Verlangen nach Rache. Er hatte
den weiten Ritt mit unternommen trotz seiner schlimmen
Verwundung, leider aber hatte er die Bemerkung gemacht,
daß man sich gar nicht viel um ihn kümmerte.

Er war überall entweder auf gleichgültige oder gar
verächtliche Gesichter gestoßen. Der Scheik war nicht
mehr für ihn zu sprechen gewesen, Omram, der Eidam
desselben, ebensowenig. Falehd begann daher, Mißtrauen
zu hegen, und begab sich zu Omram, sobald sich die
Leute gelagert hatten. Er fand ihn etwas vorwärts und
allein im Dunkel stehend.

„Was willst du?" fragte der Suef in so un=
freundlichem Tone, daß Falehd sich beleidigt fühlen mußte.
— „Mit dir sprechen." — „Ist das so notwendig?" —
„Ja." — „Ich denke, daß wir alles besprochen haben,
worüber geredet werden konnte oder mußte!" — „Ja,
aber ich möchte einiges noch einmal hören." — „Das
ist nicht notwendig. Was gesagt worden war, das weißt
du, anderes ist nicht notwendig. Warum bleibst du
übrigens nicht an dem Orte, der dir angewiesen ist?" —
„Weil ich dich suchen wollte. Meinst du etwa, daß ich
ein Sklave bin, der euch zu gehorchen hat?" — „Das
sage ich nicht, obgleich wir ein Recht hätten, dich zum
Sklaven zu machen." — „Hölle und Teufel!" stieß der
Riese hervor. — „Ja, gewiß!" — „Aus welchem Grunde?"
— „Ist nicht einer von uns dein Sklave gewesen? Lautet
nicht das Wüstengesetz: Vergeltet Gleiches mit Gleichem?"
— „Ich habe ihn euch wiedergebracht!" — „So können
wir dich ebenso lange der Freiheit berauben, wie er
Sklave gewesen ist." — „Du redest sonderlich! Hast
du etwa vergessen, was du mir gestern versprochen hast?"
— „Ich habe es nicht vergessen, aber du bist ehrlos."
— „Ah! Wer sagte dir das?" — „Ich weiß es, das
ist genug." — „So höre ich jetzt, daß ich eurem Worte

M. K.

nicht trauen darf. Werdet ihr es mir halten oder nicht?" — „Du wirst bekommen, was dir gebührt." — „Das ist keine Antwort! Rede frei! Werde ich als Mitglied eures Stammes aufgenommen?" — „Die Versammlung soll das entscheiden!" — „Darf ich um die Königin mit kämpfen?" — „Die Aeltesten werden das bestimmen." — „Werde ich Hiluja erhalten, wenn mir ein anderer die Königin nimmt?" — „Ich werde mit dem Scheik davon sprechen." — „Also du beantwortest mir keine meiner Fragen mit Ja?" — „Wie kann ich! Ich bin nicht Scheik." — „Aber gestern hast du mir alles versprochen." — „Das habe ich, und ich werde auch alles halten, was möglich ist. Gehe jetzt an deinen Ort. Wir werden sehr bald aufbrechen." — „Du hast mich zu den Leuten gewiesen, die zurückbleiben müssen. Meinst du etwa, daß ich da warten soll, bis der Ueberfall vorüber ist?" — „Ja." — „Oho! Ich will mit kämpfen!" — „Das geht nicht. Du bist krank." — „Das ist nicht wahr. Ich bin gesund. Was stört mich dieses Auge? Es ist weg und kümmert mich also nicht mehr. Ich will mich an den Beni Sallah rächen." — „Das ist nicht nötig, denn wir werden es für dich thun. Gehe an deinen Ort und pflege dich!" — „So sage mir vorher erst noch eins! Wenn ihr Sieger seid, werde ich dann von der Beute alles bekommen, was früher mein Eigentum war?" — „Die Beute wird verteilt, und du wirst erhalten, was dir nach unseren Gesetzen zukommt."

Der Riese wußte nun, woran er war. Es war jedenfalls nicht klug von Omram gehandelt, ihm bereits jetzt reinen Wein einzuschenken. Falehd ließ sich aber seine Gedanken nicht merken, sondern sagte:

„Wenn ich das bekomme, was mir zukommt, so bin ich mit euch zufrieden. Allah gebe euch Segen!"

Innerlich aber dachte er: Allah verfluche euch. Er begab sich zu dem Troß und nahm dort zwischen den Pferden und Kamelen des Scheiks Platz. Sein Auge war auf eine prachtvolle Fuchsstute gerichtet.

M. K.

„Die ist ein ganzes Vermögen wert!" dachte er.
„Will mich der Scheik betrügen, so werde ich ihn noch
vielmehr betrügen. Mit den Beni Sallah kann ich ja
noch eine Zeit lang warten. Das hat keine Eile."

Bald aber kam ihm noch ein Gedanke.

„Ich werde vorher zu dem Pascha gehen. Haben
sie auch ihn und den Russen bereits gegen mich auf-
gehetzt, so handle ich für mich."

Falehd erhob sich jetzt wieder und schlich dorthin,
wo er die beiden Genannten wußte. Sie erkannten ihn
trotz der Dunkelheit sogleich an seiner hünenhaften Gestalt, als er zu ihnen trat.

„Nehmt auch ihr mit teil an dem Kampfe?" fragte
er. — „Nein," antwortete der Pascha. — „Man hat es
euch wohl verboten?" — „Wer sollte es uns verbieten?
Wir werden uns aber hüten, uns für andere mit Fremden

M. K.

herumzuschlagen." — „Das ist sehr weise von euch ge=
handelt, aber da werdet ihr auch nichts von der Beute
erhalten." — „Wir mögen nichts und brauchen nichts.
Du aber könntest es gebrauchen und wirst doch nichts
bekommen." — „Wer sagte es?" — „Der Scheik." —
„Da ist er sehr aufrichtig gegen euch gewesen." — „So
aufrichtig, wie ich gegen dich sein will." — „So sprich!"
— „Du hast uns beide als deine Gäste aufgenommen
und uns freundlich behandelt, du bist uns dann behilflich
gewesen, zu entkommen, darum will ich einmal gegen die
Klugheit handeln und dir sagen, was ich eigentlich ver=
schweigen sollte, denn die Beni Suef sind jetzt unsere
Verbündeten geworden, und bei ihnen haben wir ge=
funden, was uns bei den Beni Sallah verweigert wurde."
— „Nicht durch meine Schuld." — „Nein. Darum
will ich dir sagen, daß du von dem Scheik nichts zu er=
warten hast. Nach dem Siege wird er dich wieder
hinausstoßen. Er will keinen Ehrlosen bei sich haben."
— „Woher weiß er, daß ich ehrlos bin? Ihr müßt es
ihm doch gesagt haben." — „Nein. Er hat uns gefragt,
und wir thaten, als ob wir nichts wüßten. Er hat es
zuerst erraten, ist aber nun überzeugt davon. Nun weißt
du, was du zu thun hast." — „Ich danke euch! Werdet
ihr bei den Beni Suef vielleicht bleiben?" — „Einige
Wochen." — „Könnte ich euch dann irgendwo treffen?"
„Nein. Das kann uns nichts nützen." — „Aber
mir!" — „Das geht uns nichts an. Ich habe dir jetzt
mit meiner Aufrichtigkeit deine Gastfreundschaft vergolten.
Wir sind also quitt." — „So hole euch der Teufel, so
wie er die Beni Suef alle holen mag!" — „Nimm dich
in acht, daß er sich nicht vielleicht vorher an dir ver=
greift!"

Falehd entfernte sich, zitternd vor Grimm, und er
hatte seinen Platz kaum wieder erreicht, so ging ein leiser
Ruf durch das Lager. Es war der Befehl zum Auf=
bruche. Die Krieger rückten aus. Nur die Fünfzig
blieben bei den Tieren und der Bagage zurück.

M. K.

Der Riese machte sich nun an die Fuchsstute und nahm ihr die Fesseln von den Vorderbeinen, denn sämtliche Pferde waren gefesselt worden, damit sie nicht entfliehen könnten. Einen günstigen Augenblick erspähend, zog er sie mit sich fort. Der Huftritt war in dem weichen Sande nicht zu hören. Er brachte das Pferd so weit, daß er nichts mehr zu befürchten hatte, und stieg dann in den Sattel.

Nun hätte er im Galopp fortreiten können oder sollen, er that es aber nicht. Der Grimm, den er gegen seine früheren Stammesangehörigen im Herzen trug, ließ ihn nicht so schnell weiter. Er wollte und mußte sehen, daß sie vernichtet wurden.

Darum ritt er nur eine Strecke fort, dem Lager entgegen, aber seitwärts, sodaß er mit niemand zusammentreffen konnte. Dann stieg er wieder aus dem Sattel und blieb, an das Pferd gelehnt, halten.

Minute auf Minute verging. Im Osten begann das Blau des Himmels sich zu entfärben, es wurde matter und matter, endlich gelblich weiß, und nun konnte man bereits auf eine ziemliche Entfernung hin einen nicht gar zu kleinen Gegenstand erkennen.

Das war die Zeit, in der Hilal mit seinen Kundschaftern zurückgekehrt war. Er hatte in der Nähe Steinbachs Platz genommen und lag, ganz wie dieser, an der Erde. Die Leute hielten die Blicke scharf nach vorwärts gerichtet. Es wurde sehr schnell heller. Bereits konnte man auf hundert, dann auf tausend Schritte weit sehen. Da endlich ließ sich weit draußen eine wirre Masse von Gestalten erkennen.

„Aufgepaßt!" flüsterte es von Mann zu Mann.

Die Beni Suef nahten, aber nicht etwa in einer geordneten Kolonne, sondern ganz ordnungslos in einem Haufen. Sie kamen gerade auf die Mitte der Verteidigungslinie zu. Ahnungslos, welchem Schicksale sie entgegengingen, marschierten sie durch den Sand. Das Lager war noch nicht zu erblicken. Aber jetzt sahen sie etwas, nämlich eine hohe, breit gebaute Mannesgestalt, die stolz aufgerichtet auf einer Düne stand und ihnen entgegenschaute.

Sie blieben halten und berieten sich.

„Verdammnis über diesen Hund!" sagte Omram zu dem Scheik. „Was will der Kerl außerhalb des Lagers? Er verdirbt uns alles." — „Schießen wir ihn nieder!" — „Das macht Lärm. Der Schuß würde das ganze Lager alarmieren. Versuchen wir es nicht lieber mit List?" — „Meinetwegen. Ich glaube aber, es wird vergeblich sein." — „Vielleicht ist es gar kein Beni Sallah." — „Das ist möglich. Der Riese ist doch bei uns, und außer diesem giebt es keinen so großen, starken Mann unter ihnen. Rufen wir ihn also einmal an!"

Omram legte die Hand an den Mund:

„Sabakha bilcheer — guten Morgen!" — „Miht sabah — Gott gebe dir hundert Morgen!" antwortete Steinbach. — „Mehn hua — wer bist du?" — „Ana hua — ich bin es." — „Wie ist dein Name?" — „Masr=Effendi." — „Daß ihn die Hölle hole!" meinte Omram erschrocken zu dem Scheik. „Es ist jener Deutsche. Habe ich es dir nicht gesagt, daß er zu fürchten sei?" — „Rufe ihn her! Vielleicht kommt er, und dann machen wir ihn im stillen kalt." — „Komm einmal her!" rief jetzt Omram. — „Warum?" — „Wir möchten mit dir sprechen." — „So kommt ihr her zu mir! Wer seid ihr?" — „Wir sind ein Ferkah des Stammes Beni Sallah." — „Was wollt ihr hier?" — „Unsere Brüder besuchen." — „So seid ihr auf dem richtigen Wege. Aber wie kommt es, daß ihr sechshundert Mann stark auf Besuch kommt?" — „Wir wollen eine große Phantasia aufführen." — „So kommt! Seid ihr aber keine Beni Sallah, so nehmt euch in acht." — „Warum?" — „Ihr würdet nicht weit kommen." — „Warum sprichst du so aus der Ferne zu uns? Hast du keine Beine oder keinen Mut?" — „Ich habe beides, dir aber fehlt der Mut, sonst würdest du nicht stehen bleiben. Und

M. K.

noch ein anderes fehlt dir, nämlich die Vorsicht. Warum hast du vorgestern abend dein Messer verloren?" — „Mein Messer?" — „Ja, als du mit Falehd, dem Riesen, sprachst!" — „Ich weiß nichts davon." — „Lüge nicht! Omram, der Beni Suef, sollte sich schämen, eine Unwahrheit zu sagen." — „Allah l'Allah! Hältst du mich für Omram?" — „Ja." — „So ist dir dein Verstand abhanden gekommen." — „Er ist noch voll= ständig vorhanden. Der andere, der neben dir steht, ist der Scheik der Beni Suef." — „In die Hölle mit ihm! Er kennt uns!" sagte Omram zum Scheik. Und lauter fuhr er fort: „Deine Augen täuschen sich." — „Sollten sie sich jetzt täuschen, da es hell wird, und ich euch gestern gesehen habe, da es dunkel war!" — „Wo?" — „Im Ferß el Hadschar, als ihr beide nach den Töchtern des Windes gingt und den Plan des Ueberfalles be= spracht." — „Hörst du es, Scheik? Er weiß alles!" knirschte Omram. „Er ist als Spion dagewesen und hat uns belauscht. Ich hatte recht, als ich meinte, daß er zu fürchten sei. Nun sind die Feinde gerüstet. Was thun wir?" — „Wir greifen dennoch an. Hier in dieser Oase wohnen nicht viel mehr als zweihundert Beni Sallah, und wir sind sechshundert!" — „Kehrt um!" rief Stein= bach ihnen zu. „Ihr seid gekommen, uns heimtückisch zu überfallen wie die feigen Meuchelmörder, ich aber will ehrlich sein und euch warnen." — „Umkehren? Hund, du sollst der erste sein, den meine Kugel trifft! Vorwärts, ihr tapferen Krieger!"

Omram sprang voran, die anderen folgten.

„Zurück!" rief da Steinbach gebieterisch.

Die Beni Suef gehorchten natürlich diesem Rufe nicht. Da hielt Steinbach den Arm empor, und sofort erhoben sich die sämtlichen Beni Sallah hinter den Dünen. Gleich darauf donnerte eine Salve den An= greifern entgegen. Der ganze Haufe der Feinde blieb halten, ob vor Schreck oder von den Kugeln festgenagelt, das war im ersten Augenblicke gar nicht zu erkennen.

M. K. 25*

Dann aber stießen sie ein lautes Wutgeheul aus, und wer nicht tot oder verwundet war, stürmte vorwärts — aber doch nur, um einige Augenblicke später wieder eine Salve zu empfangen.

Es war ganz so, als ob ein gut formiertes Carré einen Reiterangriff mit kaltem Gleichmute zurückweist. Die Beni Suef stürzten durch=, über= und untereinander wie getroffene Pferde. Der Scheik war gefallen, Omram lebte zwar, aber er war verwundet und brüllte vor Grimm und Rachbegier wie ein Tier, feuerte seine Leute an, ihm zu folgen, und rannte abermals vorwärts — dem Tode in die Arme.

Die Beni Sallah hatten bereits wieder geladen. Keiner verließ seinen Platz. Auch die dritte Salve that ihre Schuldigkeit. Eine Minute lang stockte der Vorstoß der Angreifer, dann lösten sie sich auf und suchten ihr Heil in der Flucht.

„Normann!" rief Steinbach mit lauter Stimme. — „Bin schon da."

Diese Antwort hatte Steinbach von rückwärts her erwartet, sie kam aber bereits aus größter Nähe. Normann hatte Pferde für seine hundert Mann Reserve bereit gehalten und rasch aufsitzen und vorgehen lassen, als er die Salven hintereinander krachen hörte und überzeugt war, daß sich der Feind nicht halten könne. Die Beni Suef hatten sich kaum zur Flucht gewandt, so waren die Reiter auch schon hinter ihnen. Und da kam auch noch ein zweiter Haufe angebraust, nämlich der alte Scheik der Beni Abbas mit den Seinigen.

Er hatte freilich die Aufgabe erhalten, das Lager zu beschirmen, aber als die Schüsse ertönten und dann Steinbach den Namen Normanns rief, da kam die Kampfeslust auch über den Alten und seine Leute. Sie sprangen auf die nächsten, besten Pferde und stürmten der Schar Normanns nach.

„Alle drauf!" rief da Steinbach. „Laßt sie nicht zum Stehen und zu ihren Tieren kommen!"

M. K.

„Alle drauf!" rief Steinbach. „Laßt sie nicht zum Stehen
kommen!" (Seite 388.)

M. K.

Da gab es kein Halten mehr. Was nur Beine
hatte, rannte den Fliehenden nach, und man brüllte, rief,
schrie und fluchte aus Leibeskräften.

Auch Hilal hatte sich in Bewegung gesetzt, aber be=
reits nach wenigen Schritten blieb er stehen, wie fest=
gebannt. Es war ihm ganz so vorgekommen, als ob
ein scharfer, spitzer, hoher Laut den Lärm des Kampfes
durchdrungen habe. Er lauschte einen Augenblick. Ja,
wirklich, der erwähnte Laut erscholl zum zweiten Male.

„O Allah! Die Königin ruft! Sie befindet sich
jedenfalls in Gefahr! Kommt! Folgt mir!"

Schnell ahmte er den Ruf so laut nach, daß er in
dem Lager gehört werden konnte, und rannte auf das=
selbe zu. Jedoch seine letzten Befehle, mit ihm zu
kommen und ihm zu folgen, waren nicht gehört worden,
denn es stand kein Mensch mehr in Hilals Nähe, es
waren ja alle fort, hinter dem Feinde her. Da vernahm
Hilal den Ruf wieder und antwortete. Dann lief er
nicht, sondern flog förmlich dem Lager zu. Hier an=
gekommen, traf er jedoch auf keine einzige Person. Selbst
die Alten und Kranken, selbst die Kinder waren hinaus,
der Gegend zu, in der der Sieg errungen worden war.
Endlich hörte er die Stimme der Königin wie aus den
Wolken herab:

„Tarik! Tarik! Hilfe, Hilfe!" — „Ich bin es,
Hilal!" — „Hilfe! Der Riese ist oben!"

Wie ein von der Sehne geschnellter Pfeil schoß
Hilal nun auf die Ruine zu und zur Treppe empor.
Hoch oben, da, wo Steinbach gestanden hatte, als die
Leuchtkugeln glühten, waren weiße Frauengewänder zu
sehen. Und von da oben herab erschallten die lauten
Flüche des Riesen!

Wie war Faleho da hinaufgekommen? Er kannte
ja die heimliche Treppe gar nicht.

„Halt aus! Ich komme, ich komme!" rief Hilal.

Dann flog er in das Innere, durch Badijas Ge=
mächer, die Treppe hinauf. Als sein Kopf oben auf=

M. R.

tauchte, stand der Riese, ein Frauenzimmer in den hoch erhobenen Armen, auf der Zinne. Drei andere Frauen hielten kreischend seinen Leib und seine Füße gepackt. Da ließ der Riese eine von ihnen, die ohnmächtig geworden war, los und schleuderte sie mit den Worten: „So fahre da hinab, wenn du nicht mit mir willst!" über den Rand der Zinne hinab, der so hoch war, daß die Unglückliche zerschellen mußte.

Zwei herzzerreißende Schreie erschollen.

„O Allah, Allah! Sie ist verloren!"

Vom stürmischen Laufe hatte Hilal keinen Atem mehr. Er wollte sprechen und fragen, vermochte aber kein Wort hervorzubringen. Der schreckliche Mord, dessen Zeuge er gewesen war, lähmte ihm die Glieder. Er stand noch immer auf der Treppe, sodaß nur sein Kopf über dieselbe hervorragte.

Da packte der Riese die zweite der Frauen, um auch sie emporzuheben, und brüllte:

„Komm! Ihr Katzen müßt alle da hinab, alle!"

Da erhielt Hilal die Bewegung und die Sprache wieder.

„Wen hat er hinabgeworfen?" rief er, und kaum hatte diejenige, die den wütenden Riesen noch bei den Knieen gepackt hielt, geantwortet: ,Es war die Königin, Hilal, hilf, hilf!' da erscholl auch schon ein fürchterlicher, brüllender Laut aus Hilals Munde:

„Falehd, ich zermalme dich!"

---

25. Kapitel.

Der Riese war, wie bereits erwähnt, mit dem Pferde des Scheiks davongeritten und hatte dann in sicherer Entfernung das Resultat des Ueberfalles abwarten wollen. Er war ganz Auge und Ohr. Die Morgenhelle trieb

M. K.

das Dunkel immer weiter zurück. Noch einige Augen=
blicke, und er mußte die Ueberfallenden sehen.

Ja, jetzt sah er sie, in einem Trupp sich vorwärts
bewegend. Dann hielten sie plötzlich still, und auch eine
männliche Gestalt in der Nähe der Dünen entging ihm
nicht, ebenso wie er die Stimmen der Sprechenden wohl
hörte, ohne aber die Gesichter und die Worte unter=
scheiden zu können.

„Was ist das?“ fragte er sich. „Fast sieht es so
aus, als ob es dieser verdammte Masr=Effendi sei. Ist
er es wirklich, so sind die Beni Sallah gewarnt, und es
giebt einen harten Kampf!“

Da sah er die Angreifer vorwärts stürmen und
hörte auch zugleich die Schüsse, die ihnen entgegenfielen.
Das konnte er sich nicht erklären. Wie hatten die Sallah
erfahren können, was ihnen drohe? Noch unbegreiflicher
aber war es ihm, daß sie mit solcher Ruhe und Sicher=
heit drei Salven abgaben, und daß dann die Suef flohen.
Dennoch aber lachte er:

„Recht so, recht so! Das ist die Strafe für den
Verrat! Jetzt kommen Reiter! Ah, und noch welche!
Alles eilt zur Verfolgung! Allah, l'Allah! Das paßt
mir! Das Lager ist leer. Jetzt hole ich mir die Königin
oder Hiluja! Das soll der Anfang meiner Rache sein!“

Schnell stieg er nunmehr auf und sprengte im
Galopp nach dem Lager. Er erreichte es ungehindert.
Vorn auf der Brüstung der Ruine standen die Königin,
Hiluja und Zykyma. Die erstere hatte kaum den Riesen
kommen sehen, so durchschaute sie sofort die Situation
und schob mit dem Rufe: „Faleh d, Faleh d! Er will
sich rächen! Flieht!“ die anderen vor sich her, zum
Eingange hinein, um dann selbst ihnen schnell zu folgen.
Der Riese aber war noch schneller. Das Pferd an=
zubinden sich gar keine Zeit nehmend, kam er zur Treppe
heraufgesprungen, streckte die Arme aus und rief:

„Halt, Königin! Jetzt bist du mein!“

Und fast hätte er Badija gepackt, aber diese bückte

M. K.

sich und schlüpfte unter seinen Händen in das Innere
der Ruine, wohin er ihr augenblicklich folgte. So er=
reichte sie ihr Wohnzimmer, wo die beiden anderen standen.

„Weiter, weiter!" rief sie ängstlich. „Er kommt!
Flieht die Treppe hinauf!"

Die Frauen entkamen, sie selbst aber nicht, denn
eben, als sie durch die hintere Thür wollte, wurde sie
von Falehd ergriffen.

„Warte doch, mein Auge, mein Stern!" lachte dieser
höhnisch auf. „Dein Bräutigam ist fort! Nun werde
ich mit dir Hochzeit halten!"

Dann zog er sie an sich. Sie aber hielt still. Wie
eine himmlische Eingebung war es über sie gekommen,
daß sie hier klug handeln müsse, wenn sie nicht seiner
tierischen Gewalt verfallen wolle. Gelang es ihr, ihn
festzuhalten, bis Hilfe herbeikam, so war sie gerettet.
Darum duldete sie seine Umarmung ruhig.

„Ergiebst du dich? Schön! Das ist klug. Komm
also und gieb mir einen Kuß!"

Badija erhob wirklich das Gesicht, als ob sie sich
küssen lassen wolle. Aber als er jetzt den Kopf tief zu
ihr herabbog und sich dadurch seine Arme lockerten, da
riß sie sich entschlossen los, stieß ihm das kleine Fäustchen
nach der Gurgel und sprang nach der Zimmerecke. Mit
einem jubelnden Schrei bückte sie sich dort auf den
Teppich nieder, hob blitzschnell — den kleinen Revolver
auf, der ihr bereits einmal als Schutz gegen den Riesen
gedient hatte, und streckte ihn dem Angreifer entgegen.

Der Riese, der soeben schnell nach ihr fassen wollte,
fuhr beim Anblick der Waffe zurück.

„Hündin! Willst du beißen?" rief er. — „Ja, ich
beiße! Fort mit dir!"

Ihr ganzer, gewöhnlicher Mut war wieder über
Badija gekommen, und sie trat sogar einen Schritt auf
ihn zu. Da grinste er ihr verächtlich entgegen, ver=
schränkte die Arme über die Brust und sagte:

„Mit diesem Dinge willst du mich töten?" — „Ja,

M. K.

wenn du nicht augenblicklich gehſt." — „Du biſt ver=
rückt! Dieſes winzige Ding, und der Rieſe Falehd!" —
„Eine einzige Kugel tötet dich!" — „Meinetwegen! Aber
wenn du mich wirklich triffſt, ſo habe ich, ehe ich um=
falle, noch Zeit, dich zwiſchen meinen Fäuſten zu zer=
malmen. Sage mir, wie ihr von dem Ueberfalle er=
fahren habt!" — „Mas̄r=Effendi hat es entdeckt und iſt
in voriger Nacht im Ferß el Hadſchar geweſen, um euch
zu belauſchen." — „Dieſer Hund! Aber wie ſeid ihr
plötzlich zu ſo vielen Kriegern gekommen?"

Badija bemerkte in ihrer Unbefangenheit gar nicht,
daß Falehd mit dieſen Fragen nur den Zweck hatte,
ihre Aufmerkſamkeit einzuſchläfern, damit er ihr den Re=
volver entreißen und ſie entwaffnen könne.

„Wir haben zwei Ferkah rufen laſſen," antwortete
ſie. — „Wie klug! Dieſer Mas̄r=Effendi iſt in der That
ein kluger Mann! Aber bin ich etwa dümmer? Nein!
Schau!"

Badija ſtieß einen Schreckensruf aus. Der Rieſe
hatte ihr mit einem raſchen Griffe den Revolver aus der
Hand geriſſen und ſie zugleich mit der anderen Hand
wieder ergriffen. Sie wand ſich unter ſeinem Drucke,
vermochte aber nicht loszukommen.

„Laß mich!" ſtöhnte ſie. — „Ich dich laſſen? O
nein!" — „Was willſt du von mir? Du haßt mich
ja!" — „Ja, ich haſſe dich! Ich liebe dich nicht etwa.
Aber gerade aus Haß will ich dich küſſen und aus Rache
dich beſitzen!" — „Scheuſal!" — „So iſt's recht! Deſto
entſetzlicher muß dir ein Kuß von mir ſein. Komm her,
meine Huri, mein Engel, mein Diamant!"

Badija wehrte ſich aus Leibeskräften. Man glaubt
nicht, wie ſtark ein tugendhaftes Weib in der Stunde
ſolcher Gefahr ſein kann. Selbſt der Rieſe hatte zu
thun, ihr Köpfchen zwiſchen ſeinen beiden Tatzen feſt=
zuhalten. Dann aber konnte ſie nicht mehr widerſtehen.
Es gab nur noch ein Mittel. Schon berührten ſeine
Lippen beinahe ihren Mund, da ſpie ſie ihm in das

M. K.

Gesicht. Das half, wenigstens für den Augenblick. Er fuhr zurück.

„Spinne! Speist du Gift?" lachte er. „Thue es immerhin!"

Dann zog er sie mit aller Kraft an sich, um ihren Mund an die getroffene Stelle seines Gesichtes zu bringen. Der Augenblick war schrecklich für Badija. Aber jetzt kam Hilfe, eine weibliche Stimme schrie vom Eingange her:
M. K.

„Zurück, Falehd!"

Falehd wandte sich um und erkannte die alte Araberin, die Bediente Hilujas, die mit ihr durch Stein=
bach gerettet worden war.

„Was willst du, Alte? Packe dich zum Teufel!"
— „Da bin ich bereits. Der Teufel bist du!" — „Und
du bist seine oberste Tante und Urgroßmutter! Willst
du etwa auch geküßt sein? Ich habe keinen Appetit,
dich um deine jungfräuliche Ehre zu bringen. Ver=
schwinde!"

Aber die Alte sah ihm furchtlos und mit funkeln=
den Augen in das Gesicht und antwortete:

„Laß die Herrin los!"

Das gab ihm Spaß.

„Willst du mir etwa gebieten?" fragte er höhnisch.
— „Ja. Und du wirst gehorchen." — „Du bist von
Sinnen, altes Laster!" — „Ich werde es dir beweisen.
Laß los!"

Da wollte er in ein schallendes Gelächter aus=
brechen, aber er stieß anstatt dessen einen Schmerzens=
schrei hervor. Die treue Dienerin Hilujas hatte sich
nämlich eine lange, spitze Nadel aus dem Haar gezogen
und ihm diese in den nackten Arm gestochen.

„Schlange!" brüllte er jetzt. „Ich werde dir den
Giftzahn nehmen!" und griff mit beiden Händen nach
ihr, hatte aber in seiner Wut gar nicht bedacht, daß er
dadurch die Königin freigebe, die, nachdem ihr kaum die
Alte zugerufen: „Flieh!" sofort in dem dunklen Gange
verschwand, der nach der geheimen Treppe führte.

„Alte Hexe! Das werde ich dir bezahlen!" drohte
nun der Riese und drehte sich um, der Königin zu
folgen. — „Bezahle es doch gleich!" höhnte da die Alte
tapfer, in der Absicht, ihn länger aufzuhalten und so der
Königin Zeit zur Flucht zu geben. — Er antwortete:
„Auf dem Rückwege!" und verschwand schnell in dem
Gange.

Ebenso schnell aber folgte auch Haluja dem Riesen,
M. K.

der, noch ganz deutlich die enteilenden Schritte der Kö=
nigin hörend, sich dieser so schnell wie möglich nachtastete
und infolgedessen an die Treppe gelangte, die empor
zur Zinne führte.

Hier vernahm er die Königin nur noch einige
Stufen über sich; da er aber nichts sehen konnte, weil
es im Inneren des Gemäuers dunkel war und es Fenster
oder ähnliche Oeffnungen nicht gab, so gelang es Badija,
noch vor ihm die kleine Plattform zu erreichen, wo sie
eben, als Falehb mit dem Kopfe auf derselben empor=
tauchte, von Hilujas Armen wie zum Schutze umfangen
wurde.

Gleich darauf that der Riese einen Sprung, die
letzten, obersten Stufen hinauf. Die Lage der beiden
Schwestern war eine verzweifelte; angstvoll hielten sie
sich umschlungen und sahen sich überall nach Hilfe um.
Draußen tobte der Kampf. War vielleicht von dorther
Hilfe zu erwarten? Es erschien fast unmöglich. Und
auch im Lager gab es ja keinen Menschen, der, selbst
wenn er es vermocht hätte, mit der nötigen Schnelligkeit
herbeizukommen, es wagen würde, zum Schutze der Be=
drängten mit dem Riesen anzubinden!

„Habe ich dich?" rief dieser frohlockend. „Ah, von
hier kannst du nicht weiter fliehen. Komm her!"

Dann sprang er auf Zykyma zu, die nahe an der
Treppe stand, und die er in der Eile für die Königin
hielt. Das schöne Mädchen stieß einen lauten Schreckens=
ruf aus, als der Unhold es mit seinen Armen umfing.

„O Gott, wer wird helfen!" sagte Hiluja in diesem
furchtbaren Augenblick voller Angst zu ihrer Schwester.

Da kam dieser ein Gedanke, von dem sie vielleicht
Rettung erwarten konnte, und mit den Worten: „Hilal
wird uns helfen, wenn er uns überhaupt zu hören ver=
mag," hielt sie beide Hände an den Mund und stieß
einen schrillen, weithin tönenden Schrei aus, denselben
Schrei, der stets das Zeichen gewesen war, daß Hilal sich
wieder zu ihr finden sollte, wenn sie mit dem tapferen

M. K.

Sohne des Blitzes einen Ritt weit hinein in die Ver=
lassenheit der Wüste gemacht und sich da zum Scherze
und um die Einsamkeit besser auskosten zu können, von
ihm getrennt hatte.

Jetzt kam es darauf an, daß Hilal ihn mitten im
Getöse des Kampfes hörte. Aber selbst wenn dies der Fall
war, so fragte es sich doch immer, ob er den Ruf auch
als Zeichen nahm, daß sie sich in Gefahr befand.

Der Riese hatte inzwischen seinen Irrtum bemerkt,
daß er eine andere ergriffen hatte. Rasch ließ er nun
Zykyma fahren und wandte sich zu den Schwestern.

„Ah, hier bist du! Jetzt gehst du mit!"

Dann machte er eine Bewegung auf die Königin
zu, blieb aber unter dem Einflusse eines plötzlichen und
neuen Gedankens stehen, als er die beiden Schwestern
vor sich sah, vom Morgenstrahle beleuchtet, Badija in
der Pracht ihrer vollständig entwickelten Schönheit, Hiluja
aber als eben aufgebrochene, viel verheißende Knospe in
herrlicher Jugendfrische und Mädchenhaftigkeit!

„Bei Allah, die jüngere ist besser!" sagte er. „Ich
werde Hiluja mit mir nehmen!"

Dann riß er die beiden Schwestern voneinander, so=
daß die Königin gegen die steinerne Brüstung der Zinne
flog, ergriff Hiluja mit starken, rücksichtslosen Fäusten
und wollte sie eben nach der Treppe ziehen, da fühlte er
sich von hinten ergriffen.

Die alte Dienerin war ihm nachgeeilt, und als sie,
aus der Treppenöffnung emportauchend, ihre geliebte,
junge Herrin in Gefahr sah, da schoß sie vollends herbei,
klammerte sich von hinten mit aller Kraft an Falehd fest
und schrie:

„Halt, Ungeheuer! Erst muß ich tot sein, eher be=
kommst du sie nicht!"

In demselben Augenblicke stieß die Königin den
Schrei zum zweiten Male aus. Der Riese bemerkte
es wohl.

„Rufst du um Hilfe?" rief er hohnlachend. „Blicke

M. K.

dich doch um! Es giebt keinen Menschen, der jetzt an dich denkt und der dich jetzt hören kann."

Zugleich versuchte er, die Alte von sich abzuschütteln; aber dies gelang ihm nicht, da sie sich zu fest anklammerte. Da hielt er mit der Linken Hiluja und griff mit der Rechten nach hinten, um die Dienerin von sich zu reißen, aber es war ihm auch dies unmöglich.

„Nun, wenn du nicht anders willst," rief er jetzt lachend, „so zerdrücke ich dich wie eine faule Dattel!"

Dann that er einen raschen Schritt nach der steinernen Brüstung und stellte sich von hinten in der Weise gegen dieselbe, daß die Dienerin sich zwischen ihm und den starken Quadern befand. Die Füße fest einstemmend, lehnte er sich an und drückte die Alte darauf mit solcher Gewalt gegen die Brüstung, daß ihr der Atem aus= zugehen begann, sie nur noch einen angstvollen, pfeifenden Hilferuf ausstoßen konnte und in einigen Augenblicken tot sein mußte, erstickt unter der Anstrengung des Riesen.

Da stieß die Königin abermals ihren Ruf aus und kam dann der Alten zu Hilfe. Auch Zykyma und Hiluja thaten dasselbe, obgleich die letztere noch immer von der einen Faust des Riesen festgehalten wurde; so gelang es den verzweifelten Anstrengungen der drei mutigen Mäd= chen, die sich an ihn klammerten, wirklich, der Dienerin Luft zu verschaffen.

Faleh ließ Hiluja fahren, um beide Arme frei zu bekommen. In diesem Augenblick flohen die drei Mäd= chen nach der entgegengesetzten Seite und die Königin griff, als er ihnen nachsprang, halb mit Ueberlegung und halb aus Instinkt nach dem Sandstaub, den der Wind in der Ecke angehäuft hatte, nahm beide Hände voll dieses mehlartigen Staubes und warf ihn dem Riesen in das Gesicht! Er drang ihm in das eine, noch ge= sunde Auge, sodaß der Angreifer wenigstens für einige Momente nichts zu sehen vermochte.

„Flieht! Hinab!" rief dann Badija, indem sie nach der Treppe eilte.

M. K.

Aber schon stand auch Faleßd dort; mit seiner breiten, mächtigen Gestalt den Fluchtweg schließend, schrie er: „Oho! So entkommt ihr mir nicht!" und streckte, mit der einen Hand sich das Auge reibend, die andere ab= wehrend vor sich, um ihnen die Flucht unmöglich zu machen. Da fiel der Blick der Königin hinaus auf die Ebene, wo sie eine männliche Gestalt mit der Schnellig= keit einer Gazelle durch den Sand fliegen sah.

„Allah sei gepriesen!" rief sie. „Dort kommt Hilfe! Hilal ist's. Er naht!" — „Ich zermalme ihn!" knirschte der Riese. „Und euch mit, ihr verdammten Katzen!"

Wiederum machte er eine Bewegung, Hiluja zu er= greifen. Aber die Alte hatte sich Badijas Mittel ge= merkt. Auch sie raffte jetzt zwei Hände voll Sand auf und warf sie ihm in das Gesicht.

Da brüllte er: „In die Hölle mit euch! Wollt ihr den Löwen des Stammes mit Sand füttern? Fahrt zur Verdammnis!"

Doch er konnte nur eine Hand gebrauchen, da er sich mit der anderen das Auge zu wischen hatte.

Endlich gelang es ihm aber, für einen Moment zu sehen. Nun erblickte er die Frauen, ergriff Hiluja mit beiden Fäusten, hob sie hoch empor und rief mit lauter, dröhnender Stimme:

„Hinab mit dir, wenn ich dich einmal nicht mit mir nehmen kann!"

Er wollte sie von der Zinne hinabwerfen. Doch in diesem gefährlichen Augenblick sprang die Alte herbei, packte ihn mit beiden Händen bei dem einen Arme, zog sich an demselben empor, wie ein Turner sich an dem Reck emporzieht, und biß ihn mit aller Anstrengung in den Arm, sodaß er denselben sinken ließ.

„Verfluchte Viper!" brüllte er. „Wer war das?"

Aber schon hing das alte, mutige Weib an seinem anderen Arme. Ein zweiter, kräftiger Biß, und er ließ auch ihn sinken, dann öffneten sich für einen Augenblick seine Fäuste, und Hiluja war ihm entschlüpft! Blitzschnell
M. K.

griff er wieder zu, erwischte aber. an Stelle der Ent=
wichenen nur die Alte.

„Wolltest du mir entkommen?“ lachte er. „Das
ist dir nicht geglückt. Hinunter mit dir!“

Und mit einem gewaltigen, kraftvollen Schwunge
warf er sie über die Brüstung hinab. Die anderen drei
schrieen laut auf vor Entsetzen. Da alles so schnell ge=
gangen war, hatten Badija und Zykyma wirklich ge=
glaubt, er habe Hiluja hinabgeworfen, die vor Angst
zitternd sich in die Ecke zusammengekauert hatte, wo sie
von Hilal, der eben jetzt zur Treppe emporgeeilt kam,
leider nicht sofort gesehen werden konnte.

Was er fragte und zur Antwort erhielt, ist bereits
erwähnt worden. Er glaubte zunächst auch, daß seine
Geliebte hinabgeschleudert worden sei, und eine fürchterliche
Wut bemächtigte sich seiner.

„War's wirklich Hiluja?“ wiederholte er. — „Ja,“
antworteten die Königin und Zykyma, die das „Nein,“
das Hiluja soeben rief, nicht gehört hatten. — „So zer=
malme ich dich, Riese!“ — „Komm' her!“ antwortete
Falehd, sich noch immer mit einer Hand im Auge reibend.

Der Riese wußte sich allerdings in Gefahr; aber er
überschätzte diese, denn er glaubte, daß Hilal mit einer
Schußwaffe versehen sei, während er selbst nichts der=
gleichen besaß, er hatte keine Ahnung, daß der Sohn des
Blitzes alles von sich geworfen hatte, um nicht im Laufe
gehindert zu sein, und daß nur das Messer in dem Kamel=
stricke steckte, der ihm als Gürtel diente. Letzteres riß
Hilal jetzt heraus.

„Hier bin ich schon,“ antwortete er.

Dann that er einen Sprung, um dem Feinde die
Klinge in das Herz zu stoßen, doch dieser Stoß traf nur
den Arm, nicht aber die Brust, und lachend fragte Falehd:

„Mücke, du stichst? Du kannst nicht schießen? Da
bist du verloren!“

Beide Arme ausstreckend, wollte er Hilal ergreifen.
Dieser aber nahm das Messer zwischen die Zähne, bückte

sich unter den Armen des Riesen weg und ergriff ihn rechts und links an den Stellen, wo die Oberschenkel in die Hüfte übergehen.

Was ein jeder für unmöglich gehalten hätte, das geschah. Die Wut darüber, daß die Geliebte ermordet worden sei, verzehnfachte die Kräfte des Jünglings. Hilal hob den Riesen empor, als ob dieser ein kleiner Knabe sei, und trat mit ihm zur Seite an die Brüstung. Falehd wehrte sich gar nicht. Er war über die Kräfte, die sich jetzt an ihm bethätigten, geradezu so verblüfft, daß er vollständig vergaß, eine Bewegung zu seiner Rettung zu machen.

„Hinab nun auch mit dir, ihr nach!" rief Hilal. — „Noch nicht! Erst kommst du!"

So antwortete Falehd und wollte Hilal fassen; aber schon war es zu spät; er griff nur in die Luft. Hilal schwang seine schwere Last, als ob er einen federleichten Gegenstand gepackt habe, und schleuderte den Riesen in weitem Bogen über die Brüstung hinaus.

Ein fürchterlicher Schrei aus dem Munde Falehds erscholl weit in die Ebene hinaus, dann bekundete ein dumpfer, eigentümlicher Schall, daß sein Körper unten aufgetroffen sei und von Quader zu Quader bis in die Tiefe stürzte.

Jetzt erst drehte Hilal sich um. Er wollte nach den anwesenden Frauen sehen. Vor ihm stand nur eine einzige. Hiluja.

„Allah, Allah!" rief er aus. — „Hilal!" frohlockte sie, vor lauter Entzücken die kleinen Händchen zusammen= schlagend. — „Du, du!"

Seine Augen waren weit offen, als ob er ein Ge= spenst vor sich stehen sehe. —

„Ja, ich." — „O, Allbarmherziger! So ist es dein Geist?" — „Mein Geist? O nein! Ich bin es selbst!" — „Nein, nein; es ist dein Geist. Allah hat dir erlaubt, zu mir zu kommen, damit ich dich noch einmal sehe, ehe du die Pforte des Paradieses betrittst."

M. K.

— „Hier! Fühle mich an und sage mir dann, ob ich ein Geist sein kann."

Hiluja streckte ihm die Hände entgegen.

„Aber du bist ja tot?" — „Tot? Ich? Siehst

du nicht, daß ich lebend bin?" — „Ich möchte es sagen; aber der Riese hat dich doch hier hinabgeworfen?" — „Mich nicht. Er hatte an meiner Stelle meine Dienerin ergriffen."

M. K.   26*

Da kehrte das Blut in die Wangen Hilals zurück. Ein Strahl wonnevoller Freude ging über sein Gesicht, und doch fragte er, noch immer zweifelnd:

„Ist das wahr, wirklich wahr?" — „Ja! Hier fühle es!"

Damit schlang Hiluja die Arme um ihn und küßte ihn mit ihren vollen, lebenswarmen Lippen auf den Mund. Jetzt konnte er nicht länger zweifeln, drückte die Geliebte fest, fest an sich und rief, indem ihm die hellen Freuden= thränen über die Wangen liefen:

„Also du lebst, du lebst wirklich! Allah sei gepriesen, jetzt und in alle Ewigkeit! Er hat Großes an uns ge= than, und ich werde ihn loben und preisen bis zum letzten Augenblick meines Lebens!" — „Ja, er sei gelobt und gepriesen in alle Ewigkeit! Aber auch dein Ruhm soll erschallen, so weit die Zunge reicht. Du hast Falehd besiegt. Du hast ihn hier hinabgeschleudert, wie der Elefant einen Hund weit durch die Lüfte wirft!"

Hilujas Augen waren voll Liebe und Bewunderung auf ihn gerichtet.

„Ich weiß selbst nicht, wie mir dies gelungen ist," sagte Hilal in bescheidenem Tone. — „Du bist stärker als der Löwe. Wer hätte das geglaubt und gedacht!" — „Es war der Grimm, der mir diese Kräfte gab. Ich brächte es zum zweiten Male nicht wieder fertig. Aber man sagte mir doch, daß er dich hinabgeworfen habe?" — „Badija und Zytyma haben das wirklich gedacht. Mich aber hörtest du nicht." — „Wo sind denn diese beiden?" — „Sie sind fort, entflohen. Als du den Riesen ergriffest, war der Weg zur Treppe frei, und da sind sie augenblicklich fortgeeilt. Ich aber mußte bleiben." — „Du mußtest? Warum mußtest du?" — „Du rangst mit Falehd, du befandest dich in Gefahr. Da konnte ich weder fort, noch meine Glieder bewegen." — „Aus Angst?" — „Ja, aus Angst um dich." — „So sehr liebst du mich?" — „Ja, so sehr, mein lieber Hilal!"

Hiluja drückte ihr kleines, schönes Köpfchen in über=

M. K.

quellender Innigkeit an seine Brust und blickte mit Augen zu ihm auf, aus denen eine ganze Welt von Liebe strahlte.

„Meine Hiluja, mein Engel, mein Leben! O, wie so sehr habe ich dich lieb, wie so sehr!" — „Ich mag und kann nicht ohne dich leben!" — „Und ich nicht ohne dich. Warum ist dein Vater doch so zornig über unsere Liebe?"

In diesem Augenblicke wurden sie gestört. Hinter ihnen, von der Treppe her, ertönten die Worte:

„Er ist nicht zornig darüber. Ihr irrt euch."

Erschrocken fuhren sie herum und sahen den Scheik der Beni Abbas, Hilujas Vater vor sich stehen.

---

26. Kapitel.

Der Scheik der Beni Abbas hatte, wie erwähnt, mit seinen Leuten das Lager zu bewachen gehabt, war aber dann von seiner Kampfeslust hingerissen worden, an der Verfolgung des Feindes teilzunehmen. Sein Pferd strauchelte über eine der Leichen und stürzte. Er selbst wurde aus dem Sattel geworfen, während seine Leute im Galopp weiter sprengten. Er erhob sich und befühlte seine Glieder, ob er nicht vielleicht irgendwo Schaden gelitten habe. Da hörte er sich rufen, von der Richtung her, in der sich das Lager befand. Als er sich umdrehte, erblickte er einen Greis, der als einer der Schwächsten hatte zurückbleiben müssen, aber dann, als der Sieg entschieden, auch aus dem Lager geeilt war, um nach dem Kampfplatze sich zu begeben. Derselbe kam in möglichster Schnelligkeit herbei, winkte sehr dringlich und rief:

„Komm, komm, o Scheik! Komm ins Lager!" — „Warum?" — „Es muß sich dort ein Unglück begeben haben." — „Ein Unglück? Unmöglich! Es kann doch keiner der Feinde in das Lager gedrungen sein?" — „Vielleicht doch. Ihr waret die Wächter und habt euren

M. K.

Poften verlaffen. Da können die Beni Suef von der unbewachten Seite gekommen sein. Ich hörte den Hilferuf der Königin erschallen, und dann stürmte Hilal an mir vorüber, dem Lager entgegen. Er würde das nicht gethan haben, wenn er nicht geglaubt hätte, daß sich Badija in Gefahr befindet." — „O Allah. Sollte das wahr sein?" — „Sicherlich! Der Sohn des Blitzes ist nicht gewöhnt, den Kampfplatz zu verlassen und dem Feinde den Rücken zu zeigen. Er hat dies sicher nur gethan, weil es dringend nötig gewesen ist." — „So muß ich eilen. Schnell, schnell!"

Sein Pferd war wieder aufgestanden. Er sprang in den Sattel und ritt in gestrecktem Galopp dem Lager entgegen. Es war, als wenn der Bauch des Tieres die Erde berühre. Je näher der Scheik kam, desto größer wurde seine Sorge. Jetzt erblickte er die Ruine. Sie wurde größer und immer größer. Er konnte jede Einzelheit unterscheiden, da sah er die hohe, breite Gestalt des Riesen oben auf der Zinne stehen, in den beiden, hoch erhobenen Fäusten eine weibliche Gestalt haltend, augenscheinlich im Begriffe, sie herabzuschleudern.

„Hölle und Teufel," schrie da der Scheik auf. „Dieser Hund ist zurückgekehrt und tötet meine Tochter. Er soll in die tiefste Verdammnis fahren!"

Dann gab er dem Pferde die Sporen, daß das Tier laut aufstöhnte; in der nächsten Minute hatte er die Ruine erreicht. Fast noch im Galopp warf er sich aus dem Sattel und rannte die Stufen hinauf, in das Innere des Gemäuers hinein, nach den Gemächern der Königin, seiner Tochter.

Dort brannte die Lampe. Bei deren Scheine sah er, als er von der einen Seite hineintrat, von der anderen Badija und Zykyma hereinkommen. Beide trugen alle Zeichen einer gewaltigen Aufregung an sich.

„Badija!" rief er, stehen bleibend. — „Mein Vater!" antwortete sie, mit einem weiteren Ausrufe der Erleichterung sich an seine Brust werfend. — „Du lebst?"

M. K.

— „Ja, ich lebe!" — „Ich dachte, er würfe dich herab!"
— „Mich nicht; aber Hiluja hat er hinabgeschleudert."
— „Großer Gott! So ist sie tot?" — „Ja," ant=
wortete sie, in Thränen ausbrechend. — „Wo ist er?
Noch oben?" — „Ja. Hilal kämpft mit Falehd." —
„Hinauf, hinauf! Ich töte ihn!" — „Bleibe, o bleibe!"
bat sie, ihn festhaltend. „Er ist so fürchterlich und so
stark!" — „Und wenn er die Stärke von zehn Elefanten
besäße, so töte ich ihn trotzdem!"

Der Scheik riß sich los.

„Laß dich nicht fassen! Hast du Pistolen?" — „Ja."
— „Er hat keine Waffe. Du darfst nur auf ihn schießen,
aber um Allahs willen nicht mit ihm ringen!"

Der Scheik zog sofort die Pistolen hervor und
wollte fort.

„Ich schieße ihn." — „Du weißt den Weg und die
Treppe nicht!" — „So führe mich!"

Badija ergriff die Lampe, um ihrem Vater zu
leuchten, der so schnell, daß sie kaum Schritt zu halten
vermochte, davoneilte. An der Treppe angekommen,
kehrte sie angstvoll um; er aber stieg schnell hinauf und
blieb, oben angekommen, erstaunt stehen. Da stand die
totgeglaubte Tochter Hiluja, von Hilal umschlungen, und
letzterer sagte soeben:

„Meine Hiluja! Mein Engel, mein Leben! O,
wie so sehr habe ich dich lieb, wie so sehr!"

Worauf sie im Tone innigster Liebe antwortete:

„Ich mag und kann ohne dich nicht leben!" —
„Und ich nicht ohne dich! Warum ist dein Vater doch
so zornig über unsere Liebe?"

Das übermannte den Scheik. Die Tochter, die er
bereits tot wähnte, am Leben zu sehen, jedenfalls gerettet
von Hilals Hand, das ließ ihn alles Frühere vergessen,
und er sagte laut:

„Er ist nicht zornig darüber. Ihr irrt euch!"

Da drehten sie sich erschrocken um und sahen ihn.

„Vater, mein Vater!" rief Hiluja und zog sich aus
M. R.

Hilals Umarmung und warf sich dem alten Scheik an die Brust. Dieser drückte sie zärtlich an sich. — „So hat dich der Riese nicht getötet, nicht hinabgeworfen?" — „Nein. Hilal rettete mich." — „So hat er nur die Hälfte gethan. Er rettete dich, und ich werde dich rächen. Wo ist Falehd?" — „Da unten."

Hiluja deutete über die Brüstung.

„Da unten? Hinabgestürzt?" — „Hilal hob ihn empor und schleuderte ihn hinunter." — „Hilal — hob ihn — schleuderte ihn — hinunter? — Das ist nicht möglich!" — „O doch! Er hat es gethan!" — „So ist er der größte und stärkste Kämpfer, den ich jemals gesehen habe. Aber ich gewahrte doch vorhin, daß der Riese ein Weib in den Fäusten —" — „Das war Haluja, meine Dienerin," fiel Hiluja schnell ein. „O Allah, die habe ich ganz vergessen! Ich Undankbare! Er ergriff sie anstatt meiner und warf sie hinab. Sie ist tot! Zerschmettert! Mein Gott! Ich muß hinunter, sie zu suchen!"

Hiluja wollte fort. Der Scheik ergriff sie aber bei der Hand.

„Nicht so schnell! Du stürzt ja die Treppe hinab. Ja, die Alte war gut und treu, und wir müssen nach ihr sehen. Aber wir brauchen dabei nicht die Hälse zu brechen." — „Sie war nicht nur gut und treu, sondern auch tapfer. Sie hat wie eine Löwin mit dem Ungeheuer gekämpft." — „So sei es Allah geklagt, daß sie sterben mußte! Wie gern würde ich ihr dankbar sein!"

Sie stiegen hinab. Unten im Gange stießen sie auf die Königin. Aus Sorge für den Vater war es ihr doch unmöglich gewesen, fern zu bleiben. Auch sie erstaunte auf das freudigste, als sie ihre Schwester am Leben erblickte. Beide schlossen sich unter Jubelrufen in die Arme. Dann aber eilten sie hinunter.

Dort unten bot sich ihnen ein entsetzlicher Anblick. Gerade unterhalb der hohen Plattform lag der Riese vollständig zerschmettert. Er hatte ganz das Aussehen,

M. K.

als ob kein Glied seines mächtigen Körpers ganz ge=
blieben sei. Er atmete nicht mehr, er regte sich nicht.
Er war tot. Als der Scheik mit grauendem Blicke die
Gestalt dieses Menschen überflog, sagte er zu Hilal:

„Niemals im Leben wirst du wieder einen solchen
Sieg erringen. Der Zweikampf muß entsetzlich gewesen
sein." — „Ich weiß nicht mehr, wie es gekommen und
wie es gewesen ist," antwortete der Jüngling. „Ich
M. K.

glaubte, er habe Hiluja getötet; da wollte ich sie rächen, faßte ihn, hob ihn empor und warf ihn hinab. Das ist alles." — „Und sie lebte doch! Aber er hätte sie noch getötet, wenn du nicht gekommen wärest! Du hast ihr das Leben gerettet." — „Und mir auch," fügte die Königin hinzu. — „Mir ebenso," sagte Zykyma. „Er war wie ein wütendes Tier. Falehd schäumte wie ein toller Hund. Ich glaube, er hätte uns alle umgebracht." — „Er war ein Teufel. Du aber, Hilal, bist als ein Engel von Allah gesandt worden, um sie zu erretten! Wie soll und kann ich dir danken!"

Der Scheik schaute lächelnd auf den Jüngling. Dieser senkte errötend den Blick und antwortete:

„Ich that nur meine Pflicht." — „Aber nicht nur aus Pflichtgefühl, sondern auch aus Liebe handeltest du. Und darum soll auch die Liebe dich belohnen. Sage mir, hast du Hiluja wirklich so herzlich und so innig lieb, wie du es vorhin da oben sagtest?" — „O, noch viel, viel inniger! Ich kann es ja gar nicht ausdrücken, wie lieb ich sie habe!" — „So beweise es wenigstens, wenn du es nicht zu sagen vermagst. Weißt du, wie du diesen Beweis führen kannst, Hilal?" — „Ich — — ich — — ich wüßte es wohl." — „Nun, wie denn?"

Hilal blickte verlegen auf den Alten und erwiderte in zaghaftem Tone:

„Wenn sie mein Weib sein dürfte, so wäre dies die einzige Weise, ihr zu zeigen, was sie mir ist." — „Das ist nicht nötig. Was sie dir ist, das kann auch ich sagen, und zwar ganz genau."

Er sah sich lächelnd im Kreise um. Aller Blicke hingen gespannt an seinem Munde. Darum fuhr er fort:

„Sie ist nämlich deine Verlobte!" — „Meine — Verl—"

Das Wort blieb Hilal vor Entzücken im Munde stecken. Aber Hiluja flog an die Brust des Vaters und rief:

„Ist's wahr? Ist's Wahrheit, mein Vater?" —
M. K.

„Ja, es ist wahr," sagte er jetzt im Tone tiefsten Ernstes und ebenso tiefer Rührung. — „So denkst du nicht mehr an den Sohn des Scheiks der Mescheer?" — „Nein. Es wird mir zwar nicht leicht, diesen Lieblingsplan aufzugeben, aber ohne Hilal hätte ich keine Töchter mehr. Ich wäre einsam und kinderlos, und darum soll sein Leben auch kein einsames sein. Ich gebe dich ihm zum Weibe. Allah segne euch, meine Kinder. Er ist mit dem Riesen fürchterlich ins Gericht gegangen. Er bestraft den Bösen und belohnt den Guten. Bleibt so fromm und gut, wie ihr jetzt seid, so wird euer Ende ein besseres sein, als dasjenige dieses Mannes, der nur das geerntet hat, was er säete."

Jetzt wagte es Hilal, die Geliebte vor aller Augen zu umarmen. Er richtete den Blick voller Freude und Dankbarkeit gen Himmel, dabei fiel sein Auge auf einen Gegenstand, der ihn veranlaßte, einen lauten Ruf auszustoßen.

„Wir suchen Haluja, die tapfere Dienerin," sagte er. „Seht ihr sie etwa?" — „Nein. Und doch müßte sie auch hier liegen," antwortete die Königin, „denn er hat sie ja auch auf dieser Seite hinabgeworfen." — „So blickt da hinauf!"

Hilal deutete nach oben. Aller Augen folgten der angegebenen Richtung.

„Oh Allah! Da hängt sie am Steine!" rief der Scheik.

Und alle stimmten in diesen Ruf ein. Nur wenige Meter unterhalb der Zinne ragte die scharfe Kante eines riesigen Steinquaders aus der Mauer hervor. Diese Kante war von Wind und Wetter angegriffen, Teile von ihr waren herabgebröckelt, sodaß sie jetzt eine hornartig nach oben gerichtete Spitze bildete, und an dieser Spitze hing die Dienerin mit dem Gewande.

„Haluja, Haluja!" riefen sie alle hinauf.

Aber sie antwortete nicht.

„Sie ist tot!" klagte Hiluja. — „Vielleicht lebt sie

M. K.

doch noch," meinte Hilal. „Wir müssen sie herunter=
holen." — „Wie ist das möglich?" fragte der Scheik.
„Kein Mensch vermag da emporzuklettern." — „Das ist
wahr, empor kann keiner, aber herablassen an einem
Seile kann man jemand, das ist möglich." — „Wer
sollte das wagen!" — „Ich. Kommt mit!"

Hilal eilte fort, hinauf nach der Ruine. Er kannte
den Ort, wo die Stricke aufbewahrt wurden, die für die
Tiere der Königin bestimmt waren. Mehrere solcher
Stricke wurden jetzt zusammengebunden, und dann stiegen
die Anwesenden hinauf auf die Zinne.

Es fragte sich nun, ob der Scheik mit seinen beiden
Töchtern und Zykyma stark genug sein würden, Hilal
hinabzulassen, denn es war augenblicklich kein anderer
Mensch zugegen, und doch durfte man die Dienerin auch
nicht länger hängen lassen. Wenn ihr dünnes Gewand
zerriß, so stürzte sie in die Tiefe hinab und wurde jeden=
falls zerschmettert.

Das Seil war lang genug. Das eine Ende des=
selben wurde hinabgelassen, nachdem man es in eine
Schlinge gelegt hatte. Das andere befestigte man um
einen Quader, der weit genug aus der Brüstung hervor=
stand. Hilal erklärte dann, daß er nicht wünsche, hinab=
gelassen zu werden, sondern beabsichtige, hinabzuklettern.
Auf diese Weise hatten sich die anderen gar nicht an=
zustrengen und brauchten nur dafür zu sorgen, daß das
Seil nicht vom Quader glitt.

„Aber das ist zu gefährlich für dich," meinte Hiluja
besorgt. „Werden deine Kräfte ausreichen?" — „Ja.
Habe keine Furcht," antwortete er, ganz glücklich, sie so
um ihn beängstigt zu sehen. — „Aber wie willst du
Haluja anbinden, wenn du selbst mit deinen Händen am
Seile hängst?" — „Ich werde mich auf den Vorsprung
setzen, an dem sie festsitzt. Und geht dies nicht, so trete
ich in die Schlinge des Seiles und bekomme dadurch
meine Hände frei." — „O Allah, ich zittere vor Angst!"
— „Es ist keine Zeit, sich zu ängstigen. Wir müssen
M. K.

handeln, wenn Haluja gerettet werden soll." — „Recht
so, mein Sohn," sagte der Scheik. „Steige getrost hinab.
Hat Allah dir den Sieg über den Riesen verliehen, so
wird er dich auch hier beschützen. Er wird dich nicht
zum Retter meiner Töchter bestimmt haben, damit du
wenige Minuten später verunglückst."

Hilal schwang sich auf die Brüstung, ergriff das
Seil und ließ sich langsam und vorsichtig an demselben
hinab. Vorher hatte er sich einige Stricke um den Leib
gewunden. Er glaubte, sie gebrauchen zu können.

Glücklich langte er bei der Abgestürzten an. Der
Vorsprung, an dem sie hing, bot ihm nicht Raum genug.
Daher kletterte er noch einige Fuß hinab und stellte sich
mit den Füßen in die Schlinge.

Jetzt begann der gefährliche Teil seines Unter=
nehmens. Unter ihm gähnte die große Tiefe. Ueber
ihm stand ein alter Mann mit drei Mädchen, alle aber
nicht stark genug, ihn am Seile emporzuziehen.

Er wand sich jedoch entschlossen die erwähnten
Stricke vom Leibe los und versuchte, Haluja mit den=
selben an das Seil zu befestigen. Es gelang, allerdings
erst nach langem Bemühen und nach öfteren Angstrufen,
die von oben, wo Hiluja herabblickte, herniederschollen.
Auch der Kopf des Scheiks kam jetzt zum Vorscheine.

„Sollen wir euch beide heraufziehen?" fragte er.
— „Nein. Das würde euch unmöglich sein. Ich
komme hinauf."

Mit augenscheinlicher Lebensgefahr kletterte er so=
dann empor und langte glücklich oben an. Nun wurde
langsam und vorsichtig das Seil, an dem unten Haluja
hing, eingeholt. Als der leblose Körper der braven
Dienerin draußen an der Brüstung anlangte, stieg Hilal
auf die letztere, um die Last herein zu holen, ein höchst
gefährliches Wagnis, das aber ebenso wie alles Vor=
herige glücklich gelang.

Als die Alte auf der Plattform lag, konnte man
keine einzige äußere Verletzung an ihr entdecken. Sie

M. K.

war ohne Besinnung, holte aber doch sehr bemerkbar Atem. Da ihre Behandlung hier oben zu unbequem war, wurde sie hinab und in das Freie vor die Thür geschafft. Hier war das so notwendige Wasser leicht bei der Hand. Die Anwendung desselben hatte den Erfolg, daß sie bald erwachte, mit verwunderten Augen um sich blickte und fragte:

„Wo bin ich? Was ist mit mir geschehen?" — „Weißt du es nicht mehr?" antwortete die Königin. „Der Riese hat dich von der Zinne hinabgeworfen." — „Ach ja, jetzt fällt es mir ein. Es war schrecklich. Dann aber träumte mir, ich fliege durch die Luft, von der Erde fort, immer zwischen Sternen hindurch und mitten in den Himmel hinein. Da war ich so glücklich, so selig. Wäre ich doch nicht wieder aufgewacht!" — „Hast du Schmerz?" — „O nein. Mir ist so wohl. Wie kann ich Schmerzen haben, da ich doch im Himmel gewesen bin!" — „So hast du durch den bösen Fall von der Zinne hinab keinen Schaden davongetragen?" — „Mir thut nichts weh. Ich werde aufstehen."

Die Gerettete erhob sich darauf, zunächst von den anderen gestützt. Dann aber zeigte es sich, daß sie sich ganz mühelos und frei bewegen konnte. Es war wie ein Wunder, daß sie so gänzlich heil davongekommen war.

„Allah hat dich mit seiner Hand gehalten," sagte der fromme Scheik. „Er hat dir sogar den Himmel gezeigt. Das ist der beste Lohn für die Tapferkeit, mit der du deine Herrin verteidigt hast. Den irdischen Lohn sollst du von uns erhalten, so weit es in unserer Macht liegt. Aber seht, wer kommt dort!"

Von draußen herein nahte sich im Galopp ein Reiter. Als er näher kam, erkannten sie Said, den wackeren Arabadschi. Obgleich Zykymas Diener und kein Beduine, hatte er sich doch auch an der Verfolgung der Feinde beteiligt. Als er die Personen auf der Ruine stehen sah, winkte er ihnen in einer Weise, aus

M. K.

der sie erkennen konnten, daß er der Ueberbringer einer
guten Botschaft sei.

Von Said hinweg fiel der Blick des Scheiks auf
die Stute, auf der der Riese herbeigekommen war. Sie

stand noch ruhig unten vor der Ruine.

„Welch ein Pferd!" sagte er. „Man sieht es auf
den ersten Blick, daß diese Stute einen langen und
berühmten Stammbaum hat."

M. K.

Der Araber hält nämlich außerordentlich viel auf sein Pferd. Berühmt besonders sind die Nachkommen jener Pferde, die sich bei einem Feldzuge des Propheten Muhammed als genügsam erwiesen. Muhammed hatte mit seinem Herrn einen langen, beschwerlichen Marsch in glühender Sonnenhitze zurückgelegt. Weder Reiter noch Pferd hatten sich an einem Tropfen Wasser er=laben können; Menschen und Tieren klebten die Zungen am Gaumen, der Durst war fürchterlich, und viele fühlten sich dem Verschmachten nahe. Da endlich kam man an einen kleinen Bach. Alles stürzte sich nach dem Wasser hin. Nur dreißig Pferde, alles edle Stuten, blieben stehen, um zu warten, bis ihre Herren ihnen das Trinken erlauben würden. Muhammed segnete sie und schrieb ihre Namen eigenhändig auf Pergament=tafeln, die er den Besitzern dieser Pferde dann aus=händigte. So entstanden die Stammbäume für die Nachkommenschaft dieser Stuten, die in der Folge nur mit den edelsten Hengsten belegt wurden.

Diese Stammbäume existieren noch. Eine Stute, die von einer dieser Urahninnen abstammt, hat höheren Wert als eine andere von gleich altem Stamme, die vielleicht dieselben guten Eigenschaften besitzt.

Jeder Beduine hält den Stammbaum seines Pferdes ebenso heilig wie ein Abkömmling der Kreuzritter den seinigen. Die Namen berühmter Pferde sind weithin bekannt, sodaß zum Beispiel von einer Stute, die ihre Datteln im westlichen Marokko frißt, im fernen Ost=arabien, ja in Kurdistan und Persien gesprochen wird.

Eine so berühmte Stute war auch der Fuchs, den der Riese geritten hatte.

Hilal wurde erst durch die Bemerkung des Scheiks auf sie aufmerksam. Er warf einen Blick auf sie hinab und antwortete:

„Das ist die Lieblingsstute des Scheiks der Beni Suef. Sie heißt Selßele und hat einen Wert, den man nach Geld gar nicht messen kann." — „Wie kommt sie

M. K.

hierher?" — „Der Riese hat sie jedenfalls geritten." — „Wie kann der Scheik ihm seine Lieblingsstute anvertrauen! Das thut doch keiner." — „Wer weiß, wie es gekommen ist."

Jetzt nahte sich Said, der Arababschi, um seine Botschaft zu bringen.

„Masr-Effendi sendet mich," sagte er. „Wir haben einen vollständigen Sieg errungen." — „Allah sei Dank!" rief der Scheik. — „Alle Hände, die vorhanden sind, sollen die Kamele tränken und die Schläuche füllen, damit die Verfolgung der Flüchtigen schleunigst begonnen werden kann." — „Werden viele kommen?" — „Wohl fast die Hälfte der Feinde liegen getötet auf dem Schlachtfelde. Die Gewehre haben sich außerordentlich bewährt. Die anderen Beni Suef sind auf der Flucht nach dem Ferß el Hadschar oder haben sich zerstreut. Unsere Krieger reiten nach allen Richtungen, um die Zerstreuten niederzumachen oder gefangen zu nehmen. Haben sie das gethan, so werden sie sich sammeln, um die Verfolgung der anderen zu beginnen, die sich nach dem Ferß el Hadschar gewandt haben. Es mögen deren vielleicht zweihundert sein." — „Wo ist Tarik?" — „Er ist bereits fort nach dem Bette der Steine, um die Fliehenden nicht zur Ruhe kommen zu lassen." — „Und Masr-Effendi?" — „Er befindet sich im Lager der Besiegten, um darauf zu sehen, daß die Beute nicht geplündert wird, und daß man die Gefangenen nicht tötet." — „Aber wer soll hier tränken und Schläuche füllen? Es ist kein Mensch im Lager. Selbst die Kinder sind auf das Schlachtfeld hinaus." — „Dort befindet sich Normann-Effendi, um auf Ordnung zu halten." — „So kehre zurück und sage ihm, daß er die Greise, Weiber und Kinder nach dem Lager senden soll, damit sie das Befohlene ausführen. Die Beute läuft ihnen nicht davon." — „Wessen Leiche ist es, die da unten liegt?" fragte Said plötzlich. — „Diejenige des Riesen. Er ist während der Abwesenheit der Krieger in das Lager gekommen, um die Frauen zu überfallen." — „O Allah! Ist es ihm gelungen?" — „Nein. Du siehst ja die Frauen hier stehen, und da unten liegt er tot. Hilal hat ihn von der Zinne der Ruine in die Tiefe geschleudert." — „Allah sei gepriesen jetzt und in alle Ewigkeit! Nimm den Dank meines Herzens an, Hilal."

Der Arababschi reichte ihm die Hand. Hilal drückte sie herzlich und sagte:

„Du brauchst nicht zu danken, Said. Ich habe dir ja keinen Dienst erwiesen." — „Nicht, meinst du? Hast du nicht Zykyma, meine Gebieterin errettet, die ich hätte bewachen sollen? Die Kampflust hat mich fort=getrieben, während es meine Pflicht gewesen wäre, zu ihrem Schutze an ihrer Seite zu bleiben. Verzeihe, Herrin, es soll nicht wieder geschehen!" — „Ich verzeihe dir gern," antwortete Zykyma. „Hilal hat gethan, was du nicht hättest thun können."

Saids Auge blitzte dabei zornig auf.

„Meinst du, daß ich mich etwa nicht an den Riesen gewagt hätte? Wenn alle Dschinns und Geister der Wüste kämen, um sich an dir zu vergreifen, ich würde mit ihnen kämpfen!" — „Ich weiß es, du Treuer! Ich wollte dich nicht beleidigen. Kehre jetzt nach dem Kampf=platze zurück und richte die Botschaft an Normann=Effendi aus!" — „Das werde ich nicht thun!" — „Warum nicht?" — „Ich gehöre zu dir!" — „Ich be=finde mich ja nun nicht mehr in Gefahr." — „O, es kann wieder eine neue Gefahr kommen, und da muß ich bei dir sein. Ich bin ein Gast der Beni Sallah, und ich habe sie lieb. Ich helfe ihnen gern; ich habe vorhin mit gekämpft und mehrere ihrer Feinde getötet. Noch lieber aber habe ich dich. Ich muß dich beschützen und bleibe also bei dir."

Said sagte das in einem so bestimmten Tone, daß man überzeugt sein mußte, er werde sich von diesem Ent=schlusse nicht abbringen lassen. Um dies noch deutlicher

M. K.

zu machen, setzte er sich auf den nächsten Steinquader und legte seine Waffen neben sich hin.

„So werde ich es an seiner Stelle thun,“ sagte Hilal. „Die Gefahr, in der ihr euch befandet, ist beseitigt, und ich kann getrost gehen.“ — „Nein, bleib!“ sagte der Scheik. „Said hat recht. Wie der Riese sich herbeischlich, so können andere es auch thun. Versprengte Beni Suef können, wenn sie in die Nähe des Lagers kommen und es ohne Wächter sehen, sehr leicht auf den Gedanken geraten, hier einzufallen, um sich zu rächen. Ich bin es, der den Fehler begangen hat. Masr-Effendi hatte mir und meinen Kriegern das Lager anvertraut; wir aber haben es verlassen. Hätten wir das nicht gethan, so wäre es dem Riesen unmöglich gewesen, sich herbei zu wagen. Das ist nun geschehen und also nicht mehr zu ändern; aber ich will dafür sorgen, daß ihr nun wenigstens von jetzt an euch in Sicherheit befindet. Du bist jung, Hilal, und ich bin ein Greis. Du bist stärker als ich. Bleibe hier. Du sollst deine Braut und deine Schwägerin beschützen. Ich aber eile, mit Normann-Effendi zu sprechen und euch eine Anzahl Krieger zum Schutze zu senden.“

Das wurde angenommen, und der Scheik begab sich von dannen.

---

27. Kapitel.

Der Sieg der Beni Sallah über die Beni Suef war ein außerordentlich schneller gewesen. Keiner der Ihrigen war tot. Nur wenige der Krieger hatten eine leichte Verletzung davongetragen.

Die Beni Suef waren ihres Sieges ganz und gar sicher gewesen. Darum war das Gegenteil desto gewaltiger über sie gekommen. Die Hälfte lag tot in den Dünen; die anderen waren entflohen. Die Mehrzahl

derselben hatte sich natürlich nach ihrem Lager zurück=
gewandt. Sie waren da auf ihre besten Tiere gesprungen
und sofort von dannen geeilt.

Fast zu gleicher Zeit waren auch die Sieger mit in
das Lager gedrungen. Keiner der Flüchtlinge hatte Zeit
gehabt, irgend etwas mitzunehmen. Die Beni Sallah
sprangen von ihren Pferden und fielen über alles, was
sich im Lager befand, her. Geschulte europäische Truppen
hätten das unterlassen und ohne Unterbrechung die Ver=
folgung fortgesetzt. Diese Söhne der Sahara aber kannten
keine solche Disciplin. Das Lager war zu groß. Da
gab es Zelte, Pferde, Kamele, Waffen, Decken, Kleider
und allerlei andere Gegenstände von höherem oder ge=
ringerem Werte, welche die Augen der Beni Sallah in
dem Maße bestachen, daß sie gar nicht daran dachten,
hinter den fliehenden Feinden zu bleiben.

Andere, die mehr kriegerischen Sinn besaßen, hatten,
sich zerteilend, die Verfolgung der sich über die Ebene
und in den Dünen zerstreuenden Feinde übernommen.
Sie waren in der Ueberzahl und gaben keinen Pardon.
Sie wußten, daß sie, im Falle sie besiegt worden wären,
auch keine Gnade erhalten hätten.

Diesen Verfolgern hatte sich auch Tarik angeschlossen.
Er vergaß, daß er Anführer war. Er, der Sohn des
Blitzes, kämpfte wie ein einfacher Krieger und schoß und
schlug einen Feind nach dem anderen nieder. —

Normann hatte, als er sah, daß der Sieg errungen
und der Feind geworfen war, nicht an die Verfolgung
desselben gedacht. Als Gast der Beni Sallah hatte er
für diese zu den Waffen gegriffen, aber eine gänzliche
Vernichtung der Beni Suef lag nicht in seinem Interesse.
Darum lenkte er sein Pferd nach dem Kampfplatze zurück.

Er erkannte, daß er daran sehr wohlgethan hatte.
Die Greise, Weiber und Kinder der Beni Sallah waren
herbeigekommen, um zu plündern. Da ging es denn
nicht sehr menschlich her. Die verwundeten Feinde hatten
viel zu leiden. Die Kleider wurden ihnen vom Leibe

M. K.

gerissen. Diesem Gebahren that Normann Einhalt. Er hatte vollauf zu thun, die Angehörigen der Sieger im Zaume zu halten.

Was Steinbach betrifft, so hatte er ebenso gekämpft, als ob er ein Beni Sallah sei, und zuletzt, als der Sieg schon längst entschieden war, noch einen Einzelkampf zu bestehen gehabt, der sehr leicht unglücklich für ihn hätte ablaufen können.

Omram el Suefi nämlich, der Eidam des feind= lichen Scheiks, der nur leicht verwundet worden war — es war ihm eine Kugel durch das Fleisch des linken Armes gegangen, was seine Kampffähigkeit nicht im mindesten beeinträchtigte — hatte, als er sah, daß Wider= stand unnütz sei, sich den Fliehenden angeschlossen, und, sich seinem Lager zuwendend, plötzlich die hohe Gestalt Stein= bachs erblickt, der zur Verfolgung herbeieilte. Sofort beschloß er, ihn zu töten.

„Masr=Effendi, der Hund!" stieß er wütend hervor. „Er kommt, er muß hier vorüber! Er soll sterben. Ich stelle mich tot und schieße ihn nieder."

Damit zog er seine Pistole, die er seit dem letzten Schusse wieder geladen hatte, und warf sich in den Sand, wo er wie ein Toter regungslos liegen blieb.

Da kam Steinbach herbei. Er mußte an Omram vorüber. Den Suef für tot haltend, achtete er gar nicht auf denselben, sondern eilte, sein Gewehr in der Hand, weiter und wollte eben an dem vermeintlichen Toten vorbei, da erhob dieser die Hand und drückte mit den Worten: „Stirb, und sei verflucht!" ab. Steinbach aber war ein Mann von seltener Geistesgegenwart. Die Worte hören und augenblicklich zurückspringen, das war das Werk eines Momentes. Das rettete ihm das Leben. Die Kugel traf ihn nicht, sie schlug an den Lauf seines Gewehres, das ihm dadurch aus der Hand geschleudert wurde. Aber der Anprall des Geschosses, das aus der nächsten Nähe kam, war doch ein so starker gewesen, daß Steinbach zur Seite geschleudert wurde und hinstürzte.

M. K.

Augenblicauch kniete Omram auf ihm. Die Linke ihm um den Hals krallend, zog er mit der Rechten das Messer aus dem Gürtel und holte zum Stoße aus. Steinbach ergriff nun wohl letztere beim Gelenk, um den Stich abzuwehren, aber es gelang dem Feinde leicht, sich von Steinbachs Griff zu befreien, und nun stieß er mit allen Kräften zu.

In diesem mehr als kritischen Augenblicke nahm Steinbach aber alle seine Kraft zusammen und wälzte sich unter seinem Feinde zur Seite. Der Stich ging fehl; die Messerklinge grub sich in den Sand.

Jetzt konnte Steinbach auch die andere Hand ge= brauchen, schnell griff er zu und faßte den bewaffneten Arm des Suef, und dieser Griff war so eisern, daß der Suef einen Schmerzensschrei ausstieß und das Messer fallen ließ. Indem er es aber wieder erfassen wollte, nahm er auch die andere Hand von Steinbachs Halse. Das benutzte dieser und war mit einem Sprunge vom Boden auf. Jedoch auch der Suef hatte sich er= hoben und drang auf ihn ein.

„Du sollst mir nicht entkommen!“ brüllte er. „Ich bin Omram el Suefi. Keiner hat mich noch besiegt!“ — „Und ich,“ antwortete Steinbach, „bin Masr=Effendi, der jeden Feind darniederstreckt!“ — „Versuche es doch!“ versetzte Omram.

Da holte Steinbach zum Stoße aus.

„Hier siehst du es!“ rief er. „Gehe in die Dsche= henna zu den Verdammten, zu denen du mich senden wolltest!“

Dann sprang er zur Seite, um Raum zum Hiebe zu bekommen, und obgleich er sein Gewehr nur mit einer Hand halten konnte, schlug er dem Feinde den Kolben doch mit solcher Macht auf den Kopf, daß der Suef mit zerschmettertem Schädel zu Boden sank.

„Tot! Man tötet nicht gern, aber er hat es ja nicht anders gewollt,“ murmelte er vor sich hin und eilte dann weiter, dem feindlichen Lager entgegen. Dort

M. K.

„Stirb und sei verflucht!" rief Omram und drückte ab.
(Seite 421.)

M. K.

ging es zum Erschrecken her. Doch kaum hatte Stein=
bach erkannt, daß die Krieger ihre Pflicht vergaßen und
sich nur auf Plünderung legten, so ließ er seine mächtige
Stimme erschallen. Zum Glück kam gerade jetzt auch
Tarik herbei. Ihren vereinten Bemühungen gelang es,
Ordnung zu schaffen. Die Beni Sallah sammelten sich
wieder um ihre Anführer.

„Was thut ihr!" rief Tarik. „Hier sammelt ihr
Kleider und Fetzen, die euch doch nicht entgehen können,
und dem Feinde gestattet ihr dabei, zu entkommen. Laßt
alles liegen. Es soll gesammelt und dann unparteiisch
geteilt werden. Jetzt haben wir anderes zu thun."

Keiner wagte es, zu widersprechen. Die flüchtigen
Feinde waren bereits weit entfernt. Sie hatten sich, wie
schon bemerkt, die besten Tiere genommen, die weniger
guten aber zurückgelassen.

„Folgt mir, ihnen nach!" rief Tarik und nahm ein
nahestehendes Pferd am Zügel, um in den Sattel zu steigen.

Steinbach aber hielt ihn zurück.

„Bitte, warte noch!" sagte er lächelnd. — „Wozu?
Sollen sie entkommen?" — „Nein, das sollen sie nicht.
Aber siehe dir dieses Pferd an. Willst du etwa auf
ihm die flüchtigen Feinde erreichen?"

Tarik war in der That zu eifrig gewesen und be=
merkte erst jetzt, daß das Pferd von einer Kugel getroffen
war und blutete.

„Ah! Du hast recht. Ich nehme ein anderes."
— „Nicht so schnell. Wir wollen beraten." — „Aber
indessen entkommen sie!" — „Je eiliger du die Ver=
folgung beginnst, desto sicherer werden sie entkommen."
— „Wieso?" — „Blicke dir diese Tiere an, Pferde und
Kamele. Sollte der Stamm der Beni Suef nicht im
Besitze von besseren sein?" — „Die Beni Suef haben
berühmte Pferde und kostbare Eilkamele." — „Warum
sahen wir sie aber nicht?" — „Weil sie fort sind. Diese
Hunde, die Allah verderben möge, haben die besten Tiere
geraubt und die schlechten zurückgelassen." — „Das nehme

M. K.

ich ihnen gar nicht übel. Sie wären sehr dumm, wenn sie das Gegenteil gethan hätten. Aber sage mir, wie du es anfangen willst, ihre guten Tiere mit diesen schlechten einzuholen?" — „Allah! Du hast recht. Ich eile in unser Lager, um gute Tiere zu holen." — „Das wird geschehen, aber ohne Ueberstürzung. Wir werden hier die besseren Tiere aussuchen, und wenn es auch nur wenige sind. Auf diesen reitet eine Anzahl unserer Leute dem Feinde augenblicklich nach, um ihn zu bedrängen, zu beobachten und nicht aus den Augen zu lassen. Dann holen wir uns von euch die guten Pferde und Eilkamele und beginnen die eigentliche Verfolgung." — „Effendi, du hast abermals recht. Es geschehe, wie du gesagt hast. Komm, laß uns suchen."

Es fand sich nun doch, daß es eine ganze Anzahl guter Pferde und Kamele gab, die zurückgelassen worden waren. Da eine Truppe der Beni Sallah unter Normann beritten gewesen war, so gab es auch hier eine Anzahl guter Tiere. Auf diese Weise brachte man ungefähr sechzig schnelle Reittiere zusammen, auf denen man den Flüchtigen sogleich folgen konnte.

„Das ist genug," sagte Steinbach. „Es handelt sich jetzt nur darum, die Beni Suef in Atem zu halten, damit sie verhindert werden, sich zu sammeln oder aus= zuruhen. Wähle dir die tapfersten deiner Krieger aus, die sogleich aufbrechen mögen." — „Wer soll sie an= führen?" — „Hm! Das kann ich nicht beantworten." — „Warum nicht?" — „Weil ich deine Leute nicht kenne. Der Anführer dieser Schar muß sehr umsichtig sein." — „So werde ich selbst mitreiten." — „Du als Scheik?" — „Ja." — „Du sollst doch das Ganze leiten. Warum willst du nur diese kleine Abteilung befehligen?" — „Weil das Gelingen des Ganzen davon abhängig ist." — „Du hast nicht unrecht. Wer aber soll dann alle die anderen kommandieren?" — „Hilal ist da. Und — bist du nicht auch da?" — „Allerdings." — „Ich habe freilich kein Recht, von dir zu verlangen, daß du an unseren Kämpfen teilnimmst, aber —"

„Ich bin dein Freund, ich helfe dir." — „Willst du mit nach dem Duar (Zeltdorf) der Beni Suef?" — „Ja. Ihr müßt diese Gelegenheit benutzen, sie euch unterthänig zu machen. Gelingt es euch, so seid ihr der mächtigste Stamm im Westen des Nils und könnt der Freundschaft und Unterstützung des Vicekönigs von Aegypten stets sicher sein." — „Natürlich werden wir sie überfallen und besiegen. Sie wollten uns vernichten; ich aber will nicht ihren Untergang, sie sollen nur unsere Diener sein, bis sie uns bewiesen haben, daß wir sie als unsere Verbündeten betrachten dürfen."

„Die Flüchtigen werden sich nach dem Ferß el Hadschar wenden. Dahin wirst du ihnen folgen, um sie nach ihrem Zeltdorfe zu treiben. Dort aber werde ich bereits auf sie warten, um sie zu empfangen." — „Wie? Du wirst dann bereits dort sein?" — „Ja. Ich werde sofort anordnen, daß alle dazu sich eignenden Kamele und Pferde getränkt und gefüttert werden, und daß man die Wasserschläuche fülle. Ist das geschehen, so breche ich sofort auf, um direkt nach dem Duar der Beni Suef zu reiten." — „Wer aber wird unser Duar beschützen?" — „Der Scheik der Beni Abbas wird mit seinen Kriegern da bleiben, bis wir zurückkehren. Du aber magst sogleich aufbrechen."

Das geschah. Tarik verfolgte mit seinen sechzig wohlbewaffneten und wohlberittenen Leuten die flüchtigen Beni Suef, und Steinbach sammelte die rings umher zerstreuten Beni Sallah.

Alles, was die Beni Suef zurückgelassen hatten, sollte von den Beni Abbas zusammengesucht und bis zur Rückkehr der Beni Sallah aufgehoben werden, um dann unter den Siegern zur Verteilung zu gelangen. Bereits nach einigen Stunden setzte sich der Kriegszug in Bewegung, an dessen Spitze Steinbach, Normann und Hilal ritten. Der letztere hatte von seiner Braut einen herz-

M. K.

lichen Abschied genommen. Ersterer beabsichtigte besonders, sich des Grafen und des Pascha zu bemächtigen, die, wie er überzeugt war, sich den fliehenden Beni Suef an= geschlossen hatten.

Dies war aber leider nicht der Fall.

---

28. Kapitel.

Der Suef, welcher der Diener des Riesen Falehd gewesen war und dem russischen Grafen und dem Pascha zur Flucht verholfen hatte, war von den Seinigen be= ordert worden, sich von dem Riesen zurückzuziehen, da derselbe nicht in den Stamm aufgenommen werden könne.

Er mußte nun zwar der an ihn ergangenen Weisung folgen. Aber er hatte bei dem sonst so menschenfeindlichen und rücksichtslosen Riesen eine freundliche Behandlung erfahren und fühlte sich ihm infolgedessen zu Dank ver= pflichtet. Und wenn er ihm auch nicht verraten durfte, was gegen ihn beschlossen worden war, so faßte er jetzt doch den Vorsatz, ihn einstweilen in heimlichen Schutz zu nehmen und ihn nicht aus den Augen zu lassen. Darum drängte er sich auch nicht zu denen, die gegen das Dorf der Beni Sallah vorrückten, sondern richtete es so ein, daß er vielmehr denjenigen beigeordnet wurde, die zurückblieben, um den Troß zu bewachen. Da be= merkte er denn, daß der Riese sich zu den Pferden schlich, und daß nach einiger Zeit die Fuchsstute des Scheiks fehlte. Sofort eilte er nun zu dem Pascha und dem Grafen, um ihnen mitzuteilen, daß der Riese höchst wahr= scheinlich entflohen sei.

„Wohin?" fragte der Pascha. — „Ich weiß es nicht. Jedenfalls ist seine Spur sehr leicht im Sande zu finden." — „Man muß ihm sofort nachjagen." — „Um ihn zurückzubringen?" — „Ja. Er hat das beste Pferd des

M. K.

Stammes mitgenommen und muß also als Pferdedieb
bestraft werden."

Da blitzten die Augen des Suef zornig auf.

„Herr, die Beni Sallah sind meine Feinde. Sie
nahmen mich gefangen, und ich war der Sklave des Riesen
Falehd. Er behandelte mich gut, und so bin ich ihm
dankbar. Aber auch ihr beide seid zu ihm gekommen
und gastfreundlich von ihm aufgenommen worden; auch
euch hat er beschützt und verteidigt. Ihr seid ihm daher
noch viel mehr Dank schuldig als ich. Wollt ihr ihn
nun als Pferdedieb bestrafen lassen? Ist das eure Dank=
barkeit?" — „Pah! Wir brauchen ihn nicht mehr." —
„Aber er braucht euch!" — „Sollen wir uns ihm etwa
anschließen?" — „Nein, aber ihr sollt dafür sorgen, daß
er nicht in der Wüste umkommt. Er hat sein ganzes
Eigentum zurückgelassen. Vielleicht hat er sich nicht ein=
mal mit Wasser versehen und in der Angst, daß man
beabsichtige, ihn zu töten, eine vorschnelle Flucht ergriffen.
Wir müssen forschen, nach welcher Richtung er sich ge=
wandt hat."

Dies thaten sie denn auch und fanden sehr bald
seine Spur im Sande, der sie folgten.

„Was ist das?" fragte Suef. „Was ist ihm ein=
gefallen? Er ist ja nach dem feindlichen Lager geritten."
— „Das glaube ich nicht," lachte der Pascha. „Da wäre
er ja seinem Verderben entgegen geritten." — „Wieso?"
— „Er ist ein Ausgestoßener, er darf nicht zurückkehren
und würde von seinen früheren Freunden sofort getötet
werden." — „Du vergißt, daß sie in wenigen Minuten
überfallen und besiegt sein werden." — „Das ist wahr.
Ah, ich habe eine Ahnung. Er hat gar nicht die Absicht,
zu fliehen, sondern er will auch mit teil an dem Ueber=
falle nehmen. Könnten wir das nicht auch?" — „Wir
könnten es. Eigentlich sind wir am geschicktesten dazu,
da wir das Lager kennen." — „Alle tausend Teufel!
Jetzt denke ich erst daran, was auf dem Spiele steht.
Man wird die Königin fangen, Hiluja auch und mit

M. K.

ihnen auch Zykyma. Was wird mit ihnen geschehen?"
— „Jedenfalls werden sie die Weiber derjenigen werden,
in deren Hände sie fallen." — „Verdammt sei das!
Ich gebe Zykyma nicht her!" — „Man wird dich gar
nicht nach deiner Erlaubnis fragen."

„Sie ist doch mein Eigentum." — „Du hast sie
nicht bei dir gehabt. Sie befindet sich bei den Beni
Sallah und wird also nicht als dein Eigentum betrachtet

werden können." — „So hole ich sie mir jetzt. Geht
ihr mit?" — „Ja."

Sie eilten weiter der Spur des Riesen folgend. Da
erblickten sie plötzlich rechts von sich die hohe Gestalt
Steinbachs und die lange, hinter den Sanddünen auf=
tauchende Reihe der Beni Suef.

„Das ist der Deutsche!" sagte der Graf. „Warum
befindet er sich außerhalb des Dorfes? Gott sei Dank,
M. K.

daß er am frühen Morgen spazieren gegangen ist! Er ist verloren. Er wird der erste sein, der sein Leben lassen muß. Vorwärts!"

Sie eilten weiter. Zwischen zwei Dünen gehend, konnten sie bald die Beni Suef nicht mehr sehen, aber das Gekrach einer Salve tönte an ihr Ohr.

„Wie dumm!" rief der Pascha. „Auf einen einzelnen eine ganze Salve zu richten! So etwas kann eben nur bei den Beduinen vorkommen. Sie wecken dadurch das feindliche Lager auf und werden nun auf Widerstand stoßen, während sie, wenn sie nicht geschossen hätten, sich desselben ohne Schwertstreich hätten bemächtigen können."

Da drang ein lautes Geheul vom Kampfplatze herüber.

„Das ist noch dümmer!" meinte der Graf. „Mit diesem Geschrei würden sie sogar Tote aufwecken. Ist dieses Brüllen etwa bei euch gebräuchlich, wenn ihr zum Angriffe schreitet?" — „Nein," antwortete Suef. „Kommt schnell, kommt!"

Damit verdoppelte er seine Schritte.

„Warum so rasch auf einmal?" — „Das war kein Angriffsgeschrei. Das war das Geheul der Wut. Was ist geschehen?"

Die beiden folgten ihm voller Besorgnis. Jetzt senkte sich die Sanddüne, die sie der Aussicht beraubt hatte, wieder nieder, und sie konnten daher sowohl nach dem Zelt= dorfe der Beni Sallah als auch nach dem Kampfplatze hinüber sehen. Ein Schrei entfuhr dem Suef.

„Allah 'l Allah! Dort stehen die Beni Sallah!" — „Ah, sie sind es, die geschossen haben!" fügte der Graf hinzu. — „Viele der Unsrigen sind tot! Drauf, drauf! Nehmt Rache, Rache!"

Er brüllte das so laut, daß es weit hin über die Wüste schallte.

„Still, um Gotteswillen, still! Man darf uns nicht hören!" — „Warum nicht? Man soll mich ja hören!" — „Nein, nein! Legt euch nieder, nieder in

M. K.

den Sand! Aber schnell, schnell!" — „Warum denn?"
— „Weil — ah, da habt ihr die Antwort!"

Drüben blitzte es wieder auf. Die zweite Salve
der Beni Sallah krachte den Beni Suef entgegen. Man
sah die letzteren fallen wie Fliegen, wenn sie Gift ge=
nascht haben.

„Allah! Allah!" rief der Suef. „Sie sind verloren!"
— „Und wir alle mit!" — „Nein! Schnell zurück zum
Lager! Wir werfen uns auf die Kamele und ergreifen
die Flucht."

Er wollte fort, zurück. Der Graf aber ergriff ihn
schnell und hielt ihn fest.

„Bleib! Du kannst das Lager nicht mehr erreichen."
— „O doch, doch! Siehst du nicht, daß die Unsrigen
dasselbe thun."

Er wollte sich losreißen; der Graf aber hielt ihn
fest und sagte:

„Halt! Du darfst nicht!" — „Warum nicht? Bin
ich nicht Herr meiner Person?"

Der Suef war zornig geworden und zog den Grafen
eine kleine Strecke mit sich fort. Dieser antwortete:

„Du bist allerdings dein eigener Herr. Jetzt aber
bist du nicht allein. Du würdest auch uns in das Ver=
derben bringen." — „Das ist nicht wahr!" — „O doch!
Man würde dich sehen und auch auf uns aufmerksam
werden. Schau hin, wenn du mir nicht glaubst! Mit
euch ist es vorüber."

Es war nämlich jetzt gerade der Augenblick, in dem
Normann mit der Reserve zu Pferde über die flüchtigen
Beni Suef hereinbrach.

Diese letzteren rannten auf ihr Lager zu. Man sah,
wie sie niedergehauen und niedergeschossen wurden und
nach allen Seiten auseinanderstoben.

Zugleich bemerkten aber auch die drei, daß diejenigen,
die zur Bewachung des Trosses zurückgeblieben waren,
sich auf Pferde und Kamele warfen und die Flucht er=

M. K.

griffen. In der kurzen Zeit einiger Minuten hatten die verfolgenden Beni Sallah das feindliche Lager erreicht.

Der Suef stand starr vor Entsetzen.

„Nun, willst du wirklich hin?" fragte ihn der Graf. — „Wer hätte das gedacht!" lautete die Antwort, die fast pfeifend von den Lippen kam. — „Daran ist nur dieser Hund schuld." — „Wer?" — „Steinbach." — „Masr-Effendi?" — „Ja. Hast du ihn denn vorhin nicht gesehen? Er ist der Anführer. Dort kämpft er — ah, mit wem?" — „Mit Omram el Suefi. Allah ist groß! Seht, Omram wird siegen. Wie sie ringen!" — „Gebe es der Teufel, daß der Hund getötet wird!" — „Er muß fallen. Seht, seht! O Allah, Allah!"

Dieser letztere Ausruf war im Tone des Schreckes gesprochen worden. Die drei sahen nämlich, daß Steinbach den Gegner mit dem Kolben niederschmetterte und und dann weitereilte.

„Verfluchter Kerl!" knirschte der Graf. „Er ist und bleibt überall der Sieger. Aber nieder, nieder in den Sand! Man sieht uns sonst!"

Erst jetzt folgten sie dieser bereits vorhin gegebenen Aufforderung und warfen sich nieder auf die Düne, von deren Höhe sie eine genügende Rundschau hatten.

Da drang ein schriller Schrei zu ihnen. Es war nicht der erste, sie hatten die vorigen in ihrer Aufregung nur nicht beachtet. Sie blickten nach der anderen Richtung hin und sahen auf der Zinne der Ruine den Riesen mit den Frauen ringen.

„Dort, dort ist er!" sagte der Suef. „Er hat es gewagt, in das Lager zu dringen, ganz allein!" — „Das ist kein Wagnis. Es ist ja kein Mensch dort zu sehen." — „Keiner? Dort kommt einer gerannt." — „Hilal! Er springt die Treppe hinan! Er will die Mädchen retten. Er eilt dem sicheren Verderben entgegen. Der Riese wird ihn, den Knaben, zermalmen, das ist sicher."

Aber es kam anders. Die drei Männer sahen, daß Faleh die alte Dienerin von der Höhe schleuderte, sie

M. K.

sahen Hilal auf der Zinne erscheinen, und zu ihrem größten Erstaunen waren sie Zeugen, daß derjenige, der soeben ‚Knabe‘ genannt worden war, Faleh emporhob und vom Felsen herabschleuderte.

Der Suef stieß einen Schrei des Entsetzens aus.

„O Allah! Habt ihr es gesehen?“ — „Schrecklich, schrecklich!“ — „Er ist zerschmettert! Ich muß augenblicklich hin, um ihn zu rächen!“

Schon wollte er sich vom Boden erheben, aber die beiden anderen hielten ihn fest.

„Bist du wahnsinnig!“ warnte der Graf. „Bleib’!“ — „Es ist ja kein Mensch im Lager außer Hilal!“ — „Keiner? Siehst du nicht dort den Scheik der Beni Abbas auf der Zinne erscheinen?“ — „So sind es nur zwei, und ich fürchte sie nicht.“ — „Sie würden dich kommen sehen, dann wärest du ja doch verloren.“ — „Du hast recht. Aber ich dürfte nach Rache!“ — „Sei nur jetzt ruhig. Vielleicht kommt sehr bald die Gelegenheit, dich zu rächen. Seht dorthin nach unserem Lager! Es befindet sich nun ganz im Besitze unserer Feinde. Dort sammelt Tarik die Reiter zur Verfolgung.“

Der Graf hatte recht vermutet. Sie konnten die ganze Gegend überblicken. Sie sahen Tarik mit seinen sechzig Kriegern fortreiten, nach Süden, hinter den fliehenden Beni Suef her. Sie sahen Steinbach die zerstreuten Beni Sallah sammeln. Sie sahen auch, daß die Kamele und Pferde zusammengetrieben wurden.

„Wozu sie das thun?“ meinte der Suef. — „Um den Unsrigen zu folgen.“ — „Das thut ja Tarik bereits!“ — „Das genügt jedenfalls diesem Masr-Effendi nicht. Er könnte zufrieden sein, einen so vollständigen Sieg errungen zu haben. Aber ich fürchte, daß er die Vernichtung oder wenigstens Unterwerfung eures ganzen Stammes plant.“ — „Allah verderbe ihn!“ — „O, Allah scheint ihm sehr freundlich gesinnt zu sein. Seht, dort steht er auf der Ruine, an der Treppe und die Frauen bei ihm.“ — „Sie werden ihm erzählen, daß sie

von Faleßd überfallen worden sind. Man sieht es an
der Bewegung ihrer Arme. Und nun ruft er Normann-
Effendi, Hilal und den Scheik zu sich. Sie werden Beratung halten." — „Wir müssen ganz dasselbe thun."
— „Ja," sagte der Pascha, der sich meist schweigsam
verhalten hatte. „Wir befinden uns in einer Lage, die
uns nicht viel Spaß machen kann. Hätte ich diesen
Steinbach hier zwischen meinen beiden Fäusten, so würde
ich — ah!"

Er sprach nicht weiter, aber er rieb die Fäuste gegeneinander, um auszudrücken, was er meinte. Der Graf
warf einen musternden Blick rundum, schüttelte sorgenvoll
den Kopf und sagte:

„Es wird auch mir unheimlich zu Mute. Zu den
Beni Suef können wir nicht, denn diese sind geschlagen
und entflohen. Zu den Beni Sallah dürfen wir uns
auf keinen Fall wagen." — „Vielleicht doch!" meinte
der Pascha. — „Auf keinen Fall!" — „Wir haben ihnen
ja nichts gethan!" — „Aber wir haben unser Wort gebrochen. Was das bedeutet, haben wir von Tarif gehört, als er uns warnte. Wir riskieren unbedingt das
Leben." — „Aber was thun wir sonst? Wollen wir
hier in der Wüste liegen bleiben, bis wir elend verschmachtet sind, oder bis sie uns finden?" — „Nein.
Es giebt noch Rettung. Vor allen Dingen müssen wir
uns fragen, ob wir zunächst hier an der Stelle, wo wir
uns befinden, sicher sind." — „Das wird Suef besser
wissen als wir."

Der Genannte antwortete nach einer Weile, während
der er nachgedacht hatte:

„Ich denke, daß heute niemand hierherkommen wird.
Die Sallah sind dort im eroberten Lager, auf dem
Kampfplatze und in ihrem eigenen Duar so beschäftigt,
daß wohl keiner Zeit finden wird, einen Spaziergang zu
machen, der ihn hierher führen könnte." — „Aber wenn
sie unsere Spur finden?" — „So werden sie dieselbe
in dem wirren Durcheinander, das es giebt, doch nicht be-

M. K.

achten. Ueberdies giebt es infolge des Kampfes heute so viele Spuren, daß man einer einzelnen gar keine besondere Aufmerksamkeit schenken wird." — „Gut, so bleiben wir hier, um zu warten." — „Auf was?" — „Hm! Auf den Abend. Das Dunkel der Nacht wird uns vielleicht Gelegenheit bringen, uns aus unserer fatalen Lage ziehen zu können. Wir wollen vor allen Dingen genau aufmerken, was die Beni Sallah jetzt thun werden."

Sie machten es sich darauf so bequem wie möglich im Sande und häuften denselben so vor sich auf, daß er einen kleinen Wall vor ihnen bildete, in dem sie einige Lücken ließen, um hindurchblicken zu können.

So sahen sie nach einiger Zeit, daß die Beni Sallah unter Steinbachs Führung abzogen. Als diese fort waren, machten sich die Beni Abbas, die zurückblieben, daran, die weit umhergestreuten Beutestücke nach dem Duar zu schaffen. — —

Die Königin saß mit Hiluja und Zykyma oben auf der Ruine und beobachtete das rege Treiben, das infolgedessen im Lager herrschte.

Die Sonne war langsam hoch gestiegen. Es wurde Mittag. Eine glühende Hitze lag über der Gegend ausgebreitet.

Die drei Burschen hinter dem Sandwalle hatten weder etwas zu essen noch einen Tropfen Wassers, ihren brennenden Durst zu stillen, während die Beni Abbas sich vor den Sonnenstrahlen einstweilen unter die schützenden Zelte zurückzogen.

Nur einige von ihnen blieben im Freien. Sie waren mit dem Schlachten einer Anzahl fetter Hammel beschäftigt. Mehrere Frauen holten in großen, porösen Kühltöpfen Wasser vom Brunnen.

„Mir klebt die Zunge am Gaumen," sagte endlich der Russe. „Dieses Volk da drüben ist zu beneiden." —

„Sie holen Wasser, um den Lagmi (Palmensaft) zu kühlen, der getrunken werden soll." — „Dazu schlachten sie die Tiere. Es scheint somit, daß ein Fest-

mahl gehalten werden soll." — „Natürlich!" — „Heute
abend jedenfalls?" — „Wohl noch eher. Sie haben
gewußt, daß sie überfallen werden sollten, und also
während der letzten Nacht wohl nicht geschlafen. Darum
werden sie heute abend ermüdet sein und sich baldigst
niederlegen. Der Lagmi berauscht und macht auch müde,
weil er gegoren ist. Sie werden also ihr Freudenmahl
nicht spät beginnen. Sollte es erst am Abend anfangen,
so würden sie sich hüten, bereits jetzt in dieser Glut die
Hammel zu schlachten." — „Könnte man sich jetzt un=
bemerkt ins Lager schleichen?" — „Wozu?" — „Dort,
unterhalb der Ruine stehen Reitkamele. Ich hätte Lust,
es zu versuchen. Gerade auf jener Seite ist kein Mensch
außerhalb der Zelte. Gelänge es, bis an die Ruine zu
kommen, so könnte man aufsteigen und davongaloppieren."

Der Suef blickte beinahe höhnisch zu dem Sprecher
hinüber und fragte:

„Ohne Sattel?" — „Natürlich. Zum Auflegen der
Sättel würde es keine Zeit geben." — „Und ohne
Wasser?" — „Da müßten wir uns auf dich verlassen.
Wir würden wohl bald welches finden." — „Nein. Wir
würden keins finden, wenigstens nicht, bevor wir ver=
schmachtet wären." — „Es muß doch Wasser geben!" —
„Nein. Im Norden nicht, dort liegen die Natronseen.
Dort giebt es wohl Salz und Soda, aber kein Wasser.
Nach Westen können wir aber nicht, weil dort die Ferkah
(Unterabteilungen) der Beni Sallah wohnen, und nach
Osten hat man zwei volle Tage zu reiten, ehe man an
Wasser kommt." — „Aber im Süden!" — „Da giebt
es allerdings Wasser, aber dahin sind uns die Beni
Sallah voraus. Dorthin können wir also auf keinen
Fall." — „Und gerade dorthin würden wir müssen,
hatte ich gemeint." — „Wir würden den Feinden un=
bedingt in die Hände fallen. Tarik ist nach dem Ferß
el Hadschar." — „So suchen wir das Zeltdorf der Beni
Suef auf." — „Dort würden wir Masr=Effendi finden."
— „Unglaublich!" — „Ihr glaubt das nicht? Hier

M. K.

gerade aus nach Süden ist Tarik mit den Seinigen geritten, hinter den Fliehenden her. Masr-Effendi aber
ist weiter links, weiter westlich geritten; das ist ein sicherer
Beweis, daß er nach unserem Zeltdorfe will. Auch hat

er in Schläuchen sehr viel Wasser mitgenommen. Er
will also keine Quelle aufsuchen und bei keiner halten.
Sein Ritt ist ein Eilritt." — „O wehe! So kommt er
eher dort an als die flüchtigen Suef?" — „Ganz ge-

M. K.

wiß. Das Zeltdorf hat nur Weiber, Greise und Knaben,
da die Krieger ja ausgezogen sind. Diese Leute fühlen
sich sicher, sie sind überzeugt, daß ihre Krieger siegen
werden, und warten mit Ungeduld auf die glückliche
Heimkehr derselben. Wenn sie dann die feindlichen Beni
Sallah kommen sehen, werden sie diese für die Ihrigen
halten und ihnen entgegengehen anstatt vor ihnen fliehen.
Ich weiß, daß mein Stamm verloren ist. Es giebt keine
Rettung für ihn!"

Der Suef knirschte mit den Zähnen und blickte still
vor sich hin. Der Graf unterbrach nach einiger Zeit
das tiefe Schweigen.

„So sind also auch wir verloren!" — „Wir? O
nein! Was wir jetzt nicht wagen können, das dürfen
wir, wenn es Nacht geworden ist. Dann ist es dunkel.
Die Beni Abbas und alle, die sich mit ihnen hier
im Lager befinden, werden müde und berauscht sein
und sehr fest schlafen. Dann holen wir die Kamele."
— „Man wird wachen." — „O, diese Leute werden
sich sehr sicher fühlen. Sie sind ja die Sieger. Daß
sich einer der Besiegten in ihr Lager schleichen könne,
muß ihnen für unmöglich gelten. Also selbst wenn sie
Wachen ausstellen, werden dieselben sehr sorglos sein.
Darum hoffe ich, daß wir Zeit haben werden, die Kamele
zu satteln und auch einige Wasserschläuche zu stehlen."
— „Wenn uns dies gelänge!" — „Es muß uns gelingen!
Ohne Wasser können wir unmöglich fort." — „So ist
es ein Glück, daß die Beni Sallah diese Reitkamele
nicht mitgenommen haben." — „Sie gehören der Königin;
darum schont man sie. Wir brauchen nur vier — eins
für die Wasserschläuche und drei für uns. Sitzen wir
erst im Sattel, so sind wir gerettet." — „O, es sind ja
mehrere solcher Kamele vorhanden. Wenn man sie besteigt und uns verfolgt —!" — „So wird man in der
Dunkelheit unsere Fährte nicht sehen können und also
bis zum Anbruch des Morgens warten müssen. Bis
dahin aber haben wir einen Vorsprung, den wir dann

M. K.

wohl nicht wieder verlieren werden. Glückt es uns, un=
bemerkt in das Zelt zu bringen, so — so —" — „Was
meinst du?" — „Ich habe einen Gedanken. Er ist kühn;
aber wenn ich ihn ausführen könnte, so wäre es mir
wohl möglich, meinen Stamm aus der Knechtschaft zu
befreien, in die er nach seiner Besiegung fallen muß."
— „Natürlich dürfen wir diesen Gedanken kennen lernen,
wie ich hoffe?" — „Er ist sehr kühn." — „Hältst du
uns für Feiglinge?" — „Ich habe bisher nicht den
Beweis erhalten, ob ihr mutig oder feig seid. Ich würde
mein Leben wagen und ihr ebenso; aber wir hätten es
dann in der Hand, uns an diesen Beni Sallah zu rächen."
— „So sind wir jedenfalls bereit, deinen Gedanken zur
Ausführung zu bringen, wenn diese Ausführung über=
haupt im Bereiche der Möglichkeit liegt." — „O, möglich
ist es!" — „So sprich doch!" — „Ich möchte nicht
allein von hier fort. Ich möchte die Königin und ihre
Schwester mitnehmen." — „Donnerwetter! Das ist freilich
ein kühner Gedanke!" — „Ich würde diese beiden nur
gegen die Freiheit der Beni Suef auslösen. Auch müßte
man letzteren alle Beute wiedergeben, die man ihnen ab=
genommen hat." — „So müßten wir uns ja in das
Innere der Ruine schleichen?" — „Ja. Es wird nicht
so schwierig sein, wie es scheint." — „Hm! Es ist ein
gewagtes Spiel! Das Leben hängt an einem einzigen
Haare. Die Sache will also sehr überlegt sein, bevor
man einen Entschluß faßt. Was meint ihr dazu?"
    Diese Frage war an den Pascha gerichtet. Dieser hatte
sich bisher jeder Aeußerung enthalten; jetzt aber ant=
wortete er auf die direkt an ihn gerichtete Frage, und
zwar in ganz unerwarteter, fast spöttischer Weise:
    „Fürchtet ihr euch etwa?" — „Fürchten? Ich?
Ich dächte, ihr wüßtet, daß ich Dinge ausgeführt habe,
zu denen ebenso viel Mut gehört hat, wie zu dem Unter=
nehmen, zu dem wir uns jetzt entschließen sollen!" —
„Das weiß ich; also begreife ich euer Zaudern nicht."
— „Seid denn ihr entschlossen, ja zu sagen?" —
    M. K.

„Natürlich!" — „Ah! Hat das etwa einen Grund?"
— „Ich mache nur die eine Bedingung, daß wir nicht
nur die Königin und ihre Schwester, sondern auch
Zykyma mitnehmen." — „Ah, ist es das? Ihr wollt
wieder in den Besitz eurer schönen Sklavin kommen!" —
„Das ist es. Nehmt ihr es vielleicht übel?" — „Ganz
und gar nicht. Ihr beide habt nur euer Interesse an
dem Wagnisse. Was aber habe ich davon?" — „Eure
Rettung." — „Hm! Ja. Wohin aber reiten wir?
Soeben ist es doch gesagt worden, daß wir nach keiner
Richtung von hier fort können." — „Ohne Wasser,"
antwortete der Suef. „Wenn wir aber Wasser haben,
so können wir hin, wohin wir wollen. Ich würde zu
den Beni Halaf gehen." — „Wo wohnen diese?" —
„Nordöstlich von hier. Der Scheik derselben ist mit
dem Scheik der Beni Suef verwandt, der heute getötet
worden ist. Ihr seht die Leiche noch jetzt dort drüben
in der Sonne liegen. Die Beni Halaf haben also
Grund, uns aufzunehmen und den Tod des Scheiks an
den Beni Sallah zu rächen. Wir haben vier Tage zu
reiten, ehe wir hinkommen." — „So willige ich ein.
Es mag gewagt werden. Wir haben uns nur darüber
zu einigen, wie wir es anfangen wollen." — „Anfangen?
Darüber ist gar kein Entschluß zu fassen. Die Sache
ist so einfach, daß sich alles ganz von selbst versteht.
Wir schleichen uns bis zu den Kamelen, satteln sie,
suchen Wasser und Datteln zu bekommen und holen dann
die drei Frauen aus der Ruine." — „Dabei wird es
aber nicht leise hergehen." — „Wir müssen dafür sorgen,
daß keine von ihnen einen Laut von sich giebt. Wer
uns hindern will, wird getötet. Messer haben wir ja."
— „Leider haben wir unsere Gewehre bei dem Troß
zurückgelassen. Vielleicht finden wir bei der Königin
Ersatz."

Der Entschluß war gefaßt, und es galt also nur,
die passende Zeit zu erwarten. Es gehörte nichts als
Geduld dazu. Der Durst war groß, und auch der

M. K.

Hunger stellte sich ein, es gab aber nichts, beides zu löschen. Darum verfolgten die drei mit neidischen Blicken die Vorbereitungen, die vor ihren Augen zum Festmahle getroffen wurden.

---

29. Kapitel.

Die Sonne begann tiefer und tiefer zu sinken. Als die größte Hitze vorüber war, verließen die Beni Abbas ihre Zelte, um die oben erwähnte Arbeit fortzusetzen. Sie waren dabei so fleißig, daß auf dem Kampfplatze bald nur noch erschlagene Feinde zu sehen waren. Die Verwundeten und Gefangenen waren gefesselt und wurden in einigen Zelten bewacht. Die reiche Beute lag, insoweit, als sie aus Sachen bestand, auf einem Haufen in der Nähe der Ruine, die Tiere hatte man ebendaselbst zusammengetrieben.

Jetzt wurden mehrere Feuer angezündet, von denen bald der Geruch des Bratens in die Höhe stieg, und es bildeten sich Gruppen von Weibern, Greisen und Kindern, die um die vollen Lagmi-Gefäße saßen. Das Fleisch wurde verteilt, und die Zungen wurden lauter und lauter.

So ging es fort, bis die Sonne niedersank und das Abendgebet das Mahl unterbrach. Als es dann dunkel geworden, waren die Krüge geleert und das Fleisch verzehrt. Der Mueddin bestieg die Ruinen abermals und forderte die Gesättigten auf, Allah für seine Güte zu preisen und sich dann zur Ruhe zu legen.

Das geschah. Zwei Stunden nach Sonnenuntergang bereits waren die Feuer verlöscht, und es herrschte tiefe Stille im Zeltdorfe.

Aber noch war die Zeit nicht gekommen. Die drei Verschworenen warteten also noch zwei Stunden, dann aber setzten sie sich leise und vorsichtig gegen das Lager in Bewegung, erst gehend, darauf aber, als sie in die

Nähe des ersten Zeltes gekommen waren, in kriechen=
der Haltung.

Es war Nacht, aber die Sterne leuchteten in süd=
licher Pracht vom Firmamente herab, und so konnte man
auf eine leidliche Entfernung hin jeden nicht gar zu
kleinen Gegenstand wahrnehmen.

Lieber würde es den dreien wohl gewesen sein, wenn
es ganz dunkel gewesen wäre. Die Gefahr, entdeckt zu
werden, war ja groß. Sie krochen am Boden hin, am
ersten Zelte vorüber. Im Innern desselben ertönte ein
lautes Schnarchen. Das war ein gutes Zeichen. Wenn
alle so fest schliefen wie dieser Schnarcher, so mußte das
gewagte Unternehmen gelingen!

Kein einziger Mensch ließ sich zwischen den Zelten
sehen, wenigstens auf dieser Seite der Ruine, und so
gelangten sie glücklich bis nahe an letztere heran, wo die
Reitkamele standen.

Die Tiere lagen am Boden und kauten ruhig
wieder. Kein Wächter befand sich bei ihnen. In ihrer
Nähe hingen die Sattel an Pfählen, und auch ein
geräumiger Tachterwan lag am Boden.

Ein Tachterwan ist ein Sattel, auf dem ein vier=
eckiges, oben verdecktes und an den vier Seiten von Vor=
hängen versehenes Gestell befestigt ist, in dessen Innern
die Frauen während der Reise zu sitzen pflegen.

„Da ist ja alles beisammen,“ sagte der Graf leise.
„Nur Wasser und Datteln fehlen.“ — „Die werden wir
in der Ruine finden,“ tröstete der Suef. „Satteln wir
sogleich!“ — „Werden die Tiere nicht laut werden?“

Die Kamele haben nämlich die Gewohnheit, ganz
kläglich zu brüllen, wenn ihnen eine Last aufgelegt wird.
Das konnte gefährlich werden.

„Sie werden schweigen, wenn ich ihnen die Halfter
enger mache,“ antwortete der Suef.

Er drehte dann fünf Kamelen die Halfter zu, so=
daß sie die Mäuler nicht öffnen konnten und also durch
die Nüstern Atem holen mußten, und sagte:

M. K.

„Jetzt drei Männersättel! Wir haben zuerst für uns zu sorgen."

Das geschah. Dann wurde dem vierten Tiere ein Packsattel aufgeschnallt. Das ging sehr schnell und in

aller Ruhe ab. Die einzige Schwierigkeit lag darin, die Kamele vor Auflegung des Sattels auf= und dann wieder niederzubringen.

Das fünfte erhielt den Tachterwan, dessen Be=

M. K.

festigung schwieriger war. Beide, der Russe und der
Pascha, verstanden von dieser Art des Sattelns nichts.
Der Suef mußte alles allein machen, und da es mit
der größten Sorgfalt geschehen mußte, so ging dabei sehr
viel Zeit verloren. Nicht der kleinste Gurt oder Strick
durfte reißen, sonst wäre der schnelle nächtliche Ritt
unterbrochen worden, und eine einzige Minute Aufenthalt konnte verderblich werden.

Endlich lag auch dieses Kamel gesattelt am Boden.

„Nun in die Ruine!" flüsterte der Suef. — „Alle
drei?" fragte der Graf. — „Ja." — „Soll nicht einer
als Wächter hier bleiben? Es könnte doch jemand
kommen." — „So bringt der Wächter auch keinen
Nutzen. Einen lauten Warnungsruf darf er ja nicht
ausstoßen, weil er dadurch die Feinde erst recht auf die
anderen beiden aufmerksam machen würde. Ueberdies
brauchen wir sechs Arme und nicht nur vier. Kommt also!"

Sie streckten sich wieder auf die Erde nieder und
krochen nach der Treppe zu. In der Nähe derselben
traten die Zelte enger zusammen; es gab deren da also
mehr als anderwärts. Da war doppelte Vorsicht nötig.
Laute Atemzüge, die sie hörten, hier und da auch ein
mehr oder weniger lautes Schnarchen gaben ihnen aber
den Beweis, daß die Bewohner im Schlafe lagen.

Jetzt waren sie nur noch wenige Schritte von den
Stufen entfernt; da flüsterte der Suef, der vorankroch,
in warnender Weise seinen Begleitern leise zu:

„Nehmt euch hier in acht, da wohnt Kalaf, der
Alte, der oft an Schlaflosigkeit leidet!"

Es zeigte sich, daß diese Warnung keineswegs über-
flüssig war. Sie kamen zwar glücklich an dem Zelte
vorüber, aber eben als sie im Schatten der Treppe
angelangt waren, wurde der Eingang des Zeltes von
innen geöffnet, und der Alte trat heraus und blickte sich
um. Der Suef wußte, daß jetzt ein höchst kritischer
Augenblick gekommen sei. Wenn Kalaf näher kam und
die drei bemerkte, so mußte er aus dem Umstande, daß

M. K.

sie platt am Boden lagen und sich also zu verbergen suchten, Verdacht schöpfen. In diesem Falle machte er ganz gewiß Lärm.

Was war zu thun? Ihn töten? Konnte das in der Weise geschehen, daß es ihm dabei unmöglich wurde, einen Laut auszustoßen? Keiner von den dreien hielt dies für möglich; keiner von ihnen war ein Steinbach.

„Ich werde mit ihm sprechen," flüsterte der Suef. — „Bist du verrückt!" entgegnete der Graf. — „Nein. Es ist das beste." — „Er wird dich erkennen!" — „Schwerlich. Unter den Beni Abbas befindet sich einer, der sehr stotternd spricht. Ich werde seine Sprache nachahmen. Gelingt es nicht, nun, so müssen wir eben alles wagen und den alten Kerl niederstechen." — „Er wird schreien." — „Das vermeiden wir. Ihr packt ihn sofort bei der Kehle, und ich stoße ihm das Messer in das Herz. Also bleibt ihr nur ruhig liegen!"

Während Ibrahim Pascha und der Russe sich so eng wie möglich an die unterste Treppenstufe schmiegten, lehnte der Suef sich aufrecht an einen der Steinpfosten, die zu beiden Seiten der Treppen standen. Seine Gestalt stach von dem Steine ab und mußte also notwendigerweise bemerkt werden.

Kalaf war langsam rund um sein Zelt gegangen. Als er jetzt wieder nach vorn kam, erblickte er den Suef. Stehen bleibend, fragte er:

„Was thust du hier?" — „Ich ha— ha— halte Wa— wa— wa— wache," antwortete der Gefragte. — — „Wer hat dir das geboten?" — „U—u—u— unser — Sche— sche— schei— scheik." — „Ah, du bist es, Jlaf?" — „Ja." — „Recht so! Hast du nichts Auffälliges gehört?" — „Nein." — „Ich konnte nicht schlafen, und da war es mir, als ob ich ein leises Rauschen des Sandes vernommen hätte. Es war ganz so, als ob jemand am Boden krieche." — „Das wa— wa— war i— i— ich." — „Bist du denn gekrochen?" — „Nein. Ich bi— bi— bin gela— la— laufen, ein Stückchen

M. K.

hi— hi— hin und ein Stückchen wie— wie — wieder
he— he— her." — „So. Dann bin ich beruhigt. Wie
steht es in der Ruine, schläft die Königin?" — „Sie
ist noch mu— mu— munter."

Der Suef glaubte, Grund zu haben, diese Antwort
zu geben und keine andere. War die Königin nämlich
noch wach, so befand sie sich jedenfalls mehr in Sicher=
heit, als wenn sie geschlafen hätte. Im Schlafe konnte
ihr leichter ein Unfall geschehen als im Wachen.

„Die Freude über unseren Sieg wird sie, ganz so
wie mich, nicht schlafen lassen. Na, thue deine Pflicht!"
sagte der Alte. „Es kann zwar von einem Feinde keine
Rede mehr sein, aber Vorsicht ist stets besser als das
Gegenteil. Allah erhalte deine Augen munter!" — „Und
dich la—la—lasse er schla— la— lafen!"

Kalaf kehrte in sein Zelt zurück.

„Gott sei Dank!" flüsterte der Pascha. „Das war
sehr viel gewagt." — „Und mir wurde bereits angst,"
meinte der Graf. — „Machen wir, daß wir schnell
hinaufkommen!" — „Nein, bleiben wir noch!" entgegnete
der Suef. — „Warum? Oben sind wir jedenfalls
sicherer." — „O nein. Der Alte könnte doch Unrat
wittern. Wenn es ihm einfallen sollte, noch einmal
herauszukommen, und ich stehe nicht hier, so faßt er
wohl gar Verdacht und forscht so lange nach, bis er
uns findet." — „Du kannst aber doch nicht so lange
hier stehen bleiben, bis der Morgen anbricht!" — „Nur
so lange, bis er ruhig liegt. Warten wir!"

Sie verhielten sich nun wohl eine Viertelstunde
lang ruhig. Dann meinte der Suef, daß es Zeit sei,
sich an das Werk zu machen, da Kalaf nun wohl nicht
noch einmal herauskommen werde.

Jetzt stiegen sie leise die Stufen hinan. Oben gab
es, wie sie bemerkten, keinen Wächter. Sie zogen ihre
Messer und drangen in das Innere der Ruine ein. Sie
mußten, wie bereits erwähnt, erst einen Gang passieren,
in dem es bereits am Tage dunkel war. Als sie eine

M. K.

Strecke gegangen waren, glänzte ihnen ein matter Licht=
schein entgegen.

Keiner von den dreien war schon einmal in dem
Inneren der Ruine gewesen. Sie kannten also die Oert=
lichkeit gar nicht und blieben daher stehen.

„Ob wir schon jetzt dahin kommen, wo sie schlafen?"
meinte der Suef. — „Möglich," antwortete der Pascha.
„Aber wir müssen uns vor Said in acht nehmen." —
„Warum? Wer ist dieser Said?" — „Er war mein
Arabadschi in Konstantinopel. Dort hat er Zykyma sehr
oft ausgefahren. Er ist ein Verräter, ihr mehr ergeben
als mir. Hier ist er zu ihr übergelaufen. Ich glaube,
er wacht für sie. Wenn er uns bemerkt, ist alles ver=
loren." — „Ist er stark?" — „O nein. Er ist ja noch
ein halber Knabe." — „So wird mein Messer mit ihm
sprechen, wenn er es wagen sollte, uns entgegenzutreten.
Gefährlicher ist uns der alte Scheik der Beni Abbas." —
„Denkst du, daß dieser sich etwa hier in der Ruine be=
findet?" — „Es ist möglich." — „Er hat ja sein Zelt!"
— „Jetzt ist er der Beschützer der Frauen. Da kann
er sehr leicht auf den Gedanken gekommen sein, in ihrer
Nähe zu schlafen. Gehen wir langsam und sehr vor=
sichtig weiter."

Sie setzten ihren Weg fort. Der Lichtschein wurde,
je weiter sie kamen, desto heller. Der Gang war endlich
zu Ende. Der Suef lauschte in das Zimmer hinein.

„Kein Mensch da," berichtete er leise, „nur das
Licht brennt." — „Hast du dich genau überzeugt? In
die Ecken gesehen?" — „Ja." — „Dann hinein!"

In der Mitte des Zimmers stand die Lampe, ein
Thongefäß, in dem ein Docht im Palmöl brannte.

Es war dasselbe Gemach, in dem am Tage der
Riese mit der Königin und dann mit der alten Haluja
gerungen hatte. Geradeaus führte der Gang nach der
Treppe, auf der man zur Zinne stieg. Links öffnete sich
der Eingang zu mehreren Wohnräumen.

„Wohin wenden wir uns?" fragte der Pascha. ——
M. K.

„Ich weiß es auch nicht. Lauschen wir zunächst da links hinein," antwortete der Suef. — „Man wird uns aber sofort sehen, da uns das Licht bescheint." — „Das schaffen wir natürlich einstweilen beiseite."

Der Suef nahm hierauf die Lampe und stellte sie in den Gang zurück, aus dem sie gekommen waren. Dann näherten sie sich unhörbaren Schrittes der Thür= öffnung zur linken Hand, die jedoch durch keine Thür verschlossen war. Dort standen sie, um zu lauschen, still. Bald hörten sie regelmäßige, leise Atemzüge.

„Hier schlafen mehrere," meinte der Suef. — „Ob sie auch wirklich schlafen?" mahnte der Pascha. — „Probieren wir einmal!" — „Wie denn?" — „So!"

Der Suef räusperte sich, nicht laut zwar, aber auch nicht so leise, daß es nicht aufgefallen wäre. Der Pascha ergriff ihn am Arme.

„Um Allahs willen! Leise, leise! Du wirst uns verraten!" — „Das will ich ja! Horch!"

Es war nichts zu hören, als nur die Atemzüge.

„Dachte es mir! Sie schlafen fest. Will es aber lieber noch einmal versuchen."

Er räusperte sich abermals, doch auch jetzt machte sich keine Bewegung in dem vor ihnen liegenden Raume bemerklich.

„Wir sind sicher. Holen wir das Licht!"

Der Suef ging und brachte die Lampe. Sie traten ganz vorsichtig ein. Zu ihrer Freude fanden sie alle, die sie suchten, beisammen, sogar eine Person mehr.

Vor ihnen lagen die beiden Schwestern, Badija und Hiluja, nebeneinander auf weichen Polstern, einige Kissen unter ihren Köpfen und mit reichen Teppichen zugedeckt. Rechts von ihnen ruhte Zykyma in ebenderselben Weise, und links, in der Ecke, hatte sich die alte arabische Dienerin niedergelegt. Der Schein der Lampe übte keine Wirkung auf die geschlossenen Augen der Schläferinnen, die ahnungslos weiterschliefen.

„Da haben wir sie! Allah sei Dank!" sagte der

Suef flüsternd. „Aber wie machen wir es?" — „Draußen im vorderen Zimmer lagen Stricke!" — „Ja. Und dort in der Ecke hängen Tücher und Kleider. Das paßt. Wir müssen sie natürlich knebeln, damit sie nicht reden oder gar schreien können." — „Wir wollen zunächst Zykyma unschädlich machen," mahnte der Pascha. — „Warum?" — „Sie ist ein ganz gefährliches Subjekt. Sie hat einen vergifteten Dolch." — „Allah!" — „Wenn sie mit der Spitze desselben jemand nur ganz leicht in die Haut ritzt, ist er in einigen Sekunden eine Leiche." — „Die heiligen Kalifen mögen mich behüten! Und du hast ihr diesen Dolch gelassen?" — „Ich habe ihn ihr einmal abgenommen, aber sie hat ihn wieder bekommen." — „Das war sehr unvorsichtig von dir!" — „Ich weiß nicht, wie sie sich wieder in seinen Besitz gesetzt hat. Jetzt glaube ich, dieser verdammte Said hat ihn ihr wieder verschafft. Wenn wir ihr Zeit lassen, den Dolch zu ergreifen, so wird unser ganzer Plan zu Schanden." — „Noch nicht!" — „O doch. Und dann wird sie auch die beiden anderen beschützen." — „Hätte sie den Mut dazu?" — „O, die hat alle tausend Teufel im Leibe. Sie hat bereits sich selbst und andere gegen mich verteidigt." — „So müssen wir freilich sie zuerst unschädlich machen. Holen wir die Stricke!" — „Aber die alte Haluja! Was thun wir mit ihr?" — „Mitnehmen können wir sie nicht." — „Nein. Wir erstechen sie ganz einfach." — „Das ist nicht nötig. Binden und knebeln wir sie. Da ist sie unschädlich."

Die Männer traten hierauf in den vorderen Raum zurück, um die erwähnten Stricke zu holen. Da sagte der Suef:

„Zuerst nehmen wir also Zykyma. Das muß aber so schnell gehen, daß sie gefesselt und geknebelt ist, ehe die anderen erwachen." — „Aber wenn sie dann schreien?" — „Wir müssen eben sehr schnell machen, sodaß sie gar nicht zum Schreien kommen. Uebrigens drohen wir ihnen mit unseren Messern. Die Angst, ermordet zu werden, wird ihnen den Mund verschließen. Kommt! Wir dürfen die Zeit nicht verlieren."

Sie schlichen wieder hinein. Der Suef holte eins der erwähnten Tücher aus der Ecke. Die beiden anderen aber nahmen jeder einen Strick, und dann knieten sie neben Zykyma nieder.

„Jetzt! Rasch!" flüsterte der Suef, ballte das Tuch zusammen und erhob die Hand, den Augenblick erwartend, in dem sie den Mund öffnen werde.

Der Pascha fuhr ihr indessen mit dem Stricke unter dem Leibe hinweg, der Graf mit dem seinigen unter den Beinen. Zykyma erwachte nicht ganz. Sie mochte träumen und bewegte sich, um ganz unwillkürlich im Schlafe den Angriff abzuwehren. Dabei holte sie sehr tief Atem, wobei sie den Mund öffnete. Sofort stieß ihr der Suef den Knebel hinein. In demselben Augenblicke hatten die beiden anderen ihr die Stricke um Leib, Arme und Beine geschlungen und fest verknotet.

Sie erwachte. Sie öffnete die Augen. Sie sah die drei Männer und wollte schreien — aber es ging nicht. In ihren Augen lag die größte Angst, der entsetzlichste Schreck. Sie wollte sich bewegen und vermochte es nicht — sie war gefangen.

„Jetzt zu der Alten!" flüsterte der Suef, der den Anführer machte. Er, der halbwilde Beduine, war dazu geeigneter als der Graf und der Pascha, obgleich beide eine nicht geringe Quantität Gewaltthätigkeit und Ge=wissenlosigkeit besaßen.

Jetzt wurde ein anderes Tuch genommen; andere Stricke waren bereit. Und dann knieten die drei vor der Araberin nieder, um bei ihr ganz dieselbe Prozedur in Anwendung zu bringen.

Alte Leute pflegen leiser zu schlafen als junge. Kaum wurde die Dienerin nur leise berührt, so erwachte sie auch. Ihr Blick fiel auf die Angreifer, und sofort war ihr die Situation klar.

„Hil— —!"

M. K.

Zykyma erwachte, sie sah die drei Männer und wollte
schreien. (Seite 450.)

Sie wollte um Hilfe rufen, aber sie konnte das Wort nicht ganz aussprechen, denn der Suef stieß ihr das Tuch in den Mund, und zu gleicher Zeit wurde sie von den Stricken umschlungen. Ihre Ueberwältigung hatte kaum eine halbe Minute in Anspruch genommen.

Aber, obgleich sie ihren Ruf nicht vollständig hatte ausstoßen können, war er doch laut und genügend gewesen, die Schwestern zu wecken. Diese öffneten erschrocken die Augen, erblickten die drei Männer und sprangen von ihrem Lager auf.

Letzteres konnte geschehen, ohne die Schamhaftigkeit zu verletzen, da man in jenen Gegenden nicht wie bei uns in Betten schläft und also auch nicht gewöhnt ist, sich zu entkleiden.

Im Nu hatten die drei ihre Messer in den Händen und stellten sich vor den Ausgang, sodaß eine Flucht unmöglich war.

„O Allah! Der Suef!" rief die Königin.

Daß sie dies so laut ausrief, hatte nichts zu bedeuten. Das Zimmer lag so tief in dem dicken Gemäuer, daß man den Ruf draußen ganz gewiß nicht hören konnte.

„Ja, der Suef!" antwortete dieser. „Aber nicht allein. Ich habe gute Freunde mit. Hoffentlich sind wir dir willkommen!" — „Was willst du?" — „Dich!" — „Mich? Was verlangst du von mir?" — „Von dir? O, von euch verlangen wir nichts, gar nichts. Euch selbst aber wollen wir haben."

Badija starrte mit angstvollen Augen von einem zum anderen. Sie konnte sich nicht sogleich in ihre Lage finden.

„Uns selbst? Was wollt ihr von uns?" — „Das werdet ihr sehen. Ihr werdet jetzt ein wenig mit uns spazieren reiten." — „Wohin?" — „An einen Ort, wo es euch sehr gut gefallen wird. Unsere Liebe wird euch überhaupt einen jeden Ort zum Paradiese machen."

Jetzt wußte Badija, was er wollte. Der Schreck

M. K.

verhinderte sie, weiterzusprechen. Ihre Schwester Hiluja war geistesgegenwärtiger. Sie erkannte, daß zwei Frauen gegen die drei bewaffneten Männer nichts vermochten. Aber vielleicht gab es doch noch Hilfe. Said, der treue Arabadschi, hatte, ehe sie sich zur Ruhe legten, ihnen gesagt, daß er als ihr Wächter im vorderen Zimmer schlafen werde. An ihn dachte sie jetzt. Aber sie berücksichtigte nicht, daß die drei Eindringlinge, um in das Frauengemach kommen zu können, diese vordere Stube zuvor passiert haben mußten, und daß der Arabadschi, wenn er sich dort befunden hatte, also jedenfalls von ihnen unschädlich gemacht worden war.

„Said! Hilfe, Hilfe!" rief sie laut.

In demselben Augenblick aber ergriff der Suef ihren Arm, zückte sein Messer und drohte:

„Noch ein Wort, und ich ersteche dich!" — „O Allah!" klagte sie, natürlich aber nun mit gesunkener Stimme. „Wo ist Said?" — „Ah! Dieser Kerl sollte hier sein?"

Hiluja deutete mit der Hand nach dem vorderen Raum. Sie überlegte in ihrer Aufregung gar nicht, daß es besser gewesen wäre, gar keine Antwort zu geben.

„Sollte er euch bewachen?" — „Ja." — „Verdammt! Nun, ihr seht, daß ihr euch da auf einen sehr guten Beschützer verlassen habt. Er ist vielleicht davongegangen, um irgend ein hübsches Mädchen der Beni Sallah aufzusuchen. Nun kost er mit ihr und denkt nicht an euch. Allah lasse ihn alle Freuden der Liebe finden, damit er nicht auf den Gedanken kommt, jetzt schon zurückzukehren. Es würde ihm ganz so wie euch ergehen!" — „Nein, noch schlimmer!" bemerkte der Pascha. „Es würde sein sicherer Tod sein. Er hat mich verlassen, mich verraten. Er mag mir ja nicht begegnen. Er müßte auf der Stelle sterben." — „Besser so, ja, so bist du ihn los. Jetzt aber, Königin, hoffe ich, daß du dich in dein Schicksal ergiebst. Wir haben keine Zeit zu langen Unterhandlungen." — „So sagt, was ihr wollt!" —

M. K.

„Ich habe es dir bereits gesagt. Wir wollen euch. Ihr sollt mit uns reiten." — „Das werden wir nicht thun." — „Wirklich nicht?"

Der Pascha lächelte dabei, aber das war das Lächeln eines Henkers, der sich freut, sein Werk ausführen zu können.

„Nein!" antwortete sie. — „Nun, ganz wie du willst! Du hast die Wahl. Siehe dir dieses Messer an! Es ist spitz und scharf. Wähle zwischen ihm und dem Gehorsam!" — „Willst du uns töten?" — „Ja, ganz gewiß, wenn ihr nicht gehorcht."

Mit diesen Worten trat er näher an sie heran, erhob die Hand, in der er das Messer hielt, und fuhr fort:

„Also entscheide! Fügst du dich?" — „Nein," antwortete sie furchtlos.

Der Suef holte aus.

„Stich zu!" sagte sie trotzig, ihm fest in die Augen blickend.

Da zögerte er doch. Er war allerdings ein Bösewicht, besaß aber doch nicht den vollen Mut zur That, mit der er ihr gedroht hatte.

„Nun? Fürchtest du dich?" — „Fürchten? Was fällt dir ein?" — „So stich doch!" — „Das kannst du nicht wollen. Es ist nicht unsere Absicht, dich zu töten." — „Und es ist nicht meine Absicht, mit euch zu gehen. Lieber sterbe ich!"

Badija war in diesem Augenblick ganz Königin, ganz die stolze Beherrscherin des tapferen Stammes der Beni Sallah.

„Wenn du nicht anders willst, so wirst du freilich sterben," sagte der Suef, sie beim Arme fassend.

Da zog ihn der Pascha zurück.

„Es ist nicht nötig, sie zu erstechen," meinte er. — „Wir werden sie wohl zwingen können, zu gehorchen. Wir binden sie." — „Rührt mich nicht an!" rief sie. — „Willst du dich wehren?" — „Ja, ich schreie um Hilfe!"

M. K.

— „Wer wird deinen Ruf hören? Und haben etwa diese hier geschrieen?"

Er deutete auf Zykyma und die Alte.

Da trat Hiluja zur Königin und sagte:

„Gieb dich darein!" — „Wie? Du willst dich ihnen ergeben?" fragte Badija in zornigem Tone. — „Ja, einstweilen." — „Meinst du, daß sie dich freilassen werden?" — „Ja." — „Niemals!" — „O, man wird sie zwingen!" — „Wer?" — „Tarik und Hilal."

Ueber das Gesicht der Königin glitt ein heller Zug.

„Ja, die Söhne des Blitzes werden uns ganz sicher befreien!" sagte sie. — „Und Masr-Effendi wird mit ihnen kommen." — „Laßt sie kommen!" lachte der Suef. „Sie werden nie im Leben erfahren, wohin wir euch geschafft haben. Sie mögen suchen, wo sie wollen, sie werden euch doch niemals finden, wenn wir nicht wollen. Aber ich gebe euch vielleicht frei, wenn die Beni Sallah bereit sind, meine Bedingungen zu erfüllen." — „Ah, wir sollen Geiseln sein?" — „Ja. Und wenn ihr uns gehorcht, wird euch nichts Böses geschehen. Also laßt euch ruhig binden!" — „Warum binden? Wir ergeben uns, aber zu fesseln braucht ihr uns nicht." — „Haltet ihr uns für delil (wahnsinnig)? Wir müssen euch heimlich aus dem Lager schaffen, also werden wir euch doch nicht im vollen Besitze eurer Bewegungen lassen. Her mit den Händen!" — „Aber nur die Hände." — „Ja." — „Versprichst du, uns nicht weiter zu fesseln? — „Ja." — „Dann hier!"

Badija hielt ihm die Arme entgegen. Hiluja that dasselbe. Man fesselte ihnen nicht etwa die Hände aneinander, sondern man band ihnen die Arme an den Leib. Jetzt trat der Graf mit dem Stricke herbei, um der Königin auch die Füße zusammen zu binden.

„Halt!" sagte diese. „Der Suef hat mir versprochen, nur die Hände zu fesseln." — „Er, aber nicht ich. Er mag Wort halten; ich aber werde an seiner Stelle thun, was nötig ist." — „Schurke!" — „Schimpfe nicht! Du verschlimmerst dir dadurch nur deine Lage." — „So werde ich schreien!" — „Versuche es!"

Der Graf faßte sie beim Halse und drückte ihr die Kehle zusammen, sodaß sie gezwungen war, den Mund zu öffnen. Sofort steckte ihr der Pascha das dazu bereit gehaltene Tuch hinein. Ganz ebenso erging es Hiluja, und nun wurden beiden Schwestern auch die Beine zusammengebunden. Es verstand sich ganz von selbst, daß sie nun nicht mehr aufrecht zu stehen vermochten. Sie wurden deshalb auf den Boden niedergelegt. Jetzt waren die drei Männer also mit den Frauen fertig.

„Was nun?" fragte der Pascha. — „Wasser und Datteln," antwortete der Suef. „Suchen wir nach ihnen! Einer aber von uns muß als Wächter hier zurückbleiben. Es ist ja möglich, daß der Arababschi uns überrascht. Er muß sofort stumm gemacht werden." — „So bleibe ich hier," sagte der Pascha. „Es soll mir eine Freude machen, ihm mein Messer in den Leib zu stoßen."

Er blieb im Dunkeln zurück. Die beiden anderen aber gingen, um nach den angegebenen Gegenständen zu suchen. Unten im Lager gab es zwar einen Brunnen; aber sie konnten doch unmöglich wagen, sich dort mit einem für vier Tage reichenden Wasservorrat zu versehen. Das hätte Zeit in Anspruch genommen und Geräusch verursacht, sodaß sie ganz gewiß entdeckt worden wären.

Sie traten daher mit dem Lichte in den Gang, der nach der Treppe zur Zinne führte. Ungefähr in der Mitte dieses Ganges gab es abermals eine offene Thür. Als sie dort eintraten, sahen sie sich zu ihrer Freude in dem Vorratsraume der Königin.

Da standen mächtige Krüge mit Palmensaft. Da lagen Haufen von Datteln, und da gab es — was ganz besonders günstig war — viele mit Wasser gefüllte Schläuche.

Diese letzteren waren gefüllt und hierher geschafft worden infolge der Kunde, daß die Beni Suef das Lager überfallen wollten. Man mußte sich auf alle Fälle vorbereiten und auf alle Eventualitäten gefaßt sein. Es

M. K.

lag doch immerhin im Bereiche der Möglichkeit, daß der Feind Sieger blieb. Dann mußten sich die Verteidiger in die Ruine zurückziehen, und da war es notwendig, diese letztere mit einem Wasservorrate zu versehen.

„Das ist prächtig," sagte der Suef. „Wir haben da alles beisammen, was wir brauchen." — „Etwas fehlt doch noch." — „Was?" — „Gewehre." — „Ja, das ist wahr! Laßt uns sehen, was da drin zu finden ist!"

Der Suef deutete auf eine Thür, die sich im Hinter-grunde des ziemlich großen Raumes befand.

Als sie dort hinausgegangen waren und sich um-blickten, stieß der Suef einen Ruf der Freude aus. Sie befanden sich in einem Gemache, um dessen Wände sich ein Serir zog, ein ungefähr einen Fuß hohes Holzgestell, das mit Matten und Kissen belegt war. An den Wänden hingen Waffen und Kriegstrophäen aller Art.

M. K.

„Das ist die Wohnung des toten Scheits gewesen," sagte der Suef. „Da draußen, wo man jetzt die Vorräte aufbewahrt, hat er die Versammlungen der Aeltesten gehalten, wenn sie geheim sein sollten. Hier sind alle seine Flinten, und da, in diesen Beuteln, befinden sich sicherlich Kugeln und auch wohl Pulver."

Als er einige der Lederbeutel öffnete, zeigte es sich, daß er ganz richtig vermutet hatte. Es gab hier mehr Munition, als gebraucht wurde. Die beiden Männer suchten sich die besten Schießgewehre aus, für den Pascha auch eins, und versahen sich auch mit Munition.

„Jetzt können wir zurückkehren," meinte der Graf. — „Ja. Nun kommt aber erst das Schwierigste unseres Unternehmens, nämlich die Frauen und alles andere aus der Ruine fortzuschaffen und auf die Kamele zu bringen, ohne daß es bemerkt wird." — „Das bietet freilich Schwierigkeiten, die vielleicht unüberwindlich sein werden." — „Es muß aber gewagt werden." — „Natürlich! Aber — hm! Wenn es nur möglich wäre, alles auf andere Weise — — hm!" — „Was?" — „Ich habe einen Gedanken. Die Kamele liegen doch gleich am Fuße der Ruine. Sollte es denn notwendig sein, alles hinab zu tragen?" — „Was sonst?" — „Könnten wir es nicht vielleicht an Stricken von oben hinablassen?"

Der Suef machte ein ganz verdutztes Gesicht, lachte dann halblaut vor sich hin und sagte:

„Wie dumm!" — „Ist das, was ich gesagt habe, wirklich so dumm?" — „O nein! Es ist im Gegenteile sehr klug. Dumm aber bin ich gewesen, daß ich nicht selbst auf diesen Gedanken gekommen bin! Wir befinden uns ja gar nicht hoch über dem Boden. Zwölf Stufen sind wir gestiegen. Die Stricke brauchen also gar nicht sehr lang zu sein. Und draußen bei den Vorräten habe ich ein großes Paket Riemen und Stricke gesehen, viel mehr, als wir brauchen." — „So laß uns eilen! Es ist jedenfalls besser, wir sind fort, wenn dieser

M. K.

Said, der Arababschi, kommt, als wenn wir uns mit ihm herumschlagen müssen."

Sie nahmen von den Gegenständen, die sie brauchten, so viel an sich, wie sie tragen konnten, und kehrten zu dem Pascha zurück, der sich über die gute Nachricht freute, die sie brachten.

Die Frauen waren so gefesselt, daß an eine Flucht gar nicht gedacht werden konnte. Man konnte sie also einstweilen allein lassen. Die drei Männer begannen nun Schläuche und einen Sack mit Datteln nach der Seite der Ruine zu tragen, an deren Fuße die Kamele lagen.

„Und nun die Mädchen," sagte der Suef. „Dann schleiche ich mich hinab, und ihr laßt mir alles nach und nach an den Seilen hinab, erst das Wasser, dann die Datteln und zuletzt die Mädchen. Ihr kommt endlich nach. Dann brechen wir auf." — „Die Alte also lassen wir zurück?" — „Natürlich." — „Sie wird uns ver= raten." — „Nein. Sie weiß nicht, wohin wir gehen." — „Aber sie hat uns gesehen; sie wird also sagen, daß wir es sind, die die Mädchen entführt haben." — „Das mag sie immerhin sagen. Es freut mich sogar, daß sie erfahren, auf welche Weise wir uns gerächt haben. Die Alte weiß, daß wir es waren, unser Ziel aber kennt sie nicht. Wir können also ruhig sein. Kommt, weiter!"

Sie kehrten nun in die Ruine zurück und trugen Badija, Hiluja und Zykyma herbei. Dann holten sie Stricke, die sie zusammenbanden und mehrfach vereinigten, damit sie die Last aushalten konnten, und nun endlich stieg der Suef leise wieder die Treppe hinab.

Drei Vierteile der Arbeit waren gethan. Er selbst hatte nun noch das Schwierige vor sich — den Raub auf die Kamele zu laden. War das einmal geschehen, so brauchte man nichts mehr zu fürchten. Selbst im Falle der Entdeckung konnten die drei dann schnell auf= steigen und mit ihren Tieren davonjagen. Eine Ver= folgung bei Nacht war wohl kaum zu fürchten.

Eben hatte der Suef die letzte Stufe erreicht, so ließ
M. K.

sich im Zelte des alten Kalaf ein Hüsteln hören. Der Suef lehnte sich sofort an den Stein, an dem er vorhin gelehnt hatte. Es war ja möglich, daß der Alte herauskam.

Wirklich! Der Vorhang wurde zurückgeschlagen, und Kalaf trat heraus. Er sah den Suef.

„Ilaf, bist du es noch?" fragte er. — „Ja, ich bi— bi— bin es no— no— noch." — „Ist etwas geschehen?" — „Nein, ni— ni— nichts." — „Es war mir, als hätte ich von Weibern einen Schrei gehört."

Sollte Hilujas lauter Hilferuf wirklich aus dem Inneren der Ruine hervor und hier herabgedrungen sein? Das war kaum denkbar.

„Du ha— ha— hast geträumt!" sagte der Suef. — „Ja, ich war eingeschlafen; aber es war mir so angstvoll zu Mute. Es ist mir noch jetzt ganz so, als ob eine Gefahr drohe." — „Gefa— fa— fahr? Ich wa— wa— wache ja!" — „Freilich wohl! Drüben bei der Beute sitzen auch Wächter. Es kann also gar nichts geschehen. Aber seit der Riese die Königin überfallen hat, bin ich so voller Besorgnis, obgleich kein Grund dazu vorhanden ist. Wo befindet sich der Arabadschi?" — „O— o— o— oben. Er wa— wa— wacht bei der Kö— Kö— Königin." — „So kann ich ruhig sein. Wecke mich nur sogleich, wenn du etwas hörst oder siehst, was Verdacht zu erregen vermag. Allah gebe eine glückliche Nacht!"

Kalaf ging langsam wieder in sein Zelt. Der Suef aber hielt es, ganz wie vorhin, für geraten, eine Weile zu warten, obgleich seine beiden Gefährten wohl Eile hatten, ihre Lasten los zu werden. Dann schritt er weiter, nach der anderen Seite der Ruine hin.

Da lagen die Kamele noch ganz ruhig.

„Pst!" klang es von oben herab. — „Pst! Ich bin da," antwortete er. — „Endlich! Erst die Schläuche."

Sie wurden herabgelassen, dann die Datteln. Der Suef lud beides auf den Packsattel des Lastkamels. Dann wurde Zykyma, der man die Hände frei gemacht

M. K.

hatte, an zwei doppelten Stricken herabgelassen. Badija und Hiluja folgten.

Er hob die drei in den Tachterwan.

Der Graf und der Pascha standen höchstens sechs

Meter über ihm an der Brüstung.

„Jetzt kommen wir hinab!" raunte der Pascha von oben herunter. — „Wartet! Der alte Kalaf ist noch munter. Könntet ihr nicht gleich hier an einem Seil

M. R.

herab?" — „Wenn wir es hier oben anbinden, ja." — „Versucht es!"

Bald bemerkte der Suef, daß ein Seil herabgelassen wurde, und dann kamen der Graf und der Pascha an demselben herabgeturnt.

„So!" sagte der letztere. „Das war schwere und ungewohnte Arbeit. Nun haben wir nur noch dafür zu sorgen, daß wir unbemerkt fortkommen." — „Zunächst müssen wir die Kamele aufstehen lassen und zusammenbinden. Ein jedes muß mit dem Halfter an dem Schwanze des vorangehenden befestigt werden. Das sind sie so gewöhnt. Wenn sie nur dabei nicht laut werden."

Die Tiere erhielten leichte Schläge auf die Kniee: das ist das Zeichen, daß sie aufstehen sollen. Sie gehorchten. Vorher aber hatten der Graf und der Pascha sich in ihre Sättel gesetzt. Sie verstanden es nicht, ein aufrechtstehendes Dromedar zu besteigen, da der Sitz sehr hoch ist.

Der Suef band die Kamele so zusammen, daß das seinige das vordere war; dann kam dasjenige, das den Tachterwan trug, in den der Suef die drei weiblichen Gefangenen gehoben hatte. Nachher folgten der Pascha, der Russe und endlich das Packtier. So standen die Kamele hintereinander. Der Suef faßte den Sattelgurt und schwang sich hinauf. Der Ritt konnte beginnen.

Als nun der Suef sein Tier in Bewegung setzte, folgten die anderen ruhig und willig.

Es ging langsam zwischen den Zelten hindurch.

Als das letzte Zelt hinter der kleinen Karawane lag, befand dieselbe sich im Süden des Lagers; da nun ihr Weg nach Nordnordost führte, mußte der Suef um das Lager herumreiten. Er that das vorsichtig, um ja nicht gehört zu werden.

„Wollen wir gleich jetzt unsere Richtung einschlagen?" fragte der Graf mit unterdrückter Stimme. — „Ja." — „Ist das nicht unvorsichtig?" — „Warum?" — „Wenn man am Morgen unsere Spur sieht, wird

M. K.

man gleich erraten, wohin wir wollen. Es ist also wohl
besser, wenn wir einen Umweg machen, um die Verfolger
irre zu führen." — „Dieser Umweg müßte groß genug
sein, um sie wirklich zu täuschen; dazu aber haben wir
die Zeit nicht und — ha, seht ihr es?"

In diesem Augenblicke war gerade im Norden ein
Lichtstrahl aufgeflammt, gerade wie ein Blitz, aber nicht
vom Himmel zur Erde hernieder, sondern in entgegen-
gesetzter Richtung, von der Erde zum Himmel aufwärts.

„Ein Blitz!" sagte der Graf. „Wetterleuchtet es
denn in der Wüste auch?" — „Das ist kein Blitz," erklärte der Suef. „Da, seht, schon wieder!"

Die feurige Erscheinung wiederholte sich. Die Flamme
war nicht schwefelgelb, blendend und im Zickzack wie
beim Blitze, sondern sie fuhr in schnurgerader Richtung
und rotblauer Färbung empor.

Das ist die Schems el Leila! Allah schütze uns!"
sagte der Suef. — „Schems el Leila? Was ist das?"

Schems el Leila ist arabisch und bedeutet zu deutsch
die Sonne der Nacht.

„Hast du noch nicht davon gehört, daß der Teufel
seine trügerische Sonne mitten in der Nacht an dem
Himmel erscheinen läßt?" fragte der Suef. — „Nein!"
— „Aber gehört hast du wohl mein Wort: Allah
schütze uns! Wenn die Schems el Leila erscheint, so
öffnet der Teufel die Pforten der Unterwelt, und in
wenigen Stunden braust der giftige Smum durch die
Wüste. Laßt uns eilen!" — „Der Smum! O Allah!
Wollen lieber bleiben!" — „Hier? Bei den Feinden?
Mit unseren Gefangenen? Bist du toll?" — „Aber
wir werden sterben!" — „Nicht ein jeder Smum ist
gefährlich. Vielleicht ist der Teufel heute bei guter
Laune und läßt nur einen kleinen Teil des Windes aus
der Hölle blasen. Jetzt haben wir das Lager hinter
uns. Haltet euch fest! Ich lasse die Tiere jetzt so schnell
laufen, wie sie nur können. Der Smum wird unsere
Spur verwehen. Wir können ihn also willkommen heißen!"

M. K.

Smum ist dasjenige arabische Wort, das bei uns wie Samum ausgesprochen wird. Da ein jeder von diesem gefährlichen Wüstenwinde gehört hat, so ist es nicht nötig, weitläufige Bemerkungen über ihn zu machen.

Die fünf Tiere fielen nun in jenen ausgiebigen Kamelstrott, in dem sie imstande sind, ohne Ruhe Strecken zurückzulegen, die nach vielen, vielen Meilen gemessen werden müssen. Nur die allerbesten Pferde vermögen es, mit einem solchen Eilkamele Schritt zu halten, aber auf die Dauer auch nicht.

Es hatte allen Anschein, daß der Mädchenraub ge= lungen war.

---

30. Kapitel.

Said, der treue Arabadschi, hatte allerdings bei seiner Herrin wachen wollen. Er hatte es sich vor= genommen, in dem vorderen Raume, in dem das Licht stand, die Nacht zuzubringen. Er war kein Langschläfer. Die Beni Abbas waren sehr zeitig zur Ruhe gegangen; er konnte noch nicht schlafen. Daß seine Herrin hier im Inneren der Ruine überfallen werden könnte, glaubte er nicht. So etwas war heute nur möglich gewesen, weil beim Nahen des Riesen sich kein einzige Person im Lager befunden hatte. Heute abend aber waren doch die Beni Abbas hier. Sie lagen in den Zelten, rings um die Ruine. Letztere bot jedenfalls vollständige Sicher= heit. Wenn irgend eine Gefahr drohte, so kam sie ganz gewiß von außen her. Darum verließ der Arabadschi die Ruine in der Absicht, zunächst um das Lager zu wandeln, um zu sehen, ob vielleicht etwas Verdächtiges zu bemerken sei.

Er that dies gerade in der Zeit, als der Suef mit dem Grafen und dem Pascha heranschlich. Leider aber

M. K.

befand er sich auf der nördlichen Seite, während sie von Süden kamen.

Während es diesen gelang, ganz unbemerkt die Ruine zu erreichen, patrouillierte er wohl zweimal um das Lager und begab sich dann nach der Stelle, wo die Beute aufgestapelt lag. Dort saßen einige Wächter, die sich dadurch munter zu erhalten suchten, daß sie sich gegenseitig ihre heutigen Heldenthaten erzählten.

Er wollte sich nur für einige kurze Minuten zu ihnen gesellen; aber ihre Erzählungen interessierten ihn; er mußte auch das Wort ergreifen, um von sich, von seiner Vergangenheit, von Stambul, der Stadt des Großherrn, zu berichten, und so kam es, daß er länger blieb, als er sich vorgenommen hatte.

Eben erzählte er von Steinbach, dem berühmten Masr-Effendi, da zuckte der erste Strahl der Sonne der Nacht empor. Die Wächter sprangen erschrocken auf, und einer von ihnen rief, sich gegen Osten wendend:

„Das Licht der Hölle! Allah behüte uns vor allen bösen Geistern und vor dem neunmal gekreuzigten Teufel! Allah ist Gott, und Muhammed ist sein Prophet!" — „Das soll das Licht der Hölle sein?" fragte Said. „Ich habe es noch niemals gesehen." — „Danke Allah, daß es noch nicht in deine Augen gekommen ist. Bist du einmal in der Hölle gewesen, Said?" — „Nein. Wie könnte ich dort gewesen sein?" — „Mit deinem Leibe nicht, aber mit deinem Geiste. Allah erlaubt zuweilen dem Menschen, zum Heile seiner Seele im Geiste oder im Schlafe hinabzusteigen in die Dschehennah, wo die ewigen Feuer brennen. Hast du auch nicht gehört, wie tief die Hölle ist?" — „Nein." — „Sie hat hunderttausend Stufen, und eine jede Stufe beträgt tausend Tagereisen. Das ist tief, sehr tief, so tief, daß das ewige Feuer, das dort brennt, zuweilen nicht ganz von dem Grund der Hölle bis herauf zur letzten Stufe reicht. Da sendet der Satan alle seine Teufel hinab auf den Grund, daß sie das Feuer anblasen sollen. Wenn sie da nun ein ganz klein wenig zu viel und zu haftig blasen, so schlägt das Feuer oben zur Hölle heraus, und die Flamme zuckt bis zum Himmel empor. Das heißt dann Schems el Leila, die Sonne der Nacht." — „Das war es vorhin?" — „Ja. Schau, jetzt zuckt es schon wieder! Die Teufel haben heute sehr guten Atem. Dieser Atem kommt dann an die Oberfläche der Erde und braust über dieselbe hin, den Sand bis zum Himmel wirbelnd und Quellen und Brunnen austrocknend oder verschüttend. Das ist der böse Smum, der giftige Wind der Wüste. Wenn er länger weht, tötet er alles, was er ergreift, Mensch und Tier, Baum und Halm. Dann bleichen die Skelette in der Wüste. Siehe, es zuckt bereits zum dritten Male auf, und — — Allah 'l Allah, dort reitet der neunmal gekreuzigte Teufel in der Wüste!"

Der Sprecher deutete nach Norden.

Im Scheine der aufzuckenden Flamme war die Karawane des Suef zu sehen. Sie zeichnete sich einen Augenblick gegen den bläulich rot erleuchteten Horizont ab. Die Beni Abbas verneigten sich gegen Osten, wo die heilige Stadt Mekka mit der Kaaba liegt, und murmelten das Glaubensbekenntnis.

„Allah il Allah, Muhammed Rassuhl Allah. Gott ist Gott, und Muhammed ist sein Prophet!"

Der Arabadschi that dasselbe. Aber er stammte aus Konstantinopel; er hatte, trotzdem er jung war, viel gesehen und viel gehört. Er war bei weitem nicht so abergläubisch wie diese geistig befangenen Söhne der Wüste und fragte daher:

„Sollte das wirklich der Teufel sein?" — „Ganz gewiß! Hast du ihn nicht gesehen?" — „Nein." — „So bist du blind. Er hatte den Leib einer Schlange und besaß viele Beine, wohl an die fünfzehn oder zwanzig." — „Das waren Kamele!" — „Kamele? Dein Unglaube ist groß. Allah möge dir verzeihen. Wie können Kamele dort hin? Sie werden nicht nach

M. K.

Norden gehen, sondern hier bei uns anhalten, um Wasser
zu trinken und Datteln zu essen. Dieser neunmal ge=
kreuzigte Teufel ging gerade von uns fort. Er ist über
uns hinweg durch die Luft geflogen. Allah hat uns

beschützt, weil wir gläubige Söhne des Propheten sind.
Ihm sei Dank in alle — — o Allah, Allah, Allah!"
Der Wächter stieß diesen Ausruf aus, weil jetzt
eine förmliche Feuergarbe vom nördlichen Horizonte aus

gegen den Himmel stieg. Ihr Schein verflog nicht blitz=
schnell: er erhielt sich längere Zeit am Himmel. Und
da war denn die Karawane mit der vollsten Deutlichkeit
zu erkennen.

„Siehst du ihn, den Teufel?" sagte der Beni Abbas.
— „Das sind Kamele und Reiter." — „Nein, sondern
das ist ein Tier mit vielen Beinen. Es giebt sich aber
die Gestalt von Kamelen, um uns hinaus und in das
Verderben zu locken." — „Sie kommen von hier," sagte
Said. „Drei Reiter und ein Tachterwan. Allah! Was
hat das zu bedeuten?" — „Daß die Hölle offen ist!"
— „Schweig! Diese Reiter kommen mir höchst ver=
dächtig vor. Entweder kamen sie aus dem Süden und
sind an uns vorübergeritten. Das ist sehr verdächtig.
Oder — —" — „Oder sie kamen aus der Hölle; so
ist es!"

Aber Said ließ sich durch den Aberglauben des
anderen nicht irre machen und fuhr fort:

„Oder sie kamen von hier!" — „Von hier? Hat
die Sonne dir den Verstand verbrannt? Wohnt der
Teufel hier bei uns? Ist hier die Pforte der Hölle?"
— „Es sind ja Menschen!" — „Wenn es Menschen
wären, die von hier kämen, so müßten es Beni Abbas
von meinem Stamme sein! Aber wir werden uns hüten,
das Lager zu verlassen. Zähle die Männer! Es wird
einer fehlen!" — „Es sind Frauen dabei! Ein Tachter=
wan! Allah, ich muß nach meiner Herrin sehen!" —
„Meinst du etwa, daß sie in diesem Tachterwan sitzt?
Wenn eine Frau drin sitzt, so ist es die Urtante von
des Teufels Vettermuhme. Bleib hier bei uns! Deine
Herrin schläft und träumt vom Paradiese. Störe sie
also nicht!" — „Ich muß wissen, ob sie da ist!"

Said eilte fort, nach der Ruine zu. Es war
eigentlich ein abenteuerlicher Gedanke, daß seine Herrin
jetzt da draußen in der Wüste reiten könne. Sie hatte
ihm ja eine gute Nacht gewünscht und sich dann in das
Schlafzimmer zurückgezogen. Er hatte das zweifellos

M. K.

gesehen; er wußte, daß sie dort lag; aber er fühlte trotz= dem eine Beklemmung, die ihm den Atem zu rauben drohte, und folgte der Stimme seiner Ahnung.

Bei der Ruine angekommen, sprang er die Stufen hinauf, eilte in den Gang und trat in den Raum, in dem er hatte schlafen wollen. Er hatte dort das brennende Licht stehen lassen. Es war nicht mehr da!

Daraus mußte er schließen, daß eine von den Frauen aufgestanden war und das Licht geholt hatte. Wozu? Said trat hart an die Thüröffnung und horchte.

Da hörte er ein Geräusch, wie wenn jemand ängst= lich durch die Nase Atem holt. Es klang, als sei die betreffende Person dem Ersticken nahe.

„Herrin!" sagte er.

Er durfte es natürlich nicht wagen, einzutreten.

Es erfolgte keine Antwort.

„Herrin! Sultana!" sagte er lauter.

Als einzige Antwort hörte er das Schnaufen, aber lauter, viel lauter als vorher. Jetzt bekam er wirklich Angst.

„Herrin!" rief er jetzt ganz laut. „Sultana! Zykyma!"

Keine Antwort als nur das ängstliche Atemholen! Wenn Zykyma sich drinnen befunden hätte, so hätte sie ihn hören müssen. Sie war also nicht da. Said trat ein; er wagte es, und als er nun dort in der Ecke die alte Haluja, an Armen und Beinen gefesselt und einen Knebel im Munde, liegen sah, wußte er sofort, daß er seine Herrin in der Wüste zu suchen habe.

„O Allah, o Muhammed!" rief er entsetzt, dann eilte er in die Ecke, kniete nieder, zog sein Messer hervor und zerschnitt die Stricke der Dienerin.

„Was ist geschehen? Schnell, schnell, sage es!" rief er ihr zu.

Er dachte vor Eile gar nicht daran, ihr den Knebel aus dem Munde zu nehmen. Sie riß ihn sich selbst heraus und ächzte:

M. st.

„O Allah, Allah!" — „Was denn, was?" — Mein Atem!" — „Was geht mich dein Atem an! Schnell, schnell!" — „Meine Hände! Meine Beine!" — „Der Teufel hole deine Hände und deine Beine! Ich will wissen, was geschehen ist!"

Haluja richtete sich vom Boden auf, holte tief Atem, betrachtete ihre Handgelenke und antwortete:

„Gefesselt haben sie mich!" — „Das sehe ich ja!" — „Sogar geknebelt!" — „Aber jetzt hast du doch den Knebel nicht mehr im Munde. Jetzt kannst du reden. So rede doch auch!" — „Welch ein Schreck!" — „So antworte doch! Wo ist Zykyma?" — „Fort!" — „Das sehe ich! Aber wohin?" — „Ich weiß es nicht. O Hiluja, meine Hiluja!" — „Was ist mit ihr?" — „Auch fort!" — „Und Badija?" — „Auch, auch!" — „Hölle und Teufel! Dich haben sie hier gelassen? Konnten sie es nicht umgekehrt machen, dich fortschaffen und die anderen hier lassen!" — „Oho! Beleidige mich nicht!" — „Wer war es denn?" — „Der Beni Suef mit dem Russen und dem Pascha." — „Ibrahim Pascha?" — „Ja. Sie haben sie gefesselt und fort= geschleppt." — „Sie sind es; sie sind es! Und dieser Beni Abbas hielt sie für den Teufel! Hätte er doch dich geholt. Warum hast du dich nicht gewehrt? Warum hast du sie nicht beschützt? Nicht um Hilfe gerufen?" — „Konnte ich, wenn sie mir den Mund verstopfen? Ich soll sie beschützen? Wer war der Beschützer? Etwa du nicht? Wo warst du?" — „Du hast recht, ich bin schuld, ich, ich allein. Aber ich werde sie wieder holen. Sogleich! Sofort!"

Said ließ die Alte stehen, rannte hinaus und rief mit weit schallender Stimme von der Ruine herab:

„Auf, auf, ihr Männer, ihr Krieger! Man hat euch die Königin geraubt, die Königin und ihre Schwester und auch Zykyma, meine Herrin. Auf, auf!"

Dann sprang er die Stufen hinab und nach dem Brunnen zu. Dort stand die Fuchsstute des Scheiks der

M. K.

besiegten Beni Suef. Said wußte es. Er hatte gehört,
daß sie wie der Wind laufe. Er wollte sie benützen,
die Entführer einzuholen.

Die Wächter, die bei der Beute gestanden, kamen
herbei, und auch aus den Zelten eilten die Beni
Abbas herzu.

„Was giebt es? Was ist's?" rief es von allen
Seiten. — „Die Königin ist geraubt worden!" ant=
wortete Said. „Dazu Hiluja und Zykyma." — „Von
wem? Von wem?" — „Fragt die Alte! Fragt Haluja!
Ich habe keine Zeit. Ich muß voran. Kommt mir
schleunigst nach!"

Said hatte während dieser wenigen Augenblicke in
fieberhafter Eile dem Pferde den Sattel aufgelegt und
festgeschnallt. Jetzt warf er ihm die Zügel über.

„Wohin? Wohin willst du?" fragte einer der
Beni Abbas. — „Ich sage es ja; den Räubern nach."
— „Wer sind sie?" — „Fragt die Alte! Mich aber
laßt fort!"

Rasch stieg er auf und sprengte davon, hinaus in
die nächtliche Wüste.

Es hatte sich seiner eine Wut, ein Grimm be=
mächtigt, daß er jetzt, in diesem Augenblick selbst mit
dem Teufel angebunden hätte. Und dieser Grimm richtete
sich nicht nur gegen die Räuber der Mädchen, sondern
auch gegen sich selbst. Er hatte die Herrin beschützen
sollen, war aber von ihr fortgelaufen. Er mußte sie
wieder haben!

Sporen trug er keine, da er nicht auf diesen nächt=
lichen Ritt vorbereitet gewesen war. Er schlug daher
der Stute die Fersen in die Weichen, und sie flog mit
Windesschnelle in nördlicher Richtung davon.

Die Sonne der Nacht flammte zuweilen auf. In
solchen Augenblicken überflogen Saids Augen den Hori=
zont. Doch er konnte die Karawane nicht mehr erblicken
und trieb nun das Pferd zu immer größerer Eile an.
So vergingen bange Minuten. Endlich sah er bei einem

M. K.

aufflammenden Strahle die fünf Tiere, aber in weiter Ferne.

„Allah sei Dank!" rief er. „Ich sehe sie! Nun werde ich sie erreichen!"

Die Stute stob davon, als ob sie die Entfernungen förmlich hinter sich werfen wolle. Said hatte beim An= blicke der Karawane freudig aufgejauchzt. Der gute Kerl dachte gar nicht daran, daß er nichts bei sich hatte, als nur sein Messer.

Man kann sich vorstellen, welch einen Aufruhr sein Ruf in dem Lager hervorgebracht hatte. Alles, jung und alt, männlich und weiblich, rannte wirr durcheinander. Hundert Stimmen fragten, was geschehen sei, und es dauerte eine Zeit lang, ehe es allen klar wurde, was passiert war. Die drei Mädchen waren entführt worden, und Said war fort, um die Räuber zu suchen. So viel wußte man. Alles drängte sich nun nach der Ruine, allen voran natürlich der alte Scheik, der Vater Hilujas und der Königin. Droben stand Haluja, die Alte, an einen Quader gelehnt. An sie wurden alle Fragen ge= richtet. Sie konnte aber gar nicht zur Antwort kommen.

„Schweigt!" rief endlich der Scheik. „Laßt mich fragen! Ich bin der Vater!"

Jetzt verhielt die Menge sich ruhig, und die alte Dienerin konnte erzählen. Sie that es, vor Aufregung zitternd. Der Scheik hörte ihr ebenfalls, aber vor Wut zitternd zu.

„Also fort sind sie, fort! Doch wohin!" rief er, als Haluja geendet hatte.

Niemand konnte antworten.

„Wohin ist Said?"

Auch das wußte keiner. Nur als auch die Wächter diese Frage hörten, antwortete einer von ihnen:

„Er ist fort, hinter dem neunmal gesteinigten und gekreuzigten Teufel her!" — „Was sprichst du vom Teufel?" — „Ich habe ihn gesehen, o Scheik." — „Wo?" — „Draußen in der Wüste, gegen Norden hin.

M. K.

Er hatte den Leib einer Schlange oder eines Krokodils mit zwanzig Beinen, fünfzig Augen und zehn Flügeln."

An die Beine hatte er bereits vorhin geglaubt. Die Augen und die Flügel aber machte er jetzt selbst hinzu. Der Scheik war ebenso von Aberglauben befangen, wie seine Leute. Er antwortete:

„Die Sonne der Nacht blitzt auf, und die Hölle ist offen. O Allah, Allah! Und da sind meine Kinder hinaus in die Wüste, mit ihren Entführern! Wer wird sie retten, wer!"

Da kam der alte Kalaf herbei und sagte:

„Wie können deine Töchter geraubt sein! Sind sie denn des Nachts außerhalb des Lagers spazieren gegangen?" — „Nein," antwortete die Dienerin. — „Sie haben sich in der Ruine befunden?" — „Ja, von Beginn des Abends an." — „Das begreife ich nicht. Jlaf hat doch gewacht!" — „Wo?" fragte der Scheik. — „Hier unten an der Treppe." — „Davon weiß ich nichts." — „Du selbst hast es ihm geboten." — „Nein." — „Er sagte es." — „Hast du mit ihm gesprochen?" — „Zu zweien Malen." — „Wo ist er? Bringt ihn her!"

Jlaf, der Stotterer, wurde gebracht, doch er leugnete, Wache gestanden zu haben.

„Ich habe dich ja gesehen," sagte der Alte. — „Du täu—täu—täuschest dich." — „Nein. Ich habe doch auch mit dir gesprochen?" — „Ich weiß ni—ni—nichts davon. Ich habe fest geschla—la—la—lafesen." — „Lüge nicht! Was ich sehe und höre, das weiß ich genau. Ich kann es beschwören, daß du an dem Steine standest und meine Fragen beantwortetest."

„Du ha—ha—hast geträumt!"

„Träume ich, wenn ich zweimal mein Zelt verlasse, zu dir trete und mit dir spreche?"

„Habe ich de—de—denn gesto—to—tottert?"

„Ja, natürlich!"

„O Allah 'l Allallallallallah! Es ist der Teu—teu—teu—teufel gewesen. Heut i — i — i —ist die
M. K.

Höllöllöllöllölle offen. Allallallallallah il Allallallallallah Muhammed Ra—ra—ra—ra—raffuhl Allallallallallah!"

Alle waren still. Jlaf hatte zwar den kleinen Fehler, daß er stotterte, aber er war bekannt als ein braver, wahrheitsliebender Mann. Man mußte ihm glauben. Der alte Kalaf hatte entweder geträumt, oder er war wirklich vom Teufel betrogen worden. Zu dieser letzteren Ansicht neigten sich im stillen alle.

Es wurden nun Fackeln angezündet. Man suchte im ganzen Lager. Da fand es sich, daß fünf Kamele fehlten. Der Teufel hatte sie mitgenommen. Er hatte auch die drei Mädchen entführt. Denn daß der Suef, der Pascha und der Graf es wirklich gewesen waren, das glaubte man nicht. Der Teufel hatte die Gestalt dieser drei angenommen, um die Mädchen zu entführen.

Der Scheik wußte weder aus noch ein. Er betete und fluchte in einem Atem. Die anderen alle recitierten fromme Stellen aus dem Koran. Die sämtlichen Bewohner des Lagers befanden sich in einem solchen Zustande, daß man allen Grund hatte, an ihrer Zurechnungsfähigkeit zu zweifeln. Ein einziger nur gab sich Mühe, kalt und klar über dieses außerordentliche Ereignis nachzudenken, aber er brachte es auch zu keiner Erklärung. Der Schlußgedanke seiner geistigen Anstrengung lautete:

„Allah ist groß. Alles, was geschieht, das ist im Buche des Lebens verzeichnet. Warum aber ist Masr=Effendi nicht hier? Er würde uns sagen, was wir zu thun haben."

Masr=Effendi! Dieser Name wirkte zündend. Alle sprachen ihn nach. Und nun erst kam dem Scheik die beste Idee:

„Er muß herbeikommen, schnell, schnell! Man muß ihm einen Boten senden, und zwar augenblicklich. Ist noch ein Eilkamel da?"

Glücklicherweise waren außer den fünf Tieren der Königin, die der Suef gestohlen hatte, noch einige

M. K.

vorhanden. Wenige Minuten, nachdem Steinbachs Name genannt worden war, saß bereits der Eilbote im Sattel, der direkt nach dem Zeltdorfe der Beni Suef reiten sollte, um Steinbach herbeizuholen.

Der alte Scheik wurde eigentlich von seinem Grimme zum Handeln getrieben und wußte leider nicht, was er thun solle. So blieb ihm nichts anderes übrig, als seine

Wut zu verschlucken und sich bis zur Ankunft Steinbachs seinem Schmerze rückhaltlos hinzugeben.

Die alte arabische Dienerin leistete ihm dabei treulich Gesellschaft. Sie saß während des ganzen Vormittages auf der Ruine und starrte in das Leere. Die ‚Sonne der Nacht‘ hatte ihr Licht nur noch einige Male gezeigt. Es war nicht zu einem wirklichen Smum gekommen. Jedenfalls hatte der Wüstenwind seine Kraft

M. K.

in dem westlichen Teile der Sahara erschöpft, sodaß er hier sich nicht einmal als ein gelinder Lufthauch zeigen konnte. Die Atmosphäre war bewegungslos. Der Himmel war ganz nach dem biblischen Worte wie Blei und die Erde wie glühendes Erz. Die Luft lag wie konzentrierte Hitze auf dem Sandmeere, der Mensch hatte das Gefühl, als ob ihm das Blut siede und jeder Knochen aus= gedörrt werde.

Das war nicht geeignet, den Schmerz zu beruhigen, der an der Seele des Scheiks nagte.

„Hast du denn die drei wirklich genau gesehen und erkannt?" fragte er Haluja. — „Ganz genau gesehen und erkannt." — „Glaubst du vielleicht, daß sie es wirklich waren?" — „Nein, sonst hätten sie mich nicht so leicht fesseln und knebeln können. Es war der Teufel mit seinem Sohne und seinem Enkel. Ja, er ist es ge= wesen. Er hat sogar Said, den Arabadschi, mit samt der Fuchsstute durch die Lüfte davongeführt." — „Wer hat das gesehen?" — „Ich. Ich stand hier oben auf der Ruine, nachdem er von mir weggegangen war. Ich hörte seine Stimme unten vom Baume heraufschallen, dann ritt er fort. Nach einer Weile sah ich den Strahl der Schems el Leila am Himmel aufsteigen, er beleuchtete die ganze Erde, und da bemerkte ich Said, wie ihn sein Pferd durch die Luft davontrug. Er ist verloren."

Die gute Alte wußte nichts von optischer Täuschung. Sie hatte während eines schnell aufflammenden Strahles den Arabadschi auf dem Pferde bemerkt. Der helle Schein nach dunkler Nacht und die sofort wieder folgende Finsternis hatte ihr den jungen Mann wie in der Luft schwebend erscheinen lassen. Sie war überzeugt, daß er vom Teufel geholt woden sei. —

M. K.

31. Kapitel.

Steinbach war, wie bereits erzählt, mit seinen Scharen nach dem Kampfe aufgebrochen, um direkt nach dem Duar der Beni Suef zu reiten. Es sollte ein Parforceritt werden, und er wurde es auch.

Zwölf Stunden ungefähr war es bis zum Ferß el Hadschar. Und dieser lag gerade auf dem Halbscheid des Weges, der also wohl an die vierundzwanzig Stunden betrug. Aber Steinbach hatte die Tiere so antreiben lassen, daß er mit seinen Leuten noch während der Nacht am Ziele ankam.

Das Zeltdorf der Feinde lag in nächtlicher Ruhe vor ihnen. Alles schlief. Selbst die Wächter der Herden hatten sich dem Schlummer in die Arme geworfen.

Es wurde ein kurzer Kriegsrat gehalten. Ueber siebenhundert Krieger waren versammelt. Es ließ sich annehmen, daß der Feind nur wenige seiner Männer zurückgelassen hatte. Die Ueberrumpelung des Dorfes war also wohl eine leichte Sache. Steinbach gab den Rat, vier Haufen zu bilden, die sich so einrichten sollten, daß beim Anbruch des Tages je einer im Norden, Osten, Süden und Westen des Dorfes halten solle. Dasselbe war dann so umzingelt, daß kein Mensch entkommen konnte. Dieser Rat wurde angenommen. Man trennte sich also.

Das Zeltdorf lag in einer fruchtbaren, von Palmen bestandenen Oase. Die Palmen standen da so dicht, daß sie einen Wald bildeten, über den hinweg man nicht zu sehen vermochte.

Das war der Grund, daß die Bewohner beim Anbruche des Tages keine Ahnung hatten, daß der Feind in ihrer Nähe sei. Sie gingen ihren Frühgeschäften nach, die in der Zubereitung des Mahles bestanden. Eingenommen durfte dasselbe aber nicht etwa gleich werden, denn das Morgengebet muß nüchtern gebetet werden.

Da tauchte der obere Sonnenrand über den östlichen

M. R.

Horizont empor, und funkelnde Strahlen flogen über die Erde dahin, als ob sie aus lauter Diamanten zusammengesetzt seien. Zugleich ertönte die helle Stimme des Mueddin, der zum Gebete rief. Alle beteten — die Bewohner der Oase und auch die Beni Sallah, die, zum Angriffe bereit, um die letzteren standen.

Kaum war das Amen gesprochen, so rückten die Krieger gegen das Dorf vor. Ein alter Hirt war der erste, der die Anrückenden bemerkte. Er eilte in das Dorf zurück, um die schreckliche Nachricht zu verkündigen. Ein lautes Jammergeschrei erscholl.

Es waren kaum zwanzig kampffähige Männer anwesend. Was konnten diese gegen einen so übermächtigen Feind thun! Man verzichtete auf jeden Widerstand und verkroch sich in die Zelte.

Steinbach hatte die Bedingung gestellt, daß jedes Blutvergießen möglichst zu vermeiden sei. Als jetzt die vier Abteilungen dem Dorfe so nahe waren, daß sie Fühlung miteinander bekamen, ritt er zu Hilal hinüber. Er fand ihn an der Spitze seiner Leute.

„Du kommst zu mir?" sagte der junge, feurige Mann. „Warum giebst du nicht das verabredete Zeichen zum Eindringen in das Dorf?" — „Weil das uns schaden würde. Wir könnten eine Verwirrung hervorbringen, die uns selbst nur Schaden bringen kann. Ich werde ganz allein in das Dorf reiten. Willst du mit?" — „Du bist sehr kühn, Effendi!" — „Du bist auch tapfer."

Das wirkte.

„Ich reite mit." — „So komm! Unsere Krieger werden warten, bis wir zurückkehren, oder unsere Befehle erhalten."

Normann erhielt einstweilen das Kommando, und die beiden ritten dem Dorfe entgegen.

Als sie in letzterem anlangten, war zwischen den Zeltreihen kein Mensch zu sehen. Inmitten des Ortes gab es einen größeren Platz. Dort stand das größte der

M. K.

Zelte. Zwei in die Erde gesteckte Speere vor dem Ein=
gange deuteten auf den Rang seines Besitzers.

Steinbach hielt dort an und schlug beide Hände
zusammen. Erst nach einiger Zeit steckte ein altes Weib
den Kopf durch die Thür.

„Sallam!" grüßte Steinbach. — „Sallam!" ant=
wortete sie. — „Wer wohnt in diesem Zelte?" — „Der
Vater des Scheïks." — „Ist er daheim?" — „Ja." —
„Er mag herauskommen, ich habe mit ihm zu sprechen."
— „Willst du nicht eintreten?" — „Nein."

Wäre Steinbach nämlich eingetreten, so wäre er von
diesem Augenblicke an Gast des Besitzers gewesen und
hätte nicht als dessen Gegner handeln können.

„So warte! Ich werde ihn senden."

Steinbach sah recht wohl, daß viele, viele Augen
verstohlen aus den Zelten auf ihn gerichtet waren, er
that aber so, als ob er es nicht bemerke.

„Jetzt wirst du den ärgsten Feind der Beni Sallah
kennen lernen," sagte Hilal zu ihm. „Der alte Scheïk
Hulam hat viele, sehr viele von uns getötet. Seine
Zunge ist falsch, und seinem Eide ist nicht zu trauen.
Wenn du in seine Augen blickst, so wirst du sofort er=
kennen, was für ein Mann er ist."

Da öffnete sich das Zelt, und der alte Hulam trat
heraus. Er ging gebückt vor Alter. Sein Bart war
lang und weiß, sein Haar ebenso. Er trug den weißen
Haïk (Mantel) und einen ebensolchen Turban auf dem
Kopfe. Es fehlten ihm die Brauen und Wimpern, die
Ränder seiner Augenlider waren dick geschwollen und rot.
Die Augen trieften und irrten mit flackerndem Lichte und
unsicherem Blicke zwischen Steinbach und Hilal hin und her.

„Sallam aaleikum!" grüßte er.

Hätten die beiden Begrüßten diesen ganzen Gruß
vollständig wiederholt, so hätte der Scheïk damit einen
diplomatischen Sieg errungen gehabt, denn vollständig
wird der Gruß nur zwischen Freunden gewechselt. Einen
Andersgläubigen grüßt der Muhammedaner mit dem

M. K.

einfachen Sallam (Friede!) nicht aber mit dem Aaleikum
(sei mit dir!). Es ist darum als eine außerordentliche
Ehre und große Auszeichnung zu betrachten, wenn ein
Anhänger Muhammeds zu einem Christen, ‚Sallam
aaleikum‘ sagt.

Daß der alte Scheik Hulam gegen die beiden, die
doch seine Feinde waren, den vollständigen Gruß ge=
brauchte, war eine Hinterlist. Hätten sie ihn erwidert,
so wären sie verpflichtet gewesen, als Freunde an ihm
zu handeln. Darum antwortete Steinbach einfach mit:

„Sallam!“

Hilal that dasselbe.

„Wer bist du?“

Diese Frage war nur an Steinbach gerichtet. Den
Sohn des Blitzes kannte der Alte schon längst persönlich.
Er brauchte also nicht nach ihm zu fragen.

„Ich bin Masr=Effendi. Hast du bereits von mir
gehört?“ — „Nein. — „So wirst du jetzt von mir
hören, und zwar von mir selbst. Ich hoffe, daß du mich
dann kennen wirst.“ — „Willst du nicht absteigen und
in mein Zelt treten?“ — „Nein. Man tritt nicht in
das Zelt eines Feindes.“ — „Bist du mein Feind? Ich
kenne dich ja noch gar nicht.“ — „Ich bin ein Gesandter
von Taufik Pascha, dem Herrscher von Aegypten, dessen
Gegner du bist.“ — „Kannst du mir beweisen, daß er
dich sendet?“ — „Mein Beweis ist hier in meiner Hand.“

Steinbach deutete auf sein geladenes Gewehr.

Der alte Scheik war überzeugt, daß seine Leute als
Sieger von ihrem Zuge heimkehren würden. Da jetzt
aber die Beni Sallah kamen, so war es ihm ein Beweis,
daß die Seinen besiegt worden seien. Die sämtlichen
Bewohner des Dorfes waren vom Schreck und von der
Angst in ihre Zelte getrieben worden. Hulam wußte
den Schreck und die Sorge zu verbergen. Er sagte im
Tone des Erstaunens:

„Ich verstehe dich nicht!“ — „So verstehe ich dich
desto besser. Wo sind die Krieger deines Stammes?“

M. K.

— „Sie sind ausgezogen." — „Wohin?" — „Ich weiß
es nicht." — „Du bist der Scheik und solltest es nicht
wissen?" — „Mein Auge ist matt, und mein Arm ist
schwach geworden. Ich bekümmere mich schon längst

nicht mehr um das, was die Starken thun." — „Du
lügst. Selbst wenn du die Wahrheit sagst, solltest du
dich besser um die Deinigen bekümmern; dann würden
sie vielleicht mit den Nachbarn in Frieden leben und

nicht auf das Haupt geschlagen werden." — „Wer soll
sie geschlagen haben?" — „Verstelle dich nicht! Sie
sind ausgezogen gegen die Beni Sallah, sechshundert
Mann stark. Sie haben im Ferß el Hadschar gelegen
und ihre Kundschafter ausgesandt. Wir aber haben sie
empfangen und ihnen eine solche Niederlage bereitet, daß
wir eher hier einziehen als die Flüchtigen, die entkommen
sind. Du wirst sie schnell zählen können; es sind ihrer
nur wenige." — „Allah! Ihr habt unschuldiges Blut
vergossen! Wer sagt euch, daß sie gegen euch kämpfen
wollten. Nun wird eine hundertfache Blutrache sein
zwischen uns und euch." — „Spiele nicht den Heuchler!
Ich bin kein Kind. Ich habe Männer zu Freunden,
gegen die du ein Hund bist, und meine Ahnen sind wie
Löwen gegen die Deinigen, die ich unter die Schakale
zähle. Deine Krieger haben mir selbst gesagt, daß sie
als Feinde kommen. Ich bin noch so edelmütig gewesen,
sie zu warnen; sie haben aber nicht gehorcht. Nun werden
ihre Gebeine von den Geiern und Hyänen gefressen.
Deine Blutrache fürchten wir nicht. Wir haben, acht=
hundert Krieger stark, dein Dorf umzingelt. Wir sind
keine blutdürstigen Tiere wie ihr; wir wollen euer Leben
schonen; aber ihr sollt euch unterwerfen. Ich gebe dir
eine halbe Stunde Zeit. Besprich dich mit deinen Leuten
und komme dann heraus vor das Lager, wo ich dich er=
warten werde, um deinen Entschluß zu vernehmen. Wir
verlangen, daß ihr euch uns ergebt mit allem, was ihr be=
sitzt. In diesem Falle will ich euer Leben schonen. Thut
ihr das nicht, so mag euer Blut über euch selbst kommen."

Hulam blickte den Sprecher giftig an.

„Habt ihr die Meinen wirklich geschlagen?" — „Ja.
Gestern früh vor dem ersten Gebete." — „Wo ist mein
Sohn?" — „Er liegt erschlagen vor unseren Zelten."
— „O Allah! Hat Omram ihn nicht beschützt?" —
„Wie konnte dieser ihn beschützen? Er ist selbst gefallen
von dieser meiner Hand. Siehe hier die Scheide seines
Messers!"

M. K.

Steinbach zeigte sie ihm hin. Man hätte meinen sollen, daß Hulam ganz niedergeschmettert sei. Mit nichten! Sein Gesicht wechselte den bisherigen Ausdruck nicht im mindesten. Entweder hatte er gar kein Herz, oder er besaß eine ungeheure Selbstbeherrschung. Er bohrte seinen stechenden Blick in Steinbachs Auge und antwortete:

„Warum redest du im Namen der Beni Sallah? Sind sie nicht selber hier? Wo ist ihr Scheik? Ist er ein Knabe, daß er eines anderen bedarf, der für ihn spricht?"

Steinbach lächelte ihn überlegen an und antwortete:

„Du bist ein schlauer Mann! Du weißt, daß der Scheik der Beni Sallah gestorben ist." — „Ich weiß es." — „Und daß der Riese Falehd, der euch freundlich gesinnt war, ein Anrecht auf diesen Rang hatte." — „Auch das weiß ich. Wo ist er?" — „Er ist tot, gestorben von der Hand dieses tapferen Jünglings, der mit ihm auf Leben und Tod gekämpft hat."

Steinbach deutete dabei auf Hilal.

„Allah ist groß. Er giebt sogar den Kindern den Sieg über die Männer!"

Das war wieder eine Beleidigung.

„Ja, aber den Kindern des Blitzes; Tarik, der andere Sohn des Blitzes, ist Scheik geworden. Seine erste That war, daß er die Beni Suef besiegte. Er verfolgt die wenigen, die entkommen sind, nach dem Ferß el Hadschar, wo ich euer Lager und eure Wasserquellen entdeckt habe. Du siehst, daß ich dir deine Fragen beantworte, obgleich ich das gar nicht nötig habe. Der Sieger soll großmütig sein. Nun erwarte ich von dir, daß du einsichtsvoll und demütig bist. Bist du es nicht, so werden wir mit aller Strenge gegen euch verfahren." — „Welche Bedingungen stellt ihr uns?" — „Gar keine. Wir sind die Sieger. Ihr unterwerft euch uns mit Hab und Gut. In diesem Falle soll keinem von euch das Leben genommen werden." — „Ich werde die Alten zusammenrufen." — „Thue das. Aber denke nicht, daß wir uns vielleicht überlisten laſſen. Iſt die halbe Stunde verfloſſen, ſo beginnen wir unſer Werk."

Steinbach lenkte um und ritt mit Hilal davon.

„Nun," ſagte der letztere, „wie gefällt dir dieſer Alte?" — „Gar nicht. Die Grauſamkeit und Hinterliſt ſteht ihm auf dem Geſicht geſchrieben." — „Vermuteſt du eine Hinterliſt?" — „Ja." — „Welche?" — „Es giebt nur eine einzige, zu der ſie ihre Zuflucht nehmen können, nämlich uns hinzuhalten, um Zeit zu gewinnen, bis die Ihrigen auf der Flucht hierher kommen." — „So lange warten wir nicht." — „Nein, keine Minute über eine halbe Stunde." — „Dann töten wir ſie?" — „Nein, auch dann nicht. Nicht nur die Menſchlichkeit, ſondern auch die Klugheit gebietet es euch, ſie zu ſchonen. Sie werden eure Diener ſein, und wer tötet einen Sklaven, von dem er Nutzen hat? Eure Söhne werden ihre Töchter heiraten, und ſo wird ihr Stamm mit dem eurigen verſchmolzen werden. Ihr werdet dadurch ſtark und unüberwindlich ſein. Ihr müßt ihnen einen Scheik geben, und dieſer Scheik wirſt du ſein. Wenn du klug und mutig mit ihnen verfährſt, wird dein Name weit und breit genannt werden."

Hilals Augen leuchteten auf.

„Effendi, du biſt ein Mann, wie es keinen zweiten giebt. Was du thuſt, iſt Heldenthat, und was du redeſt, das klingt, als käme es von den Lippen von hundert Weiſen und Aelteſten."

Sie waren noch nicht lange an ihren Poſten zurück= gekehrt, ſo vernahmen ſie ein Klagegeſchrei, das ſich im Dorfe erhob. Hulam hatte bekannt gemacht, was ihm von Steinbach geſagt worden war. Es gab keine Familie, aus der ſich nicht wenigſtens ein Krieger an dem Zuge gegen die Beni Sallah beteiligt hatte. Jede Familie mußte alſo erwarten, daß ein Verluſt ſie betroffen habe. Die Leute waren plötzlich aus ihrer Siegeshoffnung ge= ſtürzt worden. Die Weiber rannten mit ihren Kindern im Lager umher und heulten; die Männer, alte ſowohl wie

M. K.

junge, hatten sich auf dem Platze um Hulam versammelt. Sie waren still und finster. Sie brüteten Rache und hielten diese doch für unmöglich. Es gab keinen Ausweg, sich der Unterwerfung zu entziehen.

Das sagte einer der angesehensten Aeltesten. Er begründete diese Ansicht durch die Worte:

„Ich habe meine Knechte nach allen vier Seiten ausgesandt: sie kamen mit der Nachricht zurück, daß wir vollständig eingeschlossen sind, sodaß keine Maus entkommen kann. Wir sind gezwungen, uns zu ergeben." — „Nein!" antwortete der Scheik. „Diese Hunde haben unsere Krieger getötet. Sollen wir sie nicht an ihnen rächen? Sollen wir die Sklaven dieser verdammten Beni Sallah sein?" — „Es giebt keinen Ausweg." — „Es giebt einen. Warten wir, bis diejenigen unserer Leute, die übrig geblieben sind, zurückkehren." — „Werden die Beni Sallah so lange warten?" — „Ja, denn ich werde sie durch List hinhalten." — „Wenn sie darauf eingehen, was ich nicht glaube. Und wer weiß, ob so viele wiederkehren, wie nötig sind, uns zu erretten." — „Wissen wir denn überhaupt mit Gewißheit, daß wir besiegt worden sind? Vielleicht lügen die Beni Sallah." — „Sie sagen die Wahrheit. Meine Boten haben bei ihnen viele unserer besten Pferde und Kamele gesehen, die ihnen als Beute in die Hände gefallen sind." — „Allah verfluche sie! Aber wenn wir zu schwach sind, so besitzen wir doch List genug, die oft besser ist als Macht und Tapferkeit. Wenn ich mich auf euch verlassen kann, und ihr mir beistimmt, so werden wir sie doch besiegen." — „Auf welche Weise?" — „Wir täuschen sie. Wir ergeben uns scheinbar. Sie werden in unseren Zelten einziehen. Sie werden da essen, trinken, ruhen und schlafen. Haben wir da nicht unsere Messer?" — „O Allah!"

Dieser Ruf ging von Mund zu Mund. Einige erschraken über die Zumutung, Mörder zu werden; aber die Ihrigen waren umgekommen; es galt Blutrache, es galt

M. K.

ferner Befreiung von der drohenden Knechtschaft. Da war schließlich jedes Mittel recht, das Hilfe erwarten ließ. Die zuerst Zaudernden wurden durch die Reden des Scheits bald gewonnen, und noch war keine halbe Stunde verronnen, so hatte man sich zu einer Art Pariser Blut= hochzeit oder sicilianischer Vesper geeinigt. Es waren zwar wenige Krieger, aber doch genug Alte und ziemlich erwachsene Jünglinge vorhanden, um das blutige, gegen die Beni Sallah geplante heimtückische Werk eines hinter= listigen Ueberfalles auszuführen.

Als die Versammlung aufgehoben wurde, glänzte ein Zug boshafter Befriedigung auf dem Gesichte des Alten. Er hatte erreicht, was er erreichen wollte. Er konnte den Tod seines Sohnes in fürchterlicher Weise rächen.

Natürlich war während dieser Versammlung so laut gesprochen worden, daß jeder der Anwesenden es hören konnte. Hinter dem Zelte des Scheits hatte bis dahin unbemerkt ein Mann gesessen, der nur mit einem Hemd bekleidet war und in jedem Ohre einen Messerschlitz hatte, als Zeichen, daß er Sklave sei. Er war beschäftigt, mittelst einer Handmühle Mais zu zerkleinern, achtete aber weit mehr auf die Versammlung, als auf seine Arbeit, und hörte alles.

Jetzt, da die Leute auseinander gingen und er also nichts mehr erfahren konnte, stand er auf und schritt einigen Palmen zu, die in der Nähe standen.

Da rief ihm der Scheit zu: „Halt! Wohin willst du?" — „Zu der Herde, um Milch zu holen." — „Du bleibst!"

Als der Sklave eine zögernde Miene machte, zog Hulam die Pistole aus dem Gürtel.

„Gehorche, oder ich schieße!" rief er drohend. „Hund, ich durchschaue dich! Du hast alles gehört. Du gehst zur Herde? Thut man das, wenn ein Kampf bevorsteht? Nein, du willst uns verraten! Aber ich werde dafür sorgen, daß du unschädlich wirst. Komme herein in das Zelt!"

M. K.

Nach einigen Minuten trat der Scheik wieder heraus. Es hatten sich indessen die Aeltesten wieder eingefunden, die er sich auserwählt hatte, und in deren Begleitung er das Vertrauen der Sieger erwecken wollte.

Gerade als die halbe Stunde vorüber war, traten sie den unter allen Umständen sauern Weg an.

Steinbach hatte Hilal und Normann an seiner Seite. Die eine Abteilung der Beni Sallah hielt bei

ihnen. Der Scheik musterte die Tiere und erkannte nun freilich manches Kamel und manches Pferd, das bisher Eigentum seines Stammes gewesen war.

„Nun, was habt ihr beschlossen?" fragte Steinbach.

Der Alte nahm einen demütigen, aufrichtig klingen sollenden Ton an und antwortete:

„Effendi! Wir haben heute in der Nacht die Schems el Leila bemerkt. Sie kommt aus der Hölle

M. K.

und bringt Unglück und Herzeleid über die Menschen. Wir fürchteten, daß sie den giftigen Smum verkündige, doch ist er nicht erschienen. Dennoch aber hat sie uns Leid gebracht. Unsere Söhne sind tot, und unsere Väter und Brüder liegen erschlagen in der Wüste. Allah hat es gewollt: seine Wege sind unerforschlich. Wir dürfen nicht gegen seinen Willen handeln, denn wir sind Kinder seines Propheten. Wir ergeben uns."

Steinbach warf einen langen, forschenden Blick in die Triefaugen.

„Ihr ergebt euch unter der von mir genannten Bedingung?" — „Ja." — „Ohne Hintergedanken?" — „Was sollen wir für Hintergedanken haben? Ihr seid uns um das Zehnfache überlegen." — „List ist oft erfolgreicher als Stärke. Uebrigens rate ich euch, aufrichtig zu sein. Der Verrat würde auf euch selbst zurückfallen." — „Du kannst uns Vertrauen schenken!"

Es war ein eigentümliches, feines Lächeln, das um Steinbachs Lippen spielte. Aber sein Ton klang ganz vertrauensvoll, als er antwortete:

„Nun wohl, ich will euch glauben. Ihr seid hier sieben Männer. Wie viele Männer zählt die Versammlung der Aeltesten?" — „Achtundzwanzig." — „So mag einer von euch zurückgehen und die Fehlenden holen. Ich will, ehe wir in das Dorf einreiten, mit ihnen beraten, was wir von euch fordern können, ohne daß euer Stamm zu Grunde gerichtet wird."

Das klang verheißungsvoll. Sie wollten also nicht alles Eigentum als gute Beute erklären. Der Scheik gab sofort einem seiner Begleiter den Auftrag, die Alten zu holen. Da fuhr Steinbach fort:

„Erteile auch den Befehl, daß alle Männer und alle Knaben, die über zehn Jahre alt sind, sich auf dem Platze versammeln sollen. Ich muß sie zählen, um zu wissen, wie viele Waffen wir euch lassen können. Eure Waffen sind eigentlich nun unser Eigentum; aber der

M. K.

Sohn der Wüste muß Messer, Pistole und Gewehr haben. Ihr sollt behalten dürfen, was ihr braucht!"

Der Bote entfernte sich eiligen Schrittes. Dem Scheik war es anzusehen, wie befriedigt er von dem Verhalten Steinbachs war.

„Effendi," sagte er, „wenn du die Besiegten mit Güte behandelst, wird Allah dich segnen, und sie werden euch lieben." — „Uebertreibt nicht, Alter! Von eurer Liebe wollen wir gar nicht sprechen. Meinst du es denn wirklich so aufrichtig?" — „Mein Herz ist ohne Falsch!" — „Aber dein Gesicht ist voller Tücke. Ich glaube dir kein Wort." — „Effendi!" rief der Alte in beleidigtem Tone. „Willst du mich kränken?" — „Unschädlich machen will ich dich. Ob dich das kränken wird, darnach darf ich nicht fragen." — „Was willst du thun?" — „Das wirst du gleich sehen."

Steinbach drehte sich um und winkte seinen Begleitern. Im Nu hatte eine Anzahl derselben den Scheik und die Alten umringt.

„Effendi, willst du uns morden lassen?" rief der Scheik entsetzt. — „Nein, sondern ich will nur verhüten, daß wir ermordet werden." — „Allah! Welch ein Gedanke ist das!" — „Jedenfalls der richtige. Allah hat dein Gesicht gezeichnet. Es steht ganz deutlich darauf geschrieben, was du in deinem Herzen denkst." — „Ich schwöre, daß ich nichts Böses gegen euch sinne!" — „Schwöre es bei dem Propheten!"

Aller Augen richteten sich auf den Alten. Er zauderte. Da sprach Steinbach:

„Siehe, wie ich dich fange!" — „Effendi, mein Wort ist wie ein Schwur!" — „So muß auch der Schwur wie ein Wort sein, das man ohne Zaudern giebt. Du hast dir wohl eingebildet, klüger zu sein als wir, und geglaubt, wir sind müde, wir werden schlafen! Da sehe ich ja die gezückten Messer in euren Händen! O, die Beni Sallah sind keine Schafe, die man ganz

M. K.

nach Belieben abschlachten kann! Bindet sie und schafft sie so weit zurück, daß sie uns nicht stören können!"

Kamelstricke waren genug vorhanden, diesen Befehl auszuführen. Die Männer protestierten zwar energisch gegen diese Behandlung, mußten sich aber natürlich fügen.

Kaum waren sie hinter die Front geschafft worden, so kam der abgesandte Bote mit den übrigen Aeltesten herbei. Sie hatten erfahren, weshalb sie gerufen wurden, und fühlten sich also nicht wenig enttäuscht, als man ihnen ohne Umstände die Hände auf den Rücken band und sie zu den anderen Gefangenen führte.

„Meinst du denn wirklich, daß diese Aeltesten auf Heimtücke sinnen?" fragte Hilal. — „Ich bin davon überzeugt." — „Wodurch?" — „Das Gesicht des Alten gefällt mir nicht. Auch hat er sich scheinbar viel zu schnell in sein Schicksal gefunden, als daß ich an die Aufrichtigkeit dieser Ergebung glauben sollte. Ich bin überzeugt, daß wir es noch erfahren werden, welchen Plan sich die Versammlung der Aeltesten ausgesonnen hat. Jetzt wollen wir die anderen Abteilungen benachrichtigen. Wir umschließen das Lager enger, sodaß kein einziger Mensch entfliehen kann. Hundert unserer Reiter aber kommen mit uns nach dem Platze, wo die Männer, Greise und Knaben sich versammelt haben. Alles, was männlich ist, wird gefangen genommen und gebunden. Dann nehmen wir alle vorhandenen Waffen, selbst die Messer an uns. Wir haben keine Zeit zu verlieren. Die flüchtigen Beni Suef haben den Weg über den Ferß el Hadschar eingeschlagen, welcher kürzer ist, als derjenige, den wir zurückgelegt haben. Sie können jeden Augenblick hier ankommen."

In Zeit von wenigen Minuten war das Zeltdorf eng umschlossen. Die Herden hatte man natürlich außerhalb der Einschließungslinie lassen müssen. Hundert Mann, die geladenen Flinten in der Hand, ritten nach dem Platze, wo die männlichen Angehörigen der Beni Suef standen. Es waren über zweihundert. Alle hatten

M. K.

ihre Messer oder auch andere Waffen im Gürtel
stecken, denn selbst der unerwachsene Beduinenknabe führt
wenigstens ein Messer mit sich. Das war eine Dumm=
heit von ihnen, weil dadurch ihre Entwaffnung außer=
ordentlich erleichtert wurde.

Steinbach richtete einige Worte an sie des Inhaltes,
daß sie für ihr Leben nichts zu befürchten hätten, und
daß auch ihr Lager nicht verwüstet werden solle. In
jenen Gegenden pflegt nämlich der Sieger die Herden
der Besiegten fortzuführen, ihre Palmen niederzuschlagen
und ihre Brunnen zu verschütten, sodaß sie entweder als
Sklaven mit ihm ziehen, oder an ihrem Wohnorte elend
verschmachten müssen.

Steinbachs Versicherung machte sichtlich einen sehr
guten Eindruck, doch wurden die Gesichter ein wenig
länger, als er verlangte, daß jeder Anwesende die Waffen
niederlegen solle. Freilich blieb ihnen nichts anderes
übrig, als zu gehorchen. Dann wurden sie alle aus
dem Lager geführt, worauf sie sich unter den Palmen nieder=
setzen mußten. Die gefesselten Aeltesten wurden auch
herbeigebracht, und Steinbach bedeutete allen, daß jeder,
der einen Fluchtversuch wage, sofort eine Kugel er=
halten werde.

Man kann sich denken, welchen Eindruck es auf die
weiblichen Bewohner des Lagers machte, als sie sahen,
daß ihre Männer gefangen genommen wurden. Sie
erhoben ein lautes Klagegeschrei, das aus allen Zelten
ertönte, aber bald wieder verstummte, als sie bemerkten,
daß den Gefangenen kein Schaden an Leib und Leben
widerfahren sollte.

Jetzt wurden schnell die Herden besichtigt. Es waren
Prachttiere vorhanden, von so hohem Werte, daß die Beni
Suef sich gescheut hatten, sie den Gefahren eines Kriegs=
zuges auszusetzen.

Die Frauen und Mädchen der Beni Suef hatten
natürlich alle Hände voll zu thun, für die gefangenen
Ihrigen und die Sieger Nahrung zu beschaffen.

M. K.

Als Normann sich gesättigt hatte, wurde er mit einigen gut berittenen Begleitern ausgesandt, die nördlich liegende Gegend zu beobachten, aus der die flüchtigen Beni Suef vom Ferß el Hadschar herkommen mußten. Steinbach wählte gerade ihn dazu, weil er sich am meisten auf ihn verlassen konnte und der Maler mit dem Fernrohr umzugehen wußte.

Nun trat eine Zeit des Wartens ein. Man konnte nicht weitere Dispositionen treffen, bevor die Flüchtlinge empfangen worden und gefangen waren.

---

32. Kapitel.

Steinbach benutzte die Ruhepause, um sich das Zelt= dorf genauer zu besehen, als es bisher geschehen war. Dabei kam er an ein kleines Bauwerk, das außerhalb des Dorfes lag. Es war aus Steinen aufgeführt, hatte etwas über Manneshöhe und war, was hier auffallen mußte, mit einer hölzernen Thür versehen. Holz ist nämlich in den Oasen der Wüste eine Seltenheit.

Diese Thür hatte einen eigentümlichen Verschluß. Derselbe bestand aus vier kreuzförmig gegeneinander gerichteten Holzriegeln, die so künstlich ineinander griffen, daß nur der Eingeweihte diesen Mechanismus öffnen konnte.

Eben kam eine junge Beduinenfrau vorüber, die am Brunnen Wasser geholt hatte.

„Was ist das für eine Hütte?" fragte Steinbach. — „Sie dient zum Dörren der Bla halefa," antwortete die Gefragte.

Unter Bla halefa versteht man die geringste Sorte von Datteln, die getrocknet und dann als Futter für die Tiere benutzt werden.

„Wem gehört sie?" — „Dem Scheik." — „Oeffne mir!"

Steinbach wollte sich die Einrichtung besehen. Die Frau trat jedoch einen Schritt zurück und wurde verlegen.

M. K.

Steinbach zog den Mann an den Beinen heraus.
(Seite 495.)

M. K.

„Ich kann nicht," antwortete sie endlich stockend. — „Verstehst du nicht, mit den Riegeln umzugehen?" — „Nein." — „Lüge nicht! Ich sehe es dir an, daß du die Unwahrheit sprichst. Warum lügst du?"

Er sagte das in so drohendem Tone, weil er als Menschenkenner aus dem Verhalten des Weibes schloß, daß es sich hier um etwas handle, was er nicht wissen solle. Sie erschrak sichtlich und stammelte:

„Verzeihe, Effendi! Ich darf nicht öffnen." — „Warum nicht?" — „Der Scheik hat es verboten." — „Wann? Seit längerer Zeit, oder erst seit unserer Ankunft?"

Sie hatte wohl Lust, ersteres zu bestätigen; er aber blickte ihr so scharf in die Augen, daß sie nicht zu lügen wagte. Sie antwortete also:

„Seit vorhin erst." — „Ah! Schön! Und du kannst öffnen?" — „Ja." — „So thue es!" — „Der Scheik wird mich bestrafen." — „Jetzt bin ich hier Scheik und Gebieter. Uebrigens verspreche ich dir, daß kein Mensch erfahren soll, daß du mir geöffnet hast. Was befindet sich denn drinnen?"

Sie blickte sich vorsichtig um, und als sie sah, daß sie ganz allein hier waren, trat sie einen Schritt näher und antwortete:

„Nena ist drinnen." — „Nena? Wer ist das?" — „Der Sklave des Scheiks." — „Wann wurde er hineingesteckt?" — „Nach der Versammlung der Aeltesten, die vorhin abgehalten wurde." — „Warum?" — „Ich weiß nicht. Er hatte wohl die Reden belauscht." — „Ah, ich ahne da eine Teufelei. Oeffne also!" — „Aber du wirst mich nicht verraten?" — „Nein."

Jetzt trat sie zur Thür, schob die Riegel in gewisser Reihenfolge gegeneinander, ergriff sodann aber schnell den Wasserkrug und eilte davon. Die Thür war nun offen.

Steinbach mußte sich bücken, um hineinblicken zu können. Er sah eine Art Herd, auf dem wohl Kamelmist gebrannt wurde. Ueber demselben gab es in regelmäßigen Entfernungen Erhöhungen, auf die wohl die Hürden zu

M. K.

liegen kamen, die zur Aufnahme der Datteln bestimmt
waren. Jetzt fehlten diese Hürden; aber auf dem Boden
lag eine nur mit einem Hemd bekleidete Gestalt, die ge=
fesselt war. Um den Kopf derselben hatte man eine
Decke gewunden und mit einer Schnur befestigt.

Steinbach zog den Mann an den Beinen heraus
und entfernte rasch die Decke. Das Gesicht des armen
Teufels war aufgedunsen und hochrot gefärbt, seine
Augen verdreht. Er hatte nicht genug atmen können
und war dem Tode des Erstickens oder des Schlagflusses
nahe gewesen. Jetzt holte er tief und geräuschvoll Atem
und stieß, als er Steinbach erblickte, einen Ruf der größten,
aufrichtigsten Freude aus.

„Allah sei Dank! Du bist es, Effendi! Ich bin
gerettet, gerettet!" — „Ich höre, du seist Nena, der
Sklave des Scheiks?" — „Ja, o Herr." — „Seit wie
lange?" — „Seit einigen Jahren." — „Dein Name ist
nicht arabisch, sondern indisch?" — „Ja, ich bin aus
dem Lande des Maharadscha von Nubrida."

Radscha heißt im Indischen Herr, Fürst, und Maha
ist groß; Maharadscha heißt also so viel wie großer Herr,
großer Fürst. Es ist der Titel für viele bekannte, teil=
weise auch berühmte indische Herrscher.

„Wie kommst du aus Indien so fern in die Sahara?"
— „Das werde ich dir noch erzählen! Welch ein Glück,
daß du mich zufällig gefunden hast!" — „Warum hat
dein Herr dich hier versteckt?" — „Weil er fürchtete,
von mir verraten zu werden. Ich wollte dich warnen."
— „Vor wem?" — „Vor dem Scheik und allen Be=
wohnern des Dorfes. Nehmt euch in acht. Man will
euch töten!" — „Uns alle?" — „Alle!" — „Ah! Habe
es mir gedacht!" — „Seid ihr bereits im Dorfe ein=
gezogen?" — „Ja." — „So bitte ich euch um Allahs
willen, den Beni Suef die Waffen abzunehmen. Sie
wollen euch im Schlafe ermorden." — „Das habe ich
mir gedacht." — „Es wurde in der Versammlung der
Aeltesten beschlossen, sich scheinbar zu unterwerfen, euch

M. K.

aber zu erstechen, wenn ihr schlafen würdet. Seid ihr viele Krieger?" — „Sehr viele." — „So nehmt lieber die Suef gefangen!" — „Ich bin dir sehr dankbar für deine Warnung und freue mich, daß ich das, was du mir rätst, bereits gethan habe. Alle männlichen Suef sind gefangen, und alle Waffen befinden sich in unseren Händen." — „So seid ihr Sieger. Werde ich nun euer Sklave sein müssen, Effendi?" — „Nein, du bist frei."

Da liefen dem Manne die Thränen aus den Augen; er faltete die Hände und sagte weinend:

„Allah möge es dir vergelten. Er hat mich hart bestraft für das, was ich that, ohne zu wissen, welche Folgen es haben werde. Könnte ich es doch wieder gut machen!" — „Wer seine Fehler bereut, der findet bei Gott auch Vergebung. Wie kommst du in die Sahara? Ich fragte dich bereits." — „Mein Herr bereiste die Gegenden des Nils. Ich wußte einiges von ihm, was ihm Schaden bringen konnte; er wollte mich daher los werden und verschacherte mich heimlich an einen Stamm der Sudanesen. Als er abreiste, hielten diese mich fest. Ich wurde weiter verkauft und kam durch Kriege und Niederlagen meiner Herren in immer andere Hände bis hierher." — „Ein sauberer Herr!" — „O, er war ein Europäer!" — „Ist das möglich?" — „Sogar ein Graf." — „Das ist unglaublich. Du irrst dich jeden= falls." — „Ich weiß es ganz gewiß." — „Er hat sich wahrscheinlich nur für einen Grafen ausgegeben. Ein Edelmann ist unfähig, eine solche Schurkerei zu begehen." — „Ich bin meiner Sache sicher. Ich war ja mit ihm auf seinen Gütern in Rußland." — „Ein russischer Graf? Ah! Wie ist der Name?" — „Du wirst ihn nicht kennen." — „O, ich bin Europäer und kenne alle Namen russischer Edelleute." — „Es war der Graf Polikeff."

Steinbach fuhr zurück, als ob jemand ihm einen Stoß versetzt hätte.

„Polikeff!" rief er aus. „Höre ich recht?" — „Graf Alexei Polikeff!" — „Welch ein Zusammentreffen!

M. K.

Was würdest du thun, wenn du ihm begegnetest?" — „Ich würde ihm alle seine Thaten ins Gesicht schleudern. Er ist ein Verbrecher, ein Halunke!" — „Schön! Du wirst noch heute mit ihm sprechen können." — „Heute, Effendi?" fragte Nena, indem er gewaltig große Augen machte. — „Ja. Ich bin hier, ihn zu fangen. Er kommt mit den flüchtigen Beni Suef hierher." — „Allah il Allah! Gott ist allmächtig! Jetzt wird mein heißester Wunsch erfüllt. Kennst du ihn?" — „Ich kenne ihn als einen der größten Halunken, die es geben kann. Ich bin ihm von Stambul aus bis hierher nachgereist, um ihn zu fangen." — „O, so wirst du mir vielleicht helfen, eine That wieder gut zu machen, die ich gar nicht beabsichtigt hatte." — „Welche?" — „Sage mir vorher, ob er ein Weib besitzt." — „Nein." — „Allah sei Dank! So hat also Semawa ihm glücklich widerstanden!"

Beinahe hätte Steinbach laut aufgeschrieen. Semawa heißt im Arabischen so viel wie Himmelblau. Im Türkischen heißt ganz dasselbe Wort Gökala. Waren diese beiden eine und dieselbe Person? Sollte ihm hier, im fernen Winkel der Wüste, die so heiß ersehnte Aufklärung werden, die er in Stambul vergebens gesucht, und die ihm sogar von Gökala selbst verweigert worden war? Er glaubte seinen Ohren nicht trauen zu dürfen. Fast ohne Atem vor Aufregung und Erwartung fragte er:

„Wer ist Semawa?" — „Die Tochter des Maharadscha von Nubrida." — „Herrgott! Kennst du sie?" — „Ich habe sie oft gesehen, als ich noch Unterthan von Banda, ihrem Vater, war." — „Wie lange ist das her?" — „Sechs Jahre." — „Wie alt war sie damals?" — „Vielleicht fünfzehn." — „Das stimmt; das stimmt ganz sicher. Mein Gott! Sie muß schon damals so entwickelt gewesen sein, daß sie sich im wesentlichen seitdem nicht mehr verändert haben kann." — „Ihre Mutter war eine Deutsche, die Tochter eines Arztes in englischen Diensten. Sie war so schön, daß der Maharadscha sie zur Frau begehrte. Sie willigte ein unter der Bedingung, daß sie die einzige Frau des Herrschers bleibe. Er hat sie sehr geliebt nnd Wort gehalten. Semawa war ihr einziges Kind." — „Beschreibe mir diese Tochter!" — „Sie war ein lichtes, entzückendes Gebilde des sonnigen Tages, blond, mit einem Haar wie flüssiges Gold. Ihre Augen wetteiferten mit dem schönsten Blau des Himmels; es gab in ihnen zuweilen ein Leuchten und Glühen, als ob der Blick Brillanten strahle. Wegen der Farbe dieser herrlichen Augen erhielt sie den Namen Semawa — Himmelsblau." — „Und sie kam später zu dem Grafen Polikeff?" — „Ja, aber nicht freiwillig. Sie war gleichsam seine Gefangene. Ich werde es dir erzählen." — „Sie ist es, sie ist es! Herr, mein Heiland, welch ein Tag, welch ein Tag!" — „Du kennst sie also?" — „Ich habe sie in Stambul gesehen mit dem Grafen. Sie ist mit ihm jetzt in Aegypten." — „Hast du mit ihr gesprochen?" — „Ja."

Steinbach befand sich wie im Fieber. Er hatte seine Fragen so schnell hintereinander ausgesprochen, daß Nena mit seinen Antworten kaum zu folgen vermochte. Der Indier warf einen forschenden Blick auf ihn.

„Verzeihe mir die Frage, Effendi," sagte er im bescheidenen Tone. „Ich thue sie nicht aus Neugierde. Liebst du sie?" — „Unendlich!" antwortete der Gefragte.

Nur seine Begeisterung war schuld, daß ihm die Antwort entfuhr, die er sonst wohl einem so untergeordneten Menschen gegenüber nicht gegeben hätte. Aber jetzt war ihm das alles ganz und gar gleich, und er fuhr fort:

„Wenn du mir Auskunft über ihr Verhältnis zu dem Grafen geben könntest!" — „Das kann ich, viel besser als jeder andere, vielleicht ebenso gut wie sie oder der Graf selbst!" — „So werde ich dich belohnen, daß du mehr, viel mehr als zufrieden sein sollst!" — „Du hast mich bereits überreichlich belohnt, indem du mir die Freiheit versprachst. Gieb mir jetzt noch ein Kleid, so verlange ich weiter nichts."

M. K.

Nena deutete auf sein armseliges Hemd. Steinbach nickte eifrig und zustimmend:

„Jawohl, natürlich! Ich vergesse dich ganz, indem ich nur an mich denke. Du sollst sofort haben, was du dir wünschest. Wir können ja dann auch von Semawa sprechen. Komm, folge mir!" — „Ist auch der Scheik gefangen?" — „Ja; du brauchst ihn nicht zu fürchten."

Schnell schritten sie dem Lager zu. Als sie durch die Zeltreihe gingen, sah man die Frauen erschrecken, als sie den Indier erblickten. Sie wußten nun, daß ihre Absicht verraten sei.

Steinbach führte Nena direkt in das Zelt des Scheiks. Die Frau desselben, eine alte Mumie, die ihres Mannes ganz würdig zu sein schien, fuhr beim Anblick des Sklaven zusammen.

„Kennst du diesen Mann?" fragte Steinbach. — „Ja, Effendi." — „Er braucht ein Gewand." — „Woher soll er es nehmen?" — „Von dir!" — „Von mir?" fragte sie erstaunt. „Unser Sklave ein Gewand von uns?" — „Ja, und zwar sofort! Oeffne deine Truhe und hole das beste Festkleid deines Mannes hervor."

Die Alte blickte ihn an, als ob sie ihn für nicht zurechnungsfähig halte.

„Na, schnell, schnell! Sonst helfe ich!"

Steinbach ergriff einen starken Kamelstrick, der an der Querstange des Zeltes hing, legte ihn vierfach zusammen und gab ihr einige Schläge.

„O Allah, Allah! Gleich, sofort!" heulte sie auf.

Jetzt hatte sie es so eilig, das Gewand zu holen und los zu werden, daß Nena in Zeit von zwei Minuten zu seinem großen Vorteil umgewandelt war und ganz einem reichen, ehrwürdigen Araber von guter Abstammung g'ich.

„Jetzt komm weiter," sagte Steinbach, führte Nena aus dem Zeltdorfe hinaus nach der Richtung, in der sich die Gefangenen befanden, und gab ihm an der geeigneten Stelle die Weisung:

M. K.   32*

„Bleib' hier hinter dieser Palme stehen. Wenn ich winke, kommst du zu mir!"

Darauf begab er sich zu den ganz in der Nähe lagernden Beni Suef, deren Scheik, als er ihn kommen sah, sofort seine Stimme laut erhob:

„O, Effendi, wir verlangen Gerechtigkeit. Wir sind Kriegsgefangene, aber keine Verbrecher. Warum hast du uns binden lassen? Warum läßt du uns die Fesseln auch jetzt noch nicht abnehmen?" — „Weil ihr sie verdient habt!" — „Dein Verdacht ist grundlos. Wir haben es mit unserer Unterwerfung ehrlich gemeint." — „Sagen das auch die Aeltesten?" — „Ja," erscholl es rund im Kreise. — „Ihr seid Lügner, obgleich ihr bereits mit dem einen Fuße im Grabe steht."

Da nahm der Scheik eine stolze, beleidigte Miene an und erwiderte:

„Effendi, wenn ich nicht dein Gefangener wäre, würde ich dich wegen dieser Beleidigung zur Rechenschaft ziehen!" — „Das traue ich dir zu. Vielleicht würdest du mich sogar zur Strafe in die Hütte sperren, wo du deine Bla halefa zu dörren pflegst."

Der Scheik erschrak, faßte sich aber sofort wieder und antwortete:

„Nein, sondern ich würde mit dir kämpfen, wie es sich für einen Krieger schickt und ziemt."

„Und ich würde dich mit der Peitsche bedienen, statt mit der Waffe, wie es einem feigen Mörder und Verräter nicht anders zukommt. Da, siehe diesen hier!"

Steinbach winkte Nena, der sogleich langsam und würdevoll herbeikam, den aber die Beni Suef in seiner gegenwärtigen Kleidung nicht sofort erkannten.

„Wer ist dieser Mann?" fragte der Scheik. — „Siehe ihn dir genauer an!" — „Ich habe ihn noch nie gesehen." — „Aber in die Dörrhütte hast du ihn gesteckt!" — „Allah!"

Erst jetzt wußte der Scheik, wen er vor sich hatte.

M. K.

„Nun, willst du mir vielleicht sagen, weshalb du diesen Mann eingesperrt hast?"

Der Scheik nahm ein höchst reserviertes Gesicht an und antwortete:

„Bin ich dir darüber Rechenschaft schuldig?" — „Ja." — „Er ist mein Sklave und nicht der deinige. Ich kann mit ihm machen, was ich will." — „Du irrst. Dein Sklave ist er gewesen. Jetzt sind wir Sieger, und

M. K.

so gehört er nicht mehr dir, sondern uns. Aus ganz demselben Grunde hast du mir überhaupt alle meine Fragen zu beantworten, wenn du nicht willst, daß ich dich zwingen soll."

Der Scheik warf einen giftigen Blick auf den Sprecher.

„Womit willst du mich zwingen?" — „Es giebt verschiedene Mittel, zum Beispiel Schläge."

Es giebt nichts Beleidigenderes für einen Araber, als wenn man ihm mit Schlägen droht.

„Mich prügeln?" brauste der Scheik auf. „Mich, einen Scheik, einen freien Sohn der Wüste!" — „Pah! Du bist nicht mehr Scheik und nicht mehr frei. Du bist besiegt und gefangen. Das merke dir nur. Also antworte! Was hat dieser Mann gethan, daß du ihn einsperrtest?" — „Er war ungehorsam." — „In welcher Weise?" — „Ich befahl ihm, zu arbeiten, und er that es nicht." — „Das ist eine Lüge. Du warst besorgt, er werde uns sagen, welchen Plan ihr gegen uns verabredet hattet. Du hast ihn so gebunden und vermummt, daß er gestorben wäre, wenn ich ihn nicht durch Zufall gefunden hätte." — „Er hat keine Veranlassung dazu. — Er will uns verderben!" — „Das hat er nicht nötig, denn ihr seid verdorben genug. Man wird auf das allerstrengste mit euch verfahren. Merkt euch folgendes: Ein jeder von euch, der nur Miene macht, ohne besondere Erlaubnis von der Stelle, auf der er jetzt sitzt, aufzustehen, wird augenblicklich erschossen. Diesen Befehl habe ich gegeben, und er wird ohne alle Nachsicht gegen euch erfüllt werden.

---

33. Kapitel.

Steinbach hätte vielleicht noch weitere und eindringlichere Bemerkungen zu den ihrer Hinterlist überführten Beni Suef gemacht, aber er wurde gestört, denn

M. K.

soeben kam Normann mit seinen Begleitern in das Zelt=
dorf geritten und meldete in deutscher Sprache, die keiner
der anderen verstand:

„Sie kommen!" — „Wie viele sind ihrer?" —
„Ich konnte sie nicht zählen. Sie reiten in einem dichten
Haufen." — „Und Tarik? Haben Sie ihn und seine
Truppe nicht auch bemerkt?" — „Nein." — „Werde
einmal selbst nachsehen. Führen Sie mich!"

Steinbach bestieg ein Pferd und ritt mit Normann
ein Stück vor die Oase hinaus. Da sah er durch das
Fernrohr am nördlichen Horizonte einen dunklen Punkt,
der sich näherte.

„Nicht wahr, sie sind es?" — „Ja. Und noch
weiter draußen ist es mir, als ob ich eine dünne Linie
sähe. Ich möchte wetten, daß dies Tarik mit seinen
Leuten ist. Wenn ich mich nicht verrechne, werden die
Beni Suef nach ungefähr drei Viertelstunden hier sein."
— „Wie empfangen wir sie?" — „So, daß nicht ein
einziger entkommen kann. Wir teilen uns deshalb in
drei Haufen. Von unseren siebenhundertundfünfzig Mann
reiten zweihundert nach Osten und ebenso viele nach
Westen. Sie gehen im Galopp fort, um von den heran=
ziehenden Suef nicht gesehen zu werden, bilden zwei
Viertelkreise, die sich im Norden mit Tariks Schar be=
rühren, ziehen sich dann immer näher heran und immer
enger zusammen. Die übrigen Leute außer den hundert,
die die Gefangenen in Schach zu halten haben, also über
zweihundert an der Zahl, bleiben hier zurück, um die
Ankommenden im geeigneten Augenblick draußen vor der
Oase zu empfangen. Auf einen Kampf hier zwischen den
Zelten dürfen wir es nicht ankommen lassen." — „Wer
soll kommandieren?" — „Ich hier im Lager. Sie
mögen die nach Osten bestimmte Schar befehligen und Hilal
die nach Westen reitende. Sie müssen es so einrichten, daß
Sie weder zu früh noch zu spät heran kommen. Wollen
eilen. Wir haben keine Zeit zu verlieren."

Sie kehrten nach den Zelten zurück. Nach wenigen

M. K.

Sekunden ritten Normann und Hilal mit ihren Leuten ab, der eine rechts und der andere links zum Lager hinaus.

Das war ganz selbstverständlich in der Weise geschehen, daß die gefangenen Beni Suef nichts davon gemerkt hatten, die nicht erfahren sollten, daß ihre Krieger sich näherten, und auch nicht, daß die Besatzung des Lagers durch die Entsendung der Vierhundert so bedeutend geschwächt worden war.

Nun trat eine längere Pause der Erwartung ein, in der Steinbach sich mit seinen zweihundertundfünfzig Reitern bis beinahe unter die letzten Palmen hinaus zurückzog, doch so, daß er von den nahenden Feinden nicht vorzeitig erkannt werden konnte. Dort wartete er.

Die Suef kamen im Trabe näher; ihre Bewegung war aber keineswegs eine schnelle, denn sie selbst und auch ihre Pferde waren müde und erschöpft. Außerdem brachten sie die Kunde ihrer Niederlage, und da ist man nicht so schnell, als wenn man der Ueberbringer einer Siegesbotschaft sein darf.

Steinbach ließ natürlich auch den östlichen und westlichen Horizont nicht aus den Augen. Dort war nur je eine, fast kaum bemerkbare Linie zu sehen, die sich schnell nach Norden zu ausdehnte, um diejenige Linie zu erreichen, welche die von Tarik befehligte Schar bildete. Diese Vereinigung mit derselben kam schnell zustande. Sie war vollzogen, noch ehe die Beni Suef sich der Oase so weit genähert hatten, daß man die einzelnen Reiter voneinander unterscheiden konnte. Nun brauchten Hilal und Normann nur noch Anschluß an Steinbach zu suchen, so waren die Feinde eingeschlossen.

Diese kamen unterdessen ganz unbesorgt näher, und Steinbach bemerkte durch das Fernrohr, daß sie sich sehr oft nach Tariks Schar umblickten, von der sie verfolgt wurden. Sie schienen gar nicht begreifen zu können, daß eine so kleine Schar es wage, sich an ihre Fersen zu heften.

Jetzt sonderten sich einige, die sich im Galopp
M. K.

näherten, von ihnen ab. Sie sollten jedenfalls den Ihrigen in der Oase das Nahen der Krieger verkündigen und sie auf die Kunde von dem Mißlingen des Kriegszuges vorbereiten.

Da zog Steinbach seine Leute etwas zurück, blieb aber selbst mit einer genügenden Anzahl vorn seitwärts halten, um die Boten, die nur ihrer fünf waren, vorüber zu lassen und in die Mitte zu nehmen.

Als diese kamen und sich der Oase näherten, schienen sie sich immer mehr darüber zu wundern, daß auf dieser Seite sich keine Herden befanden, und man sah, daß sie wiederholt umherblickten. Jetzt erreichten sie die Palmen und trabten an Steinbach vorüber, den sie nicht bemerkten. Sofort schwenkte dieser hinter ihnen ein und rief ihnen zu: „Halt!"

M. K.

Verwundert hielten sie an und blickten zurück. Es kam ihnen erstaunlich vor, eine Anzahl Reiter hinter sich zu sehen, die sie vorher gar nicht bemerkt hatten.

„Woher kommt ihr?" fragte Steinbach.

Die Boten kamen ein wenig näher, und einer meinte: „Das haben wir zu fragen, nicht aber ihr. Ihr seid hier fremd. Woher kommt ihr?" — „Aus dem Norden." — „Das ist nicht wahr." — „Weißt du es etwa besser?" — „Ja. Wir müßten euch gesehen haben." — „Was kann ich dafür, daß ihr die Augen nicht besser aufgethan habt!" — „Deine Zunge scheint nicht eine Freundin der Höflichkeit zu sein. Zu welchem Stamme gehört ihr?" — „Diese Männer sind Beni Sallah." — „Sallah! du lügst!" — „Schäme dich! Ich bin Masr-Effendi, den du wohl kennen wirst." — „Masr-Effendi? Der ist im Norden bei den Beni Sallah. Du also kannst er nicht sein." — „Ich bin es. Ich habe euch gestern in den Dünen vor dem Kampfe gewarnt, ihr habt meinem Rate nicht gefolgt und seid in das Verderben gerannt. Ihr meint vielleicht, uns entkommen zu sein, habt euch aber geirrt. Wir sind eher da als ihr. Ich fordere euch auf, euch zu ergeben!" — „Bist du wahnsinnig? Hier in unserem Duar?"

Der Suef zog seinen Wurfspieß aus dem Riemen.

„Laß den Spieß stecken!" meinte da Steinbach. „Was willst du gegen uns ausrichten! Siehe dich nur um!"

Der Suef blickte hinter sich und bemerkte nun allerdings die Feinde, die soeben auf einen Wink Steinbachs herbeikamen, um die fünf Reiter zu umzingeln.

„Allah ist groß!" rief der Mann, da er sofort bemerkt hatte, daß die Beni Sallah auch groß waren, wenigstens in Beziehung auf ihre Anzahl. Gleich darauf wurde er mit seinen vier Begleitern so schnell zusammengedrängt und von den Tieren gerissen, daß ihnen gar kein Gedanke an Gegenwehr beikam, viel weniger aber ihnen die Zeit dazu geboten wurde.

„Entwaffnet sie schnell und schafft sie zu den anderen
M. K.

Gefangenen," befahl Steinbach, der sah, daß es für ihn nun Zeit sei, den Beni Suef entgegen zu gehen, denn diese befanden sich schon so nahe, daß man beinahe ihre Gesichter voneinander unterscheiden konnte. Dann ließ er seine Leute eine doppelte Reihe bilden und sprengte mit ihnen im Galopp gerade auf die Beni Suef zu.

Diese blieben augenblicklich halten, als sie eine so starke Reiterschar unter den Palmen heraus sich entgegen= kommen sahen. Waren das Freunde? Etwa ihre eigenen alten, kampfunfähigen Leute? Nein, das war nicht möglich. Feinde aber konnten es auch nicht sein, denn woher hätten diese jetzt kommen sollen! Vielleicht waren es die Krieger eines befreundeten Stammes, die gekommen waren, eine festliche Phantasia mit ihnen abzuhalten.

Da sie sich diese Fragen nicht beantworten konnten, so blieben sie halten, um das Weitere abzuwarten. Schon war Steinbach, den Seinen voran, ganz nahe herbei= gekommen, hielt sein Pferd an und sagte:

„Die Krieger der Beni Suef haben schlechte Pferde, daß sie ihre Feinde eher an ihr Zeltdorf kommen lassen." — „Seid ihr etwa Feinde?" fragte einer, der den An= führer zu machen schien. — „Ja." — „Bei Allah, ihr seid aufrichtig!" — „Wir sind Männer. Nur Weiber pflegen zu leugnen, wer sie sind und was sie wollen." — „Zu welchem Stamme gehört ihr?" — „Zu dem, der euch besiegte." — „Zu den Beni Sallah?" — „Ja." — „Scherze nicht! Wie könnten die Hunde der Beni Sallah bereits vor uns hier angekommen sein!" — „Weil sie bessere Reiter sind als ihr." — „Mann, willst du uns beleidigen? Ich sage dir, ehe es einem Beni Sallah gelingt, uns — — —"

Der Anführer wurde unterbrochen, denn einer seiner Krieger, der ganz hinten gehalten und infolgedessen Steinbach nicht deutlich gesehen hatte, war weiter nach vorn gekommen und rief im Tone des Schrecks:

„Masr=Effendi!" — „Wer? Dieser Mann hier?" fragte der Anführer. — „Ja, er ist es." — „Hölle und

M. R.

Teufel! Irrst du nicht?" — „Nein. Ich habe ihn
gestern genau gesehen, als er Omram niederschlug."

Diese Kunde brachte die Wirkung hervor, daß die
Beni Suef alle zu den Waffen griffen.

„Laßt die Waffen in Ruhe!" sagte jedoch Steinbach.
„Es nützt euch nichts."

Die Beni Suef zählten wohl ebenso viel wie die
Beni Sallah.

„Uns nichts nützen?" fragte der Anführer höhnisch.
„Wir werden euch gleich zeigen, wem es nützt und wem
es schadet, uns oder euch!"

Mit diesen Worten erhob er den scharfen, spitzen
Dscherid zum Wurfe.

„Halt!" rief da Steinbach, indem er gebieterisch den
Arm erhob. „Kein unnützes Blutvergießen! Wir haben
euer Dorf besetzt. Alle eure Einwohner sind unsere Ge=
fangenen. Wenn Blut fließt, so werden von ihnen so
viele büßen müssen, wie ihr jetzt von den Unsrigen ver=
wundet!" — „Allah! Gefangen sind sie?" — „Alle,
auch der alte Scheik. Uebrigens dürft ihr nicht meinen,
daß wir so schwach sind wie ihr. Blickt euch um, rechts
und links und auch hinter euch!"

Die Suef hatten bisher ihr Augenmerk nur gerade=
aus gerichtet. Darum war ihnen entgangen, was auf
den andern Seiten geschehen war. Die Scharen Hilals
und Normanns hatten sich mit derjenigen Tariks ver=
einigt und kamen nun im Galopp heran gesprengt, die
Beni Suef von allen Seiten einschließend. Ehe diese
sich von ihrem Schreck erholt hatten, waren sie von allen
Seiten umzingelt, und die Beni Sallah rückten augen=
blicklich so eng zusammen, daß sie mit ihren Kugeln in
den Haufen der Feinde schießen konnten.

„Seht ihr nun, daß jeder Widerstand vergeblich ist?"
fragte Steinbach. „Ich hoffe, daß ihr das thut, was zu
eurem Frieden dient! Ihr haltet in der Mitte. Wenn
jeder von uns nur eine Kugel sendet, seid ihr alle tot."

Die Beni Suef schoben ihre Pferde enger aneinander
M. K.

und berieten sich. Es war ihren Blicken anzusehen, in welcher Wut sie sich befanden. Nach einer Weile schienen sie einig geworden zu sein. Derjenige, der bisher ge= sprochen hatte, nahm wieder das Wort und fragte:

„Du hast das Dorf bereits erobert?" — „Ja." — „Und alle Bewohner gefangen genommen?" — „Alle." — „Welche Bedingungen stellst du uns, wenn wir uns ohne Kampf ergeben?" — „Wir schenken euch das Leben." — „Weiter nichts? Was wird mit unserm Eigentum?" — „Darüber wird noch beraten. Uebrigens wollen wir nicht, daß ihr verhungern sollt." — „Diese Bedingung ist hart." — „Der alte Scheik hat sie auch angenommen. Er hat mit allen seinen Leuten den Tod verdient, denn er hatte den Entschluß gefaßt, Ergebung zu heucheln, uns aber dann im Schlafe zu ermorden. Es wird auf euer Verhalten ankommen, ob wir uns dafür rächen oder nicht." — „Ich kann es nicht auf mich nehmen, uns zu ergeben. Ich bin nur einstweilen Anführer. Hole den alten Scheik herbei. Was er uns sagt, das werden wir thun!"

Da gab Hilal Steinbach einen Wink, kam rasch herbei geritten und sagte:

„Willst du das wirklich thun?" — „Ja, und zwar magst du selbst den Alten herbeiholen." — „Wozu? Warum diese lange Verhandlung? Hätten die Suef mit uns verhandelt, wenn sie Sieger geworden wären?" — „Vielleicht doch. Wenigstens können wir das Gegenteil nicht behaupten, da sie uns eben glücklicher Weise nicht besiegt haben." — „Dennoch brauchen wir nicht so über= mäßig langmütig zu sein. Soll das, was sie thun, von einem abhängig sein, der unser Gefangener ist? Sind wir nicht achthundert gegen kaum mehr als zweihundert?" — „Aber wenn es zum Kampfe kommt, werden sie sich wehren und mehrere von uns töten und viele verwunden. Warum soll Blut vergossen werden, wenn es nicht un= umgänglich nötig ist!" — „Du magst recht haben, aber diese Hunde verdienen keine Schonung." — „Ich schone

M. K.

uns, indem ich sie schone. Reite du selbst in das Lager
und hole den Alten!" — „Gut! Aber wehe ihm, wenn
er es wagt, ein Wort zu sagen, das mir nicht gefällt.
Ich stoße ihm den Dolch in das Herz, daß seine Seele
in die Hölle fährt!"

Hilal ritt fort. Die beiden Parteien beobachteten
einander unterdessen mit finsteren Blicken.

Es dauerte nicht lange, so kehrte Hilal zurück. Er
ritt, der Alte aber mußte neben ihm herlaufen. Bei
Steinbach angekommen, stieg Hilal ab, ergriff den Scheik,
der natürlich noch gefesselt war, beim Kragen und sagte
zu ihm:

„Diese tapferen Krieger wollen wissen, ob sie sich
ergeben sollen oder nicht! Teile ihnen mit, was du
für das beste für dich hältst!"

Dabei zog er seinen Dolch.

„Willst du mich erstechen?" fragte der Scheik. —
„Wenn sie sich nicht ergeben, bist du der erste, der in
die Hölle wandert."

Der Alte sah, daß er es mit einer sehr ernst ge=
meinten Drohung zu thun habe. Er warf einen Blick
über seine Leute und dann auf die ihnen viermal über=
legenen Beni Sallah und sagte:

„Es ist hier ein jeder Widerspruch vergeblich. Be=
herrscht eure Tapferkeit und ergebt euch!" — „Wie
können sie etwas beherrschen, was sie gar nicht besitzen!"
brummte Hilal. — „Sollen wir uns etwa auch ent=
waffnen lassen?" fragte der Anführer. — „Ja." —
„Scheik, wir sind keine Feiglinge gewesen! Wir haben
gekämpft." — „Und dann seid ihr tapfer davongelaufen,"
rief Hilal. „Ich habe keine Lust, darauf zu warten,
was ihr nach langer Beratung beschließen werdet. Er=
gebt euch sofort, sonst seid nicht nur ihr verloren, sondern
auch alle eure Leute im Dorfe." — „Und auch alle, die
ich noch gefangen habe!" erklang es hinter den Beni Suef.

Dort hielt Tarik mit seiner Verfolgerschar. Er
hatte Steinbach von weitem grüßend zugenickt, aber noch

M. K.

Hilal ritt, der Alte aber mußte neben ihm herlaufen.
(Seite 510.)

M. K.

nicht mit ihm gesprochen. Jetzt, als er diese Worte sagte, deutete er hinter sich. Die sechzig Mann, mit denen er die Verfolgung der Feinde unternommen hatte, bildeten eine Reihe, die sich jetzt öffnete, damit man sehen könne, wer sich hinter ihnen befand. Dort hielten, auf Pferde und Kamele gebunden, und die Tiere aneinander gefesselt, wohl an die fünfzig gefangene Beni Suef, die auf der Flucht von den Leuten Tariks ergriffen und entwaffnet worden waren. Es war das ein glänzender Beweis dafür, daß Tarif ein guter Anführer sei.

Als die Beni Suef diese Gefangenen sahen, sagte ihr Anführer:

„Wollen wir schuld an dem Tode so vieler der Unsrigen sein? Das willst du wohl nicht, o Scheif." — „Nein. Wir haben schon so viele verloren. Seid ihr etwa die einzigen, die zurückkehren?" — „Die einzigen." — „O Allah. Wo sind denn die anderen?" — „Wenige sind gefangen; die anderen alle aber liegen erschlagen in der Nähe des Dorfes der Beni Sallah. Diese hatten von unserem Zuge erfahren, und darum gelang es ihnen, uns versteckt zu empfangen und zu besiegen." — „Allah hat ein großes Herzeleid ausgegossen über unseren Stamm. Unsere Weiber werden heulen, unsere Kinder werden klagen, und unsere Kindeskinder werden weinen. Verflucht sei —" — „Halt!" schrie Hilal, ihm die Spitze des Dolches vor die Nase haltend. „Wenn du etwa schimpfst, Alter, so stirbst du!"

Natürlich schwieg der Scheif.

„Steigt von den Tieren und gebt eure Waffen ab!" gebot Tarif, der neue Scheif der Beni Sallah. — „Was hat dieser zu sagen?" zürnte der Anführer. — „Er ist der Scheif," erklärte Steinbach.

Da sagte der Mann nichts weiter, sprang vom Kamele und gab seine Waffen ab. Steinbach aber ritt zu ihm und erkundigte sich:

„Nicht wahr, es haben sich zwei Freunde bei euch befunden, die mit dem ausgestoßenen Faleßd zu euch

M. K.

kamen?" — „Ja, ein Pascha und ein Russe." — „Wo
sind sie?" — „Ich weiß es nicht." — „Du mußt es
wissen." — „Bin ich Allah, daß du mich für allwissend
hältst?" — „Sie sind bei euch gewesen; sie sind auch
mit euch zurückgekehrt, um die Beni Sallah zu über=
fallen. Ihr müßt also wissen, wo sie sind." — „Habt
ihr sie nicht gefangen?" — „Nein." — „Oder bei den
Toten gefunden?" — „Auch nicht. Waren sie denn
bei den Kämpfenden?" — „Da waren sie freilich nicht.
Sie wollten unseren Schutz; aber sie waren zu feige, mit
uns und für uns zu kämpfen. Sie sind im Lager bei
dem Troß zurückgeblieben. Wenn ihr sie weder gefangen
genommen noch getötet habt, so sind sie entflohen." —
„Wohin sollten sie in der Wüste fliehen?" — „Vielleicht
ist der Suef mit ihnen, der des Riesen Sklave war. Er
kam mit ihnen und blieb bei den Wächtern des Trosses."
— „Ihr habt sie also auf eurer Flucht nicht getroffen?
Ihr könnt das beschwören?" — „Beim Propheten und
allen Kalifen. Hätten wir sie getroffen, so hätten wir
sie von uns gejagt, sie, die unsere Gastfreundschaft ver=
langten und doch nicht mit uns kämpften. Feiglinge
brauchen wir nicht."

Steinbach sah dem Manne an, daß er die Wahrheit
sagte. Normann aber, der die Unterredung gehört hatte,
meinte enttäuscht:

„Das ist höchst fatal! Eigentlich haben wir nur
dieser Kerle wegen den Ritt mitgemacht." — „Wenn
auch nicht ganz nur aus diesem Grunde, so gestehe ich doch,
daß es mir höchst unangenehm ist, daß sie entkommen
sein sollen." — „Hängt uns etwa dieser Kerl eine Finte
auf?" — „Nein, gewiß nicht. Ich bin auch der Ansicht,
daß sie das Hasenpanier ergriffen haben, als sie bemerkten,
daß wir am Siege waren." — „Wie aber konnten sie
entkommen? Wir mußten doch jeden Reiter sehen. Und
wo einer sich blicken ließ, wurde er verfolgt." — „Hm.
Auch mir ein Rätsel." — „Ob sie sich zu Fuße fort=
geschlichen haben?" — „Das wäre Wahnsinn. Freilich

ist es leicht möglich, daß sie es aus Unüberlegtheit gethan haben. In diesem Falle sind sie verloren — ohne Tier, ohne Nahrung und Wasser." — „Hm. Sie werden doch nicht auf den Gedanken gekommen sein, sich das alles, also Reittiere, Wasser und Datteln bei den Beni Sallah zu nehmen?" — „Mir kam soeben derselbe Gedanke." — „Es wäre ihnen zuzutrauen." — „O nein. Im Grunde sind sie feige." — „Aber ehe man verhungert, verdurstet oder verschmachtet, unternimmt man wohl ein Wagnis." — „Ich gebe es zu. Dazu ist wahrscheinlich der Suef bei ihnen, der jeden Winkel und alle Verhältnisse des Lagers kennt. Dort wachen die Beni Abbas, welche fremd sind und gestern jedenfalls den Sieg gefeiert haben. Nach so einer Feier schläft man gut und lange." — „Ich beginne, besorgt zu werden." — „Ich ebenso. Jedenfalls wird meines Bleibens hier nicht lange sein. Ich hatte mit größter Sicherheit darauf gerechnet, den Grafen und den Pascha hier gefangen zu nehmen. Es wäre wirklich ungeheuer fatal, wenn diese Kerle uns entkämen." — „Und wir müßten abermals von neuem beginnen." — „Machen wir unsere hiesigen Obliegenheiten so schnell wie möglich ab. Es wird mir wirklich ein wenig warm zu Mute. Schließlich ist es gar nicht notwendig, daß wir hier so lange bleiben wie die Beni Sallah, wir können eher gehen. Vielleicht ist es uns dann noch möglich, eine Spur der beiden Verschwundenen zu entdecken. Uebrigens befindet sich einer hier, der den Grafen ebenso sehnlich erwartet hat, wie ich." — „Wer?" — „Ein früherer Diener von ihm, den ich von heute an in meine Dienste nehmen will. Sie werden noch weiteres von ihm hören. Ich eile jetzt zu ihm. Sehen Sie darauf, daß die Gefangenen sicher in das Dorf zu den anderen gebracht werden!"

M. L.

34. Kapitel.

Steinbach ritt fort. Um Nena zu finden, brauchte er gar nicht bis in das Dorf zu kommen. Der Indier, begierig, den Grafen zu sehen, war nicht bei den Zelten geblieben, sondern den Kriegern nachgefolgt. Er kam jetzt zu Steinbach heran und fragte, an seiner Seite nach dem Dorfe schreitend:

„Ist er da, Effendi?" — „Leider nein. Es ist ihm einstweilen gelungen, zu entkommen." — „Wie schade! Du warst so überzeugt, daß du ihn fangen würdest?" — „Hoffentlich ergreife ich ihn noch." — „Nun wohl kaum, denn die Wüste ist groß und weit." — „Aber sie hat ihre Spuren und Fährten." — „Kannst du diese lesen?" — „Ja." — „So sollten wir eigentlich sofort aufbrechen. Man darf da keine Zeit verlieren." — „Du willst also mit mir gehen?" — „Bis an das Ende der Welt und auch noch einige Tagereisen darüber hinaus." — „Ich bin einverstanden. Wir werden den Grafen suchen. Finden wir ihn, so sollst du gerächt werden." — „Reiten wir also sofort ab." — „So schnell geht das nicht. Ich habe doch noch einiges zu thun."

Als die neuen Gefangenen in Bewachung gegeben waren, glaubte Steinbach, nun Muße zu haben, mit Nena über Gökala reden zu können, aber er kam noch nicht dazu, denn Tarik suchte ihn auf.

„Effendi," sagte dieser, „mein Stamm schuldet dir unendlichen Dank. Wir werden denselben niemals ab= tragen können. Diesen großen Sieg und alle seine Folgen haben wir nur durch dich." — „Dankt mir dadurch, daß ihr die besiegten Beni Suef menschlich behandelt." — „Das werden wir. Eigentlich müßten sie unsere Sklaven sein. Wir könnten ihre Palmen zerstören, ihre Brunnen zuschütten und ihnen alles nehmen." — „Das werdet ihr nicht." — „Nein. Wir werden ihnen unsere Beute nehmen und alle Waffen, damit sie nicht wieder gegen uns kämpfen können, doch lassen wir ihnen von ihren Herden und Vorräten soviel, daß ihnen genug zum Leben übrig bleibt, aber auch nicht mehr. Sie müssen in allem von uns abhängig sein, dürfen keinem anderen Menschen etwas bezahlen können und sollen gezwungen sein, alles von uns zu kaufen. So sind sie nicht Sklaven, aber doch abhängig von uns." — „Erzieht sie immerhin zu Kriegern. Ihr könnt sie gebrauchen. Hoffentlich seid ihr stets gute Freunde des Vicekönigs." — „Ich war es bereits und werde es sein und bleiben. Hat er nicht dich zu uns gesandt? Hat er uns nicht durch dich die neuen Gewehre geschickt, durch die wir siegten, und Munition und viele andere Geschenke? Sprachst du nicht davon, daß wir einen Vertrag mit ihm machen sollten?" — „Ja, er wünscht es." — „Einen ge= schriebenen Vertrag auf Pergament?" — „Nein. Ihr seid Männer und redet keine Unwahrheit. Euer Wort gilt, ganz gleich, ob es geschrieben oder gesprochen ist." — „Du hast recht, sage dem Vicekönig also, daß er uns als seine Freunde betrachten solle. Wenn er uns braucht, soll er es uns sagen, und wir werden thun, was er wünscht." — „Ich werde es ihm mitteilen." — „Und ihm auch alles erzählen, was bei uns geschehen ist?" — „Alles. Ich werde ihm sogar noch mehr erzählen müssen, als du selbst jetzt weißt." — „Was wäre das?" — „Daß Falehd tot ist." — „Ah! Er ist gestorben. Hat er mit gekämpft?" — „Nicht mit den Beni Suef, sondern auf eigene Faust. Er ist in das Lager gegangen und in die Ruine eingedrungen." — „O Allah. Was ist da geschehen? Hat er einen Mord, eine Unthat be= gangen?" — „Er wollte es, aber es ist ihm nicht gelungen."

Steinbach erzählte, was geschehen war, und beruhigte dadurch das Gemüt Tariks, dem es bereits angst um die Königin geworden war.

Ersterer wollte hieran noch Erläuterungen knüpfen, aber Tarik wurde geholt. Es sollte über die Beute ein

M. K.

Beschluß gefaßt werden, wozu die bedeutenderen Krieger zur Beratung zusammentraten.

Natürlich wurde auch Steinbach aufgefordert, daran teilzunehmen; er schlug es aber ab. Die Beuteangelegenheit war ihm zu unerquicklich, und überdies trieb ihn sein Herz, sich von Nena über Gökala erzählen zu lassen. Er rief also diesen zu sich und ging mit ihm ein Stück fort, wo es kein Geräusch gab — unter den Palmen hin bis fast an den Rand der Dattelpflanzung, wohin der Jubel der Sieger nicht zu dringen vermochte. Schon hatte er dem Indier eine Frage vorgelegt; da blieb dieser stehen, zeigte anstatt der Antwort zwischen den Bäumen hinaus in die Wüste gegen Norden und sagte:

„Dort kommt ein Reiter! Wer ist das?"

Steinbachs Auge folgte der angegebenen Richtung. Wirklich, dort kam er heran, und zwar so schnell, wie sein Kamel zu laufen vermochte. War das ein flüchtiger Beni Suef?

„Komm' schnell!" sagte er und eilte unter den Bäumen weiter bis zu der Stelle, an der der Reiter die Palmen erreichen mußte. Dort stellten sich beide hinter die Stämme und warteten.

Der Reiter kam mit Windeseile näher. Steinbach erkannte bereits das Gesicht — der Mann war ein alter Beni Sallah; Steinbach wußte das ganz genau. Er hatte ihn ja mehrere Male gesehen. Eine bange Ahnung bemächtigte sich seiner. Es war ein Eilbote. Einen solchen sendet man nur, wenn etwas Wichtiges geschehen ist. War es etwas Gutes oder Böses?!

Steinbach trat unter den Palmen hervor und ging dem Boten schnellen Schrittes entgegen. Da erkannte ihn dieser und rief schon von weitem:

„Allah sei Dank! Du bist es? Ich fand niemand, mich zu erkundigen. Ich wußte nicht, ob es euch gelungen sei, das Lager zu erobern." — „Wir haben gesiegt." — „Ist viel Blut geflossen?" — „Kein Tropfen."

M. K.

— „Effendi, du thust Wunder über Wunder! Thue aber nun noch eins in der Sache, wegen der ich zu dir gesandt werde." — „Ist es eine gute?" — „Eine sehr schlimme." — „O wehe! Erzähle!" — „Gleich! Laß mich nur vorher absteigen! Mein Tier hat nicht einen Augenblick ruhen dürfen, und mein Leib ist wie Wasser, das keinen Halt hat."

Auf sein Zeichen legte sich das Kamel nieder, und er stieg ab.

„Wollen wir nicht in das Lager gehen," sagte er, „wo ich meine Botschaft verkündigen kann?"

„Sage sie erst mir allein. Wenn es wirklich etwas Schlimmes ist, so ist es vielleicht möglich, daß es Personen giebt, die wir es besser gar nicht wissen lassen." — „Ganz, wie du willst. Die Königin ist fort!" — „Was? Wie?" rief Steinbach erschrocken. — „Und Hiluja!" — „Höre ich recht?" — „Und Zykyma!" — „Wohin?" — „Wir wissen es nicht." — „Ihr müßt es doch wissen! Sind sie denn vielleicht unfreiwillig fort?" — „Ja, freilich." — „Also geraubt! Von wem?" — „Von dem Grafen, dem Pascha und dem Suef." —

„Mein Gott! Wie ist das geschehen? Erzähle, erzähle!"

Der Mann erzählte den Vorgang, wie er ihn kannte. Steinbach hörte zu, erstaunt, erzürnt, sogar ergrimmt über die Sorglosigkeit der Wächter. Als der Bericht zu Ende war, rief er:

„Um Gotteswillen! Mitten aus dem bewachten Lager herausgeholt! Seid ihr denn des Teufels, ihr Leute?" — „Ja, Effendi, das ist das richtige Wort — des Teufels. Alle wissen, daß der Teufel es gewesen ist." — „Unsinn!" — „Ganz gewiß! Es war die Sonne der Nacht da, da ist die Hölle offen." — „Sagtest du nicht soeben, der Russe, der Türke und der Suef seien es gewesen?" — „Der Teufel hat nur ihre Gestalt angenommen." — „Das ist ein nicht nur dummer, sondern sogar ein gefährlicher Aberglaube. Ist die Ent=

M. K.

führung denn sogleich bemerkt worden?" — „Ja, von Said, dem Arabadschi." — „Und ist niemand den Mädchenräubern nach?" — „Nur eben der Arabadschi. Er hat sich auf el Sjelßele gesetzt." — „Was ist das?"

— „Die windesschnelle Stute des Scheiks der Beni Suef. Er wollte die Räuber verfolgen; aber es gelang ihm nicht. Wir haben sehr genau gesehen, daß er auf Sjelßele in der Luft davongeritten ist. Der Teufel hat

M. K.

ihn geholt." — „O sancta simplicitas! Warte hier!
Ich werde dich holen oder dich rufen lassen. Wir müssen
alles Aufsehen vermeiden. Noch weiß ich nicht, ob es
geraten ist, Tarik von diesem unglücklichen Vorkommnisse
etwas zu sagen."

Steinbach ging, um zunächst Hilal aufzusuchen. Er
nahm ihn beiseite und teilte ihm die traurige Kunde
in schonender Weise mit. Der Schreck Hilals war groß.
Seine Aufregung war gar nicht zu beschreiben.

„Hiluja fort! Entführt! Bei allen Geistern der
Wüste, das werde ich blutig rächen!" rief er aus.
„Effendi, wir müssen aufbrechen, sofort aufbrechen. Ich
eile, es Tarik zu sagen." — „Halt! Warte noch! Soll
Tarik mit?" — „Ja. Die Königin ist ihm ja auch
gestohlen worden. Warum sollte er hier bleiben?"

„Er hat als Scheik Verpflichtungen, die ihn hier
zurückhalten." — „Er wird einen Stellvertreter hier lassen,
der diese Pflichten erfüllt." — „Das wird nicht geraten
sein. Er hat seinen ersten Feldzug unternommen und
seinen Sieg gewonnen. Er darf nicht im mindesten versäumen, das zu thun, was er zu thun hat." — „Soll
er etwa zugeben, daß man ihm seine Geliebte, seine
Braut, unsere Königin geraubt hat?" — „Das soll er
freilich nicht." — „Nun, so muß er sie sich wiederholen;
er muß die That rächen." — „Dazu ist seine Gegenwart
nicht unumgänglich notwendig. Er kann auch nicht mehr
thun, als wir beide." — „Wie? Er soll nicht mit uns
ziehen? Glaubst du, sein Herz würde ihm Ruhe lassen?
Glaubst du, unsere Krieger würden ihn achten können
und noch Respekt vor ihm haben, wenn er sich von dem
Rachezuge ausschließen wollte?" — „Ich denke, er und
sie sollen einstweilen noch gar nichts von dem Geschehenen
erfahren." — „Wie? Höre ich recht? Meinst du
wirklich, daß ich schweigen könnte? Man hat uns den
größten Schimpf angethan; man hat unsere Herrscherin
mitten aus unserem Lager geraubt, und ich sollte es ver-

M. K.

schweigen? Das ist ganz unmöglich. Ich eile, es zu verkünden."

Steinbach wollte ihn zurückhalten, aber der junge Mann ließ sich nicht halten. Er begab sich zu Tarik, aber da dieser nicht allein, sondern von mehreren Kriegern umgeben war, hörten auch diese die Nachricht, und so verbreitete sich letztere wie ein Lauffeuer weiter.

Lautes Klagegeheul erhob sich. Alles rannte durch= einander. Der Bote wurde herbeigeholt und von Gruppe zu Gruppe geführt, wo er das Vorkommnis erzählen mußte. Der ganze Stamm erklärte einmütig, daß man sofort aufbrechen müsse, um die Uebelthäter zu ver= folgen und die That zu rächen.

Steinbach und Normann waren die einzigen, die äußerliche Ruhe zeigten, und ersterer nahm Tarik vor, um ihm Vorstellungen zu machen. Der junge Scheik wollte nichts davon hören, daß er hier zurückbleiben sollte. „Meinst du, daß ich hier ruhen könnte?" fragte er. „Badija ist fort, und ich soll hier sitzen bleiben und Datteln essen!" — „Nicht Datteln essen sollst du, sondern deine Pflichten als Anführer und Scheik erfüllen." — „Das werde ich ohnedies." — „Es ist nicht so leicht und schnell gethan." — „So! Was meinst du denn, daß ich zu thun habe?" — „Du hast die Unterwerfung der Beni Suef zu vollbringen." — „Das ist bereits voll= bracht. Sie sind ja besiegt." — „Du hast Maßregeln zu treffen in Beziehung auf die Regierung und Verwaltung ihres Stammes." — „Dazu bedarf es keiner Maßregeln. Sie sind uns unterthan und haben uns zu gehorchen." — „Je schneller ihr aber hierhin handelt, desto härter werdet ihr gegen die Beni Suef sein." — „Wollten sie etwa weich gegen uns verfahren? Sollen wir sie küssen, wenn sie uns schlagen? Dein Herz ist voller Milde, und auch das meinige ist nicht von Stein; aber die Wüste hat ihre eigenen Gesetze; ihre Bewohner handeln nach eisernen Regeln. Auge um Auge und Blut um Blut. Wir haben uns an den Suefs zu rächen, und das

M. K.

müssen wir thun, schon um unseres eigenen Wohles willen.
Ich übergebe dann das Kommando der siegreichen Karawane
einem meiner zuverlässigsten Krieger und eile unterdessen
vorwärts. In einer Stunde können wir aufbrechen."

Steinbach bat noch einmal, die Beni Suef nicht allzu
hart zu behandeln, da antwortete Tarik:

„Deine Bitte ist gut, aber unnütz. Ich werde so
schonend wie möglich mit ihnen verfahren, auch ohne daß
du diesen Wunsch wiederholst. Ich will nicht hart gegen
sie, aber auch nicht ungerecht gegen meine Leute sein.
Uebrigens sage mir, wer eigentlich die Schuld trägt, daß
Badija, Hiluja und Zykyma uns geraubt werden konnten!
Nicht etwa die Beni Suef? Sind sie es nicht, die den
Russen, den Pascha und den Suef bei sich aufgenommen
haben? Hat nicht allein ihr Kriegszug den Räubern
Gelegenheit gegeben, den Raub auszuführen? Soll ich
solchen Leuten etwa die Datteln lassen und mir die
Steine nehmen? Ich will sie nicht an ihrem Leben be=
strafen. Sie haben zwei Drittteile ihrer Krieger verloren;
das ist schlimm genug. Aber ihre Reichtümer darf ich
ihnen nicht lassen, sonst erholen sie sich schnell, tauschen
Waffen ein, suchen sich Verbündete und fallen über uns
her. Sind sie arm, so bekommen sie keinen Verbündeten,
können sich keine Waffen verschaffen und sind in allen
Dingen von uns abhängig. Ich bin der Scheik meines
Stammes und habe für das Wohl desselben zu sorgen.
Das werde ich thun und dabei so viel Milde walten
lassen, wie sich mit meiner Pflicht verträgt."

Das war mannhaft und kernig gesprochen. Steinbach
mußte ihm recht geben. Dieser junge Mann ließ sich
als Scheik ganz außerordentlich gut an. Wenn er so
fortfuhr, konnte er seinem Stamme und folglich auch sich
eine große Zukunft bereiten. Es war natürlich nicht von
ihm zu verlangen, hier in der Wüste, wo das Vergeltungs=
recht ohne alle Einschränkung herrscht, nach Regeln zu
handeln, die unter civilisierten Nationen am Platze sind,

M. K.

hier aber als Schwachheit betrachtet und verdammt
worden wären.

Das Klagegeschrei verstummte rasch. Es ging zur
Beute. Sagt doch schon der Prophet Jesaias in seiner

berühmten Weissagung: „Wie man fröhlich ist, wenn man
Beute austeilet!"

Von allen vorhandenen Tierarten wurde natürlich
M. K.

nur das Beste ausgewählt, und im übrigen ließ man den Suefs nur so viel, als sie zum Leben nötig hatten.

Nun wurden alle vorhandenen Wasserschläuche gefüllt und viele Säcke mit Futterdatteln aufgeladen. Eine ungeheure Herde war es, die von den Beni Sallah zusammengetrieben wurde. Der Stamm wurde um das Doppelte reicher als er früher gewesen war. Von den Siegern umschwärmt, brach diese Herde auf, nach dem Ferß el Hadschar zu, wo die einzige Gelegenheit war, unterwegs das Wasser zu erneuern.

Die hundert Sallah, die die Gefangenen bisher zu bewachen gehabt hatten, blieben bis morgen früh in dem eroberten Zeltdorfe zurück, um die Besiegten an Ungehörigkeiten zu verhindern.

Natürlich sahen diese letzteren mit stillem Ingrimm zu, daß der größte und beste Teil ihrer Habe fortgeschafft wurde. Die meisten von ihnen brüteten Rache, mußten sich aber doch im stillen sagen, daß ihnen die Macht und Gelegenheit auf lange, lange Zeit hinaus genommen sei. Andere aber richteten ihren Zorn nicht gegen die Sieger, sondern gegen diejenigen ihres eigenen Stammes, die zu dem verderblichen Kriegszuge gegen die Beni Sallah geraten hatten. Ihnen gaben sie die Schuld des Unglückes, in das nun der ganze Stamm geraten war, und — sie hatten nicht unrecht.

Besonders richtete sich dieser Unwille gegen den alten Scheik, der der oberste Anstifter dieses Zuges gewesen war und auch heute wieder die Seinigen zu dem unheilvollen Mordplane gegen die Beni Sallah beredet hatte. Wäre derselbe nicht gefaßt worden, so hätte man wohl ein schonenderes Verhalten der Sieger erwarten können.

Steinbach zog natürlich nicht mit den Herden. Er, Tarik, Hilal und Normann wählten sich zehn der besten Krieger und zwanzig der besten Eilkamele aus und flogen

M. K.

auf diesen windesschnellen Tieren dem heimatlichen Zelt=
dorfe entgegen. Natürlich befand sich Nena, der indische
Diener, bei ihnen.

---

35. Kapitel.

Es hatte während des ganzen Tages eine drückende,
entnervende Schwüle geherrscht, und nicht der mindeste
Lufthauch war zu verspüren gewesen. Es war, als ob
die Atmosphäre sich in ein vollständig unbewegbares Glut=
meer verwandelt habe.

Auch jetzt noch herrschte diese Hitze. Die Reiter
hatten ein Gefühl, als ob sie auf ihren Tieren gebraten
würden. Die Luft, die man einatmete, schien die Lunge
auszudorren.

Unter diesen Umständen dachte keiner daran, eine
Unterhaltung anzuknüpfen.

Es ließ sich nichts als das Geräusch des Sandes
hören, der von den Hufen der Kamele nach hinten ge=
worfen wurde.

Nicht die gleiche Stille aber herrschte im Innern
der wortkargen Reiter. Ein jeder dachte an Rache und
daran, wie dieselbe auszuführen sei.

So ging es vorwärts, so schnell die trefflichen Tiere
es vermochten, in fast größerer Schnelligkeit als der=
jenigen eines Eilzuges. Man glaubt gar nicht, was ein
Eilkamel zu leisten vermag. Es kommt nicht selten vor,
daß ein solches Tier an einem Tage weit über fünfzig
deutsche Meilen zurückgelegt, und dazu in tiefem Sande,
in brennender Sonnenglut, ohne Wasser oder Nahrung
zu sich zu nehmen.

Selbst als die Sonne den westlichen Horizont be=
rührte, stiegen die Reiter nicht ab, um, wie gewöhnlich,
im Sande knieend, ihr frommes Abendgebet zu verrichten.
Sie beteten im Dahinjagen die erste Sure des Koran

M. R.

und fügten als Schluß das Glaubensbekenntnis hinzu: „Allah il Allah, Muhammed Rassuhl Allah, Gott ist Gott, und Muhammed ist sein Prophet!"

Dann wurde es schnell Nacht. Die glänzenden Sterne des südlichen Himmels stiegen auf. Man fühlte nun wenigstens die direkten Strahlen der Sonne nicht mehr. Das gab eine Erleichterung, und darum wurden zwischen den Reitern jetzt endlich einige Worte gewechselt.

Tarik und Hilal, die beiden Söhne des Blitzes, ritten nebeneinander und flüsterten sich ihre grimmigen Bemerkungen zu. Normann war etwas zurückgeblieben. Er war weder ein Eingeborener, noch besaß er die robuste, riesenkräftige Natur Steinbachs. Ihn strengte der Ritt außerordentlich an.

So befand sich also Steinbach an der Spitze des Zuges, und der Indier neben ihm. Beide hatten während des Rittes kein Wort gewechselt, obgleich der Deutsche darauf brannte, von Gökala zu hören. Jetzt aber begann der Indier selbst:

„Du bist so still, Effendi. Warum schweigst du so unausgesetzt?" — „Ich denke, das Sprechen strengt dich an?" — „Mich? Wegen der Hitze? O Herr, ich habe so oft in der glühenden Sonne gebraten und bin so wenig von den Beni Suef geschont worden, daß mir die Hitze gar nichts mehr anhaben kann. Dazu läuft dieses herrliche Kamel so prächtig, daß es ist, als ob man in einer Ottomane säße. Ich befinde mich sehr wohl und bin bereit, alle deine Fragen zu beantworten." — „Warum soll ich fragen! Erzähle!" — „Du mußt wissen, daß Nubrida, dessen Herrscher Gökalas Vater war, hoch im Norden Indiens liegt, da, wo die Riesen des Himalaja hoch in den Himmel ragen. Dort berühren sich die Interessen der Engländer und der Russen. Dort kämpfen sie still und heimlich gegeneinander wie die zwei Klingen einer Schere, die nicht sich selbst vernichten, sondern alles, was zwischen sie gerät. Jedes dieser beiden Völker sendet seine Beauftragten, die nichts anderes sind als Spione.

M. K.

Wehe dem, der in ihre Hände gerät. Auch zu Banda,
dem Maharadscha von Nubrida, kamen Engländer und
Russen. Sie wollten ihn glücklich machen, aber jeder
auf eine andere Weise. Er wollte ihr Glück nicht, denn
er war bereits glücklich. Er war reich wie kein zweiter.
Zwar war ihm die heißgeliebte Gemahlin gestorben, die
eine Deutsche gewesen war, aber sie hatte ihm eine
Tochter hinterlassen, ihr Ebenbild an Schönheit, Reinheit,
Geist und Herzensgüte. Diese Tochter hatte die Augen
des Himmels und wurde deshalb Semawa genannt —
Himmelsblau." — „Du hast sie persönlich gekannt?" —
„Ja. Ich war ja Diener im Palaste ihres Vaters." —
„Also warst du dem Maharadscha ergeben?" — „Früher,
ja. Aber einstmals bestrafte er mich unschuldiger Weise
sehr hart, und wenn ich auch nicht auf Rache sann, so
war doch die Liebe und Ergebenheit verschwunden. Ich
nahm mir vor, einen neuen Herrn zu suchen. Wer da
sucht, der findet. Ich hatte bald einen anderen Herrn."
— „Wohl den Russen?" — „Ja. Doch wußte damals
kein Mensch, daß er ein Russe sei. Er war vor nicht
gar langer Zeit nach Nubrida gekommen, um seine Ge=
sundheit in der dortigen reinen Luft zu stärken. Er gab
sich für einen Sahib aus dem hinteren Indien aus und
erhielt die Erlaubnis, sich in dem Garten des Maha=
radscha zu ergehen. Dort erblickte er die Prinzessin
Semawa. Sein Herz erglühte in heißer Liebe für sie.
Er wagte es, sich ihr zu nähern und von seinen Ge=
fühlen zu sprechen — — —"

„Das war nicht nur kühn, sondern sogar frech!" —
„Du mußt wissen, daß in Indien die Frauen nicht so
eingeschlossen und verborgen werden, als in anderen
Ländern. Man kann gar wohl mit einem Mädchen
sprechen. Semawa wies ihn mit Entrüstung zurück und
meldete sein Betragen dem Herrscher, ihrem Vater. Dieser
nahm ihm die Erlaubnis, den Garten zu betreten, und
verbot ihm sogar den Aufenthalt in seinem Lande. Der
Russe zog fort, mit dem Entschlusse der Rache und mit

M. R.

dem Grimme zurückgewiesener Liebe im Herzen. Er
nahm mich mit. Wir gingen über die Grenze, blieben
aber gleich jenseits derselben wohnen. Die Gelegenheit
der Rache kam sehr bald. Hoch droben im Norden, am
See Issyk=kul, war ein berühmter Prophet aufgestanden.
Dort giebt es ein reich gesegnetes Ländchen, namens
Terskei=Ala=Tau, mit dessen Herrscher der Maharadscha
ein Freundschaftsbündnis geschlossen hatte, das aber
gestört worden war. Er hatte sich Mühe gegeben, das=
selbe wieder anzuknüpfen, doch vergebens. Jetzt glaubte
er, mit Hilfe dieses berühmten Propheten werde es ihm
gelingen, und beschloß, diesen aufzusuchen." — „Diese
Reise war gefährlich!" — „Das wußte er. Darum
reiste er nicht unter seinem Namen, sondern unter einem
anderen. Man sollte ihn nicht für reich oder gar für
einen Herrscher halten. Die Regierung übergab er für
die Zeit seiner Abwesenheit seinem Vezier, auf den er sich
verlassen konnte. Er liebte seine Tochter zu sehr, als
daß die Trennung von ihr ihm nicht großen Schmerz
bereitet hätte, und da sie gar so dringlich und liebevoll
bat, sie nicht zurückzulassen, so nahm er sie mit." —
„Das war eine noch größere Unvorsichtigkeit als die
ganze Reise überhaupt. Die Bewohner jener Gegenden
sind gewaltthätig, grausam und rücksichtslos. Er hätte
seine Tochter daheim lassen oder, noch besser, die ganze
Reise unterlassen sollen. Ein Gesandter hätte ganz das=
selbe erreicht, was er bei dem Propheten erreichen konnte."
— „Du hast recht, Effendi. Ich weiß freilich nicht,
was ihn in seinen Beschlüssen bestimmte, kurz und gut,
er trat mit Semawa die Reise an, nur wenig Begleiter
mit sich nehmend. Bereits nach einigen Tagen gelang
es ihm, sich einer Karawane anzuschließen, die zu dem
Propheten pilgern wollte. Später stießen auch wir zu
ihr, der Russe und ich. Nämlich, als mein neuer Herr,
der Späher besaß, erfahren hatte, was der Maharadscha
beabsichtigte, rüstete auch er sich zur Reise. Na=
türlich hatte er dabei die Absicht, sich zu rächen und

M. K.

möglicher Weise sogar Semawa in seine Hand zu
bringen." — „Wußtest du das?" — „Nein. Was ich
dir erzähle, war mir damals unbekannt, wenigstens unklar.
Ich konnte erst später nach eifrigem Nachdenken und
Vergleichen mir alles erklären. Der Maharadscha war
natürlich nicht erfreut, als er uns bei der Karawane er=
blickte. Er mochte befürchten, daß wir sein Inkognito

verraten würden. Das aber lag ganz und gar nicht in
der Absicht des Grafen. Diesem war es im Gegenteil
außerordentlich lieb, daß der Maharadscha einen anderen
Namen angenommen hatte." — „Warum?" — „Das
wußte ich damals auch nicht und habe es auch später
nicht erfahren. Wir kamen bei dem Propheten an. Der
Ort war, ohne daß wir eine Ahnung davon gehabt
hatten, von den Russen besetzt worden." — „Ah, ich be=

ginne, zu ahnen!" — „Ja, du wirst wohl das Richtige
vermuten. Es gab einen russischen Europäer, der sich
vor den Verfolgungen der Polizei nach Indien geflüchtet
hatte, und der Maharadscha hatte ganz zufälligerweise für
die Zeit seiner Reise denselben Namen angenommen, der
auch derjenige dieses Empörers war. Man hielt ihn
infolgedessen für den Flüchtling und arretierte ihn, jeden=
falls aber auf die Anzeige des Grafen." — „Schändlich."
— „Ja, und zu dieser Schändlichkeit habe auch ich die
Hand geboten, freilich aber, ohne daß ich es wußte.
Der Maharadscha hatte natürlich bei seinem Verhöre
gesagt, wer er sei — —" — „Man glaubte ihm nicht?"
— „Nein." — „Konnte er nicht euch beide als Zeugen
angeben?" — „Er hat es gethan." — „Und es half
ihm nichts? Daraus schließe ich leider, daß ihr falsches
Zeugnis abgelegt habt." — „Von mir aus geschah es
in keiner schlechten, sondern vielmehr in einer guten Ab=
sicht. Der Graf sagte mir nämlich, daß die Russen
Feinde der Engländer und Indier seien — —" —
„Sehr schlau!" — „Und daß sie den Maharadscha ge=
fangen hätten, eben weil er der Maharadscha wäre. Er sei
aber nur zu retten, wenn er hier als Russe gelten bleibe,
und darum sollte ich bei meiner Vernehmung aussagen, daß
ich ihn ganz genau kenne und daß er der Russe sei,
dessen Namen er trage." — „Das war eine Infamie
ohnegleichen! Und du halfst ihm diese Falle stellen?"
— „Ja. Ich wußte ja damals noch gar nicht, daß es
einen russischen Empörer ganz desselben Namens gebe.
Ich wurde verhört und bezeugte aus bester Absicht, daß
der Maharadscha jener Russe sei. Der Graf that das=
selbe — der Maharadscha war am nächsten Tage ver=
schwunden." — „Wohin?" — „Kein Mensch wußte es."
— „Hast es aber später erfahren?" — „Ja. Er ist
nach Sibirien geschafft worden." — „Das geht nicht so
schnell. Er mußte doch vorher verurteilt werden." —
„Das ist natürlich auch geschehen." — „Geschehen konnte
es nur nach einer gesetzmäßigen Prozeßführung."

M. K.

„Den Prozeß hat man ihm gemacht. Wer weiß, wie das alles gekommen ist. Kennst du das Sprichwort von dem Zaren und dem Himmel?" — „Der Zar ist weit und der Himmel ist hoch?" — „Ja. Der Zar weiß nicht alles und kann nicht alles wissen, was in seinem Reiche vorgeht. Er ist wohl nicht schuld." — „Jedenfalls nicht. Was aber geschah mit Semawa?" — „Auch sie war verschwunden." — „Mit ihrem Vater?" — „Ich glaubte es. Aber später erfuhr ich, daß dies nicht der Fall gewesen sei." — „Aber gefangen war auch sie?" — „Ja. Sie wurde von ihrem Vater getrennt und an einen ganz anderen Ort geschafft." — „Ich errate, weshalb. Der Graf liebte sie, er wollte sie besitzen. Wenn er als der Anstifter ihres Unglücks auftrat, so mußte sie ihn hassen. Er wollte also als Retter erscheinen. Er ließ sie von ihrem Vater trennen und suchte sie dann auf, um ihr zu sagen, daß er sie und ihn retten werde. Ist es so?" — „Ja." — „Und du warst dabei?" — „Ich war in der Nähe. Es war in Orenburg, wo man sie in ein Kloster gesteckt hatte. Er holte sie heraus." — „Warum vertraute sie ihm. Sie wußte ja doch, daß er ihr Feind und derjenige ihres Vaters sei!" — „Er hat sie bethört." — „Womit?" — „Weiß ich es? Jedenfalls hat er ihr ein Lügengewebe vorgesponnen, dem sie Glauben schenken mußte." — „Hat sie nie davon zu dir gesprochen?" — „Kein Wort." — „Und hast du denn keinen Versuch gemacht, dich ihr mitzuteilen?" — „Oft. Sie hörte mich aber nicht an." — „O wehe! Das war sehr unklug!" — „Du mußt bedenken, daß ich ihr Veranlassung zum Mißtrauen gegeben hatte." — „Das mag freilich sein." — „So oft ich den Versuch machte, aufrichtig mit ihr zu sein und ihr meine Hilfe anzubieten, stieß sie mich von sich. Sie wollte kein Wort aus meinem Munde hören. Große Mühe konnte ich mir nicht geben, denn der Graf beobachtete mich. Er mochte mir nicht ganz trauen." — „Wohin gingt ihr von Orenburg aus?" — „Nach Stambul, wo wir ein

Vierteljahr blieben." — „Dann?" — „Nach Rom. Dort und bereits vorher bemerkte ich, daß der Graf sich alle Mühe gab, ihre Liebe zu gewinnen. Es war vergebens." — „Hat er nicht gewaltthätig gegen sie gehandelt?" — „Er mag es wohl versucht haben, ohne daß ich es bemerkt habe. Aber sie mußte auch irgend eine Art von Macht auf ihn ausüben. War es ihre Schönheit, oder kannte sie irgend ein Geheimnis von ihm — kurz und gut, ich weiß, daß er es nie gewagt hat, zudringlich zu werden. Seine Sklavin ist sie gewesen in vielen Beziehungen, aber sie zu berühren, das hat er nicht gewagt." — „Wohin ging er von Rom aus mit ihr?" — „Nach Paris und London." — „Ah, er hat sie zerstreuen wollen." — „Ja. Er hat sich viele Mühe gegeben, damit sie ihr Unglück vergessen möge." — „Gelang es ihm?" — „Nein. Er wollte sie in die Theater und Konzerte führen, sie aber schlug es ihm ab. Sie blieb daheim. Sie verlangte Lehrerinnen." — „Er gab sie ihr?" — „Ja. Er mußte. Sie befahl, und er gehorchte." — „Wirklich?" — „Ja. Sie war die Sklavin seiner Intrigue, er aber der Sklave ihrer Schönheit. Er konnte ihr keine Bitte abschlagen, als nur allein die, sie zu ihrem Vater zu bringen." — „Sie wollte lernen?" — „Ja, und sie lernte. Sie vergrub sich zwischen den Büchern, sie lernte die Sprachen der Länder, in denen sie sich befand. Es fehlte ihr nichts, als die Freiheit und ihr Vater, und sie rächte sich dadurch, daß sie von Tag zu Tag schöner, bezaubernder aber auch gegen ihn stolzer, kälter und verächtlicher wurde. Dann kehrte er mit ihr wieder nach Stambul zurück." — „Nach welcher Zeit?" — „Es mochten seit unserem Aufbruche von Orenburg wohl zwei Jahre vergangen sein." — „Was machte er in Stambul?" — „Genau weiß ich es nicht. Ich glaube, daß er sehr viel mit den Diplomaten verkehrte." — „Semawa auch?" — „Nein. Sie kam in die Gärten des Sultans." — „Als was?" — „Meinst du etwa als Odaliske? Da irrst du dich. Dazu war sie zu stolz,

M. K.

und das hätte der Graf niemals zugegeben. Er liebte sie und hätte sie keinem anderen überlassen, selbst dem Sultan nicht. Sie wurde Gesellschafterin der Prinzessin Emineh." — „Wie kam die Prinzessin dazu?" — „Emineh mag Semawa wohl einmal während eines Spazierganges gesehen haben. Ich weiß es nicht genau. Dann mußte ich mit dem Grafen nach Aegypten, wo er in Kahira zu thun hatte. Von da ging er nach Nubien. Dort verkaufte er mich. Er sagte, daß er nur einen Ausflug machen werde und bereits am anderen Tage zurückzukehren gedenke. Es war eine Lüge. Er kam nicht wieder, und der arabische Scheik teilte mir mit, daß ich von nun an sein Sklave sei." — „Schändlich!" — „Der Graf wollte mich unschädlich machen." — „Das ging am besten, indem er dich tötete." — „Dazu hatte er wohl den Mut nicht. Er ist ein Bösewicht, aber ein Feigling. Hinter dem Rücken ist er zu allem fähig, aber einem Feinde stand zu halten, das vermag er nicht." — „Hast du dich mit ihm gezankt?" — „Er war in letzter Zeit hart, ja grausam gegen mich geworden, und ich hatte ihn merken lassen, daß er sich mehr in meiner Hand befinde, als ich mich in der seinigen." — „Das war höchst unklug."

„Im Zorne thut der Mensch selten etwas Gescheites, Effendi. Hätte ich geschwiegen und mich im stillen davongemacht, so wäre ich nicht ein Sklave geworden. So aber wurde ich verkauft und immer weiter verkauft. Das übrige kennst du. Ich habe es dir bereits gesagt." — „Du bist unklug gewesen, aber nicht schlecht, das will ich dir zugeben." — „Und ich habe meine Unklugheit schrecklich büßen müssen. Ich freue mich königlich auf den Augenblick, in dem ich den Grafen sehe." — „Vielleicht bekommst du ihn niemals wieder vor die Augen." — „Ich verlasse mich auf dich. Nach dem, was ich von dir gehört habe, wirst du ihn dir nicht entgehen lassen. Davon bin ich vollständig überzeugt." — „Was würdest du ihm dann thun?"

M. K.

Der Indier zog seinen Dolch und antwortete blitzen=
den Auges:

„Ich würde ihm diese Klinge bis an den Griff in
sein schwarzes Herz stoßen." — „Das wirst du bleiben
lassen!" — „Bleiben lassen? Meinst du etwa, daß ich
ihn vielleicht fürchte?" — „Nein, aber eine solche Sache
würde eine höchst unvorsichtige Handlung sein." —
„Wieso?" — „Willst du denn nicht gut machen, was
du bös gemacht hast?" — „Ja, eben darum will ich
ihn töten." — „Du mußt Semawa ihrem Vater wieder=
geben." — „Das werde ich." — „Wo ist er?" — „Ich
weiß es nicht. Ich hoffe, daß du ihn finden wirst."

Steinbach stieß trotz des Ernstes der Unterhaltung
ein halb unterdrücktes Lachen aus und sagte:

„Hier in der Sahara hast du die Ueberzeugung,
daß ich ihn in Sibirien finden werde?" — „Ja." —
„Du hast also ein sehr großes Vertrauen zu mir. Ich
will dir auch gern gestehen, daß ich ihn wohl zu finden
hoffe; das kann aber nur geschehen, wenn der Graf
leben bleibt." — „Warum?" — „Weil er den Aufenthalt
des Maharadscha kennt." — „Er muß ihn mir sagen,
bevor ich ihn töte!" — „Das wird er nicht." — „Er
muß, sage ich!" — „Und wenn du ihn wirklich dazu
zwingen könntest, was würde es dir nützen?"

Der Indier sah ihn erstaunt an.

„Was es mir nützen würde, fragst du?" — „Ja."
— „Nun, ich würde nach Sibirien gehen und ihn ganz
einfach frei machen." — „Wie willst du das anfangen?"
— „Ich erzähle, was der Graf gethan hat." — „Glaubt
man es dir?" — „Ich hoffe es!" — „Pah! Du müßtest
ja auch eingestehen, daß du falsches Zeugnis abgelegt
habest. Dann bist auch du Verbrecher, und die Aus=
sage eines Verbrechers gilt nichts." — „Hm!" — „Nein;
der Graf muß selbst hin, um zu gestehen, was er gethan
hat." — „Das wird er bleiben lassen!" — „Er wird!"
— „Willst du ihn etwa zwingen?" — „Ja, mit Gewalt
oder mit List. Du siehst also wohl ein, daß du ihn

M. K.

nicht töten darfst." — „Wenn du denkst, so mag er leben bleiben." — „Ja, ich denke es. Uebrigens sage mir doch einmal, warum Semawa ihm überall hin gefolgt ist!" — „Ich kann das nicht wissen." — „Hat er sie dazu gezwungen?" — „Jedenfalls." — „Womit? Durch Gewalt?" — „Vielleicht, vielleicht auch nicht. Er scheint irgend ein Mittel zu haben, mit dem er sie zu zwingen vermag, sonst hätte sie ihn wohl längst verlassen gehabt, ehe er mich verließ." — „Sie brauchte ihn ja nur anzuzeigen!" — „Das that sie freilich nicht." — „Also muß ihr sehr daran liegen, daß er sein Leben und seine Freiheit behält." — „Das habe ich mir damals auch sehr oft gesagt. Es giebt da irgend ein Geheimnis, das ich nicht zu ergründen vermag." — „Ich auch noch nicht, obgleich ich so eine kleine Ahnung habe. Wir beide, du und ich, müssen uns vereinigen, um Semawa glücklich zu machen und den Grafen zu bestrafen. Wollen wir das, so dürfen wir wenigstens jetzt noch nichts thun, was gegen Semawas Willen ist." — „Wie aber erfahren wir, was sie will und was sie nicht will?" — „Wir fragen sie." — „Wo ist sie denn?" — „Ich glaube, daß sie sich in Kahira befindet." — „Wie, in Kahira?" rief Nena erfreut. „O, so werden wir sie also sehr bald wiedersehen!" — „Freue dich nicht im voraus. Ich vermute, daß sie in Kahira ist, beweisen aber kann ich es nicht. Am allerwenigsten aber kann ich bestimmen, in welcher Straße oder gar in welchem Hause sie zu suchen ist. Ich habe seine und ihre Spur bis Kahira verfolgt, mußte aber leider die Stadt so schnell verlassen, daß ich nicht weiter suchen konnte." — „So werden wir vereint suchen." — „Ich habe einen Freund dort zurückgelassen, der mir versprochen hat, alles zu thun, um die Gesuchte zu finden. Es sollte mich unendlich freuen, bei unserer Rückkehr von ihm zu erfahren, daß seine Bemühungen von Erfolg gewesen sind." — „Wer ist dieser Freund?" — „Ein junger Mann, den du wohl auch noch sehen wirst."

M. K.

Steinbach hatte genug erfahren, mehr als er wohl für möglich gehalten hätte. Er wußte, wer die Heißgeliebte war; er kannte ihre Abstammung und ihre Verhältnisse. Er stand vor dem halbgelüfteten Schleier des Geheimnisses, das sie selbst ihm nicht hatte mitteilen wollen. Er wußte nun, wie er zu handeln hatte.

Ein unendliches Glücksgefühl bemächtigte sich seiner. Unwillkürlich trieb er sein Kamel zu noch größerer Anstrengung an, als könne er damit der Erfüllung seines größten Wunsches näher kommen.

Tarif hatte bemerkt, daß Steinbach seinem Kamele einen leichten Schlag versetzte, und sagte:

„Effendi, glaubst du, daß es noch schneller laufen könne?" — „Wohl kaum." — „Das denke ich auch. Darum hilft das Schlagen nichts. Die Tiere sind klug, sie wissen es bereits, daß es heute gilt, alle Kräfte anzustrengen. Sie thun, was sie vermögen. Ich will die Pfeife nehmen. Wenn sie Musik hören, werden sie das möglichste leisten: mehr aber können wir nicht verlangen. Es ist besser, wir kommen eine Stunde später, als daß die Kamele vor der Zeit zusammenbrechen." — „Wann werden wir nach deiner Meinung daheim ankommen?" — „Wir haben beinahe die Hälfte." — „Unglaublich!" — „Ja. Kennst du die Schnelligkeit eines Eilkameles noch nicht? Es fliegt wie die Schwalbe. Wenn wir die Halbscheid des Weges erreicht haben, besteigen wir die ledigen Tiere, die wir mitgenommen haben, damit die anderen ruhen. Auf diese Weise werden wir mit Tagesanbruch unser Lager erreichen."

Das war allerdings eine Schnelligkeit, die selbst ein Eilkamel nur einen Tag lang aushalten kann. Tarif nahm jetzt die Kamelspfeife heraus. Dieses kleine Instrument hat nur drei Töne, aber sobald ein Kamel die Pfeife hört, erhebt es den Kopf, spitzt die Ohren und strebt mit allen Kräften vorwärts.

Es ist wie bei den Menschen, bei den Soldaten,

M. K.

„Enthülle dein Angesicht, o Scheik, denn ich will mit dir
reden," sagte Steinbach. (Seite 539.)

M. K.

die auch während eines anstrengenden Marsches bei einem lustigen Liede alle ihre Müdigkeit vergessen.

Ueber den Verlauf des Eilrittes läßt sich weiter nichts sagen. Die Schwüle war gewichen. Ja, gegen morgen begann es sogar, empfindlich kühl zu werden, was in der Sahara nicht etwa eine Seltenheit ist. Das stärkt die Tiere. Und eben als der Schein des nahenden Tages so stark wurde, daß man in die Ferne zu blicken vermochte, sahen die einsamen Wanderer gerade gegen Norden sich die Ruine des heimatlichen Zeltdorfes erheben.

Bald wurden sie von den Wächtern bemerkt. Man eilte ihnen mit lautem ‚Habakek‘ entgegen. Dieses Wort bedeutet ‚Willkommen‘.

Nicht Freude wie sonst lag auf den Gesichtern. Kalaf, der Alte, befand sich unter den ersten, die ihnen entgegengekommen waren.

„Habt ihr gesiegt?“ fragte er. — „Ja,“ antwortete Hilal. „Die Krieger sind mit der Beute unterwegs. Sie werden morgen hier ankommen. Sie haben ihre Schuldigkeit gethan. Ihr aber nicht!“

Der Alte blickte zu Boden und antwortete:

„Der Teufel war bei uns.“ — „Hast du ihn gesehen?“ — „Habt ihr nicht auch die Sonne der Nacht bemerkt?“ — „Wir haben sie bemerkt, uns aber trotzdem nicht vom Teufel verführen lassen.“

Jetzt erhoben sich viele Stimmen, um die Schuld von sich abzuwälzen und auf den Teufel zu werfen. Steinbach gebot endlich mit laut schallender Stimme Ruhe, und man gehorchte ihm, dann trieb er die Tiere, die stehen geblieben waren, wieder an, ritt direkt nach der Ruine zu, sprang bei derselben ab und stieg die Stufen hinan.

Er hatte bereits von weitem gesehen, daß hier der Scheik der Beni Abbas saß, sein Haupt mit dem Zipfel seines weißen Mantels verhüllt.

M. K.

„Enthülle dein Angesicht, o Scheik, denn ich will mit dir reden!" sagte er.

Der Anführer nahm den Zipfel weg und antwortete:

„Darf ich denn mein Angesicht noch sehen lassen, nachdem mir die beiden Töchter meines Herzens geraubt worden sind?" — „Es ist eine große Schande, die die Räuber euch angethan haben; aber ich hoffe — —" — „Die Räuber?" meinte der Scheik verwundert, indem er ihn unterbrach. — „Freilich!" — „Meinst du wirklich, daß es Räuber gewesen sind?" — „Wer sonst?" — „Der Teufel war es, der dreimal gesteinigte und neunmal gekreuzigte Teufel!" — „Höre, Scheik, dein Alter ist über doppelt so groß als das meinige, darum will ich in Ehrfurcht verschweigen, was ich sagen würde, wenn du jünger wärest. Ich weiß, daß es der Russe, der Türke und der Suef gewesen sind, die die Mädchen entführt haben." — „O nein. Der Teufel hat mit zweien seiner Geister die Gestalten der drei angenommen. Meinst du wirklich, daß wir es gewöhnlichen Menschen erlaubten, unsere Töchter aus unserer Mitte herauszuholen?" — „Gewöhnlichen Menschen nicht, aber wohl solchen listigen und verschlagenen Gaunern, wie diese drei Genannten sind." — „Auch ihnen nicht." — „Ihr habt geschlafen." — „Ich nicht. Ich habe gewacht." — „Auf deinem Lager vielleicht. Bist du aber von Zelt zu Zelt gegangen?" — „Nein. Es hätte doch nichts genützt. Kalaf, der Alte, hat auch gewacht. Er ist sogar zweimal außerhalb seines Zeltes gewesen. Da aber hat ihn der Teufel getäuscht, indem er die Gestalt des Stotterers annahm." — „Nein, der Suef wird es gewesen sein, der ihn täuschte." — „Der Teufel war es. Er hat auch Said, den Arababschi, durch die Lüfte entführt." — „Wer hat das gesehen?" — „Haluja und andere." — „Wo ist Haluja? Ich muß mit ihr sprechen."

Soeben trat die Alte aus dem Inneren der Ruine hervor. Als sie Steinbach erblickte, erhob sie ein lautes

M. K.

Wehklagen. Er aber schnitt dasselbe in strengem Tone ab und sagte:

„Laß das Heulen! Erzähle lieber ruhig, was geschehen ist und was du gehört hast."

Haluja that es, aber wie! Der Aber= und Teufelsglaube diktierte ihr die Worte. Aus ihrer Darstellung wäre gewiß keiner der Araber klug geworden; Steinbach aber wußte, woran er war. Er verstand das Falsche von dem Richtigen zu unterscheiden, und seine glückliche Kombinationsgabe ergänzte sich das Fehlende mit bewundernswertem Scharfsinn.

„Also Said ist durch die Lüfte geritten?" sagte er. „Auf welchem Pferde?" — „Auf der Fuchsstute des Scheiks der Beni Suef." — „Hatte er Wasser mit?" — „Nein, keinen Tropfen." — „In welcher Richtung ritt er davon?" — „Nach Nordwest." — „Tarik, sage mir, in welcher Entfernung es dort bewohnte Gegenden giebt." — „In vier Tagereisen," antwortete der Gefragte. — „Wer wohnt dort?" — „Die Beni Halaf." — „Sind sie eure Freunde oder Feinde?" — „Keins von beiden." — „Sind sie Feinde der Beni Suef?" — „Sie sind verwandt mit ihnen." — „So haben die Mädchenräuber sich zu ihnen gewandt. Eure Ansicht über den Teufel ist eine Verrücktheit. Der brave Arabadschi ist trotz seiner Jugend klüger und entschlossener gewesen, als sämtliche Bewohner dieses Lagers. Er ist seiner Herrin Zykyma nach und wird seine Treue mit dem Tode büßen. Es war gestern ein Tag des Wüstenwindes. Kein Pferd kann da ohne Wasser durch das Sandmeer kommen. Die Fuchsstute wird bald ermattet sein und Said auch. Beide liegen nun wohl verschmachtet im Sande und werden von den Geiern und Schakalen gefressen." — „O Allah!" erschallte es ringsum. — „Ja, so ist es, und daran ist euer Aberglaube allein schuld. Warum seid ihr dem wackeren Arabadschi nicht nachgeritten? Jetzt wird es wohl zu spät sein. Wie viele Eilkamele sind noch hier, die frisch und unermattet sind?"

M. K.

— „Drei, die der Königin gehören. Außerdem haben wir noch mehrere treffliche Tiere, die sich unter der Beute befanden, ohne vorgestern von euch mitgenommen worden zu sein." — „Sattelt die drei ersteren und thut so viele Wasserschläuche darauf, als sie außer dem Reiter zu tragen vermögen. Ich und Normann Effendi werden sogleich aufbrechen, um Said vielleicht noch retten zu können. So viele gute Kamele noch da sind, so viele Krieger mögen uns dann schleunigst folgen, wohl bewaffnet natürlich, denn es ist möglich, daß es einen Kampf geben wird." — „Ich reite mit!" sagte der Scheik, indem er sich jetzt erst vom Boden erhob. — „Bedenke, daß du alt bist. Hilal und Tarik sind jung. Sie werden dir deine Töchter zurückbringen. Du aber sollst hier bleiben, um das Lager besser zu bewachen, als du es bisher gethan hast!"

Steinbach machte sich mit den Händen Platz und ging mit Normann von dannen, hinunter, wo sich die drei erwähnten Kamele befanden. Hinter ihnen klang die streitende Stimme des Scheiks, der nun plötzlich eine große Thatkraft zeigte und durchaus dabei sein wollte, wo es galt, seine Töchter zu retten.

„Der Alte wäre uns nur hinderlich," sagte Normann. — „Mag er machen, was er will. Ich habe keine Zeit, mich zu streiten und in Verhandlungen einzulassen. Mir ist es um den braven Arabadschi zu thun." — „Ob wir den armen Teufel finden werden?" — „Vielleicht ist es schon zu spät für ihn." — „Es fragt sich, ob er Spuren zurückgelassen hat." — „Jedenfalls." — „Aber es sind ja seitdem über vierundzwanzig Stunden vergangen." — „Doch es war Todesluft, das heißt, völlige Windstille über der Wüste. Wenn wir auch keine regelrechte Spur finden, so hoffe ich doch, gewisse Anzeichen zu sehen, aus denen ich auf den Weg, den er zurückgelegt hat, schließen kann. Treiben wir die Kerle an, sich mit dem Satteln möglichst zu beeilen. Vorwärts!"

Steinbach pflegte das, was er einmal in die Hand

M. K.

nahm, auch am rechten Flecke anzufassen. Schon seine hohe Gestalt und seine gebieterische Stimme, die keinen Widerspruch zu dulden schien, wirkten mehr als die Befehle aller anderen. In fünf Minuten schon standen die drei Kamele gesattelt bereit. Hilal kam herbei, und auch Nena, der Indier, sprang herzu.

„Was willst du?" fragte Steinbach den letzteren. — „Mitreiten." — „Das geht nicht." — „Warum sollte ich zurückbleiben?" — „Wir haben kein Kamel für dich." — „Du hast doch drei." — „Das dritte ist für den Arababschi, falls wir ihn finden." — „Dann ist es auch noch Zeit, daß ich zurückbleibe. Ich gehöre zu dir, Effendi." — „Hm, du magst nicht so ganz unrecht haben. Steige also mit auf. Sage mir, Hilal, wann ihr aufbrechen werdet?" — „In einer Stunde schon." — „Wie viele?" — „Vierzig. Die zehn Beni Sallah, die uns bisher begleitet haben, und dreißig Beni Abbas. Der Scheik bleibt hier." — „Das ist gut, und ich denke, daß vierzig genügen werden. Da wir in vier Tagen kein Wasser finden werden, so müßt ihr euch mit genügendem Vorrate versehen. Vergeßt das nicht. Werdet ihr aber auch unsere Spuren finden?" — „Meinst du, daß wir blind sind, Effendi?" — „Nein, aber man weiß nicht, was passieren kann. Gebt mir einen langen Strick und ein Schaffell!"

Beides wurde gebracht. Am Fuße der Ruine lagen Steine genug. Steinbach wickelte einen derselben in das Fell, band das eine Ende des Strickes um dieses Paket und befestigte das andere Ende an den Sattel des Kamels.

„Wozu das?" fragte Hilal. — „Damit ihr unsere Spur leichter findet. Ich werde diesen in das Fell gewickelten Stein nachschleifen lassen, das wird in dem Sande eine Fährte geben, die ihr sogar bei Nacht bemerken könnt. Jetzt wollen wir keine Minute länger versäumen."

Die drei stiegen auf. Alle Anwesenden versammelten sich um sie.

M. K.

„Effendi," sagte der alte Scheik, „bringe mir meine Töchter wieder, und ich werde dich belohnen wie ein Fürst."

Steinbach lächelte.

„Ich werde sie dir senden." — „Senden? Kommst du nicht selbst mit?" — „Nein. Meine Zeit ist abgelaufen. Ich habe meine Pflicht gethan und kann nicht von dem Lager der Beni Halaf wieder vier Tage weit nach hier zurückkehren. Lebt wohl!"

Es erhoben sich viele Stimmen, um ihn zu bitten, wieder zu kommen; er aber trieb sein Tier vorwärts, und die beiden anderen folgten. Er hatte keine Zeit, einen vielleicht stundenlangen Abschied zu nehmen.

Sie blickten ihm alle traurig nach, als er jetzt genau an derselben Stelle das Lager verließ, von der aus der Arabadschi davongejagt war. So schnell und unerwartet, wie er gekommen war, verließ er sie, wie ein

M. K.

Meteor, das am Himmel aufsteigt und ebenso plötzlich wieder verschwindet. Dieser seltene Mann hatte ihr Erstaunen erregt, ihre Liebe und Verehrung erworben und ihnen in so außerordentlich kurzer Zeit Wohlthaten erwiesen, deren Wert gar nicht zu taxieren und zu bestimmen war.

---

36. Kapitel.

Steinbach voran, Normann und Nena hinter ihm, jagten die drei Reiter dem Nordosten zu. Der erstere hielt den Blick scharf auf den Sand geheftet. Er hatte keine Zeit, sich nach seinen Begleitern umzusehen oder eine Unterhaltung mit ihnen zu beginnen. Das Verfehlen eines einzigen, kleinen Zeichens konnte verhängnisvoll werden.

So ging es weiter und weiter. Wohl an die zwei Stunden waren vergangen. Da konnte Normann seine Besorgnis nicht länger zurückhalten. Er trieb sein Tier an die Seite desjenigen, das Steinbach ritt, und fragte:

„Haben Sie eine Spur?" — „Vielleicht." — „O wehe! ‚Vielleicht‘ klingt schlecht." — „Nun, haben Sie vielleicht etwas gefunden, was einer Fährte ähnlich sieht?" — „Nein, nicht das Geringste." — „So müssen Sie also mit meinem Vielleicht vorlieb nehmen. Ein Vielleicht ist doch immer noch besser als ein Garnichts. Aber bitte, bleiben Sie zurück! Wenn ich allein voran bin, macht mich nichts irre."

Wieder ging es weiter, aber nicht lange, denn bereits nach wenigen Minuten ließ Steinbach sein Tier niederknieen, stieg aus dem Sattel und untersuchte den Sand, der hier allerdings mehrere ziemlich deutliche Eindrücke zeigte. Sein Gesicht erheiterte sich.

„Hier haben wir die Spur," sagte er. — „Gott sei Dank!" — „Hier sind die Räuber von den Tieren

M. K.

gestiegen, ich weiß natürlich nicht, weshalb, und — ah, da drüben giebt es noch andere Eindrücke. Was ist das?"

Steinbach ging mehrere Schritte nach rechts und untersuchte diese Eindrücke. Dabei stieß er einen lauten Ruf der Freude aus.

„Was ist's?" fragte Normann neugierig. — „Saids Name, in den tiefen Sand geschrieben, nicht mit dem Finger, sondern mit der Faust, damit die Schrift nicht so leicht vergehen soll. Er ist hinter den Räubern her und hat sie erreicht, als sie anhielten. Da hinter mir hat er sein Pferd stehen lassen und sich herbeigeschlichen. Hier hat er gelegen und sie belauscht. Seine Gestalt hat sich in dem Sande ganz deutlich eingedrückt." — „Ob er die Mädchen nicht retten konnte?" — „Er gegen drei!" — „Er konnte die Räuber erschießen!" — „Das ist schneller gesagt als gethan." — „Aber der Arabadschi ist nicht feig. Das hat er schon oft bewiesen und hier auch auf das allerglänzendste." — „Das ist wahr; aber vergessen wir nicht, daß er noch jung ist und eben auch kein Riese von Gestalt. Hätte er sich zu einem Kampfe hinreißen lassen, so hätten wir hier wohl seine Leiche anstatt seiner Spur und seines Namens gefunden, und die Mädchen wären erst recht verloren. Nein, er hat sehr klug daran gethan, sie bei dem Gedanken zu erhalten, daß sie nicht verfolgt werden." — „Weshalb sie wohl hier gehalten haben?" — „Wer weiß es. Vielleicht ist ein Gurt locker geworden. Vielleicht haben die Mädchen irgend einen Vorwand dazu erfunden, damit hier eine Spur im Sande entstehen soll. Für uns ist es genug, zu wissen, daß wir uns in der rechten Richtung befinden. Reiten wir weiter."

Steinbach stieg auf.

Die Sonne hob sich höher und höher am Himmel. Ihre Strahlen wurden intensiver. Die drei Reiter konnten nicht darauf achten. Nur um die Mittagszeit machten sie halt, um die Tiere verschnaufen zu lassen und einige

Schlucke Wasser zu sich zu nehmen. Dann ging es in ungeminderter Eile weiter bis gegen Abend.

Hier und da hatte Steinbach einige Anzeichen ge=
funden, daß er die rechte Richtung beibehalten hatte. Er besaß einen Kompaß an der Uhr, den er natürlich von Zeit zu Zeit zu Rate zog.

Die Sonne war hinter dem westlichen Horizonte verschwunden, und die Nacht brach nun bald herein.

„Reiten wir auch des Nachts?" fragte Normann. — „Jawohl." — „Und verfehlen die Fährte!" — „Aber nicht die Richtung. Ich bin überzeugt, daß die Kerle wirklich die Beni Halaf aufsuchen." — „Da können wir drei auch nichts thun. Es wird wohl geraten sein, zu warten, bis unsere Leute herbeikommen." — „Und unter=
dessen verschmachtet Said!" — „Wir laufen aber doch Gefahr, des Nachts an ihm vorüber zu reiten, ohne ihn zu sehen." — „Das müssen wir eben riskieren. Uebrigens weiß ich, daß ich auch des Nachts weder rechts noch links von der geraden Linie abweichen werde. Diese haben sie jedenfalls auch eingehalten und Said hinter ihnen. Ich habe große Sorge um ihn." — „Ich freilich auch. Er ist ein braver Mensch." — „Gerade darum dürfen wir nichts unterlassen, was zu seiner Rettung dienen kann. Nach meiner Ansicht haben wir seit unserem Aufbruche wohl anderthalb gewöhnliche Tagereisen zurückgelegt. Es wundert mich, daß wir ihn noch nicht gefunden haben. Selbst das beste Pferd muß doch nach einem solchen Ritte und bei der Luft, die herrschte, umfallen, wenn es kein Wasser erhält. Wir müssen von jetzt an die Augen offen halten. Ha, was war das?"

Er hielt sein Tier an.

„Ein Pfiff!" antwortete Normann. — „Aber aus weiter Ferne!"

Sie horchten. Der Pfiff wurde wiederholt. Da sie deutsch gesprochen hatten, waren sie von Nena nicht verstanden worden. Als er aber sah, daß sie lauschten, sagte er:

M. K.

„El Büdsch!" — „Was ist das?" fragte der Maler.
— „El Büdsch ist der arabische Name für den großen
Bartgeier," erklärte Steinbach. „Ein Geier hier mitten
in der Wüste! Da muß es irgend ein Aas geben." —
„Herrgott! Doch nicht etwa den Arababschi!" — „Das
möge der Himmel verhüten. Ah, da oben schweben sie!
Es sind zwei."

Steinbach deutete in die Luft, wo weit vor ihnen
hoch zwei Punkte schwebten, die weite Kreise zogen.

„El Büdsch will fressen," bemerkte Nena. — „Weiter,
rasch weiter!"

Sie brachten ihre Tiere in schnellere Bewegung.
Bald ertönten die Stimmen der Geier näher. Nun hörte
man auch, daß es keine Pfiffe, sondern heisere Schreie
waren, die diese Vögel von sich gaben. Man konnte
leicht sehen, daß die Aastiere ihre Kreise über einem bestimmten Punkt zogen, dem die Reiter immer näher rückten.

Bald erkannten sie auch diesen Punkt, dessen Lage
vorher nur aus den Bewegungen der Vögel zu berechnen
gewesen war. Etwas Dunkles lag im Sande. Als sie
näher kamen, sahen sie, daß es zwei Gegenstände seien,
ein kleinerer, hellerer und ein größerer, dunklerer, der sich
noch zu bewegen schien.

Jetzt erhielten die Kamele kräftige Hiebe und schossen
förmlich weiter. Dort, ja, dort lag ein Mensch bewegungslos neben einem Pferde, das mit den Beinen zuckte.
Das Pferd war ein Fuchs. Der Mensch, der einen weißen
Beduinenmantel trug, war Said, der Arababschi!

Steinbach war der erste, der ihn erreichte. Er ließ
sein Kamel gar nicht erst niederknieen, sondern sprang aus
dem Sattel herab. In demselben Augenblicke kniete er
vor Said, der mit geschlossenen Augen, aber weit ge-
öffnetem Munde im Sande lag.

„Said!"

Keine Antwort.

„Said! Lebst du? Hörst du mich?"

Der Arababschi regte sich nicht. Da dachte Stein-

M. K.   35*

bach an die Liebe, mit der der junge Mensch an seiner Herrin hing. Vielleicht rief ihn der Name derselben von der Pforte des Todes zurück. Er legte also seinen Mund fast auf Saids Ohr und rief:

„Said! Wache auf! Zykyma ist da! Zykyma, Zykyma!"

Ja, wirklich, das half! Der Mund schloß sich; der Hals machte eine Bewegung des Schlingens, und dann hauchte der Verunglückte:

„Ma!"

Das war nicht etwa die letzte Silbe des Namens Zykyma, sondern das arabische Wort Ma heißt so viel wie Wasser.

„Schnell, Wasser her!"

Normann hatte bereits den Schlauch von seinem Sattel genommen. Das belebende Naß wurde dem Arabadschi eingeflößt, natürlich vorsichtig und nur tropfenweise. Sein Gaumen war so vertrocknet, daß er nicht zu schlingen vermochte. Aber seine Augen öffneten sich. Er erblickte die neben ihm knieenden Retter und wollte sprechen, vermochte es aber nicht.

Das Pferd war ebenso dem Verschmachteten nahe. Es erhob den Kopf ein wenig und richtete die blutunterlaufenen Augen auf die Männer.

„Tränke es!" sagte Steinbach zu Nena.

Dieser gehorchte. Das Wasser wirkte hier fast augenblicklich. Das Tier erhielt nur einige kleine Lederbecher voll, aber schon beim vierten oder fünften sprang es auf die Beine und ließ ein leises, freudiges Wiehern ertönen.

„Seht, daß wir gerade zur rechten Zeit gekommen sind!" sagte Steinbach. „Morgen früh wären Mensch und Tier Leichen gewesen. Freilich erholt sich der Reiter weit langsamer als das Pferd."

Nach einiger Bemühung vermochte Said zu schlingen. Ein glückliches Lächeln glitt über sein Gesicht.

„Effendi!" flüsterte er. — „Du kennst mich?" —

M. K.

„Ja. Zykyma rief mich. Ich hörte es aus weiter, weiter Ferne." — „Schweig jetzt noch. Das Sprechen greift dich an. Trink lieber!"

Noch einige Schlucke; aber schweigen konnte Said doch nicht.

„Wo ist sie?" fragte er. — „Wir wissen es nicht."

Said blickte Steinbach wirr an, legte sich die Hand auf die Stirn und sagte dann:

M. K.

„Sie rief mich ja!" — „Das war ich." — „Du warst es, du? Nicht sie? Wo ist denn sie? Suche sie! Du wirst sie finden, Effendi."

Dann legte Said den Kopf zurück und schloß die Augen.

„Bist du müde?" fragte Steinbach.

Der Gefragte antwortete nicht, auch nicht auf die mehrere Male wiederholte Frage; aber seine Brust hob und senkte sich leise und regelmäßig.

„Ich glaube, er schläft!" meinte Normann. — „Ja. Die Erschöpfung fordert mit allmächtiger Gewalt diesen Schlaf." — „Was aber thun da wir?" — „Wir warten." — „Bis er ausgeschlafen hat?" — „Ja." — „Ich denke, wir wollen keine Zeit verlieren mit der Rettung der Mädchen." — „Jetzt haben wir es zunächst mit Said zu thun. Uebrigens glaube ich nicht, daß er lange schlafen wird."

Steinbach hatte recht. Bereits nach einer halben Stunde erwachte der Arabadschi wieder und bat um Wasser. Es wurde ihm gegeben, und nun schlief er nicht augenblicklich wieder ein. Sein Geist war hell geworden. Er erzählte, wenn auch mit matter, aber doch verständlicher Stimme das letzte Erlebnis im Lager der Beni Sallah bis dahin, wo er sich auf die Fuchsstute geworfen hatte, um die Uebelthäter zu verfolgen.

„Wie kommst du auf diesen verwegenen Gedanken?" fragte Normann. — „Wie ich auf ihn komme?" klang es im erstauntesten Tone zurück. „Ist nicht Zykyma meine Herrin?" — „Ja, das war sie. Aber glaubst du denn etwa, sie retten zu können?" — „Ich glaubte gar nichts. Sie war in Gefahr, und ich ritt ihr nach." — „Das war unvorsichtig, aber brav. Du hattest weder Wasser noch Speise," sagte Steinbach. „Du hast die Räuber eingeholt?" — „Ja." — „Und sie belauscht?" — „Ich lag ganz nahe bei ihnen." — „Was sagten sie?" — „Es war ein Sattelgurt gesprungen, darum mußten sie anhalten. Es war noch dunkel. So ließ ich mein

M. K.

Pferd stehen und kroch hinzu. Sie sprachen davon, daß
sie zu den Beni Halaf wollten. Weiter hörte ich nichts,
denn ich hatte mit Zykyma zu thun." — „Bemerkte sie
dich?" — „Nicht eher, als bis ich vor ihrem Kamele
im Sande lag. Ich gab ihr mein Messer in den Tachter=
wan und flüsterte ihr zu, daß ich sie am Abend retten
werde. Dann aber mußte ich wieder fort, sonst wäre
ich entdeckt worden. Ich wollte ihnen nachreiten und
die drei Kerle des Abends beim Lagern töten. Aber
die Hitze des Smum dorrte mir die Gebeine aus. Mein
Pferd konnte nicht weiter. Wir blieben also hier liegen.
Ich bin müde."

Said schloß die Augen und schlummerte wieder.
Das Pferd erhielt noch einmal Wasser und bekam dann
Datteln zu fressen. In einigen Stunden war es jedenfalls
wieder fähig, geritten zu werden.

Steinbach ließ Said schlafen. Er hatte es sich vor=
genommen, die Gefährten zu erwarten. Vielleicht kamen
diese am nächsten Morgen, vielleicht noch eher.

Das letztere war der Fall. Noch lange vor Mitter=
nacht ließ sich das Geräusch nahender Kamele hören.
Die vierzig Sallah und Abbas kamen. Sie hatten sich
außerordentlich beeilt und freuten sich, Said am Leben
zu finden. Jetzt ließen sie auch ihren Teufelsspuk fallen.

Es wurde beraten, ob man hier lagern oder gleich
weiterziehen solle. Steinbach stimmte für letzteres. Es
war der erste Tagesmarsch, und folglich gab es bei den
Tieren noch keine große Ermattung. Man konnte die
Nacht benutzen und dafür lieber morgen im Sonnen=
brande eine Ruhepause machen.

Man brach also gleich wieder auf. Said war zwar
noch schwach, konnte sich aber doch im Sattel des Kamels
erhalten. Er erholte sich überhaupt von Minute zu
Minute immer mehr.

Um die Mittagszeit des nächsten Tages wurde halt
gemacht. Spuren der Verfolgten merkte man nicht mehr
im Sande, da die Wüstenluft wieder rege geworden war.

M. K.

Doch hatte das nichts zu sagen, da man ja das Ziel jetzt genau kannte. Gegen Abend des dritten Tages befand sich der Zug in der Nähe der Oase der Beni Halaf.

Es war leicht zu denken, daß diese eine Verfolgung vermuten und also wachsam sein würden; darum hielt es Steinbach für geraten, die Oase von weitem zu um= reiten, um von der entgegengesetzten Richtung zu kommen. Auch hierin stimmte man ihm zu.

Es wurde nun im schärfsten Tempo ein Umweg gemacht, bis man sich im Norden der Oase befand, auf die man vorher von Südwest gekommen war. Von dieser Seite her wurde wohl kein Feind erwartet.

Die Gegend war sehr felsig und zerklüftet. Der Sand hatte aufgehört. Einige Höhenzüge schlossen ihn von der Oase ab. Diese Höhen waren kahl und von Schluchten zerrissen. Durch eine dieser engen Schluchten ritt Steinbach an der Spitze der mutigen Schar. Als sich dieselben öffneten, rollte sich ein anmutiges Bild vor ihnen auf.

Rings von ähnlichen Höhen umgeben, lag ein ziemlich umfangreicher, mit Palmen bestandener und von mehreren Quellen bewässerter Thalkessel. Zelte standen unter den Palmen. Herden weideten in der Nähe. Droben auf der Höhe nach Südwesten hin lagen mehrere Krieger, um den Weg zu beobachten.

„Sie warten auf uns," sagte Tarik grimmig. „Wir werden sie nicht ungeduldig werden lassen." — „Dennoch aber wollen wir uns nicht übereilen," meinte Steinbach. „Blicke dort hinüber!"

Eine Schar von vielleicht fünfzehn bis zwanzig Mädchen kam unter den Palmen hervor. Sie hielten Kränze in den Händen, und ihr Ziel schien die Höhe zu sein.

„Was ist mit ihnen?" — „Sieh nur hinauf." — „Warum? Da begraben sie ihre Toten." — „Meinst du nicht, daß die Mädchen da hinaufgehen wollen?" —

M. K.

„Ja. Es ist heute der Tag Kadidscha, an dem die
Mädchen die Gräber der Ihrigen bekränzen. Das ge=
schieht nach dem Abendgebete, wenn die Finsternis herein=
bricht. Es wird dann auf jedem Grabe ein Licht an=
gebrannt." — „Das ist sehr gut. Ziehen wir uns weiter
in die Schlucht hinein. Während die anderen unsere
Tiere halten, mögen sich zwanzig von hinten her nach
dem Begräbnisplatze schleichen, um, wenn es dunkel ge=
worden ist, die Jungfrauen zu ergreifen, ein jeder eine."

Die anderen hielten ganz erstaunt ihre Blicke auf
Steinbach gerichtet. Hilal aber sagte:

„Effendi, dein Gedanke ist der weiseste, den es nur
geben kann. Wenn wir die Mädchen der Beni Halaf
bekommen, müssen sie uns auch die drei, die wir suchen,
herausgeben." — „Natürlich. Wir tauschen um." —
„Wir brauchen also weder zu bitten, noch zu kämpfen.
Kein Rat ist besser als der deinige." — „So kommt
zurück!"

Jetzt waren alle einverstanden. Vierzig, wenn auch
tapfere Männer gegen einen ganzen Stamm war doch
zu gewagt. List war geratener.

Hinter der Höhe wurde gehalten. Steinbach stieg
mit zwanzig ab, um die Höhe zu erklimmen. Hinter
derselben, unten im Thale, ertönte soeben der Ruf des
Mueddin zum Gebete. Die Dämmerung kam rasch
hernieder.

Als die zwanzig die Höhe erstiegen hatten, war es
bereits ziemlich dunkel.

Hier oben gab es ein Steingewirr, in dem man
sehr gut Deckung finden konnte. Abwärts lag der Fried=
hof, ein nicht sehr großer und nicht hoch eingefriedigter
Platz. Man sah die Mädchen, die sich am Eingange
niedergesetzt hatten und miteinander sprachen.

Jetzt ward es schneller dunkel. Noch wenige Minuten,
so war es Nacht. Auf dem Begräbnisplatze flimmerte
das erste Lichtlein auf.

„Männer dürfen wohl nicht dabei sein?" fragte

M. K.

Steinbach Tarik. — „Nein. Es ist der Tag der Frauen."
— „Desto besser für uns. Sorgen wir vor allen Dingen
dafür, daß die Mädchen kein Geschrei erheben. Der
Schreck wird sie im ersten Augenblicke verstummen
lassen. Da muß dann ein jeder eine fassen und ihr gleich
die Kehle zuschnüren, aber ohne sie zu töten. Wir tragen
sie über die Höhe diesseits wieder hinab und bringen
sie soweit fort, daß wir nicht gefunden werden können.
Ich aber begebe mich als euer Gesandter zu den Beni
Halaf, um mit ihnen zu verhandeln." — „Das ist kühn."
— „Gar nicht kühn. Sie werden mir nichts thun, weil
ihre Töchter sich in unserer Gewalt befinden. Also jetzt
ist es Zeit, vorwärts!"

Da schlichen die zwanzig Mann zwischen den Steinen
hindurch dem Kirchhofe zu. Auf demselben brannten bereits
eine Menge Lichter.

An der Mauer angekommen, die den Männern nur
bis an die Brust reichte, sodaß man sehr leicht hinüber=
blicken konnte, sah man die Mädchen um ein Grabmal
stehen, das das größte von allen war. Vielleicht lag ein
berühmter Scheik unter demselben begraben.

„Jetzt stehen sie beisammen," flüsterte Steinbach
seinen Begleitern zu. „Verteilt euch schnell rund um,
sodaß wir von allen Seiten kommen; dann ist ihnen
die Flucht unmöglich. Wenn ich ein Zeichen gebe, eilen
alle herbei."

Da meinte einer der Krieger:

„Glaubst du nicht, daß sie leichter zum Schweigen
zu bringen sein werden, wenn wir sie unsere Messer
sehen lassen?" — „Natürlich, das könnt ihr thun. Jetzt
vorwärts!"

Sie verteilten sich. Nach einer kurzen Pause stieg
Steinbach über die Mauer. Sein scharfes Auge be=
merkte, daß die auf seiner Seite postierten Gefährten sich
auch bereits im Innern des Friedhofes befanden. Er
gab das Zeichen.

Da huschten die Gestalten alle auf das erwähnte
M. K.

Grabmal zu, an dem die Mädchen einen monotonen Gesang angestimmt hatten. Steinbach war vermöge seiner Gewandtheit der erste dort. Er ergriff eines der Mädchen mit der linken Hand am Halse, drückte letzteren so fest zusammen, daß es nicht schreien konnte, und hob es auf den anderen Arm empor.

Kaum war das geschehen, so bemächtigten sich die anderen Araber auch der übrigen Mädchen. Einige unter=

drückte oder auch nur kurze Schreie erschollen, dann eilten die Männer mit ihren Bürden nach der Mauer zurück, die hier, da die Gräber hoch lagen, mit einem einzigen Schritte zu ersteigen war. Ein Sprung hinab, und dann fort, in das Dunkel hinein. Die That war gelungen.

Die Mädchen waren vor Schreck, Angst und Atem= not halb tot. Erst als sie sich inmitten ihrer Feinde befanden, wurden ihnen die Finger von den Kehlen ge=

M. K.

nommen, sodaß sie nun wieder richtig Atem zu holen vermochten. Einige begannen, laut zu jammern.

„Ruhig!" gebot Steinbach. „Welche von euch Lärm macht, die wird erstochen!"

Sofort trat Stille ein. Jetzt erkundigte Steinbach sich:

„Ist eine Verwandte eures Scheiks bei euch?" — „Ich," lautete eine Antwort. „Ich bin seine jüngste Tochter." — „Wie heißt du?" — „Warda."

Dieses Wort bedeutet ‚Rose‘. In der Dunkelheit konnte man es nicht erkennen; später jedoch zeigte es sich, daß sie ein schönes Mädchen war und diesen Namen voll verdiente.

„Wie heißt dein Vater?" — „Amulak Ben Musa." — „Weshalb halten Krieger im Süden vor eurer Oase Wache?" — „Ich weiß es nicht." — „Du wirst es sofort wissen, wenn ich dir sage, daß wir dich als Sklavin verkaufen werden, wenn du meine Fragen nicht beantwortest." — „O Allah!" seufzte sie erschrocken. — „Also rede!"

Sie zögerte noch. Da redeten ihr die Gefährtinnen zu, die Wahrheit zu sagen.

„Thue, was sie dir raten, denn wir werden auch sie mit uns nehmen, wenn du dich weigerst, eine Auskunft zu geben. Wozu also die Wächter?" — „Wir erwarten einen Ueberfall der Krieger vom Stamme der Beni Sallah." — „Warum?" — „Es sind einige Freunde zu uns gekommen, die von ihnen verfolgt werden." — „Wo befinden sich diese Leute?" — „In dem großen Gastzelte gerade gegenüber demjenigen meines Vaters." — „Haben sie Frauen mit?" — „Ja, drei." — „Wo sind diese?" — „Im Frauenzelte neben der Wohnung des Scheiks, wo sie bewacht werden." — „Sind sie da allein?" — „Ja. Der Wächter sitzt vor der Thür." — „Ich bin mit deinen Antworten zufrieden. Wenn ihr euch wohl verhaltet, wird euch nichts geschehen, und ihr werdet sehr bald wieder bei den Eurigen sein."

Jetzt riet Steinbach Tarik, sich mit der Truppe ganz

M. K.

aus der Schlucht hinaus in das Freie zu ziehen, eine
Maßregel, durch die ein unvorhergesehener Ueberfall ver=
hindert wurde. Dann wollte er sich auf den Weg machen
und suchte sich zu diesem Zwecke fünf bis sechs Männer
aus, unter denen sich auch der Indier Nena befand. Mit
diesen brach er auf, natürlich zu Fuße.

Sie gingen wieder nach dem Kirchhofe zurück, wo
die Lichtchen meist noch brannten. Tiefe Ruhe lag unten
in der Dase, wo man also noch keine Ahnung davon
hatte, daß die Mädchen entführt worden seien. Jetzt
lenkte Steinbach seitwärts ein.

„Warum das?" fragte einer. „Warum gehst du
nicht gerade auf das Lager zu?" — „Weil ich euch
zurücklassen muß." — „Das kannst du auch auf dem
geraden Wege." — „Nein, denn dadurch würde ich euch
in Gefahr bringen. Es ist doch möglich, daß sich die
Beni Halaf über das lange Ausbleiben ihrer Töchter
beunruhigen, noch ehe ich mit ihnen sprechen kann. In
diesem Falle würden sie nach dem Friedhof eilen und
auf euch stoßen. Ein Kampf wäre da sicher, und er
würde zu euren Ungunsten ausfallen. Also kommt!"

Steinbach war ihnen eben in allem überlegen, be=
sonders auch in Beziehung auf die Vorsicht, mit welcher
er selbst das Kleinste auszuführen gewöhnt war.

Nach kurzer Zeit erreichten sie die ersten Palmen
der Dase. Hier ließ Steinbach seine Begleiter mit der
Weisung zurück, sich vollständig ruhig zu verhalten und
auf seinen Ruf, den sie bei der nächtlichen Stille leicht
hören konnten, zu ihm in das Lager zu kommen. Dann
ging er allein weiter.

---

37 Kapitel.

Steinbach hatte die Lagerfeuer der Beni Halaf leuchten
sehen und wußte also, in welcher Richtung er sich zu
halten habe.

M. K.

Jedes einzelne Zelt war genau zu unterscheiden. Die Beni Halaf schienen ihre ganze Aufmerksamkeit nach der Südseite gerichtet zu haben, denn hier im Norden gab es keinen einzigen Wächter. Aus diesem Grunde gelang es ihm ohne alle Mühe, bis an die ersten Zelte zu kommen.

Von der Mitte des Lagers her erschollen laute Stimmen. Man schien dort eine Versammlung abzuhalten, oder die Bewohner hatten sich zufällig dort zusammengefunden, um über die Ereignisse des Tages und die nun zu erwartenden Begebenheiten zu sprechen.

War dies wirklich der Fall, so gab es für Steinbach die Möglichkeit, einen kühnen Streich auszuführen. Er legte sich auf den Boden nieder und kroch hart an das erste Zelt heran, um den unteren Raum desselben so weit aufzuheben, wie es die Zeltbefestigung erlaubte, und in das Innere zu blicken. Es war ganz still und dunkel darin; es war leer.

So fand er auch die nächsten Zelte, zwischen denen er sich wie eine Schlange hindurchwand. Auf diese Weise gelangte er immer weiter nach der belebten Mitte des Lagers. Bereits konnte er zwischen den letzten, den Versammlungsplatz begrenzenden Zelten hindurch bemerken, daß wirklich alle Beni Halaf dort zugegen waren, Männer und Frauen getrennt.

Das Zelt des Scheiks zeichnete sich durch die Lanzen aus, die vor demselben in die Erde gesteckt waren. Daneben stand ein kleineres ein wenig mehr zurück, sodaß der hintere Teil desselben im Schatten des ersteren lag. Das war vermutlich das Frauenzelt.

Er kroch hinzu, immer im Schatten und stets bereit, aufzustehen und sich zu zeigen, falls er gesehen werde. Aber kein Mensch hielt es für nötig, den Blick hierher zu werfen.

Das Zelt bestand aus starker Leinwand, deren unterer Rand an Pflöcken in die Erde befestigt war. Steinbach zog zwei dieser Pflöcke heraus, hob den Saum

M. K.

der Leinwand ein wenig empor und blickte hinein. Es war still im Inneren; aber er erkannte deutlich drei Frauengestalten, die am Boden saßen. Die Lagerfeuer erleuchteten die vordere Zeltwand, sodaß die Köpfe der drei dunkel von derselben abstachen.

„Zykyma!" flüsterte er. — „Allah!" erklang es erschrocken. — „Still! Ganz leise!" — „Said, bist du es?" — „Nein, ich bin es, Masr-Effendi." — „Allah sei Dank! Wir sind gerettet, da du hier bist. Wir haben auf dich gehofft." — „Ihr werdet bewacht?" — „Von einem einzigen Krieger, der draußen vor der Thür sitzt." — „Kam euch nicht der Gedanke an die Flucht?" — „Er kam uns; aber wir können ja hier nicht sehen, wie es draußen steht." — „Ist Hilal mit hier?" flüsterte Hiluja. — „Und Tarik?" fragte Badija. — „Beide. Ihr werdet sie sehen, wenn ihr mir jetzt folgen wollt." — „Können wir denn das?" — „Ja. Legt euch platt auf den Boden und kriecht mir nach. Ich öffne die Leinwand."

Steinbach zog sein Messer und machte einen langen Schnitt in das Zelt, der das Durchschlüpfen gestattete. Die drei Mädchen kamen nun heraus und krochen hinter ihm her, bis er sich von der Erde erhob.

„Steht auf!" sagte er. „Hier kann man uns nicht mehr sehen. Ihr seid frei!"

Da ergriffen sie seine Hände, um ihm zu danken; er aber zog sie eiligst mit sich fort, bis hin zu den sechs wartenden Kriegern, von denen er einen aufforderte, die Geretteten sofort zu den Ihrigen zu bringen, und kehrte dann zurück, dieses Mal aber nicht allein, sondern er nahm Nena, den Indier, mit.

Auf demselben Wege und ganz in derselben Weise gelangte er mit ihm an das Frauenzelt, in das die beiden krochen. Als sie sich im Inneren befanden, zog Steinbach die Schnüre so straff an, daß sich der Schnitt, den er in die Leinwand gemacht hatte, schloß und nicht mehr zu sehen war. Dann schlüpfte er vor an die Thür,

M. K.

die aus einer Matte bestand, schob sie ein wenig bei=
seite und blickte durch die Lücke hinaus. Er sah jetzt
sofort den Suef mit dem Russen und dem Türken am
Feuer sitzen, wo es sehr lebhaft zuging.

„Komm' her!" flüsterte er Nena zu. „Luge hier
hinaus, und sage mir, ob du deinen früheren Herrn erkennst!"

Nena gehorchte. Er musterte die Gesichter und
antwortete dann in bestimmtem Tone:

„Er ist da, Herr. Er trägt blaue Hosen und ein
rotes Wams mit zwei Pistolen im Gürtel." — „Ganz
richtig! Jetzt sehe ich ein, daß wir ihn festhaben, und
daß er uns nicht wieder entkommen wird." — „Er erhebt
sich. Er kommt herbei." — „Schön."

Auch Steinbach bog sich zu der Lücke, um den
Grafen zu beobachten.

Dieser kam langsam näher und fragte, als er das
Zelt erreicht hatte, den Wächter:

„Schlafen die Frauen bereits?" — „Ich weiß es
nicht, Herr." — „Laß sehen."

Der Graf schob den Wächter zur Seite, bückte sich
nieder, hob die Matte empor und steckte den Kopf herein.

„Zykyma!"

Keine Antwort.

Er schob darum den Kopf noch weiter herein.

„Zykyma!"

Da gab Steinbach ihm eine kräftige Ohrfeige, daß
es nur so klatschte.

Im Nu war der Kopf verschwunden. Draußen
hustete und pustete, ächzte und stöhnte es, und sodann
rief der Geohrfeigte:

„Ibrahim! Komm' schnell her!" — „Warum?"
fragte der Pascha. — „Die Frauen revoltieren." —
„Das wollen wir uns verbitten."

Er stand auf, kam herbei und erkundigte sich dann:

„Welche denn?" — „Die deinige ist die Anführerin."
— „Was thut sie denn?" — „Sie will die beiden
anderen zur Flucht verführen."

M. K.

Das war nicht wahr. Aber der Russe wollte haben, daß der Türke nun auch seinen Kopf einmal in das Zelt stecke. Wenn er es that, mußte es sich ja finden, welches von den drei zarten Wesen eine so überaus kräftige Hand besaß, und aus welchem Grunde überhaupt dieser Schlag geführt worden war.

„Du blutest ja!" sagte der Türke. — „Wo?" — „An der Nase." — „Ich habe mich gestoßen." — „Hat Allah dir die Nase gegeben, damit du mit ihr überall anrennst? Ich werde mit den Ungehorsamen sprechen."

Auch der Pascha bückte sich nieder und hob die Matte empor. Der Russe aber wischte sich das Gesicht und hielt dabei den Blick voller Spannung auf den Türken gerichtet. Dieser rief in das Zelt hinein:

„Was fällt euch denn ein, ihr Hündinnen, ihr Ungehorsamen? Warum wollt ihr uns entfliehen?"

Es erfolgte keine Antwort.

„Ich frage euch, was ihr gethan habt! Antwortet!"

Es blieb auch jetzt ruhig.

„Zykyma, antworte du!"

Die Aufforderung war erfolglos.

Der Pascha hatte den Kopf freilich noch halb unter dem Eingange. Jetzt aber schob er ihn ganz hinein, während der Russe sich erwartungsvoll, was nun erfolgen werde, vorbeugte.

„Zykyma! Hörst du? Wenn du nicht redest, werde ich dich bestrafen!"

Da gab es im Inneren des Zeltes einen lauten Klatsch und gleich darauf noch einen. Der Türke brüllte auf wie ein Stier und fuhr mit solcher Vehemenz aus dem Zelte zurück, daß er in den Sand schoß. Er sprang jedoch sofort wieder auf, hielt sich die Hände an die Backen und schrie:

„O Allah, o Teufel, o Hölle! Sie hauen zu!" — „Jawohl!" meinte der Russe, nun seinerseits sehr befriedigt, daß der andere zwei Ohrfeigen erhalten hatte, anstatt einer. — „Wie? Hast du es gewußt?" —

„Freilich!" — „Woher?" — „Weil ich auch eine er= halten habe. Dieses Blut fließt wegen einer Ohrfeige, nicht aber wegen eines Stoßes aus meiner Nase." — „Und du hast mich belogen, hast mich nicht gewarnt?" — „Ich wußte selbst noch nicht, woran ich war. Ich steckte den Kopf hinein und erhielt den Schlag; da war es unsicher, ob ich eine Ohrfeige erhalten oder mich an den Pfahl gestoßen hatte. Jetzt aber weiß ich es genau. Auch du blutest!" — „Das werde ich rächen! Welche mag es wohl gewesen sein?" — „Ich weiß es nicht." — „Und ich so viel, daß Zykyma keine solche Hand hat." — „So ist es eine der Schwestern gewesen. Gucke noch einmal hinein!" — „Sollte mir einfallen! Ich mag nicht wieder geschlagen sein. Ich werde ein Licht holen und hineinleuchten."

Der Pascha ging nach dem Feuer, um einen Brand zu holen. Als die Araber sahen, daß er blutete, fragten sie nach der Ursache. Er erzählte es und wurde aus= gelacht. Dennoch standen mehrere auf, um ihm zu folgen und zu erfahren, wie dieser Kampf zwischen Männern und Frauen enden werde.

Und wiederum kniete er nieder, hob mit der einen Hand die Matte empor und leuchtete mit der anderen vermittelst des Feuerbrandes hinein. Man konnte aber nichts sehen, weil die Helle desselben die Augen blendete.

„Weiter hinein!" sagte einer.

Der Pascha wollte es thun, fuhr aber erschrocken zurück, denn der Lauf einer Doppelpistole wurde von innen heraus sichtbar.

„Allah il Allah! Sie schießen!" — „Haben sie denn Waffen?" — „Hast du nicht die Pistole gesehen?" — „Freilich! Wer hat sie ihnen gegeben? Wir können nicht hinein, aber wir können das Zelttuch abnehmen, da sitzen sie im Freien und können nichts Hinterlistiges unternehmen."

Sofort waren mehrere Beduinen bereit, die Lein= wand zu entfernen. Die Pflöcke wurden herausgezogen

M. K.

Die drei Mädchen krochen hinter Steinbach her.
(Seite 559.)

M. K.   36*

und die Leinwand von vorn nach hinten zurückgeworfen. Aller Augen richteten sich nach den Frauen.

„Donnerwetter!" rief der Russe, erschrocken zurück= fahrend. — „Allah ist groß!" schrie der Türke, indem er einen gewaltigen Seitensprung that.

Die Araber brachten kein Wort hervor. Sie, die Abergläubischen, hielten es für Hexerei, daß anstatt der drei Frauenzimmer ein hoher, stolzer Mann unter den Zeltstangen stand und ein zweiter neben ihm saß.

„Steinbach!" knirschte der Russe. — „Ja, Stein= bach, der Hund!" rief der Pascha. „Wo sind die Frauen, wo?" — „Verschwunden, wie du siehst," antwortete Steinbach. „An ihrer Stelle bin ich hier, um mich von dir entführen zu lassen. Erkläre dich deutlich, wohin du mich schaffen willst!"

Der Scheik war herbeigekommen. Ein Kreis von Leuten bildete sich um ihn und um das Zelt. Er blickte ganz erstaunt von Steinbach zu Nena hernieder und fragte den Pascha:

„Wer ist dieser Fremdling?" — „Masr=Effendi, von dem ich dir erzählt habe." — „Wie kommt er in dieses Zelt?" — „Frage ihn! Ich weiß es nicht. Unsere Frauen sind fort. Euch haben wir sie zur Bewachung anvertraut. Ihr müßt sie uns wiederschaffen!"

Der Scheik war ratlos. Er glaubte nun zwar nicht an Zauberei, wußte aber nicht, wie er sich zu Steinbach verhalten solle, dessen stolze Männlichkeit einen außer= ordentlichen Eindruck auf ihn machte. Er fragte endlich:

„Bist du wirklich Masr=Effendi?" — „Ja." — „Wo sind die Frauen?" — „In Sicherheit. Ich habe sie befreit." — „Wohin hast du sie gebracht?" — „Zu den Beni Sallah, die an eurem Lager stehen und bereit sind, über euch herzufallen." — „Das ist nicht wahr." — „Ich lüge nie!" — „Wie können die Beni Sallah hier sein! Wir haben Kundschafter ausgesandt und Posten gestellt." — „Bin ich nicht hier, mitten unter euch? Und ich bin mit den Beni Sallah gekommen."

M. K.

— „Du bist allein gekommen und haft die Frauen durch Lift befreit. Hier fehe ich es. Da ift die zer= schnittene Leinwand, durch die ihr beide eingedrungen seid. Ihr habt die Frauen vorangehen laffen und seid

gestört worden, ihnen zu folgen. Wir werden sie suchen und finden. Ihr aber seid unsere Gefangenen!" — „Ja, so ist es!" stimmte der Pascha bei. „Er war es, der uns schlug. Er soll die Bastonnade bekommen, daß ihm die

M. K.

Fußsohlen bis auf den Knochen aufspringen. Bindet ihn!"

Sogleich eilten einige fort, um Stricke zu holen. Zwei Männer hier mitten im Lager zu überwältigen, das war ja ein Kinderspiel. Es sollte aber nicht so leicht gehen, wie sie gedacht hatten, denn Steinbach that einen schnellen Schritt auf den Pascha zu, versetzte ihm einen Fausthieb in das Gesicht, daß der Getroffene zu Boden stürzte, und sagte:

"Sprich noch einmal von der Bastonnade, Hund, so bekommst du sie selbst!" — "Halt!" donnerte da der Scheik. "Wie kannst du, unser Gefangener, es wagen, unsere Gäste zu schlagen! Du bist ein Freund der Beni Sallah, also unser Feind. Du hast dein Leben verwirkt. Gieb deine Hände her und lasse dich binden!" — "Hier sind sie. Bindet sie!"

Steinbach hielt ihnen in jeder Hand einen Revolver entgegen. Sie fuhren zurück. Nur der Russe und der Türke zeigten in ihrer Wut keine Furcht vor den kleinen und doch so gefährlichen Waffen. Freilich wagten sie es nicht, Steinbach anzufassen, doch blieben sie ganz in der Nähe stehen, um ihm die Flucht abzuschneiden. Dabei gebot der Pascha:

"Scheik, sende Leute aus, unsere entflohenen Frauen zu suchen." — "Ihr werdet sie wirklich nicht finden," versicherte Steinbach. "Sie sind zurückgekehrt in den Schutz Hilals und Tariks, deren Bräute sie sind. Und mich braucht ihr nicht zu bewachen. Ich entfliehe euch nicht. Es ist vielmehr meine Aufgabe, euch an der Flucht zu verhindern. Scheik Amulak Ben Musa, ich bin gekommen, diese beiden Männer von dir zu fordern, und du wirst sie an uns ausliefern." — "Bist du toll oder ein Giaur?" — "Er ist ein Giaur, ein ungläubiger Hund!" fiel der Pascha schnell ein. "Hört nicht auf ihn!" — "Ihr werdet auf mich hören! Ich bin nicht gewöhnt, meine Worte in den Wind zu reden!"

Der Scheik griff nach seinem Messer.

"Mensch, soll ich dich erstechen? Du befindest dich

M. K.

in unserer Gewalt und wagst es, solche Worte zu uns
zu reden?" — „Ich bin mit nichten in eurer Gewalt,
sondern ich bin so frei, wie ihr frei seid. Diese Männer
sind uns entwichen. Wir verlangen sie von euch zurück."
— „Selbst wenn du nicht wahnsinnig wärest, könnte es
nicht geschehen. Sie sind unsere Gäste, und wir haben
ihnen unser Wort gegeben, sie zu beschützen. Du aber
schweig' von jetzt an und ergieb dich uns, sonst fallen
wir über dich her, wie die Heuschrecken über den Halm,
der in einem Nu verzehrt wird. Hier sind die Stricke,
euch zu binden. Ergebt euch!" — „Greift uns an,
wenn ihr es wagt." — „Wir werden euch nicht an=
rühren, sondern euch von weitem erschießen. Da könnt
ihr euch nicht wehren." — „Ich rate euch, dies nicht zu
thun, denn wenn uns von euch nur ein Haar gekrümmt
würde, so müßte sich morgen ein großes Trauergeschrei
bei euch erheben, und euer Friedhof würde sich den
Leichen eurer Töchter öffnen." — „Unserer Töchter?
Was ist mit ihnen?" — „Blicke empor zum Friedhofe,
ob die Lichter noch brennen!"

Man konnte von diesem Platze aus den Friedhof sehen.

„Sie sind erloschen!" sagte der Scheik erschrocken.
— „Und warum sind sie erloschen? Weil sie nicht ge=
pflegt und erneut worden sind. Die Töchter der Beni
Halaf befinden sich nicht mehr dort auf dem Friedhofe."
— „Wo dann?" — „Sie sind in die Hände der Beni
Sallah gefallen." — „O Allah! Sagst du die Wahr=
heit?" — „Ja. Ich selbst habe den Ueberfall geleitet."
— „Allah verderbe dich, und der Prophet verfluche dich
dafür! — „Das könnte doch euch keinen Nutzen bringen.
Ich führte die Beni Sallah hierher. Wir wußten, daß
ihr uns erwartet und also Posten ausstellen würdet.
Darum machten wir einen Umweg, um von der un=
bewachten Seite zu kommen. Wir sahen zwanzig eurer
Töchter nach dem Friedhofe gehen und warteten, bis es
dunkel war, sie zu überfallen. Es gelang. Jetzt sind
sie unsere Gefangenen." — „Sie werden sehr bald frei

M. K.

sein, denn wir werden dich töten, wenn sie nicht in einer Stunde sich wieder bei uns befinden." — „Ihr werdet sie nicht lebendig wiedersehen, denn wenn ich nicht in einer halben Stunde wieder bei den Beni Sallah bin, werden eure Töchter alle erschossen." — „Ihr seid Hunde. Kein Mann tötet ein Weib!" — „Und kein braver Krieger schützt die Peiniger dreier Frauen, wie ihr es thut!" — „Vielleicht sagst du uns eine Unwahrheit, um uns zu übervorteilen. Ich werde Boten nach dem Kirchhofe senden, um nach unseren Töchtern zu suchen." — „Thue es! Unterdessen vergeht die halbe Stunde, und sie werden getötet!" — „O Allah, Allah!"

Der Scheik fühlte sich ganz ratlos. Um ihn noch mehr einzuschüchtern, sagte Steinbach:

„Auch habe ich mit Warda, deiner jüngsten Tochter, gesprochen. Sie sehnt sich nach dir." — „Meine Tochter, meine Tochter!"

Er raufte sich die Haare seines Bartes aus. Die Angehörigen der anderen Mädchen erfuhren nun auch, daß ihre Töchter von den Beni Sallah gefangen genommen worden seien. Darüber erhob sich ein großes Wehklagen im Lager. Der Beduine ist nicht gewöhnt, sein Leid allein und still zu tragen. Es müssen so viele wie möglich davon hören. Daher das überlaute Jammern und Heulen bei Unglücksfällen.

Es bildeten sich zwei Parteien. Die eine war dafür, Rache an der Person Steinbachs zu nehmen, die andere stritt dagegen, da in diesem Falle der Tod der Mädchen unvermeidlich sei. Es wurde schnell die Versammlung der Aeltesten einberufen, deren Beratung kein anderer Mensch zuhören durfte.

Es galt, zwei sich ganz und gar widerstreitende Punkte in Einklang zu bringen: Steinbach verlangte den Russen und den Türken ausgeliefert, diese beiden Gäste durften aber nicht ausgeliefert werden, wenn der Stamm nicht für ewige Zeiten sein Ansehen und seine Ehre ver-

M. K.

lieren wollte. Wie war da ein Ausweg zu finden? Die schlauen Araber fanden ihn sehr bald.

Der Scheik ließ den Türken und den Russen zu sich kommen in sein Zelt, wo sie unbelauscht waren, und sagte:

„Ihr habt großes Herzeleid über uns gebracht, dennoch wollen wir euch nicht ausliefern, weil ihr unsere Gäste seid." — „Wir haben dir nichts gethan," sagte der Pascha. — „Nein; darum will ich euch beschützen. Ich werde mit diesem Masr-Effendi einen Vertrag ab=schließen, daß ich euch hier bei mir gefangen halte, bis der Morgen anbricht. Dann reitet ihr ab." — „Und Masr-Effendi folgt uns?" — „Ja." — „So sind wir verloren." — „Nein. Ihr sollt nicht bis zum Morgen hier bleiben, ich lasse euch eher fort." — „Das geht nicht. Masr-Effendi wird uns sehr streng bewachen. Wir sind ihm bereits einmal auf listige Weise ent=kommen." — „Ich werde die Wache an dem Zelte selbst übernehmen." — „Dagegen wird er nichts einwenden, aber er wird das ganze Lager von seinen Kriegern um=zingeln lassen, dann können wir nicht fort." — „Ist er so klug und vorsichtig?" — „Klüger als hunderte!" — „Ich werde ihn dennoch überlisten. Ihr tretet, sobald ihr hier in das Zelt gegangen seid, sogleich hinten wieder aus demselben und eilt zu den Kamelen, die euch der Suef gesattelt haben wird. Er reitet als euer Weg=weiser mit euch." — „Der Suef wird nicht satteln dürfen, denn Masr-Effendi verlangt jedenfalls, daß er auch ge=fangen genommen werde." — „So wird einer von meinen Leuten satteln." — „Hat dieses Zelt einen Ausgang von hinten?" — „Nein. Ihr kriecht unter der Leinwand hinaus, aber nicht eher, als bis ich hereinkomme und euch sage, daß es Zeit ist. Ich werde für euch auf=passen." — „Wie nun, wenn Masr-Effendi hereintritt, um nach uns zu sehen, und uns nicht findet?" — „Das schadet nichts. Ihr seid dann fort." — „Er wird uns verfolgen." — „Des Nachts?" — „Ja." — „Er kann

M. K.

ja keine Fährte sehen!" — „Da kennst du diesen Teufel
nicht. Sind wir nicht auch des Nachts von den Beni
Sallah fortgeritten? Er hat dennoch unsere Fährte ge=
funden, obgleich er weit entfernt bei den Beni Suef war.
Er hat den Teufel, und dieser macht seine Augen scharf.
Wenn wir keinen bedeutenden Vorsprung erhalten, so
holt er uns ein. Er darf also erst morgen bemerken,
daß wir längst fort sind." — „Gut, so werde ich drei
meiner Leute heimlich hier in mein Zelt schaffen, die
ähnlich gekleidet sind wie ihr. Seid ihr fort, und er
kommt herein, so stellen sie sich schlafend, und er hält sie
für euch." — „Das mag gehen." — „Ich werde jetzt mit
ihm sprechen. Die Aeltesten sind einverstanden mit dem,
was ich mit euch verhandelt habe."

Er ging.

„Dieser Steinbach ist wirklich ein Teufel!" knirschte
der Russe. „Schleicht sich der Kerl in das Lager und
befreit die Mädchen, deren wir uns unter solchen Gefahren
bemächtigt haben!" — „Die Hölle verschlinge ihn! Nun
ist Zykyma für mich verloren!" — „Laß sie fahren!
Sie liebte dich nicht und war stets ein widerstrebendes
Frauenzimmer." — „Aber schön, außerordentlich schön!"
— „Es giebt tausend andere, die noch schöner sind.
Gehen wir, um zu sehen, wo unser Suef steckt. Wir
müssen ihn instruieren."

Der Scheik hatte sich wieder zu Steinbach begeben,
der so ruhig unter dem halb abgedeckten Zelte sitzen ge=
blieben war, als ob er sich daheim auf seinem Sofa
und nicht inmitten eines ihm feindlich gesinnten Beduinen=
stammes befinde.

„Die Versammlung hat beschlossen," meldete ihm
der Scheik, „dir die beiden Gefangenen zu übergeben."
— „Die drei Gefangenen, meinst du wohl." — „Auch
den Suef mit? Gut." — „So bringt sie mir her!" —
„Du irrst, wenn du meinst, daß es jetzt geschehen soll.
Sie sind unsere Gäste, und während der Dauer dieses
Tages dürfen wir ihnen das Obdach nicht versagen.

M. K.

Aber bei Anbruch des Tages werden sie unsere Oase verlassen, und ihr mögt ihnen dann folgen, um zu thun, was euch beliebt." — „Wirst du Wort halten?" — „Ja." — „Sie uns pünktlich bei Anbruch des Tages übergeben?" — „Ja." — „Was geschieht bis dahin mit ihnen? Sie werden ganz natürlich auf den naheliegenden Gedanken kommen, bereits diese Nacht heimlich fortzureiten, um einen Vorsprung vor uns zu gewinnen." — „Ich

sperre sie in mein Zelt und lasse sie bewachen." — „Sehr gut. Darf auch ich sie mit bewachen lassen?" — „Ja, wenn du meinst, daß sie dir da sicherer sind." — „Das meine ich allerdings. Ich habe die Erfahrung gemacht, daß meine Augen mich stets am wenigsten täuschen." — „Du bist also zufrieden mit dem Beschlusse der Versammlung unserer Aeltesten?" — „Ja." — „Und wirst

M. K.

uns unsere Töchter wiedergeben?" — „Ja." — „So sende zu den Deinen, daß diese sie uns nun zurückbringen."

Steinbach nickte dem Scheik freundlich lächelnd zu und sagte:

„Hast du schon einmal etwas gekauft?" — „Sehr oft." — „Pflegtest du heute zu bezahlen, wenn du morgen erst den Gegenstand des Preises bekommst?" — „Nein. Geld gegen Ware oder Ware gegen Ware, so ist der richtige Handel." — „So ist es recht, so liebe ich es auch, und so wollen auch wir es machen." — „Wie meinst du das?"

Der Beduine hatte gar nicht bemerkt, daß er gegen sich selbst entschieden hatte.

„Wir tauschen doch auch!" — „Ja, die drei Männer gegen unsere Töchter." — „Ganz richtig! Und da wollen wir es bei deinem eigenen Grundsatze lassen: Ware gegen Ware." — „Allah! Du willst uns die Töchter nicht heute zurückbringen?" — „Nein." — „Warum?" — „Weil du uns auch nicht heute die drei Männer auslieferst." — „Ich habe dir doch mein Wort gegeben, daß ich sie bei Tagesanbruch fortsende!" — „Schön! Da gebe ich dir auch mein Wort, daß ich euch um dieselbe Zeit die Mädchen sende." — „Wie?" — „Ware gegen Ware und Wort gegen Wort! Nicht aber Ware gegen Wort oder Wort gegen Ware. Du bist ein vorsichtiger Mann, ich bin es auch." — „Aber wir haben Sehnsucht nach unseren Töchtern!" — „Und wir sehnen uns nach unseren Feinden."

Der Scheik sah ein, daß er mit seiner List an den unrechten Mann gekommen sei. Er zeigte sich sehr verstimmt.

„So muß ich noch einmal mit den Aeltesten sprechen," sagte er. „Erlaubst du es mir?" — „Ja, doch darf es nicht zu lange dauern, sonst bringst du das Leben der Mädchen in Gefahr."

Der Scheik ging. Unterwegs traf er auf den Russen und den Pascha. Er teilte ihnen mit, daß seine List

M. K.

ohne Erfolg gewesen sei, und daß er darum noch einmal mit den Aeltesten beraten müsse. Dann eilte er weiter.

„Unsere Angelegenheit steht sehr schlecht," meinte der Pascha. „Wäre es nicht am allerbesten, diesen Steinbach niederzuschießen?" — „Das geht nicht. Wir würden uns da die ganzen Beni Halaf zu Feinden machen, da in diesem Falle das Leben ihrer Kinder in Gefahr käme." — „Giebt es denn kein anderes Mittel?" — „Es giebt eins." — „Nun, welches?" — „Das Duell." — „Allah!" — „Ja, wir fordern ihn. Er darf und wird sich dem Verdachte der Feigheit nicht aussetzen und muß sich also mit uns schießen. Hast du Mut?" — „Dummheit, daran zu zweifeln. Man schießt eine Sekunde früher als er, und ihn trifft die Kugel." — „Ganz recht. Und wir losen, wer von uns beiden sich zuerst mit ihm schießt!" — „Einverstanden!" — „So komm! Machen wir der Sache auf diesem Wege ein Ende."

Es hatte wohl keiner von den Männern den rechten Mut, sich mit Steinbach zu schießen, aber da ein jeder die Hoffnung hegte, der zweite zu werden, so wagten sie das Unternehmen. Entschlossen schritten sie dem Zelte zu, unter dem Steinbach noch immer saß, auf die abermalige Rückkehr des Scheiks wartend. Er sah sie kommen und zog schnell seinen Revolver heraus, um ihn für alle Fälle bei der Hand zu haben.

Sie blieben vor ihm stehen und betrachteten ihn mit herausfordernden Blicken.

„Effendi," begann endlich der Pascha. „Was haben wir mit dir zu schaffen? Warum läßt du uns nicht in Frieden unseres Weges ziehen?" — „Weil ihr mir dabei stets den meinigen kreuzt." — „Ist mir nicht eingefallen!" — „Mir auch nicht," stimmte der Russe bei. „Ich habe es satt, mich von dir verfolgen zu lassen. Ich sehe keinen einzigen Grund für dich, mich zu beunruhigen." — „Mein Hauptgrund heißt zunächst Gökala." — „Was geht sie dich an? Sie ist meine Frau." — „Das ist eine Lüge!" — „Beleidige mich nicht!" donnerte der Graf. — „Pah!

M. K.

Wirf dich nicht in dieser Weise in das Zeug. Du machst dich doch nur lächerlich! Wie könnte Semawa jemals auf den Gedanken gekommen sein, dein Weib zu werden!"

Der Russe fuhr zur Seite, als ob er einen Stoß erhalten habe.

„Semawa! Wer ist das?" stotterte er. — „Dieselbe, die du dann Gökala genannt hast." — „Unsinn!" — „Die Tochter des Maharadscha von Nubrida." — „Donnerwetter! Du phantasierst wohl? Es ist mir ja noch niemals so ein Ding wie ein Maharadscha zu Gesicht gekommen!" — „Aber aus dem Gesichte kam er dir — nämlich als Verbannter nach Sibirien hinein."

Der Graf wollte etwas sagen, brachte aber kein Wort hervor. Er stand mit offenem Munde und weit aufgerissenen Augen da und starrte den Mann an, der dieses heiligste seiner Geheimnisse so genau kannte.

„Nicht wahr, du erschrickst, Graf Alexei Polikeff?" — „Nein! Ich weiß nicht, was du willst." — „So weiß der es, der hier neben mir sitzt. Habe die Güte, dir ihn einmal anzusehen!"

Nena stand auf und stellte sich haßblitzenden Auges vor den Russen hin. Dieser betrachtete ihn jedoch sehr gleichgültig, denn Nena hatte gealtert und sich während seines Sklavenlebens sehr verändert.

„Diesen Menschen kenne ich nicht!" sagte er spöttisch. — „Denke nach! Du verkauftest ihn am Nile!" — „Teufel!" — „Jetzt kennst du ihn?" — „Nena!" entfuhr es unvorsichtiger Weise dem Russen. — „Ah, richtig! Sein Name ist dir noch geläufig. Hoffentlich weißt du nun auch, was alles wir von dir wollen, und wunderst dich nicht mehr darüber, daß wir dir auf den Fersen bleiben." — „Effendi," sagte Nena, „soll ich ihn erdolchen?" — „Nein, ich brauche ihn lebendig, und zwar vor dem Richter. Wenn das nicht wäre, so hätte ich ihm längst den Schädel zerschmettert."

Das war dem Grafen denn doch zu viel. Das

M. K.

wollte er sich angesichts seines Verbündeten doch nicht
gefallen lassen. Er brauste also auf:

„Verleumder! Warte, bis ich dich vor den Richter
lade!" — „Sei still, Schurke!" — „Was? Schurke?
Das dulde ich nicht! Das erfordert Satisfaktion. Das
muß mit Blut abgewaschen werden. Ich fordere dich!"
— „Ich auch!" rief der Pascha. — „Macht euch nicht
lächerlich!" meinte Steinbach, indem er sich von seinem

Sitze erhob. „Mit solchen Schuften duelliert man sich
nicht." — „So bist du feig, niederträchtig feig!"

Da klatschte und krachte es schnell zweimal nacheinander. Sowohl der Russe, wie auch der Pascha hatten
jeder eine solche Ohrfeige erhalten, daß sie weit fort und
gegen das Zelt des Scheiks flogen, das in seinen Grund-
festen krachte. Der Pascha sprang auf, riß sein Pistol

M. K.

heraus und wollte auf Steinbach schießen, wurde aber
von dem Russen gepackt und daran verhindert.

„Was fällt dir ein! Willst du mit Gewalt in dein
Unglück oder gar in den Tod rennen? Siehst du nicht,
daß er den Revolver bereits in der Hand hält?" —
„Rache, Rache! O Allah, 'l Allah!" keuchte der Türke
vor Wut. — „Natürlich! Aber später! Je später, desto
sicherer. Jetzt schnell zu dem Suef!" — „Warum?"
— „Wir müssen augenblicklich fort." — „Ohne Wissen
der Beni Halaf?" — „Selbst ohne deren Wissen. Ich
weiß nun, daß dieser Mensch die Oberhand behält. Er
wird sich nicht überlisten lassen, und wir entkommen ihm
nicht, wenn wir nicht augenblicklich fliehen. Wir müssen
auf alle Fälle vor ihm in Kairo ankommen. Unsere
Reise war eine vollständig verfehlte. Wir müssen das
auf andere Weise einholen. Vor allen Dingen aber
dann Rache!" — „Ja, Rache, Rache!"

Sie verschwanden im Dunkel nach der Gegend hin,
wo der Suef sich bei den weidenden Kamelen befand.

---

38. Kapitel.

Steinbach ahnte, daß Ibrahim Pascha und der
Russe ihre Rettung in einer schleunigen Flucht suchen
würden. Er mußte dem vorbeugen. Da sie Gäste der
Beni Halaf waren, durfte er nicht zu Eigenmächtigkeiten
schreiten, aber er konnte ihnen wenigstens den Weg ver=
legen lassen. Darum sandte er Nena an die fünf Beni
Salluh, die unter den Palmen warteten, und ließ ihnen
bedeuten, schleunigst den Weg zu verlegen, der nach Osten
aus der Oase gegen Aegypten führte. Sollten die drei
Flüchtlinge da gefaßt werden, so seien sie anzuhalten
und zurückzubringen, nötigenfalls mit Anwendung der
Waffen. Nachdem er in dieser Weise dafür gesorgt zu
haben glaubte, daß den Genannten die Flucht nicht

M. K.

gelingen werde, begab er sich direkt zu dem Scheik in die Versammlung der Aeltesten. Dort war die Beratung noch nicht beendet. Sie sahen ihn ungern kommen, da sie ja darüber berieten, wie sie ihre Mädchen wieder bekommen könnten, ohne ihre Verpflichtung gegen ihn erfüllen zu müssen. Er fragte:

„Seid ihr nun fertig?" — „Noch nicht," antwortete der Scheik. — „So verlange ich, daß ihr wenigstens die drei Männer, die ich haben will, so bewacht, daß sie nicht die Flucht ergreifen können." — „Sie werden sich hüten, zu fliehen!" — „Nein, sie werden fliehen. Ich weiß es ganz gewiß." — „Haben sie es dir gesagt?" — „Sie werden nicht so dumm sein, es mir zu sagen. Ich vermute es; aber diese Vermutung hat so gute Gründe, daß es ebenso gut ist, als ob sie es mir gesagt hätten." — „Soll ich sie etwa wie Gefangene bewachen lassen?" — „Gerade dies ist es, was ich von dir verlangen muß." — „Und ich kann es unmöglich thun." — „Warum nicht?" — „Weil sie nicht meine Gefangenen sind." — „Vergiß nicht, daß eure Töchter bei uns gefangen gehalten werden! Ich habe dir bereits alles Nötige mehr als reichlich erklärt und bin nicht willens, weitere unnütze Worte zu machen. Ich stehe euch gerade ebenso und noch zwingender gegenüber wie diejenigen, die ihr gegen mich in Schutz nehmt. Sie sollen mir nicht entgehen, und wenn ihr sie mit Absicht entkommen laßt, so mögen die Folgen euch treffen. Ich verlange von euch die Garantie, daß die Männer nicht eher als bis zum Anbruch des Morgens aufbrechen können; wollt ihr nicht darauf eingehen, so könnt ihr sehen, ob ihr eure Töchter jemals im Leben wieder erblickt."

Da stand der Scheik von seinem Sitze auf und sagte in gewichtigem Tone:

„Du vergißt, daß du dich auch in unserer Gewalt befindest. Ein Wink von mir, und du bist verloren!"

— „Nein! Ein Wink von dir, und ich jage dir eine Kugel durch den Kopf. Verstanden?"

Steinbach zog den Revolver und trat drohend zu dem Scheik heran. Dieser wich zurück und meinte ängstlich:

„Effendi, du wirst doch nicht schießen?" — „Sage noch ein einziges Wort, das mir nicht gefällt, und ich drücke ab! Ich habe dir eine Zeit gestellt, diese ist nun verflossen. Was gedenkt ihr zu thun? Ich verlange eine kurze, bestimmte Antwort!"

Da meinte einer der Aeltesten zum Scheik:

„Was besinnst du dich noch? Meine Enkeltochter befindet sich mit den anderen in der Gewalt der Beni Sallah. Soll ich sie nie wiedersehen? Dieser Effendi verlangt nichts, als daß wir seine Feinde nicht eher als zum Anbruch des Morgens fortlassen. Diesen Willen können wir ihm thun. Laß dir von den drei Personen ihr Wort geben, daß sie so lange hier bleiben, so ist es gut." — „Nein, so ist es nicht gut," sagte Steinbach. „Das Wort dieser Männer genügt mir nicht; sie haben ihr Ehrenwort bereits einmal gebrochen. Ich verlange nicht ihr Wort, sondern das eurige. Und nun stellt meine Geduld nicht auf eine längere Probe! Ich will einen festen, sicheren Bescheid, nach dem ich mich zu richten vermag."

Die Versammelten erhoben sich von ihren Sitzen, nahmen den Scheik in ihre Mitte und sprachen eine Weile leise auf ihn ein. Dann wandte sich der letztere an Steinbach:

„Gut, Effendi! Wir haben beschlossen, den Fremden, die du ergreifen willst, ein Zelt anzuweisen und sie da bewachen zu lassen." — „Ich werde sie selbst bewachen lassen." — „Durch wen?" — „Durch einige Beni Sallah, die ich herbeirufe." — „Auch das sei dir erlaubt. Aber wir setzen voraus, daß du uns unsere Töchter wiedergiebst!" — „Sobald wir aufbrechen, werden sie zu euch zurückkehren." — „Und es wird

M. K.

ihnen bis dahin weder Gewalt noch Unrecht geschehen? Versprichst du uns das?" — „Ich verspreche es." — „So werde ich jetzt selbst die drei Männer holen, um sie in ihr Zelt zu bringen. Warte ein wenig."

Der Scheik ging, und Steinbach kehrte zu dem Indier zurück. Dort hatte er sehr lange zu warten. Es verging eine geraume Zeit, ohne daß der Scheik sich wieder sehen ließ. Dabei bemerkte der Deutsche, daß es im Lager eine Unruhe gab, die endlich auch ihn besorgt machte. Es war ja sehr leicht möglich, daß die Beni Halaf irgend einen Streich gegen ihn und seine Begleiter, vielleicht gar einen schnellen, heimlichen Ueberfall im Schilde führten. Darum ging er, den Scheik zu suchen.

Es wurde ihm dabei kein Hindernis in den Weg gelegt. Er fand ihn draußen am Ostende des Lagers, da, wo sich die Kamele befanden. Man hatte einige Fackeln angebrannt, die die Umgebung mit rotem Lichte beleuchteten.

„Nun?" fragte er. „Du kehrst nicht zurück! Wo sind die Leute, die du suchst?"

Der Anführer des Stammes machte ein höchst verlegenes Gesicht. Er antwortete stockend:

„Sie sind fort." — „Wohin?" — „Weiß ich es, Effendi?" — „Höre, du willst mich betrügen! Du hast sie versteckt, damit sie uns entkommen sollen!" — „Bei Allah, du irrst! Ich habe keine Ahnung von dem Orte, an dem sie sich befinden." — „Wo sind die Tiere?" — „Die stehen dort am letzten Zelte angebunden; aber uns fehlen die vier besten Reitkamele, die wir besitzen." — „So sind sie entflohen." — „Meinst du?" — „Natürlich! Und euch haben sie zum Dank für eure Gastfreundschaft eure besten Tiere gestohlen." — „So haben wir die ihrigen dafür, die ganz ebenso wertvoll sind." — „Tröstest du dich damit?" fragte Steinbach zornig. „Diesen Trost laß ja fallen. Die Tiere sind den Beni Sallah gestohlen worden, und wir werden sie also wieder zu uns nehmen." — „Oho!" — „Oho? Willst du die

Herausgabe etwa verweigern? Daran denke ja nicht!
Es würde dir das sehr schlecht bekommen. Ueberlege
vorher, daß du an dem Entweichen der Flüchtlinge
schuld bist! Hättest du nicht so endlos gezaudert, so
wäre ihnen die Flucht unmöglich geworden. Ich wollte
dir eure Töchter gegen sie umtauschen. Nun sind sie
fort, und ihr werdet eure Nachlässigkeit und Hinterlist
zu bereuen haben." — „Meinst du etwa, daß du uns
die Mädchen nun nicht ausliefern willst?" — „Ja,
das meine ich!" — „Effendi, sie gehören uns aber doch!"
— „Jetzt gehören sie uns. Sie befinden sich in unserer
Gewalt. Gieb mir die Fackel und komm' mit! Auch
einige deiner Leute mögen uns folgen. Ich will sehen,
ob ich die Spur der Flüchtigen finde."

Steinbach ging mit den ihn Begleitenden eine
Strecke vom Lager ab und schlug dann einen Bogen
um dasselbe. Er brauchte gar nicht lange zu suchen,
so fand er die Fährte der vier Kamele. Es war den
frischen Spuren ganz deutlich anzusehen, daß die drei
Entkommenen sehr schnell geritten waren.

„Hier sind sie aus dem Lager gekommen," sagte
Steinbach. „Sie reiten nach Nordost." — „Nach dem
Dar Gus Abu Seid," erklärte der Scheik, der sich in
großer Verlegenheit befand. — „Vielleicht weichen sie
zur Rechten oder Linken ab!" — „Nein, das geht nicht,
denn da würden sie in die pfadlose Wüste kommen, wo
sie verderben müßten. Der Beni Suef kennt den Weg
ebenso wie wir." — „So werde ich ihnen augenblicklich
nachjagen." — „Thue es, Effendi!"

Bei diesen Worten stieß er einen leisen Seufzer der
Erleichterung aus. Steinbach hörte dies und sagte:

„Das würde dir wohl sehr lieb sein?" — „Warum?"
— „So wärst du mich los."

Der Scheik fühlte sich getroffen und antwortete:

„Was denkst du von mir! Es kann mir doch nicht
lieb sein, wenn du fortgehst, bevor du uns unsere Töchter
wiedergegeben hast." — „Da hast du sehr recht." —

M. K.

„Auch kannst du den Entflohenen bei Nacht gar nicht nachjagen. Du würdest ihre Fährten nicht erkennen." — „Die brauche ich nicht zu erkennen. Ich reite eben nach dem Dar Gus und werde sie dort finden. Aber

es ist sehr richtig, daß ich nicht eher gehen werde, als bis ich mit dir in Ordnung bin. Komm wieder zur Versammlung der Aeltesten. Dort wollen wir weiter über diesen Gegenstand sprechen."

M. K.

Sie kehrten zurück in das Lager, wo sich indessen die Kunde von der Flucht der drei Betreffenden verbreitet hatte. Es herrschte infolgedessen eine ziemliche Aufregung. Den einen war es lieb, daß dieselben entkommen, den anderen hingegen unlieb; dies waren diejenigen, deren Töchter die Beni Sallah gefangen hielten.

So spaltete sich das Lager in die Anhänger von zwei verschiedenen Meinungen, und als sich die Aeltesten jetzt wieder versammelten, kamen auch alle anderen herbei.

Es bildete sich infolgedessen ein großer Kreis, in dessen Mitte das Feuer brannte. Steinbach trat in die Mitte und sagte mit lauter Stimme, sodaß ein jeder ihn hören konnte:

„Ihr Krieger der Beni Halaf, ich habe euch einige kurze Worte zu sagen. Ich kam, um den Russen, den Türken und den Suef von euch zu fordern und euch an deren Stelle eure Töchter und Schwestern anzubieten. Ihr habt die drei Männer entkommen lassen, obgleich ich euch warnte. Darüber will ich nicht mit euch rechten, obgleich ich es könnte; eure Strafe wird ganz von selbst kommen; aber ich muß euch fragen, was nun mit den gefangenen Mädchen geschehen wird. Was meint ihr wohl?" — „Du wirst sie uns aushändigen," sagte der Scheik. — „Denkst du?" — „Ja." — „Warum denkst du das?" — „Weil wir ja nicht schuld sind, daß diese drei entflohen sind." — „Ihr seid daran schuld." — „Nein." — „Lüge nicht! Meinst du etwa, ich wüßte nicht, daß ihr sie habt retten wollen? Nein, mich täuscht ihr nicht. Eure Töchter werden mit in die Gefangenschaft gehen." — „Effendi, das wirst du uns nicht anthun!" — „Warum nicht? Du hast es mir doch auch angethan, daß ihr euch so verhieltet, daß die drei Zeit gewannen, zu entkommen. Aber ich will nicht hart gegen euch sein. Ich könnte die Mädchen mitnehmen und sie als Sklavinnen verkaufen lassen. Ich will es nicht thun, sondern sie euch unter einer annehmbaren Bedingung aushändigen." — „Welche ist es?" — „Der

Blutpreis." — „Effendi!" rief der Scheik erschrocken
aus. — „Entsetzt dich das so?" — „Es hat ja gar
keinen Mord gegeben!" — „Nein, aber ich rechne
dennoch sehr richtig. Wenn ein Mann erschlagen wird,
so hat der Mörder, wenn er sein Leben retten will, den
Blutpreis zu bezahlen. Wie hoch ist er bei euch?" —
„Es kommt darauf an, in was er bezahlt wird."
— „Ich meine nämlich in Pferden oder in Reitkamelen." — „So ist der Blutpreis bei uns vier Pferde
oder acht Kamele für einen Mann." — „Und ich rechne,
daß man für ein junges Mädchen wenigstens die Hälfte
bezahlen muß." — „Ich verstehe dich nicht." — „Du
verstehst mich schon. Zum Ueberfluß aber will ich es
dir noch deutlicher sagen. Wir haben zwanzig eurer
Töchter gefangen. Wenn ihr sie wiederhaben wollt,
zahlt ihr uns für eine jede zwei Pferde oder vier Reitkamele." — „Allah! Willst du uns unglücklich machen?"
— „Nein. Ihr erntet nur das, was ihr vorhin gesäet
habt, als ihr mich so lange warten ließt, bis die drei
entflohen waren." — „Was denkst du von uns? Wir
sind arm." — „Ihr habt Tiere genug." — „Wieviel
ist es in Summa, was du verlangst?" — „Vierzig
Pferde oder achtzig Kamele." — „Allah 'lAllah! So
reich sind wir nicht." — „Das geht mich nichts an.
Hättet ihr vorher an die Folgen eurer Thorheit gedacht!"
— „Thorheit? Effendi, willst du uns beleidigen?" —
„Das brauchst du nicht zu fragen. Ich sage, was ich
denke. Ihr verdient keine Nachsicht. Ihr habt mich
behandelt wie einen Menschen, dem Allah nur den
halben Verstand gegeben hat. Jetzt will ich euch zeigen,
daß ihr weniger Verstand habt als ich, und das, was
euch am Verstande fehlt, werdet ihr mit Pferden und
Kamelen bezahlen müssen." — „Du sprichst Worte,
welche wir nicht dulden dürfen." — „Du mußt sie
dulden, wenn du nicht deine Töchter verlieren willst."
— „Ich werde mich rächen!" — „An wem?" — „An
dir." — „Pah! — Wie könntest du das fertig bringen?"

M. R.

— „Das fragſt du noch? Befindeſt du dich nicht ebenſo in unſerer Gewalt, wie unſere Töchter ſich in der eurigen befinden?" — „Nein."

Der Scheik blickte Steinbach erſtaunt an. Dieſer zuckte verächtlich die Achſeln und fuhr fort:

„Du wunderſt dich über meine Antwort. Wenn du wüßteſt, aus welchem Lande ich bin, ſo würdeſt du über meine Antwort nicht ſo erſtaunt ſein." — „Nun, aus welchem Lande biſt du, und wie heißt der Stamm, zu welchem du gehörſt?" — „Ich bin aus Deutſchland und —" — „Dieſes Land kenne ich nicht." — „Das iſt nur ein Zeichen, daß dein Blick kurz iſt, und daß dein Auge nicht über die Grenzen deines Stammes hinaus= gedrungen iſt. Haſt du noch nicht von dem großen Krieger Moltke gehört?" — „Von Moltke, dem großen Helden, habe ich gehört. Alle Welt erzählt von ihm. Er hat die größten Völker des Abendlandes beſiegt." — „Und von Bismarck, dem berühmten Manne?" — „Von Bis=ma? Den kenne ich. Er iſt der Großvezier des Sultans im Abendlande, welcher Wil=hel heißt, und hat alle Fürſten und Könige bezwungen, welche ſeine Feinde waren." — „Nun, ich gehöre zu dem Stamme dieſer beiden großen Helden, ich bin ein Krieger ihres Heeres. Ein einziger Krieger bei uns nimmt es mit zwanzig eurer Leute auf. Meinſt du, daß ich mich vor euch fürchte? Meinſt du wirklich, daß ich mich in eurer Gewalt be= finde? Wenn es mir gefällt, ſo iſt es mir leicht, euch zu beweiſen, daß ihr mir nichts zu thun vermöget."

Dieſe Rede machte ſichtlich einen ganz bedeutenden Eindruck. Die Araber blickten einander verlegen an, und der Scheik wußte nicht, was er ſagen ſolle. Endlich meinte er kleinlaut:

„Aber ich ſage dir, daß wir nicht ſo viel bezahlen können. Eine ſolche Anzahl von Tieren würde uns arm machen. Bedenke, daß nur diejenigen ſie geben müßten, deren Töchter ſich bei euch befinden." — „Das weiß ich, aber eben deshalb werden auch nur ſie den Schaden

M. K.

haben, die anderen tragen keinen Verlust, und darum kann der Stamm nicht arm werden. Warum aber sollen nur sie bezahlen? Sind nicht die anderen auch mit schuld, daß die Flüchtlinge entkommen sind? Sind sie da nicht auch mit verpflichtet, die Folgen ihrer Unvorsichtigkeit zu tragen? In diesem Falle käme auf einen jeden nur ein geringer Verlust." — „Darüber müßten wir beraten." — „Wieder beraten! Unterdessen bekommen die Ausreißer einen Vorsprung, den ich nicht wieder einbringen kann, und gerade das scheint ihr zu beabsichtigen." — „Nein. Nun sie fort sind und wir sie nicht mehr zu beschützen haben, tragen wir auch keine Verantwortung mehr. Mag mit ihnen geschehen, was da wolle, uns geht es nichts mehr an." — „Schau, jetzt giebst du ganz unabsichtlich zu, daß du sie gegen mich beschützt hast, so lange sie sich bei euch befanden. Nun brauchst du kein Wort weiter zu sagen. Ich verlange dreierlei: den halben Blutpreis, die Kamele, die die Fremden den Beni Sallah gestohlen und dann hier bei euch zurückgelassen haben, und endlich einen Friedensbund zwischen euch und den Beni Sallah." — „Das ist zu viel." — „Ich weiche nicht von diesen Bedingungen." — „So gieb uns Zeit zu einer Beratung." — „Ihr müßt jetzt bereits wissen, ob ihr ja oder nein sagen wollt. Aber ich will euch zeigen, daß ich dennoch langmütig sein kann. Ich gebe euch noch den zehnten Teil einer Stunde Zeit, also sechs Minuten. Sind diese erfolglos abgelaufen, so kenne ich keine Nachsicht mehr." — „So geh und laß uns allein."

Steinbach drängte sich aus dem dichten Kreise heraus und ging, solange er im Lichtscheine zu sehen war, gefolgt von den finsteren, haßerfüllten Blicken der Araber. Diese glaubten natürlich, er kehre zu seinem Gefährten zurück, und hatten infolgedessen nicht weiter Obacht auf ihn. Aber Steinbach war nicht der Mann, sich von ihnen täuschen zu lassen. Er traute ihnen nicht und hatte die Absicht, zu erfahren, welches das eigentliche,

M. K.

wahre Resultat ihrer Beratung sei. Das wäre nun wohl sehr schwierig gewesen, aber er hatte sich das Terrain genau angesehen. Der Kreis, den die Versammelten bildeten, war so groß, daß der dazu benützte freie Platz kaum ausreichte. Die Leute standen bis hart an die Zelte heran, die um diesen Platz lagen. So saß auch der Scheik hart an einem Zelte, neben dem mehrere hohe Kamelsättel aufeinander lagen. Hinter ihnen war es dunkel. Dorthin schlich Steinbach.

Er legte sich dort nieder, konnte zwischen den Lücken hindurchblicken und, da der Scheik kaum drei Schritte vor ihm am Boden saß, auch jedes Wort hören, was gesprochen wurde.

Die Araber waren so sicher, unbelauscht zu sein, daß sie sich keine Mühe gaben, mit gedämpfter Stimme zu reden. Eben hatte einer der Aeltesten eine Bemerkung gemacht, auf die der Scheik entgegnete:

„Du hast unrecht. Warum machst du mir Vorwürfe? Wir mußten unsere Gäste beschützen. Daß sie sich ohne unser Wissen entfernt haben, kann uns nur lieb sein. Wir können ihre Flucht nicht verantworten, denn wir sind nicht schuld daran." — „Aber er wirft die Schuld auf uns." — „Das brauchen wir nicht zu dulden." — „Was willst du dagegen machen?" — „Ich fürchte mich nicht vor ihm." — „Er ist ein großer, berühmter und tapferer Krieger; das hat er bewiesen, indem er sich in unsere Mitte wagte." — „Er hofft darauf, in uns Furcht zu erwecken. Und gerade weil er ein so großer Krieger ist, habe ich keine Sorge um unsere Töchter." — „So verstehe ich dich nicht." — „Nimm deine Gedanken zusammen, dann wirst du mich verstehen. Die Seinen werden einen berühmten Krieger nicht gern einbüßen." — „Wer spricht davon, daß sie ihn einbüßen sollen?" — „Ich. Wir nehmen ihn gefangen." — „Das ist nicht möglich." — „Warum nicht?" — „Er selbst hat es gesagt." — „Wehe dir, wenn du den Worten eines Ungläubigen Glauben schenkst.

M. K.

Er hat es gesagt, nur um uns einzuschüchtern." — „Er sieht nicht aus wie ein Mann, der sich fürchtet oder der Lügen macht, um sich zu retten." — „Und doch ist es so. Er ist groß und stark, größer als einer von uns. Aber mehrere von uns werden ihn leicht bezwingen." — „Er hat Waffen, die wir nicht kennen." — „So verhindern wir ihn, die Waffen zu gebrauchen. Wir nehmen ihn gefangen und geben ihn nur gegen unsere Töchter frei." — „Die Beni Sallah werden kommen, ihn zu befreien. Das wird Kampf und Blutvergießen geben." — „Ich verachte sie. Meinst du, daß sie so zahlreich seien, daß wir sie fürchten müßten?" — „Wenige sind es jedenfalls nicht, sonst hätten sie sich nicht so in unsere Nähe gewagt." — „Und ihrer viele sind sie auch nicht, sonst wären sie über uns hergefallen, anstatt sich an schwachen, wehrlosen Mädchen zu ver= greifen." — „Sie wollen ihren Zweck lieber mit List als durch Gewalt und Blutvergießen erreichen." — „Du redest, als wenn du ihr Freund seiest." — „Das bin ich nicht. Mein graues Haar schützt mich gegen jeden solchen Vorwurf." — „So willst du, daß wir den Preis bezahlen?" — „Ich denke, daß er mit sich handeln lassen wird. Und es ist besser, wir vergleichen uns, als daß wir es auf einen Kampf ankommen lassen." — „Es wird keinen Kampf geben. Wir überwältigen ihn leicht. Dann ist sein Leben in unserer Hand, und wir können unsere Töchter fordern, ohne ein Schaf oder eine Ziege bezahlen zu müssen. Oder ist es vielleicht nicht so?"

Diese Frage war an die anderen gerichtet. Ein beifälliges Murmeln antwortete. Auch laute, zustimmende Rufe ließen sich hören. Das veranlaßte den bedächtigen Alten, zu sagen:

„So wasche ich meine Hände in Unschuld. Thut also jetzt, was euch gefällt."

Es wurde abgestimmt, und es zeigte sich, daß die überwiegende Mehrzahl der Meinung des Scheiks war. Sein Vorschlag wurde zum Beschluß erhoben.

M. K.

„Soll ich den Ungläubigen holen?" fragte einer. — „Nein," antwortete der Scheik. „Das könnte ihm auffallen und Verdacht in ihm erwecken. Bis jetzt habe nur ich mit ihm verkehrt. Käme ein anderer, so könnte er leicht mißtrauisch werden. Ich muß also selbst gehen. Wartet, bis ich ihn bringe." — „Und was thun wir dann?" — „Fünf der Stärksten stellen sich hierher, wo er durch den Kreis muß. Ich gehe voran, er folgt mir, und sobald sie sich hinter ihm befinden, fallen sie über ihn her, halten ihm die Arme, reißen ihn nieder und binden ihn so, daß er sich nicht bewegen kann. Arme dazu sind ja genug vorhanden. Der Teufel müßte sein Diener sein, wenn es uns nicht gelingen sollte."

Der Scheik ging, und die anderen warteten in der festen Ueberzeugung, daß der Anschlag gelingen werde. Die Stärksten wurden ausgewählt und Stricke und Riemen herbeigeholt.

Sobald Steinbach hörte, was mit ihm geschehen solle, wartete er den letzten Teil der Verordnung des Scheiks gar nicht ab. Er kroch zurück, und als er sich hinter dem Zelte im Dunkeln befand, sprang er eiligst weiter zu Nena hin, dem er schnell einige Weisungen erteilte.

„Du fürchtest dich doch nicht?" fragte er ihn. — „Nein, Effendi. Ich stehe unter deinem Schutze." — „Sie werden aber vielleicht nicht sehr zart mit dir verfahren." — „Töten werden sie mich jedoch auch nicht. Der Scheik ist ihnen jedenfalls mehr wert, als ich, und so werden sie mich schonen müssen, um nicht ihn und dann auch die Mädchen zu verlieren." — „Ich würde dich mitnehmen; aber es muß ja jemand hier sein, um ihnen als Bote zu dienen." — „Habe keine Sorge um mich, Effendi. Ich weiß, daß mir nichts geschehen wird und bin ganz ruhig dabei. Thue also in Allahs Namen, was du dir vorgenommen hast."

Steinbach setzte sich, da er jetzt den Scheik langsam herbeikommen sah, und nahm die Haltung größter Unbefangenheit an.

M. K.

Steinbach schwang sich den Scheik auf die Achsel und eilte
mit ihm davon. (Seite 590.)

M. K.

„Willst du nun mit mir kommen?" fragte der Araber. — „Warum?" — „Um unseren Beschluß zu vernehmen." — „Warum soll ich da mit dir kommen? Kannst du ihn mir nicht hier sagen?" — „Das gilt nichts. Ich muß ihn dir vor der Versammlung kund= geben. Erst dann hat er Gültigkeit." — „Wie lautet er?" — „Wir thun, was du willst." — „Ist das wahr?"

Steinbach stand bei diesen Worten auf und trat an den Scheik heran.

„Ja," antwortete dieser. — „Nun gut, so will ich mitgehen. Aber ich sage dir, daß es zu deinem Schaden ausschlägt, wenn du mich täuschen solltest. Ich verstehe keinen Spaß." — „Wir treiben nicht Scherz, sondern Ernst, und ich vertrete alles, was wir thun und was dir geschehen könnte. Es komme auf mich." — „Nun gut, so mag es auf dich kommen, und zwar gleich jetzt."

Damit faßte Steinbach den Scheik mit beiden Händen bei der Gurgel und drückte ihm diese so fest zusammen, daß der so unerwartet Ueberfallene keinen Atem holen konnte, die Arme schlaff herabsinken ließ und ohnmächtig wurde. Jetzt faßte Steinbach ihn bei der Brust, schwang ihn sich auf die Achsel und eilte mit ihm davon, in die Nacht hinein, dahin, wo sich die Pferde befanden. Diese waren ohne Beaufsichtigung, da alle männlichen Mit= glieder des Stammes sich zum Beratungsfeuer begeben hatten. Steinbach suchte sich, so weit es die Dunkelheit zuließ, ein gutes heraus, stieg auf, legte den Besinnungs= losen quer über das Pferd vor sich und ritt davon.

---

39. Kapitel.

Nena, der Indier, saß bewegungslos an seinem Platze, als ob er gar nichts zu befürchten habe. Einige Zeit lang blieb es ruhig. Dann ließ sich aus der Gegend, wo die Versammlung stattfand, ein dumpfes Stimmen=

M. K.

gewirr hören, und nachher kam jemand gelaufen und fragte: „Wo ist der Scheik?" — „Bin ich sein Hüter?" — „War er nicht hier?" — „Frage ihn selbst." — „Antworte doch. Wo ist der Effendi?" — „Fort!" — „Wohin?" — „Zu seinen Beni Sallah." — „Allah l'Allah! So ist wohl der Scheik in das Lager nach ihm suchen gegangen und findet ihn nicht."

Der Beduine rannte fort nach dem Feuer, und dann hörte Nena, daß die Versammlung sich teilte, um den Scheik zu suchen. Niemand fand ihn. Darum kamen alle zu dem Indier, um sich zu erkundigen. Dieser behielt seine vollständige Ruhe bei. Einer fragte:

„Hast du den Scheik gesehen?" — „Ja." — „Wo ist er?" — „Warum fragst du da mich?" — „Weil wir ihn vergebens suchen, du aber weißt es." — „Wohl weiß ich es. Ihr werdet ihn vielleicht niemals wiedersehen." — „Warum?" — „Er wird den Pfad des Todes wandeln." — „Mann, Mensch, sprich deutlicher. Du meinst doch nicht etwa, daß er sterben wird?" — „Ja, das meine ich." — „Ist ihm ein Unglück zugestoßen?" — „Ein sehr großes." — „Welches?" — „Er hat sich den Zorn meines Effendi zugezogen, und ein größeres giebt es nicht." — „Weshalb den Zorn?" — „Er wollte ihn verraten, ihn betrügen." — „Wieso?" — „Er sagte, daß ihr thun wolltet, was der Effendi von euch verlangt hatte, und es war nicht wahr." — „Es war wahr." — „Nein, es war eine Lüge. Ihr wolltet den Effendi überfallen, binden und niederwerfen." — „Wer hat euch das gesagt? Es ist nicht wahr." — „Leugne nicht! Mein Effendi hat es selbst gehört. Er hat sich bei dem Zelte befunden, da, wo die Reitsättel liegen, und euren Anschlag belauscht." — „Allah! Wo ist er jetzt?" — „Fort, bei den Beni Sallah. Ich habe es euch ja doch bereits gesagt. Warum fragt ihr nochmals?" — „Und der Scheik?" — „Er ist auch mit fort." — „Zu den Beni Sallah?" — „Ja." — „Das lügst du. Er wird nie und nimmer zu ihnen gegangen sein." — „Freiwillig

M. K.

nicht, aber der Effendi hat ihn gezwungen; er hat ihn gefangen genommen." — „Mensch, wenn das wahr ist, so bist du des Todes."

Es blitzten mehrere Messer in den Händen der Araber.

„Ich fürchte den Tod nicht; aber ich weiß, daß ihr mich nicht berühren werdet." — „Wir werden dich langsam martern und töten." — „So werden eure Töchter mit dem Scheik noch viel ärgere Qualen erdulden müssen." — „Dich hat der Teufel zu uns gesandt!" — „Nein, ich bin im Gegenteil der Bote Allahs, des Allgütigen. Wäre ich nicht hier, so würden die Eurigen verloren sein." — „Warum bist du nicht auch mit dem Effendi gegangen?" — „Um euch zu beweisen, welche Gnade und Langmut er besitzt. Ich soll euch noch eine Frist der Barmherzigkeit geben. Kommt mit zum Beratungs= feuer. Dort wollen wir weiter sprechen."

Sie folgten ihm voll inneren Grimms, daß sie nun anstatt Steinbachs diesen Mann hatten, dessen Besitz ihnen gar nichts nützen konnte. Sie wußten natürlich nicht, daß Steinbach den Indier auf keinen Fall ver= lassen würde, sondern im Gegenteile alles gethan hätte, ihm die Freiheit wieder zu verschaffen.

„Hört, was ich euch sagen werde," begann der treue Mann. „Ich soll nochmals dasselbe von euch verlangen, was bereits der Effendi von euch gefordert hat. Paßt auf, was ich thun werde."

Nena zog sein Pistol aus dem Gürtel, hielt es empor und drückte ab. Nach kaum einigen Sekunden wurde sein Schuß durch einen zweiten beantwortet, welcher in der Ferne fiel.

„Wer hat geschossen?" fragte einer. — „Der Effendi. Ich habe ihm das Zeichen gegeben, daß die Beratung beginnt. Sie darf nur fünf Minuten dauern. Dann wird der Effendi wieder schießen, zum Zeichen, daß er euren Bescheid hören will." — „Wie soll er ihn hören?" — „Durch mich. Schieße ich nicht, so habt ihr seine

M. K.

Forderung verworfen, und eure Töchter werden mit
dem Scheik getötet. Schieße ich aber, so ist das ein
Zeichen, daß ihr seinen Vorschlag angenommen habt."
— „Wenn wir dich nun überwältigen und an deiner
Stelle schießen, obgleich wir die Forderung des Effendi
nicht befriedigen wollen?" — „So würdet ihr eure
Lage nur verschlimmern. Ich muß, sobald ich geschossen
habe, mit einigen von euch zum Effendi gehen, wo dann
der Vertrag ausgefertigt wird. Jetzt beeilt euch. Be=
denkt, daß von den fünf Minuten bereits zwei verflossen
sind. Der Effendi giebt euch, seit er euren Verrat
kennen gelernt hat, keine weitere Frist."

Nena trat zurück. Jetzt waren sie alle im höchsten
Grade ängstlich geworden. Der bereits erwähnte Alte,
der im Interesse des Friedens gesprochen hatte, erhob
seine Stimme wieder, und zwar mit mehr Nachdruck und
Erfolg als vorhin, wo der Scheik ihm so kräftig wider=
sprach. Die Not ging an den Mann, und selbst die
Widerstrebendsten sahen ein, daß ihre Weigerung von
der größten Gefahr für die Bedrohten sein werde. Von
allen Seiten erhoben sich mahnende Stimmen.

Da erscholl Steinbachs zweiter Schuß.

„Nun, was beschließt ihr?" fragte Nena. „Ich
muß sofort Antwort geben, sonst erteilt er den Befehl,
daß die Eurigen getötet werden." — „Was geschieht
dann mit dir?" — „Das laßt meine Sorge sein." —
„Wir werden dich auch töten." — „Was liegt an mir
altem Manne! Uebrigens weiß ich, was ich in diesem
Falle zu thun habe. So leicht, wie ihr es denkt, würde
es euch nicht werden, mich zu ermorden. Also schnell."
— „Schieß los!" rief der Alte. „Schieß los in Allahs
Namen! Wir gehen auf die Bedingung ein."

Nena drückte los, lud dann die beiden Läufe seiner
Pistole wieder und sagte:

„Jetzt nun sucht euch sechs der besten Krieger aus.
Sie sollen mich begleiten, um den Vertrag auszufertigen.
Aber sie müssen unbewaffnet sein."

Es ging nicht anders. Die sechs wurden also aus=
gewählt und gingen mit Nena fort.

Dieser führte sie durch den Palmenwald, an dem
Gottesacker vorüber, den Berg hinab, in die Schlucht
hinein, aus dieser wieder hinaus bis dahin, wo Stein=
bach mit seinen Beni Sallah hielt, die Gefangenen in
der Mitte.

„Allah sei Dank!" rief der Scheik, tief aufatmend.
„Ich hatte Angst, daß dieser Mann nicht schießen werde."

Er hatte natürlich noch größere Angst um sein
Leben gehabt. Steinbach nahm das Wort:

„Machen wir es kurz. Ich habe keine Zeit zu
verlieren. Gehen die Beni Halaf auf meine Vorschläge
ein, Nena?" — „Ja." — „So bestimme ich folgendes:
Der Scheik wird mit den zwanzig Mädchen freigelassen,
diese sechs Krieger aber reiten mit den Beni Sallah als
Geiseln nach dem Dorfe der letzteren, wo sie ein volles
Jahr in aller Freundschaft zurückbehalten werden. Dann
können sie wieder zu den Ihrigen zurückkehren. Sie
reiten jetzt augenblicklich unter sicherer Begleitung ab.
Die anderen Beni Sallah bleiben hier, um die Be=
zahlung in Empfang zu nehmen, sobald es Tag geworden
ist. Dann wird Friede und Segen sein zwischen den
beiden tapferen Stämmen."

Der Scheik widersprach noch ein wenig. Den
Geiseln paßte es natürlich gar nicht, daß sie so plötzlich
die Heimat für die Dauer eines Jahres verlassen sollten.
Da ihnen aber dabei keinerlei Gefahr drohte, so kam der
Vertrag endlich zustande und wurde mit Eiden besiegelt,
die so heilig sind, daß sie von einem Moslem niemals
gebrochen werden.

Zehn der Beni Sallah machten sich sofort mit den
Geiseln auf den Rückweg. Es geschah das aus dem
Grunde, daß die Beni Halaf ja nicht auf den Gedanken
kommen konnten, bezüglich dieser sechs noch Einwände
zu erheben. Die anderen begaben sich sodann mit den
Gefangenen, die nun freilich frei waren, in das Lager.

M. K.

Dort wurden sie willkommen geheißen, aber nicht etwa mit außerordentlichem Entzücken. Tarik aber war der Mann, seine Leute zu nehmen. Er trat in den Kreis

der Versammelten, die düster vor sich niederblickten und sagte:

„Die Beni Halaf hielten die Beni Sallah für ihre Feinde. Darum haben sie die drei Flüchtigen bei sich

M. K.   38*

aufgenommen und sie nun wieder entkommen lassen. Das war nicht klug von ihnen, denn sie sollen es nun mit Kamelen oder Pferden bezahlen. Aber ich will ihnen beweisen, daß ich nicht ihr Feind, sondern ihr Freund bin. Wir haben die Beni Suef besiegt und eine große Beute gemacht, darum wollen wir nicht die Beni Halaf ihrer Habe berauben, sondern ihnen ihre Tiere schenken. Es sei Friede zwischen uns und ihnen. Nur die sechs Krieger mögen ein Jahr lang unsere Gäste sein, damit sie mit uns leben und dabei erfahren, daß wir es gut mit unseren Freunden meinen. Hier ist meine Hand. Der Scheik mag herkommen und die seinige hineinlegen zum Zeichen, daß wir Brüder sind!"

Diese Worte machten einen außerordentlichen Eindruck. Selbst Steinbach hatte dem jungen Manne keine solche Politik, keine solche weise Mäßigung zugetraut. Alles brach in Jubel aus. Die Gesichter der Beni Halaf wurden plötzlich ganz anders. Der Grimm verwandelte sich in Freude, der Aerger in Entzücken. Alle drängten sich an den jungen, wackeren Scheik heran, um ihm die Hand zu drücken, und der alte Scheik der Beni Halaf rief:

„Du bist mein Bruder und mein Sohn! Willst du meine Tochter zum Weibe haben?" — „Nein, ich danke dir! Ich habe bereits ein Weib!" — „Das ist schade, jammerschade! Ich hätte sie dir sehr gern gegeben, und du wärst mein Erbe geworden, aber es kann nicht sein, ich muß mich drein ergeben. Allah ist groß, und Muhammed ist sein Prophet!"

Jetzt wurden Feuer angezündet, mehrere Hammel geschlachtet und große Krüge voll gegorenen Palmensaftes herbeigeholt. Das freudige Ereignis mußte natürlich gefeiert werden.

Während Steinbach sehr ernst diesen Vorbereitungen zuschaute, trat der alte Scheik zu ihm.

„Effendi, warum freust du dich nicht auch mit? Warum ist deine Seele so betrübt?" — „Ich freue mich der Eintracht, die zwischen euch erwacht ist, und ich wünsche, daß sie nie ein Ende nehmen möge, aber ich habe alles verloren, während ihr alles gewonnen habt. Ich gedachte, meine Feinde zu ergreifen, und nun muß ich die Jagd von neuem beginnen." — „Daran bin ich schuld, Effendi." — „Ja freilich." — „Hätte ich ge= wußt, welch ein gutes Ende die Sache nehmen werde, so wäre es mir nicht eingefallen, diese Halunken ent= kommen zu lassen. Aber tröste dich. Allah wird sie dir wieder in deine Hände geben. Und an mir hast du dich schon im voraus gerächt." — „Wieso?" — „Glaubst du, es sei ein Vergnügen oder gar eine Wonne, bei der Kehle gedrückt zu werden, bis man den Verstand verliert, und dann inmitten der Feinde wieder aufzuwachen? Ich glaubte da nicht, daß ich die Meinigen wiedersehen oder gar heute noch Lagmi trinken und Hammelbraten essen würde. Allahs Wege sind wunderbar. Er wird dich so leiten, daß du diejenigen, die dir heute entkommen sind, auf das leichteste wieder ergreifen kannst." — „Das mag er geben. Ich muß ihnen sogleich nach."

Tarik und Hilal waren herbeigekommen und hörten diese letzteren Worte.

„Das wirst du nicht!" sagte Tarik. „Du wirst bei uns bleiben und dich des Glückes freuen, das wir nur dir zu danken haben." — „Nein, er wird nicht bleiben!" sagte dagegen Hilal. „Ein Mann läßt seine Feinde nicht entkommen. Ein Weib mag sich zum Lagmi setzen und Braten essen und dabei den Feind entlaufen lassen. Masr=Effendi muß die Flüchtigen ergreifen, er wird ihnen sofort nachjagen, und ich werde ihn begleiten." — „Du?" fragte Steinbach erstaunt. — „Ja, ich." — „Gedenke doch deiner Hiluja!" — „Sie ist die Seele meines Lebens, aber sie bleibt mir gewiß. Ich habe vorher meine Pflicht zu thun. Wir danken dir alles. Meinst du, daß ich dich allein ziehen lasse? Und muß ich nicht mit? Bin ich nicht gezwungen dazu? Wer soll mit dir zum Vicekönig gehen und ihm für alles danken und einen Vertrag mit ihm abschließen? Das kannst du nicht

thun, das kann nur ich, der Bruder des Scheiks der
Beni Sallah. Also laß dich nicht abhalten, sondern be=
reite alles zur Abreise vor, damit wir keine Zeit ver=
säumen und die Flüchtigen noch einholen."

Er hatte da sehr richtig gleich mehrere Gründe ge=
nannt, die einen sofortigen Aufbruch notwendig machten.

Es war den braven Arabern vom Stamme der
Beni Sallah fast unmöglich, zu denken, daß der Mann,
dem sie zu verdanken hatten, daß sie jetzt nicht vernichtet
waren, der wie ein von Gott gesandter Bote und Wohl=
thäter unter ihnen erschienen war, nun plötzlich ebenso
schnell von ihnen scheiden wollte, wie er bei ihnen auf=
getaucht war. Sie mußten sich aber drein fügen.

Tarik bot Steinbach und Normann Geschenke an,
die in guten, ausgezeichneten Reitkamelen bestanden,
Steinbach aber wies das alles ab und nahm nur einige
kleine, an sich wertlose Andenken als Erinnerungszeichen
an die Leute an, deren Interessen ihm während der
letzten Tage so wichtig, wie seine eigenen, gewesen waren.

Es wurden die besten Kamele ausgesucht und mit
Wasser und Proviant beladen. Dann nahmen die
Scheidenden Abschied. Als sie fortritten, Steinbach,
Normann, der Arabadschi, Nena und Hilal, ertönten die
lauten Klagen der Zurückbleibenden, die noch zu hören
waren, als die kleine Karawane und ihre Lichter nicht
mehr zu sehen waren.

Steinbach hatte nämlich die vorsichtige Veranstaltung
getroffen, einige Fackeln anbrennen zu lassen, um die
Spuren der Entflohenen wenigstens so weit verfolgen zu
können, bis man sicher war, daß sie die eingeschlagene
Richtung auch weiter verfolgen würden. Nena und Said
gingen mit den Fackeln zu Fuß voran, um den Sand
zu beleuchten, die anderen folgten langsam im Sattel.

Als dann die Fährte die gleiche Richtung behielt,
stiegen die beiden Genannten auch auf ihre Tiere, und
dann ging es, so schnell die Kamele zu laufen vermochten,
auf Dar el Gus Abu Seid zu.

М. К.

Dieser Ort ist eine Landschaft, die zu der so-
genannten kleinen Oase gehört. Es war nicht sehr weit
bis dorthin. Man erreichte dieses Ziel beim Anbruche
des zweiten Morgens, und die Fährte der Verfolgten
bewies, daß man sich hart auf den Fersen derselben befand.

Steinbach und seine Gefährten ritten in das zu der
Landschaft gehörige Dorf El Kasr ein und lenkten nach
dem Zelte des Scheiks.

Dieser trat ihnen aus der Thür entgegen, betrachtete
sie mit finsteren Blicken und fragte:

„Wer seid ihr?" — „Sallam aaleikum!" grüßte
Steinbach. „Warum fragst du, bevor du den Gruß
ausgesprochen hast?" — „Soll ich euch grüßen, die ihr
Ungläubige seid?" — „Wer hat dir das gesagt?" —
„Ich weiß es." — „Ich weiß es auch. Ich suche bei
dir drei Männer, die dir mitgeteilt haben werden, daß
wir auf ihrer Fährte sind. Wo befinden sie sich?" —
„Das weiß ich nicht." — „Willst du der Beschützer von
Verbrechern sein?" — „Ich beschütze, wen ich will, und
lasse mir von keinem Menschen eine Vorschrift machen."
— „Ich werde dich gut belohnen, wenn du mir sagst,
wo ich diejenigen finde, welche ich suche." — „Ich mag
keine Belohnung von dir." — „So sage ich dir, daß ich
unter dem Schutze des Großherrn und des Khedive stehe.
Wenn du dich weigerst, mir zu dienen, schädigst du dich
selbst." — „Die Männer, die du suchst, sind fort." —
„Wohin?" — „Nach Mendiffeh. Sie wollten den geraden
Weg nach Kairo einschlagen."

Es war richtig, daß der angegebene Ort an dem
geradesten Wege nach der Hauptstadt lag.

„Wann kamen sie hier an?" — „Vor drei
Stunden." — „Wann ritten sie wieder fort?" —
„Nach einer Viertelstunde. Sie nahmen nur Wasser in
ihre Schläuche, dann gingen sie wieder." — „Und du
sagst mir die Wahrheit?" — „Ja."

Dieser Mann hatte etwas an sich, was nicht sehr
vertrauenerweckend war, aber dennoch sah Steinbach es

M. K.

ihm an, daß er wenigstens mit seinen letzten Worten
keine Lüge gesagt hatte. Er wandte daher sein Kamel,
um den Weg nach Mendiffeh einzuschlagen.

„Halt!" sagte da der Scheik. „Nehmt ihr denn
kein Wasser ein?" — „Nein." — „Aber ihr habt
welches zu nehmen und uns zu bezahlen." — „Wir
brauchen keins." — „Ohne Bezahlung aber dürft ihr
nicht fort. Ich habe das Recht, von jedem Reiter einen
Zoll zu erheben." — „Schäme dich, von Ungläubigen
Geld zu verlangen. Wärest du uns höflich entgegen=
gekommen, so hättest du ein Geschenk erhalten, mit dem
du ganz sicher sehr zufrieden gewesen wärest. So aber
bekommst du nichts, rein gar nichts." — „So lasse ich
euch nicht fort!"

Der Scheik stellte sich Steinbach drohend in den
Weg. Dieser aber zog seinen Revolver, hielt ihm den=
selben entgegen und rief ihm zu:

„Weiche zur Seite, oder ich schieße dich nieder!" —
„Allah, Allah!" rief der Mann und sprang höchst er=
schrocken seitwärts.

Steinbach aber ritt mit den Seinen davon, ohne
sich nach dem Kerl umzusehen.

Der Ort war nicht groß. Die Zelte und Hütten
lagen bald hinter ihnen. Da meinte Normann:

„Glauben Sie wirklich, daß der Pascha und der
Graf hier diesen Weg geritten sind?" — „Ich glaube
es. Erstens sah der Scheik ganz so aus, als ob er die
Wahrheit sage, und zweitens haben sie es so eilig, daß
sich annehmen läßt, daß sie den geradesten Weg ein=
schlagen. Warum sollten sie den Umweg über El Ajus
reiten?" — „Um uns irre zu führen." — „Hm!
Sollten sie wirklich auf einen so klugen Gedanken ge=
kommen sein? Hier ist eine Fährte. Ich will sie
untersuchen."

Steinbach stieg ab. Nach genauer Untersuchung
fand er, daß dieselbe von ganz denselben Tieren herrührte,
denen man bisher gefolgt war. Gewisse kleine Merkmale,

M. K.

die nur Steinbachs scharfes Auge erkennen konnte, be=
wiesen dies. Also stieg er wieder auf und ritt in der
Ueberzeugung weiter, daß er die Verfolgten vor sich habe.
Um den Vorsprung, den diese hatten, einzuholen, wurden

die Tiere zur höchsten Eile angetrieben.

Bis Mendiffeh reitet man drei Stunden. Als sie
dort ankamen, suchten sie ebenso den Scheik des Ortes
auf, der sie freundlich begrüßte.

M. K.

„Sind drei Reiter mit vier Kamelen hier durch=
gekommen?" fragte Steinbach. — „Ja." — „Sind sie
noch im Orte?" — „Nein. Sie sind nur bei mir ab=
gestiegen und dann gleich weiter geritten in der Richtung
nach Kahira." — „Ich danke dir. Hier hast du eine
Belohnung für diese Auskunft. Sallam aaleikum!"

Er gab dem Scheik ein größeres Silberstück und
wandte sich, um fortzureiten. Da rief dieser, nachdem
er das Geld, hier eine große Seltenheit, betrachtet hatte,
über ein solches Geschenk anscheinend hoch erfreut:

„Halt! Warte noch einen Augenblick!"

Und als Steinbach sein Kamel wieder herumdrehte,
trat der Scheik nahe zu dem Tiere heran und sagte:

„Deine Hand besitzt die Gabe der Wohlthätigkeit;
darum will ich nicht haben, daß du betrogen wirst." —
„Ah, du hast mir die Unwahrheit gesagt? Du siehst
mir aber gar nicht so aus." — „Ich habe dir die Wahr=
heit gesagt, aber in dem Munde der anderen wohnt die
Lüge. Du suchst zwei Fremde, die mit einem Beni Suef
nach Kahira reiten?" — „Ja. Du sagtest, sie seien hier
durchgekommen." — „Nein, das sagte ich nicht. Du
fragtest nach drei Reitern mit vier Kamelen; die kamen
hier durch, das ist wahr; aber es sind nicht diejenigen,
welche du suchst." — „Wer denn?" — „Es sind drei
Männer aus El Kaßr, woher du jetzt gekommen bist.
Sie stiegen bei mir ab und rühmten sich, daß sie aus=
geritten seien, dich irre zu leiten." — „Wieso?" — „Die
Männer, die du suchst, haben in El Kaßr ihre Tiere mit
anderen vertauscht, dem Scheik viel Geld gegeben und
sind dann über Labu nach Kahira geritten. Die Tiere
aber, auf denen sie ankamen, wurden von drei dortigen
Männern bestiegen, die hierher zu uns ritten, um dich
irre zu führen. Du solltest stets dieselbe Fährte vor
Augen haben." — „Verteufelt!" — „Sie werden noch
so weit reiten, bis die Flüchtlinge einen genügenden Vor=
sprung haben, und dann nach El Kaßr zurückkehren und
über dich lachen. Die Kamele, die sie eingetauscht haben,

M. K.

sind weit besser als diejenigen, die sie dafür hingaben. Sie machen ein sehr gutes Geschäft." — „Dieses Geschäft soll ihnen wohl verdorben werden! Ich danke dir für alles, was du mir sagtest. Hier hast du noch ein Geschenk! Wie lange ist es her, seit diese Kerle hier durchgekommen sind?" — „Keine ganze Stunde." — „So müssen wir sie einholen. Allah sei mit dir!"

Steinbach sauste jetzt mit seinen Begleitern durch den Ort und in die Wüste hinaus, wo die deutlich sichtbaren Spuren ihm zeigten, in welcher Richtung die drei Betrüger davon geritten waren.

„Was werden wir mit den Kerlen thun, wenn wir sie einholen?" fragte Normann. — „Ihnen die Tiere abnehmen, so daß sie zu Fuß nach Hause laufen müssen. Und nebenbei sollen sie noch eine Lehre erhalten, die sie nicht so schnell vergessen werden."

Steinbach hob bei diesen Worten die schwere, aus Nilpferdhaut geschnittene Kamelpeitsche empor.

Kaum waren anderthalb Stunden vergangen, so sahen sie die vier Kamele vor sich, drei Reiter und ein leeres Tier. Auch sie wurden natürlich nun bemerkt. Die Reiter hielten ihre Tiere an und stiegen ab.

„Ah, sie wollen sich lagern, um uns in Muße auslachen zu können!" sagte Steinbach. „Sie sollen ihre Freude erleben. Sie, Normann, ich und Hilal, wir nehmen ein jeder einen Mann, aber so schnell, daß sie die Waffen nicht gebrauchen können. Das übrige besorge ich selbst."

In zehn Minuten hatten sie die Gruppe erreicht.

„Woher?" fragte Steinbach. — „Was geht es dich an!" antwortete einer stolz. — „Wohin?" — „Nach Hause."

Steinbach und seine Begleiter sprangen aus den hohen Sätteln herab, und ersterer fuhr, auf die Tiere der Lagernden zeigend, fort:

„Diese Kamele kommen mir bekannt vor." — „Sie gehören uns." — „Nein. Sie sind den Beni Halaf ge-

M. K.

stohlen worden." — „Wir sind keine Diebe. Was fällt
dir ein!" — „Aber ihr habt sie von den Dieben ein=
getauscht, die nach Labu sind, und ihr reitet diesen Weg,
um uns irre zu führen." — „Bist du verrückt? Sage
noch ein solches Wort, so schieße ich dich über den Haufen!"

Der Sprecher war bei diesen Worten aufgesprungen
und griff nach seiner Pistole. Auch die beiden anderen
standen auf.

„Du willst schießen? Warte, da will ich erst laden,
aber nicht deine Pistole, sondern dich!" rief Steinbach.

Dann schlug er dem Manne blitzschnell die Waffe
aus der Hand, faßte ihn beim Genick, wirbelte ihn einige
Male um sich selbst und warf ihn so zu Boden, daß
alles krachte. Hierauf kniete er ihm mit einem Beine
auf den Nacken und begann nun, das Hinterteil des
Mannes mit der Peitsche zu bearbeiten, daß die Hosen
in Fetzen flogen.

Ebenso schnell hatten auch Normann und Hilal die
beiden anderen ergriffen und entwaffnet. Said und Nena
halfen ihnen und nahmen die Waffen zu sich. Als
Steinbach den einen so durchgeprügelt hatte, daß er liegen
blieb, kamen auch die beiden anderen daran. Sie brüllten
wie die Eber, fluchten entsetzlich und gaben, als dies
nichts half, gute Worte — vergebens. Die Peitsche ver=
richtete eine so vollständige Arbeit, daß Steinbachs kräftiger
Arm ermüdete.

„So!" sagte er. „Ihr habt über uns lachen wollen,
jetzt könnt ihr euch selbst auslachen. Ich will euch lehren,
euch über einen Effendi aus dem Abendlande lustig zu
machen!" — „Giaur!" knirschte einer von ihnen. —
„Willst du noch mehr? Du sollst deinen Willen haben. Da!"

Steinbach schlug von neuem auf ihn ein. Die beiden
andern mochten glauben, daß nun auch an sie nochmals
die Reihe käme; sie sprangen daher auf und eilten davon.
Der dritte sah dies, riß sich von Steinbach los und
folgte ihnen in so großen Sprüngen, als ihm die Schwielen
erlaubten, die er erhalten hatte.

M. K.

„Grüßt euern Scheik von mir," lachte Steinbach ihnen nach, „und sagt, daß ich euch den Zoll gegeben habe, den ich ihm verweigerte!"

Jetzt wurden die erbeuteten Tiere aneinander ge= bunden; die Reiter stiegen auf und eilten weiter, nach dem Rate Hilals, der den Weg kannte, quer durch die Wüste auf Abu Mehery zu, wo auch der Russe, der Pascha und der Suef durchkommen mußten. Der Ge= danke, Steinbach zu täuschen, war diesen drei Genannten von Nutzen gewesen, denn als der Deutsche mit seinen Begleitern nach Abu Mehery kam, erfuhr er, daß die Gesuchten bereits vor vier oder fünf Stunden durch den Ort gekommen seien.

Hier mußte notwendiger Weise halt gemacht werden, um die leeren Wasserschläuche zu füllen. Dann aber ging es eiligst weiter, nach Meghara, wo sie erfuhren, daß die Gesuchten noch immer einen sehr ansehnlichen Vorsprung hatten.

Von hier aus führte die sehr belebte Karawanen= straße gerade ostwärts auf Kairo zu. Diese letzte Strecke wurde bei Nacht zurückgelegt.

In Dschiseh angekommen, von wo aus man die Pyramiden zu besuchen pflegt, erhielten sie die Gewißheit, daß die Verfolgten vor drei Stunden hier gewesen seien. Nun ging der Ritt am viceköniglichen Palaste vorüber und über die Brücke der beiden Nilarme, die die Insel Bulak einschließen.

---

40. Kapitel.

Als Steinbach und seine Begleiter am Hafen von Bulak vorüberkamen, sahen sie die Jacht des Lords am Ufer liegen. Sie hatten jetzt aber keine Aufmerksamkeit für dieselbe, sondern ritten direkt nach dem Hotel, in dem Wallert (Adlerhorst) mit Tschita Wohnung genommen hatte.

M. K.

Beide waren zu Hause. Tschita heißt wie bekannt zu deutsch Blume, und das schöne Mädchen blühte in Wahrheit wie eine Rose, als sie mit ihrem Bruder die Zurückkehrenden begrüßte. Steinbach nahm sich keine Zeit zu langen Verhandlungen und Berichten. Er erzählte ihnen nur kurz seine Erlebnisse, und daß Zykyma einstweilen bei Badija, der Königin der Wüste, eine Heimstätte gefunden habe, wo sie unter dem Schutze der Beni Sallah und ihres jungen Scheiks in Zukunft vor allen Gefahren und ferneren Nachstellungen gesichert sei.

„Wir haben," schloß er seine Erzählung, „Ibrahim Pascha und den Russen getroffen und verfolgt. Sie sind vor drei Stunden hier angekommen, und ich muß sofort auf die Suche gehen. Ihre Nachforschungen sind jedenfalls erfolglos gewesen?" — „Ja," antwortete Wallert. „Aber ich glaube, der Lord ist so glücklich gewesen, die Bekanntschaft einer Dame zu machen, von der es möglich ist, daß sie Gökala ist." — „Unmöglich!" rief Steinbach. „Wo ist sie?" — „In einer kleinen Gasse der Altstadt." — „Und der Lord?" — „Wohnt ihr gegenüber. Er hat von ihr einen Brief an Sie." — „Dann sofort hin, schnell hin! Um aber für alle Fälle bereit zu sein, mag ein Bote nach der Jacht laufen und sagen, daß der Kessel gefeuert werden soll. Auch hier muß sofort eingepackt werden. Man weiß nicht, ob wir nicht gezwungen sind, augenblicklich abzureisen."

Hierauf eilte Steinbach mit Wallert in die enge Gasse, zu dem Lord, der mit dem Steuermann in seiner Stube saß und Arabisch trieb. Er sprang freudig erstaunt auf, als er die beiden eintreten sah. Um zu zeigen, daß er Arabisch gelernt habe, grüßte er:

„Ahla wa sahla wa marhala!" — „Unsinn!" sagte Steinbach eilig. „Geben Sie mir den Brief!" — „El Meltub heißt Brief. Itfaddal isterih, nehmen Sie gefälligst Platz!" — „Lassen Sie Ihr Arabisch beim Teufel! Ich will den Brief haben, den eine Dame Ihnen für

M. K.

mich gegeben hat!" — „Alle Teufel, haben Sie es eilig! Hier ist er."

Der Lord nahm jetzt Gökalas Brief aus einem Kasten und gab ihn Steinbach, der ihn mit fieberhafter Hast öffnete und sodann las. Der Inhalt lautete:

„Mein Geliebter!

„Ich preise Gott, daß er mir Gelegenheit giebt, dir diese Zeilen zu senden. Sei barmherzig und forsche nicht weiter nach mir. Dein Forschen macht meinen Vater unglücklich, für den ich alles, alles trage und auch ferner tragen will. Ich sage dir mit blutendem Herzen und sterbender Seele lebewohl fürs ganze Leben. Sei glücklich! Nimm tausend Küsse und die ewigen Gebete deiner armen

Gökala."

„Sie ist's, sie ist's!" rief Steinbach. „Wo wohnt sie?" — „Drüben, gegenüber," antwortete der Lord. — „Führen Sie mich!" — „Wir dürfen nicht." — „Unsinn! Ich muß hinüber. Ihr begleitet mich alle; vielleicht brauche ich eure Hilfe."

Steinbach stürmte voran, die Treppe hinab, ihm nach die drei anderen, über die zwei Schritte breite Straße hinüber. Die Thür war verschlossen. Stein=bach klopfte. Da wurde ein kleines Loch geöffnet, und eine alte Frau ließ ihr Gesicht sehen.

„Was willst du?" — „Laß mich ein! Hier hast du!"

Er schob der Alten ein Goldstück durch das Loch hinein.

„Oh Allah!" rief diese aus. „Gold! Tritt herein!" Dann öffnete sie.

„Ist Gökala da?" fragte Steinbach eilig.

Die Frau betrachtete ihn forschend und fragte:

„Bist du Steinbach=Effendi?" — „Ja. Hat sie von mir gesprochen?" — „Ja. Ihr Mann kam. Sie mußte schnell zusammenpacken; dann gingen sie fort." — „Wohin?" — „Ich weiß es nicht. Sie nahmen für

M. K.

immer Abschied. Gökala hat noch Zeit gefunden, mir dies Papier zu geben.

Damit überreichte sie ihm einen beschriebenen Zettel, auf dem die Zeilen standen:

„Geliebter!

„Der Graf kam. Er schäumt vor Wut. Ich hörte von ihm, daß du ihn verfolgst. Vielleicht findest du dieses Haus, dann sind wir fort. Forsche aber ja nicht weiter, wenn du mich nicht ganz unglücklich machen willst. Gott behüte dich! Meine Seele bleibt bei dir.   Deine

Gökala."

„Und dennoch werde ich forschen und dich finden!" rief Steinbach aus. „Du weißt also nicht, wohin sie sind?" — „Nein," antwortete die Alte. — „Sie hatten doch Gepäck. Wer hat das getragen?" — „Der Hammal, der stets an der Ecke dieser Straße steht." — „Den suche ich. Kommen Sie, Wallert. Und Sie, Lord, rüsten Sie sich zur schleunigen Abfahrt. Wir treffen uns auf der Jacht."

Dann eilte Steinbach mit Wallert fort. An der Straßenecke stand der Hammal. Steinbach kannte den Schlüssel zur Zunge dieser Leute. Er gab ihm ein an= sehnliches Geschenk und fragte nach dem Grafen und Gökala. Der Packträger sah das Goldstück schmunzelnd an und erwiderte:

„Ich soll es nicht verraten; aber der Herr ist mit der Frau nach der Sikket el Hadid (Eisenbahn). Eine Schwarze war dabei. Auf dem Bahnhofe kam noch ein Herr zu ihnen. Sie stiegen ein und nahmen Karten nach Alexandrien. Ich hörte es."

Steinbach eilte weiter. Unterwegs gab er Wallert die Weisung:

„Gehen Sie in das Hotel und lassen Sie alles Gepäck nach dem Bahnhofe schaffen. Ich muß zum Vicekönig, um Bericht zu erstatten über meine Erfolge bei den Beduinen. Mit seiner Hilfe werde ich leicht

M. K.

einen Haftbefehl gegen diejenigen erhalten, die ich fest=
nehmen lassen will."

Dann trennten sie sich.

Als Steinbach nach etwas über einer Stunde in

das Hotel zurückkehrte, glänzte auf der Brust seines
schmutzigen Anzuges ein hoher Orden. Er trieb die anderen
zur Eile und sagte ihnen, daß er auf dem Bahnhofe zu

ihnen stoßen werde. Von da begab er sich auf die Polizei, die nach Vorzeigung der viceköniglichen Verordnung sofort den Telegraphen nach Alexandrien spielen ließ.

Darauf eilte er zur Jacht, dessen Esse bereits dampfte. Der Lord war reisefertig an Bord.

„Sie dampfen nilabwärts," sagte Steinbach, „und zwar mit möglichster Schnelligkeit, und benutzen den Kanal nach Alexandrien." — „Wo treffen wir uns da?" — „Am Quai, wo ich Sie erwarte oder erwarten lasse. Aber in Damanhur können Sie einmal aussteigen und auf der Polizei nach mir fragen. Sollte ich Sie ja in irgend einer Beziehung zu benachrichtigen haben, so finden Sie dort meine Weisung."

Ein kurzer Abschied, und dann eilte Steinbach nach dem Bahnhofe. Er wußte nicht, wann die Züge gingen, und erfuhr zu seinem Leidwesen, daß er volle sechs Stunden zu warten habe.

Nun verlangte er eine Extramaschine; aber eine solche war leider nicht zu haben, eine Folge der ägyptischen Zustände. Es blieb also den Reisenden nichts anderes übrig, als ihre Ungeduld zu beherrschen. Dieser Aufschub aber erlaubte doch wenigstens einen ordentlichen Abschied von Hilal, der auch auf dem Bahnhofe eingetroffen war.

„Der Khedive will dich sehen," sagte ihm Steinbach. „Ich habe dich angemeldet und dir den Weg geebnet. Fahre so fort, wie du begonnen hast, so wirst du glücklich sein!" — „Effendi, ich habe mein Glück nur dir zu danken!" — „Nein, Gott und dir selbst. Grüße die Deinen alle von mir, und sage ihnen, daß ich allezeit in Freundschaft und Liebe an sie denken werde."

Er reichte Hilal die Hand.

„Willst du mich jetzt schon fortschicken, Effendi?" — „Ja. Das lange Abschiednehmen ist nicht gut. Es ist eine Qual für das Herz." — „Aber ich möchte dich bis zum letzten Augenblicke sehen, den du noch hier ver=

weilst!" — „Du mußt ja zum Khedive!" — „Er mag warten. Du bist mir lieber."

Der brave Kerl war wirklich nicht fortzubringen. Er wartete, bis endlich der Zug sich in Bewegung setzte. Da erst gab er Steinbach die Hand und sagte: „Meine Seele ist betrübt, Effendi. Meine Gedanken werden stets bei dir sein. Kommst du wieder einmal in dieses Land, so eile zu uns. Die Söhne und Töchter der Beni Sallah werden dich hoch willkommen heißen und den Tag festlich begehen, an dem du wieder in unsere Mitte trittst. Allah gebe dir ein langes Leben und nachher das Paradies!"

Der Zug setzte sich in Bewegung, am Palaste Tuschun vorüber, zwischen dem Kanale und dem Nile nach Norden hin, Alexandrien entgegen.

Man kann sich leicht denken, mit welcher Sehnsucht die Reisenden diesem Ziele entgegenblickten. Leider aber erreichten sie es erst zu später Abendstunde. Während die anderen einstweilen auf dem Bahnhofe blieben, eilte Steinbach nach der Polizei. Er erhielt die ganz un= erwartete Nachricht, daß Personen, wie sie in der Depesche beschrieben seien, gar nicht in Alexandrien an= gekommen seien.

„Das heißt auf der Bahn?" — „Ja." — „Aber zu Schiffe, auf dem Kanale?" — „Auch nicht." — „Oder zu Lande durch eins der Thore?" — „Ebenso wenig. Wir haben die sämtlichen Eingänge zu Lande und zu Wasser besetzen lassen. Wissen Sie genau, daß die betreffenden Personen wirklich nach Alexandrien wollten?" — „Ja." — „Vielleicht können sie unter= wegs ihren Plan geändert haben, weil sie sich sagten, daß sie verfolgt und also hier erwartet würden." — „Das liegt freilich im Bereiche der Möglichkeit." — „Dann wären sie von Damanhur aus auf die andere Strecke gegangen, die dort nach Rosette abzweigt. Soll ich einmal dort telegraphisch anfragen, Effendi?" — „Ich bitte sehr darum."

M. K.   39*

Der Telegraph spielte, und nach wenigen Minuten bereits kam die Antwort:

„Werden sofort nachforschen."

Jetzt hatte Steinbach weit über eine Stunde zu warten. Er ließ während dieser Zeit das Signalement des Grafen und des Pascha nach Damanhur telegraphieren. Nach anderthalber Stunde endlich gab der Telegraph das Glockenzeichen. Der Bescheid lautete:

„Die zwei Beschriebenen sind mit einer verschleierten Frau und einer schwarzen Dienerin hier aus= und in den Zug nach Rosette gestiegen. Müssen bereits dort angekommen sein."

Sofort ließ Steinbach abermals telegraphieren:

„Lord Eagle=nest wird nach mir fragen. Mag schleunigst nach Rosette dampfen, anstatt hierher."

Dann kehrte er nach dem Bahnhof zurück, von dem aus er wieder nach Rosette an die dortige Polizei telegraphierte. Das war alles, was er unter den gegebenen Umständen thun konnte.

Rosette ist mit Alexandrien durch eine Eisenbahn verbunden, die immer am Meere hinläuft und dabei Abukir mit berührt. Diese Bahn mußte Steinbach benutzen. Der Zug ging erst gegen morgen, und so kam er mit seiner Begleitung erst am Vormittage dort an.

Auch hier war sein erster Weg nach der Polizei, wo er die vicekönigliche Verordnung vorzeigte und in= folgedessen mit größter Ehrerbietung empfangen und be= handelt wurde. Die Nachforschungen der Polizei aber waren vergeblich gewesen. Seine Depesche war erst an= gekommen, als die Gesuchten sich bereits in Rosette be= fanden. Man hatte sofort alle öffentlichen Häuser und auch diejenigen Privatwohnungen, in denen Fremde auf= genommen zu werden pflegten, genau durchsucht, aber nichts gefunden. Die Polizei hatte alle Straßen und Plätze beobachtet, ohne nur die geringste Spur der Gesuchten zu entdecken.

M. K.

„Sie sehen, daß wir unsere Pflicht gethan haben," sagte der Chef der Polizei. „Mehr konnten wir un= möglich leisten." — „Haben Sie auch die Schiffe unter= sucht?" — „Die Schiffe?" fragte der Mann erstaunt. — „Freilich! Das war das Erste und Notwendigste." — „Wieso?" — „Weil Flüchtlinge gewöhnlich so rasch wie möglich an Bord zu gelangen streben." — „Wer hier an Bord will, hat sich erst bei uns zu melden, und da die Betreffenden sich nicht gemeldet haben, so sind sie also nicht an Bord gegangen." — „Wie nun, wenn sie ohne Ihre Erlaubnis ein Schiff bestiegen haben?" — „Das wollte ich mir verbitten!" — „Wenn das Schiff bereits fort ist, so ist es wohl zu spät, sich eine solche Unterlassungssünde zu verbitten. Ich muß Sie dringendst ersuchen, alle im Hafen liegenden Schiffe durchforschen zu lassen." — „Böse Arbeit!" — „Die ich Ihnen aber nicht erlassen kann. Welche Schiffe haben seit gestern abend den Hafen verlassen?" — „Gestern keins. Heute morgen zwei Segler, nach Damiette und Port Said be= stimmt, und sodann ein französischer Dampfer, der nach Marseille geht und unterwegs Kandia anläuft." — „Passagierschiff?" — „Nein, sondern Paketfahrer." — — „Der Name?" — „Die ‚Bouteuse‘, Kapitän Leblanc." — „Werde mich gleich selbst nach diesem Fahrzeuge er= kundigen."

Steinbach ging. Am Nilhafen angekommen, sah er eben die Jacht des Engländers ans Ufer legen.

„Gefunden?" rief der Lord, der auf dem Deck stand und ihn erblickte. — „Nein." — „Verdammt! Sie können doch nicht durch die Luft davongeflogen sein! Was thue ich?" — „Nehmen Sie schleunigst Kohlen ein und was Sie sonst zur Seefahrt brauchen. Es ist mög= lich, daß wir bald in See stechen." — „Well, Sir! Soll geschehen."

Jetzt erkundigte sich Steinbach, an welcher Stelle der französische Dampfer gelegen hatte, erfuhr es und

M. K.

begab sich hin. Dort saß eine Frau mit zwei Kindern, die ihm auf seine Fragen folgenden Bescheid geben konnte:

„Zwei Männer und ein Weib gingen gestern abend auf das Schiff. Es war eine Negerin dabei. Die Verschleierte schenkte mir Geld. Einer der Männer zankte sie aus, daß sie dabei ein wenig zurückblieb." — „Hast du gehört, wie er sagte?" — „Ja." — „Nun, wie?" — „Vorwärts, Gökala!" — „Ich danke dir! Hier hast du Geld."

Steinbach gab der Frau zwei Goldstücke, sodaß sie vor Freude laut aufschrie. Als er sich entfernte, rief sie ihm den tausendfachen Segen Allahs nach.

Was die ganze Polizei seit gestern nicht fertig gebracht hatte, das war ihm in Zeit von einer Viertelstunde gelungen. Dann kehrte er nach der Polizei zurück, wo der Chef die Untergebenen versammelt hatte und im Begriff stand, ihnen seine Instruktion in betreff der Durchsuchung der Schiffe zu erteilen. Es war sehr erklärlich, daß Steinbach sich nicht in der besten Laune befand. Abermals waren ihm die Gesuchten entgangen, und zwar jetzt infolge der Nachlässigkeit des obersten Polizeibeamten. Darum sagte er in einem nicht sehr höflichen Tone:

„Das ist nun unnötig geworden." — „Warum?" — „Die, welche wir suchen, sind fort, und Sie haben sie entkommen lassen!" — „Wieso?" — „Sie haben sich bereits gestern abend an Bord der Bouteuse begeben." — „Allah! Ist es möglich!" — „Ich weiß es ganz gewiß. Was raten Sie mir nun?" — „Hätten Sie ein schnelles Fahrzeug, so könnten Sie den Dampfer noch einholen. Er ist erst seit kaum einer Stunde fort und ist so schlecht gebaut, daß er nur langsam fortkommt." — „Glücklicherweise steht mir eine Schnelljacht zur Verfügung." — „So eilen Sie! Allah ist groß. Wer eine Jacht braucht, dem giebt er eine. Sein Name sei gepriesen."

———

M. K.

41. Kapitel.

Nach Verlauf von nicht viel über einer Stunde be=
fanden sich alle an Bord: der Lord mit seinen Leuten,
Steinbach, Normann, Wallert, Tschita mit der Stummen,
Nena und der Arabadschi. Die kleine Jacht stieß vom
Lande und dampfte den Nilarm vollends hinab, in die
See hinaus.

Zunächst ging die Fahrt langsam, weil das Fahr=
wasser hier sehr gefährlich ist. Dann aber, als offene
See vor dem Kiele lag, ließ der Lord vollen Dampf
geben. Das kleine Fahrzeug legte sich jetzt leicht zur
Seite und schoß wie eine Schwalbe durch die Flut.

Der Steuermann hatte die Seekarte vor sich liegen,
auf der die Kurse genau verzeichnet waren. Er brauchte
sich nur nach ihr zu richten und den Kurs auf Kandia
einzuhalten.

Kurz nach mittag tauchte vor ihnen ein großer
Dampfer auf. Als sie sich ihm näherten, sahen sie hinten
an seinem Sterne in großen, goldenen Buchstaben den
Namen „La bouteuse."

„Wir haben ihn!" sagte Steinbach erleichtert.
„Steuermann, halten Sie Seite an Seite!"

Der Steuermann gehorchte diesem Befehle, und bald
dampfte die Jacht hart neben dem Dampfer her. Der
Kapitän des letzteren stand auf der Kommandobrücke,
blickte höhnisch auf die Jacht herab und fragte zu der=
selben hinüber:

„Fahrzeug, ahoi! Woher?" — „Rosette," ant=
wortete Steinbach. — „Wohin?" — „Zur Bouteuse."
— „Zu mir? Was wollt ihr?" — „An Bord. Ich
bitte, beizudrehen." — „Was habt ihr an Bord zu thun?"
— „Flüchtlinge suchen." — „Die sind da." — „So
bitte ich um die Auslieferung derselben." — „Verrückte
Idee! Ihr seid ein Deutscher?" — „Ja." — „Gut, so
macht, daß Ihr mir von der Seite kommt, sonst mache

M. K.

ich eine Wendung und dampfe Euch auf den Grund!"
— „Verdammter Franzose!" fluchte der Lord. „Was ist
zu thun, Mister Steinbach?" — „Er braucht uns die
Leute allerdings auf offener See nicht auszuliefern; aber
wir brauchen ja nur in seinem Fahrwasser zu bleiben.
Auf Kandia legt er an; da befindet er sich also in einem
Hafen, und dort muß er der Polizei gehorchen." — „Gut,
bleiben wir also in seinem Wasser!" — „Nur nicht zu
nahe," meinte der Steuermann. „Dieser Kerl ist sonst
imstande, Rückdampf zu geben und uns in Grund zu
bohren, wie er gedroht hat." — „Ich glaube gar, da
oben auf Deck stehen sie!" meinte der Lord.

Und es war auch so. An dem Schiffsgeländer
lehnten der Graf und der Pascha und winkten hohnlachend
mit ihren Tüchern herab.

„Recht so!" rief ihnen der Kapitän zu. „Jetzt sind
die Affen an der Quelle und dürfen doch nicht saufen.
Das giebt mir ganz besonderen Spaß, weil dieser Stein=
bach, von dem Sie mir erzählt haben, so ein verdammter
Deutscher ist." — „Aber Kapitän, der Kerl ist kein
Dummer! Er ist klug und wird uns auf der Ferse
bleiben, bis wir einen Hafen erreichen, und dann sind
Sie gezwungen, uns auszuliefern." — „Pah! Der Kerl
denkt, ich fahre nach Kandia, was freilich auch der Fall
ist. Aber wenn Sie noch fünfhundert Franken bezahlen,
so kommt es mir auf einen Umweg nicht an." — „Die
fünfhundert sollen Sie haben, natürlich aber erst dann,
wenn wir in Sicherheit sind." — „Versteht sich! Ein
Franzose verkauft niemandem die Katze im Sacke." —
„Wohin werden Sie uns da bringen?" — „Ich warte,
bis es dunkel ist, und mache dann eine Schwenkung nach
Nord, die dieser Deutsche nicht bemerken kann, weil er
sich hüten muß, ganz nahe an uns heran zu kommen.
Darauf bringe ich Sie nach Rhodos, von wo es Ihnen
frei steht, sich dahin zu wenden, wohin es Ihnen beliebt.
Der Deutsche mag sich nur die Augen aussuchen, ich
habe nichts dagegen. Und begegne ich ihm später, so

M. K.

„Ich bitte um Auslieferung der Flüchtlinge," rief Steinbach.
(Seite 615.)

M. K.

werde ich ihm eine Nase machen, die länger als mein Bugspriet sein soll."

Der französische Kapitän aber hatte seine Rechnung ohne Steinbach gemacht. Dieser lehnte an der Brüstung der Jacht und behielt das Frachtschiff scharf im Auge; er sagte sich, daß der Franzose es als eine Ehrensache betrachten werde, die Passagiere nicht auszuliefern. Da er nun, falls er in Kandia anlegte, nichts gegen die Ergreifung derselben thun konnte, so lag für Steinbach der Gedanke nahe, daß der Franzose lieber gar nicht nach dieser Insel gehen, sondern das Dunkel der Nacht benutzen werde, um die Passagiere an einem andern, sicherern Orte abzusetzen.

Der Steuermann hielt die Jacht jetzt in ziemlicher Distanz von dem Dampfer und folgte diesem in ganz gleicher Schnelligkeit. Jetzt befahl Steinbach einen der Matrosen an die Logleine, um die Schnelligkeit zu messen, in der sich die beiden Dampfer fortbewegten. Es stellte sich heraus, daß sie nur zwölf Seemeilen in der Stunde zurücklegten; da nun die Entfernung zwischen Rosette und Kandia ungefähr dreihundert Seemeilen beträgt, so waren seit der Abfahrt fünfundzwanzig Stunden erforderlich, um den letzteren Ort zu erreichen. Behielt man die gegenwärtige Schnelligkeit bei, so war man also ungefähr morgen um die Mittagszeit in Kandia.

Da aber verminderte der Franzose plötzlich seine Schnelligkeit um neun Knoten; das war höchst auffällig. Steinbach ging zum Steuermann, um ihn auf diesen Umstand aufmerksam zu machen. Derselbe meinte kopfschüttelnd:

„Unbegreiflich! Bei dieser Langsamkeit kommt der Franzose erst morgen des Nachts nach Kandia, und das kann er doch nicht beabsichtigen." — „Nein, das beabsichtigt er jedenfalls nicht. Ich meine vielmehr, er will uns eine Nase drehen. Er fährt langsamer, um nicht zu weit nach West zu kommen und seine Passagiere heute während der Nacht an einem östlichen Ort auszuschiffen,

M. K.

vielleicht also in Rhodos oder auch auf Karpathos." — „Richtig, richtig, so wird es sein! Es giebt gar keinen anderen Grund für ihn, seine Schnelligkeit zu vermindern. Aber ich werde ihm ein Schnippchen schlagen." — „Inwiefern?" — „Ich dampfe ihm voraus, damit er denkt, wir gehen schnell nach Kandia, um ihn dort zu erwarten und abzufangen; aber ich entferne mich nur so weit von ihm, daß ich ihn im Auge behalten kann, während er uns nicht mehr sieht, da unsere Jacht zu klein ist. Er wird dann sofort den Kurs ändern, und wir folgen ihm, er mag fahren, wohin er will."

Dieser Plan hatte natürlich Steinbachs volle Zustimmung, und er zeigte sich auch bald als sehr gut ausgedacht, denn kaum war die kleine Jacht im Westen verschwunden, so ließ der Franzose nach Norden halten, gerade auf Rhodos zu. Er ahnte nicht, daß er von Steinbach beobachtet sei und nun von demselben aus sicherer Ferne verfolgt werde.

Nach Rhodos sind von Rosette aus zweihundertundachtzig Seemeilen, und da der Franzose jetzt wieder vollen Dampf gab und nun sechzehn Meilen in der Stunde machte, so ließ sich erwarten, daß er am Anbruch des Morgens die erwähnte Insel erreichen werde.

Diese Berechnung erwies sich als richtig. Als die Nacht vergangen war und der Tag anbrach, sahen sie vor sich die Bergkuppen von Rhodos auftauchen; links aber lag der langgestreckte Karpathos.

„Da haben wir unser Ziel," sagte der Kapitän zu dem Russen und dem Pascha, die bei ihm standen. „Dieser Deutsche soll sich tot ärgern, wenn er bemerkt, wie ich ihn überlistet habe!"

Fast gerade im Kurse lag ein Fischerboot in See, das das Segel fallen gelassen hatte und nun sich mit den Netzen von den Wellen treiben ließ. Drei Männer saßen darin. Der Franzose war doch kein Dummkopf. Er dachte daran, daß doch vielleicht irgend ein Schiff im Hafen von Rhodos liegen könne, von dem Steinbach

M ·R.

beim zufälligen Zusammentreffen erfahren werde, wo die von ihm Gesuchten abgesetzt worden seien. Er ließ daher stoppen und fragte die Fischer, was für Schiffe im Hafen seien.

„Nur türkische und griechische Segler," lautete die Antwort, „außer einer englischen Dampfjacht, die vor anderthalb Stunden hier vorüberkam." — „Wie hieß sie?" — „Lord Eagle=nest." — „Donnerwetter!" wandte sich der Kapitän zu den beiden Passagieren. „Dieser verdammte Steinbach hat uns durchschaut und ist uns vorangedampft." — „Was thun wir da? Wieder umkehren?" — „Nein. Er würde es merken und uns wieder folgen. Er hat uns noch nicht gesehen. Ich fahre nach Karpathos und setze euch dort ab, wo ihr in größter Sicherheit eine weitere Gelegenheit abwarten könnt. Dann dampfe ich nach Rhodos und kehre, sobald ich ihn sehe, um, als ob ich fliehen wolle. Er wird schnell hinter mir her sein, und ich beschäftige ihn so lange, bis ihr in Sicherheit seid. Vor allem aber müßt ihr diesen Fischern ein Geschenk geben, damit sie nicht verraten, daß wir hier gewesen sind."

Auf einen Zuruf kam einer der Fischer auf dem kleinen Nachen, den sie anhängen hatten, herbei und er= hielt seine Instruktion nebst dem Trinkgelde. Dann hielt der Franzose nach Karpathos hinüber, hinter dessen Vorgebirge er verschwand, um erst nach zwei Stunden wieder zu erscheinen und nun auf Rhodos zuzuhalten.

Kaum war der Hafen der Stadt in Sicht und der Franzose im Begriff, in denselben einzulaufen, so erschien die Jacht des Lords, deren Insassen nun ihres Fanges sicher zu sein wähnten. Aber der Franzose wandte sofort um und dampfte wieder zum Hafen hinaus, sich das Ansehen gebend, als ob er vor der Jacht die Flucht ergreife.

„Alle Teufel!" rief der Lord. „Er geht uns wieder aus dem Garne! Was ist da zu thun?" — „Un= angenehm, höchst unangenehm!" meinte Steinbach. „Wenn der Hafen nicht so klein wäre, hätten wir uns verstecken

M. K.

können, bis er die Anker niedergelassen hätte, dann konnte er nicht wieder fort. Jetzt bleibt uns nichts anderes übrig, als ihm abermals zu folgen."

Also begann die Fahrt in westlicher Richtung von

neuem. Steinbach ahnte nicht, daß diejenigen, die er ergreifen wollte, bereits den Franzosen verlassen hatten. Er folgte diesem an Karpathos vorüber auf dem Kurse

M. K.

nach Kandia. Auf offener See war nichts zu thun, man mußte warten, bis der Franzose in einen Hafen einlief.

So verging der ganze Tag. Als der Abend herangekommen war, stoppte der Franzose die Maschine und drehte bei, die Jacht ganz nahe herankommen lassend.

Nach einer kurzen Beratung bat Steinbach, die kleine Jolle auszusetzen und ihn hinüber nach dem Franzosen zu rudern. Der Kapitän desselben ließ auf Anrufen die Falltreppe nieder und empfing ihn nebst Wallert und Normann mit übermäßiger, aber auch ironischer Höflichkeit.

Steinbach erklärte, wen er suche, und erhielt darauf die Erlaubnis, alle Räume des Schiffes zu durchforschen und die Gesuchten, falls er sie finde, in Gottes Namen mitzunehmen.

Diese Untersuchung nahm weit über eine Stunde in Anspruch. Nach Verlauf derselben hatte Steinbach die Ueberzeugung, daß die Betreffenden nicht mehr an Bord seien. Sie waren also jedenfalls irgendwo an das Land gesetzt worden.

Zuletzt befand er sich im Kohlenraume. Einer der Maschinisten führte ihn. Dieser hatte sich bisher ganz schweigsam verhalten, jetzt aber sagte er, indem er sich umblickte, um sich zu überzeugen, daß er nicht von anderen gehört werde.

„Monsieur, Sie sind betrogen worden. Auch ich bin ein Franzose und liebe die Deutschen nicht, aber ich befand mich vor längerer Zeit zum Besuch in Deutschland und habe da eine so freundliche Aufnahme gefunden, daß ich aus Dankbarkeit dafür Ihnen mitteilen will, daß die Personen, die Sie suchen, auf Karpathos ausgestiegen sind. Sie werden sie in dem Dorfe Arkassa finden, das im südlichen Teile der Westküste dieser Insel liegt. Aber ich bitte Sie dringlichst, mich nicht zu verraten!"

Steinbach streckte ihm die Hand entgegen und sagte:

M. K.

„Nehmen Sie meinen Dank, Monsieur! Nachdem ich mich überzeugt habe, daß die Personen nicht mehr an Bord sind, konnte ich auch ohne Ihre Mitteilung mit Sicherheit erwarten, daß sie nur auf Karpathos oder Kaso ans Land gesetzt worden seien. Hoffentlich komme ich nicht zu spät dorthin."

Er verließ darauf mit den Gefährten das Schiff. Der Franzose aber lachte laut und höhnisch hinter ihm her, doch als er sah, daß die Jacht sofort wandte und mit Volldampf zurückging, sagte er ärgerlich:

„Verdammter Kerl! Er behält die Nase fast auf der Fährte! Ich will nicht hoffen, daß er sein Wild doch noch erwischt!" — —

Der Franzose hatte allerdings recht, einem Manne, wie Steinbach, zuzutrauen, daß er trotz aller ihm von dem Russen und Ibrahim Pascha bereiteten Schwierig= keiten diesen Schurken dennoch ihre Beute abjagen und sich Gökala, die geraubte Geliebte, zurückerobern würde. Ja, auch Steinbach sollte, wie wir später sehen werden, noch jenes Glück finden, das schon in kürzester Zeit Hilal und Hiluja, Tarik und Badija, der Königin der Wüste, beschieden war, die gleich nachdem Hilal, mit Geschenken und Ehren überhäuft, von Kairo zurückgekehrt war, im Lager der Beni Sallah eine glänzende Doppelhochzeit feierten.

---

*) Wer die weiteren Schicksale der handelnden Personen kennen lernen will, der lese: „Der Fürst der Bleichgesichter" von Karl May.

M. K.